武则天研究

冯其庸题

武则天画像

四川广元皇泽寺武则天真身塑像

龙门石窟卢舍那大佛像

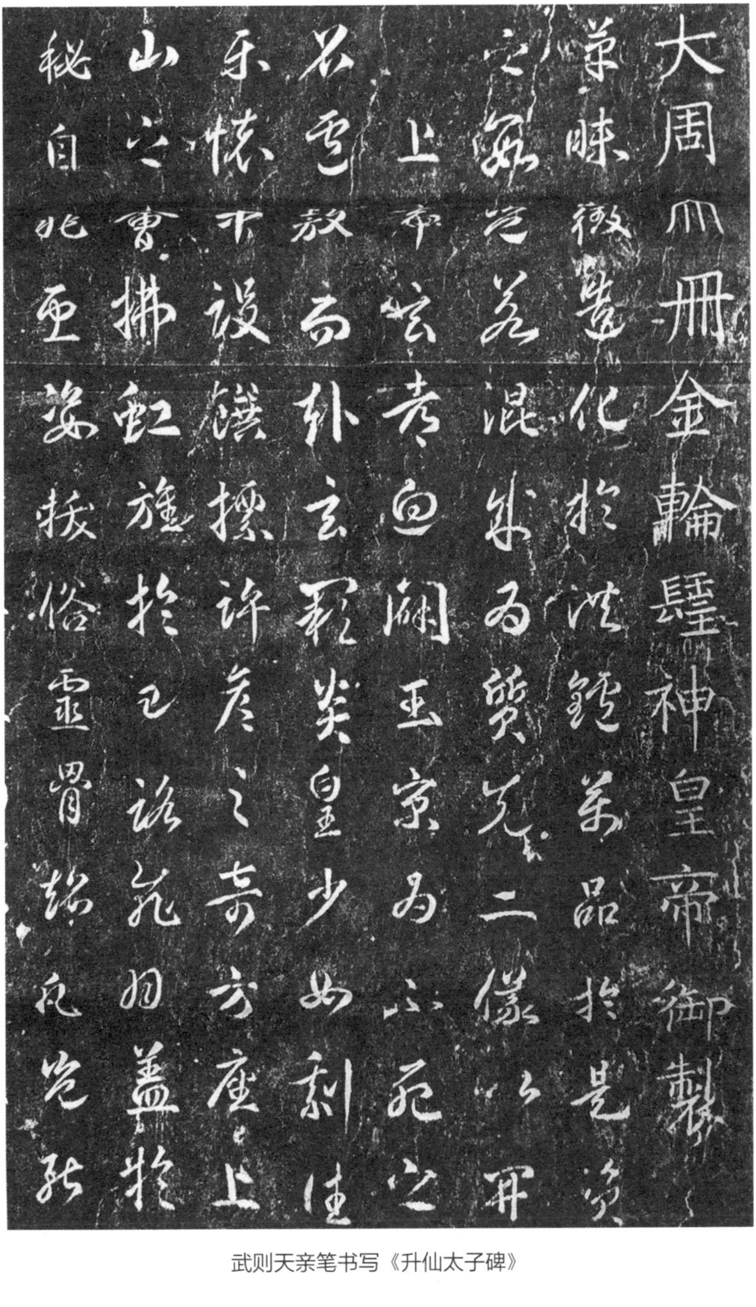

武则天亲笔书写《升仙太子碑》

乾陵无字碑，为武则天所立，位于陕西省咸阳市区西北方五十公里处的乾陵

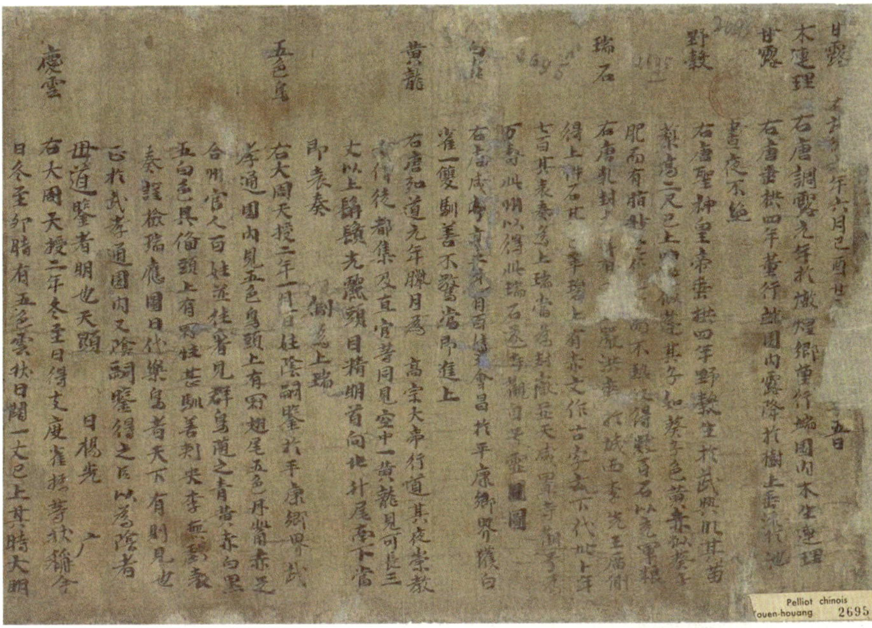

敦煌文书P.2695《沙州都督府图经》

乾陵远眺

壹卷

YE BOOK

洞 见 人 和 时 代

论世衡史

— 丛书 —

武则天研究

孟宪实 著

四川人民出版社

目 录

导　论
传统史学、新史学和公共史学的“三国鼎立”

作为中国历史上唯一的女皇帝，武则天的历史个案研究无疑蕴藏着丰富的政治与文化的解释空间。然而，梳理武则天的研究史我们会发现，这个聚讼不休的话题，在相当大程度上透视出我们史学的一种基本状况：对武则天的评价，专业史学内部纷争不止，而在“公共史学”领域内几乎一面倒，武则天的形象似乎从来就没有脱离过《新唐书》《资治通鉴》。如果现在让所有愿意发表意见的中国人举手，倾向于认为武则天是个坏女人（野心十足且道德败坏）这一观点的人数一定遥遥领先。近代以来的史学进步，对于公共史学领域的影响微乎其微。在公共史学的世界，传统史学依然是武则天问题的霸主。这是一个值得重视的现象。

一、传统史学与新史学

自从20世纪之初新史学口号被提出，史学研究获得了长足的进步，这是不容怀疑的。如果说，传统史学最重要的倾向是政治借鉴和道德评价的话，那么新史学的主张则是实事求是和客观评述。尤其对于所谓惩恶扬善的道德评价，新史学即使不能完全摒弃，也尽量保持距离，因为善恶问题具体到个人，不仅存在理解的多元性，更具有易变性。每当时势变迁，都会引发新一轮的历史再评价，善恶评价最容易做出，也最容易改变。所以乾嘉学者，如钱大昕、王鸣盛等，都主张“据事直书，是非自见”，反对强立文法，擅加褒贬。这实际上意味着，新史学的某些主张，具有历史依据，这就是为什么胡适高度评价乾嘉考据学，认为其具有一定的科学性。

新史学的客观研究立场，不仅是不轻易褒贬善恶，而是要更大范围、更全面地考察历史、解释历史。以历史人物研究而言，不仅表现在道德层面，更会表现在社会层面。一个人的历史地位，更重要的是历史创造，即为历史提供哪些新的贡献，这显然是新史学更加重视的研究视角。在武则天的研究上，传统史学不仅最关注的是武则天的个人品行与道德，更重视她与身边人之间的关系。新史学则强调武则天的社会意义，她代表了什么社会阶层、标志着社会的什么趋向。陈寅恪先生提出，武则天代表新兴集团，对于终结关陇集团的政治垄断意义重大，这可以说至今仍然是史学界研究的基本问题。新观念、新方法，新史学进入具体的研究课题并不是一刀切式，往往时空差异巨大。对于皇帝制度的批判，是新史学的重要内容，而这从辛亥革命时期已经开始，到“五四”以后，已经演变成史学领域的政治正确。具体到武则天的研究，新史学最重要的开端其实是陈寅恪先生。

新史学与传统史学当然存在着联系的方面，传统史学毕竟占据了史料优势，新史学不得不从传统史学的著作中寻求史料支持。但是，新史学因为对传统史学的立场保持着高度警惕，所以一方面利用传统史学的史料供给，另一方面尽力保持与传统史学观念、立场上的距离。此外，新史学竭尽全力扩大史料的搜索，发掘新的史料。新史料的发现于是成为新史学的重要组成部分，新史料不仅能够提供新的研究侧面，也可以为批判旧史学提供新的动力。新史料不仅能够弥补传统史料信息的不足，更重要的是，传统史学在强大的叙事过程中，程度不同地破坏了历史的第一现场，而利用新史料，第一现场可能会被挽救，至少被部分恢复。

新史学有别于传统史学是很明显的，也可以称作是一个重要的进步。但是，史学的这个进步其实一直局限在史学的范围之内，对于史学之外的领域，比如文学或者公共史学，这个进步的影响几乎微乎其微。在新史学与传统史学之外，公共史学在中国极不发达，历史专业人士几乎都不屑一顾，这个领域长期以来被历史小说占有。电视兴起以后，历史题材的电视剧后来居上。这些不免虚构的“历史作品”，除了虚构以外，在历史素材方面，几乎无一例外地全部采用传统史学。于是我们看到，公共史学与传统史学形成很自然的同盟，而新史学可以拓展的空间因此变得很狭窄。对于一般民众而言，他们差不多都是公共史学所属的群众，以至于在中国，很多人分不清历史与历史小说到底有什么区别。

二、传统史学与公共史学

公共史学，是指非专业的社会人士的历史阅读和研究，因为这个领域不被重视，所以长期以来没有声响。抗战时期，黎东方先生讲史系列几乎是灵光一现。后来，黄仁宇先生的《万历十五年》长期以来被当作公共史学的产品被消费。所以，这个领域影响巨大的是历史小说。历史小说毕竟是小说，他们文学构思第一，历史不过提供背景，所以他们并不介意利用传统史学的观点和立场，从小说主人公形象塑造和加强对读者的吸引来说，传统史学的文学叙述和道德评价，肯定更方便历史小说的吸收。所以，二者的关系更紧密，在很多方面如同结盟。

以武则天是否杀死亲生的小公主这件事情而言，我们可以明显看到传统史学的强大影响。本来《唐会要》关于小公主之死，记载很简单，即“昭仪所生女暴卒，又奏王皇后杀之”。“暴卒”显示的是意外死亡，武则天向皇帝告状是王皇后杀死小公主。这都是描述文字，最多表明武则天利用这个机会攻击情敌王皇后而已。但是，此事到了《新唐书》和《资治通鉴》的文字中，一变成为武则天亲自杀死小公主，然后嫁祸给王皇后。《唐会要》中所记，武则天的行为还在可以理解的范围，虎毒不食子，到了《新唐书》和《资治通鉴》，武则天一变成为禽兽不如的人了。

《资治通鉴》产生于《新唐书》之后，它的记载跟《新唐书》大同小异：“后宠虽衰，然上未有意废也。会昭仪生女，后怜而弄之，后出，昭仪潜扼杀之，覆之以被。上至，昭仪阳欢笑，发被观之，女已死矣，即惊啼。问左右，左右皆曰：‘皇后适来此。’上大怒曰：‘后杀吾女！’昭仪因泣诉其罪。后无以自明，上由是有废立之志。”

《新唐书》和《资治通鉴》本来就是影响巨大的史学名著，而影响更大的小说，径直取材于这些著作。清朝乾隆年间如莲居士编著《武则天改唐演义》，民国时期蔡东藩的《唐史演义》，虽然在描写时有细节加工，但是武则天掐死公主嫁祸王皇后的基本情节，都是来自以上两部史书。比这两部小说更早的清初褚人获的《隋唐演义》，在描写这段情节的时候，几乎就是照抄史书：“王皇后、萧淑妃，恩眷已衰。会昭仪生女，后怜而弄之。后出，昭仪潜扼杀之。上至昭仪宫，昭仪阳为欢笑，发被视之，女已死矣，惊啼问左右，皆言皇后适来此。高宗大怒道：‘后杀吾女！’昭仪也泣数其罪。后无以自明，由是有废立之意。”

这些小说与史书的惊人一致，除了说明了小说取材来源于传世史书以外，也说明《资治通鉴》这样的史学著作至少在这个描写中完全符合小说的需要。史学著作如此生动具体，《史记》以下，也是一个重要传统。但是以《资治通鉴》而言，却不无问题。史书曾经记载武德时期太子李建成、李元吉跟后宫嫔妃乱伦，《资治通鉴》还很客观地说“宫禁深秘，莫能明也”（卷一九〇），比较之下，武则天潜毙小公主，何尝不是宫禁深秘呢？为什么这里详细描写，甚至不作考异说明呢？小说家读史，感叹武则天“宫闱淫乱，秽德昭彰，难以言述”（松村居士《武则天改唐演义》序），这不是小说家向壁虚构，而是史学家具体描述在前。以欧阳修、司马光这样严谨的学者，不可能是为了迎合某种低级趣味，但是他们的写法显然深得小说家们的欢心。

本来十分可疑的一件事，经过传统史学和小说家们的联合努力，作品传播力极强，导致故事家喻户晓。武则天为了政治斗争杀死亲生女儿，于是成了板上钉钉的“事实”。对此，表示质疑是严肃而严谨的。然而在如今的条件下，如果想让人们回到质疑的状态十分困难，不仅面临史料的辩驳，更要面对广大读者的认知状况。更多的情况是，改变读者的认知比批判传统史料更难。因为读者中的多数在阅读与历史有关的读物时，闲暇娱乐的需要超过获取真知的需要，要满足猎奇心理，显然武则天杀女嫁祸更有刺激性。

太子李弘之死也发生了类似的情况。太子李弘，早年即患上肺结核这种当时的顽疾，上元二年（675），没有留下一儿一女，仅仅二十四岁就死了。本来属于时代的正常情况，但是一种后来居上的说法是李弘死于武则天的毒害。《新唐书·武则天传》是这样记载的："萧妃女义阳、宣城公主幽掖廷，几四十不嫁，太子弘言于帝，后怒，鸩杀弘。"《资治通鉴》的文字是这样记述的："太子弘仁孝谦谨，上甚爱之；礼接士大夫，中外属心。天后方逞其志，太子奏请，数迕旨，由是失爱于天后。义阳、宣城二公主，萧淑妃之女也，坐母得罪，幽于掖庭，年逾三十不嫁。太子见之惊恻，遽奏请出降，上许之。天后怒，即日以公主配当上翊卫权毅、王遂古。己亥，太子薨于合璧宫，时人以为天后鸩之也。"

历史小说《唐史演义》如此记述："太子弘仁孝谦谨，颇不似武氏狡狯，每见武氏专擅，略加讥谏，遂忤母意。萧淑妃生有二女，一为义阳公主，一为宣城公主，因母得罪，被幽掖庭，年龄逾三十外，尚未遣嫁。弘代为悱恻，申请下降。武氏大为怫意，即将二公主配卫士。高宗取裴居道女为太子妃，裴女颇尽妇道，武氏不悦，太子也把裴女白眼相待。上元二年初夏，太子弘从高宗幸合璧宫，由武氏亲赐酒食，弘以谊关母子，当无他意，当即醉酒饱德。临行时尚不觉痛苦，及随驾入宫，才觉腹中膨胀，服药无效，呻吟了好几日，竟尔死了，年只有二十四岁。"

传统史学著作之间，也会有程度差异。对于太子弘之死，《新唐书》高度肯定，而《资治通鉴》用传说表达不确定。但是，《资治通鉴》却在传说如此之前，很从容地解释太子弘与武则天的矛盾，这给后来的怀疑加入了明显的倾向，即武则天下毒的可能性极大。小说没有沿着怀疑的路线前进，而是回到《新唐书》的确信观点中，仔细描写武则天下毒的具体办法是“赐酒食”。小说沿着史学名著的指引，完成了创作。对于历史的真实而言，这是更深一层的“加害”，而传统史家与小说家，就这样实现了他们的“共谋”。

传统史学，并非小说传奇，但是传统史学之所以跟这些小说创作走到一起，是有着更深层的关联的，即他们都认同和支持“女祸”这个概念。《新唐书》和《资治通鉴》中的武则天描述，就是一个具体的女祸史。清代学者赵翼有名著《廿二史劄记》，即有“唐女祸”专条，揭示所谓女色报应。蔡东藩《唐史演义》开篇即从“唐乌龟”传说切入，大谈唐朝的女祸源流，而第一回的名目即为“溯龙兴开编谈将种，选蛾眉侍宴赚唐公”。于是，绘声绘色地描写女祸的故事，成就了传统史学与公共史学的甜蜜联姻。而社会偏见，在这一过程中显露无遗，但不论作者还是读者，都是不以为意，甚至甘之如饴。

三、新史学与公共史学

比较而言，新史学与公共史学的距离十分遥远。公共史学，比如历史小说与历史电视剧，很少采用新的史学研究成果，双方如同置身于两个决然不通的星球。这种现状，一方面是公共史学的特性使然。公共史学，虽然是史学的一部分，但是重心所在是消费历史，不是研究历史，而是了解历史故事、编排历史故事、通过历史故事感悟人生、理解文化以及传扬民族精神。在这个领域，消费第一，教育次之，没有研究的位置。所以，对待历史学的研究，他们是消费者的态度，如同超市购物，方便快捷和包装良好即可。

对比传统史学，很容易发现新史学不利于消费的特点。首先，新史学没有统一的立场、统一的包装，比起传统史学来，新史学给人的印象是杂乱无章。其次，消费新史学对消费者有较高的专业要求，良莠不齐的产品在任何时候都会引起怀疑，需要精心选择，无形中提高了消费成本。最新的史学研究成果，往往是以学术论文的方式呈现的，而这些论文隐藏在大堆的专业研究期刊中，对于专业以外的人员来说，在这些刊物中寻找新成果如同大海捞针，很难不望而却步。

就总体而言，如果具体到学者个人，几乎人人都会有所差异。对于旧史学，绝不是所有史学中人都具有同样的觉悟、同样的意识和同样的立场。也许，正是这种情况的存在，决定了新旧史学及其与公共史学关系的状态。比如，学者群中，对于武则天的研究，并不是整齐划一的，有人主张为武则天翻案；有学者则认为，不能因为武则天是女性就要为她说话。缺乏独立研究的学者，一般性介绍很可能采自传统。即使是很严肃的学者，要写一部通俗的武则天书籍，自然会采用传统方式叙述，于是又回到传统史学的话语系统之中。给人留下总体的印象是，比起传统史学的坚毅强大来，新史学似乎是散兵游勇，既散漫又松懈，软弱无力。

之所以如此不利，是新史学自己造成的。大多数历史学家以怀疑的眼光看待这些对历史的通俗运用，把精力花费在公共史学上，已经偏离了重构和解释历史的真正任务。至于向社会大众讲解历史新知，既不是学术规定动作，也不是组织下派的任务，反而容易留下不务正业的印象。新史学不仅不能组成一个思想统一的阵营，更对公共史学的影响缺乏兴趣。比较起来，与其影响民众的史学认识，他们宁愿躲在象牙塔中重构历史。或者，他们经常把历史研究工作和历史普及工作当作不可兼得的矛盾事物，所以他们懒得去书写具有学术水准的通俗作品。因为专业史学工作者以象牙塔自荣，公众不了解专业史学的工作，甚至怀疑其存在价值。凡是高等院校需要压缩的时候，历史专业的取消几乎总是被首先提出。对于公众的缺乏了解、理解甚至误解，史学界的表现总不免有些孤独，甚至凄凉，然而他们始终没有采取过任何有力的行动。

现在回头观察传统史学，我们会再次发现“传统之美”。传统史学仍然是影响最大的力量，他们不仅影响现在的专业史学队伍，也同样影响着公共史学领地。关于武则天，传统史学可以两《唐书》和《资治通鉴》为代表，它们拥有天然优势，对于后来的历史认识影响巨大。所谓天然优势，是指它们出现的比较早，有更多、更系统的记载作为参考。大家基本上认为，《旧唐书》充分利用了唐朝编写的《实录》和《国史》资料，而《新唐书》和《资治通鉴》在北宋时期编写，唐朝的这些文字资料依然保存较好。历史记载通常的情况下只能随着时间的流逝而流失，后来的研究者最大的困难往往就是史料缺乏。于是，早期编纂而成的史书拥有天然优势和影响力是不难理解的。

两《唐书》和《资治通鉴》的优势，还在于它们的书体特点：叙事性的史书，在叙事的同时加入自己的立场观点，读者在了解事件的同时自然而然地接受了作者的立场。因为作者的立场观点隐藏在叙事中，立场与观点随着事实传播更加容易。有的故事，在这些叙事性的史书中生动形象，文学性的文字不仅有利于事实的传播，也有利于作者观点的传播。更为可贵的是，传统史学追求文字叙述之美，这就是所谓文史不分家，他们当然重视自己的史学观点，同时也注意文字叙述的简明生动。

新史学基本上不考虑史学著作的文学性，这几乎就是在否定一般读者的存在。因此，在构思历史和历史人物的时候，也就不会重视人物的形象问题。一些影响人物形象的细节自然也不去追究，更多是干脆省略。在你没有研究的领域，传统的说法自然会来充填；在你研究不细致的地方，传统的说法自然占领市场。道德不是唯一的评判史学的标准，但是对所有涉及道德评价的地方都不发言，那么传统史学的道德立场就会依旧流行。

在新史学研究薄弱之处，依然是传统史学在当家做主。而1957年林语堂的《武则天正传》，则坚持武则天扼杀公主。2007年，王朔在《宫里的日子》中认为公主是自然死亡。小说作者可以各有出发点，而史学研究没有给出应有的答案则是基本事实。当然，更有小说家把武则天当作女性解放的先驱，甚至有人把高阳公主的荒淫当作追求爱情的典型。当年，司马光等传统史学家把所有女祸的罪证集合起来，斗转星移，如今成了女权主义伸张自己观点的正面资料。这是另外一层的历史误会，不在这里申述。

如今几乎所有的武则天著作，不管是十分专业的著作，还是明确无误的公共史学作品，如网络作品、公众讲座，无不是夹在传统史学与新史学中间，参差错落。史学要发展，如果不能充分吸收传统史学的悠长，就只能如此这般接受传统史学的纠缠不休。当今史学的发展，公共史学应该是一个重要增长点。公共史学不仅为史学研究提供传播的渠道，也是史学影响社会、实现史学社会价值的方式，是史学研究更能够发挥培元固本的良好途径。史学界本不该等闲视之，但惯性依然如故，无可奈何。

四、若干研究体会

每个武则天的研究者，都不可避免地拥有自己的“武则天观”。这里，希望介绍的是本书的“武则天观”，其实是一些体会而已。对于一位千年之前的古人，今天的研究依据，存在天然障碍，这是正常的历史现象。弄清楚武则天的历史事实，这是研究的第一步。研究具体事件的来龙去脉，努力探寻背后的因果，这是研究的深入。总体上能够把握武则天现象，体会出武则天现象具有的历史文化意涵，这是研究的升华。但是，本书即使已经总体呈献给读者，却不敢造次，因为无法把所有的研究境界完美展现。

武则天研究存在天然障碍。这不是一般历史研究都会遇到的那类障碍，武则天的情况颇显突出。武则天是中国历史上唯一出现过的女皇，武周代唐，是唐朝遭遇的第一个政治挫败，唐朝后期开始，已经十分忌惮武则天。不仅如此，武则天现象吓坏了后来的朝代，防范武则天从而变成了历史的日常课程。对于我们今天的武则天研究而言，最严重的就是资料缺乏。古代史研究资料普遍缺乏，但武则天的情况尤其严重，因为现在可以明确，武则天的资料，遭遇过系统的删除。

《旧唐书》是我们至今都十分重视的唐代史学著作，在我们的研究中，也常常以史料书籍看待。卷五八有武则天父亲《武士彟传》，本卷的“史臣曰”关于武士彟的评论是：“武士彟首参起义，例封功臣，无戡难之劳，有因人之迹，载窥他传，过为褒词。虑当武后之朝，佞出敬宗之笔，凡涉虚美，削而不书。”史臣的意思很清楚，此前的《武士彟传》资料，因为武则天的关系，许敬宗书写时尽多虚美之词，现在给予“削而不书”处理。如果说，武则天的时代对于武士彟传记确有虚美之词的话，因为“虚美”证据没有保留下来，我们并不能确知所谓“虚美”到底指什么。既然虚美之词删削，那么现在保留下来的文字是否有可能是另外一个方向的书写呢？所以，假设武则天时期对于武士彟的虚美是历史的第一现场，那么《旧唐书》的删削则是历史第二现场。对此，我们仅仅知道“删削”这个事实的存在，但难以进一步了解。既然武士彟的虚美已经删削，那么作为女皇武则天，有关她的虚美文字只能更加丰富，所以史臣的删削也应该不可避免。比较起来，毕竟武士彟是受到武则天的影响，武则天才是主角。

即使不是史官的系统删削，“政治正确”这种无所不在的观念也会促使相关学者有意识地放弃武则天的历史资料。比如，读唐代史书，一方面记载说“太后好祥瑞”，但另一方面却不见给予祥瑞的记载。以《资治通鉴》来论，所言及武则天祥瑞的事，都是武则天在祥瑞问题上的出丑。武则天是政治上的反面典型，在历史书写上如此处理，并非难以理解。但是，我们若想回到历史的第一现场进行研究，曲折性就难以避免。对此，我们不得不绕过传统史书，寻找出土文献或其他资料，努力回到第一现场。于是，武则天研究中，利用出土文献、其他散见资料就变得重要起来。

当然，资料与研究视角、路径比较起来，后者在武则天研究中，地位和作用是不能低估的。武则天是古人，但是面对古人也可能出现立场的严重对立。研究者被自己情绪驱使，在武则天的研究上，总能看到意气风发的立场对峙。研究者选择客观立场，不管有多么艰难，方向仍然是可取的。或许，所有的研究者都自认为公正客观，而他者却有不一样的认同，结论只能交给未来。

比较而言，本书选取具体论题的角度，与其跟新史学亲近，不如说更愿意跟传统史学交锋。武则天政治的地域倾向，自陈寅恪先生以来，成为武则天研究的焦点之一，但本书认为，地域倾向不足以描述概括武则天。也有阶层论者，认为武则天代表了新兴的地主阶层，但无论是皇后还是皇帝，把武则天看成是具体集团的代表，都不能解释更多问题。或许，武则天研究基本思路被陈寅恪先生带偏，过于重视集团要素。关陇集团是个天才的归纳，但在关陇集团退出之后，是哪个集团取而代之？这个缠绕了陈寅恪的问题，也严重影响了众多研究者。或许把关陇集团看成是一个军功集团更准确，当打天下的使命完成之后，军功集团的退出是必然的。不是一个新的集团完成替代，仅仅是军功集团的特权消失而已。如同西汉历史一样，功臣政治结束了，武帝时期推出察举制。普适性的制度不代表新集团的崛起，仅仅代表曾经的特权集团历史性的退出。

本书的具体论题都是传统史学重视的问题，也是武则天研究中论争纷纭的问题。认真辨别每一个具体问题，归纳起来就会发现有规律可循。传统史学，不管是《新唐书》还是《资治通鉴》，在他们坚持某一观点的时候，是不会直接栽赃陷害的，看上去最多好像根据不太充分而已。根据一个说法、一点影子进行放大，直到事实的性质发生改变，这是一个常见做法。因为背后有一个政治正确当靠山，他们或许认为是在从事一件伟大的工作。今天，我们没有传世史学家那般顾虑，我们的研究更自由。古代史学家领着朝廷的俸禄，防范另外一个武则天的出现是天经地义的事。本书不是武则天的传记，每一章的讨论，都是针对一个具体问题，这些问题学界研究早就开始，所有的问题都是我认为比较重要的问题。所谓重要，即在武则天的生涯中比较重要。

摆出相关史料，与古今学者对话，到底怎样看待武则天才是合适的。在现有的史料面前，如果能够确定，这是有利于史学科学化的，有利于树立良好的史学观念。如果不能确定，需要未来新资料证明，那么也应该摆正位置，实事求是地承认无能为力。即使是公共史学作品，实事求是也应该是至上原则，哪怕是不得已的虚构，也应该有所依据，尊重史学界的劳动。

历史的研究是为了追求文化的本质，如何定义中国文化，历史学任重道远。武则天是中国唯一的女皇，到底哪些因素为女皇的事业奠基成功？本书提供了答案，但能否获得认同，尚是未知数。女皇的故事，为什么武则天成了绝唱？本书也试图有所解释，同样需要读者支持。武则天研究永远是未竟事业，新的研究只能促成更新的研究，生生不息。期待读者批评，期待研究更新的进展。

第一章
武则天的出生地与故乡

历史学是实证科学，在证据不充分的前提下，言人人殊是很正常的。言之成理，持之有故，如此争论突显了史学研究的相对性，这种印象过于深刻，很容易导致任人打扮的极端说法，从而否定了史学的科学性。证据多元是证据不充分的一种状况，证据信息不确定，是不充分的另一种状况，如此条件下，研究者的主观选择空间扩大，至少表面看上去比较随意。历史证据学，属于史学研究法的范畴，在相对的证据面前，如何保持客观冷静的观察，认真面对不同的证据显然是重要方面。武则天作为一个影响巨大的历史人物，关于她的出生地和故乡问题，就是一个很生动的历史证据学案例，认真讨论，不无益处。

第一节　背景回顾

郭沫若先生有关武则天出生地的意见，首先是在《人民文学》1960年第2期上发表的话剧剧本《武则天》中做了表达，利用剧中人之口宣布武则天是出生在“巴蜀的剑阁附近”，“巴蜀才是我的故乡”。剧本的附注，郭老注释道：“武后的父亲曾为利州都督，武后即生于广元县。”引发争论之后，郭老在1961年5月28日《光明日报》发表《武则天生在广元的根据》①，更系统地阐述了武则天出生广元说。

关于武则天的研究，重点其实是整体评价问题，具体到武则天的出生地，最多属于武则天研究中的一个小分支而已。在郭老文章之前，与这个题目相关的研究文献大约只有一则：王家祐《广元皇泽寺及其石刻》②。50年代末至60年代初，在武则天的研究上，陈寅恪、胡如雷、吴泽、翦伯赞、吴晗、缪钺都有文章发表，这一研究的社会影响力迅速提升，上海《文汇报》专门发表《武则天评价问题综述》③，可见武则天问题研究已经形成了相当的话题热度。

郭老发表五幕历史剧《武则天》，有利于武则天研究的社会普及，但武则天出生地问题还不是一个热点。郭老文章之后，有张明美等《四川广元皇泽寺调查记》④，可以看作是延续郭老观点的一个学术思考。根据梁永元先生的文字，这个调查记是受郭老的委托前往广元实地考察的结果⑤。吴晗发表《关于历史人物评价问题》，涉及武则天是否出生广元问题，他认为武则天出生在四川是不大可

---

① 收入《郭沫若全集·历史编》第3卷，北京：人民出版社，1984年，第502—509页。

② 王家祐：《广元皇泽寺及其石刻》，《文物参考资料》1956年第11期。

③ 《武则天评价问题综述》，上海《文汇报》，1961年9月10日。

④ 张明奕等：《四川广元皇泽寺调查记》，《考古杂志》1960年第7期。

⑤ 梁永元：《武则天正传》，北京：文化艺术出版社，2012年，第401页。

能的[①]。陈振《也谈武则天的出生与出身》[②]，不同意郭老看法。5月，郭老发表《武则天生在广元的根据》，反对陈振看法，系统阐述自己的观点。于是，武则天出生地问题很快成为一个热点。支持和反对的意见纷纷出现，立刻形成讨论热潮。

敬堂《武则天不生于广元的证据》[③]，对郭老的文章，可以说是完全针锋相对。罗元贞《关于武则天的两个问题》[④]，也是反对郭老的观点。郭老的战友似乎更多，钟华荣《皇泽寺与武则天》[⑤]，杨山等《在武则天的故乡》[⑥]，《在武则天祠庙周围》[⑦]等皆可以看作是郭老的战友。董家遵《武则天父亲两任利州都督》[⑧]，帮助郭老论证，力图补上郭老论证的漏洞。敬堂发表《有关武则天的两件资料（攀龙台碑与则天母墓碑文并序）》[⑨]，对郭老继续表示不同意见。

1962年9月26日，郭老再次上阵，在《光明日报》上发表《关于武则天的两个问题》[⑩]，把武则天研究尤其是出生地问题进一步推向高潮。两个问题分别是“谁杀死了李贤”，“武则天的生年有问题”。罗元贞发表《武则天的籍贯和出生地》[⑪]，继续否定广元说。

---

① 吴晗：《关于历史人物评价问题》，《新建设》，1961年1月。

② 陈振：《也谈武则天是否出生与出身》，《光明日报》史学版，1961年5月24日。

③ 《天津日报》，1961年9月6日。

④ 《山西学术通讯》1961年第2期。

⑤ 《光明日报》，1961年6月10日。

⑥ 《四川日报》，1961年12月3日。

⑦ 《羊城晚报》，1962年4月23日。

⑧ 《羊城晚报》，1962年8月9日。

⑨ 《光明日报》，1962年7月18日。

⑩ 收入《郭沫若全集·历史编》第3卷，北京：人民出版社，1984年，第510—517页。

⑪ 《山西大学校刊》，1962年11月8日。

向灵发表《广元皇泽寺和武则天》[①]，支持郭老的说法。而胡守为《关于武则天生年的几段史料札记》[②]，不同意郭老说法。不过，60年代初期的讨论热潮没有继续下去，应该是受到政治运动的冲击，讨论中断了。

“文化大革命”结束以后，很多话题再续从前。熊克《关于武则天的生地与生年问题》[③]，坚持郭老武则天出生地广元说。李端科《也谈武则天的出生地》《再谈武则天的出生地》[④]，是批评郭老观点的，认为武则天应该出生在长安。梁永元《武则天出生在广元》，是郭老观点的积极支持者，载广元市委宣传部《创业》1985年创刊号。同期发表伊显德《武则天生年生地考辨》，也是同类观点。罗元贞依然是反方代表，作《关于武则天的出生地》《再论则天籍贯与出生地》[⑤]。稍晚一些的论文，在拥护郭老的人群中，可以韩昇先生为代表，他的《武则天的家世与生年》[⑥]，其中第二节“武士彠与杨氏”、第三节“武则天出生的年代与地点”都与武则天生年有关，全面赞同郭沫若说法，认为武则天生于广元，时间为贞观二年。

有关武则天的出生地和生卒年岁，因为证据具有一定的模糊性和相对性，信息有不充分的一面，所以留下了争论的空间。但在证据都不十分明确的情况下，如何选择证据，如何表达倾向，也不是没有底线。越是在这样情形下，史学的重要原则越有必要认真坚

---

① 《成都晚报》，1963年4月18日。
② 《中山大学学报》1962年第3期，第95—98页。
③ 《南充师院学报》1980年第2期，第79—83页。
④ 《学术月刊》1982年第4期，《学术月刊》1984年第10期。
⑤ 《中国唐史学会会刊》1985年第3期。《山西日报》，1985年4月21日。
⑥ 王文超、赵文润主编：2002·登封·国际武则天学术研讨会论文集《武则天与嵩山》，北京：中华书局，2003年，第45—54页。

持，主观的倾向性越应该接受史学基本原则的约束。证据，如何看待各种证据，尤其是对立观点的证据，这个史学的核心问题，在这样的争论中显得十分重要。

第二节　汪篯先生的观点

汪篯先生对于武则天出生地问题，有自己的看法。其文如下：

关于武则天的出生地点的问题。郭老说武则天生于利州，我看不可能。历史上记载武则天的年龄，有几种说法，有的说活到八十三岁，有的说八十二岁，有的说八十一岁，还有一种说法是八十岁。她死在神龙元年（705），从这一年往上推，如果武则天活到八十岁，就应生于武德九年（626），如果是八十一岁，则生于武德八年（625），八十二岁则生于武德七年（624），八十三岁则生于武德六年（623）。而武士彟到利州应在贞观二年（628），因为在武士彟以前任利州都督的李孝常是在贞观元年（627）十二月戊申谋反被杀的，这年十二月是己卯朔，戊申当是腊月三十日。

李孝常的事迹很清楚的，他是隋朝大臣李圆通的儿子，李圆通是一个很重要的人物，《隋书》有传。唐能取得天下的重要原因之一，是手里掌握了粮食，而李孝常是华阴令，掌握永丰仓，唐高祖兵临黄河，李孝常降了唐。他的投降，使唐得到永丰仓的大批存粮。李孝常又是窦家女婿，和唐有亲戚关系。郭老怀疑贞观元年（627）正月利州都督李寿谋反被杀，与李孝常的谋反是一回事。他说："再根据《资治通鉴》，于贞观元年（627）正月载利州都督李寿被诛；于同年十二月又载利州都督义安王李孝常谋反伏诛。在同一年中有两个姓李的利州都督谋反被诛，未免太凑巧了，我颇怀疑李寿和李孝常是一个人，谋反在武德九年（626）十二月，伏诛是在第二年贞观元年（627）正月，就很能顺理成章了。"所以他就往上推，说李造反当在武德九年（626）十二月，武则天可能就生在利州。其实，他的怀疑是没有根据的。李寿和李孝常是两个人，李寿的来历，在历史上也是很清楚的。他原名罗寿，即隋大将军罗艺的弟弟，罗艺造反，李寿连坐被杀，此人与李孝常绝无联系。所以，郭老这个说法是不可能成立的。历史记载从武则天七十九岁之说，武则天最晚应出生于武德九年（626），而不可能出生于贞观元年（627）。

郭老还提出三个证据，企图证明武则天生于利州。而这三个证据也都不充分。第一个证据是李义山《利州江潭》诗有自注云："金轮感孕处。"郭老说："这是说武后生于利州，即今四川广元县。"这条材料可以说明唐人有武则天生于利州的传说，但郭老认为："李义山是唐代有名的诗人，离武后之死仅一百多年。"根据这个，就可以看出，武则天是生于贞观初年，却不是严密的论断。传说只是传说，文人用传说来写诗作文，是不能据为信史的。李义山距武则天有一百多年，如果没有查考，并不一定确知武则天的年岁。举一个例，白居易《新乐府》的第一首《七德舞》是歌颂太宗功德的。诗里面说："太宗十八举义兵，白旄黄钺定两京。擒充戮窦四海清，二十有四功业成。二十有九即帝位，三十有五致太平。"其实，李渊从太原起兵，即所谓“举义兵”以及夺取长安在大业十三年（617），太宗已经二十岁了，第二年就是武德元年（618），他做皇帝在武德九年（626），如果十八岁起兵，做皇帝怎能到二十九岁呢？至于他在十八岁时，只是参加打仗，解炀帝之围，与“举义兵”毫不相干。作这首《七德舞》，白居易是用了功力的，他根据的是《贞观政要》，可是把书中“便为经纶王业”一句含义不明的话改为“举义兵”，就弄错了。当作史诗写的《七德舞》犹且如此，更何况李义山的感怀之作。从来传说很多，像有关诸葛亮、关羽、杨家将，等等的传说，当作历史故事听听是可以的，但不能作为判断历史事实的根据。第二条根据，是引用1955年出土于广元县的《利州都督府皇泽寺唐则天皇后武氏新庙记》碑。那是五代时后蜀立的，而且上面有缺字，其中极重要的“始后生焉”一句的“始生”二字是郭老给它补上的。纵使郭老补对了，碑的建立离武则天死也有二百五十四年，又怎能作为根据呢？第三条是《谭宾录》所记袁天纲为武则天相面事，显是后人附会的小说异闻，又没有记年代，更无法凭信。所以，我认为关于武则天的年岁，应当说《资治通鉴》上的八十二岁基本上是可信的。郭老说司马光走中间路线。其实不是什么中间路线，而是根据《实录》写的。郭老比较相信稗官野史，这也未可厚非，但关于皇帝的年龄，我们还应当相信皇家的实录。总之，我的看法是：武则天活了八十二岁，生于武德七年（624），是武士彟在长安时生的。[①]

① 汪篯：《武则天》，根据汪篯先生1962年11月11日在中共中央高级党校报告的记录，收入《汪篯隋唐史论稿》，北京：中国社会科学出版社，1981年，第118—131页。

上文，全文引证汪篯先生的观点，汪先生属于郭老意见的对立派。尤其是最后部分，汪先生指出："郭老比较相信稗官野史，这也未可厚非，但关于皇帝的年龄，我们还应当相信皇家的实录。"这里所说的皇家实录，即《资治通鉴》所据的《则天实录》。对此，选择利州（广元）说的作者都不同意《实录》，而郭老最初把这种观点推给《通鉴》，不说《通鉴》根据是《实录》。拥护郭老观点的人众多，但为什么《则天实录》不可信？这个问题却鲜见有人回答。

《则天实录》有两个版本，一是武则天去世之后，神龙二年（706）由武三思主编的《则天实录》。关于此书，《唐会要》有明确记载：

> 神龙二年五月九日，左散骑常侍武三思、中书令魏元忠、礼部尚书祝钦明，及史官太常少卿徐彦伯、秘书少监柳冲、国子司业崔融、中书舍人岑羲、徐坚等，修《则天实录》二十卷，《文集》一百二十卷，上之。赐物各有差。
>
> 开元四年十一月十四日，修史官刘子元、吴兢，撰《睿宗实录》二十卷、《则天实录》三十卷、《中宗实录》二十卷成，以闻。又引古义白于执政，宰相姚崇奏曰："……今史官刘子元、吴兢等，撰《睿宗实录》，又重修则天、中宗《实录》，并成，进讫……监修官已下，加爵及赐。"①

① 《唐会要》卷六三《史馆上·修国史》，上海：上海古籍出版社，1991年，第1290—1292页。也见《册府元龟》卷五五四《国史部·恩赏》，南京：凤凰出版社，2006年，第6349—6350页。

可知，开元四年（716）的《则天实录》，是对神龙二年（706）《则天实录》的“重修”，或者叫作“删正”[①]。新版对旧版的删正，我们无从具体了解，就武则天的评价而言，旧版应该是以表扬为主，新版则多有批评，事关武则天的历史定位，这种修改可以看作是朝廷的正常行为。是非评价有所删正，那么事实部分比如武则天的年龄，也一并删定吗？武则天的年龄问题，是无关是非的，不论是武则天的子孙唐中宗还是唐玄宗，在这个问题上忠诚于事实也是子孙孝道反映，断不能允许史馆随意改动长辈的年龄。

《资治通鉴》所引用的《则天实录》，称“吴兢《则天实录》”，证明使用的是重修本[②]。而有关吴兢等史家严格按照直笔原则删定《则天实录》的故事，至今也是有案可稽的。《唐会要》有详细记载，证明吴兢是如何坚持直笔修史原则的，甚至面对当朝宰相也不屈服。其文曰：

> 长安三年，张易之、昌宗欲作乱，将图皇太子，遂谮御史大夫、知政事魏元忠。昌宗奏言，可用凤阁舍人张说为证。说初不许，遂赂以高官。说被逼迫，乃伪许之。昌宗乃奏元忠与太平公主所宠司礼丞高戬交通密谋，构造飞语曰：“主上老矣，吾属当挟皇太子，可谓耐久。”时则天春秋高，恶

---

① 《新唐书》卷五八《艺文志二》，记录该书，在《则天皇后实录》二十卷之后，小字注为“魏元忠、武三思、祝钦明、徐彦伯、柳冲、韦承庆、崔融、岑羲、徐坚撰，刘知几、吴兢删正”。北京：中华书局，1975年，第1471页。

② 《通鉴考异》现在分条款附在《通鉴》正文之下，有无关武则天的年龄，司马光在《考异》中引证《旧唐书》《唐会要》等书的不同观点，最后结论“今从吴兢《则天实录》为八十二，故置此年”。此年，即贞观十一年（637），为武则天入宫之年。见《资治通鉴》卷一九五，北京：中华书局，1956年，第6135页。

闻其语。凤阁侍郎宋璟恐说阿意，乃谓曰："大丈夫当守死善道。"殿中侍御史张廷珪又谓曰："朝闻道，夕死可矣。"起居郎刘知几又谓曰："无污青史，为子孙累。"明日，上引皇太子、相王及宰相等于殿庭，遣昌宗与元忠、高戬对于上前。上谓曰："具述其事。"说对曰："臣今日对百僚，请以实录。"因厉声言："魏元忠实不反，总是昌宗令臣诬枉耳。"是日，百僚震惧。上闻说此对，谓宰相曰："张说倾巧，翻覆小人，且总收禁，待更勘问。"异日，又召，依前对问，昌宗乃屡诱掖逼促之。说视昌宗言曰："乞陛下看取，天子前尚逼臣如此，况元忠实无反语，奈何欲令臣空虚加诬其罪。今大事去矣，伏愿记之，易之、昌宗，必乱社稷。"天后默然，令所司且收禁。掌谏议大夫、知政事朱敬则密表奏曰："魏元忠素称忠正，张说又所坐无名，俱令抵罪，恐失天下之望。愿加详察。"乃贬元忠为高要尉，说流钦州。（时人议曰：昌宗等包藏祸心，遂与说计议，欲拟谋害大臣。宋璟等知说巧诈，恐损良善，遂与之言，令其内省。向使说元来不许昌宗虚证元忠，必无今日之事，乃是自招其咎。赖识通变，转祸为福，不然，皇嗣殆将危矣。）后数年，说拜黄门侍郎、同中书门下平章事，因至史馆，读《则天实录》，见论证对元忠事，乃谓著作佐郎、兼修国史吴兢曰："刘五修实录，刘五即子元也。论魏齐公事，殊不相饶假，与说毒手。"当时说验知是吴兢书之，所以假托刘子元。兢从容对曰："是兢书之，非刘公修述。草本犹在，其人已亡，不可诬枉于幽魂，令相公有怪耳。"同修史官苏、宋等，见兢此对，深惊异之，乃叹曰："昔董狐古之良史，即今是焉。”说自后频祈请删削数字，兢曰：“若取人情，何名为直笔。”①

张说当时屈服于二张的威逼利诱，答应出面作证，证明魏元忠有罪，但在诸位正义人士的劝说下，张说悔改，拒绝作证。虽然最终也受了牵连，但实际上是张说人生中的一个污点。正如当时人的评论，如果最初张说就不答应，或许就没有了此案。张说也知道自己的这个污点，希望修改历史记录，尤其是在他担任宰相，大权在握的时候。没有想到，遇到吴兢的坚决反对，不仅说明当时的草稿都保留着，而且绝不修改，他的原话掷地有声，“若取人情，何名为直笔”。

张说要修改史书记录的事，《资治通鉴》记录在开元九年（721）刘知几去世的条目之下，其文如下：

著作郎吴兢撰《则天实录》，言宋璟激张说使证魏元忠事。说修史见之，知兢所为，谬曰：“刘五殊不相借。”兢起对曰：“此乃兢所为，史草具在，不可使明公枉怨死者。”同僚皆失色。其后说阴祈兢改数字，兢终不许，曰：“若徇公请，则此史不为直笔，何以取信于后！”②

尤其值得注意的是，作为宰相的张说，后来“阴祈兢改数字”，即暗地里请求吴兢，希望吴兢改几个字，都被吴兢拒绝。张

① 《唐会要》卷六四《史馆》下，第1305—1306页。
② 《资治通鉴》卷二一二，开元九年，第6748页。

说在开元七年（719），“检校并州大都督府长史，兼天兵军大使，摄御史大夫，兼修国史”，开元九年（721）九月“拜兵部尚书、同中书门下三品，仍依旧修国史”[①]。张说不仅是朝廷的宰相，因为“兼修国史”，也是史馆的领导人，如此直接领导，吴兢都敢于公开拒绝，虽然让同僚都很震惊，但这从一个侧面证明吴兢所修《则天实录》的可靠品质。

具体到武则天的年龄问题，吴兢所修《则天实录》明确记载为八十二岁，如果不予以采信，必有不可信的证据。史家研究问题，总不能因为主观喜欢吧。郭老的考证根本没有完成，如果说《实录》不可信，一定要给出根据。为什么《实录》需要在武则天年龄上造假呢？郭老坚信李商隐，说李距离武则天的时代就比较接近，甚至说“在武则天生于广元这个问题上，我还是相信距武则天之死仅一百多年的李义山；而不敢相信距武则天之死已一千多年的同志们。请原谅我的顽固吧”（《武则天生在广元的根据》）。这哪里是李义山与今天学者的关系呢？如果要论谁距离武则天更近，那也是李义山与《则天实录》作者的关系，我们到底应该相信《则天实录》还是李义山的一个诗歌注释？

第三节　出生地与故乡

郭老最初讨论武则天，是用出生地与故乡联结起来的，剧中人武则天的台词就有“巴蜀才是我的故乡”的说法。或许，郭老在武

---

① 《旧唐书》卷九七《张说传》，第3052—3053页。

则天的行为中，看到某些巴蜀文化的信息。作为文学作品，戏剧的这种虚构本来是不必细究的。可是，后来引发的争议，延展讨论则变得不可避免。

就中古时期的中国人而言，出生地是完全可以忽略的，除非出生地就是故乡，因为故乡才是当时人重视的概念。故乡，不是单纯的乡里概念，而是与亲戚系统、本土文化紧密联结的。那么，历史上的武则天，是否认为“巴蜀才是我的故乡”呢？现有的史料都证明，山西文水才是武则天的故乡，武则天承认的故乡只有一个，即太原文水。

《旧唐书·则天皇后本纪》，开篇即写道：“则天皇后武氏讳曌，并州文水人也。”[①]《旧唐书·地理志》记录文水，完整的信息如下：

> 文水：隋县。武德三年，属汾州。六年，属并州。七年，又属汾州。贞观初，还属并州。天授元年，改为武兴县，以天后乡里县，与太原、晋阳并为京县。神龙元年，依旧为文水。[②]

武则天称帝，文水改为武兴县，是因为“天后乡里县”。不过，《旧唐书·则天皇后本纪》记载改名武兴县是在载初元年（689）冬十月，“改并州文水县为武兴县，依汉丰、沛例，百姓子孙相承给

① 《旧唐书》卷六《则天皇后本纪》，北京：中华书局，第115页。
② 《旧唐书》卷三九《地理志二》，第1481页。

复”[①]。这才是帝王故乡应有的待遇。

早在显庆五年（660）二月，高宗携武后到达并州，武后的乡亲第一次因武后而享受到皇恩浩荡。《旧唐书·高宗本纪》记载到：

> 三月丙午，皇后宴亲族邻里故旧于朝堂，命妇妇人入会于内殿，及皇室诸亲赐帛各有差，及从行文武五品以上。制以皇后故乡并州长史、司马各加勋级。又皇后亲预会，每赐物一千段，期亲五百段，大功已下及无服亲、邻里故旧有差。城内及诸妇女年八十已上，各版授郡君，仍赐物等。[②]

请注意，皇后故乡的人，这里有十分清晰地表达，如“亲族”“邻里”“故旧”等。地方官员并州长史、司马，因为是“皇后故乡”的官长而加勋级。在赐物阶段，皇后亲自与会，按照亲戚关系的远近赐物，“期亲”是五百段，“大功已下”是另一等，“无服亲”是一等，“邻里、故旧”又是一等。这些概念，在史籍中记载如此分明，非故乡，是没有这些关系，没有这些概念的。在唐朝，武则天的故乡概念是清楚的。朝廷清楚，她自己也同样清楚。

《旧唐书·崔神庆传》，有如下文字：

> 神庆，明经举，则天时，累迁莱州刺史。因入朝，待制于亿岁殿，奏事称旨。则天以神庆历职皆有美政，又其父尝有

① 《旧唐书》卷六，第121页。
② 《旧唐书》卷四，第80页。此事，《新唐书》《资治通鉴》都有记载。

翊赞之勋，甚赏慰之，擢拜并州长史。因谓曰：“并州，朕之枌榆，又有军马，比日简择，无如卿者。前后长史，皆从尚书为之，以其委重，所以授卿也。”因自为按行图，择日而遣之。[1]

武则天亲口所言：“并州，朕之枌榆。”作为武则天故乡重要史料，根据这里所记，与上文所列的资料，从中得出结论并不困难。

武则天父亲武士彟，跟随高祖太原起兵，是唐朝的太原功臣，他的故乡因此成为女儿武则天的故乡。《旧唐书》记载分明，“武士彟，并州文水人也。家富于财，颇好交结。高祖初行军于汾、晋，休止其家，因蒙顾接，及为太原留守，引为行军司铠”[2]。对此，武则天明白，唐朝明白，唐朝的史书记载明白。看起来，武则天故乡是一个不需讨论的问题。但是，有了武则天出生地问题的争议，故乡问题自然会波及，而故乡才是那个历史时期更核心的问题。出生地问题的争论，掩盖了武则天的故乡问题，而女皇故乡问题，才是武则天研究更应重视的。

不仅武氏以并州文水为故乡，赐姓武氏者，也有因此成为并州文水人的情况。光宅元年（684）李敬业等在扬州发动事变，李敬业率兵攻打润州。他的叔叔李思文为唐朝润州刺史，“拒守久之，力屈而陷”。李敬业对叔叔说：“叔党武氏，宜改姓武。”最后，被李敬业置于润州监狱。朝廷在镇压李敬业的过程中，曾经下令“追

---

① 《旧唐书》卷七七《崔神庆传》，北京：中华书局，1975年，第2689—2690页。
② 《旧唐书》卷五八《武士彟传》，第2316—2317页。

削李敬业祖、考官爵，发冢斫棺，复姓徐氏”[1]。李敬业失败之后，“太后以徐思文为忠，特免缘坐，拜司仆少卿。谓曰：‘敬业改卿姓武，朕今不复夺也。’”[2]根据《通鉴考异》，这个说法是来自《唐纪》，而《则天实录》另有记载“思文表请改姓武，许之”。这个意思，司马光理解为“盖太后有此言，思文因请之也”[3]。这其中，有一个细微的差异，《唐纪》是武则天沿袭了徐敬业的意思，让他叔叔改姓武。《考异》则强调了改姓的程序，武则天先有指示，徐思文再有申请获批。此处差别，如果统一化理解更合适。

现在，我们能看到李（武）思文儿子武钦载墓志，原题为《大唐冀州刺史息武君墓志铭并序》，录文如下：

> 君讳钦载，字景初，其先济阴离狐人，本姓徐氏。皇运肇兴□□□佐经纶之业，赐以国姓。洎圣母神皇之临天下，其父思文，表忠贞之节，又锡同□圣氏，仍编贯帝乡，故为并州文水人也。……国史之所具详，家谍于焉甄序，无烦缕述，可略而言。曾祖皇朝封济阴郡王，后固辞王，授散骑常侍陵州刺史上柱国舒国公，薨谥节公；祖勣，司空上柱国英国公赠太尉扬州大都督，谥贞武公。并星辰禀气，山岳降灵，建大厦之栋梁，运巨川之舟楫。宠高九命，位极三台，绚彩麒麟，铭勋钟鼎，□历任岚、饶、润等州刺史，再除太仆少卿，兼知陇西事，又加□青光禄大夫上柱国卫县开国公检校并州大都督府长

---

① 《资治通鉴》卷二〇三，第6428页。
② 《资治通鉴》卷二〇三，第6433页。
③ 《资治通鉴》卷二〇三所附《通鉴考异》，第6433页。

史清源道总管，除冀州刺史。今见朝集，职隆内外，政□廉能，类石建之孝谨，同胡威之清洁，四知增慎，三命愈恭，目击道存，无俟诠综。君蓝田美玉，汉浦明珠，夙彰辩日之机，早著谈玄之敏。纵横辞藻，卓荦群书，神童之誉郁兴，大成之目斯在。岂谓嘉苗不秀，与慕槿而同萎；芳树先凋，将朝菌而俱落。以调露元年八月四日卒于陇西大使之馆，春秋一十有五，权窆于县慈门乡。粤以垂拱四年十二月十八日，改葬于洛阳县平阴乡北邙之原礼也。司徒之梦，偿百万于黄泉，滕公之铭，睹三千之白日。甫迁故域，永讬新茔，恐碧海之将变，寄玄础以流声。铭曰：……①

武钦载是武思文的儿子，只有十五岁便去世了。垂拱四年（688）安葬洛阳县平阴乡。他父亲武思文从润州刺史到司仆少卿（太仆少卿），正是发生在扬州事变前后。史载，武思文没有受到徐敬业的牵连，但本墓志谈及上代英国公李勣的时候，并不涉及刚刚宣布的“追削李敬业祖、考官爵”之事。

当然，本文最关心的是武思文的故事。“皇运肇兴□□□佐经纶之业，赐以国姓。洎圣母神皇之临天下，其父思文，表忠贞之节，又锡同□圣氏，仍编贯帝乡，故为并州文水人也。”所谓“表忠贞之节”，应是他在扬州事变中的表现。有缺文不能识读，总之是赐予了武姓，于是“编贯帝乡”。赐姓，要重新编制故乡，“故为并州文水人也”。这是一个新的提示。“其先济阴离狐人”，现在改

① 周绍良主编：《唐代墓志汇编》上，上海：上海古籍出版社，1992年，第777—778页。

为并州文水人。如此说来，赐姓与合谱相类，连故乡也一并要改动。这使人联想起李义府的故事，他与赵郡李氏合谱，自然也要把自己原来的故乡修改为赵郡。

总之，关于武则天的故乡，无论是她自己的认知，朝廷的记录以及相关政策都是一致的，那就是并州文水。甚至如武思文这样赐姓之人，也改称自己的故乡为并州文水。对于武则天而言，文水才具备故乡的一切。今人研究武则天，只能延续史料记载的，无法修改武则天的故乡。至于出生地，对唐人并不重要，因而表达某种敬意无伤大雅，但若有争夺历史名人为乡贤的意念，则与史学无关。

第四节　武则天的家世

武则天的家世，承上启下的关键是她的父亲武士彟。不过，在中古时期社会更重视家世，高远其来者是普遍现象。所以，《新唐书·宰相世系表》在介绍武氏来源时，表现出了武氏家族的源远流长。其文为：

> 武氏出自姬姓。周平王少子生而有文在手曰“武”，遂以为氏。汉有武臣，为赵王。梁邹孝侯臣，生德。德生东武亭侯最。最生敬襄侯婴。婴生中涓、济阴侯山附，后以酎金国除。山附生陈留太守、内黄侯都。都生汝南太守宣，字文达。宣二子：尚、浮。浮字符海，司徒左长史。生临漳令静，字伯济。静生烈，字文照。烈生光禄勋笃，字猗伯。笃生太常、中垒校尉悌，字周笃。悌生九江太守、临颍侯端。端生魏侍中、南昌侯周，周

> 三子：陔、韶、茂。陔字符夏，晋左仆射、薛定侯。陔生太山太守、嗣薛侯越。越生威远将军、嗣薛侯铺。铺生太子洗马瑕。瑕生洛州长史、归义侯念。念生平北将军、五兵尚书晋阳公洽，别封大陵县，赐田五十顷，因居之。生祭酒神龟。龟生本州大中正、司徒越王长史、袭寿阳公克己。己生北齐镇远将军、袭寿阳公居常。常生后周永昌王咨议参军俭。生华。①

武氏起源于周代，是王室的姬姓，始祖是周平王的少子，出生时手心纹路显现一个“武”字，从此有此姓氏。不过，从春秋至初，一跃到了汉初武臣，从此代代不绝。八代祖武念，北魏洛州刺史、归义侯；七代祖武恰，北魏平北将军、五兵尚书，晋阳公；六代祖武神龟，为北魏祭酒；五代祖武克己袭爵晋阳公，本州大中正、越王府长史；高祖武居常，北齐镇远将军；曾祖武俭北周永昌王谘议参军；祖父武华，隋东都丞。此前文字相当于绪言，从五代祖武华开始，《宰相世系表》纳入表格状态②。这里的祖宗代际，是以武则天为本位的。

武士彠追随李渊起兵，开辟了武氏家族的新历程。因为参与晋阳起兵的武氏，并非仅有武士彠一人。长兄“武士棱，性恭顺，

---

① 《新唐书》卷七四上《宰相世系表四》上，第3136页。李峤撰写的《攀龙台碑》，是以武士彠为主人公叙述武氏家族历史的文字，“大周无上孝明皇帝，讳某字某，太原文水人也。其先出自周平王少子，文在其手曰武，因以姓氏。居沛之竹邑，晋尚书仆射开府仪同三司薛侯陔其后也。六代祖洽……”与《新唐书·宰相世系表》不同，没有从汉代武臣开始讲述武氏家族的历史，但最初的平王少子以及武氏的缘起，则是一致的。《全唐文》卷二四九，北京：中华书局，1983年，第2515页。

② 参见赵超编著：《新唐书宰相世系表集校》卷四，北京：中华书局，1998年，第696—709页。对于《新唐书》的记载，多有补正。

勤于稼穑。从起义，官至司农少卿，封宣城县公。常居苑中，委以农圃之事。贞观中卒，赠潭州都督”。“次兄士逸，亦有战功，武德初，为齐王府户曹，赐爵安陆县公。从齐王镇并州，为刘武周所获，于贼中密令人诣京师陈武周可图之计。及武周平，甚见慰勉，累授益州行台左丞。数陈时政得失，高祖每嘉纳之。贞观初，为韶州刺史，卒”[①]。武士彟的两位兄长，应该得到了武士彟的襄助，官位虽然不能跟武士彟相比，但跟随武士彟成为朝廷命官，也是人生的巨大发展[②]。

武士彟一生两次结婚，第一次与相里氏结婚，生元庆、元爽两个儿子，再婚杨氏，生三女。长女嫁贺兰安石，生一男为贺兰敏之，一女后来封为魏国夫人。其本人，在妹妹武则天成为皇后后，获得韩国夫人名号。武则天还有一个妹妹，嫁郭孝慎，早卒，未能赶上武氏家族发达的日子。韩国夫人、魏国夫人的外命妇称号，都来自唐高宗，借力武则天是理所当然。但后来也闹出丑闻，武则天一度认为威胁到自己。贺兰敏之曾深得二姨武则天的信任，但自己过于有恃无恐，走上政治绝路，为朝廷所杀。武则天姐妹两家，没有为武则天提供什么帮助，即使在后来武则天称帝之后，因为没有人才，也无法崭露头角。下文列武氏家族一览表，武则天姐妹两家和武则天本人，没有列入，故在这里作一说明。

武则天同父异母的两位哥哥，元庆和元爽，从武士彟的角度

---

① 武士彟两位兄长的简略记载，附于《武士彟传》之后，《旧唐书》卷五八，第2317—2318页。

② 参见梁恒唐：《谈武氏家族的起源与繁衍》，载赵文润、刘志清主编：《武则天与偃师》，天津：历史教学社，1997年，第49—57页。收入梁晋红、梁恒唐、段振亮著：《武则天往事求真》，太原：三晋出版社，2009年，第1—12页。

论，他们当然是功臣之后，在唐初的制度中，有所关照。后来又得武则天后宫之助，元庆曾经官为宗正少卿，元爽为少府监。史书记载，武士彟去世之后，兄弟们不礼武则天母女，受到武则天关照升职之后，依然不领情，结果遭遇武则天的报复。更接近史实的情况应该是在长孙无忌事件之后，唐高宗很警惕外戚问题，武则天为表忠心而牺牲了两个哥哥。武则天称帝过程中，武氏家族成员中表现最突出的是武承嗣，他是元爽之子。另外一位比较有影响的武氏家族成员武三思，是元庆之子。属于武则天堂兄弟的后代，也有人参与了武周朝廷的政治建设，甚至领兵出征。他们是武周政权内部的一分子，在武则天的时代，扮演着重要的家族角色。然而，武氏家族成员的演出效果如何，历史给出的分数并不高。武周政权最后以短命结束，武氏家族也成了短暂的群众演员。

武士彟兄弟四人，他有三位哥哥。士棱、士逸之外，还有一位哥哥是士让。这个文水的武氏家族，因为武则天的关系，在后来的唐朝历史上，曾经一时显赫。从武则天的政治发展视角看，这个家族为武则天的女皇道路也提供了一定的人力资源。学者研究武则天，武氏家族当然是内容之一。特制武氏家族一览表，明其世系位置，因为其中的一些人物，在武则天的历史上曾经十分重要。

表1-1　武氏家族一览表[①]

第一代	武华												
第二代	士棱（司农少卿、宣城公）	士让（太庙令）				士逸（韶州刺史、安陆公）			士彟（工部尚书、应国公）				
第三代	君雅	怀亮	惟良（始州刺史）	怀道（右监门长史）	怀运（淄州刺史）	志元（仓部郎中）	仁范（云阳令）	安业（零陵令）	元庆（宗正少卿）			元爽（少府监）	
第四代	敬真 敬宗		攸宜 攸绪	攸暨 攸宁	攸归 攸止 攸望	懿宗 嗣宗	尚宾 重规 载德	求己	审思	再思	三思	承嗣	承业
第五代											崇训、崇谦	延基 延义 延安 延寿 延光 延秀	延辉 延祚 延嘉

① 本表制作，主要利用雷家骥先生的《文水武氏家族》一览表，见《武则天传》，北京：人民出版社，2001年，第21页。

第二章
武则天初入宫

无论从哪个角度讨论，在武则天的政治生涯中，贞观十一年（637）的初入宫，都是一个重要事件。后来围绕武则天所发生的一切，这个事实都是一个无法回避的起点。但是，就如同武则天的所有事实一样，这里也存在着史事记载的偏差，史家理解的不同。

第一节　现有史书的记载

有关武则天入宫的记载，下面所引记载是最主要的。

《唐会要》："贞观十年，文德皇后崩。太宗闻武士彟女有才貌，召入宫，以为才人。"[①]

《旧唐书》："初，则天年十四时，太宗闻其美容止，召入宫，立为才人。"[②]

① 《唐会要》卷三《皇后》，上海：上海古籍出版社，1991年，第26页。
② 《旧唐书》卷六《则天皇后本纪》，北京：中华书局，1975年，第115页。

《新唐书》:“后年十四，太宗闻其有色，选为才人。”[①]

《通鉴》:“故荆州都督武士彟女，年十四，上闻其美，召入后宫，为才人。”[②]《通鉴》通过考证多种记载，最后依从吴兢《则天实录》[③]。

唐太宗为什么选择了武则天？在各种记载中，几乎千篇一律都是说唐太宗听说武则天美貌而召入后宫的。稍有区别的地方在于,《唐会要》中，唐太宗听说武则天是有“才貌”，除了美貌以外还有“才”。但《旧唐书》记载为“美容止”,《新唐书》记为“有色”,《通鉴》写作“闻其美”，与《会要》皆有不同。虽然一字之差，但是已经显现出很本质的不同，才貌双全的概念显然要比仅仅容貌美丽更具有魅力，是对一个女孩的更高评价。但是，后出诸书，不应该忽略了《唐会要》这种记载，而有意用一字之差强调出武则天不过是容貌美丽而已。

但是，这样一来，让唐太宗的评价也陷入以貌取人的境地。如果说，唐太宗喜欢武则天的才貌，那也有娶为内助的意义。如果说，唐太宗仅仅是喜欢武则天的美貌，那唐太宗岂不是一个典型的好色之徒。当然，唐太宗很可能就是一个好色之徒，玄武门事变之后能够娶齐王杨妃，除了好色之外似乎也难有其他解释。一个大权在握的帝王，仅凭好色而娶一位女子，也不是不能理解。然而，除了太宗好色之外，是否还能继续探索呢？没有相关资料，看来我们的研究只能止步于此。

---

① 《新唐书》卷四《则天皇后本纪》，北京：中华书局，1975年，第81页。
② 《资治通鉴》卷一九五，北京：中华书局，1957年，第6134页。
③ 《通鉴考异》，见《资治通鉴》卷一九五，第6135页。

第二节　唐太宗的才人们

召武则天入宫，涉及唐太宗的动机，现有资料无法深入了解。各种记载之中，有关武则天入宫“立为才人”的内容是没有分歧的。此事与内命妇制度相关，这或许能为我们继续研究提供帮助。

先制嫔妃一览，以明确在内命妇系统中才人的位置。具体内容如下：

表2-1[①]

正一品夫人	贵妃、淑妃、德妃、贤妃各一人
正二品九嫔	昭仪、昭容、昭媛、修仪、修容、修媛、充仪、充容、充媛各一人
正三品婕妤	九人
正四品美人	九人
正五品才人	九人
正六品宝林	二十七人
正七品御女	二十七人
正八品采女	二十七人

从以上这个简表中，我们很容易看到，在这个庞大的嫔妃团体中，才人的地位不高。在才人之上，有31位高阶位嫔妃。同列才

① 《旧唐书·后妃传上》，第2161—2162页。对比今本《唐六典》吏部司封郎中、员外郎条，两者基本相同，只是《唐六典》失载“修仪、修容、修媛”三个二品嫔号。李林甫等撰：《唐六典》卷二，陈仲夫点校，北京：中华书局，1992年，第38页。

人，共有9人。虽然其下71人，但在这群人中，能赢得皇帝青睐，确实困难重重。唐人刘方平的一首诗，可以看成是后宫女人寂寞生活的写照："朝日残莺伴妾啼，开帘只见草萋萋。庭前时有东风入，杨柳千条尽向西。"[①]皇帝偶然经过，如同东风吹入，后宫的嫔妃们千百人争抢着顺应皇帝，如同风卷杨柳一样。

现在看来，才人的位分不高，这仅仅是比较而言。一个更加有效的比较办法是看看都是什么人被选为才人，再通过比较分析她们的背景从而确定武则天的相对位置。

能够与武则天进行比较的资料并不多，幽州都督李瑗的夫人可以作为一个例证。武德九年（626）六月，玄武门事变之后，根据《通鉴》的记载："辛巳，幽州大都督、庐江王瑗反，右领军将军王君廓杀之，传首。"同月"壬午，以王君廓为左领军大将军兼幽州都督，以瑗家口赐之"[②]。这里所谓家口，是所谓"缘坐家口"，从其他资料来看，这里的"家口"显然并不包括李瑗夫人。

《贞观政要》载："贞观初，太宗与黄门侍郎王珪宴语，时有美人侍侧，本庐江王瑗之姬也，瑗败，籍没入宫。"[③]所谓"贞观初"，《通鉴》置此事于贞观二年（628）十二月，并认为《贞观政要》记载唐太宗"令以美人还其亲族"的说法可信，而《实录》《新唐书》所谓"帝虽不出此美人而甚重其言"的说法不可靠。司

① 《全唐诗》卷二五一，北京：中华书局，1960年，第2840页。诗题《代春怨》，多解释为常见的闺怨诗，从杨柳千条与东风的关系看，认为诗歌描写的后宫嫔妃孤寂情形，似乎更贴切。
② 《资治通鉴》卷一九一，第6014、6015页。
③ 吴兢著、谢保成集校：《贞观政要集校》卷二，北京：中华书局，2003年，第92页。

马光在《通鉴考异》中又说："太宗贤主，既重珪言，何得反弃而不用乎？且美人泛侍左右，又非嬖宠著名之人，太宗何爱而留之？"[①]

这里，首先要确定的是"美人"的含义。庐江王李瑗曾经的夫人，在皇帝身边"侍侧"，身份则是"美人"，那么这个"美人"的含义，是作为皇帝嫔妃之一的正四品的"美人"，还是泛泛之称的美人。不管李世民最后是否放还这位美人给她自己的亲族，她的身份到底如何？从《通鉴考异》的用词来看，"且美人泛侍左右，又非嬖宠著名之人"，似乎理解为正四品的美人更合适，正四品美人即一般性的伺候皇帝的人，并不是"嬖宠著名之人"。元朝戈直为《贞观政要》作"集论"，在美人条下注曰："美人，女官，九员，充世妇之数。"[②]看来，戈直也是认定此美人便是四品女官的。

请注意，李瑗夫人被任命为美人之前的身份是作为谋反者家属"籍没入宫"的人，其实就是居住劳作在后宫的官婢。唐朝"凡反逆相坐，没其家为官奴婢"，而"妇人工巧者，入于掖庭"[③]。但是，这位官婢后来不仅成为唐太宗的美人，而且竟然比武则天的"才人"名号还高出一品。

最近出土的《上官婉儿墓志》提供了另外一条有参考价值的资料。《上官婉儿墓志》原题称《大唐故婕妤上官氏墓志铭并序》，但墓志盖称《大唐故昭容上官氏铭》，墓志记载到她"年十三为才人"，

① 《资治通鉴》卷一九三，第6060页。所谓《新唐书》应该指《王珪传》，此故事的最后结语处写作"帝嗟美其言"，没有直说不出此美人。北京：中华书局，1975年，第3888页。

② 《贞观政要集校》所引，第92页。岳麓书社本《贞观政要》就是采用戈直本进行标点的，也相同，1994年，第69页。

③ 李林甫等主编、陈仲夫点校：《唐六典》，北京：中华书局，1992年，第193页。

到神龙元年（705），“册为昭容”，后来因故降为“婕妤”，从正二品降到正三品[①]。上官婉儿死于景龙四年（710）六月二十日，享年四十七岁，她十三岁的时候，当在唐高宗仪凤元年（676）。上官婉儿初为唐高宗的才人时只有十三岁，而当年的唐高宗应为五十岁。

上官婉儿入宫，跟李瑗夫人的情况一样。唐高宗麟德元年（664），上官仪因为参与废黜皇后武则天行动，最后以“谋大逆”的罪名受到惩罚，十二月丙戌“与其子庭芝、王伏胜皆死，籍没其家”[②]。《册府元龟》的说法是，“遂下狱死，家口籍没”[③]。根据《旧唐书·上官昭容传》，父祖被诛，“婉儿时在襁褓，随母配入掖庭。及长，有文词，明习吏事”[④]。这种襁褓中的幼儿，自然在“家口”的范围之内，也是官奴婢，根据《唐六典》注文，“三岁已下听随母，不充数”[⑤]，即在分配劳动的时候不充数，作为官婢身份并无变化。唐太宗贞观十三年（639），朝廷曾经讨论决定“今日以后，后宫及东宫内职员有阙者，皆选有才行充之。若内无其人，则旁求于外，采择良家，以礼聘纳”。同时指出“近代以降，情溺私宠，掖庭之选，有乖故实。或微贱之族，礼训蔑闻，或刑戮之家，怨愤充积。而滥吹名级，入侍宫闱，即事而言，窃未为得”[⑥]。上官婉儿的事实说明，贞观时期的讨论决定约束力有限。

---

① 李明、耿庆刚：《〈唐昭容上官氏墓志〉笺释——兼谈唐昭容上官氏墓志相关问题》，《考古与文物》2013年第6期，第87—93页。

② 《资治通鉴》卷二〇一，第6342页。

③ 《册府元龟》卷九三三《总录部·诬构第二》，南京：凤凰出版社，2006年，第10806页。

④ 《旧唐书》卷五一《后妃列传》上，北京：中华书局，1975年，第2175页。

⑤ 《唐六典》卷六，北京：中华书局，1992年，第193页。

⑥ 《唐会要》卷三，第38页。

因为上官婉儿与李瑗夫人一样，其出身正是所谓的“刑戮之家”。

传世文献，有关上官婉儿的记载，有为中宗“昭容”说，但无高宗“才人”说，直到如今才有墓志文字证明上官婉儿的这番经历。上官婉儿与武则天的经历多有相似之处，先皇的才人，后来皇帝封为二品之嫔，武则天为昭仪，上官婉儿为昭容。但是，武则天被封为才人之前，身份至少是高官女儿，而上官婉儿却是官婢。然而，她们同被封为才人，反衬出武则天的出身没有显现出一丝一毫的优势。现在，应该提出的问题正是武则天为什么封聘如此之低。

《唐大诏令集》收有贞观时期四件嫔妃的册文，分别是《册杨恭道女为婕妤文》《册崔弘道女为才人文》《册肖铿女为才人文》和《册肖铄女为美人文》[①]。册文中，这些新封嫔妃的父亲，杨恭道是“前魏王府谘议参军”、崔弘道是“徐州都督府司马”。肖铿在册文中没有提到官职，说到“胄出鼎族”，应该是没有本朝官职。肖铄的情况相似，册文中说道“禀训冠族，著美家声”而已，也没有提及官职。然而，所有这些才人的父亲，从官职上看，没有人能与武则天父亲武士彟相比。

有的嫔妃册封，唐太宗似乎看重家族背景，如郑仁基女儿。根据《贞观政要》的记载，事情原委如此：

> 贞观二年，隋通事舍人郑仁基女年十六七，容色绝姝，当时莫及。文德皇后访求得之，请备嫔御。太宗乃聘为充华。诏书已出，策使未发。……乃出敕曰：“今闻郑氏之女，先已受

① 《唐大诏令集》卷二五，北京：中华书局，2008年，第81页。

人礼聘，前出文书之日，事不详审，此乃朕之不是，亦为有司之过。授充华者宜停。”时莫不称叹。[1]

不过，《通鉴》认为此事发生在贞观八年（634）而不是二年（628）[2]。充华，戈直注释为：“唐制，女官号，九嫔之一。”[3]而《通鉴》胡注为：“充华，旧有之。唐六官之职无此官。”[4]根据《唐六典》注文，晋朝曾有“淑媛、淑仪、修容、修仪、婕妤、容华、充华为九嫔”[5]。所以，应从胡注，把充华理解为九嫔，应无问题。但是，郑仁基在隋朝官位通事舍人，在隋朝不过“从六品”[6]，级别并不高，何以他的女儿竟然会高封正二品呢？大概是看重郑家的士族背景。

唐太宗的嫔妃之中，徐贤妃的情况与武则天也有一比。《旧唐书》本传记载道：

太宗贤妃徐氏，名惠，右散骑常侍坚之姑也。生五月而能言，四岁诵论语、毛诗，八岁好属文。其父孝德试拟楚辞，云“山中不可以久留”，词甚典美。自此遍涉经史，手不释卷。太宗闻之，纳为才人。其所属文，挥翰立成，词华绮赡。俄拜婕妤，再迁充容。……永徽元年卒，时年二十四，诏赠贤妃，

① 吴兢著、谢保成集校：《贞观政要集校》卷二，第113—114页。
② 《资治通鉴》卷一九四，第6108—6109页。
③ 吴兢著、戈直注释本：《贞观政要》，长沙：岳麓书社，1994年，第82页。
④ 《资治通鉴》卷一九四，第6108页。
⑤ 《唐六典》卷二，第38页。
⑥ 《隋书》卷二八《百官志》下，北京：中华书局，1973年，第786页。

陪葬于昭陵之石室。[1]

徐贤妃的出身与武则天相似，徐氏属于文学世家，她的妹妹后来成为唐高宗的婕妤。与徐贤妃的文学相比，"兼涉文史"[2]的武则天，应该更接近业余爱好，这很可能是徐惠在贞观中不断获得升级的原因。原本，徐惠与武则天一样才人起家，但是先升为婕妤，正三品，再迁充容，正二品。去世以后获得追赠，获得贤妃（正一品）称号。武则天从贞观十一年（637）入宫，直到唐太宗二十三年（649）去世，她的品级竟然纹丝不动，始终是个才人。

虽然武则天不如徐贤妃有才华，但从初入宫的角度看，依然很委屈。徐惠的父亲徐孝德，长期担任地方州县小官，如县尉、县丞之类，仕途发展很不顺利。他历官的改善，与徐惠入宫有关。大约徐惠入宫之后，徐孝德因为对礼学有研究，曾经担任礼部员外郎（从六品上）之职，直到徐惠受到唐太宗的礼遇，应该是提升为婕妤的时候，他父亲才升任水部员外郎（从六品上），明显是父因女贵的关系[3]。

然而，武则天的父亲武士彟，"武德中，累迁工部尚书，进封应国公，又历利州、荆州都督"[4]。即使从利州都督来看，《元和郡县图志》记录利州为下都督府[5]，根据《旧唐书·职官志三》，

---

① 《旧唐书》卷五一《后妃》上，第2167—2169页。

② 《旧唐书》卷六《则天皇后本纪》，第115页。

③ 参见刘子凡：《唐代徐氏家族及其文学家传》，荣新江主编：《唐研究》卷一七，北京：北京大学出版社，2011年，第287—304页。

④ 《旧唐书》卷五八《武士彟传》，第2317页。

⑤ 李吉甫著：《元和郡县图志》卷二二《山南道三》，贺次君点校，北京：中华书局，1995年，第563页。

下都督府都督，从三品[①]。工部尚书，正三品。国公，“从一品，食邑三千户”[②]。唐朝建国之初，武士彟被封为太原元谋功臣，具有“约免一死”的法律特权[③]。如此高官，等级与影响皆非徐孝德可比，然而他们的女儿在命妇之制中，竟然都享有同一“才人”封号，武则天的委屈太过明显。

武则天入宫，史书的记载更多集中在太宗闻其美貌等事上，通过以上比照其他才人的情况，问题显然更加复杂。虽然制度规定中，才人之下尚有其他宝林、御女、才女等名号，但我们看到更多的例证是才人，才人之下的名号很少见到实例。因为连罪犯家属的册封，如李瑗妻、上官婉儿都是直接册封为才人，很可能才人就是实际嫔妃中最基础的一个台阶。

第三节　武士彟的唐朝历官

理解武则天才人名分的获得，包括这个名号带给武则天的委屈，其实都不该从美貌与否去考虑，作为帝国的主人，在婚姻之类的问题上，政治与社会的考虑是不可避免的。而理解武则天入宫，关键还应该从她的父亲武士彟身上去寻找根据。

武氏在唐朝的历史，自然是从武士彟开始的。武士彟从太原时代起，就追随唐高祖李渊，以太原元从功臣的身份，很快进入武德时期的中央权力中心。《旧唐书·武士彟传》，讲述武士彟在

① 《旧唐书》卷四四《职官三》，第1917页。
② 《唐六典》卷二，第37页。
③ 《旧唐书》卷五七《刘文静传》，第2294页。

太原起兵过程中的功绩，主要有三件事：其一是向李渊“进兵书及符瑞”，李渊的回答是：“幸勿多言。兵书禁物，尚能将来，深识雅意，当同富贵耳。”显然，武士彟是推动李渊起兵的众人之一，而李渊的回答是赞赏并相约同富贵；其二，当王威、高君雅怀疑李渊动向的时候，是武士彟说服两人，没必要无事生非；其三，留守司兵田德平也怀疑李渊募兵的问题，想促使王威、高君雅调查李渊，武士彟再次说服了田德平，让他放弃了这个念头。因为暗中保护李渊，且有献兵书祥瑞的举动，证明武士彟与李渊已经为一党，积极为起兵做准备，排除敌对阵营的险情。所以“义旗起，以士彟为大将军府铠曹。从平京城功，拜光禄大夫，封太原郡公”①。不过，在这段文字之后，《武士彟传》突然出现这样一段文字：

> 初，义师将起，士彟不预知，及平京师，乃自说云：“尝梦高祖入西京，升为天子。”高祖哂之曰：“汝王威之党也。以汝能谏止弘基等，微心可录，故加酬效；今见事成，乃说迂诞而取媚也？”

文字的内容与上文存在明显矛盾，否定武士彟的含义十分清楚。对于太原起兵，武士彟到底参加没有？这里说的是“不预知”，具体含义令人难以明白。参与密谋是预知的话，也许他确实没有预知。但是，他如果不知道李渊动态，那么献兵书和符瑞，岂不是陷李渊于不义？也难以理解李渊同富贵的说法。平京师之后，

---

① 《旧唐书》卷五八《武士彟传》，北京：中华书局，1975年，第2317页。

武士彟明明获得提升，为什么忽然斥责他是王威之党？叙述梦境之词，不过是另一种献符瑞而已，李渊为什么忽然前后判若两人？对照《攀龙台碑》，武士彟所谓献兵书，就是他自己写的三十卷《古今兵要》，而符瑞正是自己的一个梦境，梦见李渊骑马登天，手把日月。《武士彟传》这段前后矛盾的文字，应该是后武则天时代加入的，否定武士彟有利于否定武则天。在本卷的"史臣曰"中，关于武士彟的评论是："武士彟首参起义，例封功臣，无戡难之劳，有因人之迹，载窥他传，过为褒词。虑当武后之朝，佞出敬宗之笔，凡涉虚美，削而不书。"[①]这里承认武士彟"首参起义，例封功臣"，至于褒美之词，认为是出于许敬宗之手，但最后是"削而不书"，即传记中已经把虚美的文字删削了。那么，讽刺否定的文字呢？自然是删削同时的行动结果。

武士彟后来的种种高级评价，如《攀龙台碑》，完全可以说是"因人"的，因为武则天当了皇后，特别是当了皇帝，对于武士彟的书写当然无所不用其极，尽力吹捧。但武士彟参加太原起义，是太原起义功臣，这个事实是不必"因人"的。武德元年（618）八月六日，高祖下诏表彰晋阳起兵功臣，《唐会要》对诏书的记录较全：

> 朕起义晋阳，遂登皇极，经纶天下，实仗群材。尚书令秦王、右仆射裴寂，或合契元谋，或同心运始，并蹈义轻生，捐家殉节，艰辛备履，金石不移，论此忠勤，理宜优异。官爵之荣，抑惟旧典；勋贤之议，宜有别恩，其罪非叛逆，可听恕

① 《旧唐书》卷五八，第2318页。

一死。其太原元谋勋效者，宜以名闻。及所司进簿，尚书右仆射裴寂、纳言刘文静加恕二死。左骁卫大将军长孙顺德、右骁卫大将军刘弘基、都水监赵文恪、右屯卫大将军窦琮、卫尉少卿刘政会、鸿胪卿刘世龙、吏部侍郎殷开山、左翊卫大将军柴绍、内史侍郎唐俭、库部郎中武士彟、骠骑将军张平高、左骁卫长史许世绪、李思行、李高迁等，并恕一死。①

太原元从功臣，一等功三人李世民、裴寂、刘文静，可恕二死；二等功臣十四人，可恕一死。武士彟属于二等功臣，史载昭然。武德元年（618），武士彟与武则天的母亲杨氏尚未结婚，武士彟的功臣名誉，与武则天毫无关系。

我们今天看到的记载，是经过后武则天时代史家删削之后的。因此无法窥知原来史书如何写武士彟的“褒词”。或者，圣历二年（699），由武则天朝廷“大手笔”撰写的《攀龙台碑》，可以反映部分“褒词”的内容。攀龙台即武士彟的陵墓，此前称作“昊陵”，因为重新命名，李峤受命撰写此碑文，其内容通过了武则天时代政治观念的审查，获得武则天的首肯是毋庸置疑的。②

其次，有关武士彟的唐朝历官。武士彟在唐朝的历官，不过是武德与贞观两朝，但经历却并不平坦。在武德朝，武士彟担任的最

---

① 《唐会要》卷四五《功臣》，第935页。此内容也见《唐大诏令集》卷六四《铁券》，北京：中华书局，2008年，第353页。所录诏书是节选，没有完整的名单。《册府元龟》有完整名单，见卷一三三《帝王部·褒功第二》，第1465页。另外，《旧唐书·刘文静传》所附诏书，名单完整。

② 李峤：《攀龙台碑》，《全唐文》卷二四九，太原：山西教育出版社，2002年，第1495—1499页。

高职事官是工部尚书，对此《旧唐书·武士彟传》已经有记载。不过，《攀龙台碑》记录更具体，为“（武德）三年，拜工部尚书”。根据《册府元龟》所记载，李渊让武士彟出任工部尚书的时候，武士彟百般谦让推辞：“唐武士彟，武德中为工部尚书判六尚书，赐实封八百户。士彟为性廉俭，期于止足，殊恩虽被，固辞不受。前后三让，方遂所陈。”[①]这类记载很可能也属于“褒词”的一部分，但武士彟出任工部尚书是可以肯定的，而具体时间为武德三年（620）至武德末[②]。

工部尚书，是六部之一，六部尚书加上左右仆射，合称“八座”，是非常重要和荣誉的职位。与此同时，武士彟还担任宫廷宿卫之职。《册府元龟》卷八五三记载：“武士彟，武德中，检校右厢宿卫。”[③]《攀龙台碑》也说他“兼知南北牙兵马判六曹尚书”。所谓判六曹尚书，当与上文《册府》所载“为工部尚书判六尚书”为一事。南北牙兵马，即是指中央宿卫，用的是汉代南北军的典故，与《册府》记录相印证，证明武士彟担任中央保卫工作的领导人是没有问题的。

武德末期，武士彟转任扬州大都督府长史。《攀龙台碑》记道：“杜伏威初行僭逆，辅公祏继以乱亡。泉薮未惩，萑蒲犹在。帝思俾乂，遂纡时哲，以本官权检校扬州大都督府长史。”辅公祏谋反，

---

① 王钦若等编纂：《册府元龟》卷四六四《台省部·谦退第二》，周勋初等校订，南京：凤凰出版社，2007年，第5244页。

② 严耕望《仆尚丞郎表》把武士彟任工部尚书时间定为武德三年至七年，初稿1952年，上海：上海古籍出版社，2007年，第1041页。武士彟的工部尚书之职，武德末屈突通继任，时间当在玄武门事变之后。所以很可能武士彟的任职一直到玄武门事变，之后改任专职的扬州大都督府长史。

③ 《册府元龟》卷八五三《总录部·姻好》，南京：凤凰出版社，第9937页。

是武德六年（623）八月，搅动江淮。到第二年三月，即被赵郡王李孝恭平定。不久，朝廷以李孝恭为扬州大都督，李靖为都督府长史。从碑文的内容看，武士彟到扬州任都督府长史，是在辅公祏叛乱平定之后，所谓“辅公祏继以乱亡”，当时江淮地方上还没有肃清残余，不安定的因素还存在。那么，这是在什么时间呢？李孝恭担任大都督的时间不长，“寻征拜宗正卿。九年，赐实封一千二百户”[①]，这是《旧唐书·李孝恭传》的记录。而李靖作为大都督府长史，武德八年（625），“突厥寇太原，以靖为行军总管，统江淮兵一万，与张瑾屯太谷。时诸军不利，靖众独全。寻检校安州大都督”。武德九年（626），李靖还出任过灵州道行军总管。如此，武士彟出任扬州大都督府长史，应该在武德八年（625）李靖离开之后。扬州是大都督府，长史虽然只是从四品上之官，但因为是本官检校，属于临时性任务，总体上的地位并未降低。

武士彟在扬州期间，意外地躲过了长安的玄武门事变。虽然如此，他的政治轨迹由此展开另外一幅图景，如同好运气突然中断一样。李世民控制中央之后，曾经召集地方大员“入朝”。《攀龙台碑》的记载是：“九年，太宗以储宫统事，乃征帝入朝，宠赐频繁，事以殊礼。”其实，当时各地的大员都被召入朝，武士彟如此，幽州大都督府都督李瑗也如此。但李瑗是李建成的人，担心李世民报复，在幽州发动叛乱未遂，被王君廓杀掉[②]。武士彟在玄武门事变的整个过程中，立场并不清楚，但从他贞观时期的经历估计，他应该是站在朝廷立场上的，因为贞观时期他的历官一直走着一个平缓的下坡路。

---

① 《旧唐书》卷六〇，第2348—2349页。

② 《旧唐书》卷六〇《庐江王（李）瑗传》，北京：中华书局，第2351—2352页。

玄武门事变不久，武士彟调任豫州都督，《攀龙台碑》记录的是：“使持节豫、息、舒、道等四州诸军事，豫州都督”。豫州是武德四年（621）平定王世充以后设立的，最初称作总管府，武德七年（624）改为都督府，贞观元年（627），废豫州都督府，变为普通的豫州。武士彟来任职的时候，豫州尚未从都督州变为普通刺史州，即使如此，因为豫州地位无法与扬州相比，虽然豫州都督（从三品）比扬州长史从四品上高一阶，但因为两者地位不同，武士彟遇到的问题似乎是明升暗降，更不用说他原来的中央官职工部尚书了。

贞观元年（627），武士彟在豫州都督的位置上不足一年，又被调往利州担任都督。利州的原都督李孝常，阴谋政变，事未发而被破获，时间是贞观元年（627）的十二月。《攀龙台碑》说道：“利州都督义安郡王孝常称乱剑南，扇动夷落。孝常诛死，余党分窜，劫掠未息。朝廷患之，太宗博访群寮，咸以为非帝不可。贞观元年，拜利、隆、始、静、西、龙等六州诸军事，利州都督。”武士彟就任利州都督，取代犯罪诛死的李孝常，按照碑文的意思，是解决了朝廷的一个大难题，别人无法完成这个任务，所以才派武士彟去担当重任。其实，李孝常的谋反，主要是在长安进行的，他联合一些禁卫军的军官，图谋不轨，并不是在利州广泛动员以与中央对抗。武士彟到利州接替李孝常，一是因为这里出现了空缺，二是因为豫州的都督府被取消，武士彟应该得到安排。利州，按照《旧唐书》卷三九《地理二》的记录，有户口9628，远不如豫州人口数量，也是下都督府。从豫州到利州，对于武士彟而言，是平级调动。既然没有升级，这种频繁的调动显然是没有价值的。

贞观五年（631），武士彟“改授荆、峡、澧、朗、岳、果、松等七州诸军事，荆州大都督”。在利州都督的任上，武士彟整整坚持了四年。在唐朝，官员的任职，一般的情况下都是三年或者四年一任的，尽管《攀龙台碑》一再强调武士彟在利州都督的任上业绩突出，受到皇帝的亲自表扬，但是竟然没有在官职升迁上有所体现。贞观五年（631）的这次工作调动，武士彟的官职可以看作是提升，因为碑文上明确把荆州都督府写作是大都督府。不过，《旧唐书》卷三九《地理二》的记载也很明确，说荆州原来确实是大都督府，但是在贞观二年（628），“降为都督府，惟督前七州而已”。有关都督府等级的规定，《唐会要》有记载，“武德七年改大总管府为大都督府，管十州已上，为上都督府，不满十州，只为都督府”[①]。所以贞观时期，荆州只是都督府，绝不是大都督府。后来在唐高宗时期荆州升为大都督府，但那是后话。碑文使用的依然是一个不真实的概念[②]。这就是说从利州都督到荆州都督，武士彟依然是平级调动，他品阶依然是从三品，没有获得升迁。在荆州都督的岗位上，武士彟一任又是四年，直到贞观九年（635）死在这个岗位上。

武士彟在贞观时期的历官，比较武德时期，下降是很明显的。在唐朝职官制度内重外轻的唐朝前期，即使在外任上品级更高，也比不上品级低的中央官。[③]武士彟在武德时期出任工部尚书，而在

---

① 《唐会要》卷六八《都督府》，上海：上海古籍出版社，1991年，第1411页。

② 《唐六典》的都督府名单中没有荆州，可能是在开元时代被取消。《唐六典》卷三，陈仲夫点校，北京：中华书局，1992年，第72页。

③ 宁志新先生在《武则天与唐高宗》一文中指出：玄武门事变后，“武氏家族也受到冲击，武士彟本人被免去工部尚书头衔，长期辗转于豫州、利州、荆州，官品虽未降低，但在初唐重京官、轻外官的政策下，实际已遭贬黜”。见阎守诚主编：《武则天与文水》，太原：山西人民出版社，1989年，第31—39页。本文十分赞同这个意见。

贞观时期只能在地方的都督之职上东西奔波，甚至连品级都达不到武德时期。之所以如此，一个很重要的推测是政治站队问题，以武士彟这样的太原元从功臣，在贞观时期只能在地方上沉浮，最大的可能便是玄武门事件中的立场在唐太宗看来大有问题。武士彟在贞观时期的不如意是明显的，尽管《攀龙台碑》利用文学手法尽量想混淆这一点，但现在看来，还是无济于事。

唐太宗既然如此对待武士彟，完全可以永远对武家置之不理，为什么还是娶了武士彟的女儿武则天呢？现在所见史书的书写，不管是美貌还是才貌，应该都不是要点，武士彟依然是最该追究的背景。

第四节　武士彟之死

武士彟的经历在贞观时期平平淡淡，但在贞观九年（635），就在唐高祖李渊去世的时候，武士彟的生命忽然爆发出最后一段高潮，令人刮目。《攀龙台碑》是这样记述的：“九年，唐高祖崩。帝奉讳号恸，因以成疾。太宗遣名医诊疗，道路相望，医以病候将深，劝令进药。帝因举声大哭，呕血而崩。敬想忠义之风，缅惟臣主之分。求诸古昔，未之闻也。时年五十九。”[①]除去文学夸张部分，武士彟因为唐高祖的驾崩，悲伤过度，一命呜呼，这应该是一个基本事实。

唐高祖驾崩，是贞观九年（635）五月六日，《唐会要》记录是：

① 李峤：《攀龙台碑》，《全唐文》卷二九，北京：中华书局，1983年，第2515—2523页。

“贞观九年五月六日崩于大安宫垂拱前殿（年七十），其年十月庚寅，葬献陵。”[①]根据唐高祖的《遗诏》，“其方镇岳牧在任官人，各于治所举哀三日”[②]。作为荆州都督的武士彟，当然属于岳牧之官，对于太上皇的追悼仪式，包括荆州在内都应该举哀三日。荆州到长安，根据《元和郡县图志》所载襄阳至长安和襄阳至荆州的距离，是1720里[③]，全国同日举哀是制度要求，得到消息的各地，立刻进入哀悼时间。《神尧遗诏》中也是这样指示的：“吏民令到，出临三日皆释服，无禁嫁娶饮酒食肉”之语，可以理解为太上皇驾崩的消息达到之后，举三日之哀。

武士彟应该就是在举哀期间去世的。《攀龙台碑》的记述，“帝奉讳号恸，因以成疾”，“因举声大哭，呕血而崩”等文字应该是如实描述，可能是过度悲伤导致心脏病突发。然后，“太宗遣名医诊疗，道路相望，医以病候将深，劝令进药”。如果武士彟在荆州，这很难理解，1720里的路程，朝廷得知武士彟得病已经多日，再不断地派遣医生前往，“道路相望”，怎么可能呢？如果人在长安，这是不难理解的，但是远在荆州，这实在太难做到。所以，此时的武士彟，人应该在长安，住在自己的老宅子里，因为身份所在，自然参加长安的追悼活动。

---

① 《唐会要》卷一《帝号》上，上海：上海古籍出版社，1991年，第2页。《旧唐书》的《高祖本纪》《太宗本纪》记载与《会要》一致。

② 《神尧遗诏》，载《唐大诏令集》卷一一，北京：中华书局，2008年，第66—67页。

③ 《元和郡县图志》卷二一《山南道二》，北京：中华书局，1983年，第528页。不过，《太平寰宇记》记载荆州“西北至长安一千六百五十五里”，北京：中华书局，2007年，第2833页。可以考虑计算方式不同，有误差，这里取其较远之义，不再细究。

从武士彟在贞观时期的经历，可以理解他在太上皇举哀期间的悲恸。武士彟追随高祖太原起兵，一路高歌夺取长安，然后平定全国，建立了新的统一的大唐帝国。他的身份地位和官职，也在武德时期达到人生顶峰，但是他的命运跟随着唐高祖，随着玄武门事变的发生，陡然跌入低谷。唐高祖后来住进大安宫，这里正是武德时期的秦王府。从现在所知的情况看，贞观时期，唐高祖其实一直属于监视居住，如同武士彟一直控制使用一样。贞观六年（632）二月，唐太宗要上九成宫，姚思廉提出谏议，而唐太宗辩解说："朕有气疾，暑辄顿剧，往避之耳。"接着，监察御史马周上疏，其词如下：

东宫在宫城之中，而大安宫乃在宫城之西，制度比于宸居，尚为卑小，于四方观听，有所不足。宜增修高大，以称中外之望。又，太上皇春秋已高，陛下宜朝夕视膳。今九成宫去京师三百余里，太上皇或时思念陛下，陛下何以赴之？又，车驾此行，欲以避暑；太上皇尚留暑中，而陛下独居凉处，温凊之礼，窃所未安。……上深纳之。[①]

唐太宗的"气疾"是家族病，高祖李渊也患有此病，既然太宗需要避暑，太上皇自然也需要[②]。按马周的说法，大安宫不是一个宽敞的建筑，名义上虽然与皇宫差不多，但实际上"有所不足"。

① 《资治通鉴》卷一九四，北京：中华书局，1956年，第6094—6095页。

② 《资治通鉴》就记录说"上皇自去秋得风疾"云云。《资治通鉴》卷一九四，第6112页。

总之，史书虽然记录了唐太宗接受了马周的建议，但从中不难看出，高祖李渊的状态大有问题。这样的事情，既然史书记录下来，那么唐朝的当时，恐怕也大为人知。远在外地任职的武士彟，自然也不会不了解。但是，此事如何对外人道，只能埋在心底。

武士彟的遭遇，他自己心中何尝无数？但是，这其中的缘由典故，也无法对外人道，只能默默承受。现在，跟自己命运丝丝相扣的太上皇终于驾鹤西去，这让举哀中的武士彟终于找到了一个爆发的气孔。大臣哭皇帝或者太上皇，自然是情理中事，多数的人应付礼仪远远胜过情感抒发，而对于武士彟这样背景的人而言，这一哭便带出了多年的郁闷情结，先是一病不起，接着吐血而亡。太上皇创建了唐朝，但是在生命的最后十年，却如同囚犯一样活着。看看《神尧遗诏》所说“久厌干戈，常思闲逸。是以拂衣高谢，归老栎阳，爰委万机，属之才子，所授得人，遐迩宁辑，四海清宴，八表来庭，养志怡神，于今十载”。玄武门政变如同没有发生过一样，唐太宗的血腥夺权在这里被轻轻地说成是太上皇厌政，委任了唐太宗接班，最后的诏书还在大书特书唐太宗的功劳。想想过去，再看看未来，武士彟能看到希望吗？太上皇已经完成了人生，不满六十岁的武士彟，什么时候才能看到尽头呢？多年忧郁和未来的无望，引发了身体的极度不适，武士彟就此结束了自己的生命，享年只有五十九岁。

武士彟之死，既然是这样的一种方式，就当时的伦理观念而言，理所当然地成为一个事件，造成了官场的轰动。所谓忠君爱国，不过是日常政治伦理教育的老生常谈而已，但真的有人会因为皇帝的去世而伤心绝命，意外与震撼是可想而知的。同时，相应的分析推理如影随至，武士彟与太上皇刻骨铭心的关系，两个人在贞观时期的相似遭遇，凡此等等，即使不是人们当众议论的话题，也会成为人们私下讨论的重点。如此，对于唐太宗的朝廷而言，压力就这样地出现了。武士彟的行为没有任何地方可以挑剔，无论怎么说显然更接近忠烈，对此，绝对不可能去打压，只有承认、表彰，才不会违背众意。

根据《神尧遗诏》，可以认定武士彟之死，发生在遥远的荆州。如果因为什么特殊的原因，太上皇去世的时候，恰好武士彟在长安，那么我们以上推测唐太宗的送医问药关怀就应该是事实，那么武士彟之死造成的轰动就会更大。长安是政治中心，太上皇驾崩是朝廷大事，一时间会成为长安的核心事件，而武士彟的悲壮死亡，无疑会为这件大事加续了一个巨大的悲壮结局。长安从来都是政治谣言的发源地，而武士彟与太上皇的故事，对于政治想象而言，无疑具有极大的发挥空间。是否善待太原起兵的元从功臣，因此会成为一个现实政治的思考对象，具体而响亮。

多年不太涉及的一个概念，正是在高祖去世的这个过程中被提取出来，这就是太原元从功臣。《册府元龟》所记《高祖山陵毕赐元从功臣及营奉百姓恩泽诏》，是在献陵葬后发布的，其内容如下：

> 高祖太武皇帝天纵神武……德被于四海，休烈光于千载，巍巍荡荡，无得而称焉。朕嗣膺宝祚，夙夜兢惕，思述先志，被之率土，其内外姻戚、平生故旧、太原从官人及历试之所文武僚佐，爰洎胥吏，往虽每降国恩，恐未周悉，或才用不申，阶品屈滞，或家道贫匮，子孙沉沦，须有矜量，咸使得所。先朝优劳庶政，惟以恤民为本。诸州都督刺史政绩可称者，具名

奏闻。其诸州百姓，营奉山陵，宜量有蠲免，可令有司详为条例闻奏，并务从优厚，称朕意焉。贞观九年十一月。[①]

其中“内外姻戚、平生故旧、太原从官人”都是要给予优待的范围，十分值得重视。而“太原从官人”，在《册府元龟》的另一处写作“太原元从官人”[②]，显然这便是太原元从功臣。

武士彟是太原元从功臣，而且是比较有代表性的功臣。《攀龙台碑》尽量描写唐太宗对武士彟丧事的重视。唐太宗表示了应有的哀悼，高度肯定武士彟的忠孝行为。皇帝命令史官把武士彟的先进事迹记录下来，并“追赠礼部尚书，配食太上皇庙……官造灵舆，送达故乡。仍委本州大都督英国公李勣监护丧事。缘丧所须，并令官给。遣郎中一人驰驿吊祭，谥曰忠孝公。礼也”。其实，这都是按照礼仪规定进行的，包括追赠官。礼部尚书，正三品，终于在死后武士彟获得了生前最高官职相似的官位。根据武士彟的遗愿，归葬山西文水，“遗令归葬文水，因山为坟”。

不过，武士彟并没有因为是太原元从功臣而获得陪葬献陵的结局，他最终葬在了自己的老家文水。《唐会要》的说法是：“旧制，凡功臣密戚，请陪陵葬者，听之。”[③]显然，陪陵葬是个很重要的荣誉。在我们获知的《献陵陪葬名氏》中，除了高祖李渊的亲人以外，确实有功臣，但没有武士彟。这个名单如下：

---

① 《册府元龟》卷七七《陵寝下·优劳》，南京：凤凰出版社，2006年，第434页。

② 《册府元龟》卷六三《帝王部·发号令第二》，南京：凤凰出版社，2006年，第672页。

③ 《唐会要》卷二一《陪陵名位》，第479页。

楚国太妃万氏、馆陶公主、河间王孝恭、襄邑王神符、清河王诞、韩王元嘉、彭王元则、道王元庆、郑王元懿、虢王元凤、酆王元亨、徐王元礼、滕王元婴、邓王元裕、鲁王元夔、霍王元轨、江王元祥、密王元晓、并州总管张纶、荣国公樊兴、平原郡公王长楷、谭国公邱和、巢国公钱九陇、刑部尚书刘德茂、刑部尚书沈叔安。[①]

为什么没有武士彟，我们今天无法获得背后的原因。根据《册府元龟》的记载，武德元年（618）八月，唐高祖定太原功臣，其文如下：

唐高祖武德元年八月下诏曰："朕自起兵晋阳，遂登皇极，经纶天下，实仗群才。尚书令秦王世民、尚书右仆射寂，或契合元谋，或同心运始，并蹈义轻生，捐家殉节，艰辛备履，金石不移，论此忠勤，特宜优异。官爵之荣，抑惟旧典，勋贤之议，宜有别恩。其犯罪非叛逆，可听恕一死。其太原元谋勋效者，宜以名闻。"及所司进簿裴寂、刘文静如恕二死。长孙顺德、刘弘基、赵文恪、窦琮、刘政会、刘世龙、殷开山、柴绍、唐俭、武士彟、张平高、许世绪、李思行、李高迁并恕一死。[②]

---

① 《唐会要》卷二一《陪陵名位》，第480页。

② 《册府元龟》卷一三三《帝王部·褒功第二》，南京：凤凰出版社，2006年，第1465页。同样内容也见《唐会要》卷四五《功臣》，上海：上海古籍出版社，第935页。根据《旧唐书·刘文静传》，李世民也在"特恕二死"之列。

在太原功臣中，拥有“特恕二死”特权的人，在贞观九年（635），只有当今皇上李世民，而裴寂死于贞观四年（630），刘文静死于武德二年（619）。拥有“约免一死”特权的人共十四人。毫无疑问，这个人群，就是太原功臣的代表人物。

但是，在这个最有代表性的太原功臣名单中，竟然没有一人陪葬献陵。玄武门事变之后，武德九年（626）十月，唐太宗再搞一次功臣评定，其中太原功臣再次成为功臣的包括裴寂、长孙顺德、柴绍、刘弘基、唐俭、张平高等人①。这些人似乎无法陪葬献陵了，因为他们已经成为新君主的功臣。即使如此，所谓“功臣密戚”陪陵葬的说法依然无法理解。或者，高祖的功臣密戚都没有提出申请？这恐怕是最有可能的。武士彟在两《唐书》的位置都是唐高祖的大臣，他之所以没有陪葬献陵，不是地位不够，而是他或者家属没有这个意愿，毕竟，从现实政治的立场出发，作为唐高祖的大臣，在贞观时代并不是什么正面的资源。

武士彟没有转身成为唐太宗的功臣，这与长孙顺德、唐俭等人大不一样，所以作为太原功臣，武士彟的代表性似乎更强。他在唐高祖举哀期间的表现，应该更强化了这个印象。于是，不管唐太宗内心深处是多么不喜欢武士彟，但是武士彟的统战资格实在是太强硬了②。

---

① 《旧唐书》卷五七《刘文静传》所附，第2294—2295页。

② 罗元贞先生著《关于武则天的故乡和出生地》一文，在“武则天只能出生于长安”题目下谈及武士彟在贞观时期的地位，认为武士彟在玄武门政变中，“是坚决支持和拥护李世民的。所以，政变后，唐太宗就重用他，派他出任地方军事长官”。本文的观点与此完全不同。见罗元贞点校：《武则天集》，太原：山西人民出版社，1987年，第306页。

唐太宗的统战动作，最后落实在武则天身上[①]。五品才人，不管对于武家而言是多么委屈，皇帝毕竟还是迎娶了武则天，尽管都是表面文章，但是对于长期遭受唐太宗朝廷冷落的武家而言，这个表面文章的价值很高。唐太宗表达了宽宏大量的皇恩，武家必须接受[②]。至于这个统战的政治动作的后来影响，自然是谁都无法预料的。

① 赵剑敏曾著《武则天与唐太宗的情史钩稽》一文，认为武则天始终不得唐太宗宠爱，这也是一个有价值的思考角度，这也可以看作是统战婚姻的必然结果。载《武则天与偃师》，天津：历史教学社，1997年，第167—175页。

② 赵文润先生认为太宗娶武则天，一是因为美貌，二是出于对已故武士彟的怀念，三是出于对杨氏母女相依为命的怜悯。见《武则天为才人的史实考释》，原载《陕西历史博物馆馆刊》第13期，西安：三秦出版社，2006年，收入作者《武则天与唐高宗新探》，西安：三秦出版社，2008年，第1—11页。

第三章
李君羡案件

李君羡谋反案件发生于贞观二十二年（648）。但是，在武则天时代，为了武周革命的论证需要，武则天朝廷同意了李君羡后人的解释，认为是武则天天命暴露，而李君羡之死是充当了武则天的替罪羔羊。这一说法在武则天时代写入唐朝的国史，并被后代史书如两《唐书》《资治通鉴》等沿袭，流传甚广。《资治通鉴》不仅沿袭这个说法，还把李淳风劝杀的故事也纳入李君羡案件的解释中，从而完成了李君羡案件的再度阐释。通过分析这一历史事件遭遇的阐释历程，可以发现除了武则天的政治需要以外，古代历史学家的政治天命观念也发挥了作用。

历史事件及其阐释，是历史研究者的职责。但是，如今我们从史书中所见的历史事件，完全可能是在解释之后的记载，即历史事件本身已经经过阐释，阐释者的思想已经渗透其中了。有些历史阐释，不是在历史事实基础上解释，而是改动了历史事实本身。所以，不管历史的理论有多少，如果事实经过篡改，建立在史实基础上的解释完全可能更加远离历史真相。以至于我们在了解历史真相的时候，必须面对阐释之后的历史记述，而对阐释的重新阐释，不仅是恢复历史本来面目，也是探讨历史学科自身历史的一个重要方面。

武则天作为中国历史上唯一的女皇帝。武则天称帝，不仅是唐朝前期历史的重大事件，也成为一个时代的重大背景。一些历史人物和事件，或者事实上与武则天称帝有联系，或者阐释者有意地使之发生联系，无不具体地反映了古代中国史学的一种特殊面貌。本文认为，李君羡案件及其阐释的过程，就是这方面的一个比较典型的例证。

第一节　李君羡案件

所谓李君羡案件，这里是指发生在贞观二十二年（648）的华州刺史李君羡犯罪被杀案件。《新唐书》卷二《太宗本纪》：

> 七月甲子，太白昼见。壬辰，杀华州刺史李君羡。[①]

《旧唐书·李君羡传》：

> 贞观初，太白频昼见，太史占曰："女主昌。"又有谣言："当有女武王者。"太宗恶之。时君羡为左武卫将军，在玄武门。太宗因武官内宴，作酒令，各言小名。君羡自称小

① 《新唐书》卷二《太宗本纪》，中华书局点校本，1975年，第47页。

名“五娘子”，太宗愕然，因大笑曰：“何物女子，如此勇猛！”又以君羡封邑及属县皆有“武”字，深恶之。会御史奏君羡与妖人员道信潜相谋结，将为不轨，遂下诏诛之。[1]

《新唐书·李君羡传》：

先是，贞观初，太白数昼见，太史占曰：“女主昌。”又谣言：“当有女武王者。”会内宴，为酒令，各言小字，君羡自陈曰：“五娘子。”帝愕然，因笑曰：“何物女子，乃此健邪！”又君羡官邑属县皆“武”也，忌之。未几，出为华州刺史。会御史劾奏君羡与狂人为妖言，谋不轨，下诏诛之。[2]

《资治通鉴》载：

初，左武卫将军武连县公武安李君羡直玄武门，时太白屡昼见，太史占云：“女主昌。”民间又传《秘记》云：“唐三世之后，女主武王代有天下。”上恶之。会与诸武臣宴宫中，行酒令，使各言小名。君羡自言名五娘，上愕然，因笑曰：“何物女子，乃尔勇健！”又以君羡官称封邑皆有“武”字，深恶之，后出为华州刺史。有布衣员道信，自言能绝粒，晓佛法，君羡深敬信之，数相从，屏人语。御史奏君羡与妖人交

---

① 《旧唐书》卷六九《李君羡传》，北京：中华书局，1975年，第2524—2525页。
② 《新唐书》卷九四《李君羡传》，第3837页。

通，谋不轨。壬辰，君羡坐诛，籍没其家。[①]

两《唐书》李君羡本传在记录案件发生的最后时间，即李君羡被杀的时间都采用了模糊的方式，而《新唐书·太宗本纪》给出的时间准确。对此《资治通鉴》也是把此事记载在贞观二十二年（648）七月壬辰这一天。根据陈垣先生的《二十史朔闰表》可知，贞观二十二年（648）七月是庚辰朔，壬辰是七月十三日。

两《唐书》与《通鉴》是记载唐代历史权威性史学著作，而在记录李君羡案件上出入不大，所以我们要了解这个案件，三部著作是必须认真研读的。比较几部记录李君羡案件的著作，除了李君羡死亡时间可以判定以外，李君羡被杀时的职务也是清楚的，那就是华州刺史。对此，只有《旧唐书》的李君羡本传记载有误，因为没有记载李君羡从左武卫将军岗位上调出任职华州刺史，如果只看这个记载的话，很容易以为李君羡是在左武卫将军的岗位上被杀的。

李君羡被杀，具体是斩刑还是绞刑，先搁置不论。李君羡所犯罪名，一是与妖人交通，二是谋不轨。所谓妖人，这里是指员道信无疑，而史书或称妖人，或称狂人，属于异称而已。妖人在当时应该有严格的法律界定，最重要的根据应该是“妖言”的有无。《新唐书》的李君羡传说他与员道信“为妖言”，而妖言是明确无误的罪行。《唐律》有明文规定，“诸造妖书及妖言者，绞”。《唐律疏议》的注释为：“造，谓自造休咎及鬼神之言，妄说吉凶，涉于不顺者。”疏议的继续解释为：“‘造妖书及妖言者’，谓构成怪力之

① 《资治通鉴》卷一九九，中华书局点校本，1956年，第6258—6259页。

书，诈为鬼神之语。‘休’，谓妄说他人及己身有休徵。‘咎’，谓妄言国家有咎恶。观天画地，诡说灾祥，妄陈凶吉，并涉于不顺者，绞。”[1]员道信自言能绝粒，通佛法，很难就认为是妖言，大概这是导致李君羡信从的原因。然后李君羡图谋不轨，并为此造出了很多妖言。

比较两年前张亮的案件，对认识李君羡案件会有帮助。《旧唐书·张亮传》对张亮案件的记载如下：

> 有方术人程公颖者，亮亲信之。初在相州，阴召公颖，谓曰："相州形胜之地，人言不出数年有王者起，公以为何如？"公颖知其有异志，因言亮卧似龙形，必当大贵。又有公孙常者，颇擅文辞，自言有黄白之术，尤与亮善。亮谓曰："吾尝闻图谶'有弓长之君当别都'，虽有此言，实不愿闻之。"常又言亮名应图箓，亮大悦。二十年，有陕人常德玄告其事，并言亮有义儿五百人。太宗遣法官按之，公颖及常证其罪。亮曰："此二人畏死见诬耳。"又自陈佐命之旧，冀有宽贷。太宗谓侍臣曰："亮有义儿五百，畜养此辈，将何为也？正欲反耳。"命百僚议其狱，多言亮当诛，唯将作少匠李道裕言亮反形未具，明其无罪。太宗既盛怒，竟斩于市，籍没其家。[2]

---

① 《唐律疏议》卷一八《贼盗律》，北京：中华书局，刘俊文点校，1983年，第345页。

② 《旧唐书》卷六九《张亮传》，第2516页。

显然，张亮案件中的“妖言”部分是很清楚的，符合《唐律》中“观天画地，诡说灾祥，妄陈凶吉”的解释。妖言部分，全都是围绕张亮本人。李君羡案件中的妖言部分应该是存在的，只是我们所知已经不具体。

在唐朝妖言治罪很重，是处于国家政治安全的考虑。唐朝建国功臣裴寂的下台，也与这样的案件有关。《旧唐书·裴寂传》记载：

> （贞观）三年，有沙门法雅，初以恩幸出入两宫，至是禁绝之，法雅怨望，出妖言，伏法。兵部尚书杜如晦鞫其狱，法雅乃称寂知其言，寂对曰：“法雅惟云时候方行疾疫，初不闻妖言。”法雅证之，坐是免官，削食邑之半，放归本邑。[①]

裴寂是开国元勋，因为妖言之事免官，而裴寂最多是知情不报而已。而法雅的所谓妖言，正是“诡说灾祥”。法雅最初“以恩幸出入两宫”，可能与高祖皇帝和前太子李建成关系都不错，与裴寂也很熟，他最终成为李世民清除裴寂的一个突破口，可以认为有政治背景。但是，毕竟妖言在法律上是存在的，所以这个突破口才能被找到。裴寂的最后结局，也与妖言案件有关，不过是另一件而已。《裴寂传》如是记载道：

> 有狂人自称信行，寓居汾阴，言多妖妄，常谓寂家僮曰：“裴公有天分。”于时信行已死，寂监奴恭命以其言白寂，

① 《旧唐书》卷五七《裴寂传》，第2288页。

> 寂惶惧不敢闻奏，阴呼恭命杀所言者。恭命纵令亡匿，寂不知之。寂遣恭命收纳封邑，得钱百余万，因用而尽。寂怒，将遣人捕之，恭命惧而上变。太宗大怒，谓侍臣曰："寂有死罪者四：位为三公而与妖人法雅亲密，罪一也；事发之后，乃负气愤怒，称国家有天下，是我所谋，罪二也；妖人言其有天分，匿而不奏，罪三也；阴行杀戮以灭口，罪四也。我杀之非无辞矣。议者多言流配，朕其从众乎。"于是徙交州，竟流静州。[①]

注意唐太宗的说法，他认为裴寂已经犯了四宗死罪，是有理由杀裴寂的，但是考虑很多人不主张杀，所以决定流配静州。而在这个案件的发展过程中，说裴寂有天分，就是"妄说他人及己身有休徵"，是典型的妖言。不仅如此，在唐太宗看来，第一次案件中裴寂"为三公而与妖人法雅亲密"，也是死罪之一。

比较可知，李君羡与妖人交通，造妖言，已经属于死罪，只此一项罪行就可以判绞死。第二个罪名是图谋不轨。对此，《通鉴》的说法最具体，为"有布衣员道信，自言能绝粒，晓佛法，君羡深敬信之，数相从，屏人语"。究竟是如何图谋不轨的，史书也没有给出说明，而《通鉴》所谓"数相从，屏人语"似乎是调查的文字，而最后的指向则是图谋不轨。

不轨，不是严格的法律概念，却是使用率很频繁的一个概念。所谓谋不轨，通常是指谋反，即"十恶不赦"的首款。比如，贞观

① 《旧唐书》卷五七《裴寂传》，第2289页。

十七年（643），太子李承乾被废，原因就是他制定了一个谋反计划,《旧唐书·李承乾本传》的记载很清晰："与汉王元昌、兵部尚书侯君集、左屯卫中郎将李安俨、洋州刺史赵节、驸马都尉杜荷等谋反，将纵兵入西宫。"[①]对此李承乾自己面对太宗的时候说："臣为太子，复何所求！但为泰所图，时与朝臣谋自安之术，不逞之人遂教臣为不轨耳。"[②]不轨，作为当事人所用的词汇，而史书记载清楚，李承乾所犯之罪，就是谋反。

比较两个案件，张亮和李君羡都是处以死刑，张亮明确是"斩刑"，而李君羡的死刑方式不清，但是两个案件都是"籍没其家"。所谓籍没其家，是一项极端的缘坐惩罚方式，这种情况只属于"谋反及谋大逆"罪行,《唐律疏议》规定：

> 诸谋反及谋大逆者，皆斩。父子年十六以上皆绞，十五以下及母女、妻妾、祖孙、兄弟、姊妹若部曲、资财、田宅并没官，男夫年八十及笃疾、妇人年六十及废疾者并免。伯叔父、兄弟之子皆流三千里，不限籍之同异。[③]

同是谋反，如果影响有限,《唐律》规定是："即虽谋反，词理不能动众，威力不足率人者，亦皆斩。父子、母女、妻妾并流三千里，资财不在没限。"[④]同为谋反，情节轻重对犯案者本人都一样是斩刑，但是对家属的处分不同，而在唐朝所有的缘坐处罚中，"籍

① 《旧唐书》卷七六，第2649页。
② 《资治通鉴》卷一九七，第6195页。
③ 《唐律疏议》卷一七，第321页。
④ 《唐律疏议》卷一七，第322页。

没其家”是最严重的。除了年纪大或者笃疾、废疾免除以外，父子十六岁以上绞刑，而十五岁以下和母女、妻妾、祖孙、兄弟、姐妹以及各式财产一并没官，即财产政府没收，人员没为官奴。由此判断，李君羡案件是以最高刑罚处置的，既然“籍没其家”，李君羡一定是处以斩刑而死。

根据《唐律疏议》的解释，有一种谋反案件的特点是“结谋真实，而不能为害者。若自述休徵，假托灵异，妄称兵马，虚说反由，传惑众人而无真状可验者，自从妖法”①。李君羡是唐初有名的猛将，又在长安担任过守卫将军，犯案时任当地最高长官——刺史，他发动的谋反自然不会是“不能为害”的，所以处以最严厉的惩罚。

第二节 再度解释

李君羡案件如上所述，显然是一个重大案件，但是我们今天看到的史书记载，却都另有解释，无不认为与当时的传说，即所谓“女主昌”“女武王者”等有密切关系。两《唐书》和《资治通鉴》这些影响巨大的史学名著，在写到李君羡案件的时候，无不先说当时的谣传，再讲唐太宗对李君羡一系列女性、武字特征的厌恶，最后再介绍李君羡被杀。三本重要的史学名著，虽然不明说李君羡是被唐太宗冤杀，但是这种叙事结构和方式已经很容易让读者得出这个结论。

① 《唐律疏议》卷一七，第322页。

在这个方面，《册府元龟》的一段文字最典型，其言曰：

唐太宗贞观中，李君羡为左骁卫大将军、武昌郡公。贞观中，有谣言当有女主王天下，太宗恶之。后当宴三品已上，遣作酒令，仍各称其小名。君羡自称小名“五娘子”。太宗愕然，因大笑曰：“何物女子，如此勇猛！”其后竟以事诛之。至天授中，则天复其官爵。[①]

《册府元龟》在记录此事的时候，放置在“帝王部”的“疑忌门”之下，所有案件的具体内容一概消失，连那位神秘的员道信都不见了，只剩下唐太宗极其可怕的猜忌了。而且，如果不作考察，只看这一记载的话，则是唐太宗猜忌与武则天的清明形成鲜明对照，因为被唐太宗冤杀的李君羡是被武则天平反的。

李君羡事迹，两《唐书》本传的记载并不全，结合《册府元龟》记载，我们能够大体描绘出李君羡的经历。李君羡是洺州武安县人，隋末先是追随王世充，后来投奔唐朝，成为秦王李世民的将军。本传说他“从讨刘武周及王世充等，每战必单骑先锋陷阵，前后赐以宫女、马牛、黄金、杂彩，不可胜数”[②]。《册府元龟》记录李君羡事迹有三段，分别如下：

李君羡少以勇气闻。从太宗破宋金刚，以功授上柱国骠骑

① 《册府元龟》卷一八一《帝王部·疑忌》，南京：凤凰出版社，2006年，第2009—2010页。

② 《旧唐书》卷六九，北京：中华书局，1975年，第2524页。

将军，加赐牛马、锦帛及宫人。拜左卫府中郎将。突厥来至渭桥，君羡与尉迟敬德等大破其众。太宗谓之曰："尽如我君羡用心，国贼亦何忧。"改授左武候中郎将，封武连县公。①

李君羡，贞观中为左武候中郎将。每于北门长上，在仗读书，不暂休止。深蒙赏劳，累迁兰州都督、左监门将军。②

李君羡武安人也，少以勇气闻。太宗在藩，引为左右。从破宋金刚于介休，单骑先入，无敢当其锋者。又从破窦建德于汜水，加授秦王府右三统军。刘黑闼反于洺州，从往征之，所至未尝不先登陷阵。③

以上三段《册府元龟》中的记载，可以与两《唐书》中李君羡的资料互为补充，证明李君羡在唐朝统一全国的过程中多有功劳，而作战勇敢是受到唐太宗特别表彰的。李君羡的历官情况大约如此：先是上柱国骠骑将军，加授秦王府右三统军，然后拜左卫中郎将，转左武候中郎将，北门长上，封武连县公。升迁为兰州都督，再为左监门将军或左武卫将军，爵位晋升为武连郡公。再出任华州刺史，贞观二十二年（648）被诛杀。

李君羡之死与女武等传闻到底是什么关系？诸书口径一致，都承认存在必然性的联系。但是，各书之间又有所不同。比如两《唐

---

① 《册府元龟》卷三八四《将帅部·褒异第十》，第4344页。
② 《册府元龟》卷三八八《将帅部·儒学》，第4379页。
③ 《册府元龟》卷三九六《将帅部·勇敢第三》，第4470页。

书》决然认为唐太宗对李君羡是先有厌恶之情，后有杀人之举。但是《通鉴》的说法有异，认为是先厌恶李君羡，然后外任刺史，再发生与员道信图谋不轨事，最后诛杀。虽然如此，归纳起来看，诸书相信那些传言与李君羡之死有关，这是没有问题的。现在我们读这些史书，认为所谓的传言，其实都与武则天有关，是武则天称帝的一种先兆表现。两《唐书》和《通鉴》在记录传言时注重两点，一是“女主昌”，二是“女武王”，两者其实可以合为一体，即武氏女主将称王。不过，《册府元龟》记载李君羡案件的时候，没有提及“武”字特征。此外，在讲到传闻的时间时，两《唐书》都说是“贞观初”，《通鉴》用一个“初”字，而《册府元龟》说是“贞观中”。诸书的异同且不追究，本文重点还是回归武则天称帝先兆与李君羡之死的关系上来，即这种叙事到底应该如何观照才更合理一些。

如果直接讨论所谓王命是否会有先机泄露问题，要么会各执一端无从交集，要么陷入神秘玄学的巢穴无法自拔。各书对李君羡之死的解释，除了认定李君羡冤枉之外，这种说法还影响到一个人，那就是唐太宗李世民。《册府元龟》直接把这件事放在帝王部的疑忌门下，等于在称李世民的多疑与滥杀。《新唐书·李君羡传》后的史臣赞语，对此更是直言不讳：

> 侯君集位将相私谒太子，张亮养子五百人，薛万彻与狂竖谋，皆死有余责，又何咎哉？以太宗之明德，蔽于谣谶，滥君羡之诛，徒使孽后引以自神，顾不哀哉！[①]

---

① 《新唐书》卷九四，第3837页。

直接称李世民杀李君羡是滥诛，明确评论说这与太宗的“明德”背道而驰。

唐太宗释放刘恭的故事很有名，与李君羡案件可作对比。故事发生在贞观三年三月唐太宗检查关押囚犯，《通鉴》记载：

> 有刘恭者，颈有“胜”文，自云“当胜天下”，坐是系狱。上曰：“若天将兴之，非朕所能除；若无天命，‘胜’文何为！”乃释之。①

刘恭可能是个大言炎炎的人，但是如果严格入律的话，他这也是为妖言，妄说自己的身体体征，正是所谓“休徵”。但是唐太宗很开明，也很大度，所以释放了他。为什么到李君羡这里就要滥杀呢？也许会有人解释说这是贞观之初，到贞观之末太宗心境大变，所以才有滥杀。所以，这仍然不是一个恰当的研究理路。有关李君羡被唐太宗滥杀的说法，到底发生在什么时期？我们可以从此入手，从这一说法的来龙去脉观察隐藏在背后的动机。

在影响巨大的几部史书中，《新唐书》来自《旧唐书》应该没有疑问，而《旧唐书》的史源根据，则需要我们进一步考察。《旧唐书》编成于五代后晋时期，尤其是代宗之前，主要依据唐朝的《国史》，对此学界的看法基本一致。赵翼说过：“《旧唐书》前半全用实录、国史旧本。”②对此，谢保成先生进行了很详细的考索，

---

① 《资治通鉴》卷一九三，第6063页。
② 赵翼：《廿二史劄记》卷一六“旧唐书前半全用实录国史旧本”，北京：中国书店，1987年，第214—217页。

认为赵翼之说“大体符合代宗以前帝纪、人物传的情况”[①]。唐代官方撰修国史，大体情况如下：

> 贞观元年，姚思廉撰《唐史》纪传，粗成三十卷。
>
> 高宗显庆元年，令狐德棻等续成八十卷，名以《武德贞观两朝史》。
>
> 龙朔三年（663），许敬宗等又续为一百卷，并起草十志，未半而终。
>
> 武则天长寿二年（693），牛凤及另撰《唐史》一百一十卷，起高祖，终高宗。
>
> 长安三年（703），李峤、朱敬则、刘知几、吴兢等修《唐史》八十卷。
>
> 吴兢又别撰《唐史》一百一十卷、《唐春秋》三十卷。
>
> 韦述《国史》一百一十三卷。[②]

以上诸种唐朝政府编修的国史系列，最终流传下来的是韦述的《国史》，而所有后面修成的国史，都对前面的修撰有所继承发展。韦述在安史之乱的时候，抱《国史》藏匿在南山，肃宗至德时献给国家。

在以上诸书中，姚思廉的《唐史》虽名唐朝历史，贞观元年

---

① 谢保成：《〈旧唐书〉的史料来源》，荣新江主编《唐研究》第1卷，北京：北京大学出版社，1995年，第353—376页。

② 谢保成：《〈旧唐书〉的史料来源》，荣新江主编《唐研究》第1卷，第353—376页。谢保成：《隋唐五代史学》第五章第二节“国史的编撰”，厦门：厦门大学出版社，1995年，第99—103页。

（627）修成，只能是仅写武德时期而已，与本文所讨论的李君羡案件无关。高宗时期修撰的是《武德贞观两朝史》，先在显庆元年（656）写成，龙朔三年（663）续为一百卷。那么，高宗时期撰修的国史，有可能写入唐太宗滥杀李君羡吗？根据《唐会要》的记载，唐高宗时期编修国史，一是显庆元年（656）修成，二是显庆四年（659）的补修，后来再补修则未完成，而唐高宗对国史很认真，对唐太宗的“盛业洪勋”十分重视，对此记载清晰：

> 显庆元年七月三日，史官太尉无忌、左仆射于志宁、中书令崔敦礼、国子祭酒令狐德棻、中书侍郎李义府、崇贤学士刘允之、著作郎杨仁卿、起居郎李延寿、秘书郎张文恭等修国史成。起义宁尽贞观末，凡八十一卷，藏其书于内府。至四年二月五日，中书令许敬宗、中书侍郎许圉师、太史令李淳风、著作郎杨仁卿、著作郎顾允，受诏撰贞观二十三年已后，至显庆三年实录，成二十卷，添成一百卷。上以敬宗所纪，多非实录，谓刘仁轨等曰：先朝身擐甲胄，亲履兵锋，戎衣沾马汗，鞮鍪生虮虱，削平区宇，康济生灵，数年之间，四海宁晏，方始归功上帝临驭下人。昨观国史所书，多不周悉。卿等必须穷微索隐，原始要终，盛业鸿勋，咸使详备。[1]

唐高宗所说的先朝，即唐太宗。高宗在这里不仅阐明了自己对于国史的态度，对唐太宗的推崇，而且列举了具体事项，认为现在

① 《唐会要》卷六三《史馆》上，上海：上海古籍出版社，1991年，第1289—1291页。

的国史记载有误。他的观点还得到大臣郝处俊的回应和补充。贞观时期太宗温汤围猎之事,《旧唐书·太宗本纪》(下)、《通鉴》记载在贞观十六年(642)十二月[①]。而太子亲见放免阑入带刀人以及郝处俊所讲之事,《通鉴》也有记载[②]。这些事实都能够证明唐太宗的"先圣仁恩,触类皆是",与滥杀李君羡性质截然不同。同时,通过《唐会要》的文字,我们可以清楚地看到唐高宗对唐太宗形象的维护。这些著作,依照唐高宗自己的说法,他是亲自阅读的,所以才会发现问题,所谓"观国史所书,多不周悉"。仅仅是不周悉,高宗已经不能容忍,那么唐太宗滥杀的故事呢?在高宗时代是绝不可能进入国史记载的。

另有刘洎案件,发生在贞观十九年(645),唐太宗赐刘洎自尽。此案与褚遂良关系最大,所以到褚遂良得罪高宗贬官外放的显庆元年(656),在李义府的支持下,刘洎儿子积极努力,要为父亲翻案,对此《通鉴》有如下记载:

> 刘洎之子讼其父冤,称贞观之末,为褚遂良所谮而死,李义府复助之。上以问近臣,众希义府之旨,皆言其枉。给事中长安乐彦玮独曰:"刘洎大臣,人主暂有不豫,岂得遽自比伊、霍!今雪洎之罪,谓先帝用刑不当乎!"上然其言,遂寝其事。[③]

① 《旧唐书》卷三,第54页。《资治通鉴》卷一九六,第6182页。
② 《资治通鉴》卷一九八,第6235页。
③ 《资治通鉴》卷二〇〇,第6300—6301页。

翻案之所以没有结果，是因为高宗不支持，而高宗坚持的理由即乐彦玮的观点：如果给刘洎平反，就证明了先帝用刑不当。唐太宗的形象，在唐高宗心目中显然是十分重要的。刘洎之冤，如果不考虑政治因素，仅从司法角度看翻案的可能性极大。但是，唐高宗不想给刘洎平反，主要不是司法考虑，而是从维护唐太宗形象出发。所以，反观李君羡案件，在唐高宗时代，无论如何是不可能出现唐太宗滥杀李君羡这样的国家正式文献的。

但是，正如学界认同的那样，《旧唐书》的史源主要来自国史，而《旧唐书》的《李君羡传》已经存在唐太宗滥杀李君羡的文字，那么这种说法来自什么时候呢？无独有偶，《册府元龟》也有同类文字，而《册府元龟》的资料来源也是公认的，那就是实录、国史之类，"移录原始史料"，唯独不取小说[1]。如果同样史事《册府元龟》与《旧唐书》基本相同，很可能史源同样来自国史等更原始的资料。

既然高宗时代不可能书写有损唐太宗形象的文献，而那些来自实录、国史的史书如《旧唐书》和《册府元龟》又都有唐太宗滥杀李君羡的文字，那么这些文字进入实录或者国史系统，只能属于下一个时代。武则天时代编撰的唐代国史，一是长寿二年（693），牛凤及所撰《唐史》一百一十卷，二是长安三年（703）李峤、朱敬则、刘知几、吴兢等修《唐史》八十卷。前者仅见于刘知几的《史通》，且评价很差[2]，所以后者应该是流行更广的。长安三年（703）的这次修撰

① 参见黄永年、贾宪保：《唐史史料学》类书类《册府元龟》，西安：陕西师范大学出版社，第235—237页。刘乃和：《〈册府元龟〉新探》序，载《〈册府元龟〉新探》，郑州：郑州中州书画社，1983年，第1—28页。

② 谢保成：《隋唐五代史学》第五章第二节，第100页。

《唐史》，是由武三思领衔的，根据当时的敕书得知，此次编史的目标是“采四方之志，成一家之言，长悬楷则，以贻劝诫”[①]。

不管是长寿二年（693）还是长安三年（703），所修《唐史》，一定更在乎武则天的感受，至于唐太宗的形象，可以肯定居于次要的地位。而关于李君羡案件，就是在长寿二年（693）的两年之前（天授二年），忽然发生了重大转折。对此，各书并不回避，都有清楚的记载。

《旧唐书·李君羡传》：“天授二年，其家属诣阙称冤，则天乃追复其官爵，以礼改葬。”[②]《新唐书·李君羡传》：“天授中，家属诣阙诉冤，武后亦欲自托，诏复其官爵，以礼改葬。”[③]《通鉴》在天授二年（691）三月有一句独立记载：“追复李君羡官爵。”[④]

李君羡“冤案”是在天授二年（691）昭雪平反的。具体程序是，李君羡家属首先主动诉冤，然后武则天给予平反，恢复官爵并以礼改葬。但是，到天授二年（691）的时候，李君羡被杀已经43年，如果不是《新唐书》有一句“武后亦欲自托”，后世无论如何都不能理解为什么武则天的朝廷会有如此举动。而《旧唐书》《资治通鉴》和《册府元龟》用这样轻描淡写的文字，根本看不到武则天如此行为的动机，反而很容易理解为武则天纯粹为了公平而为李君羡平反。

李君羡的家属为什么选在这个时候来诉冤呢？43年的等候，天授二年（691）一定是他们认为最合适的时机。根据现在所了解唐

---

① 《唐会要》卷六三《史馆》上，第1291页。
② 《旧唐书》卷六九，第2525页。
③ 《新唐书》卷九四，第3837页。
④ 《资治通鉴》卷一〇四，第6472页。《册府元龟》也有一句“至天授中，则天复其官爵”，上文已经引用，也是一句无关痛痒的问句。

代史料保存的情况看，在天授这个年份，当初李君羡的审判资料一定还完好地保存在政府的档案库中，至少史馆中肯定是有保存的。那么李君羡家属如何说服武则天的朝廷，贞观二十二年（648）的审判是一个误判和滥杀呢？如果不在诉冤状中引入武则天朝廷的需求，平反李君羡不可能有什么希望。要知道，贞观二十二年李君羡的案件是大案，“籍没其家”的缘坐处分足以证明案情的严重性。那么，李君羡家属到底通过什么诉求说服了武则天的朝廷呢？

对此，与其在李君羡案件的具体环节上求证，不如在当时的政治环境中寻求因缘。众所周知，刚刚过去的天授元年（690）九月，武则天宣布建立周朝取代唐朝，她就是中国历史上第一位女皇。不过，这是最明显的政治结局，而在此之前，武则天探索着向这个方向努力，她采用的是不断接近的战略，而不是一步到位。垂拱四年（688）四月，洛水出现瑞石“宝图”，有字为“圣母临人，永昌帝业”。此事，史书直接写作武承嗣所为。第二月，武则天加尊号“圣母神皇”。七月，改“宝图”为“天授圣图”。这一系列举动，都是在制造君权神授的舆论。第二年十一月，改永昌元年为载初元年，直接宣布使用周制历法，放弃夏历，以十一月为正月。这种效法周朝的举动，不用联想就知道武则天要再启周朝，因为她的武家都是册封为周的。九月，宣布革命，改国号为周，取代唐，同时改元天授。加武则天的尊号为“圣神皇帝”[1]。于是，中国历史上第一位女皇正式诞生。

在以周代唐的革命过程中，武则天充分利用各种“祥瑞”，表示

① 以上诸项，参见《旧唐书》卷六《则天皇后本纪》，第118—121页。

她革命的合法性。当时拥护武则天的人群中，也一样高呼革命是顺天意、应人心的。著名文学家陈子昂在天授元年（690）上书《上大周受命颂表》中就说道："今者凤鸟来，赤雀至，庆云见，休气升，大周受命之珍符也。"[①]雷家骥先生把武则天的这种行为称之为"革命的意识形态与行动"[②]。在各种祥瑞、符瑞漫天飞的天授元年，关于女皇个人身世的神迹却是罕见的，而各代史学著作无不表明一个规律，即开国君主无不具有个人的生命神迹[③]。李君羡家属的诉冤，是从一个特殊角度证明女皇的天命存在。女皇的天命早已存在，在贞观时期甚至天机有所泄露，好在因为李君羡的各种特征吸引了唐太宗的怀疑，于是李君羡冤死掩护了武则天。为了女皇和武周的伟大事业，李君羡死得其所，但是如今的朝廷至少应该承认这种牺牲吧。

武则天及其武周朝廷，显然需要这样的证明，恢复李君羡的官爵，以合适的礼仪进行重新埋葬，朝廷虽然会花费一些金钱，但是从政治合法性证明的角度看，这些花费显然是物超所值。李君羡家自然很高兴，从此以后就拥有了政治资本，李君羡的子孙也可以在李君羡官爵基础上，继续为朝廷服务。而他家举行的葬礼，也应该有政府的高级官员到场，声势浩大，广为人知。恢复李君羡官爵，以礼改葬，让李家和朝廷获得了双赢的效果。

李家诉冤的诉状和朝廷的诏书，现在已经无从得知，但本文怀疑，如今《旧唐书·李君羡传》《新唐书·李君羡传》和《册府元

① 《陈子昂集》卷七，中华书局上海编辑部，1960年，第140页。

② 雷家骥：《武则天传》第九章《大周革命》第一节"天意与符瑞：革命的意识形态与行动"，北京：人民出版社，2001年，第268—278页。

③ 武则天的生命神迹，有利州的感孕而生说和袁天纲的相面说，但可以肯定其发明的时间不会早于天授二年（691）。

龟》《资治通鉴》等相关文字，论证李君羡之死与当时流行的“女主昌”等是因果关系，最初就应该来自李家的诉状。朝廷下诏表示认可，也可能直接或间接地引用这份诉状中的相关内容，而这一切文字都会进入国家档案，至少收入国史馆。在后来修撰的实录和国史中，涉及贞观二十二年（648）李君羡之死，很自然地采用了李君羡冤死这种观点。因为这种观点代表着武周的国家立场，长寿二年（693）牛凤及的《唐史》和长安三年（703）武三思领衔编修的《唐史》，都不可能拒绝这一立场。韦述所撰《国史》，应该在开元后期，距离天授又是几十年的长度，因袭旧史，未详考辨，也就把这种观点继承下来。至两《唐书》和《通鉴》，正如我们看到的那样，依然在这个观点上行进。《新唐书》虽然有一句“武后亦欲自托”，但倾向所在还是说武则天在利用事实而已。

李家究竟是怎样把李君羡之死与武则天的天命联系起来的呢？主要就是利用两个说法：一是“女主昌”，二是“当有女武王者”。对于这两个说法，两《唐书》在引用的时候有所区分，说前者是占语，后者是谣言。前者的占语来自太白星的白昼出现。所以，我们追踪的问题可以从太白昼见开始。

在普遍相信“天人感应”的时代，之所以十分重视天象变化是因为希望对人间政治实现良好的掌控。故此，史书也有此类倾向，所以天文志就成了纪传体史书常备的项目。根据两《唐书》的天文志，我们把唐初太白昼见的记载罗列在此，以便我们继续分析太白星昼见带来的政治效应。应该提前说明的是，根据古代的星占术，太白昼见仅仅是太白星“失常”的情况之一，因为与本文讨论的内容无关，其他情况不在统计之内。

根据两《唐书》，“太白昼见”这种天象，在高祖、太宗和高宗三个时期，出现的频率有所不同。《新唐书·天文志三》，列高祖时期共九次，七次都是在武德九年（626）出现，即武德元年（618）五月庚午、二年九月庚寅、九年五月、九年六月丁巳太白经天、九年六月己未又经天、九年六月己卯、九年七月辛亥、九年七月甲寅、九年八月丁巳。贞观时期有两次，即贞观十六年（642）六月戊戌和二十二年（648）七月。高宗时期五次，即永徽元年（650）五月己未、二年（651）十二月乙未、四年（653）六月己丑、龙朔元年（661）六月辛巳和永隆元年（680）五月丁酉[①]。《旧唐书》的记载很少，只有两次，一次是武德九年五月，太白昼见于秦，一次是调露二年（680）五月二十四日，太白经天[②]。

即使根据《新唐书》的记载，上引资料所谓贞观之初，太白星多次昼见的结论也是得不出来的。武德九年六月四日发生玄武门之变，之后李世民掌控了朝廷。除非把六月四日以后的太白昼见，也纳入贞观初来看待。但是，武德九年，人所共知大事件是李世民政变夺权，星占这方面的占辞又不缺，如何在这样的关头能想到“女主昌”呢？

那么，“太白昼见”的星象，到底会有什么占辞呢？好在今天我们看到明朝再发现的唐朝瞿昙悉达的《开元占经》，把古来流行的星占都分门别类地归纳到一起，其中专有“太白经天昼见”的条目。为了说明问题，我们把该书所有罗列的占辞都集合起来，具体内容详见下表。

① 《新唐书》卷三三《天文志三》，第851—854页。
② 《旧唐书》卷三六《天文志下》，第1321—1322页。

表3-1 唐初太白经天昼见占辞一览表

序号	出处	占辞
1	石氏	凡太白不经天，若经天，天下革政，民更主，是谓乱纪，人民流亡。
2	石氏	太白经天见午上，秦国王，天下大乱。
3	荆州占	太白昼见于午，名曰经天，是谓乱纪，天下乱，改政易王，人民流亡，弃其子，去其乡里。
4	荆州占	太白夕见过午，亦曰经天，有连头斩死人，阴国兵强，王天下，女主用事，阳国不利。
5	春秋元命包	杀失则攻战刑，故太白经天，屠君父，外夷征。
6	京房对灾异	人君薄恩无义，懦弱不胜任，则太白失度经天，则变不救，则四边大动，蛮貊侵也。
7	春秋文曜钩	太白经天，主失柩。
8	春秋纬	彗守角，太白经天，金精之国虚，谋杀作兵。
9	春秋汉含孳	阳弱臣逆，则太白经天。
10	孝经钩命诀	天子失兵，则太白经天。
11	雒书雒罪级	太白经天，不日桀侯代政。
12	巫咸	太白昼见而经天争明，而兵起，天下惊，强国弱，女主有名。
13	天官书	太白昼见经天，强国弱，弱国强，女主昌也。
14	巫咸	太白当户，期百八十日，蚩尤出兵，且起大将在野。
15	巫咸	太白上中天，下有一主之命。又占曰：太白不当中而中，孟月见之，侯王当之；仲月见之，大将军当之；季月见之，小民当之。又占曰：太白不当过中，是谓绝纲，四国兵起。
16	春秋纬运斗枢	太白赤芒，世有过，为大臣三公所乘，则太白经天，有此类，则亡引也。
17	荆州占	太白经天，海内悲泣，九州摇动，奋兵负粮。
18	春秋纬考异邮	陪臣行毒，诸谒向尊，则天白经天，主命凶。
19	荆州占	太白再经天，一入中宫，天下更王，国破主绝，期不出三年。

续表

序号	出处	占辞
20	荆州占	太白晨出东方，过食时而明，有兵，期四十日。若至日中而明，兵起将行，期三月。
21	荆州占	太白晨出东方，而中乃明，亡地之君在东方，若东北方，期六十日。又占曰：太白见东方，上至午，将夺君。又曰：阳国王当位者受之。又占曰：太白见东方，至丙巳之间，小将死；过午有起霸者。
22	荆州占	太白出高，至巳午之间，士卒劳，有不利军者，难以得功也。又占曰：太白出西方，上至未，阴国有霸者；若过未及午，阴国王令天下。一曰至午者，阴国王者当其位者受之。
23	陈卓	太白从西方若东方上至午，皆为有兵。
24	荆州占	太白上至午未间，天下易王，阳国兵强，当其位者受之。又占曰：太白始出辰巳间，为荆楚；正巳，杀大将；出午，天下有亡国；出午未间，天下亡，王者昌。
25	荆州占	太白昼见，与日争光，是谓经天，大乱十年，人民流亡，去其乡，女主昌，执政。近日，国必有丧；日中而见，事必然。
26	司马彪天文志	太白昼见经天，为兵丧，在大人。
27	甘氏	太白昼见，天子有丧，天下更王大乱，是谓经天，有亡国，百姓皆流亡。
28	荆州占	太白昼见，名曰昭明，强国弱，弱国霸，兵大起，期不出年。
29	巫咸	太白昼见，是谓阴明，来年强国有丧。
30	司马彪天文志	太白昼见，为强臣争。

《开元占经》所列“太白经天昼见”条目之下，共三十条占辞，有的再有细分，实际近九十条[①]。在《开元占经》所罗列的星

① 上表所列，具见《开元占经》卷四七《太白占三》“太白经天昼见”条，李克和校点，长沙：岳麓书社，1994年，第500—503页。

占之中，属于太白星占的共有八占，其中第三占就是“太白经天昼见”条。而所给出的占辞，共有三十条，每条有的只有一种占辞，有的则有多条占辞。通过统计可以很清楚地表明，太白星经天昼见，多数与兵乱、政治动乱相关，与女主有关的有四条，还不到八分之一。如果细分，在同样的太白星经天昼见的情况下，有的同时给出四种占，一为兵起，二为天下惊，三为强国弱，四为女主有名，与女主有关的只有四分之一。有的给出三种占辞，与女主有关的是三分之一。有的给出五种占辞，与女主有关的占五分之一。所以，我们可以得出很简单的结论，在所有太白星经天昼见的占辞中，与女主昌有关的只有四种，在近九十种的占辞中不足二十分之一。所以，用太白星昼见来说明武则天这位女主的出现，在概率上是很低的，但是用心者为的是争取武则天的好感，于是有意把这种概率很低的占辞当成唯一的解释来申诉，既然能够博得武则天朝廷的欢心，那些有能力证明此事的太史局官员也不可能出来证伪。于是这一小概率说辞反而成了主流说法[①]。

理应注意的是，在所有的这些太白星经天昼见的占辞中，有关女主问题的占辞，其立场无一不是否定的，即把女主昌等当作反常、错误和灾难类的事情来理解。如《荆州占》所言：“太白昼见，与日争光，是谓经天，大乱十年，人民流亡，去其乡，女主昌，执政。近日，国必有丧；日中而见，事必然。”这些星占中，无不尽力避免女主问题的出现，因为那意味着诸多的灾难。

---

① 参见王西坤：《试论史籍所载武周改唐预言的真实性》，《乾陵文化研究》（四），西安：三秦出版社，2008年，第459—468页。该文有多方面的贡献，如指出，“女主”这个概念，在当时占星术的语义中，只能指皇后、皇太后，“女主昌”是没有女人称帝这个含义的，可惜该文又多次称女武王预言具有真实性。

而在解释李君羡之死的问题上，主持者显然隐去了星占的这个立场，有意不去接触“女主昌”的负面性质。不仅以偏概全地利用星占之辞，而且从根本上改变占辞的否定性立场，轻描淡写地写出“女主昌”这个概念，如同这是一个没有倾向性的中性词汇一样。

再有，虽然不是所有的星占之辞都有时间预期，但现在所能看到的占辞在这方面的提示，最多的只有三年，如《荆州占》“太白再经天，一入中宫，天下更王，国破主绝，期不出三年”。此外还有期四十日、六十日、三月等。贞观之初太白昼见，要在贞观二十二年（648）之后才出现征兆，结果又是一次误判，因为武则天这位女主称帝是在天授元年（690），那才是“女主昌”的真正含义，而那时距离贞观初的太白星昼见已经六十多年了。即使算到贞观二十二年，在星占术的逻辑中也是荒诞不经的，因为占星与政治的对应关系如果不顾时间预期，那么它赖以存在的理论基础就丧失了。即以太白星昼见而言，我们在这种占星术的逻辑下考虑，假设这种天象异常只有一种可能，即女主昌，那么贞观之初的太白昼见与高宗晚年的太白昼见，哪次更应该代表武则天的称帝呢？显然是后者。那么，为什么跑到贞观时代去找武则天称帝的星变征兆呢？这只能是为了给李君羡案件平反，虽然违背当时占星术的逻辑，但有武则天称帝这个政治背景相呼应，逻辑与语义，等等，只能弃之不顾了。

至于另外一句“女武王”的问题，在最初的文献中就定性为“谣言”，不仅是一千多年后的今天无法追究，即使在天授二年（691）的那个时候，也是无法追究的。但是，“女主昌”与“女武王”在论证逻辑上是有关联的，如果只有“女主昌”是不够的，只有再加上“女武王”或者“女武当王”才会有实际意义，即才会与武则天称帝产生联系。李君羡后人说贞观时期有“女武王”的谣言，不信天授二年（691）那个特殊的时刻，有人胆敢出来做反证。

第三节　三度解释

李君羡家人的二度解释，在武则天朝廷的支持下，顺利完成了李君羡案件的平反。李君羡成了武则天的替罪羔羊，而唐太宗则成了多疑滥杀的皇帝。这种观点到两《唐书》的时代成了定论，成了最权威的解释。但是，这个故事并没有到此为止，三度解释很快发生，而代表性的作品就是司马光的《资治通鉴》。

在贞观二十二年（648）李君羡被杀之后，《资治通鉴》继续写道：

> 上密问太史令李淳风：“《秘记》所云，信有之乎？”对曰：“臣仰稽天象，俯察历数，其人已在陛下宫中，为亲属，自今不过三十年，当王天下，杀唐子孙殆尽，其兆既成矣。”上曰：“疑似者尽杀之，何如？”对曰：“天之所命，人不能违也。王者不死，徒多杀无辜。且自今以往三十年，其人已老，庶几颇有慈心，为祸或浅。今借使得而杀之，天或生壮者肆其怨毒，恐陛下子孙，无遗类矣。”上乃止。[①]

① 《资治通鉴》卷一九九，贞观二十二年七月，第6259—6260页。

与两《唐书》的《李君羡传》对比，《通鉴》此处把另外一种传说引入，这就是李淳风劝杀的故事。同时，与上一节讨论的为李君羡平反的说辞也有关系，即所谓“女主昌”的占语与“女武王”的谣言。前文我们揭示了星占的来历，现在又要面对女武王的谣言。在这个谣言中，有一位神人，他就是李淳风。他不仅能够准确预知未来，而且宅心仁厚，在他的努力下，终于把嗜杀的唐太宗劝止了，更多的流血因此而没有发生。

有关李淳风的神奇故事，两《唐书》的《李淳风传》都有记载，内容也是大同小异，参见下表：

表3-2

《旧唐书·李淳风传》	《新唐书·李淳风传》
初，太宗之世有《秘记》云：“唐三世之后，则女主武王代有天下。”太宗尝密召淳风以访其事，淳风曰：“臣据象推算，其兆已成。然其人已生，在陛下宫内，从今不逾三十年，当有天下，诛杀唐氏子孙歼尽。”帝曰：“疑似者尽杀之，如何？”淳风曰：“天之所命，必无禳避之理。王者不死，多恐枉及无辜。且据上象，今已成，复在宫内，已是陛下眷属。更三十年，又当衰老，老则仁慈，虽受终易姓，其于陛下子孙，或不甚损。今若杀之，即当复生，少壮严毒，杀之立雠。若如此，即杀戮陛下子孙，必无遗类。”太宗善其言而止。①	太宗得秘谶，言“唐中弱，有女武代王”。以问淳风，对曰：“其兆既成，已在宫中。又四十年而王，王而夷唐子孙且尽。”帝曰：“我求而杀之，奈何？”对曰：“天之所命，不可去也，而王者果不死，徒使疑似之戮淫及无辜。且陛下所亲爱，四十年而老，老则仁，虽受终易姓，而不能绝唐。若杀之，复生壮者，多杀而逞，则陛下子孙无遗种矣！”帝采其言，止。②

① 《旧唐书》卷七九，第2718—2719页。
② 《新唐书》卷二〇四，第5798页。

把两《唐书》的这个记录与《通鉴》所记加以比较，很容易发现，彼此的内容是一致的。而这些记录的根据，都没有清楚交代，或说“秘记”（《旧唐书》和《通鉴》），或说“秘谶”（《新唐书》），而对这两个概念理解显然不同，《秘记》是一部书吗？抑或仅仅是一种神秘的说法？而秘谶则肯定不可能理解为一部书，只能是一种说法。如果仅仅是一种说法，显然难以追究[①]。

《李淳风传》与《李君羡传》所表达的内容有相似之处，都有贬低唐太宗的倾向，只不过《李君羡传》坐实唐太宗的滥杀，而《李淳风传》是犯罪中止而已。尤其是比较唐太宗和李淳风面对同一传说的不同态度，显然是李淳风形象更高大，而唐太宗比较猥琐。《通鉴》的高超之处在于两《唐书》没有把李淳风的故事与李君羡之死联系起来，而《通鉴》完成了这个连接。所以，本文认为这就是《通鉴》对李君羡之死的第三度阐释。

李淳风谏止太宗滥杀的故事，现有的史书以《旧唐书》为最早，《新唐书》可能是沿袭《旧唐书》。虽然《旧唐书》已经采用这个故事，但这条史料的来源却不可能来自最初的国史。根据《旧唐书·李淳风传》，显庆元年（656），李淳风“以修国史功封昌乐县男”，而上文所引《唐会要·史馆上》的资料，李淳风在显庆年间确实参与了国史修撰，具体是指贞观二十三年（649）至显庆三年（658）的实录。此外，李淳风还参与了《晋书》的编撰。在唐高宗在世时，朝廷所有国史撰修，高宗都高度重视且亲自阅读，所以

① 清朝杜文澜辑录古代各种谣言，成《古谣谚》一书，引录此说，称之为“女武王谣”，引用《旧唐书》的《李君羡传》和《李淳风传》。周绍良点校，北京：中华书局，1958年，第216页。

这时候所修国史，不可能如此抬高李淳风而贬低唐太宗，这无论是当时还在世的李淳风还是皇帝唐高宗，都不可能同意这样的文字入史。此意，上文讨论李君羡案件时已经多所言及。此外，对于唐代国史很忠诚采用的《册府元龟》没有李淳风的这个故事，也是此事不出国史的一个旁证。

李淳风去世的时候是咸亨年间，享年六十九岁，这仍然是唐高宗的时代。李淳风作为太史令，对于唐初的天文历法多有贡献，他的去世，应该有人撰写“行状”一类的文字，以供史馆将来书写国史之用。行状历来有褒扬传主的倾向，但是李淳风行状不会有用贬低唐太宗来抬高传主的文字，理由依然是唐高宗。李淳风的儿子李谚、孙子李仙宗都继承了李淳风的事业，都是朝廷的太史令，说明他们在太史局这个技术性很强的岗位上发展顺利。现今《李淳风传》中的文字，虽然表彰了他们的父祖，但同时却贬低了唐太宗，如果李谚、李仙宗都任职于唐高宗朝，他们一定会反对这样的文字的，因为那很可能意味着政治的危险。

李淳风劝谏唐太宗止杀，《旧唐书》并不是唯一见证。唐五代的小说，也有这个故事的记载。现在需要的是明白它们之间的关系。对此，宋人编辑的《太平广记》提供了重要帮助。《太平广记》卷一六三“天后”条，卷二一五“贞观秘记”条都有与《旧唐书·李淳风传》十分一致的文字记录。依然列表如下，以供对比。

表3-3

《太平广记·天后》	《太平广记·贞观秘记》
唐太宗之代，有《秘记》云："唐三世之后，即女主武王代有天下。"太宗密召淳风以询其事，淳风对曰："臣据玄象推算，其兆已成。然其人已生在陛下宫内，从今不逾四十年，当有天下，诛杀唐氏子孙殆将歼尽。"帝曰："求而杀之如何？"淳风曰："天之所命，不可废也。王者不死，虽求恐不可得。且据占已成长，复在宫内，已是陛下眷属。更四十年，又当衰老，老则仁慈，其于陛下子孙或不甚损。今若杀之，即当复生，更四十年，亦堪御天下矣。少壮严毒，杀之为血雠，即陛下子孙无遗类矣。"[①]	唐贞观中《秘记》云："唐三世之后，有女主武王代有天下。"太宗密召淳风访之。淳风奏言："臣据玄象，推算已定。其人已生在陛下宫内，从今不满四十年，当有天下，诛杀子孙殆尽。"太宗曰："疑似者杀之，如何？"淳风曰："天之所命，必无禳避之法。王者不死，枉及无辜。且据占已长成，在陛下宫内，为眷属。更四十年又当衰老，老则仁慈，恐伤陛下子孙不多。今若杀之为仇，更生少壮，必加严毒，为害转甚。"遂止。[②]

"天后"条之下，注释为"出《谭宾录》，明抄本作出《朝野佥载》"。贞观秘记条下注释为"出《感定录》"。这为我们了解这种说法的比较初期的状况提供了线索。《感定录》一名《感定命录》，作者属五代时人，阙名。根据李剑国先生的研究，李淳风劝止唐太宗滥杀的故事，《感定录》本于《谭宾录》[③]。《谭宾录》作者为胡璩，该书引用罗隐诗，而罗隐（833—909）是唐文宗时人。

贾宪保先生研究过《旧唐书》与《谭宾录》的关系，认为彼此文字相似或者相同的时候，可以证明它们都拥有一个来源，那就是唐朝编修的国史[④]。虽然没有举证李淳风谏杀故事，但是这条史料

① 《太平广记》卷一六三，北京：中华书局，1961年标点本，第1180—1181页。
② 《太平广记》卷二一五，第1647页。
③ 李剑国：《唐五代志怪传奇叙录》，天津：南开大学出版社，1993年，第1077—1078页。
④ 贾宪保：《从〈旧唐书〉〈谭宾录〉中考索唐国史》，载黄永年主编《古代文献研究集林》第1集，西安：陕西师范大学出版社，1989年，第141—165页。

《旧唐书》与《谭宾录》确实一致。通过袁天纲的传记我们可以知道，对于武则天的神迹，《旧唐书》在录入旧国史的时候是产生过批判念头的，但是最终并没有改变照录旧史的做法。如《旧唐书》卷一百九十一《方伎列传》的序言有“国史载袁天纲前知武后，恐匪格言，而李淳风删方伎书，备言其要。旧本录崔善为已下，此深于其术者，兼桑门道士方伎等，并附此篇”[①]。其中，所谓“袁天纲前知武后，恐匪格言”是对袁天纲为武则天算命一事的批评，而此事显然旧史是这样记载的。不是“格言”，即不真实。话虽这样说，但是《旧唐书》此卷中的《袁天纲传》，依然记录了袁天纲为武则天算命，并指出“必若是女，实不可窥测，后当为天下之主矣”[②]。《旧唐书》照录原来的国史，是赵翼以下研究的一致结论，但是虽有不同见解也依然照录，这还是很重要的发现。这一点对于上文所论李君羡案件二次阐释进入国史并产生持久影响的论点也有极大的支持。

因为今本《太平广记》有注释认为明朝的抄本指明出自《朝野佥载》，而《朝野佥载》的作者张鷟生活在武周和开元时期，很多所记内容都出自所见闻[③]。现在的《朝野佥载》是没有李淳风劝谏这条记载的，大约就是根据《太平广记》的这个注释，新版《朝野佥载》用补辑的方式补入了这一条[④]。事实上，李淳风劝谏唐太宗的故事，并不是发生在武则天时期，张鷟是无论如何不能亲所闻见

① 《旧唐书》卷一九一，第5088页。

② 《旧唐书》卷一九一《袁天纲传》，第5094页。

③ 参见黄永年、贾宪保：《唐史史料学》，西安：陕西师范大学出版社，1989年，第132—134页。

④ 《朝野佥载》补辑卷补入，赵守俨点校，北京：中华书局，1979年，第179页。

的，如果原来全本的《朝野佥载》确实有此记载的话，很有可能，也是来自当时的国史，即牛凤及的《唐史》或者武三思领衔编修的《唐史》，以及后来韦述的《国史》。这些国史，在其他史料缺乏的前提下，让《旧唐书》的编修变得十分便利，至于武则天的神迹是否属实，编修者无法求证，甚至因为时间久远也没有求证的需要了。

两《唐书》分别记载了李君羡之死和李淳风的谏杀，而到《资治通鉴》这里，却进行了天才的整合，把两件事写到了一起，先有李君羡的枉死，再有李淳风的谏杀。但是按照一般的逻辑，李君羡被杀，本来就是因为唐太宗认定他就是那位传说中的敌人。隐患既除，唐太宗应该有大功告成的慰藉感，为什么还要继续寻找那位唐朝的潜在敌人呢？这，显然有矛盾的。司马光大约看到两个事件都与武则天有关，所以进行了整合，看上去似乎超越了《新唐书》，但是留下了更严重的问题。《通鉴》没有如《新唐书》一般去揭示武则天利用李君羡案件的动机，在《通鉴》中，记述武则天为李君羡平反，仅仅是一句“追复李君羡官爵”的文字。这究竟是不同意《新唐书》的说法，还是为了让《通鉴》的观点更加有机呢？不得而知。

《太平广记》另有一篇题为《李淳风》的文字，与此事有关，内容如下：

> 武后之召入宫，李淳风奏云：“后宫有天子气。”太宗召宫人阅之，令百人为一队，问淳风。淳风云：“在某队中。”太宗又分为二队，淳风云：“在某队中，请陛下自拣择。”太

宗不识，欲尽杀之。淳风谏不可。陛下若留，虽皇祚暂缺，而社稷延长。陛下若杀之，当变为男子，即损灭皇族无遗矣。太宗遂止。[①]

此项内容，《太平广记》自注为“出《定命录》”。《定命录》作者吕道生，唐文宗大和时期的人，该书“大抵言寿禄前定，人莫能移”[②]。武则天的故事显然符合全书宗旨，很可能是小说家根据上文的李淳风谏杀文字继续演绎的结果。这则故事的荒谬性体现在两个人身上，李淳风既然知道天命不可违、知道皇帝不会善罢甘休，为什么要上奏？皇帝既然已经开始行动，为什么又要谏止？唐太宗要相信天命，何苦大动干戈，排队搜索，步步紧逼？已经面露狰狞，为什么又会从谏如流，放弃追杀？天子气之类文字，历来都是成功君王的事后缘饰之辞，小说家言之而生趣，历史家若也信以为真，不免深陷虚妄的泥潭。

《资治通鉴》没有引用《定命录·李淳风》，只是引用了两《唐书》皆有的李淳风故事，没有让《通鉴》一书陷入虚妄。但是在论证天命有定这样的主题上，确实是更上一层楼。因为《通鉴》这样的史学名著，观念常常隐藏在叙事文字背后，对读者的影响，有先入的优势，李君羡之枉死与李淳风的预言，相互印证，共同构建了武则天称帝的神意证明。其中的矛盾与虚妄，常常被故事性掩盖，在读者的愉快阅读中被忽略了。

---

① 《太平广记》卷二二四“李淳风”条，北京：中华书局，第1720—1721页。

② 李剑国：《唐五代志怪传奇叙录》“定命录二卷”条，天津：南开大学出版社，1993年，第628—634页。

章群先生曾著《通鉴、新唐书引用笔记小说研究》[1]一书，考察两书引用小说为史学带来的种种益处。但是，引入小说不慎，也有陷入困境的时候，对此赖瑞和先生就有专文研究，题为《小说正史化》[2]。本文讨论的不是小说进入正史问题，而是一个很传统的问题，即伪造历史问题。政治势力为了论证自己的最高权力合法性，经常篡改历史，在历史叙述中塞进自己的政治私货。李君羡案件的重新解释是一种篡改，李淳风的所谓政治预言也是一种篡改。陈寅恪先生曾经指出："通论吾国史料，大抵私家纂述易流于诬妄，而官修之书，其病又在多所讳饰"[3]，而从本文涉及的史料问题可以看到，官修史书不仅讳饰，也有诬妄。原本一个普通的李君羡案件，经过政治的反复阐释，终于变成了武则天神迹的证明，而真实的历史反而迷雾深锁，难觅究竟。

其实，无论是两《唐书》还是《资治通鉴》，在它们各自成书的时代背景中，早就与武则天政治没有干系。不仅如此，我们还能够看到它们都在努力地批判武则天，而武则天最终的丑恶形象的形成，这些史书都是居功甚伟的。那么，在李君羡案件中，为什么这些史学名著都没有摆脱武则天朝廷刻意留下的影响呢？

唐朝的史馆制度十分完善，其权威性让后世多所敬仰，所以后人对于唐朝留下的国史等材料，也往往尊重有加。上文所举袁

---

① 章群：《通鉴、新唐书引用笔记小说研究》，北京：文津出版社，1999年。

② 赖瑞和：《小说正史化——以〈新唐书·吴保安传〉为例》，见杜文玉主编《唐史论丛》第11辑，西安：三秦出版社，2009年，第343—355页。

③ 陈寅恪：《〈顺宗实录〉与〈续玄怪录〉》，原载《国立北京大学四十周年纪念论文集》乙编上册，收入《金明馆丛稿二编》，北京：生活·读书·新知三联书店，2001年，第81—88页。

天纲为武则天算命的例证就很能说明问题，明明觉得有问题，但最后还是照录不误。此其一。其二，武则天朝廷所修历史，在贯彻武则天天命有定的论证上十分彻底，实录、国史等所有材料都落实到位、逻辑完整，使得后世修史者不得不沿袭。其三，根据《通鉴考异》，我们知道司马光时代还是能够看到唐实录的，再根据司马光对待武则天的基本立场，司马光不会放弃其他有价值的史料，一味为武则天的天命论证的，所以可以认为是没有其他史料，不得不沿袭旧史。

但是，我们依然能够看到，两《唐书》和《通鉴》，在所谓天命论的问题上，他们显然是很软弱的，或者说他们也是一定意义上的天命论者。如果不是相信天命说，他们的资料选择应该完全不同。正是因为司马光等人天人感应观念的存在，所以在李君羡案件的解释上轻而易举地接受了武则天朝廷的说法。正是因为相信天命不移，所以才会接受李淳风的预测之词。在他们的那个时代，天命论依然大行其道，即使他们能够否定武则天的天命，他们也不能否定天命本身，因为他们自己的皇帝，还在利用这套理论神话自己。时代的特性，使得这些史学家无法走出天命论的界域，这反而成就了我们今天的研究话题。

第四章
永徽时期的政治

永徽，是唐高宗的第一个年号，共六年，即公元650—655年。永徽年号，是在永徽元年元旦当天发布的[①]。永徽年号一直使用到七年正月。正月六日（辛未日），唐高宗宣布废太子李忠为梁王，立李弘为太子。七日，大赦改元，年号显庆[②]。至此，永徽年号正式完成使命。唐高宗即位之年二十二岁，在位时间三十四年。但是，史家似乎更重视永徽政治，分歧自然如影随至。

永徽之政，《新唐书》首发其义，《资治通鉴》接续再讲，从而成为评价永徽时期政治的一个重要概念。到底应该怎么看待永徽时期的唐朝政治，本文在前人研究的基础上，认为永徽之政在政治层面虽然存在可圈可点之处，但从君臣关系的政治实际出发，当时的

---

① 《旧唐书》卷四《高宗本纪》上，“永徽元年春正月辛丑朔，上不受朝，诏改元”。北京：中华书局，1975年，第67页。《新唐书》卷三《高宗本纪》，略同，北京：中华书局，1975年，第52页。

② 《唐会要》卷一，上海：上海古籍出版社，1991年，第3页。《旧唐书》卷四《高宗本纪》，北京：中华书局，第75页。《新唐书》卷三《高宗本纪》，第57页。

政治实相是矛盾重重、暗流涌动，斗争双方正是高宗皇帝和实际控制朝廷的长孙无忌。以此二人为核心形成了一种“二元政治”结构是导致斗争必然发生的症结所在。由于长孙无忌没有按照永徽政治的特质完成权力交替，最终围绕最高权力的斗争以“废王立武”事件爆发出来。

第一节 “永徽政治”问题的提出

如何看待永徽时代的唐朝政治，传世史书并非口径一致。《旧唐书》在评价唐高宗的时候，并没有专就永徽这个时期做出特有的评价，还没有发明“永徽政治”这样的概念。当然，《旧唐书》是对唐高宗做出否定评价的，在《高宗本纪》之后的“史臣曰”中，表现很充分，其文如下：

> 史臣曰：大帝往在藩储，见称长者；暨升旒扆，顿异明哉。虚襟似纳于触鳞，下诏无殊于扇暍。既荡情于帷薄，遂忽怠于基扃。惑麦斛之佞言，中宫被毒；听赵师之诬说，元舅衔冤。忠良自是胁肩，奸佞于焉得志。卒致盘维尽戮，宗社为墟。古所谓一国为一人兴，前贤为后愚废，信矣哉！[①]

《新唐书》对于高宗的评价同样不高，在《高宗本纪》之后的“赞曰”中，也把武氏之乱很自然地归罪于唐高宗，其辞如下：

① 《旧唐书》卷五《高宗本纪》下，北京：中华书局，第112页。

赞曰：小雅曰："赫赫宗周，褒姒烕之。"此周幽王之诗也。是时，幽王虽亡，而太子宜臼立，是为平王。而诗人乃言烕之者，以为文、武之业于是荡尽，东周虽在，不能复兴矣。其曰烕者，甚疾之之辞也。武氏之乱，唐之宗室戕杀殆尽，其贤士大夫不免者十八九。以太宗之治，其遗德余烈在人者未远，而几于遂绝，其为恶岂一褒姒之比邪？以太宗之明，昧于知子，废立之际，不能自决，卒用昏童。高宗溺爱衽席，不戒履霜之渐，而毒流天下，贻祸邦家。呜呼，父子夫妇之间，可谓难哉！可不慎哉？[①]

对于高宗的评价，都是从武则天出发的。《旧唐书》的史臣曰说是高宗荡情于帷薄，于是使得原本还是有贤可称的高宗"顿异明哉"，成为前贤后愚。《新唐书》认为，武氏之祸甚于褒姒，不仅唐高宗有责任，甚至确立唐高宗太子地位的唐太宗也有责任，从而导致"毒流天下，贻祸邦家"。

那么，所谓永徽政治，从何而来呢？高宗使用的年号多达十五个，为什么只对永徽情有独钟呢？此事肇始于《新唐书》，《资治通鉴》再接再厉，因而形成了一种历史概念。《新唐书》对于永徽政治的评价，放置于长孙无忌传中，其内容如下：

初，无忌与遂良悉心奉国，以天下安危自任，故永徽之政有贞观风。帝亦宾礼老臣，拱己以听。纲纪设张，此两人维持之

① 《新唐书》卷三《高宗本纪》，第79页。

也。既二后废立计不合，奸臣阴图，帝暗于听受，卒以屠覆，自是政归武氏，几至亡国。[1]

《新唐书》的《长孙无忌传》，在介绍长孙无忌死后才有这段评论的。事实上，《新唐书》的这个看法，是把长孙无忌与褚遂良的失败，看成了唐朝这一时期政治的转折点，从此以后“政归武氏，几至亡国”。永徽六年（655）十月，高宗下诏立武则天为皇后，下月正式册封。而此前的九月，褚遂良被贬官潭州都督。虽然长孙无忌被治罪“被自杀”是在后来的显庆四年（659），但比较而言，永徽时期基本上是长孙无忌、褚遂良的辉煌时期，而进入显庆时期他们彻底失败。所以，高度评价永徽时期，其实质意义是从一个角度对显庆此后的政治进行否定。

《资治通鉴》继承了《新唐书》的这种思维和具体说法，但是《通鉴》把他的评价文字放在永徽元年（650）正月，其具体表述如下：

有洛阳人李弘泰诬告长孙无忌谋反，上立命斩之。无忌与褚遂良同心辅政，上亦尊礼二人，恭己以听之，故永徽之政，百姓阜安，有贞观之遗风。[2]

《新唐书》把对永徽政治的评价放在长孙无忌“被自杀”之后，而《通鉴》把自己的评价放在永徽之初高宗与长孙无忌关系融

① 《新唐书》卷一〇五《长孙无忌传》，北京：中华书局，1975年，第4022页。
② 《资治通鉴》卷一九九，中华书局点校本，1957年，第6270—6271页。

治之时，反映了司马光的独特用心。同时，《通鉴》不直接表示对显庆之后政治的否定，仅保留对永徽政治的正面评价。但是，《通鉴》如此安排，并不表明与《新唐书》的用意不同。在显庆四年（659）八月，记录于志宁被贬荣州刺史之后，《通鉴》有一句不太引人注意的评价："自是，政归中宫矣。"[①]《通鉴》的做法，不再像《新唐书》那样大段地使用否定性评价，但是否定的文字依然存在。不仅如此，因为作者用意更隐蔽，显然更容易使读者接受。这就是说，比起《新唐书》那样态度鲜明的否定性评价，《通鉴》的文字技术性处理，对于实现同样的目标，效果更佳。

所以，永徽政治这样的概念，是《新唐书》首先发明的，其后《通鉴》继承并发扬。那么，这些著作在使用永徽政治这个概念的时候，论证的视角和特有的立场又是怎样的，对此我们也应该给予足够的重视。

《新唐书》：初，无忌与遂良悉心奉国，以天下安危自任，故永徽之政有贞观风。

《通鉴》：无忌与褚遂良同心辅政，上亦尊礼二人，恭己以听之，故永徽之政，百姓阜安，有贞观之遗风。

无论是《新唐书》还是《资治通鉴》，他们在评价永徽政治有贞观之遗风的时候，首先强调的是长孙无忌和褚遂良。《新唐书》用了两个词汇，一是悉心奉国，一是以天下为己任。唐高宗在永徽政治如何，《新唐书》未提一字。《通鉴》也是先强调长孙无忌和褚遂良"同心辅政"，但提及高宗，说高宗尊礼二人，恭己以听之。

---

① 《资治通鉴》卷二〇〇，第6317页。

显然，在《通鉴》的这个描述中，依然是以长孙无忌、褚遂良为主，高宗不过是无为听从而已，是一种从属地位。当然，《通鉴》还提到另外一点，即“百姓阜安”，这算是一种社会标准。通过对比，我们发现《通鉴》还是发展了《新唐书》的永徽政治观念，把永徽有贞观遗风论证得更扎实。

讨论永徽政治，百姓的状态当然可以纳入讨论，不过，这里的重点显然是君臣关系。永徽政治之所以受到表扬，是因为唐高宗听从两位大臣的安排。而永徽之后的政治之所以受到批评，是因为唐高宗后来放弃了听从安排的习惯。对此，参与《资治通鉴》编写工作的范祖禹表述得十分清楚：

> 高宗即位之初，日引刺史问民疾苦，尊礼辅臣，恭己以听，故永徽之政有贞观之风。……不数年而悖谬昏惑，忠臣不可谏，骨肉不相保，虽享国之日久，卒成武氏之篡，何哉？初亲贤，后用佞也。[①]

范祖禹《唐鉴》此论，可以看作是《通鉴》的注释与发展。在这里，辅臣即忠臣，尊礼辅臣即是尊礼忠臣，后来放弃这种尊礼，所以导致后来的灾难。范祖禹不仅继承了《通鉴》的观点，还有深入论证，即君主亲近什么人直接导致了政治后果的天壤之别。

这样，从《新唐书》到《资治通鉴》把永徽政治的实质定性为君臣关系的良好，具体而言即唐高宗对长孙无忌、褚遂良的遵从。

---

① 范祖禹：《唐鉴》卷四《高宗》，西安：三秦出版社，白林鹏、陆三强校注，2003年，第92页。

对此，赵文润先生早就指出，《通鉴》等肯定“永徽之政”，是为了“颂扬长孙无忌、褚遂良为首的贞观元老宰相执政的格局”，而“永徽年间确实是唐朝国力强盛、疆域辽阔的辉煌时代。这主要应是唐高宗的政绩。要说其中有宰相辅政的功劳，那亦在情理之中”①。赵文润先生也承认永徽政治的积极价值，但是与《通鉴》等相反，不认为是宰相们的功劳，而是皇帝的功劳。

历史上，把如此短暂的一个时期进行概括评论是很罕见的，一般则是“文景之治”“昭宣中兴”“贞观之治”“开元盛世”这类时间较长、特征稳定的一个历史时期才会被集中评论。对于一个时期的历史评价，一定要有比较统一的稳定性，而永徽政治，从第五年出现废王立武问题，朝廷矛盾激化，真正稳定的永徽政治还不足五年。对于如此短暂的永徽政治提出系统的评价，其实是不妥当的。如上文所论，《新唐书》《通鉴》的这种做法，不过是一种论述策略，是为了突出唐高宗的错误变化，从而达到否定唐高宗的目的。

总之，唐高宗因为武则天的关系，受到历史的否定性评价，而所谓永徽政治的概念，从属于否定唐高宗这个更重大的论证目标，赞扬永徽这个短时期的政治，是为了全面否定整个唐高宗的政治。所谓“永徽之政”，完全是服务于特定观点的技术性论证策略。然而，这种叙述策略，对于影响读者的历史认识，显然不是可有可无的。认真对待永徽政治的评价，对于正确理解唐高宗不可回避。永徽政治到底应该怎么看，可以有多重分析视角。

---

① 赵文润：《唐高宗再评价》，原载史念海主编《唐史论丛》1998年第7辑，收入作者《武则天与唐高宗新探》，西安：三秦出版社，2008年，第276—304页。

第二节 永徽政治的实相

永徽时期的所有症结，以“废王立武”事件为最终爆发点，深刻的朝廷矛盾由此暴露无遗。而所谓永徽政治叙述，当然不包括废王立武事件本身。《新唐书》《资治通鉴》强调的永徽政治，就时间上看，就是以废王立武事件为分水岭，此前可以归为永徽之政的论述，而此后则是对永徽之政的怀念。永徽之政的核心问题，《新唐书》重点表彰长孙无忌、褚遂良的忠心奉国，而《资治通鉴》强调长孙无忌、褚遂良与唐高宗之间的合作良好，虽然也有一句“百姓阜安”，但并不是诉求核心。总之，永徽之政概念从发明之时开始，就是围绕君臣关系展开的。所以，永徽之政的本质，从这个意义上说就是君臣关系问题，具体而言，就是长孙无忌、褚遂良为代表的大臣集团与唐高宗的关系问题①。

赵文润先生撰文《唐高宗再评价》，在基本同意永徽之政概念的同时，列举史实，也证明永徽之政确实良好，但是他的结论则与《新唐书》等不同，认为永徽之政业绩的取得，主要是因为唐高宗而不是长孙无忌、褚遂良。赵先生拟题“唐高宗的永徽之政”，已经标明了初衷，而从纳谏勤政、关心民众、发展生产和保持国家统一等几个方面论证永徽年间的文治武功，指出“永徽年间是唐朝国力强盛、疆域辽阔的辉煌时代。这主要应是唐高宗的政绩。要说其

① 赵克尧认为，武后之立，是唐高宗与长孙无忌斗争的表现，参见《武后之立与君相权力之争》，《温州师院学报》1988年第1期，收入作者《汉唐史论集》，上海：复旦大学出版社，1993年，第175—190页。

中有宰相辅助的功劳，那亦在情理之中”[①]。这确实是一个很重要的思路，有力地反驳了《新唐书》《通鉴》把永徽之政归功于长孙无忌和褚遂良的观点。

永徽时期不论如何风调雨顺，百姓生活如何安定和谐，都不能证明这样的功劳应该属于谁，无论归功于皇帝还是执政大臣，都是偏颇的，也是没有意义的。因为在君臣没有矛盾冲突的时候，朝廷的事情双方应该都是有所参与、有所贡献的。本文这里强调的是，即使不把废王立武计算在内，永徽之政也绝非一片光明。比如褚遂良置产案件，比如房遗爱案件。其中不乏朝廷黑暗和政治丑陋[②]。

褚遂良置产案件最初也不过一件普通的腐败案件，涉案金额应该也是有限的。中书令褚遂良利用手中的权力，强行购买中书省译语人史可耽的房屋，而价格却是根据政府征收时估算的价格。

对此，《通鉴》的记载比较简略，为：

> 监察御史阳武韦思谦劾奏中书令褚遂良抑买中书译语人地。大理少卿张睿册以为准估无罪。思谦奏曰："估价之设，备国家所须，臣下交易，岂得准估为定！睿册舞文，附下罔上，罪当诛。"是日，左迁遂良为同州刺史，睿册循州刺史。[③]

① 赵文润：《唐高宗再评价》，原载史念海主编《唐史论丛》1998年第7辑，收入作者《武则天与唐高宗新探》，第282页。

② 雷家骥先生著《武则天传》第四章有“永徽政局的阴暗面和皇后废立的贿赂关说”一节，虽没有正面批评歌颂永徽政治的旧说，但意图所指确实很清楚的。雷家骥：《武则天传》，北京：人民出版社，2001年。

③ 《资治通鉴》卷一九九，永徽元年十一月己未日，北京：中华书局，1957年，第6272—6273页。此事，《唐会要》卷六十一《御史台中》也有记载，互有异同，《会要》记录是买宅而不是地，并且涉及大理寺丞张山寿，而另外一个当事人是译语人史可耽，见上海：上海古籍出版社，1991年，第1257页。

褚遂良买地案件，以褚遂良贬官同州刺史，维护褚遂良的大理寺少卿张睿册贬官循州刺史而告一段落。根据《旧唐书·高宗本纪》时间是永徽元年（650）十一月己未，即十一月二十五日[①]。褚遂良因为强行低价购买属下译语人的土地，被监察御史告发，虽然大理寺少卿张睿册起而维护，最终还是受到贬官处分，至少证明是犯法行为[②]。

但是，这个故事并没有到此结束。永徽三年（652）正月己巳（十一日），“褚遂良为吏部尚书、同中书门下三品”[③]，仅仅一年，褚遂良东山再起。原来担任中书令，现在改为吏部尚书，都是三品，但是最重要的是获得了“同中书门下三品”的头衔，而这就是宰相最明显的标志。这就是说，褚遂良虽然犯法受到并不严重的处分，但这很快就成了过眼云烟，他的官运不降反升，成了当朝宰相。褚遂良既然再次得势，当初告发他的监察御史韦思谦的命运也就可想而知，《韦思谦传》写道：“及遂良复用，思谦不得进，出为清水令。”[④]褚遂良的报复行动很快就开始了。

永徽元年褚遂良购地案不是什么大案件，但永徽三年底四年（653）初的房遗爱案件，则是名副其实、震惊朝野的大案。房家的祸事至少看上去都是高阳公主引造出来的。最初，为了替丈夫房遗爱争夺房玄龄留下的封爵，诬告房遗爱的哥哥房遗直非礼自

---

① 《旧唐书》卷四《高宗本纪》，北京：中华书局，1975年，第68页。

② 雷家骥先生写道，“由此看来，遂良可能真有此事，故长孙无忌快速处理，让遂良外出暂避风头，以免根究之下获罪更深，牵累更多人，是则无忌隐然有纵容贪污、乡愿朋党之意”。见雷家骥：《武则天传》，第107页。

③ 《新唐书》卷三《高宗本纪》，北京：中华书局，1975年，第54页。

④ 《旧唐书》卷八八《韦思谦传》，北京：中华书局，第2861页。

己，企图以此获得房遗直已经继承的封爵。房遗直也用反告的方式还击。没有想到，房家兄弟的阋墙之争，引来了虎视眈眈的政治敌人。长孙无忌从一个流氓案件入手，深入调查，结果很快发现了一个谋反的集团。荆王元景、将军薛万彻、驸马都尉柴令武等都在其中。这些人，或多或少都有证据存在，从严整治，也不算冤枉。但是，吴王恪是被生硬陷害的，虽有房遗爱揭发这个环节，但毕竟是对长孙无忌诱惑的呼应。再有，李道宗也因此案牵连而死，原因是李道宗与长孙无忌、褚遂良向来关系不好[①]。所以这个案件具有铲除异己的政治本性就不难证明了。

《旧唐书》作者在写《长孙无忌传》的时候，还是很认真地承认长孙无忌的忠诚的，所以在“史臣曰”中写道：“及黜废中宫，竟不阿旨，报先帝之顾托，为敬宗旨诬构。”[②]但是，在同一部书的《太宗诸子传》的史臣曰中，开篇即言：“太宗诸子，吴王恪、濮王泰最贤，皆以才高辩悟，为长孙无忌忌嫉，离间父子，遽为豺狼，而无忌破家，非阴祸之报欤？”[③]同一部书的两个“史臣曰”，竟然如此不同调，至少可以证明一方面李恪之死海内冤之，同时对于主持该案件的长孙无忌也有气愤的一面。如果说，房遗爱案件是永徽年间政治黑暗最典型的一幕，应该是没有多少异议的。

在这个案件中，唐高宗的角色很值得重视。长孙无忌与吴王李

---

① 《旧唐书·李道宗传》，“四年，房遗爱伏诛，长孙无忌、褚遂良素与道宗不协，上言道宗与遗爱交结，配流象州，道病卒，年五十四”。北京：中华书局，1975年，第2356页。《通鉴》的文字是“江夏王道宗素与长孙无忌、褚遂良不协，故皆得罪”，卷一九九，第6281页。

② 《旧唐书》卷六五《长孙无忌传》之“史臣曰”，北京：中华书局，第2456页。

③ 《旧唐书》卷七六，第2666页。

恪的结怨，史书写得清楚，就是因为唐高宗。太宗已经确立了李治为太子，但是有所不满，认为吴王李恪英武类我，又再次萌发重新选立太子的念头。结果，长孙无忌坚决捍卫李治，反对李恪，李恪的太子之路就此中断。所以，从这个意义上看，长孙无忌对李恪痛下杀手，也可以看作是为了唐高宗的安全。那么，在这个案件中，对于李恪的最后处置，唐高宗究竟是同谋者还是不知情呢？《通鉴》记录了一个情节，在诏书宣布赐荆王元景、吴王恪自尽之后，唐高宗流着泪对侍臣说："荆王，朕之叔父，吴王，朕兄，欲匄其死，可乎？"[①]结果，兵部尚书崔敦礼以为不可，皇帝的要求就被否决了。唐高宗真的无能行使赦免之权呢？还是有意作秀呢？对此，我们没有进一步的证据，只能认为两者皆有可能。不过，可以说明的一点是，在此之前，唐高宗与长孙无忌虽然也有过一些摩擦，但是公然否定长孙无忌，唐高宗一次也没有做过。要么是唐高宗演技太高，可以在大臣面前流出泪，要么是确实无奈，只能看着亲人死去而不能救助。

言及永徽之政，《新唐书》《资治通鉴》十分强调唐高宗对长孙无忌、褚遂良的信从。不过，史书还是记录了唐高宗与长孙无忌的摩擦事件，这对于理解永徽政局，显然是不可以忽略的问题。

唐太宗对唐高宗的期望是很清晰的事。唐太宗在高宗为太子的时候不仅谆谆教导，还专门为太子撰写了《帝范》一书。《贞观政要》卷四《教诫太子诸王》记载唐太宗对太子的殷切教导：

---

① 《资治通鉴》卷一九九，第6281页。

> 贞观十八年，太宗谓侍臣曰："古有胎教世子，朕则不暇。但近自建立太子，遇物必有诲谕。见其临食将饭，谓曰：'汝知饭乎？'对曰：'不知。'曰：'凡稼穑艰难，皆出人力，不夺其时，常有此饭。'见其乘马，又谓曰：'汝知马乎？'对曰：'不知。'曰：'能代人劳苦者也，以时消息，不尽其力，则可以常有马也。'见其乘舟，又谓曰：'汝知舟乎？'对曰：'不知。'曰：'舟所以比人君，水所以比黎庶，水能载舟，亦能覆舟。尔方为人主，可不畏惧！'见其休于曲木之下，又谓曰：'汝知此树乎？'对曰：'不知。'曰：'此木虽曲，得绳则正，为人君虽无道，受谏则圣。此傅说所言，可以自鉴。'"①

观太宗对高宗的教诲，无非是爱惜民力与克己纳谏两项，而这也是唐太宗治国的最重要心得。《资治通鉴》还记载，贞观二十二年（648）《帝范》完成之后，太宗对太子说不要以自己为榜样，因为"吾居位以来，不善多矣"，等等②。

唐高宗即位以后，应该说还是想努力实现太宗的遗愿，所以不仅勤政，而且乐于纳谏。永徽元年（650）正月，唐高宗亲自接见各地朝集使，每天接见十位刺史，问百姓疾苦，了解地方政治③。本来，这些作为朝集使的刺史，可以统一接见表示一下皇帝的关心即可，而高宗却要一个个接见，不辞辛苦。史书记录此事，也无非

① 吴兢著：《贞观政要集校》，谢保成集校，北京：中华书局，2003年，第213页。
② 《资治通鉴》卷一九八，第6251页。
③ 《资治通鉴》卷一九九，第6270页。

表示皇帝的勤政而已。同年九月高宗外出行猎，谷那律谏议，高宗的表现是立刻接受批评“上悦，为之罢猎”[①]。永徽二年（651）九月卢文操盗窃，因谏议大夫萧均的谏议而免去卢的死刑并称赞萧均“此真谏议也”[②]。这些行为，显然都是可圈可点的，唐高宗的勤政努力也是很明显的。

但是，唐高宗的努力效果并不十分明显，而永徽元年（650）、二年连续几次的晋州地震更让这新皇帝心存疑虑。晋州在山西，高宗以前就是晋王。所以，晋州的连续地震肯定让他感觉特别不妙。在人们相信天人感应说的时代，年轻的皇帝有点紧张是很正常的。为此，高宗征询了侍中张行成的意见。张行成是贞观老臣，跟高宗私人关系很好。高宗即位的时候，搀扶高宗登上宝座的就是张行成。张行成一定看出了问题所在，所以回答让人十分震惊：

> 天，阳也；地，阴也。阳，君象；阴，臣象。君宜转动，臣宜安静。今晋州地动，弥旬不休。虽天道玄邈，窥算不测；而人事较量，昭然作戒。恐女谒用事，大臣阴谋，修德禳灾，在于陛下。且陛下本封晋也，今地震晋州，下有征应，岂徒然耳。伏愿深思远虑，以杜未萌。[③]

张行成的地震解说，《旧唐书》本传并未标明时间，但《新唐书》本传却接着写道：“帝然之，诏五品以上极言得失。”[④]对此，

① 《资治通鉴》卷一九九，第6272页。
② 《资治通鉴》卷一九九，第6275页。
③ 《旧唐书》卷七八《张行成传》，第2705页。
④ 《新唐书》卷一〇四《张行成传》，第4013页。

《新唐书》卷三《高宗本纪》写在永徽二年（651）六月“庚辰，晋州地震，诏五品以上言事”[①]。由此可知，地震、张行成建议和诏五品以上言事是相互连续的因果事件。当张行成认为地震与政治相关，或者“女谒用事”或者“大臣阴谋”的时候，高宗采取的对策是让五品以上官员对朝廷提意见，如果这个信息表述为“言事”的话还是很和缓的语气，而用《张行成传》的说法则是“极言得失”，显然是更加尖锐的表述。那么，高宗诏令言事，究竟是针对“女谒用事”还是“大臣阴谋”呢？

皇帝下令五品以上官员给朝廷提意见，结果怎么样呢？《旧唐书·长孙无忌传》对此有所披露：

> 永徽二年，监修国史。高宗尝谓公卿：“朕开献书之路，冀有意见可录，将擢用之。比者上疏虽多，而遂无可采者。”无忌对曰：“陛下即位，政化流行，条式律令，固无遗阙。言事者率其鄙见，妄希侥幸，至于裨俗益教，理当无足可取。然须开此路，犹冀时有谠言，如或杜绝，便恐下情不达。”帝曰：“又闻所在官司，犹自多有颜面。”无忌曰：“颜面阿私，自古不免。然圣化所渐，人皆向公，至于肆情曲法，实谓必无此事。小小收取人情，恐陛下尚亦不免，况臣下私其亲戚，岂敢顿言绝无。”时无忌位当元舅，数进谋议，高宗无不优纳之。[②]

① 《新唐书》卷三《高宗本纪》，第52页。
② 《旧唐书》卷六五《长孙无忌传》，第2454页。

唐高宗对公卿们表示不满和失望，开了献书之路，结果却没有什么有价值的意见。这里的献书，应该就是上书言事之意。对于皇帝的不满，没有人回应，一贯不太当众表态的长孙无忌只好自己回答，他的看法是因为朝廷做得太好，没有疏漏，上书言事的人抱着侥幸心理，当然不会有什么真知灼见。当然他还大方地表示，开放言路还是必要的。这其实否定了皇帝诏令大家提意见本身。皇帝受到否定，立刻还击：你说朝廷没有问题，我则听说朝廷有情面问题。长孙无忌也毫不客气，说照顾情面是人之常情，相信皇帝也不可避免，但是绝没有严重到因为人情而枉法的情况。此事，《资治通鉴》放在永徽二年（651）闰九月[①]，显然与六月诏令五品以上官员言事是联系在一起的。

令人无奈的是，从《旧唐书》的《长孙无忌传》到《通鉴》，在高宗与长孙无忌的这个对话之后，都要讲一通高宗对长孙无忌的信任，似乎根本没有看到这段对话再清楚不过地证明了皇帝与长孙无忌的冲突。从贞观末到永徽中，长孙无忌大权独揽，这是人所共知的，给朝廷提意见，岂不就等于给长孙无忌提意见？所以我们看到，皇帝号召官员提意见，但大家反应冷淡，令皇帝大感失望。而从长孙无忌的言谈看，则知官场冷淡的原因了。在长孙无忌和皇帝之间，大家不敢贸然响应皇帝的号召，毕竟比起皇帝的不满来，得罪长孙无忌是更严重的问题。那么皇帝最初令五品以上官员言事，究竟针对的是“女谒用事”还是“大臣阴谋”呢？显然是后者。朝廷上气氛沉闷，似乎是永徽政治的一大特色，到永徽五年（654）

① 《资治通鉴》卷一九九，第6275—6276页。

秋天，唐高宗还在表达不满，上谓五品以上曰："顷在先帝左右，见五品以上论事，或仗下面陈，或退上封事，终日不绝；岂今日独无事邪，何公等皆不言也？"[1]唐高宗的看法无疑是正确的，怎么可能贞观时候论事终日不绝，而今天却无事可议。"你们为什么都不说话呢？"面对高宗的责问，这些五品以上的官员除了沉默还能说什么？难道永徽二年（651）长孙无忌所谓的朝廷"固无遗缺"之说，还能继续糊弄皇帝吗？

高宗对朝廷执政的不满一直在持续，而妥协忍让的一方始终是皇帝。永徽三年（652）七月，又一件让高宗不爽的事还是不可避免地发生了，皇帝有了太子。对此，《通鉴》的记载比较简略：

> 秋，七月，丁巳，立陈王忠为皇太子，赦天下。王皇后无子，柳奭为后谋，以忠母刘氏微贱，劝后立忠为太子，冀其亲己；外则讽长孙无忌等使请于上。上从之。[2]

立太子当然是朝廷重大事，但是陈王李忠的确立，却是从稳固王皇后地位的目的出发的。中书令柳奭作为皇后的舅舅发明此谋，而长孙无忌等积极配合，结果唐高宗表示同意。但是，在我们对照新旧《唐书》以后才会发现，立太子之事，原来是有过更复杂的过程。列表以示：

---

① 《资治通鉴》卷一九九，第6286页。
② 《资治通鉴》卷一九九，第6278页。

表4-1

《旧唐书·燕王忠传》	《新唐书·燕王忠传》
时王皇后无子，其舅中书令柳奭说后谋立忠为皇太子，以忠母贱，冀其亲己，后然之。与尚书右仆射褚遂良、侍中韩瑗讽太尉长孙无忌、左仆射于志宁等，固请立忠为储后，高宗许之。三年，立忠为皇太子，大赦天下，五品已上子为父后者赐勋一级。①	王皇后无子，后舅柳奭说后，以忠母微，立之必亲己，后然之，请于帝。又与褚遂良、韩瑗、长孙无忌、于志宁等继请，遂立为皇太子。②

中书令柳奭的谋划先得到了王皇后的同意，但是王皇后却在高宗那里碰了钉子。《新唐书》只说到王皇后“请于帝”没有讲结果，而《旧唐书》等甚至没有提到这个环节。如果皇后直接说服皇帝同意立李忠为太子，朝廷的众多宰相们就没有必要再费口舌了。此事，皇后首先与皇帝商议也是符合情理的，不能想象皇后没发言宰相们反而先置喙。为什么朝廷中的大人物纷纷出动呢？《新唐书》用“继请”，《旧唐书》用“固请”，都说明了一个问题，即先行前来说服皇帝的人都遭到皇帝的拒绝，所以才有大人物们陆续出场。正是因为皇帝坚持拒绝，所以才有大臣们“继请”和“固请”。这么多人来说服一个人，唐高宗要面对这么多人的喋喋不休，还要维持朝廷的大局，最后只好妥协，听从安排了事。

在这个事情上，皇帝和皇后到底谁的感情更重要呢？一切被安排的唐高宗虽然有自己的意见，但是他抵抗不了对方的人多势众。皇帝连自己的接班人也被人安排好了，虽然这违背自己的意愿，但最后却不得不妥协。皇帝希望如贞观时期那样，朝堂之上人人畅所

① 《旧唐书》卷八六《燕王忠传》，第2824页。
② 《新唐书》卷八一《燕王忠传》，第3586页。

欲言，但是他的热情却遭遇到了沉默甚至冷漠的无情打击，对此他又无计可施。此时的唐高宗，作为皇帝，徒有其名而已。而以长孙无忌为首的永徽执政集团，却远比皇帝更有权威，更能为所欲为。从这个观点观察房遗爱案件，长孙无忌的掌控是完全没有问题的，而皇帝哭诉希望保全叔父、哥哥的性命被无情驳回，也是同一政治生态下的必然结果。兵部尚书崔敦礼在永徽四年（653）十一月能够晋升为宰相，应该就是因为协助长孙无忌，亦即回绝了皇帝的请求有关[①]。唐高宗在永徽年中的忍让、妥协、郁郁不申，可以说是有目共睹的，而这一切矛盾最终以废王立武事件为爆破点实现总爆发，顺理成章。

总之，高宗在永徽时期，作为一国之君，却基本上处于被安排的位置上。对此《新唐书》《资治通鉴》等却给予高度积极的评价，认为是君臣关系良好的时期，甚至说有贞观之风。这种看法，究竟是忽略了事实呢还是认识不清呢？

第三节　永徽政治的特质

永徽是一个充满政治变数的时期，以长孙无忌大权在握，到废王立武高宗完全收回权力，政治激荡，斗争炽热。伴随着掌权人物的改变，一批朝臣随着起伏。而陈寅恪先生认为，在这些权力斗争的背后，是深刻的社会变动，从此掌控中国北方政治的关陇集团退出历史舞台，而代表新的社会阶层的一批人物在政治上崛起。“盖西

① 这是雷家骥先生的观点，本文十分认同。参见雷家骥：《武则天传》，第113页。

魏宇文泰所创立之系统至此而改易，宇文氏当日狭隘局面已不适应唐代大帝国之情势……皆吾国社会经济史上重大之措施，而开启后数百年以至千年之世局也。”[①]

本文不准备对永徽政治进行社会层面的探讨，单就政治而言，讨论其特质所在。所谓政治特质，这里是指特殊历史时期的特有政治功能，或称特有本质。永徽是唐高宗的第一个年号，是他继承唐太宗的朝廷，继续统治天下的初期。对于唐高宗而言，这个初期的政治有着特殊的意义，那就是学习、实践和熟悉朝廷的政治生活，为自己的政治生涯创造一个良好的开端，从而更好地完成皇帝的角色。贞观二十二年（648），唐太宗专门为接班人写作的《帝范》，对于皇帝的角色进行了高度概括，既是唐太宗的政治心得，也是唐太宗对接班人的政治期望。《帝范》第一卷第一章为《君体》，内容很简略：

> 夫人者国之先，国者君之本。人主之体，如山岳焉，高峻而不动；如日月焉，贞明而普照。兆庶之所瞻仰，天下之所归往。宽大其志，足以兼包；平正其心，足以制断。非威德无以致远，非慈厚无以怀人。抚九族以仁，接大臣以礼。奉先思孝，处位思恭。倾己勤劳，以行德义，此乃君之体也。[②]

---

① 陈寅恪：《记唐代之李武韦杨婚姻集团》，原载《历史研究》1954年第1期，收入《金明馆丛稿初编》，北京：生活·读书·新知三联书店，2001年，第279页。

② 唐太宗：《帝范》，收录吴云、冀宇校注：《唐太宗全集校注》，天津：天津古籍出版社，2004年，第595—596页。

其中，涉及帝王的品格特征，即使唐太宗没有逐字逐句解释，唐高宗也一定会认真思索。怎样做好一个皇帝，就是新皇帝面临的最重要一课。从新皇帝的个人立场看，新近登基，合格的皇帝就是最重要的目标。不仅如此，就实际权力的掌控而言，也是一个逐渐学习掌控的过程，直到完全掌控为止。新皇帝的这个成长过程，从主观到客观，从预设到实践，这条道路是别无选择的。

但是，永徽政治，就我们了解的情况而言，这样的一条皇帝成长之路显然不是很顺利。就皇帝个人的视角而言，唐高宗做出了种种努力，不论是与大臣配合还是勤政，从主观上说都是可圈可点的。但是唐高宗却越发感觉到压制的力量，贞观时期的风气不见了，没有积极建言、人人努力的政局，而他自己的努力也泥牛入海。朝廷之上万马齐喑，而党同伐异的流言又不绝于耳。几年下来，唐高宗与最高权力的距离不仅没有越来越近，似乎是越来越远。

问题出在什么地方呢？当然是以长孙无忌为首的执政团队。从永徽政治的特质来说，皇帝的逐渐成长有赖于辅佐大臣的协助，而长孙无忌、褚遂良就是这个团队的代表。以长孙无忌而言，当初既有推立之功，后来又有维护之益，现在辅佐高宗不仅据有太宗遗志，更因为名分职务，无不高高在上。但是，几年之后我们看到，对唐高宗的压制，恰恰来自这个执政团队本身。究竟是因为他们感觉皇帝尚不成熟，认为大政奉还的机会还不成熟；或者认为他们实际掌握实权对于江山社稷更有利，反正皇帝与执政团队的矛盾在不断的积累中。皇上不想立的太子，被他们最终确立了。皇帝不想让叔叔、哥哥死，最后还是死了。

应该说，在永徽政治的特殊时期，皇帝逐渐掌权，执政团队逐渐让出权力，是最合理的政治方向，也是既定的政治方向。长孙无忌等正应该扶上马送一程然后放手让皇帝执政，这既顺理成章，也能减少政治动荡。毕竟，平稳过渡，是永徽政治的绝对主题，“过渡”是本质，“平稳”是条件。执政大臣团队紧抓权力不放，而皇帝掌权又是大势所趋，如此一来，矛盾的产生就不可避免。其实，我们看到的君臣矛盾，不是军国大事，常常是皇帝亲身经历的政事或者皇帝身边的事情。比如，对于边疆问题的处理，就没有见到君臣之争，而在永徽年间，西北边疆问题是很严重的。这大约可以说明，皇帝参与意见的政事应该是有限的，而在他能够参与的政事中，每每出现掣肘、摩擦和不愉快。为了皇后安全而确立太子竟然不顾皇帝的意志，这合适吗？当初李承乾谋反都可以不杀，为什么李恪一定要杀？最后，唐高宗要废王立武，执政大臣团队坚决反对，双方斗争于是全面爆发。永徽作为过渡政治，本来可以不必如此的，但是这场终极性的对决终于还是到来了。

三省制度之下，没有三省官员的配合，皇帝一人只能成为光杆司令，因为皇上发令必须经过中书与门下两省官员的签署才能生效。而当时三省长官除了李勣之外，基本上都是长孙无忌的人。所以，皇帝有需要是必须经过长孙无忌的。有一个事件十分生动地说明了这一点。当高宗第一次准备提出废王立武的时候，他第一个动作是前往长孙无忌家，希望通过贿赂的办法获得长孙无忌的同意。《通鉴》如此记录此事：

（高宗）又畏大臣不从，乃与昭仪幸太尉长孙无忌第，酣饮极欢，席上拜无忌宠姬子三人皆为朝散大夫，仍载金宝缯锦十车以赐无忌。上因从容言皇后无子以讽无忌，无忌对以他语，竟不顺旨，上及昭仪皆不悦而罢。[1]

皇帝知道长孙无忌的地位与作用，要废立皇后必须经过这一关，于是与武则天一同前往长孙无忌家来拜访，用官位与财宝讨好长孙无忌。结果，长孙无忌礼物照收就是不办事。皇帝与武则天“不悦而罢”，不悦显然是很正常的。同时我们也可以看到，这个朝廷到底谁在掌权。长孙无忌明知道皇帝的来意，而皇帝的这个意图他是不赞同的，但是他依然可以坦然收下重礼。皇帝需要长孙的同意，甚至不惜用重金行贿。行贿与受贿，反映双方之间的关系，谁也不会同意大权在握的人会行贿自己的下级。唐高宗作为皇帝的存在，在长孙无忌这些执政大臣的眼中，不是太过轻微了吗。

在废王立武的过程中，我们看到斗争双方的不同叙述。长孙无忌与褚遂良方面，强调王皇后的无过错和武则天的道德缺陷（曾经侍奉过太宗皇帝）。唐高宗最初以王皇后无子为理据，但拥护皇帝一派的后来叙述，则发生了显著变化。第一，李勣的家事说，即认为废王立武一事“此陛下家事，何必问外人”。第二，许敬宗的田舍翁比喻：“田舍翁多收十斛麦，尚欲易妇；况天子欲立后，何豫诸人事而妄生异议乎！”[2]皇帝一派，虽然如许敬宗的比喻不免粗俗，但是道理却是一致的，那就是废王立武之事，皇帝有权自己决定，别人无权干预。可是，现在的皇帝却不能自己决定，不相干的人

---

① 《资治通鉴》卷一九九，第6287页。

② 《资治通鉴》卷一九九，第6291—6292页。有关李勣的特别作用，本文暂且阙如，将以专文的方式进行讨论。

坚持反对，让皇帝都不如田舍翁。李勣的家事说，其实也是一个意思。在李勣的言语中，自己是外人，褚遂良等也是外人，皇帝自己应该说了算。很清楚，执政大臣一派强调道德正当性，而皇帝派强调权力正当性。在同一件废王立武之事上，双方意见针锋相对，但强调的重点是完全不对应的。

尽管双方叙述重点不同，但是对于废王立武事件的看法，一千多年以来应该都是一致的，那就是影响巨大。从社会意义上说，陈寅恪先生的观点深刻独到。仅从政治层面说，废王立武事件标志着当局最高权力的转移，唐高宗从此大权独揽，而此前的执政大臣则彻底告别了政治舞台。原本可以平安的权力转移最后却闹得大动干戈，惨烈收场。这可以看作是权力悲剧性的再次呈现。

永徽政治以悲剧结束是很多人不愿意看到的，而唐太宗应该就是其中之一。太宗临死之前，召长孙无忌、褚遂良和太子李治在病榻之前安排后事，首先对两位大臣说："朕今悉以后事付公辈。太子仁孝，公辈所知，善辅导之！"又谓太子说："无忌、遂良在，汝无忧天下！"最后对褚遂良说："无忌尽忠于我，我有天下，多其力也，我死，勿令谗人间之。"[①]胡三省注曰："武、许之间二臣，玉儿之命犹在高宗之耳，何剧忘之邪！"胡三省认为武则天、许敬宗就是离间长孙无忌和褚遂良的人，是高宗忘记了太宗的临终之命。在太宗的临终命令中，前两番话都是正常之语，希望今后君臣互相信任，而最后一句含义丰富。这里，太宗先肯定无忌的忠诚与功劳，但最后一句令人匪夷所思，为什么唐太宗认为自己死了之后会

---

① 《资治通鉴》卷一九九，第6267页。

有人离间长孙无忌。所谓离间，显然是离间长孙无忌与新皇帝的关系，所以才会要褚遂良从中实施保护。

结合长孙无忌的历史，我们有必要认真分析。贞观十八年（644），唐太宗曾经当面评价“长孙无忌善避嫌疑，应物敏速，决断事理，古人不过；而总兵攻战，非其所长”[①]。唐太宗为什么说长孙无忌善避嫌疑呢？遍查长孙无忌的个人经历，与此事相关的只有一事，即贞观二年（628）罢相事，《通鉴》记载很清楚：

> 春，正月，辛亥，右仆射长孙无忌罢。时有密表称无忌权宠过盛者，上以表示之，曰：“朕于卿洞然无疑，若各怀所闻而不言，则君臣之意有不通。”又召百官谓之曰：“朕诸子皆幼，视无忌如子，非他人所能间也。”无忌自惧满盈，固求逊位，皇后又力为之请，上乃许之，以为开府仪同三司。[②]

此事，《旧唐书·长孙无忌传》记录相似，也是无忌“深以盈满为诫，恳请辞机密，文德皇后又为之陈情，太宗不获已，乃拜开府仪同三司，解尚书右仆射”[③]。据《长孙皇后传》，长孙无忌初任右仆射皇后就不同意，后来有多次催促无忌“苦求逊职”[④]，但没有提及有人密表之事。密表所称“权宠过盛”，当有事实根据，否则以无忌与皇帝的关系，谁敢无事生非。何况，最初任命长孙无忌为右仆射的时候长孙皇后就是反对的，而太宗根本不理会皇后的

---

① 《资治通鉴》卷一九七，第6210页。
② 《资治通鉴》卷一九二，第6046—6047页。
③ 《旧唐书》卷六五《长孙无忌传》，第2447页。
④ 《旧唐书》卷五一《长孙皇后传》，第2165页。

意见。现在，皇后依然坚持固有意见，而太宗最终解除了长孙无忌右仆射之职，就不得不承认密表的作用。从太宗召集百官表白的情形看，朝廷中人应该多有了解。权宠过盛，宠应特指皇帝的特别信任；权，当指揽权过限。长孙无忌后来又几次谦让权位，是可以看作善避嫌疑的。但是，从唐太宗的领导者地位出发分析，对长孙无忌的表扬完全可以看作是正面鼓励之辞，而正面肯定本身就是希望避免长孙无忌走向反面，因为他是有揽权的嫌疑或事实的。

所以，太宗担心自己死后有人离间长孙无忌与唐高宗的关系，其实就是担心长孙无忌揽权的旧病复发。可想而知，如此一来，与当朝皇帝高宗的矛盾必然爆发。但是，唐太宗仍然用正话反说的方式表达这层含义。胡三省只看到了唐太宗语言的表面，没有继续深究，所以把最后唐高宗与长孙无忌的矛盾爆发，仅仅视为唐高宗单方面的责任，并没有全面理解唐太宗的用意。

比较而言，唐太宗对于高宗与长孙无忌的关系，一定会更偏重于儿子一方。上文所引《帝范》首章，可以看出太宗对高宗的希望，如山岳，高峻而不动；如日月焉，贞明而普照。总之，太宗皇帝绝不会希望高宗成为大臣的傀儡，也曾经担心高宗软弱而难当皇帝大任。可以设想，太宗给高宗留下的大臣班底，太宗一定会耳提面命，反复交代，哪位大臣有什么特点，应该如何应对。只不过，史书没有留下相关资料，让很多读者误以为唐太宗只想保护长孙无忌，而从人性的基本面分析，在长孙无忌和唐高宗两个人之间，唐太宗理所当然会以高宗为重。在太宗心目中，长孙无忌主要是手段，高宗才是目的。

唐太宗贞观二十三年（649）五月二十六日驾崩，几天之后的六月一日，唐高宗就正式即位，这就是唐朝的第三任皇帝，当时的年龄是二十一周岁。唐太宗生前，对于身后的政治有多方面的安排，最重要的目的当然是保证唐高宗接班顺利，稳定唐朝的政治。以长孙无忌为首的辅佐大臣团队，正是唐太宗亲手建立起来的。为了求得稳定，唐太宗让长孙无忌处于十分突出的位置上，贞观二十二年（648）长孙无忌一度以司徒检校中书令，同时“知门下、尚书二省事”，即三省长官皆由长孙无忌一人担任。胡三省为《通鉴》作注，特别标示到“长孙无忌盖总三省之事”①。雷家骥先生也特别说到，这是一种“破坏三省权力制衡的方式”②。但是，如此突出长孙无忌，肯定是唐太宗的主意。唐太宗对长孙无忌的信任，史书记载很多，而让长孙无忌担任过渡时期的朝廷大总管，在唐太宗看来一定是最合适的。首先，长孙无忌是唐高宗的亲舅舅，这层关系无人能比。其次，在李治担任太子的问题上，长孙无忌出力最多，贡献最大。第三，后来唐太宗还一度因为李恪而犹豫，是因为长孙无忌的坚决反对而作罢，所以捍卫唐高宗长孙无忌也是居功最高。第四，长孙无忌是同唐太宗一起打天下的老功臣，凌烟阁功臣榜长孙无忌排位第一，因此在官场上威信最高。第五，长孙无忌有才干，也曾被唐太宗表扬过。这些都是众所周知的，总之长孙无忌有条件被唐太宗选中担任如此重要的使命。长孙无忌在贞观末期的大权独揽，是来自唐太宗的信任，永徽时代，不过是同样状况的继续而已。但是，这种情势本身就容易招致危险，因为君弱臣强向来被认为是一种不正常的政治状态。历史上，霍光的故事

---

① 《资治通鉴》卷一九八，北京：中华书局，第6252页。

② 雷家骥：《武则天传》，北京：人民出版社，2001年，第101页。

常被当作这方面的典型，而长孙皇后就经常以霍光为教训。

永徽元年，长孙无忌与唐高宗的关系还十分良好，矛盾爆发距离尚远，但是洛阳人李弘泰在正月里就诬告长孙无忌谋反，结果被杀掉。李弘泰不会有什么证据，他的行为不过是根据朝廷的政治格局认为皇帝与长孙无忌应该发生问题，他便来投机，寄希望矛盾已经爆发，皇帝趁机清除长孙无忌，如此自己就立得大功。结果，他的投机时间不正确而导致牺牲性命。如果到显庆四年（659）再来，李弘泰一定会马到成功，因为后来皇帝和许敬宗为了清除长孙无忌，不得不对没有什么关系的李奉节告发太子洗马韦季方案件加以利用。

总之，从最初唐太宗的安排到君主政治的一般规律，永徽政治应该是一个过渡时期，长孙无忌顺利辅佐唐高宗，最后实现唐高宗完全执政。但是，永徽政治却陷入“二元政治”结构中难以自拔。所谓二元政治，就是政治出现了两个中心，法理上皇帝唐高宗为最高政治首脑，而事实上长孙无忌是政治首脑。因为长孙无忌没有及时让出权力，并且对皇帝进行了种种的制约与安排，导致两个中心发生冲突，最后以废王立武事件为爆破点，长孙无忌一派彻底失败，以个人悲剧的方式退出政治舞台。

所谓永徽之政有贞观之风的说法，是很荒诞的。永徽政治的结局，《新唐书》的作者欧阳修、《资治通鉴》的作者司马光，以他们的学术建树，绝对不可能没有了解，可是他们为什么还是提出了“永徽政治”这个原本就不成立的议题呢？他们没有提供直接证明，但从本文最初提供的资料，即所谓永徽之政说的创立，我们今天能够进行合理的判断，症结还是武则天。没有废王立武，就不会有后来的武则天称帝，而武则天毫无疑问是唐朝的破坏者。所以，追踪原始根据，长孙无忌一派反对废王立武，反而被后来的历史证明是一种有远见的行为。因此，君为臣纲的老原则在永徽政治论中只好后退，让我们看到很不习惯的立场，站在长孙无忌一派大臣的立场上批评作为皇帝的唐高宗。

其实，武则天称帝是彻底的偶然事件，不仅是空前的而且是绝后的。把武则天称帝归罪于唐高宗是不公正的，因为高宗同样无法预料后来的事情。至于因此而把高宗与长孙无忌的矛盾也颠倒论证，则更是一种事后诸葛亮的聪明，有违史学家的客观公正立场。北宋女主政治发达，是否北宋的史学家希望通过武则天的例证阻吓北宋的政治女强人，此意属于北宋政治课题，需要论证。作为政治家兼历史学家的欧阳修、司马光，考虑北宋实际而立论唐朝历史，如果确实存在，我们则不得不努力排除这种行为带来的历史误解。

第五章
吴王李恪之死

唐高宗的永徽时期，事实上成为“二元政治”态势，皇帝高宗和长孙无忌分别为首。皇帝只是法律和理论上的国家首脑，比较而言，长孙无忌一方，更显现出强势的特征。永徽年间发生的最重大的政治案件，莫过于“房遗爱案件”，受到此案牵连，吴王李恪被长孙无忌陷害至死。唐高宗对李恪或许也有担心，但不希望杀死李恪，然而皇帝不能决定，最后李恪还是不免一死。新发现的《李恪墓志》[①]，再次提起这段历史，不仅证明新出文献的价值，而且激活了传世文献的固有信息。

① 《李恪墓志》原石，藏于长安博物馆。有关该墓志的研究，有郑炳林、张全民、穆小军著：《唐李恪墓志铭考释与有关问题研究》，载《敦煌学辑刊》2007年第3期，第5—22页。这篇研究是该墓志的首发，本文讨论的问题，多有参考。以下，简称此论文为“《问题研究》”。

第一节 《李恪墓志》

《李恪墓志》，有墓盖，篆书“大唐故李君之墓志铭”，志文内容如下：

大唐故恪墓志铭并序

恪字厶，陇西狄道人也。太祖武皇帝之孙，太宗文皇帝之第二子也。弗遵大训，侮慢彝则，譬以周德休明，管、蔡为文王之子；汉邦隆盛，胥、旦为武帝之男。爰自髫绮，早纡宠命，封汉中郡王。太宗龙德既升，帝业方远，康建茅社，式固磐石，进封蜀王，仍授大都督益简绵嘉邛隆六州诸军事、益州刺史。纶绂已行，辎轩未驾，大开盛府，高选僚属。第优遊于未邸，又育景于宸扃。改授都督秦成渭武四州诸军事、秦州刺史。乃拥旆梁岐，驱马岍雍，度关山而明月，踰陇首而吟箫。跨蹑尽于华戎，刺举穷于河渭。七年，还授都督齐淄青莒莱密七州诸军事、齐州刺史。居鲁卫之亲，任侯伯之重，春秋鼎盛，血气渐刚，傅相怀赐罢之忧，宰司申切责之旨。改封吴王，徙授潭州都督，不行，转授都督安随温沔复五州诸军事、安州刺史。十一年，又与诸王同诏代袭安州刺史。天爵弥厚，逸情转纵，逞鹜豊凌践稼穑，扼青兕于云泽，虢文豹于平林。大马悠悠，掩旬弥晦。主相之奏，屡间于丹陛；士师之请，频造于青蒲。天子算前王之辙迹，念姬德之仁厚，虽王赫斯怒，物皆无妄，而思贷之，旨恕以更新。自是颇修外迹，怀卷凶戾。今上以大明纂位，敦序九族，饫赐加等，荣望益隆，策拜司徒，徙授梁州都督，寻又重授都督安随温沔复五州诸军事、安州刺史。任揔方隅，位升台辅，履霜弗诫，坚氷转积。潜构之恶，情灭于人理；干纪之衅，罪极于常刑。皇帝冕旒常宁，思八辟而兴念；公卿进执，三刺而无舍。春秋卅有五，以永徽四年二月六日薨于有司之别舍。呜呼哀哉！积恶数稔，自贻灰灭，虽行父之志，鸷鹰鹯而不已；姬文之泣，寔有怆于宸衷。乃下诏曰：恪等性各凶愚，识皆庸鄙，苞祸心于睥睨，彰逆节于家国，虽不义所割，旬人之制难亏；深衷所悼，私亲之情何已。以其年四月十五日，优赐国公之仪，葬于高阳之原也。攒涂夙启，遣鏄宵溢。悼精魄之离散，闵生灵之永毕。遵陇路之超远，望松庭之箫飋。卷罳雾于韬扛，翳愁云于豊塋。负深衅于重壤，背休明之白日。庶千载而申鉴，纪凶德于泉室。其铭曰：地纪効灵，天枢来庆。宗文祖武，光临宝命。帝喾才子，姬昌公姓。玉叶载敷，金柯以映。诞维凶戾，赤叨嘉福。属系琁景，气分青陆。接萼文昭，连华武穆。照曜光宠，声明事服。拥万里锡壤千城，履危忘惧招满遽。辚辚车马，靡靡旃旌。驱驰原陆，骋须麋麖。乾鉴匪谌，临下有赫。警无妄肃，敛凶迹。大明载纂，重滋宸泽。爕衮台衡，董司方伯。履霜既积，祸滔斯着。清问靡辞，金耕有附。三千莫比，八辟奚恕。敛衽明刑，甘心泉路。圣慈恻隐，庸被哀荣。蜃慌宵引，悲笳夜惊。凄凉原野，寂漠坟茔。勒铭申诫，永志佳城。[1]

① 墓志录文，参照郑炳林、张全民、穆小军论文。参考墓志拓片，加以标点并有修改。感谢穆小军先生慨赠《李恪墓志》拓片。

志文无记作者。李恪，作为唐太宗的第三个儿子，母亲是隋炀帝的女儿，有着崇高的政治身份，但因为卷入政治斗争的漩涡，最后却被陷害致死。《通鉴》记载，永徽四年“春，二月，甲申，诏遗爱、万彻、令武皆斩，元景、恪、高阳、巴陵公主并赐自尽”[①]。永徽四年（653）二月癸未朔，甲申是二日，唐高宗下达最后命令并且执行的时间是二月二日。《新唐书·高宗本纪》同时直言杀李恪。只有《旧唐书·高宗本纪》记录是二月乙酉（三日）李恪等赐死。新出《李恪墓志》，又补充了进一步的信息，李恪是在“永徽四年二月六日薨于有司之别舍”，其实是“赐自尽”。史书所记应该是下令时间，而墓志所记是真正的死亡时间。

墓志更提供了埋葬时间为永徽四年四月十五日，年仅三十五岁。对此，传世史书多失载。四月十五日，这也可以看作是墓志的制作时间下限，志文也可以认为在此之前不久撰成。这个时间很重要，是我们理解墓志内容及其背景不可缺少的依据。除了这些具体信息以外，《李恪墓志》的最重大信息是提供了诬陷李恪的基本逻辑。

第二节　李恪之死

唐高宗永徽三年（652），唐朝发生重大案件，这就是著名的房遗爱谋反案。案件在三年末发生，经过朝廷调查，四年初进行宣判处置。记录该案件的文献众多，我们以《资治通鉴》的记录来了解

① 《资治通鉴》卷一九九，第6380—6281页。

案件的大体经过，《通鉴》载：

高阳公主谋黜遗直，夺其封爵，使人诬告遗直无礼于己。遗直亦言遗爱及主罪，云："罪盈恶稔，恐累臣私门。"上令长孙无忌鞫之，更获遗爱及主反状。

司空、安州都督吴王恪母，隋炀帝女也。恪有文武才，太宗常以为类己，欲立为太子，无忌固争而止，由是与无忌相恶。恪名望素高，为物情所向，无忌深忌之，欲因事诛恪以绝众望。遗爱知之，因言与恪同谋，冀如纥干承基得免死。[①]

案件的缘起，可以说都是公主惹的祸。高阳公主的恣意妄为是很著名的，随着房玄龄特别是唐太宗的去世，她的荒唐意志再次爆发。她为了替房遗爱夺得房玄龄的封爵（当时封爵属于长兄房遗直），诬陷房遗直非礼自己，于是房遗爱与房遗直互相攻击，并都告发到朝廷。家庭内讧引来虎视眈眈的长孙无忌，于是房遗爱和高阳公主的种种政治不端行为都被揭发出来，与他们有联系的薛万彻、司徒荆王元景、驸马都尉柴令武等都成了谋反集团的成员。

本来这个案件跟吴王李恪没有关系，但是长孙无忌希望把李恪牵连进来，消灭这个政治敌人。房遗爱及时接受启发，说自己与李恪同谋，希望通过这样的陷害让自己降罪。但是，最终的结果是房遗爱并没有逃得一死，而最冤枉的当然就是吴王李恪了。对于李恪被陷害，史书记载众口一词，下列一表，可以看得很清楚。

---

① 《资治通鉴》卷一九九，第6279—6280页。

表5-1　李恪被诬陷的相关记录

《唐会要》	《旧唐书》本传	《新唐书》本传	《大唐新语》
恪有文武才，太宗尝称其类己。既名望素高，甚为物情所向。长孙无忌既辅立高宗，深所忌嫉。永徽中，会房遗爱谋反，遂因事诛恪，以绝众望。海内冤之。	恪母，隋炀帝女也，恪又有文武才，太宗常称其类己。既名望素高，甚为物情所向。长孙无忌既辅立高宗，深所忌嫉。永徽中，会房遗爱谋反，遂因事诛恪，以绝众望，海内冤之。	恪善骑射，有文武才。其母隋炀帝女，地亲望高，中外所向。帝初以晋王为太子，又欲立恪，长孙无忌固争，帝曰："公岂以非己甥邪？且儿英果类我，若保护舅氏，未可知。"无忌曰："晋王仁厚，守文之良主，且举棋不定则败，况储位乎？"帝乃止。故无忌常恶之。永徽中，房遗爱谋反，因遂诛恪，以绝天下望。	吴王恪母曰杨妃，炀帝女也。恪善骑射，太宗尤爱之。承乾既废，立高宗为太子，又欲立恪。长孙无忌谏曰："晋王仁厚，守文之良主也。且举棋不定，前哲所戒，储位至重，岂宜数易！"太宗曰："朕意亦如此，不能相违，阿舅后无悔也。"由是恪与无忌不协。高宗即位，房遗爱等谋反，敕无忌推之。遗爱希旨引恪，冀以获免。无忌既与恪有隙，因而毙恪。

从现有的资料看，有关李恪案件的文字大体相似，归纳起来有如下几种理由。

第一，李恪有才干。《唐会要》、《旧唐书》本传、《新唐书》本传、《资治通鉴》等著作众口一词，都指出李恪"有文武才"。

第二，李恪的母亲是隋炀帝女。这实际上为李恪带来了正面的影响。各个著作在介绍李恪的时候，都不遗漏他母亲的身世，证明大家都认可这一点。《新唐书》本传干脆说："其母隋炀帝女，地亲望高，中外所向。"

第三，唐太宗对李恪的珍爱与推奖。最常见的说法是唐太宗说李恪与自己相似，"称其类己"，《唐会要》、《旧唐书》本传和《通鉴》都如此说，而《新唐书》本传更直接引述唐太宗的话叫作

“英果类我”。《大唐新语》的表述方法稍有差别，称作“太宗尤爱之”。

以上三种因素，导致吴王李恪的声望很高，积累成为一种政治威信。《唐会要》的说法是“名望素高，甚为物情所向”。《旧唐书》本传的说法相似：“既名望素高，甚为物情所向。”《新唐书》本传称作“地亲望高，中外所向”。《通鉴》：“名望素高，为物情所向。”这样的语言，表达的政治含义是明确的，因为以上三种缘由，李恪获得了一种别人难以企及的声望，并直接引发了人们对他的政治期望，这就是“为物情所向”。于是，自然而然的事情发生了，在唐太宗已经确立了李治为太子之后，太宗希望用李恪替代李治，并与当时最重要的大臣长孙无忌商量，结果遇到了长孙无忌的坚决反对而作罢。虽然李恪替代李治未成，但唐太宗推荐李恪的动作，却埋下了严重事件的伏笔。李恪曾经被议储，这才是李恪之死的关键。

唐高宗即位之后，长孙无忌大权在握，永徽三年（652），他利用房遗爱案件，诛杀李恪，彻底排除了李恪可能的政治威胁或影响。不过，这是史书在翻案之后的语调，把李恪之死完全归因于长孙无忌，而高宗的作用却是一笔带过。其实，还应该提及的是唐太宗。既然唐太宗最初同意了长孙无忌等人的推戴，立李治为太子，为什么不在李治未立的时候提出李恪问题呢？既然已经确立李治，为什么又要再提李恪问题呢？看来，太宗在立李治的时候，确有无奈或者思考不周，否则不会事后再提李恪。但是，既然提出李恪，又轻易被长孙无忌否决而不坚持，这事实上为李恪的命运埋下了祸根。唐太宗的不严密再次暴露无遗。常言所谓父不密则失子，大概就是特指这样的事情。

《李恪墓志》制作之时，正是李恪谋反罪名成立的时候，所以《李恪墓志》与翻案之后的文字有着根本不同。在传世文献中，所有记录李恪的文字，都是为李恪鸣冤喊屈的，至于当时罗织李恪罪名的时候，使用的是什么逻辑反而淡化了，因为翻案之后，这种逻辑不再重要了。但是，对于我们今天重新理解当初冤案发生时的过程，这些传世文献反而不能提供帮助，而新出的墓志，恰好弥补了这个空白。

第三节　李恪谋反动机

贞观时期，李恪的任职经历并不复杂。二年（628），进封蜀王。五年（631），授秦州都督。七年（633），授齐州都督。十年（636），改封吴王，授潭州都督。十一年（637），代袭安州都督[①]。李恪死于高宗永徽年间的房遗爱案件，《李恪墓志》记载清楚，当时李恪只有三十五岁。那么，在贞观十一年（637），李恪不过十九岁左右。

正是在安州都督的任上，李恪第一次引起了注意，历史文献记录下他的活动。《新唐书》本传记载，“坐与乳媪子博簺，罢都督，削封户三百”[②]。此事，从《通鉴》的记载来看，所谓“博簺”即是田猎比赛，而“簺”是一种打猎捕兽的设施。《通鉴》如此记载

① 关于李恪的历任职务，郑炳林诸位先生讨论甚详，值得参考。见《问题研究》，第17页。

② 《新唐书》卷八〇，第3566页。

此事及其后续反应：

> 安州都督吴王恪数出畋猎，颇损居人；侍御史柳范奏弹之。丁丑，恪坐免官，削户三百。上曰："长史权万纪事吾儿，不能匡正，罪当死。"柳范曰："房玄龄事陛下，犹不能止畋猎，岂得独罪万纪！"上大怒，拂衣而入。久之，独引范谓曰："何面折我？"对曰："陛下仁明，臣不敢不尽愚直。"上悦。[①]

这是贞观十一年（637）十月的事情，丁丑为十六日。李恪因为畋猎过度、损害居民受到御史弹劾，唐太宗因此处分了他，削去封户三百，《通鉴》所说的"免官"大概与《新唐书》所说的"罢都督"应该指同一件事。《旧唐书》本传没有记载这件事。但此后，其他文献也不见李恪担任官职的记载，直到高宗即位。那么此事对于李恪的影响应该还是很大的，此后他不过享受亲王待遇而已。

但是，《李恪墓志》与所有文献的记载都不同，对于李恪畋猎一事，墓志用了不少笔墨，其文曰：

> 天爵弥厚，逸情转纵，逞骛豊凌践稼穑，扼青兕于云泽，

① 《资治通鉴》卷一九五，第6134页。此事，《唐会要》也有记载，但不如《通鉴》更全，其文为："贞观十一年，吴王恪好畋猎，损居人田苗，侍御史柳范奏弹之。太宗因谓侍臣曰：'权万纪事我儿，不能辅正，其罪合死。'范进曰：'房玄龄事陛下，尚不能谏止畋猎，岂可独罪万纪乎。'"上海：上海古籍出版社，第1256—1257页。

虢文豹于平林。大马悠悠，掩旬弥晦。主相之奏，屡闲于丹陛；士师之请，频造于青蒲。天子算前王之辙迹，念姬德之仁厚，虽王赫斯怒，物皆无妄，而思贷之，旨恕以更新。自是颇修外迹，怀卷凶戾。

虽然文字不少，意思无非是李恪不珍惜自己的亲王身份，纵情畋猎，破坏了百姓的庄稼，被有关部门多次揭发。皇上很愤怒，但考虑他母亲的无辜，还是给他机会，希望他能改过自新，没有想到，从这以后他虽然表面上很注意自己的言行，但在他的内心深处，狼子野心反而变本加厉了。

如果认真观察《通鉴》对此事的记载，重点却是唐太宗本人。因为在记录李恪畋猎受处分之前，《通鉴》先交代了唐太宗打猎的故事，其文曰：

上猎于洛阳苑，有群豕突出林中，上引弓四发，殪四豕。有豕突前，及马镫；民部尚书唐俭投马搏之，上拔剑斩豕，顾笑曰："天策长史不见上将击贼邪，何惧之甚！"对曰："汉高祖以马上得之，不以马上治之；陛下以神武定四方，岂复逞雄心于一兽！"上悦，为之罢猎，寻加光禄大夫。[①]

《通鉴》的这种写法，对比的意味十分强烈，完全可以得出吴王在跟皇帝学习的结论。同时，唐太宗对于李恪的畋猎行为似乎

---

① 《资治通鉴》卷一九五，第6134页。

颇能理解的口气，毕竟当时的李恪不过十九岁的年龄，年轻力壮，血气方刚。所以，唐太宗把责任全怪罪到李恪的长史权万纪身上去了。对此，郑炳林先生等《问题研究》一文很有见地，指出李氏皇族对于畋猎的兴趣非同一般，可以看作是家族文化特征，李恪不过是其中一分子而已。就此而言，司马光的《资治通鉴》恐怕也具有同样的认知倾向。

不过，比较《李恪墓志》与传世文献对此事的倾向，仍然是一个很有意味的话题。永徽四年（653）二月李恪去世，“以其年四月十五日，优赐国公之仪，葬于高阳之原也”（墓志语），两个月之后埋葬，而墓志可以永徽四年四月十五日为最后下限。李恪以谋反罪赐死，而《李恪墓志》正是在李恪的谋反罪名宣布成立的背景下写成的，所以《李恪墓志》虽然没有求证李恪谋反的司法意图，但是《墓志》的书写必须与李恪的谋反罪名相互契合。

李恪后来被证明是冤枉的，他谋反唯一的证据就是房遗爱的陷害证词而已。所以我们在《李恪墓志》中，有关李恪谋反的部分，都是虚化，其文如下：

> 任总方隅，位升台辅，履霜弗诫，坚冰转积。潜构之恶，情灭于人理；干纪之衅，罪极于常刑。

其中，只有“潜构之恶，情灭于人理。干纪之衅，罪极于常刑”这两句与犯罪有关，但依然不涉及犯罪事实与内容，仅仅用文学的语句强调犯罪的严重性，前一句描述的是在道德上的严重性，后一句强调法律上的严重性。这样的文学描述，一方面属于常见情况，看上去似乎在为志主不忍，不好意思和盘托出；另一方面，就李恪这种诬陷成罪而言，虚幻的描写最容易通过审核，总不能满篇都是房遗爱的指认语句。

通观全篇，《李恪墓志》还是满足了主持者的需要，虽然多所虚幻，但对于李恪的犯罪，还是指出了思想性的根源，满足了逻辑上的自圆其说。首先，墓志指出李恪一贯不听从唐太宗的庭训，这是不孝的直接指控。墓志开篇即言：

> 恪字厶，陇西狄道人也。太祖武皇帝之孙，太宗文皇帝之第二子也。弗遵大训，侮慢彝则，譬以周德休明，管、蔡为文王之子；汉邦隆盛，胥、旦为武帝之男。

李恪不听从教导，违反规则，如同西周时期的管叔、蔡叔，如同汉武帝的儿子刘胥、刘旦。尽管无人知道李恪到底做了什么，但这里把他和历史上著名的反叛人物相提并论，文章的部分目的已经达到。

如果结合传世文献，说李恪曾经不遵守太宗教导还是有一些根据的。《唐会要》记载，吴王李恪赴任安州都督之前，唐太宗曾经以书诫之曰：

> 吾以君临兆庶，表正万邦。汝地居茂亲，寄惟藩屏，勉思乔梓之道，善侔间、平之德。以义制事，以礼制心，三风十愆，不可不慎。如此则克固盘石，永保维城。外为君臣之忠，内有父子之孝，宜自励志，以勖日新。汝方违膝下，凄恋何

已，欲遗汝珍玩，恐益骄奢。故诫此一言，以为庭训。[1]

两《唐书》本传对此都有引述。后来李恪在安州都督任上还是出了问题，被免官，削封三百户，就是对他违背庭训的惩罚。这可以称得上是"弗遵大训"的。至于谋反，自然是极大的不忠了。

那么，李恪在安州都督任上所接受的惩戒，真的是李恪最终祸患的根源吗？至少《李恪墓志》是坚持这一逻辑方向的。这就是"自是颇修外迹，怀卷凶戾"两句的深险之处。李恪从贞观十一年（637）罢都督之后，再也没有什么可以追究的言行了，但是欲加之罪何患无辞，反而说他是对外装作好人一样，"颇修外迹"就是这个含义。同时呢，内心变得更加凶狠阴险，这就是"怀卷凶戾"之意。这么说并没有什么根据，但这却是经典的罗织之辞，让人有了理解李恪谋反动机的逻辑，从而让所谓谋反罪能自圆其说了。

贞观时期，汉王元昌参加了李承乾的阴谋，最后赐死。《旧唐书》在记录元昌的犯罪动机时写道："元昌在州，颇违宪法，太宗手敕责之。初不自咎，更怀怨望。知太子承乾嫉魏王泰之宠，乃相附托，图为不轨。"[2]元昌因为受到太宗的批评产生怨望之心，最终走上谋反的不归路。元昌犯罪事实清楚，动机解释反正合理，虽然从怨望到谋反，不管是逻辑还是实际行为，距离甚远，但是一旦有通解的需要就变得十分顺畅。现在李恪案件，再次显现了这条逻辑的威力。李恪受到唐太宗朝廷的处分，表面上言行安顺，但内心的怨

① 《唐会要》卷五《诸王》，第66—67页。
② 《旧唐书》卷六四《高祖二十二子》，第2425页。

望却终于导致走上最后的谋反。

吴王李恪是被房遗爱牵连入案的，而背后的教练是长孙无忌。“恪名望素高，为物情所向，无忌深忌之，欲因事诛恪以绝众望。遗爱知之，因言与恪同谋，冀如纥干承基得免死。”[①]这个罗织的逻辑，或者归功房遗爱，或者归功长孙无忌，或者二人各有其功。然而，如果不是《李恪墓志》的出现，我们始终难以了解这个案件中是如何把吴王李恪罗织进来的。现在，我们知道这至少是案件发展过程中的重要一环，解释李恪为什么会参加谋反。而作为谋反这样严重的大罪，如果不说明动机，显然是存在问题的。这就是说，不仅房遗爱的人证有价值，同时必须给李恪谋反加以合乎逻辑的解释，只有这样，罪名的成立才无懈可击。可见，这个时期的案件，在处置谋反罪的时候，动机追查是必备环节。

李恪因畋猎受到朝廷处分之事，在罗织李恪谋反罪名的过程中，发挥了重要功用，他的谋反因此获得了逻辑的支持。从贞观十一年（637）到永徽三年（652），大约经过了十五年，年轻时的一个轻率错误，竟然被人如此利用，成为谋反罪的历史根据。这显然是长孙无忌一方的推导结果，或许没有当年的这个错误，操纵者也会发现并利用其他问题。但是，对于今天的读者而言，只有《李恪墓志》的出现，才让我们意外地获得了这个冤案的罗织过程与逻辑。

---

① 《资治通鉴》卷一九九，第6280页。

第四节　唐高宗的作用

房遗爱案件诬陷了许多人，吴王李恪是最有代表性的。这个案件是长孙无忌主持审判的，所以传世文献多记载长孙无忌的问题，甚至李恪临死咒骂长孙无忌的话，也被记录下来。那么，在这个案件中，唐高宗到底担任了什么角色呢？这显然是需要弄清楚的问题。

房遗爱案件由长孙无忌审理，这一点没有异议，两《唐书》的《房玄龄传》所附《房遗爱传》，都清楚地记录下这一点，“高宗令长孙无忌鞫其事，因得公主与遗爱谋反之状”[①]。证明李恪参加谋反的是房遗爱，房遗爱尚高阳公主，是唐高宗的姐夫。唐高宗最后引见房遗爱，《册府元龟》有这样的记载：

> 高宗永徽四年二月甲申，司徒荆王元景、司空吴王恪、房州刺史驸马都尉房遗爱、宁州刺史驸马都尉薛万彻、岚州刺史驸马都尉柴令武等坐谋反，遗爱、万彻、令武并斩，元景及恪、遗爱妻高阳公主、令武妻巴陵公主并赐死。帝引遗爱谓曰：“与卿亲故，何恨遂欲谋反？”遗爱曰：“臣包藏奸慝，诚合诛夷；但臣告吴王恪，冀以赎罪。窃见贞观中纥于承基、游文芝并与侯君集、刘兰同谋不轨，于后承基告君集，文芝告刘兰，并全首领，更加官爵。”帝曰：“卿承籍绪余，身

---

① 《旧唐书》卷六六《房玄龄传》，第2467页。《新唐书·房玄龄传》内容相同。

尚公主，岂比承基等？且告吴王反事，无乃晚乎！”遗爱遂伏罪。[①]

这就是说，房遗爱诬陷吴王李恪，曾经利用面见皇上的机会说出了实情，但是高宗的表态是“无乃晚乎”，就是说太晚了。这大概是因为已经结案，最后的处分如斩刑、赐死等已经宣布。然而，吴王如此冤枉，皇帝怎么会见死不救呢？后来我们看到的事实是，唐高宗还是出手相救，不过不是拯救全部的案件，仅仅是抢救生命而已。《通鉴》的记载是：

上泣谓侍臣曰：“荆王，朕之叔父，吴王，朕兄，欲匄其死，可乎？”兵部尚书崔敦礼以为不可，乃杀之。[②]

《册府元龟》的记载更详细，内容为：

崔敦礼为兵部侍郎。……帝因泣谓侍臣曰：“朕兄弟不多，荆王是朕长叔，吴王是朕兄，虽犯国经，欲就公等乞叔及兄姊等命。”敦礼进曰：“昔周公诛管、蔡，汉景夷七国，至于孝昭之时，燕王盖主谋逆，皆正刑典。此乃前事不远，陛下岂可屈法申恩！”乃从之。[③]

---

① 《册府元龟》卷一二《帝王部·明罚》，南京：凤凰出版社，2007年标点本，第1699页。这个内容，同书卷六一七也有记载，见《刑法部·守法》，第7135页。

② 《资治通鉴》卷一九九，第6280—6281页。

③ 《册府元龟》卷六一七《刑法部·守法》，南京：凤凰出版社，第7135页。

唐高宗动用了皇帝的影响力，请求的是法外开恩，而且是叔叔、兄长和姐姐一块救，并不是为最冤枉的李恪采取的特别行动。如果不想从根本上动摇案情，唐高宗所能采取的行动大概也只能如此。如果从案情入手，那就是翻案动作，即使引证房遗爱的言辞，确证吴王李恪是被罗织，但是必须遇到的问题就是长孙无忌在其中的作用。这个时候的唐高宗，恐怕是不想触动长孙无忌的。唐高宗的流泪求情，也不该仅仅看作是表演，在哥哥等人的生命与长孙的权威之间，唐高宗的无力感恐怕是真实存在的。

就在不久之前的永徽三年（652）七月，唐高宗就被明确无误地否定过一次。《册府元龟》记载如此：

> 高宗永徽三年七月丁巳，立陈王忠为皇太子。忠，高宗长子，永徽元年，拜雍州牧。时王皇后无子，其舅中书令柳奭说后谋立忠为太子，以忠母贱，冀其亲己，后然之。奭与尚书右仆射褚遂良、侍中韩瑗讽太尉长孙无忌、左仆射于志宁等，固请立忠为储后，高宗许之。[①]

这样看上去，似乎没有什么玄妙。如果与《新唐书·李忠传》对照，就会发现重大问题，其文为：

> 王皇后无子，后舅柳奭说后，以忠母微，立之必亲己，后然之，请于帝。又奭与褚遂良、韩瑗、长孙无忌、于志宁等继

① 《册府元龟》卷二五七《储宫部·建立第二》，南京：凤凰出版社，第2924页。

请，遂立为皇太子。①

原来，立李忠为太子，目的是为王皇后，出主意的是皇后舅舅——当时的中书令柳奭提出，由皇后亲自请于唐高宗的。但是，唐高宗的反应不是同意而是拒绝。不过，事情并没有到此结束，皇后请求失败之后，宰相们开始排队前来请求，结果是终于“说服”了唐高宗，立李忠为太子。在这里，“固请”和“继请”的主语都是宰相们，态度坚决，前后相继，最后妥协的是唐高宗。也就是说，立李忠为太子，并不符合唐高宗的心愿，但是迫于宰相们的压力，他不得不同意。

我们无法比较确立太子和拯救生命哪个问题更急迫，但是面对长孙无忌为首的宰相集体，唐朝正处于“二元政治”的结构之中，而此时的唐高宗是处处退让的。有人或许会认为，李恪的政治影响，对于长孙无忌是无所谓的，长孙无忌不过是帮助李治收拾政治对手而已，如此，长孙无忌与李治其实是合谋者，不过一个在前台，一个在幕后而已。在唐高宗即位以后，李恪是否依然对唐高宗具有威胁力，这显然难以判断的，一般情况下而言，所谓威胁力仅仅是一种历史形态而已。长孙无忌所为，并不是消除未来影响，而是清算历史旧账。就如同一案件中的李道宗，连房遗爱也没有指认他，但最后也被牵连。“长孙无忌、褚遂良素与道宗不协，上言道宗与遗爱交结，配流象州，道病卒”②。当权者把国家的权力当作私人武器，清除异己、打击报复，这不是历史的第一次，也不是最后

① 《新唐书》卷八一《三宗诸子传》，北京：中华书局，1975年，第3586页。
② 《旧唐书》卷六〇《李道宗传》，北京：中华书局，1975年，第2356页。

一次。

在传世史料中，唐高宗哭着为亲人求情，可以理解为在替皇帝解套，因为后来李恪获得平反，长孙无忌的诬陷得到证实，所以替皇帝诠释一下，表明皇帝毕竟还是与长孙无忌有所不同。但是，新出《李恪墓志》证明，唐高宗求情之事并非后来书写，也不是为着替皇帝缘饰，这是一个真实的环节。“皇帝冕旒常宁，思八辟而兴念；公卿进执，三刺而无舍。”“八辟”，即“八议”的古说，《唐律疏议》所谓“今之‘八议’，周之‘八辟’也”。原来，唐高宗是利用“八议”这个法律条款，希望为李恪等人减刑。

“八议”条款，第一便是“议亲”，对象是“皇帝袒免以上亲及太皇太后、皇太后缌麻以上亲，皇后小功以上亲”。那么涉及房遗爱案件的皇亲，举凡荆王元景、吴王李恪和巴陵公主、高阳公主等，都在可议范围之内。唐高宗的请求并不是彻底免罪，而是免死而已。根据长孙无忌主编的《唐律疏议》，八议之条的执行，主要体现皇帝的意志，其言曰：

> 犯法则在八议，轻重不在刑书也。其应议之人，或分液天潢，或宿侍旒扆，或多才多艺，或立事立功，简在帝心，勋书王府。若犯死罪，议定奏裁，皆须取决宸衷，曹司不敢与夺。此谓重亲贤，敦故旧，尊宾贵，尚功能也。以此八议之人犯死罪，皆先奏请，议其所犯，故曰“八议”。[①]

---

① 以上诸引文，见长孙无忌等撰《唐律疏议》，刘俊文点校，北京：中华书局，1983年，第16—17页。

现存《唐律疏议》，永徽四年（653）十月撰成上奏，而在年初审议房遗爱案件的时候，“八议”条款应该早就修好。但在具体执行上我们看到，原本要由皇帝亲自操作的“八议”之条，皇帝的主张却被无情地驳回，所谓“皆须取决宸衷，曹司不敢与夺”成了具文空言。

贞观十七年（643）四月，太子承乾“反行已具”，定废无疑。这时，如何处置李承乾成为问题，李世民问侍臣“将何以处承乾？”群臣莫敢对，通事舍人来济进曰：“陛下不失为慈父，太子得尽天年，则善矣。”唐太宗听从了这个意见，承乾得以不杀[①]。如今，相似的局面再次出现，唐高宗哭着为诸位亲人求情，根本不用长孙无忌这样的核心人物发言，一个兵部侍郎就把皇帝的意见抵挡回来。《李恪墓志》所谓“公卿进执，三刺而无舍”，最终的结果，确实不是皇帝意志的体现，而是公卿群体的决定，兵部侍郎崔敦礼代表了执政大臣们的意见。

当初，为李承乾说话，为唐太宗解围的那位通事舍人来济，早在永徽三年（652）九月的时候，“守中书侍郎来济同中书门下三品”[②]，已经升为宰相了。当唐高宗向大臣们哭求的时候，来济一定也在现场。他沉默未语，不知道是否想起往事。同样是唐太宗的儿子，李恪只能赴死，他把结局都归罪于长孙无忌，应该有他自己的判断。唐高宗尽力了，或许李恪是理解的。

面对朝中大臣的群体意志，唐高宗只有自己妥协。李恪死后，皇帝曾经下诏，内容是：“恪等性各凶愚，识皆庸鄙，包祸心于睥睨，彰逆节于家国，虽不义所割，旬人之制难亏；深衷所悼，私亲

① 《资治通鉴》卷一九七，第6193页。
② 《新唐书》卷六一《宰相表》上，第1638页。

之情何已。”这是权威的盖棺论定。另外，李恪是以国公的待遇埋葬的，这也是新出墓志提供的信息。

李恪后来再次被封为王，是在显庆五年（660），王名为郁林王，很可能是郡王而不是亲王。《新唐书》本传记为：“显庆五年，追王郁林，为立庙，以河间王孝恭孙荣为郁林县侯以嗣。”[①]那时候，长孙无忌已经去世，唐高宗全面掌权也有数年。我们看不到追封李恪的诏书如何书写，是否把当年的过错都归罪于长孙无忌，以及高宗是怎样为当年的自己作解释，等等。

李恪死后不足两年，唐高宗与长孙无忌关系闹翻，经过废王立武事件的政治斗争，皇帝全面掌握了朝廷，而长孙无忌的势力淡出政治核心。到显庆三年（658），唐高宗依然感觉到长孙无忌有威胁，于是利用一个案件把长孙无忌牵连进去，而使用的逻辑跟房遗爱案件中牵连吴王李恪，如出一辙。后来的长孙无忌确实是冤枉的，然而他毕竟也曾经为恶，所以《新唐书·长孙无忌传》的赞语不无惋惜地写道：“噫，使长孙不逐江夏、害吴王，褚谮死刘洎，其盛德可少訾乎！”[②]

最可惜的当然是吴王李恪，由于新近发现的《李恪墓志》我们有机会接近房遗爱案件罗织李恪的真相，新文献与传世文献共同织成了整个案件的来龙去脉。作为政治斗争的牺牲品，我们透过李恪的冤案，至今依然能够感受到绝对权力带来的种种罪恶。而吴王李恪之死，很充分地证明永徽时期的唐朝政治实态，权臣长孙无忌每每凌驾皇帝之上的行为，为最终的冲突埋下了重要伏笔。

---

① 《新唐书》卷八〇，第3566页。
② 《新唐书》卷一〇五《长孙无忌传》，第4036页。

第六章
高宗功臣李义府

李义府在唐高宗“废王立武”事件中立功甚伟，在长孙无忌一派离开权力中心之后，一直受到唐高宗的重用。作为当朝宰相，李义府卖官鬻爵，作恶多端，最终遭到唐高宗的废弃，乾封元年（666）五十三岁死于流放之所嶲州。作为政治人物，人品低下，行为污秽，李义府有此下场本不足论，然而史书常常把李义府其人与武则天联系在一起。那么，李义府与武则天以及唐高宗的关系，到底应该怎么看，这虽然不是唐高宗、武则天研究中的重要问题，但也有讨论价值，因为事实上也关涉到武则天的评价。

第一节　“废王立武”的功臣

李义府是瀛洲饶阳人。贞观八年（634），剑南道巡察大使李大亮因为他善于著文，上表推荐。对策之后，补门下省典仪。再得黄门侍郎刘洎、持书侍御史马周推荐，除监察御史。太宗特诏兼侍晋王，开始成为李治的属吏。贞观十七年（643）李治升为太子，李义府则升为太子舍人，加崇贤馆直学士。与太子司仪郎来济都以文学知名，当时有“来李”之称。因为李义府辞章华美，太子特地把他的文章推荐给太宗皇帝，太宗诏赐帛四十匹，令其参与《晋书》编写。高宗即位，李义府迁中书舍人，永徽二年（651）兼修国史，加弘文馆学士。

李义府在“废王立武”事件之前，基本历官如此，对此两《唐书》的《李义府传》都记载不误。所不同的是，《旧唐书》卷八二把许敬宗与李义府同传书写，而《新唐书》卷二二三上则把二人直入《奸臣传》，褒贬力度大有差别。李义府因文学被推荐，《旧唐书》本传把他的一篇文章也抄写入传，《新唐书》则减少其辞，可见两《唐书》多少还是承认李义府才华的。现存《全唐诗》还保留一些李义府的作品，李义府有才华应该是没有问题的。承认才华，并不等于承认人品，才华与人品向来是两回事。

从李义府的历官来看，与李治的关系最值得重视。李治的三个阶段，晋王、太子和皇帝，李义府都是属官。监察御史，正八品上。太子舍人，正六品上。中书舍人，正五品上。李义府成为晋王李治属官，具体职务不清，但晋级至少比较顺利。贞观八年（634）到十七年（643），九年之间李义府从监察御史到太子舍人，两年多晋升一个品阶。再到贞观二十三年（649），六年晋升两阶。通过太子推荐李义府文章给唐太宗这件事情观察，李治对李义府的才华是认可的，也希望帮助李义府获得皇帝的赏识，两人的关系也可以证明是不错的。

但是，永徽二年（651）之后，李义府的仕进之路开始遭遇挫折。李治为太子，李义府升任太子舍人，正六品上。转年，东宫新设太子司仪郎，也正六品上，与李义府文学齐名的来济得以出任。来济同时兼任崇贤馆直学士。可知，此时的李义府与来济处处一致，可谓齐头并进。但是不久来济却开始飞跃前进。来济先任中书舍人，也参与编修《晋书》。高宗即位，李义府出任中书舍人，与来济同任。但是，永徽二年（651），来济却升为中书侍郎。李义府虽然同时与来济一样兼修国史，加弘文馆学士，但现在的来济却是李义府的上司，是中书省的副长官。来济的前进步伐继续加速，“（永徽）四年，同中书门下三品。五年，加银青光禄大夫，以修国史功封南阳县男，赐物七百段。六年，迁中书令、检校吏部尚书”[①]。永徽二年（651）以来，李义府在中书舍人的位置定格，再也没有升迁。来济大约长李义府四岁，但是两人永徽年间的仕途差距绝不会是年龄问题。此时，正是长孙无忌掌控朝廷的时期[②]。

李义府不仅升迁无望，如今，连现有位置也难保了。《新唐书·李义府传》有如此记载：

（李义府）为长孙无忌所恶，奏斥壁州司马，诏未下，义府问计于舍人王德俭。德俭者，许敬宗甥，瘿而智，善揣事，因曰：“武昭仪方有宠，上欲立为后，畏宰相议，未有以发之。君能建白，转祸于福也。”义府即代德俭直夜，叩阁上表，请废后立昭仪。帝悦，召见与语，赐珠一斗，停司马诏

① 《旧唐书》卷八〇《来济传》，北京：中华书局，1975年，第2742页。
② 参见笔者另文《永徽政治论》，《乾陵文化研究》六，西安：三秦出版社，2011年，第196—210页。

书，留复侍。[1]

李义府与长孙无忌的关系，是理解李义府政治长期不得进步的关键。史书不言长孙无忌为什么讨厌李义府，但是不管什么原因，都足以导致李义府的如此状态。李义府即将贬官壁州司马，至于长孙无忌采用什么说辞其实也不重要。

此事，发生在什么时候呢？这在《李义府传》中是看不出来的。《资治通鉴》注重历史事件的时间性把握，其记载文字如下：

> 中书舍人饶阳李义府为长孙无忌所恶，左迁壁州司马。敕未至门下，义府密知之，问计于中书舍人幽州王德俭，德俭曰："上欲立武昭仪为后，犹豫未决者，直恐宰臣异议耳。君能建策立之，则转祸为福矣。"义府然之，是日，代德俭直宿，叩阁上表，请废皇后王氏，立武昭仪，以厌兆庶之心。上悦，召见与语，赐珠一斗，留居旧职。昭仪又密遣使劳勉之，寻超拜中书侍郎。于是卫尉卿许敬宗、御史大夫崔义玄、中丞袁公瑜皆潜布腹心于武昭仪矣。[2]

《通鉴》把此事记载于永徽六年（655）七月，在戊寅日之后，乙酉日之前，即七月十日与十七日之间，因为同月"乙酉，以侍中崔敦礼为中书令"。虽然《新唐书》与《资治通鉴》的同一记

---

① 《新唐书》卷二二三上《李义府传》，北京：中华书局，1975年，第6339—6340页。

② 《资治通鉴》卷一九九，北京：中华书局，1957年，第6288—6289页。

载并不是字字同一，但是基本内容是一致的。正如王德俭所言，废王立武之事，对于马上就要外贬为官的李义府而言正是救命稻草，抓住这个机会，自己的政治生命就有了转机，否则被贬官外地，未来很难保证。李义府当然要特别努力，于是在王德俭的配合下，及时上奏了报告，获得了皇帝召见、赏赐和慰留。既然皇帝下令留职，长孙无忌应该也没有办法。不久，李义府升任中书侍郎，肯定与他的立场有关。

废王立武是高宗朝十分重大的政治事件，唐朝的历史也受到该事件的深远影响。而李义府的加入，对于废王立武到底有什么意义？为什么唐高宗和武则天都是如此看重李义府的加入？李义府及时抓住了废王立武这个救命稻草，从整个事件的过程来看，李义府的出现，对于唐高宗和武则天而言，意义同样巨大。

唐高宗要立武则天为皇后，此事已经进行有时，而对唐高宗来说，因为长孙无忌等宰相团队的反对，事情毫无进展。在李义府出现之前，唐高宗与长孙无忌已经有过交涉，但皆以皇帝遭拒为结束。永徽五年（654）年底，唐高宗携武昭仪亲自到访长孙无忌家，史书通常称之为“幸太尉长孙无忌宅”，一般而言，这是皇帝对大臣十分特殊的表示。《资治通鉴》对此事记载很详细，唐高宗要立武则天为皇后，担心大臣们反对，于是：

乃与昭仪幸太尉长孙无忌第，酣饮极欢，席上拜无忌宠姬子三人皆为朝散大夫，仍载金宝缯锦十车以赐无忌。上因从容言皇后无子以讽无忌，无忌对以他语，竟不顺旨，上及昭仪皆不悦而罢。昭仪又令母杨氏诣无忌第，屡有祈请，无忌终不许。礼部尚书许敬宗亦数劝无忌，无忌厉色折之。[①]

此事，《旧唐书·长孙无忌传》的记载应该是《通鉴》此说的来源，其辞曰：

（永徽）五年，亲幸无忌第，见其三子，并擢授朝散大夫。又命图无忌形像，亲为画赞以赐之。六年，帝将立昭仪武氏为皇后，无忌屡言不可，帝乃密遣使赐无忌金银宝器各一车、绫锦十车，以悦其意。昭仪母杨氏复自诣无忌宅，屡加祈请。时礼部尚书许敬宗又屡申劝请，无忌尝厉色折之。

比较两书的记载可以发现，《旧唐书》中，唐高宗把长孙无忌三个庶出儿子加官为朝散大夫和赏赐金银宝器各一车、绫锦十车是两件事，而《通鉴》合为一事记载。当然，这不是大问题，关键是高宗的这个动作是讨好长孙无忌，希望长孙无忌同意皇帝换皇后。长孙无忌虽然接受礼物，但是坚决不同意。《旧唐书》的记载更有趣，就是在长孙无忌明确反对之后，皇帝再送重礼，长孙无忌继续照收不误。然后皇帝再请武则天母亲杨氏亲自出面，又请礼部尚书许敬宗出面，长孙无忌依然继续拒绝，对许敬宗尤其严厉，是“厉色折之”[②]。

这是李义府出现之前已经发生的事情，因为许敬宗是亲历者，所以他的外甥王德俭是知情的，而朝廷中的大臣多如李义府一样，

① 《资治通鉴》卷一九九，第6287页。

② 胡三省在此注释道：“上于无忌官及庶孽又有横赐，意可知矣，无忌欲格其非心，则辞而不受可也。为无忌得罪张本。”《资治通鉴》，第6287页。

对于宫中如此大事闻所未闻。唐高宗在长孙无忌处碰壁之后，只好退而求其次，放弃让武则天当皇后的打算，但希望武则天可以当宸妃。《通鉴》在永徽六年（655）七月有如此记录：

> 唐因隋制，后宫有贵妃、淑妃、德妃、贤妃皆视一品。上欲特置宸妃，以武昭仪为之，韩瑗、来济谏，以为故事无之，乃止。[①]

对此，《唐会要》也有记载，其文曰：

> 永徽六年十月，武后未立，上特号为宸妃。侍中韩瑗、中书令来济奏言；帝王嫔妃，自有恒数，今若别立妃号，臣等窃以为不可。乃止。[②]

《会要》记此事在十月，《通鉴》据《实录》记为七月[③]。当年十月，废王立武之事已经确定，不可能再有宸妃之事，《通鉴》的观点比较可信。

既然已经有一品的贵妃、淑妃、德妃和贤妃，为什么要特别设置宸妃呢？看来唐高宗是担心武则天受委屈，既然不能当皇后，至少也要高于一品诸妃。这些资料所说都有不详之处，宸妃到底与一品诸妃同列，还是要高于诸妃，这并不清楚，但强调宸妃位于一人

---

① 《资治通鉴》卷一九九，第6288页。

② 《唐会要》卷三《内职·杂录》，上海：上海古籍出版社，1991年。

③ 《通鉴考异》，见今本《资治通鉴》所附，卷一九九，第6288页。

（皇后）之下，诸妃之上是不该有问题的。唐高宗在让武则天当皇后受阻以后，希望让武则天当宸妃，对他自己也是一个可以接受的台阶。但这一次高宗再次遭受打击，而出手的是韩瑗和来济，不是褚遂良，更不是长孙无忌。韩瑗为侍中、来济为中书令，是在不久以前才任命的，时间是六月壬辰。永徽三年（652）三月，韩瑗以兵部侍郎守黄门侍郎、同中书门下三品，成为执政宰相之一。三年（652）九月，来济守中书侍郎同中书门下三品，也升任为宰相①。在宰相的团队中，韩瑗和来济是最新成员，也是最年轻的成员。

阻止武则天当宸妃的任务，年轻的两位宰相很轻易地完成了。此时的高宗皇帝一定苦闷到了极点。掌握朝政的舅舅长孙无忌，虽然收下了皇帝的大批礼物，但就是不同意皇帝的请求。皇帝至少要在武则天面前保持一点面子吧，但是提出的宸妃要求再次遭到否决，而出面否决的竟然是最年轻的两位宰相。皇帝的苦闷是内心的，但是孤单则是毫无疑问的。大臣群体中，现在所知，只有礼部尚书许敬宗赞成自己，宰相群体反对，其他大臣要么不知情，要么保持沉默。高宗或许会悲观地认为，长孙无忌久掌朝政，朝中大臣也许都是长孙无忌的人马，而自己也许会永远孤独下去。

就在这个时刻，李义府出现了。这对于唐高宗而言，除了惊喜之外，也看到了翻盘的希望。宰相团队已经没有指望，但是朝廷中级官员则完全可以争取，他们与长孙无忌并非铁板一块。现在，李义府上书，明确支持立武则天为后，也一定会大说特说这是朝臣的一致愿望。不管李义府代表多少人，至少与皇帝一致，这让皇帝开

---

① 韩瑗、来济之任，参见《资治通鉴》卷一九九，第6278、6279页。

始拥有了重整旗鼓的可能。对于是否确立武则天为皇后，至少是有大臣支持的，这跟所有大臣完全反对的局面是根本不同的。从这个意义上看，李义府的出现是及时的，至少挽救了皇帝与长孙无忌对决中的颓败之势，让高宗重新燃起希望，也许因此增加了继续战斗下去的勇气。

宸妃一事，是高宗一方妥协的产物，但是如此妥协尚不被允许，高宗只能坚持斗争。后来的事实证明，当宸妃的要求被拒绝之后，高宗再次回到原来的要求上去，继续努力让武则天当皇后。这个转变，首先应该是高宗无法保持现状不变，高低要求都不允许，就更坚决地继续高要求。其次，也许有李义府参与的缘由。唐高宗不仅奖赏了李义府，还与李义府进行了面对面的谈话，这次谈话不仅让高宗了解了李义府，更重要的是通过李义府了解了朝廷的情况，了解到了长孙无忌一派在朝廷中的状况。从李义府自身的情况估计，他当然是希望皇帝与长孙无忌决斗下去并获得胜利，只有如此李义府的利益才有保证。为此，他能给高宗提供的情报一定是有利于皇帝继续斗争的，有利于皇帝坚定斗争意志的。所以，从这个意义上看，李义府的出现，在高宗与长孙无忌政治斗争的过程中，起到了战略转折点的作用。高宗此后的斗争，一是正面进攻，二是公开斗争，转变了此前多采取私下解决问题的手法。

此后，在永徽六年（655）八九月间，唐高宗公开处分了裴行俭，从长安令贬官为西州都督府长史。因为裴行俭与长孙无忌、褚遂良私下议论立武后的事情，被袁公瑜告发[①]。高宗处理裴行俭，

---

① 《资治通鉴》卷一九九，第6289页。

显然是杀鸡儆猴，他还不能直接处理褚遂良和长孙无忌。九月，高宗正式摊牌，找当朝最重要的大臣长孙无忌、褚遂良、于志宁和李勣四人，当面讨论废立皇后问题。李勣称病离开，于志宁始终未发一言，褚遂良激烈反对。根据《通鉴》的时间确定，会议立后之事，在九月戊辰（一日）之后至庚午（三日）之前，因为庚午日，褚遂良外贬为潭州都督，标志着这次朝廷最高级别会议已经结束，处分褚遂良意味着皇帝下定决心[①]。

废王立武的最后结果，唐高宗的心愿得以实现，除了皇帝坚持到底的意志以外，以下三个方面的事实是需要给予重视的。第一，皇帝身边出现了许敬宗、李义府等拥立团队。《新唐书·李义府传》点将为“义府与敬宗、德俭及御史大夫崔义玄、中丞袁公瑜、大理正侯善业”。《资治通鉴》点将，除了李义府之外，是许敬宗、崔义玄和袁公瑜，没有把王德俭、侯善业写入。不管怎样，这些人公开支持皇帝废立皇后，改变了朝臣中反对声音一面倒的局面，特别是让唐高宗感到了力量而不是孤立无援。第二，许敬宗等人的宣传攻势。对此，《新唐书》本传记载为：“帝将立武昭仪，大臣切谏，而敬宗阴揣帝私，即妄言曰：‘田舍子剩获十斛麦，尚欲更故妇。天子富有四海，立一后，谓之不可，何哉？’帝意遂定。”[②]《通鉴》的记载是：“许敬宗宣言于朝曰：‘田舍翁多收十斛麦，尚欲易妇。况天子欲立后，何豫诸人事而妄生异议乎！’”[③]第三，李勣的表态支持。高宗征求李勣的意见，其实是求得李勣的支援，

① 《资治通鉴》卷一九九，第289—6292页。
② 《新唐书》卷二二三上《许敬宗传》，第6336页。
③ 《资治通鉴》卷一九九，第6292页。

李勣回答很简单："此陛下家事，何必更问外人！"于是高宗下定决心，"上意遂决"[①]。此事，《新唐书·李勣传》就有此记载，但《旧唐书·李勣传》却无此文字。不管怎样，李勣的支持成了高宗废王立武成功很重要的原因。

关于许敬宗的说法，胡三省有个评论："以田舍翁况天子，许敬宗之事君，不敬莫大乎是。"[②]其实，许敬宗的说法与李勣的家事说主旨是一样的，只是过于粗俗。什么主旨呢？即皇帝有权决定谁当自己的皇后，此事与别人无关。甚至于，在这个问题上，当今皇帝连一个田舍翁都不能比。《通鉴》记载武则天很欣赏这个比喻，令人广泛宣传。皇帝一派与长孙无忌一派的斗争，在高宗一派看来就是权力斗争，是这个朝廷谁应该当权的问题。而大权在握的长孙无忌一派，则坚持就事论事，重点讨论武则天适不适合当皇后的问题，而在具体问题上阻击皇帝成功，皇帝的其他意志也就无法实现。这是斗争策略问题不是斗争的实质问题。对此，陈寅恪先生认为，废王立武代表着社会与政治的变迁，是围绕政治权力的社会斗争[③]。而黄永年先生在这个问题上也很难得地跟陈寅恪取得了一致，认为这是围绕皇后废立的权力斗争[④]。

永徽六年（655）十月己酉日（十三日），唐高宗正式下诏废

---

① 《资治通鉴》卷一九九，第6292页。

② 《资治通鉴》卷一九九，第6292页。

③ 陈寅恪先生认为李勣赞成武则天为皇后，是社会集团关系决定的。参见《论隋末唐初所谓"山东豪杰"》，原载《岭南学报》于1952年第12号第1期，收入作者《金明馆丛稿初编》，北京：生活·读书·新知三联书店，2001年，第243—265页。

④ 黄永年：《说永徽六年废立皇后事真相》，原载《陕西师范大学学报》1981年第3期，收入作者《文史探微》，北京：中华书局，2000年，第203—219页。

后，宣布王皇后和萧淑妃为庶人。十九日“百官上表请立中宫”，同日下诏立武则天为皇后。其后是履行礼仪过程，废王立武正式完成。李义府与许敬宗是支持废王立武的代表性大臣，于唐高宗而言，可谓居功甚伟。

第二节　得志便猖狂

永徽六年（655）年底，随着废王立武的完成，李义府立刻高升，以中书侍郎参知政事，正式成为宰相。转年，改元显庆，李义府“以本官兼太子右庶子，进爵为侯”。但是，当年李义府就遭遇一次大危机，《旧唐书·李义府传》有如此记载：

> 有洛州妇人淳于氏，坐奸系于大理，义府闻其姿色，嘱大理丞毕正义求为别宅妇，特为雪其罪。卿段宝玄疑其故，遽以状闻，诏令按其事，正义惶惧自缢而死。侍御史王义方廷奏义府犯状，因言其初容貌为刘洎、马周所幸，由此得进，言辞猥亵。帝怒，出义方为莱州司户，而不问义府奸滥之罪。①

此案，由李义府贪色引起，更重要的是导致大理丞毕正义之死。毕正义帮助李义府犯罪，为犯人淳于氏免罪，以便于李义府可以纳淳于氏为妾。这里，李义府纳妾是否是毕正义枉法的直接原因很重要。若是，那么李义府有罪。若不是，则李义府为不知情，

① 《旧唐书》卷八二《李义府传》，第2767页。

可以无罪。而关键是毕正义，但毕正义已死，李义府可以坚称不知情，他人大约无法继续追究。不过，如果证明毕正义之死与李义府有关，也可以证明李义府有罪。但是关于毕正义之死，《旧唐书·李义府传》写作“正义惶惧自缢而死”，可以看作与李义府无关。但是《新唐书·李义府传》写作：“义府且穷，逼正义缢狱中以绝始谋。”而《资治通鉴》写作：“义府恐事泄，逼正义自缢于狱中。”可见，《新唐书》与《通鉴》的意见一致，与《旧唐书》的说法不同，坚持认为是李义府逼迫毕正义自杀。

究竟李义府与毕正义之死到底有没有关系，从侍御史王义方对李义府的弹劾中似乎可以看出一些蛛丝马迹。《通鉴》所引王义方的奏词为：“义府于辇毂之下，擅杀六品寺丞；就云正义自杀，亦由畏义府威，杀身以灭口。如此，则生杀之威，不由上出，渐不可长，请更加勘当！”[①]王义方的弹劾文认为，不管毕正义的死是否是李义府所为，即便是自杀，也是因为害怕李义府而自杀灭口的。所以，对于案情的关键，王义方并无实据，仅仅是推测与李义府有关，然后再推导出大臣夺得了只有皇帝才有的生杀大权。王义方的勇气在于明知道皇帝庇护李义府，依然大义凛然地弹劾他，但没有抓住关键证据才是问题所在。此案审问的人是给事中刘仁轨，大概也是因为毕正义一死无法继续下去，没有证据说明刘仁轨也会有意偏向李义府。

王义方一方面没有关键证据，同时对李义府又采取人身攻击，言辞污秽，当场激怒皇帝，所以李义府一方不仅纹丝未动，他自己

---

① 《资治通鉴》卷二〇〇，第6298页。

反而被贬官外地。《新唐书·李义府传》记为“义方极陈其恶，帝阴德义府，故贷不问，为抑义方，逐之”。《通鉴》记为“上释义府不问，而谓义方毁辱大臣，言辞不逊，贬莱州司户”。到底王义方说了什么，让高宗得出“毁辱大臣、言辞不逊”的结论呢？《旧唐书·李义府传》有所涉及，即“因言其初容貌为刘洎、马周所幸，由此得进，言辞猥亵”。对此，《唐会要》的记载看来是比较完整的。其文如下：

义方乃读弹文曰：“义府善柔成性，佞媚为姿，昔事马周，分桃见宠。后交刘洎，割袖承恩。生其羽翼，长其光价，因缘际会，遂阶通达。不能尽忠端节，对扬王休，策蹇励驽，祇承皇眷。而反凭附城社，蔽亏日月，请托公行，交游群小。贪冶容之姣好，原有罪之淳于。恐漏泄其阴谋，殒无辜之正义。虽挟山超海之力，望此犹轻。回天转日之威，方斯更劣。此而可恕，孰不可容？金风戒节，玉露启寒，霜简与秋典共清，忠臣将鹰鹯并击，碎首玉阶，庶明臣节。请付法推，以申典宪。”①

看来，王义方在刘仁轨等人审讯没有结果之后，决心弹劾李义府，其实是对李义府的一次全面攻击，甚至把李义府最初步入官场也是因为容貌献身的话都说了出来。明确说出李义府进入官场是利用了个人的容貌，委身马周、刘洎以取发展，这就是“毁辱大臣，言辞不逊”的来源。

---

① 《唐会要》卷六一《御史台中·弹劾》，上海：上海古籍出版社，1991年，第1258页。

根据李义府后来的为人，毕正义的案件李义府完全可能有罪，但是因为毕正义自杀，证据链条中断，缺乏证据证明李义府犯罪。王义方的弹劾虽然勇气可嘉，但是人身攻击太过，让李义府这个十分可能的罪犯反而成为受害一方。唐高宗当然有庇护李义府的动机，毕竟李义府在刚刚的废王立武斗争中立有大功，皇帝不能不施加保护，而王义方的言辞确实让唐高宗能够找到理由保护李义府。

显庆元年的这次案件，让李义府有惊无险。不过，是否因此让李义府更加忘乎所以，更加肆无忌惮了呢？很有可能。此后李义府贪赃枉法、倾动朝野的记载很多，而高宗则是一直容忍。直到显庆三年（658）十一月，同为中书令的李义府与杜正伦明争暗斗，终于引起了唐高宗的反感，双双被赶出朝廷。《旧唐书·李义府传》的记载如下：

> 初，杜正伦为中书侍郎，义府时任典仪，至是乃与正伦同为中书令。正伦每以先进自处，不下义府，而中书侍郎李友益密与正伦共图议义府，更相伺察。义府知而密令人封奏其事。正伦与义府讼于上前，各有曲直。上以大臣不和，两责之，左贬义府为普州刺史，正伦为横州刺史，友益配流峰州。[1]

就李义府与杜正伦的争夺事件而言，似乎不具有更复杂的背景。杜正伦是前太子李承乾的东宫官，为高宗重新启用，本应心存谨慎才对，没有想到却要用自己的老资格与李义府争斗。李义府

---

① 《旧唐书》卷八二《李义府传》，第2767页。

自认为是皇帝的功臣，更不会有丝毫忍让。这应该是惯常的官场恶习，双双被贬并不意外。李义府应该引为警惕，事实已经证明皇帝的忍耐是有限的。

显庆四年（659）八月，唐高宗“复召义府兼吏部尚书、同中书门下三品，自余官封如故”。这一次，李义府应该接受教训了吧，事实恰好相反。同为废王立武的大功臣，许敬宗也开始步入人生最辉煌的时期，与李义府相比，许敬宗十分谨慎，再没有发生任何不测，获得寿终正寝的善终。而李义府则继续跳荡，不仅自己贪赃枉法，他的家眷们也争先恐后。《旧唐书》本传记载道：

义府本无藻鉴才，怙武后之势，专以卖官为事，铨序失次，人多怨讟。时殷王初出合，又以义府兼王府长史。三年，迁右相，殷王府长史仍知选事并如故。义府入则谄言自媚，出则肆其奸宄，百僚畏之，无敢言其过者。帝颇知其罪失，从容诫义府云：“闻卿儿子、女婿皆不谨慎，多作罪过，我亦为卿掩覆，未即公言，卿可诫勖，勿令如此。”义府勃然变色，腮颈俱起，徐曰：“谁向陛下道此？”上曰：“但我言如是，何须问我所从得耶！”义府睆然，殊不引咎，缓步而去，上亦优容之。[①]

对于此事，《新唐书·李义府传》记载相似，但最后唐高宗的态度不是优容而是“帝由是不悦”[②]。比较而言，《新唐书》的观点

① 《旧唐书》卷八二《李义府传》，第2768页。
② 《新唐书》卷二二三《李义府传》，北京：中华书局，第6341页。《通鉴》卷二〇一采纳此说，第6334页。

更可取。也正是因为如此，李义府才会身陷后来的泥潭。

> 阴阳占候人杜元纪为义府望气，云“所居宅有狱气，发积钱二千万乃可厌胜”。义府信之，聚敛更急切。义府居母服，有制朔望给哭假，义府辄微服与元纪凌晨共出城东，登古冢候望，哀礼都废。由是人皆言其窥觇灾眚，阴怀异图。义府又遣其子右司议郎津召长孙无忌之孙延，谓曰：“相为得一官，数日诏书当出。”居五日，果授延司津监，乃取延钱七百贯。于是右金吾仓曹参军杨行颖表言义府罪状，制下司刑太常伯刘祥道与侍御详刑对推其事，仍令司空李勣监焉。[①]

对此，史书记载很一致，法庭调查证实李义府有罪，而《通鉴》则明确记录了李义府下狱和宣判的时间，即龙朔三年（663）四月五日（乙丑）和二十五日（戊子）[②]。李义府太过嚣张，犯罪有实，而告发者应该也会考虑皇帝与李义府的关系变化。从李义府方面而言，当江湖人士杜元纪发现李义府家的“狱气”之时，李义府深信不疑，加速敛财以消灾，也就是加速了自己的灭亡。那么，李义府心中的恐惧根源，也应该与高宗的态度有关。

李义府罪有应得，乾封元年的大赦又绕过了他，他“忧愤发疾卒”的下场是时人早就盼望的事。“自义府流放后，朝士常忧惧，恐其复来，及闻其死，于是始安。”[③]

---

① 《旧唐书》卷八二《李义府传》，第2769页。
② 《资治通鉴》卷二〇一，第6334—6335页。
③ 《旧唐书》卷八二《李义府传》，第2770页。

第三节　牵连武则天

李义府可谓经典小人，死不足惜。但是旧史在讨论李义府的时候，往往要把武则天牵连其中，特别是在介绍李义府贪赃枉法、猖狂已极的时候，许多史书都不会忘记强调一下李义府的政治靠山武则天。这究竟是事实还是捏造，或者是有一些根据的推测呢？

龙朔三年（663），就是唐高宗“由是不悦”的那次事，唐高宗对李义府说“闻卿儿子、女婿皆不谨慎，多作罪过，我亦为卿掩覆，未即公言，卿可诫勖，勿令如此”。而李义府的反应是十分不敬，《旧唐书》李义府本传记载他“勃然变色，腮颈俱起”。《新唐书》本传也记为“乃勃然变色”。《通鉴》的说法是“义府勃然变色，颈、颊俱张”。诸书表达的一个共同的寓意是李义府在皇帝面前都是如此放肆。那么李义府为什么会如此放肆呢？一种解释即来头太大，所指自然就是武则天。《旧唐书》的直接记录是“义府本无藻鉴才，怙武后之势，专以卖官为事，铨序失次，人多怨讟”。《新唐书·李义府传》的说法是：“义府内倚后，揣群臣无敢白其罪者，不虞帝之知，乃勃然变色……”《通鉴》的说法是李义府“恃中宫之势，专以卖官为事，铨综无次，怨讟盈路，上颇知之……”[1]这个表述影响巨大，当今学者也不乏认同者[2]。

---

① 《资治通鉴》卷二〇一，第6334页。

② 黄永年先生写道，“原属高宗的亲信许敬宗、李义府辈已尽为武则天所牢笼，许敬宗且转而参与打击帝党上官仪的活动，李义府更依仗武则天的势力早在上官仪被打击前就不把高宗放在眼里”。在注释中，黄先生引证的就是李义府在高宗面前勃然变色那段文字，并且指出李义府“其口吻已略似清末李莲英辈之对待光绪帝，可见当时后党的气焰”。见《说永徽六年废立皇后事真相》，原载《陕西师范大学学报》1981年第3期，收入作者《文史探微》，北京：中华书局，第218页。

这里，有多个层面的语义需要注意分析。首先，在高宗健在的时期，唐朝真的存在一个势力强大、不把高宗放在眼里的后党吗？退一万步说，假设这个后党是存在的，那么在龙朔三年（663）李义府倒台的时刻，后党已经壮大到不把皇帝放在眼里的状态了吗？如果后党是强大的，而李义府又是重要成员，那么李义府为什么会倒台？不仅如此，三年之后的乾封元年（666），适逢天下大赦，强大的后党集团为什么不趁机救出李义府而偏偏绕过李义府，让李义府在绝望之下死去？还有，当李义府惹怒皇帝遭遇危机的时候，为什么不见李义府向大靠山武则天求救，而是向莫名其妙的江湖术士杜元纪寻求脱困的办法？

其次，李义府作为宰相，他的权力来源究竟是皇帝唐高宗还是皇后武则天？在三省制运行比较正常的唐高宗时期，皇后其实是没有渠道贯彻自己独立的用人意图的，如果皇后的看法与皇帝一致，那其实与皇帝意志已经无须再做分别了。对此，吴宗国先生是不同意在上官仪事件（麟德元年即公元664年）后武则天全面掌权的看法，原因有二：其一，“高宗坚持实行三省制，军国大事均由宰相在政事堂议决”；其二，“武则天没有用人权，高宗用人也没有按照她的意愿”[①]。所以，《旧唐书》和《通鉴》在谈及李义府贪赃枉法的时候特意强调武则天的靠山背景是很可疑的一种表述方法，很容易让人理解武则天是李义府贪赃枉法的知情者或者同谋。显然，武则天不可能是李义府贪赃枉法的同谋，以堂堂皇后的身份，难道会

---

① 吴宗国：《隋唐五代简史》第四章《一代女皇》，福州：福建人民出版社，1998年，第144页。不过，吴先生也认为许敬宗、李义府是武则天的人，“武则天做皇后以后的一段时期内，通过担任宰相的许敬宗、李义府对政治起作用”。同上，第143页。

看中那些不义之财？武则天与高宗对于李义府的看法，应该是相近的。一方面感激李义府在废王立武事件中的功劳，另一方面则对李义府的小人得志在忍耐程度上犹豫不决。李义府的最后下场证明，这种忍耐是有限度的。要把这种忍耐理解为纵容或者同谋，显然是不正确的。

最后的一个细节是，李义府在高宗面前的不敬表情，究竟是因为有皇后武则天做靠山还是另有缘由呢？对此，我们很容易想到显庆元年（656）王义方弹劾李义府的案件。根据制度规定，御史弹劾大臣的时候，被弹劾人是要退出现场的。但是李义府畏畏缩缩，不希望退场。王方义“于是对仗，叱义府令下。义府顾望不退。义方三叱，上既无言，义府始趋出，义方乃读弹文”[①]。李义府担心皇帝不庇护，故流连观望，一副做贼心虚的样子。此次皇帝亲自询问，应该是切中李义府要害，情急之下，颜色剧变。其实，这不必看作是傲慢之举，完全可以看作是测谎效应，而心理变化引起脉波变化，是测谎的基本原理。史书把李义府的表情解释为嚣张，进一步解释为有靠山，显然是大错特错。此后李义府相信家里有“狱气”之说，其实是很重要的证明，证明连他自己也大感不妙，丝毫看不到有靠山的任何迹象。

确切证明李义府与武则天有一定关系的是武则天彻底掌权以后的事。《旧唐书·李义府传》有很清晰的记载，其文如下：

如意元年，则天以义府与许敬宗、御史大夫崔义玄、中书

① 《资治通鉴》卷二〇〇，第6298—6299页。

舍人王德俭、大理正侯善业、大理丞袁公瑜等六人，在永徽中有翊赞之功，追赠义府扬州大都督，义玄益州大都督，德俭魏州刺史，公瑜江州刺史。长安元年，又赐义府子左千牛卫将军湛及敬宗诸子实封各三百户，义玄子司宾卿基、德俭子殿中监璇实封各二百五十户，善业子太子右庶子知一、公瑜子殿中丞忠臣实封各二百户。睿宗即位，景云元年，并停义府等六家实封。[①]

武则天对自己的这些“翊赞功臣”表彰过两次，一次是如意元年（692），一次是长安元年（701）。前者采用追赠的方式给予表彰，后者则是对他们的儿子进行加封。两次表彰，都是在武则天的统治时期，而如意元年（692）则是武则天称帝之后的第三年。很清楚，这样的表彰确实能够表达出武则天与这些翊赞功臣的关系，其一是他们确实有功，其二是武则天没有忘记他们的功劳。当然，也不无树立榜样，令当朝群臣效仿之意。但是，如此就能证明他们在唐高宗时代就与武则天一起共同组建了一个唐高宗之外的政治集团吗？显然缺乏证据。

在这个翊赞功臣团体中，许敬宗和李义府是当过宰相的。许敬宗显庆元年（656）为侍中，三年（658）为中书令，龙朔三年（663）册拜太子少师，一直担任宰相，直到咸亨元年（670）致仕，两年之后以八十一岁高龄去世。《旧唐书·许敬宗传》说“任遇之重，当朝莫比”[②]。在这个群体中，许敬宗属于凤毛麟角，不仅位高权重，而且得以寿终正寝。他不仅帮助唐高宗完成了废王立

---

① 《旧唐书》卷八二《李义府传》，第2770页。
② 《旧唐书》卷八二《许敬宗传》，第2763页。

武，而且协助唐高宗除掉了长孙无忌，而当时李义府正贬官普州刺史，无由参加。

崔义玄在高宗即位的时候为婺州刺史，因为平定睦州陈硕真暴动得以升职，“及硕真平，义玄以功拜御史大夫”。后来在废王立武事件中站在高宗立场上，“高宗之立皇后武氏，义玄协赞其谋，及长孙无忌等得罪，皆义玄承中旨绳之。显庆元年，出为蒲州刺史。寻卒，年七十一，赠幽州都督，谥曰贞”[①]。此处记载肯定有误。崔义玄显庆元年（656）已经出为蒲州刺史不久即去世，而长孙无忌得罪流放、死亡是显庆四年（659）之事，崔义玄很难参与。《新唐书·崔义玄传》的记载无补《旧唐书》，其文为“武氏为皇后，义玄赞帝决，又以后旨按长孙无忌等诛之。终蒲州刺史，年七十一”[②]。这些记载中，比较清楚的是崔义玄确实从御史大夫的职位上外贬为蒲州刺史，同时又都认为崔义玄不仅参与了废王立武，而且参与了打击长孙无忌等政敌。如果崔义玄在御史大夫职位上，参与打击长孙无忌是可能的，但如果已经贬为蒲州刺史，这个政治动作就无法参与，情形如同李义府一样。从阵营上说李义府、崔义玄与长孙无忌对立，但具体到事实层面，长孙无忌遭受打击的时候李义府无法参与。崔义玄因功出任御史大夫是永徽四年（653）十一月，《通鉴》记载清楚，而胡三省还特意加注曰：“御史大夫，天子耳目官也，非以赏功。厥后崔义玄承中宫旨绳长孙无忌等，岂不忝厥官哉！”[③]胡三省就是从御史大夫的执掌角度理解崔义

① 《旧唐书》卷七七《崔义玄传》，第2689页。
② 《新唐书》卷一〇九《崔义玄传》，第4096页。
③ 《资治通鉴》卷一九九，第6282页。

玄参与打击长孙无忌等人的，但是如果显庆元年（656）崔义玄已经去当蒲州刺史，那么这一切的理解都会有问题[①]。

因为崔义玄的历官资料不详，我们可以暂时搁置他是否参与打击长孙无忌的事，但崔义玄从御史大夫岗位外贬为蒲州刺史一事各书记录还是清楚的。在内重外轻的唐朝官场风气中，即使同品级的官员，外官也是轻于中央官的，何况御史大夫的位置无论如何是蒲州刺史不能比拟的。所以崔义玄在高宗时期显然很快就不再得意，不仅如此，外放蒲州刺史的事实大概说明崔义玄很快就遭到高宗摒弃，至死也没有再翻身。

值得注意的是在武则天皇后的“翊赞功臣”中的大理正侯善业、大理丞袁公瑜。他们在翊赞武则天成为皇后之后，并没有因功升迁，以至于在多年以后武则天想起他们的时候，不得不还用原来的官职相称呼。《新唐书·李义府传》记载说：“武后已立，义府与敬宗、德俭及御史大夫崔义玄、中丞袁公瑜、大理正侯善业相推毂，济其奸，诛弃骨鲠大臣，故后得肆志攘取威柄，天子敛衽矣。”[②]《通鉴》也有相似记载，“于是卫尉卿许敬宗、御史大夫崔义玄、中丞袁公瑜皆潜布腹心于武昭仪矣”[③]。可是，这些武后的“心腹”为什么没有因功升迁呢？其中详情，尚待研究，至少高宗时期的武后集团之说是没有根据的。

武则天在称帝三年之后，才想起当年的“翊赞功臣”，这说明两个问题。其一，在武则天称帝政治斗争中，这些旧臣属于历史问

① 郁贤皓先生也认为崔义玄为蒲州刺史在显庆元年（656）。见《唐刺史考全编》2，合肥：安徽大学出版社，2000年，第1114页。

② 《新唐书》卷二二三《李义府传》，第6340页。

③ 《资治通鉴》卷一九九《李义府传》，第6340页。

题，没有现实的政治意义，所以来不及顾及。其二，武则天称帝成功，追根溯源，还是承认他们的历史功绩的。不过，最重要的当然是现实政治需要。武则天称帝成功，虽然研究者向来认为代表了新兴的政治势力，但是这是一种概括的看法，在现实的政治势力分布上，难以得到具体指认。武氏家族势力是武则天称帝现成的力量，虽然可以依赖但实力有限，武则天需要具体的力量来支持自己，所以才想起历史上的那些“翊赞功臣”。崔义玄的儿子们在武则天称帝以后的历史上，政治发展并不顺利。

李义府的儿子女婿，因为参与他的贪赃行动，最后伴随着他一起发配恶地。李义府流放巂州，儿子李洽、李洋和女婿柳元贞流放廷州，另一儿子李津流放振州。“三子及婿尤凶肆，既败，人以为诛‘四凶’。”[①]李义府的这些儿子女婿此后再无下文，更没有享受到武则天的好处。只有他的小儿子李湛，在武则天眷顾的时候接受到了父亲的荫德。不过，李湛似乎是一个更有头脑的人物，在武则天即将结束统治的时候，他积极参加了神龙政变，让武则天在有生之年离开帝位。政变成功后，武则天曾面对李湛说：“卿亦是诛易之军将耶？我于汝父子恩不少，何至是也！”[②]这似乎也是证明武则天与李义府关系密切的一个证明。上文有述，武则天对李义府在最后关头并没有施救，至于李湛显然也没有把武则天的恩情太当回事，因为他积极参加针对武则天的政变，这证明武则天这一策略的失败。关键问题还在于武氏政权本身的脆弱性，尽人皆知，这是任何策略都无法补救的。总之，武则天当皇后的“翊赞功臣”在唐高宗时期

① 《新唐书》卷二二三《李义府传》，第6342页。
② 《旧唐书》卷八二《李义府传附李湛传》，第2771页。

的遭遇，很清楚地证明了武后集团的虚幻性。

史家把李义府与武则天相牵连，武则天才是真正的目标。武则天称帝是中国古代太特殊的事件，在当时的政治体制和思想上，都是巨大无比的“非正常”。武则天之后，如何防范其他武则天是政治上的头等大事。在史学领域，妖魔化武则天至少在政治上是正确的，而这一思路，从唐朝到宋朝不仅得到贯彻，而且获得成功。把李义府这样的小人与武则天联系起来，虽然有一些历史的影子可以追寻，但主要的成分是夸大的，根据人以群分的基本经验，李义府这等小人的靠山，自然不会是正人君子了。

此外，把武则天与唐高宗对立起来的叙事策略，也是妖魔化武则天的重要方法。一方面说明武则天不能安分守己，在皇帝背后大搞名堂，经营私利，直至篡夺了唐朝建立武周。另一方面，也证明了唐高宗的问题，不顾大臣劝阻，坚持废王立武，果然葬送了高祖、太宗的天下。其实，李义府从一开始就是唐高宗的东宫旧部，就个人关系的渊源而言，李义府与高宗本人关系的深厚程度是武则天无法比拟的。对于任何大臣而言，皇后是皇帝的依附性存在，武则天除了皇帝以外，在朝中没有任何可以依靠的力量，李义府之流凭什么去跟皇后建立排斥皇帝的集团呢？把武则天在唐高宗之后的状况超前置于唐高宗健在的时期进行理解，因为逻辑上大错特错，所以引发了诸多如此这般的矛盾说辞。

以李义府为题，目的还是为武则天论证，坏人的靠山，无论如何不可能是好人。这样简单的逻辑，就让武则天难逃罗网。只有把这些虚幻不实的历史事件和理解打理清晰，才有可能比较接近历史的本来面目。

第七章
李勣与“废王立武”

李勣，曾用名李世勣，是唐初杰出军事将领。传统史学对李勣的评价很低，有的甚至径直以“奸臣”相称。关键是在唐高宗“废王立武”事件中，李勣采取了支持唐高宗的立场。陈寅恪先生不以道德观念评价历史人物，认为李勣支持武则天当皇后是因为他们同属于一个地域政治集团，这一观点影响巨大。有学者弃用地域集团概念，转用阶层概念，认为李勣与武则天同属于“庶族地主”阶层。考察李勣与唐高宗的关系发现，唐高宗长期信任李勣，在高宗的故臣中，李勣、李义府、许敬宗都是“废王立武”的支持者。以李勣为代表的高宗故臣在唐高宗与长孙无忌的政治斗争中的立场与作用，具有必然性。研究“废王立武”事件，地域集团说和阶层集团说，都有过度解释之嫌。

第一节　前人研究回顾

李勣，原名李世勣，高宗即位之后，避太宗讳而改名。李勣是唐初著名将军，为唐朝统一天下，建立了卓越功勋，凌烟阁功臣谱中赫然在列。李勣的历史贡献多在军事方面，所以《旧唐书》和《新唐书》都把他与李靖同传书写，证明这是一种比较普遍的看法。唐太宗晚年曾经评价过李勣的军事，认为他与薛万彻、李道宗这三位名将各有特色[①]。

李勣是国家功臣、著名战将，这是没有争议性的共识。李勣最具争议性的是在“废王立武”事件中扮演的角色。高宗废黜王皇后，立武则天为皇后，史称“废王立武”。因为他支持高宗立武则天为皇后，在关键时刻坚定了唐高宗的信心，并最后影响了废王立武事件的走向。但是，李勣在废王立武中的作用，《旧唐书》本传却只字未提，而《新唐书》本传记载的却很详细，其文如下：

> 帝欲立武昭仪为皇后，畏大臣异议，未决。李义府、许敬宗又请废王皇后。帝召勣与长孙无忌、于志宁、褚遂良计之，勣称疾不至。帝曰：“皇后无子，罪莫大于绝嗣，将废之。”遂良等持不可，志宁顾望不对。帝后密访勣，曰：“将立昭仪，而顾命之臣皆以为不可，今止矣！”答曰：“此陛下家事，无须问外人。”帝意遂定，而王后废。[②]

《通鉴》比《新唐书·李勣传》记得更详细，而对于李勣所起的作用，却是相差无几：“他日，李勣入见，上问之曰：‘朕欲立武昭仪为后，遂良固执以为不可，遂良既顾命大臣，事当且已乎？’

---

① 《旧唐书》卷六九《薛万彻传》，太宗从容谓从臣曰：“当今名将，唯李勣、道宗、万彻三人而已。李勣、道宗不能大胜，亦不大败。万彻非大胜，即大败。”北京：中华书局，1975年，第2519页。

② 《新唐书》卷九三《李勣传》，北京：中华书局，1975年，第3820页。

对曰：‘此陛下家事，何必更问外人！’帝意遂决。”[1]可见，《新唐书》和《通鉴》对于李勣在武后确立一事上的作用，看法是一致的。没有李勣的这一表态，高宗的态度就不会变得坚决，这是很明显的[2]。

《新唐书》和《资治通鉴》对后世影响巨大，李勣拥护唐高宗废王立武的立场也就成了历史定案。但是，如何看待李勣的这个立场，因为废王立武事件的意义重大，研究者给予极大的重视。传统史学以消极目光看待，这是一个基本状态。邵博在《邵氏闻见后录》中说这样写道：

> 唐高宗曰：“隋炀帝拒谏而亡，朕常以为戒，虚心求谏。而无谏者，何也？”李勣曰：“陛下所为尽善，群臣无得而谏。”予谓高宗立太宗才人武氏为后，决于李勣“陛下家事勿问外人”一言。太宗以勣遗高宗，失于知人也。李勣、许敬宗于高宗立武后，李林甫于玄宗废太子，皆以“陛下家事何必问外人”一言而定。呜呼，奸人之言，自世主之好以入，故必同。[3]

---

① 《资治通鉴》卷一九九，永徽六年，北京：中华书局，1956年，第6290页。

② 此事看法，今人却有疑问。黄永年先生著《论李勣》一文，认为李勣是不参与的立场，原载《陕西师范大学学报》1981年第1期，收入作者《文史存稿》（更题为《李勣与山东》），西安：三秦出版社，2004年，第128—145页。赵文润先生著《关于李勣评价的几个问题——与黄永年通知商榷》，则表达相反意见，认为李勣参与了废王立武，见《陕西师范大学学报》1981年第4期，第52—61页。赵先生的观点，是陈寅恪先生以来比较主流的看法，大家细微差别只在李勣为什么支持废王立武而已。此类观点，还可参见石冬梅《李勣论》，载《保定师范专科学校学报》2006年第3期，第75—77页。

③ 邵博：《邵氏闻见后录》卷九，刘德权、李剑雄点校，北京：中华书局，1983年，第66页。

李勣的奸人定论，从《新唐书》《通鉴》时代开始就此形成。如邵博的讨论早就超越了李勣是否是奸人的层面，进而深入到对于李勣这样的奸人，唐太宗和高宗的责任问题。王夫之《读通鉴论》更有详细论证，其词严正，其文如下：

> 太宗迁李世勣为叠州都督，而敕高宗曰："汝与之无恩，我死，汝用为仆射，以亲任之。"是已明知世勣之唯利是怀，一夺予之闲而相形以成恩怨，其为无赖之小人，灼然见矣；而委之以相柔弱之嗣君，不亦愚乎？长孙无忌之勋戚可依也，褚遂良之忠贞可托也，世勣何能为者？高祖不察而许为纯臣，太宗不决而托以国政，利在高宗，则为高宗用，利在武氏，则为武氏用，唯世勣之视利以为归，而操利以笼之，早已为世勣所窥见，以益歆于利，"家事"一言，而社稷倾于武氏，所必然矣。若谓其才智有余，任之以边陲可矣，锢之于叠州，唐恶从而乱哉！[1]

王夫之使用传统的君子小人道德标签，把李勣牢牢地钉在小人的耻辱柱上。当然，作为思想家的王夫之此言，不过是阅读《资治通鉴》的读后感言而已，不可当作史学专业的盖棺之论，但清朝著名史家赵翼的说法则不可不认真对待。在《廿二史劄记》"名父之子多败德"一条中，赵翼如此说道："然李世勣附武后，以固位保门户，而其子敬业起兵讨武后，被族。虽不能保家，亦可谓能雪先

---

① 王夫之：《读通鉴论》卷二〇，唐太宗第二六条，北京：中华书局，1975年，第715—716页。

人耻者。”[1]可见，赵翼也认为是李勣攀附武后的，在道德上是耻辱的，反而徐敬业的造反是光荣的。

现代史学的李勣研究，当以陈寅恪先生为代表。对于旧史的道德评判说，陈寅恪代之以社会集团的角度进行分析，以下文字最为代表：

> 世勣地位之重要实因其为山东豪杰领袖之故，太宗为身后之计欲平衡关陇、山东两大武力集团之力量，以巩固其皇祚，是以委任长孙无忌及世勣辅佐柔懦之高宗，其用心可谓深远矣。后来高宗欲立武曌为后，当日山东出身之朝臣皆赞助其事，而关陇集团代表之长孙无忌及其附属系统之褚遂良等则竭力谏阻，高宗当日虽欲立武氏为后，以元舅大臣之故有所顾虑而不敢行，唯有取决于其他别一集团之代表人即世勣之一言，而世勣竟以武氏为山东人而赞成其事（见《册府元龟》三三《宰辅部·依违门》），论史者往往以此为世勣个人道德之污点，殊不知其社会集团之关系有以致之也。[2]

由此，李勣研究进入一个新阶段，废王立武事件中李勣的立场实乃社会集团的关系在背后发挥作用，道德评价不足为训。但是，

---

① 赵翼著、王树民校证：《廿二史劄记校证》卷二〇，北京：中华书局，1984年，第437页。所言徐敬业发动扬州事变以反武则天，史载分明，但徐敬业《唐书》明言是李勣之孙。

② 陈寅恪：《论隋末唐初所谓“山东豪杰”》，原载1952年《岭南学报》第12号第1期，收入作者《金明馆丛稿初编》，北京：生活·读书·新知三联书店，2001年，第254页。此论，汪篯先生更有申论，《唐高宗王武二后废立之争》，收入《汪篯隋唐史论稿》，北京：中国社会科学出版社，1981年，第165—188页。

陈寅恪先生还是认为李勣对废王立武的支持，主因在于武则天而不是唐高宗，因为李勣与武则天同属于山东人。如此一来，还是在支持武则天，而与唐高宗无涉。

胡如雷先生著《论武周的社会基础》一文，不同意陈寅恪观点，认为用地域集团的斗争解释不是本质分析，而主张武则天代表一般地主阶层与大官僚贵族集团进行斗争①。陈寅恪先生从社会、文化背景分析政治问题，远远超出传统史学的道德评价，为武则天相关问题的研究带来全新的视角，很快成为研究的主流观点。

那么，李勣在废王立武事件中的行为，到底应该怎样观察呢？

第二节　“旧臣”李勣

废王立武是唐朝重大事件，而李勣与唐高宗的关系，是关键因素。此前有道德论和集团论，但事实才是问题的原点②。在政治事件中，关键人物的关系必须给予重视，在强调人唯求旧、器唯求新的传统文化氛围中，人物关系才是揭开事件真相的钥匙。根据《旧唐书·李勣传》的记载：“太宗即位，拜并州都督，赐实封九百

---

① 胡如雷：《论武周的社会基础》，《历史研究》1955年第1期，收入作者《隋唐政治史论集》，石家庄：河北教育出版社，1997年，第250—263页。但胡先生文章重点讨论武则天掌权之后的情况，对于废王立武涉及不多，如果自然延续地看，那么涉及李勣的部分会有差异，因为李勣支持武则天当皇后，但他的孙子徐敬业却起兵反对武则天，而胡先生认为徐敬业本来就属于武则天打击的势力范围。

② 赵文润先生曾著《李勣评价中的几个问题》（《人文杂志》1980年第4期）、《关于李勣评价的几个问题》（《陕西师大学报》1981年第4期）、新著《唐高宗与苏定方、李勣、薛仁贵的关系考论》（樊英峰主编《乾陵文化研究》七，西安：三秦出版社，2012年，第215—223页）等，重点阐述唐高宗对将帅任命的控制权，持续批评传统的高宗“昏懦”说。值得参考。

户。”从此以后，李勣长期担任太原地方长官，传文为：

> 时高宗为晋王，遥领并州大都督，授勣光禄大夫，行并州大都督府长史。父忧解，寻起复旧职。十一年，改封英国公，代袭蕲州刺史，时并不就国，复以本官遥领太子左卫率。勣在并州凡十六年，令行禁止，号为称职。①

因为李治被封为晋王，遥领并州大都督，于是与李勣成为上下级关系，李勣从此成为晋王李治的都督府长史。李治为晋王，时间是贞观五年（631）二月己酉②。而这种上下级关系，一直持续多年。

从官场一般规则观察，唐太宗与李勣的关系并不密切，甚至可以说有些隔阂。这就是玄武门事变时李勣的态度问题。对于是否发动政变，秦王“世民犹豫未决，问于灵州大都督李靖，靖辞。问于行军总管李勣，世勣辞。世民由是重二人”③。从李世民上台伊始就派李勣担任唐朝北大门的防守重任，而且一去就是十六年一事可知，所谓的重视其实是防范的另一种说法。李勣在贞观时期，出力很多，所有的重大战争都有他的身影，虽然政治地位有改善，但是职位提升有限。贞观十五年（641），李勣“征拜兵部尚书，未赴京”，继续在外领兵作战。不久，因战功封一子为县公④。所有提

① 《旧唐书》卷六七《李勣传》，第2486页。李勣从晋王府成立，便为长史。
② 《资治通鉴》卷一九三，第6087页。《唐会要》记载的是“五年，封晋王”，不如《通鉴》详细，上海：上海古籍出版社，1991年，第3页。
③ 《资治通鉴》卷一九一，第6007页。
④ 《旧唐书》卷六七《李勣传》，第2486页。

升，几乎皆由军功。

李勣的官场运气，战功之外，几乎都是晋王李治带来的。贞观十七年（643）李治成为皇太子，李勣因为长期是李治的长史，从而获得唐太宗的格外重视。《旧唐书》本传因此写道：

> 十七年，高宗为皇太子，转勣太子詹事兼左卫率，加位特进，同中书门下三品。太宗谓曰："我儿新登储贰，卿旧长史，今以宫事相委，故有此授。虽屈阶资，可勿怪也。"太宗又尝闲宴，顾勣曰："朕将属以幼孤，思之无越卿者。公往不遗于李密，今岂负于朕哉！"勣雪涕致辞，因噬指流血。俄而沉醉，乃解御服覆之，其见委信如此。①

唐太宗说得很明白，让李勣出任太子詹事和宰相，就是因为曾任"旧长史"。太子詹事是太子府的最高行政官员，相当于朝廷中的仆射，虽然只有正三品，但是执掌十分重要，"统东宫三寺、十率府之政令，举其纲纪，而修其职务。少詹事为之贰。凡天子六官之典制，皆视其事而承受焉"②。而左卫率府是东宫和太子宿卫、仪仗的最高管理机构，即东宫军事力量的最高机构。率作为长官，虽然只有正四品，但是保卫东宫和皇太子的安全，责任重大。这说明，李治成为皇太子，李勣成为最重要的东宫官员，行政、军事安全皆在一人掌握之中。这既反映唐太宗对他的重用，也证明李治对

---

① 《旧唐书》卷六七《李勣传》，第2486页。
② 李林甫等撰，陈仲夫点校：《唐六典》卷二六，北京：中华书局，1992年，第662页。

他的信任[①]。

唐太宗“卿旧长史”的说法，显示这层关系的重要性，朝中大臣的结构也因此发生变化。李勣在太原多年，因为李治升任太子，终于回京任职。唐太宗对李勣表示新职虽然位阶上偏低，但重要性上无与伦比。此后，唐太宗又向李勣托孤，说：“朕将属以幼孤，思之无越卿者。公往不遗于李密，今岂负于朕哉！”显然李勣也深明其理，他“雪涕致辞，因噬指流血”，虽然没有记录下他是如何表态的，不过誓死决心的表达一定是没有问题的。《新唐书》因为不满意《旧唐书》而作，对旧书的许多观点都有纠正，但在记载李勣新职务的时候，也是引用太宗此语，强调“旧长史”这个因缘[②]。

唐太宗为什么要强调李勣是李治“旧长史”这层关系呢？在李治为晋王的时候，李勣作为晋王府长史，常年在太原，因为是合法的上下级关系，双方的联系却是正常的。不仅如此，因为这种关系保持了十多年，所以双方结下的情谊可以想象。在唐朝的法令中，只有王府官员与自己亲王的联系是合法的，其他朝廷官员是不可与亲王联络的。玄武门政变前夕，为了削弱秦王府的势力，李渊朝廷特别把秦王府足智多谋的房玄龄、杜如晦等人调到朝廷里任职，从而在法律上切断他们与秦王李世民以及秦王府的合法联系。秦王李世民最后决定发动政变，派长孙无忌密召房玄龄等人，房玄龄说：“敕旨不听复事

① 贞观五年（631），李勣担任晋王府长史，十一年（637）又遥领左卫率，似乎与当时的东宫（太子承乾）也有关系。但是十七年（643）李承乾被废，李治立为太子，原来东宫官多受牵连，李勣不仅毫无影响，而且太宗称李勣为新太子的旧长史，显见李勣与李治的这层关系更重要。

② 《新唐书》卷九三《李勣传》，北京：中华书局，1975年，第3819页。

王。今若私谒，必坐死，不敢奉教。”[1]不是亲王的部下而与亲王见面，称谓“私谒”，在法律上是禁止并且要治以重罪。亲王虽然是皇帝的儿子，但在政治上却多有限制，因此与自己府中官员的往来，几乎就成了亲王们最重要的政治力量发展的方向。事实早就证明了这一点，比如李世民的秦王府官员，是玄武门事变的主力，也成为贞观时期重臣的主要来源。后来的睿宗，他的相王府官员，也成为他再次走上政治前台的主要政治力量。亲王与王府官员的密切关系是现实的，所以唐太宗给予足够的重视是很正常的。

那么，当太子承乾出局之后，魏王李泰与晋王李治发生太子之争的时候，李勣这些晋王旧部有什么动向呢？现在的史书对此全无记载，就如同这些人没有自己的意见一般。事实上，在如此紧要的政治斗争关键时刻，史籍的缺载不等同于实际的缺席。从根本的利益关系上说，晋王高升意味着旧部的上升，他们的利益是一致的，所以积极的推动不成问题。但是，史书更强调了长孙无忌、褚遂良为晋王李治的争取，而晋王旧部寂静无声。他们真的没有发挥作用吗？有两件事情必须给予重视。第一，在李世民正式决定把太子之位授给李治的那个关键小型会议上，出席者包括李勣在内。《资治通鉴》的记载是：“承乾既废，上御两仪殿，群臣俱出，独留长孙无忌、房玄龄、李勣、褚遂良，……”[2]李世民为什么要李勣参加这个重要会议？不仅因为李勣是重要大臣，更是因为唐太宗明白李勣与李治的关系。第二，当李治的太子地位确定之后，李勣、马周这些晋王故臣立刻得到重用。即使不考虑新任太子李治的意见，至少

① 《资治通鉴》卷一九一，第6009页。
② 《资治通鉴》卷一九七，第6196页。

唐太宗是懂得这些晋王故臣的政治价值的。如果说长孙无忌选择李治是一种选择的话，那么晋王故臣拥戴晋王，则是别无选择的，他们与李治在当时的政治环境来说是天然的关系。总之，在分析拥立李治的政治势力时，李勣所代表的晋王旧部是不能忽视的，他们是长孙无忌、褚遂良之外的重要力量。不过，研究唐高宗和李勣的关系，有学者重视这个问题，如赵文润先生[①]，也有学者比较忽略[②]。

"同中书门下"是唐朝宰相的头衔，李勣升任宰相，是与东宫詹事同时任命的吗？这从《旧唐书·李勣传》是看不清楚的。但《新唐书》的《李勣传》有更分明的记述："晋王为太子，授詹事兼左卫率，俄同中书门下三品。"[③]指明这一点是很重要的，即从詹事进而升职为宰相，即东宫官进兼宰相。显然，这是唐太宗重视东宫官的一个重大举措，明确地在安排接班人的组织系统。

唐太宗称李勣为"旧长史"，表明李勣不是长史在任。李治为太子，此时李勣的职官兵部尚书，而兵部尚书之任命在贞观十五年（641）十一月[④]。根据《马周传》，我们得知马周是李勣的继任

---

① 赵文润《唐高宗与苏定方、李勣、薛仁贵的关系考论》一文中，认为李勣"遵从太宗旨意，拥立晋王李治为皇太子"是高宗与李勣关系很重要的一个方面，本文深表赞同。

② 宁志新先生著《李勣评传》，用"忠于太宗，不入派争"来概括李勣在贞观末的政治立场，认为"李勣既不是李承乾的人，又不是李泰的人，也不是李治的积极拥立者。尽管李治长期遥领并州大都督，李勣长期担任并州大都督府长史，二人有直接的上下级关系，但他们并未直接共事过，不存在那种亲密的藩属关系"。西安：三秦出版社，2000年，第176—177页。只从唐太宗亲自提到的"旧长史"来说，以上这些判断恐怕不确。

③ 《新唐书》卷九三《李勣传》，第3819页。

④ 李勣任兵部尚书的具体时间，只有《资治通鉴》有记载，为"十一月庚申"，见卷一九六，第6170页。参见严耕望：《唐仆尚丞郎表》，上海：上海古籍出版社，2007年，第898页。

者，其文为：

> （贞观）十五年，迁治书侍御史，兼知谏议大夫，又兼检校晋王府长史。王为皇太子，拜中书侍郎，兼太子右庶子。十八年，迁中书令，依旧兼太子右庶子。周既职兼两宫，处事精密，甚获当时之誉。[①]

马周与李勣的情况有些相似，都在晋王府任过职，李治升任太子，两人同时担任东宫官职，并且升任宰相。从《马周传》可以看出，“职兼两宫”是马周的任职特点，既是皇帝的大臣，又是太子的臣下。

刚刚组建的东宫组织，对于太子的重要性是不言而喻的。李勣作为东宫的领导人，必须是皇帝和太子都信任的人，重要性无可比拟。同时，又因东宫詹事加入宰相班子，代表东宫的意义再明显不过。然而，李勣不仅是东宫负责人，他还是名将，所以时常奉命出征，并非总是坐镇首都。但是，贞观二十二年（648），李勣的职务忽然有了异动，“转太常卿，仍同中书门下三品。旬日，复除太子詹事”[②]。虽然同中书门下三品未变，但是太常卿与太子詹事的地位与作用相去甚远，在权力集中的朝廷，太常卿没有任何实质性权力。这个任命的背景不清楚，但是新任命明显削弱了李勣的实权，

---

① 《旧唐书》卷七四《马周传》，第2619页。类似的记载也见于《册府元龟》：“马周，贞观中为御史中丞，兼知谏议大夫事。高宗在藩，盛隆府望，周以本官检校晋王长史，及升储位，加中书侍郎兼太子左庶子。”《册府元龟》卷七〇八《宫臣部·选任》，南京：凤凰出版社，2006年，第8175页。

② 《旧唐书》卷六七《李勣传》，第2487页。

这没有问题。更戏剧性的是，随后不久李勣又恢复了太子詹事的职务。这个反复的背后，人事关系的较量是不言自明的。一定是有人说服皇帝不让李勣继续担任太子詹事，唐太宗同意并发布新的任命。但新的任命遭到了反对，最大的可能是皇太子，最后说服了皇帝，皇帝再发命令，恢复原来的状态。为什么相信其中有李治的作用呢？因为变化与恢复往返的过程，体现了对李勣权力的削弱，而恢复则代表着对李勣实际权力的维护。李勣的实际地位直接影响着太子李治，而太子的意见皇帝一定会重视，因为涉及太子未来接班问题，而詹事对于东宫和太子又是如此重要，所以太子不同意的人选是无法出任詹事的。太子李治只要表达信任李勣，对于皇帝的影响就会发生。太子与李勣长期良好的故吏关系，包括后来李勣对李治的支持，都可证明李治对李勣的信任。反过来，如果李治不信任李勣，那么把李勣调走也不会有什么困难，更不该出现反复。李治对李勣的信任，在这个转变中有了充分体现。与此同时，朝廷中有人希望破坏这种关系，这也是隐约可见的。

唐太宗驾崩之前，针对李勣的行动又出现了。《旧唐书·李勣传》如此记载道：

> 二十三年，太宗寝疾，谓高宗曰："汝于李勣无恩，我今将责出之。我死后，汝当授以仆射，即荷汝恩，必致其死力。"乃出为叠州都督。高宗即位，其月，召拜洛州刺史，寻加开府仪同三司，令同中书门下，参掌机密。是岁，册拜尚书左仆射。[1]

① 《旧唐书》卷六七《李勣传》，第2487页。

为什么要在毫无理由的情况下，把李勣贬官外地呢？这里的解释是唐太宗的阴谋，为了给李治赢得感激和忠心。《资治通鉴》在记录这件事的时候，对于唐太宗的话不仅如此记载，他还讲到两个条件，命令发出之后，要看李勣的反应，一是“若其即行”，然后给予重用。二是“若徘徊顾望，当杀之耳”。结果呢，“李勣受诏，不至家而去”[①]。

唐太宗在此之前，曾经向李勣托孤，现在又忽然怀疑李勣，怀疑什么呢？《通鉴》的文字告诉了我们，唐太宗担心自己死后李勣在长安搞动作，以图控制皇帝和朝廷。这虽然仅仅是一个怀疑，但是不得不防，于是唐太宗对李勣进行了忠诚测验。叠州距离长安一千多里，得到命令的李勣竟然连家都不回，直接上路。这个反应是不合情理的，这么远的路程，有所准备是正常的。但是，这个测验对于李勣来说是致命的，稍有不慎就可能人头落地，所以他才不合情理地直接出发。李勣因为头脑清晰看出了这纸命令背后的阴谋，所以反应机敏，这是史书通常的结论。胡三省就此评论道：“史言太宗以机数御李勣，世勣亦以机心而事君。”[②]现在的研究者也多同意胡三省的看法[③]。其实，李勣的反应机敏，应该还有另外一种可能，那就是他事先已经知道了谜底。

贞观十七年（643）之后，唐太宗开始重用李勣，一个重要的

---

① 《资治通鉴》卷一九九，第6266—6267页。

② 《资治通鉴》卷一九九，第6267页。

③ 如牛致功先生就认为胡三省的看法是一针见血，并申论说：“太宗以笼络的手段达到利用李勣的目的，李勣以唯命是从的手段取得太宗的欢心。二者互相利用，又互存戒心。”见《〈李勣墓志铭〉的有关问题》，原载《考古与文物》2000年第6期，收入作者《唐代碑石与文化研究》，西安：三秦出版社，2002年，第27—38页。

原因就是李勣与李治的故吏关系。对于李勣的忠诚，唐太宗也有把握，因为当初李勣对李密的忠诚就是人所共知的。但是临终之前的唐太宗怎么忽然对李勣产生怀疑呢？一定是原来针对李勣的力量又在发挥作用。既然贞观二十二年（648）能够说服唐太宗让李勣离开太子詹事的职位，那么一年后依然能够提出对李勣的怀疑。这当然是唐太宗不愿意看到的，所以他布置了忠诚测验题。然而，对于皇太子而言，李勣是最值得信赖的，这种测验更是滑稽无聊的，但他有力量制止吗？没有。不过，李治有自己解决问题的办法，那就是透题。李勣不至家而去，表现得太出色，让对方完全丧失了下手的可能。但是，得分太高，对于透题问题是有所暴露的。好在，此后大事太多，无人也无法去追究这个小事了。

唐太宗去世，唐高宗即位，李世勣改名为李勣。虽然已经成为仆射，但他的政治生活依然无法平静，《旧唐书》本传记载道：

> 永徽元年，抗表求解仆射，仍令以开府仪同三司依旧知政事。四年，册拜司空。初，贞观中，太宗以勋庸特著，尝图其形于凌烟阁，至是，帝又命写形焉，仍亲为之序。显庆三年，从幸东都，在路遇疾，帝亲临问。麟德初，东封泰山，诏勣为封禅大使，乃从驾。次滑州，其姊早寡，居勣旧闾，皇后亲自临问，赐以衣服，仍封为东平郡君。勣又坠马伤足，上亲降问，以所乘赐之。[1]

---

① 《旧唐书》卷六七《李勣传》，第2487页。

本来，李勣的仆射任命，来自先皇唐太宗，高宗不过是执行者。但是，时间不久，李勣就“抗表求解仆射”，坚决辞职。仆射是宰相中地位最为重要的，为什么李勣非要辞职不可呢？这背后的因素肯定是存在的。显然他的辞职是十分坚决的，高宗挽留不住，最后只好保留“开府仪同三司依旧知政事”，这其实是个空置宰相头衔并没有具体负责的工作。到了永徽四年，李勣升职为司空，成为“三公”之一，不过还是空有地位的提高。

虽然李勣在永徽时期权力状况没有改善，但是与皇帝的私人关系依然良好。高宗追随太宗凌烟阁故事，永徽四年继续同样的工作，找人为李勣画像并亲笔撰写序言。根据《李勣墓志》的记载，在李勣拜司空之后，高宗就为李勣画像并且作序，难能可贵的是该墓志还保留了高宗所写序言，其中有“朕以绮纨之岁，先朝特以委公，故知则哲之明，所寄斯重。自平台肇建，望苑初开，备引英奇，以光僚采。而岁序推迁，凋亡互及，茂德旧臣，惟公而已”[①]。就丹青画像而言，贞观十七年（643）的那一次功臣图像，至今仍然健在的还有尉迟敬德、唐俭、程知节和长孙无忌，为什么唐高宗对李勣却说出“茂德旧臣，惟公而已”这样的话？对此，雷家骥先生解释说：“明显示以重寄，勉励李勣继续积极襄助。隐然有无视长孙无忌这位当年拥立元舅、太子太师和顾命功臣在眼内之意。”[②]初看上去不无道理，其实高宗所说，乃是他自己的东宫旧

① 刘祎之撰《李勣墓志》，收入《全唐文补遗》第一辑。
② 雷家骥著：《武则天传》，北京：人民出版社，2001年，第114页。

臣，而这个旧臣群体中，是包括李勣而不包括长孙无忌等人的[①]。可见，高宗的这种表达，是一种合法的真情流露。东宫旧臣，再次出现，显然值得重视，因为在高宗和他的东宫旧臣之间，这个概念并没有消失过。

而高宗序言中的“朕以绮纨之岁，先朝特以委公”一句，读者常常忽略，其实在讲双方关系的渊源深远。根据《旧唐书》本纪，高宗生于贞观二年（628）六月，五年（631）封晋王[②]，时不过四岁，这便是“绮纨之岁”。“先朝”指太宗皇帝，“特以委公”，只能是任命李勣为晋王府长史的事。李勣担任晋王府长史，不仅太宗皇帝重视“卿旧长史”一事，高宗自己也重视此事。“特以委公”出自高宗之口，依赖之情，清晰浓厚。李治为晋王时，李勣是王府长史，双方是君臣关系。李治晋升为太子，李勣是东宫詹事府詹事，依然是君臣关系。如今，李治是当朝皇帝，双方还是君臣关系。李治人生的三个时期，李勣都是合法的臣下。高宗称李勣为“旧臣”，正是要唤醒这种情感的历史记忆。

对于李勣而言，此前既有先皇的顾托，与年轻皇帝的恩情始终笃厚，当废王立武为导火线而皇帝与元舅发生全面冲突的时候，李勣在唐高宗和长孙无忌之间如何选择？自然而然，支持皇帝不仅是践行自己的承诺，而且符合政治伦理。皇帝毕竟是国家的真正首

---

① 李治任太子，《旧唐书·太宗本纪》记载：贞观十七年四月“己丑，加司徒、赵国公长孙无忌为太子太师，司空、梁国公房玄龄为太子太傅，特进、宋国公萧瑀太子太保。”（北京：中华书局，第55页）或许有人会认为“太子三师”“太子三少”也是东宫属官，其实他们是太子老师，不是属官。从《李勣墓志》看，皇帝唐高宗也不敢把他们称作“旧臣”。

② 《旧唐书》卷四《高宗本纪》，第65页。

脑，支持皇帝是臣下忠诚的铁定含义。当李勣支持唐高宗坚定自己意志的时候，就此而言，正当性是毋庸置疑的。如果从人际关系出发，“旧臣”李勣选择支持高宗，也是多年君臣关系的必然结果[①]。

第三节 高宗的东宫旧部

唐高宗的旧臣，可以分作晋王府和东宫两个时期，史文有载，当然不是李勣一个人。

有这样的一个历史镜头出现在《张行成传》中：“太宗崩，与高季辅侍高宗即位于太极殿梓宫前。”[②]皇帝即位仪式上，是谁搀扶皇帝到尊贵的位置，这真的很重要吗？为什么史书专门要写上一笔呢？这至少表明高宗与两人关系的特殊。高宗即位之前，太宗驾崩之后，高层人事有所变动，史书如此记录：

> 二十三年五月己巳，太宗崩。庚午，以礼部尚书、兼太子少师、黎阳县公于志宁为侍中，太子少詹事、兼尚书左丞张行成为兼侍中、检校刑部尚书，太子右庶子、兼吏部侍郎、摄户部尚书高季辅为兼中书令、检校吏部尚书，太子左庶子、高阳县男许敬宗兼礼部尚书。[③]

---

① 此前，从“旧臣”关系的视角讨论李勣与废王立武关系的并不多，任士英先生《李勣与唐朝前期的政局》一文，是为数不多值得参考的论文，《历史教学》1998年第9期，第16—18页。

② 《旧唐书》卷七八《张行成传》，第2705页。

③ 《旧唐书》卷四《高宗本纪》上，第66页。

原来东宫重要官员，晋升为两省长官，当时马周已经去世，李勣正在外地，不久李勣也按计划晋升为尚书省长官。不过，这时候朝廷最大的长官是长孙无忌，“高宗即位，进拜太尉，兼扬州都督，知尚书及门下二省事如故”，后来他虽然辞去尚书省事，但是作为朝廷上实际的最高长官，长孙无忌的至高地位是公认的。

这里，东宫旧部人马开始与朝廷官职接轨，为新皇帝的即位铺设人事环境。于志宁成为专职的侍中，张行成兼任侍中并刑部尚书，高季辅兼任中书令和检校吏部尚书，许敬宗任礼部尚书[①]。这应该是既定的计划，新皇帝即位，原来东宫人马进入朝廷，负责各个重要部门。这些来自东宫属官的人马，在政治路线上是否具有一致的倾向呢？

张行成是高宗依靠的重要官员，高宗即位之后，地位也越来越重要。永徽初，晋州频发地震，让晋王出身的唐高宗很紧张，而只有张行成做出的解释让高宗很信服。《旧唐书·五行志》如此记载：

> 永徽元年四月一日，又震。六月十二日，又震。高宗顾谓侍臣曰：“朕政教不明，使晋州之地，屡有震动。”侍中张行成曰：“天，阳也；地，阴也。阳，君象；阴，臣象。君宜转动，臣宜安静。今晋州地震，弥旬不休，臣将恐女谒用事，大

① 《旧唐书·许敬宗传》记载此时的许敬宗担任的是右庶子。据严耕望先生考证，本纪记载误，且不是兼任。严耕望：《唐仆尚丞郎考》卷一五，上海：上海古籍出版社，2007年（原版1957年），第822页。

臣阴谋。且晋州，陛下本封，今地屡震，尤彰其应。伏愿深思远虑，以杜其萌。”帝深然之。[①]

永徽元年（650），所谓“女谒用事”连影子也没有，最危险的自然是“大臣阴谋”，因为地震显示出君臣关系出现问题，本来应该是“君宜转动，臣宜安静”，但现在的状况是大臣不安静。正是在永徽元年（650）的正月，“有洛阳人李弘泰诬告长孙无忌谋反，上立命斩之”[②]。此事虽然已经过去，但是与地震结合起来分析，还是令高宗十分警惕。张行成这样的分析，长孙无忌一派官员，无论如何是说不出来的。而张行成如此主张，证明高宗对张行成的高度信赖，而张行成作为东宫旧部官员，与长孙无忌显然不是一个阵营的[③]。

很相似的一个问题，我们可以看看于志宁是如何回答唐高宗的。《旧唐书·五行志》：

永徽四年八月二十日，陨石十八于同州冯翊县，光曜，有声如雷。上问于志宁曰：“此何祥也？当由朕政之有阙。”对曰：“按《春秋》，陨石于宋五，内史过曰：‘是阴阳之事，非吉凶所生。’自古灾变，杳不可测，但恐物之自尔，未必关

① 《旧唐书》卷三七《五行志》，第1347页。晋州地震事，《旧唐书·张行成传》也有如此记载，文字差异不大，第2705页。

② 《资治通鉴》卷一九九，第6270页。

③ 高宗与长孙无忌的关系，是理解永徽政治的关键。参见作者另文《永徽政治论》，樊英峰主编：《乾陵文化研究》六，西安：三秦出版社，2011年，第196—210页。

于人事。陛下发书诫惧，责躬自省，未必不为福矣。”①

对此，千万不要用现代科学观念去解释，认为于志宁具有朴素唯物主义精神，而张行成是唯心论。自然界出现异常，在天人感应的观念中，统治者就要实行问责，而通常皇帝也会因此反躬自责。与人事联系起来，是问责的一部分，也是政治斗争的一部分。于志宁不希望把陨石之事与当朝政治联系起来，所以如此回答，而高宗此问，未见得没有预定答案。既然于志宁不愿意回答，高宗自然不必追问。但是于志宁与高宗的距离感，因此也可以看得很清楚。于志宁虽然也应该看作是高宗的东宫旧部，但是于志宁之所以在李承乾倒台的时候安然，发挥作用的不是高宗，而是长孙无忌和唐太宗，于志宁至少从此变得更加谨慎。后来，高宗、武则天都把于志宁看作是长孙无忌一党，并非全然没有道理。

高宗对张行成的重视和重用都是没有问题的，永徽“二年八月，拜尚书左仆射，寻加授太子少傅”。永徽四年，固请乞骸骨，高宗曰：“公，我之故旧腹心，奈何舍我而去？”因怆然流涕。行成不得已，复起视事。九月，卒于尚书省，时年六十七②。这是高宗亲口说的话，张行成是自己的“故旧心腹”。可惜，唐高宗现在只是名义上的皇帝，这些自己信赖的人并不能真正掌握实权，而后来高宗要夺回自己的权力，那就是废王立武，张行成却因为先走一步，而没有机会参与那场重要的政治斗争。

高季辅的情况比张行成还糟。“永徽二年，授光禄大夫，行侍

① 《旧唐书》卷三七《五行志》，第1350页。
② 《旧唐书》卷七八《张行成传》，第2705页。

中，兼太子少保。”但是很快高季辅就“以风疾废于家”，高宗虽然给予多方照顾，不久高季辅还是离开了人世，只有五十八岁。张行成和高季辅如果再能坚持几年，取得废王立武的胜利对于高宗而言，就不会如后来那样的艰难。

东宫旧部，这时除了李勣之外，许敬宗可算作重要人物。许敬宗在贞观后期，已经取得了较高地位，累迁给事中，兼修国史。贞观十七年（643），检校黄门侍郎。高宗在春宫，迁太子右庶子。许敬宗是高宗的东宫旧部，但是后来的发展并不顺利。“高宗嗣位，代于志宁为礼部尚书。敬宗嫁女与蛮酋冯盎之子，多纳金宝，为有司所劾，左授郑州刺史。永徽三年，入为卫尉卿，加弘文馆学士，兼修国史。六年，复拜礼部尚书”[①]。许敬宗在礼部尚书职位上出问题，是在永徽二年（651）。许敬宗贬官郑州刺史，大约经过一年再入为卫尉卿，与此前的礼部尚书，还有一段距离。直到永徽六年（655），许敬宗才终于恢复到礼部尚书职务。史载明晰，许敬宗外贬，是因为嫁女给岭南冯盎之子，是一种卖婚行为。此事在许敬宗死后的议谥时再被提起，叫作“嫁少年于夷落”[②]。观两《唐书》许敬宗传，许敬宗可谓劣迹斑斑，《新唐书》甚至直接把他放入奸臣类传之中。许敬宗的历史评价，究竟是事实如此，还是一种历史清算呢？其实，根本原因，还是因为许敬宗帮助唐高宗，不仅使废王立武成功，而且打击政治对手彻底。然而，永徽二年（651）许敬宗的被贬，依然不乏政治斗争的背景，高宗东宫旧部，没有投靠长孙无忌的，都有类似的经历。好在，许敬宗及时返回中央，在废

---

① 《旧唐书》卷八二《许敬宗传》，第2762页。
② 《旧唐书》卷八二《许敬宗传》，第2764页。

王立武问题上，成为唐高宗第一个出力的旧臣。

唐高宗决定废王立武的时候，获得长孙无忌的支持最重要，所以高宗殷勤拜访长孙无忌官邸，送上厚重礼物。长孙收了礼物，但没有答应。高宗于是派出武则天的母亲前往说服，因为武则天娘家杨氏在隋朝跟长孙家有交谊，但被长孙言词拒绝。再后来，高宗派出许敬宗，结果更惨，“无忌厉色折之”[①]。唐高宗几乎陷入绝望。

正在这时，李义府及时出现了。《新唐书·李义府传》如此记载：

> （李义府）为长孙无忌所恶，奏斥壁州司马，诏未下，义府问计于舍人王德俭。德俭者，许敬宗甥，瘿而智，善揣事，因曰：“武昭仪方有宠，上欲立为后，畏宰相议，未有以发之。君能建白，转祸于福也。”义府即代德俭直夜，叩阁上表，请废后立昭仪。帝悦，召见与语，赐珠一斗，停司马诏书，留复侍。[②]

李义府此时官任中书舍人，与许敬宗外甥王德俭同职，而究竟为什么让长孙无忌讨厌，史书失载。无独有偶，李义府又是一位唐高宗的旧部。早在李治为晋王的时候，因为马周等人的推荐，

---

① 《资治通鉴》卷一九九，第6287页。

② 《新唐书》卷二二三上《李义府传》，北京：中华书局，1975年，第6339—6340页。《旧唐书·李义府传》记载没有如此详细，只说：“高宗将立武昭仪为皇后，义府尝密申协赞，寻擢拜中书侍郎、同中书门下三品，监修国史，赐爵广平县男。”《旧唐书》卷八二，第2766页。《通鉴》主要采用《新唐书》的描述，见卷一九九，第6288—6289页。

进士出身的李义府当上了监察御史。唐太宗很欣赏李义府的才华，"敕义府以本官兼侍晋王。及升春宫，除太子舍人，加崇贤馆直学士"①。如此说来，李义府与唐高宗的渊源亦深，早在晋王时期就有了君臣名分。

很多年以后，当武则天的女皇宝座已经十分稳固的时候，她想起了自己的往事，于是发出一纸命令，要表彰当年拥戴自己当皇后的那些功臣。史书如此记载：

> 如意元年，则天以义府与许敬宗、御史大夫崔义玄、中书舍人王德俭、大理正侯善业、大理丞袁公瑜等六人，在永徽中有翊赞之功，追赠义府扬州大都督，义玄益州大都督，德俭魏州刺史，公瑜江州刺史。②

这个名单中没有更重要的人物李勣，众所周知的原因，李勣孙子徐敬业的造反活动，影响了武则天对李勣的好感。不过，我们仍然可以清晰地知道，拥护废王立武的核心人员都是唐高宗的东宫旧部，中书舍人王德俭没有数据显示他是否是高宗旧部，但因为他与许敬宗的关系，算作这派人物是没有问题的。

另有上官仪，长期以来被看作是武则天的反对派，他当然也不在武则天的感谢名单中。根据新发现的《上官婉儿墓志》，我们有条件了解更多的上官仪历官数据，从而可以很肯定地说，在废王立武时期，作为高宗的"旧臣"，上官仪是支持皇帝的。十年以后上

---

① 《旧唐书》卷八二《李义府传》，第2766页。
② 《旧唐书》卷八二《李义府传》，第2770页。

官仪因武则天被杀，则属于后来的发展[①]。

在废王立武事件中，支持皇帝行为的有御史台官员，其中御史大夫崔义玄、大理正侯善业、大理丞袁公瑜等三人最为知名。他们确实没有东宫旧部因缘，之所以支持皇帝，只能理解为职责所系。

李勣、许敬宗、李义府成为拥护废王立武的代表人物，在唐高宗与长孙无忌的政治对峙中，他们是少数站在唐高宗一边的朝臣。事实已经证明，他们的存在和努力，为唐高宗最后取得废王立武的胜利提供了极大的帮助。他们共同的特点有二：第一，都是唐高宗的东宫旧部，李勣和李义府甚至更早；第二，他们或多或少都受到过长孙无忌的排挤[②]。李义府挺身而出帮助唐高宗，完全可以看作是自我保护的需要，不过，如果他与高宗的渊源是受到排挤的原因，那么李义府也确实别无选择[③]。

还有附带性问题，许敬宗、李义府在废王立武问题上的表现，是在帮助唐高宗还是武则天？或者说，他们是唐高宗的人还是武则天的人？这样的问题几乎是荒诞的，但是千百年来，传统史学却在反复地强调这一点，并且一再提示我们：唐高宗如何弱智，而武则天如何野心勃勃。对此，黄永年先生认为当时的高宗阵营，高宗当然是主角，“武则天只是高宗一边的一个配角”[④]，这是确论。

---

① 参见作者另文《上官仪研究三题》，荣新江主编《唐研究》第20卷，北京：北京大学出版社，2014年，第209—228页。

② 黄永年先生论文《说永徽六年废立皇后事真相》，曾认为许敬宗、李义府等属于高宗“另行培植在外朝的新势力”，应该是有所疏略了。原载《陕西师范大学学报》1981年第3期，收入作者《文史探微——黄永年自选集》，北京：中华书局，2000年，第211页。

③ 参见作者另文《略论李义府》，樊英峰主编《乾陵文化研究》七，西安：三秦出版社，2012年，第180—192页。

④ 黄永年：《说永徽六年废立皇后事真相》，《文史探微》，第217页。

关键时刻，李勣表态支持唐高宗，他的行为如何理解才更合理？是因为武则天的出生地与他自己的山东故乡有一致之处？是因为他看到未来的武则天更会重视自己这个新兴的地主阶层？王府也好、东宫也好，这些合法且有一定独立性的组织从来都是政治斗争的基本组织单位，“旧臣”最容易形成政治斗争的团队战力。唐高宗长期以来对李勣的信任与尊重，唐太宗对李勣曾经有过的托孤动作，包括坚定的忠君观念，也不排除政治利益计算，这些才是李勣头脑中可能存在的意念。于是，李勣终于说出了那句话：“此陛下家事，何必问外人？”高宗于是坚定了意志，取得了斗争的胜利。

陈寅恪先生并非没有看到“废王立武”有宫廷斗争的一面，只是没有停留在宫廷斗争的层面而已。但是，在今天看来，所谓社会区域集团斗争说，似乎有求之过深的一面，李勣、许敬宗、李义府这些来自不同地域的人，之所以站在高宗一方支持废王立武，是因为他们同属于东宫旧部。其实，王府、东宫的属官参与政治斗争是常态，在唐朝的历史上，这既不是第一次，也不是最后一次[①]。

神龙元年（705），中宗复辟，在他的《亲祀明堂敕》中就有这样的指示：

> 自弘道以前，继任相三年已上，及秦府、晋府僚佐四品以上，并食实封功臣，虽经罪责，不致破家，子孙无任京官

① 参见孙英刚著《唐代前期宫廷革命研究》一文，强调唐前期王府参与最高权力斗争的规律性存在，见荣新江主编《唐研究》第7卷，北京：北京大学出版社，2001年，第263—287页。

者，特宜优与一官，英府、周府旧僚，五品以上官子孙，亦宜准此。[1]

其中，李世民当年的秦王府被称作“秦府”，李治原来的晋王府被称作“晋府”，两府的僚佐，依然在享受朝廷的优待。这充分证明，在唐代朝廷的政治生活中，先皇曾经的王府，不论是观念还是政治实际，都是一个受到尊重的团队。他们在政治生活中的实际作用，不可低估，更不该忽略。

① 《唐大诏令集》卷七三《典礼·明堂》，北京：中华书局，2008年，第410—411页。

第八章
小公主之死

武则天是中国的一个历史奇迹。在一个男权社会里，怎么会出现一个女皇帝呢？通过武则天的实例可以看出，皇帝制度存在弹性，皇帝之位并非被男性独占。获得政治成功是历史评价的重要理据，因此不能否认武则天的创造能力。但是，成功获得皇位的武则天，身后却付出了很大的代价。围绕武则天的评价，妖魔化一直占据着传统史学的主流地位。在一系列妖魔化武则天的历史叙述中，公主之死就是典型的事件之一。

第一节　从简至繁的记录变迁

大约在永徽四年（653），武则天为高宗生下一位公主，但是这个公主不幸夭折。公主之死，到底是什么原因呢？最开始的记载是很简单的，《唐会要》卷三“天后武氏”条下是如此记载的：“昭仪所生女暴卒，又奏王皇后杀之，上遂有废后之意[①]。”当时的武则天是昭仪，属于皇帝九嫔之首，正二品[②]。这是武则天跟唐高宗所生的第二个孩子，第一个是长子李弘。

根据《唐会要》的这个记载，武则天和高宗所生的公主确实夭折，因为不知道死亡原因而且死得突然，所以称作“暴卒”。武则天充分利用了公主之死，采用悲情主义的诉求方法，把公主之死的责任推给自己的情敌王皇后。高宗看来是受到了武则天的影响，开始萌生废黜王皇后的念头。

《唐会要》一书，虽然是北宋王溥编辑的，但是吸纳了唐德宗时期苏冕四十卷的《唐会要》和唐宣宗时期崔铉的《续会要》，所以保存唐代国史资料比较多，向来为学者所重。这里的记录，也相对稳重。当时，王皇后联合萧淑妃与武则天斗法，武则天悲情主义的战斗技巧适合当时的情况，因为毕竟是母亲丧女，说一些丧失理智的话是可能的，而高宗看见受伤的母亲，也很可能同情心上涌。

高宗新生公主夭折一事，《旧唐书》没有任何正面提及，但是在《则天皇后本纪》的史臣曰中，却写下了这样的文字：“武后夺嫡之谋也，振喉绝襁褓之儿，菹醢碎椒涂之骨，其不道也甚矣，亦奸人妒妇之恒态也。”[③]其中，后一件事是指武则天残酷对待失败了的王皇后和萧淑妃，而前一件事“振喉绝襁褓之儿”，可能就是指扼杀亲生公主的事。《旧唐书》成书于后唐出帝开运二年（945），先后编写用了四年时间。为什么这件事没有写入《旧唐书》的正文，而是用

---

① 《唐会要》卷三，上海：上海古籍出版社，1991年，第26页。
② 《旧唐书》卷五一《后妃》上，北京：中华书局，1975年，第2161页。
③ 《旧唐书》卷六，第133页。

"史臣曰"的方式表达出来，没有确凿证据，推测起来大概这个时候已经有了武后杀亲生公主的说法，但是不能坐实，只好用这种更具有个人意见的方式表达出来。

《旧唐书》这种比较概括的说法，到了《新唐书》中凌空一跃，变成了非常具体生动的描写。《新唐书·后妃列传》的文字是这样记载的：

> 昭仪生女，后就顾弄，去，昭仪潜毙儿衾下，伺帝至，阳为欢言，发衾视儿，死矣。又惊问左右，皆曰："后适来。"昭仪即悲涕，帝不能察，怒曰："后杀吾女，往与妃相谗媚，今又尔邪！"由是昭仪得入其訾，后无以自解，而帝愈信爱，始有废后意。[①]

在这里，公主之死的过程详细而生动。《资治通鉴》的记载，直接继承了《新唐书》，文字如下：

> 后宠虽衰，然上未有意废也。会昭仪生女，后怜而弄之，后出，昭仪潜扼杀之，覆之以被。上至，昭仪阳欢笑，发被观之，女已死矣，即惊啼。问左右，左右皆曰："皇后适来此。"上大怒曰："后杀吾女！"昭仪因泣诉其罪。后无以自明，上由是有废立之志。[②]

---

① 《新唐书》卷七六，北京：中华书局，1975年，第3474—3475页。
② 《资治通鉴》卷一九九，北京：中华书局，1956年，第6286—6287页。

仔细比较，《资治通鉴》这段文字基本采自《新唐书》。皇后看望新生公主，离开以后，武则天偷偷杀掉公主，然后伪装现场。唐高宗到场，武则天假装欢笑，掀开被子，发现公主已经死亡。询问左右，大家都说刚才皇后来过。于是皇帝大怒，认为是王皇后“杀吾女”。王皇后自然无法解释，于是皇帝开始产生废立皇后的念头。以上基本情节，两书都是相同的。但是仔细观察，发现也有所区别。就《通鉴》而言，第一，首先增加“后宠虽衰，然上未有意废也”一句，把武则天杀亲生女以嫁祸王皇后的动机提前做了说明。第二，发现公主已经死亡，《通鉴》用“即惊啼”三字。《新唐书》写武则天的“即悲涕”是在知道王皇后来过之后。把武则天“悲涕”换了地方，改作“惊啼”，看上去更加自然，证明武则天的表演更加天衣无缝。《新唐书》那种写法，发现公主死了不哭，而是立刻追查原因，情节转换不太流畅。而得知王皇后来过之后再悲啼，嫁祸王皇后的含义太清楚。总之，按照《新唐书》的写法，武则天的表演还是有生硬之处。但是《资治通鉴》武则天哭的环节和描绘哭的词汇都有所改变，“惊啼”表明母亲刚刚发现女儿死亡，立刻反应当然就是哭，而用一“惊”字修饰哭，证明母亲是完全不知情的。第三，《新唐书》说武则天杀死公主，用的一个动词是“潜毙”，偷偷杀死，没有更准确的动作，而《资治通鉴》使用的是“潜扼杀之”，显然“扼杀”是更具体的动作。这比《新唐书》细节进一步明确了。

但是，细节越生动越详细，越发引人怀疑。且不说《通鉴》对《新唐书》这种细节修改已经使得过程发生变化。我们要问的是，倾向合理化的修改，意图是什么呢？可是，细节如此考究的

《通鉴》，在描写这件事的时候，却没有比较清楚的时间定位，因为《通鉴》把此事放在永徽五年（654）的年底来叙述，按照《通鉴》的体例，说明此事具体日月不清楚。作为编年体史书，《资治通鉴》是这类史书的典范，对于历史事件时间定位的重视，《通鉴》也是典范。可是，在公主之死的问题上，《通鉴》可以花笔墨修改《新唐书》看上去不够合理的文字，为什么在更重要的时间定位问题上没有给出更具体的坐标呢？答案是无法清晰的，但是《资治通鉴》对此事信息的掌握看来是有限的，以至于重要的时间定位都不能给出，只能在《新唐书》的基础上对细节进行“合理化”的文字处理。

从以上的这些记载，我们可以发现，公主之死的文字记录，有一个由简至繁的变迁过程，在该过程中，重要的信息如事件发生的时间没有进一步的确认，但是细节反而越来越清晰。在中国古史研究中，曾经有过一个“层累地构造学说”，意思是古代的历史随着时间而越来越清晰，恰好证明是后人缔造的结果。文学史上也有类似的问题，作品在流传的过程中被不断地加工和创造，最后的模样与初始状况相去甚远。那么宫廷秘史，是否也有这种规律呢？所有的当事人都没有留下记录，那么后人是通过什么途径反而获得了更多的细节呢？所以，当我们面对的历史事实，有着一个由简至繁的描述过程的时候，这样的事实本身就值得我们提出疑问[①]。

---

① 对于小公主之死，梁恒唐先生的《武则天杀女辨误》比较可信。（《武则天探秘》，太原：山西古籍出版社，1997年，第27页。）雷家骥先生《武则天传》认为没有新材料，只能从旧说。北京：人民出版社，2001年，第92页。当然，多数人的一般性写作还是承袭《新唐书》《资治通鉴》的。

第二节 苦肉计的风险

假设《新唐书》和《资治通鉴》的文字可以相信，我们相信武则天是一个野心家，她为了获得皇后的宝座而丧失了基本的人性，所以她用这招苦肉计是有动机的，那么在技术层面上，是否存在其他疑问呢？

在这个时候，存在着一个高宗、王皇后和武则天之间的三角关系。王皇后和武则天都希望加强与皇帝的关系，努力让对手与皇帝的关系更加疏远。王皇后在武则天进宫以前已经失宠，当时皇帝喜欢的是萧淑妃，并且与萧淑妃生有一男二女。武则天入宫以后取代了萧淑妃，导致萧淑妃与王皇后联手抗敌，但是仍然处于下风。对于王皇后与萧淑妃如何联手打击武则天，史书的记载很有意味。《唐会要·武则天传》说："良娣、王皇后协心谋之，递相谮毁，上终不纳。"《旧唐书·则天皇后本纪》说："时皇后王氏、良娣萧氏频与武昭仪争宠，互谗毁之，帝皆不纳。"《新唐书·王皇后传》中也说武则天"为昭仪，俄与后、良娣争宠，更相短毁"。互相争宠是本质，而当时的基本态势是王皇后早就失宠，萧淑妃新近失宠，只有武则天正在得宠。以上记录，大体相似，但仔细分析，从《唐会要》到《新唐书》武则天的问题逐渐增加，开始是被攻击对象，后来变成互相攻击，再后来成为进攻的一方。这种倾向的变化，越来越不利于武则天。

很显然，在与王皇后争宠问题上，武则天是占据上风的。永徽三年（652），武则天为皇帝生下儿子李弘，是第一个证据。永徽五年（654）十二月，又生了第二个儿子李贤。而夭折的公主，就是在这之间出生并死亡的。在现有的关系中，武则天不仅需要疏远王皇后与皇帝的关系，同时也需要加强自己与皇帝的关系。在所有的关系中，对于武则天最重要的是自己与皇帝的关系。只有跟皇帝关系紧密，才是她生活中其他一切的保障和基础。所以，当她要打击王皇后的时候，她必须注意不能因此损害了自己与皇帝的关系。如果利弊关系难以把握，无所作为也是有利的，因为现状对自己有利。

武则天实施苦肉计，用自己女儿的生命作代价，换取皇帝产生废后的想法。这里，不确定的是目标，皇帝是否会产生废后的念头，而确定的是女儿真真切切地死去。因为公主不是王皇后所杀，所以不能把王皇后进行现场捉拿。故，嫁祸王皇后只能靠事后推导。没有人能够拿出真凭实据证明王皇后杀人，虽然王皇后自身也难以“自解”。这样一来，从推导王皇后杀公主，到皇帝确认，到皇帝产生废后念头，到实施废后措施……中间要经过一系列环节，是否成功，事先无法预料。但是，杀公主，牺牲自己的亲生女儿，这却是实实在在的。

与此同时，根据一般的规律我们可以认为，小公主的存在应该有利于加强武则天与皇帝的紧密关系。因为小公主是武则天与皇帝生的第一个女儿，是武则天与唐高宗情感深厚的证明人。反过来，如果杀掉小公主，还要冒相当大的风险。杀掉亲生女儿以达到一个没有多大把握的废后目标，要怎样计算才是合适的呢？《新唐书》本传中描述武则天是“有权术，诡变不穷”，那么她采取这个苦肉计的时候，不应该不知道其中的巨大风险。所谓风险，最严重的就是被发现。一旦被发现，她与皇帝的关系就会陷入危机，而她所有的一切都面临毁灭。如果武则天确实精于计算，那么这个苦肉计她是不该采纳的。

第三节　王皇后的危机

现在的史籍记录，不论是《唐会要》还是《新唐书》，对于王皇后地位的危机，多强调小公主之死带来的后果。具体而言，就是唐高宗从此开始有了废后的念头。其实，王皇后的危机不是从小公主之死开始的，而后来王皇后的被废，也没有证据显示公主之死发挥了作用。

王皇后的危机，在武则天入宫之前已经显现。王皇后出身太原王氏，在当时是天下一等士族。同时，又与皇室血缘亲近，她的从祖母就是同安长公主，而这位长公主是唐高祖李渊的妹妹。同安公主向唐太宗推荐了王皇后，《旧唐书》本传说是因为她“有美色”，而《新唐书》说因为她“婉淑”，总之被太宗接受，并安排为李治的妃子，因为李治为晋王，她就成了晋王妃。李治成为太子，她也晋封为太子妃。高宗即位，“永徽元年正月，立为皇后”[①]。

王皇后虽然出身名门，名正言顺，但是她跟高宗的关系似乎从很早开始就存在问题。高宗与后宫刘氏生第一个儿子李忠，跟后宫郑氏生李孝，跟杨氏生李上金，跟萧淑妃生李素节。此外，跟萧淑妃还生有两个公主，分别册封为义阳公主和宣城公主。以后从

① 《唐会要》卷三，第26页。

永徽三年（652）以后，高宗还跟武则天生下四儿两女，其中就包括夭折的小公主。李素节死的时候是四十三岁，根据《新唐书·上金传》，李素节先死，而上金自杀，当时是载初元年（689）[①]。如此推算，李素节生于贞观二十年（646）左右，由此可知，两位公主也应该出生在贞观末到永徽之初。高宗与萧淑妃连续生育一儿两女，证以《唐会要》的说法"时萧良娣有宠，王皇后恶之"的记录是有根据的。而所有这些高宗子女，皆与王皇后无关，排除其他可能性，至少证明高宗李治在晋王的时候就与王妃关系不洽。

武则天二进宫，是王皇后引进的，而王皇后的动机很难说是光明正大的，因为她召武则天入宫，依然是与萧淑妃争宠的继续，"欲以间良娣之宠"。只不过事与愿违，武则天"既入宫，宠待逾于良娣，立为昭仪"[②]。事后看来，王皇后把武则天引入后宫战团，仅仅获得了第一阶段的胜利，即让武则天得宠并疏远萧淑妃与皇帝的关系。这简直是引狼入室，因为萧淑妃的恩宠虽然解除，但是武则天后来居上，王皇后依然不得宠爱。

唐高宗不喜欢王皇后，才是王皇后的真正危机所在。也正是因为皇后有如此危机，她的舅舅柳奭才在永徽三年（652）七月，酝酿确立太子之事。《新唐书·李忠传》记录道："王皇后无子，后舅柳奭说后，以忠母微，立之必亲己，后然之，请于帝。又奭与褚遂良、韩瑗、长孙无忌、于志宁等继请，遂立为皇太子。"[③]显然，皇帝开始并没有同意皇后的请求，但是长孙无忌等朝中重臣纷纷出

---

① 《新唐书》卷八一《泽王上金传》《许王素节传》，第3586—3587页。
② 《唐会要》卷三，第26页。
③ 《新唐书》卷八一，第3586页。

动，皇帝只好妥协同意。而立李忠为太子，文字记载很清楚，就是为了稳定王皇后的地位。如果没有危机，为什么会有拯救危机的动作呢。而这个时候，武则天与唐高宗的第一个儿子尚未出生，更不要说公主之死了。

对于匆忙确立李忠为太子的事，学界研究的看法各有不同。胡戟先生认为，中书令柳奭之所以给王皇后出这个主意，是因为“他看到王皇后没生孩子，而传闻武则天有身孕了，如果这位已专宠宫闱的昭仪生下贵子，王皇后将来的地位就岌岌可危了”[①]。雷家骥先生认为：“他们此举的目标，是冲着新得宠的武昭仪而来。”[②]不过，赵文润和王双怀先生认为此举是针对萧淑妃的，立李忠为太子，“一则可以扼断萧淑妃的晋升之路，再则不会影响王皇后的地位”，所以长孙无忌等一番密谋之后，联合上奏立燕王李忠为太子[③]。确立燕王李忠为太子，不管是否是针对萧淑妃还是武则天，稳定王皇后的地位才是确定无疑的目的[④]。

确立李忠为太子，并没有挽回王皇后的地位危机。就在太子确立以后不久，唐高宗与武则天的第一个儿子出生。这个儿子被命名为李弘，而李弘这个名字本身就意味深长。南北朝以来，道教为主的社会传播渠道，一直盛传“老君当治”“李弘当出”的谶语，宣传李弘为真命天子。根据唐长孺先生的研究，唐高宗和武则天给自己的儿子

① 胡戟：《武则天本传》，西安：三秦出版社，1986年，第15页。
② 雷家骥：《武则天传》，北京：人民出版社，2001年，第127页。
③ 赵文润、王双怀：《武则天评传》，西安：三秦出版社，2000年，第30页。
④ 赵文润先生新书《武则天》就不再讨论此事针对谁，只说因为王皇后宠衰，为巩固皇后地位而谋求确立李忠的。西安：西安出版社，2007年，第48页。

命名为李弘，就有应谶而为的意思[1]。明知道社会上流传李弘的说法已经很久，唐高宗还是把自己的儿子命名为李弘。如果李弘当未来天子，首先应该当太子。而当时李忠已经确立，这不是暗示着对李忠的不认可，也就是对王皇后的某种不承认吗？与其说王皇后的地位危机来自武则天的攻击，不如说来自唐高宗很久以来对她的冷淡，而唐高宗给儿子命名为李弘，其实已经预示着皇后更大的危机。明确地说，这个时候，唐高宗如果还没有换皇后的念头，这些问题都无从解释。

在李弘出生的这个时期，武则天与王皇后、萧淑妃的联盟，斗争已经有一段时间，而胜利的一方属于武则天。上文引证《唐会要·武后传》《旧唐书·武则天本纪》和《新唐书·王皇后传》说明，各书在描述双方斗争的时候，立场有所不同，但是武则天的胜利却是公认的。所以，武则天作为当事人，唐高宗对待王皇后的看法以及皇帝与皇后关系的幕后因缘，都应该是一清二楚的。所以，结论是很清楚的，王皇后从来没有得过高宗的恩宠。所以，废黜王皇后在唐高宗这里根本没有感情障碍，障碍只在朝中大臣而已。对于唐高宗感情脉搏了若指掌的武则天，对于已经失败的王皇后的继续打击，有必要付出亲生女儿生命这样沉重的代价吗？

第四节　公主之死的作用

唐高宗采取确实步骤推动皇后废立的时候，在申诉理由时，从来没有一句谈及皇后杀死公主的事情。

---

① 唐长孺：《史籍和道经中所见的李弘》，收入《魏晋南北朝史论拾遗》，北京：中华书局，1983年，第208—217页。

唐高宗推动废立皇后，是从说服太尉长孙无忌开始的，姿态低就，首先造访长孙无忌家。《资治通鉴》的记载是，高宗“与昭仪幸太尉长孙无忌第，酣饮极欢，席上拜无忌宠姬子三人皆为朝散大夫，仍载金宝缯锦十车以赐无忌。上因从容言皇后无子以讽无忌，无忌对以他语，竟不顺旨，上及昭仪皆不悦而罢”[①]。高宗给长孙无忌的好处是为了换取长孙无忌的同意，而具体申诉的理由是“皇后无子”。《通鉴》置此段文字于永徽五年（654）年底，说明具体月份并不清晰。

随后，到了永徽六年（655）的六月，唐高宗继续推动废后，连续两天召开最高级会议，大臣中只有长孙无忌、褚遂良和于志宁参加。李勣也被通知与会，但是他借口身体欠安并没有参加。根据《通鉴》的记录，唐高宗开明宗义，对长孙无忌等人说：“皇后无子，武昭仪有子，今欲立昭仪为后，何如？”《旧唐书·褚遂良传》的记录略有增加，高宗说：“莫大之罪，绝嗣为甚。皇后无胤息，昭仪有子，今欲立为皇后，公等以为何如？”[②]唐高宗申诉的基点依旧是皇后无子，即使强调这是“莫大之罪”，也没有改变申诉基本点。

以褚遂良为代表的大臣反对废王立武，首先是王皇后无过错，其次是太宗皇帝的生前意志。看来，他们并不同意皇后无子是莫大之罪的说法。第二天再讨论，褚遂良强调的重点是武则天不合适。褚遂良一派大臣，认为王皇后无过错，当然没有提及皇后杀小公主

---

① 《资治通鉴》卷一九九，第6287页。

② 《旧唐书》卷八〇，第2738页。《新唐书》卷一五〇《褚遂良传》记录略同，第4028页。

的问题，而高宗也没有利用小公主之死来要求废皇后。雷家骥先生比较仔细地讨论过这个问题，认为所谓皇后杀公主之事，虽然一方面皇后“无以自解”，但另一方面，别人也应无确证证明她是否谋杀。“今上为何不以皇后杀死小公主或厌胜为由？遂良为何径谓‘皇后未有衍过’？可见这两件事仅是宫廷中的风波，王皇后起码尚未被坐实此二罪”[①]。

所谓厌胜之事，我们下文讨论，这里继续讨论小公主之死。如果说小公主之死，确实让唐高宗开始动了废后的念头，那么他应该确实认定小公主是死于皇后之手。如果他不能确定小公主之死是否与皇后有关，那么他废后的想法就丧失了依据。同理，他如果认定是皇后杀了公主，那么他就应该理直气壮地用这个理由要求废皇后。反之，他在废后的申诉中没有提及这个理由，那么就说明他并不认定皇后是杀害小公主的凶手。总之，按照现在的文献记录，皇后被嫁祸杀公主，与皇帝产生废后想法是紧密连接的，但是在真正废后的时候，皇帝却不提这个事由，所以可以反过来证明，小公主之死，并不是皇帝废后想法发生的动因。

第五节　“厌胜”事件是废后的导火索

关于王皇后厌胜之事，各家史书的记载比较多，性质或有争议，但是不能认为是子虚乌有的。《唐会要》只说到武则天“俄诬王皇后与母柳氏求厌胜之术”一句，没有更多陈述。《新唐书·武

① 雷家骥：《武则天传》，北京：人民出版社，2001年，第95、118页。

则天传》观点与此相近，所谓皇后厌胜之事也是武则天诬陷的结果。《旧唐书·王皇后传》记载为："后惧不自安，密与母柳氏求巫祝厌胜。事发，帝大怒，断柳氏不许入宫中，后舅中书令柳奭罢知政事，并将废后，长孙无忌、褚遂良等固谏，乃止。"[①]皇后是否与母亲柳氏厌胜，明显存在两种根本对立的观点，但是，不管厌胜真假如何，唐高宗利用这件事收拾皇后一家则是真实的。大约永徽六年（655）六月发生此事，高宗立刻下令柳氏不得入宫，七月，把皇后的舅舅吏部尚书柳奭贬为遂州刺史，途径岐州的时候，长史于承素告发柳奭泄漏禁中语，于是再贬柳奭为荣州刺史[②]。

从《旧唐书》的这个记载来看，厌胜事件才是唐高宗废后的导火索。《旧唐书》上段引文之后记述："俄又纳李义府之策，永徽六年十月，废后及萧良娣皆为庶人，囚之别院。"依照这个记载，高宗废后经过了两个阶段的努力。厌胜事件之后，不仅断后母柳氏不许入宫，罢去皇后舅舅中书令柳奭的中央官职，同时决定废后。因为长孙无忌、褚遂良等人的坚决反对才作罢。后来，又出现李义府的支持，于是唐高宗才掀起再次冲击，最后在永徽六年（655）十月完成了废后。

再看《资治通鉴》的相关记载，确实也有呼应之处。《通鉴》把皇后厌胜的事件记录在永徽六年（655）六月，断后母柳氏不得入宫也是六月。七月是吏部尚书柳奭被贬官。然后记载的是李义府推动废王立武的经过：

---

① 《旧唐书》卷五一，第2170页。
② 《资治通鉴》卷一九九，第6288页。

中书舍人饶阳李义府为长孙无忌所恶，左迁壁州司马。敕未至门下，义府密知之，问计于中书舍人幽州王德俭，德俭曰："上欲立武昭仪为后，犹豫未决者，直恐宰臣异议耳。君能建策立之，则转祸为福矣。"义府然之，是日，代德俭直宿，叩阁上表，请废皇后王氏，立武昭仪，以厌兆庶之心。上悦，召见，与语，赐珠一斗，留居旧职。昭仪又密遣使劳勉之，寻超拜中书侍郎。①

接着，《通鉴》记载的是长安令裴行俭因为议论废王立武事遭到贬官事：

长安令裴行俭闻将立武昭仪为后，以国家之祸必由此始，与长孙无忌、褚遂良私议其事。袁公瑜闻之，以告昭仪母杨氏，行俭坐左迁西州都督府长史。②

接下去，到了九月，皇帝召开主要大臣会议，商议废王立武，虽然遭到反对，但是因为有李勣的支持，还是宣布废去王皇后。

观察《通鉴》的这一系列叙事安排，除了没有提到厌胜事件之后皇帝曾经有过的废后举动没有成功以外，增加了裴行俭贬官一事，其他过程都是基本一致。而从皇帝怒不可遏，不仅禁断皇后母亲入宫，而且连续对皇后的舅舅柳奭进行贬谪，一气之下提出废后是顺理成章的。

① 《资治通鉴》卷一九九，第6288—6289页。
② 《资治通鉴》卷一九九，第6289页。

无独有偶，这样的记载并不是《旧唐书》一家。成书于唐宪宗时期的《大唐新语》，就有如下记载：

> 高宗王皇后性长厚，未尝曲事上下。母柳氏，外舅奭，见内人尚宫，又不为礼。则天伺王后所不敬者，倾心结之。所得赏赐，悉以分布。罔诬王后与母求厌胜之术。高宗遂有意废之。长孙无忌已下，切谏以为不可。时中书舍人李义府阴贼乐祸，无忌恶之，左迁壁州司马。诏书未至门下，李义府密知之，问计于中书舍人王德俭。王德俭曰："武昭仪甚承恩宠，上欲立为皇后，犹豫未决者，直恐大臣异议耳。公能建策立之，则转祸为福，坐取富贵。"义府然其计，遂代德俭直宿，叩头上表，请立武昭仪。高宗大悦，召见与语，赐珠一斗，诏复旧官。[①]

这里的记载，也是先有厌胜事件，接着有废后动议，然后是李义府力挺，最后没有抄录的就是皇帝与主要大臣的会议，直到废王立武成功。

比较而言，究竟是小公主之死引发废后举动，还是皇后厌胜事件引发废后动作呢？小公主之死，当在永徽四年（653），最晚是永徽五年（654）初，因为三年（652）七月以后李弘出生，五年（654）十二月李贤出生，公主只能生死于期间。厌胜事件在永徽六年（655）六月，距离废王皇后的九月只有三个月的时间，而废

---

① 《大唐新语》卷一二，北京：中华书局，1984年，第180页。

后宣布之时距离小公主的死亡已经一年有余。《新唐书》等坚持小公主之死，导致皇帝有废后之念，然而只有皇帝的心理活动，未见任何举动。而厌胜事件则不然，皇帝先断柳氏不得入宫，然后连续贬官柳奭。所以，真正引发废后举动的是厌胜事件而不是公主之死[①]。

把公主之死与王皇后的废黜联系起来，用意其实不在皇后废黜史的研究，真正的目的在于表现武则天丧尽天良。如本文所论，其实公主之死与废后事件距离遥远，没有必然联系。公主之死，更不能证明是武则天亲手所害，所谓武则天杀害亲生女儿的说法，不过是众多妖魔化武则天的事件之一而已。就废后而言，基本原因是高宗跟王皇后长期没有感情，能够诉求的理据是王皇后无子，具体的导火索是厌胜事件。

第六节　《讨武曌檄》不言公主之死

中国古代的传统政治，在人物评价体系上，从来就有人性指标这个向度。即使在政治活动中，也要时刻遵守人性的基本原则。“杀妻求将”就被看作是违背人性的可怕做法。一个人的善恶品评，根本之处在于人性的底线是否能够坚持。而传统政治，要求的贤人其实就是好人，好人就必须经得住人性这条品评标准的考验。在这个文化背景下，攻击与表扬，都会采取同样的策略。公元684年二月，武则天大赦天下，改元文明，中宗虽然在位，皇太后临朝

① 雷家骥先生也考证了两件事的关系，最后认定是公主之死在前，厌胜之事在后，同时也认为厌胜之事对废王立武影响更大。《武则天传》，第93—94页。

称制。同年九月，李勣孙李敬业在扬州起兵，以讨伐武则天匡复唐朝为号召。在行为上，李敬业“求得人貌类故太子贤者”，谎称太子李贤尚在，人们听从李贤的命令起兵，所有旗号都打着李贤的名义[①]。这是政治斗争中的策略，有利是原则。

与此同时，文学家骆宾王亲自为李敬业写下了著名的《讨武曌檄》。因为双方是你死我活的关系，檄文也有政治动员的功效，所以攻击武则天无所不用其极。檄文本来就是政治斗争的手段，为达到在舆论上打击武则天的目的，具体言辞和叙事，是不必认真对待的。在这篇著名的檄文中，攻击武则天的时候，甚至说到武则天“弑君鸩母”，说武则天杀害了唐高宗和自己的母亲。这当然是没有的事情。同时也攻击武则天“君之爱子，幽之于别宫”[②]。这句话讲的是武则天临朝称制，唐睿宗虽然名为皇帝，其实是囚禁在别宫之中。但是，通篇檄文没有提及武则天杀害小公主的事情。如果确有其事，哪怕仅有一点点传言，骆宾王能不加以利用吗？武则天又杀母亲，又杀女儿，这种形象对于造反者是十分有利的。但是，这篇著名的檄文并没有提到这件事。这说明什么呢？说明在那个时候，在李敬业起兵讨伐武则天的时候还没有这种传言。

赵文润先生著《武则天》一书，在第四章专门列“关于小公主之死”一节，援引赵翼等学者观点，认为《旧唐书》比《新唐书》更可信。而对于骆宾王檄文不提及杀小公主之死，赵先生也认为太

① 《资治通鉴》卷二〇三，第6424页。

② 《讨武曌檄》一文还有其他名称，如《代李敬业传檄天下文》，见（唐）骆宾王著、（清）陈熙晋笺注：《骆临海集笺注》，上海：上海古籍出版社，1985年，第329—338页。

奇怪，如果确有此事，骆宾王会笔下留情吗？当然不会[1]。雷家骥先生认为，武则天杀公主，“大概仅有她自己知道而已，史官不知何据而书？既然史官如此记载，则或许果真有据，后人若无确证则不宜轻易予以推翻”[2]。其实，总体上雷先生还是倾向确有其事的。

武则天杀死亲生公主这种说法，在唐宪宗时期成书的《大唐新语》中也没有出现。最早提及这种说法的应该是《旧唐书·武则天本纪》之后的“史臣曰”，而到《新唐书》的时候才大张旗鼓地传播开来。我们从现在的《新唐书》和《资治通鉴》中的记录文字可以看到，武则天杀人的过程是被全程记录的。一方面说武则天杀人只有武则天一个人知道，而且她不可能对别人提起，另一方面却有一个现场全记录。这个矛盾的现象，其实是五代北宋以后才出现的。

第七节　公主之死与婴儿夭折

我们还是回到小公主之死这件事上来。本文以为，关于小公主之死，还是应该回到早期的记载，即《唐会要》的记录上进行讨论。

武则天生了小公主是真的，王皇后特地来看望也可能是真的。当时王皇后和武则天的关系其实已经恶化，但是王皇后依然保持着皇后的威仪和姿态，皇后毕竟还是后宫的主人。皇后看望新生公主，是后宫主人身份的体现，也能让人们看到皇后的宽宏大量。皇后去看武昭仪的新生公主了，这应该成为后宫里的一件大事。作为

---

① 赵先生最后的态度还是谨慎的，结论是“以疑存疑”。见该书第42页。

② 雷家骥：《武则天传》，北京：人民出版社，2001年，第92页。

皇后的正常的分内工作，看望其他妃子所生的皇子公主，皇后一定带领大群随从，不可能偷偷一个人溜进嫔妃的寝宫。所以，皇后即使亲手抱抱公主，也一定在众目睽睽之下。另外，皇后来看公主，作为公主的母亲可以不在现场吗？看望公主，是皇后的分内事，对于嫔妃而言，如同领导亲自来视察工作，表达领导的关怀爱护，如果武则天不在现场，让皇后的工作如何正常进行呢？皇后要来看公主，宫中礼官理应事先通知武则天，武则天全场小心陪同，对于领导的关怀满心感激，这才是宫中应有的一幕。《新唐书》和《通鉴》的写法像惊险小说，过于文学化。

公主确实死了，这是真实的。到底什么原因呢？雷家骥先生就怀疑过婴儿猝死症。婴儿猝死症是新生婴儿头一年内最常见的死亡原因，在每千名活产婴儿中约有2—3名的死亡率，典型的婴儿猝死症容易发于一向看似十分健康的2—3个月大的婴儿，小于2个月或大于6个月的婴儿较为少见。婴儿猝死症多事发突然，常在婴儿平静地安睡后，父母并未感觉有何异样，然而一段时间后却发现婴儿心跳呼吸全无，突然毫无缘由地死亡，即使病理解剖也很难发现有什么异常，这是一种至今找不出确切原因的突发死亡现象。武则天新生女儿忽然死去，伤心是难免的，把责任推给皇后的看望也是可能的，人多风大，影响了初生儿的健康。女儿虽然也是高宗的，但是这个事件对武则天的打击更大，高宗能做的就是体贴安慰，用更温柔的爱心减轻武则天的丧女之痛。小公主事件之后，高宗与武则天的关系更密切了。新生公主之死，是一个意外，在武则天与王皇后的斗争中也许被武则天利用，至于后来史书夸大其词的说法，则无法相信。

唐高宗麟德元年（664）三月丁卯，“长女追封安定公主，谥曰思，其卤簿鼓吹及供葬所须，并如亲王之制，于德业寺迁于崇敬寺”[①]。公主的封号、谥号的确定，雷家骥先生认为“显然有深意焉”，具体解释为“这时武昭仪已为皇后，且已参决政事，表示她可能因为此女之死而获安定，故思念不已”[②]！公主在十二年前猝死，并没有获得公主的称号，这次迁葬才获得公主称号和谥号。那么，公主的称号与谥号，是针对公主而起，还是针对武则天的心情而起呢？显然，公主迁葬，应该是希望公主安定才合理。至于“思”这个谥号，也只有针对公主才能叫作谥号。根据汪受宽先生的统计，“思”作为谥号有多种含义，如“追悔前过曰思”，“外内思索曰思”，等等，不见有令人思念之意。最有可能，公主之“思”，应该是“道德纯一”“道德纯备”之意[③]。因为公主刚刚出世不久就去世了，道德当然是最纯洁无瑕的。把公主封号与谥号的解释，与武则天不安心理相联系，完全是南辕北辙的思考[④]。

小公主这样的突然死亡，在唐代的记录中也不是绝无仅有。唐玄宗的武惠妃，与武则天还有亲戚关系，受到唐玄宗的宠爱，曾经动议立为皇后。就是因为来自武氏，所以大臣反对没能实现。死后，追赠为“贞顺皇后”。武惠妃的再从叔是武三思，从叔是武延秀。武惠妃也有孩子夭折的经历，两个儿子，一个女儿。“妃生子必秀嶷，凡二王一主，皆不育。及生寿王，帝命宁王养外邸”[⑤]。

---

① 《旧唐书》卷四《高宗本纪》上，第85页。
② 雷家骥：《武则天传》，北京：人民出版社，2001年，第92页。
③ 汪受宽：《谥法研究》，上海：上海古籍出版社，1995年，第370—371页。
④ 这种说法，在通俗的武则天写作中比比皆是，不胜枚举。
⑤ 《新唐书》卷七六，第3492页。

大概不能归因于武氏的遗传，只能说当时这种情况比较多。母亲有丧女之痛是很可怜的，没有想到，后世更以非人性的说法加以攻击。

关于武则天的文字记载，随着时间的推移越发妖魔化，追究起来，也不是没有背景。陈寅恪先生研究李武韦杨婚姻集团，认为“李武为其核心，韦、杨助之黏合，宰制百年之世局”[①]。所以，武则天虽然最后失败，但是因为与李唐千丝万缕的联系，百足之虫死而不僵，武氏家族的政治影响依然存在。然而，从历史的立场上看，唐朝前期两大失败，一是武氏代唐，二是安史之乱，历史的追究不可避免。为了避免武氏之祸的重演，借鉴史学很容易走上妖魔化武则天的道路。于是，一些原本荒诞不经的传闻也被历史学家采纳，武则天杀害亲生女儿的故事因此得到正规史学著作的传扬。

① 陈寅恪:《记唐代之李武韦杨婚姻集团》，原载《历史研究》1954年第1期，收入作者《金明馆丛稿初编》，北京：生活·读书·新知三联书店，2001年，第266—295页。

第九章
“北门学士”及其历史书写

关于“北门学士”的概念，因为与武则天的权力提升进程联系在一起，成为武则天走向女皇之路的重要一环，所以受到广泛注意。然而，武则天作为唐朝历史上的大反派，凡是涉及武则天的故事都有可能隐藏着特殊的书写秘密，必须慎之又慎。与通常所见《新唐书》《资治通鉴》的记载不同，本文认为，把“北门学士”与武则天的权力之路联系起来的写法，是后来史家的一种春秋笔法，表达否定武则天的立场坚定不移，但在忠于史实方面亏欠甚多。

第一节　作为翰林院前史的“北门学士”

在调查有关“北门学士”概念的历史书写时，我们很容易地发现，“北门学士”关涉两个方面的问题：一是作为制度史，把北门学士看作是翰林院的前史；二是作为政治史，强调北门学士作为武则天一步步走向权力顶峰的一个步骤。这两个方面，应该存在某种关联性，但先后关系和全面判断都需要认真对待。

作为翰林院前身的“北门学士”。《唐会要·翰林院》有如下记载：

> 开元初置，已前掌内文书，武德已后，有温大雅、魏征、李百药、岑文本、褚遂良、许敬宗、上官仪等。时召入草制，未有名目，乾封已后，始号北门学士。刘懿之、祎之兄弟、周思茂、元万顷、范履冰为之。则天朝，以苏味道、韦承庆等为之。后上官昭容在中宗朝，独任其事。睿宗即位后，以薛稷、贾膺福、崔湜为之。其院置在右银台门内。驾在兴庆宫，院在金明门内。驾在大内，院在明福门内。[①]

作为制度史叙述，《唐会要》所据应该是唐代朝廷的可考文献。尤其是，其中对北门学士的叙述，是放在翰林院历史的过程中进行叙述的。特别值得注意的是，从“北门学士”到翰林院，有一个自然过程，其创始是在武德贞观时期，不论是武则天还是唐高宗，都是继承先皇做法而已。武则天以后，这个制度还在继续发展，直至开元时期出现了制度化的“翰林院”。皇帝需要词学之臣担任这个特殊任务，为的是提高决策效率，开始并没有具体名目，“乾封已后”，才出现“北门学士”之称，当然后来“北门学士”之称被“翰林待诏”等取代，而这些都是翰林学士的前身。

《旧唐书》对《唐会要》的这个记载，有很大的补充，其文曰：

---

① 《唐会要》卷五七“翰林院”条，上海：上海古籍出版社，1991年，第1145页。

翰林院。天子在大明宫，其院在右银台门内。在兴庆宫，院在金明门内。若在西内，院在显福门。若在东都、华清宫，皆有待诏之所。其待诏者，有词学、经术、合炼、僧道、卜祝、术艺、书奕，各别院以廪之，日晚而退。其所重者词学。武德、贞观时，有温大雅、魏征、李百药、岑文本、许敬宗、褚遂良。永徽后，有许敬宗、上官仪，皆召入禁中驱使，未有名目，乾封中，刘懿之、刘祎之兄弟、周思茂、元万顷、范履冰，皆以文辞召入待诏，常于北门候进止，时号北门学士。天后时，苏味道、韦承庆，皆待诏禁中。中宗时，上官昭容独当书诏之任。睿宗时，薛稷、贾膺福、崔湜，又代其任。玄宗即位，张说、陆坚、张九龄、徐安贞、张楻等，召入禁中，谓之翰林待诏。王者尊极，一日万机，四方进奏、中外表疏批答，或诏从中出。宸翰所挥，亦资其检讨，谓之视草，故尝简当代士人，以备顾问。至德已后，天下用兵，军国多务，深谋密诏，皆从中出。尤择名士，翰林学士得充选者，文士为荣。亦如中书舍人例置学士六人，内择年深德重者一人为承旨，所以独承密命故也。德宗好文，尤难其选。贞元已后，为学士承旨者，多至宰相焉。①

《旧唐书》的这个记载，比《唐会要》文字更多，内容更翔实。追溯历史，《会要》但记“武德已后”，《旧唐书》多“贞观”，表明这个制度从武德已后到贞观，未曾中断。有关安史之乱后的情

① 《旧唐书》卷四三《职官二·翰林院》，北京：中华书局，1975年，第1853—1854页。

况，《旧唐书》也多所交代。

《新唐书》这方面的记载，也大有贡献。除了在基本内容比较一致之外，《新唐书》尤其重视具体名称的演变，其文曰：

> 唐制，乘舆所在，必有文辞、经学之士，下至卜、医、伎术之流，皆直于别院，以备宴见；而文书诏令，则中书舍人掌之。自太宗时，名儒学士时时召以草制，然犹未有名号，乾封以后，始号“北门学士”。玄宗初，置“翰林待诏”，以张说、陆坚、张九龄等为之，掌四方表疏批答、应和文章；既而又以中书务剧，文书多壅滞，乃选文学之士，号“翰林供奉”，与集贤院学士分掌制诏书敕。开元二十六年，又改翰林供奉为学士，别置学士院，专掌内命。凡拜免将相、号令征伐，皆用白麻。其后，选用益重，而礼遇益亲，至号为“内相”，又以为天子私人。凡充其职者无定员，自诸曹尚书下至校书郎，皆得与选。入院一岁，则迁知制诰，未知制诰者不作文书。班次各以其官，内宴则居宰相之下，一品之上。宪宗时，又置“学士承旨”。唐之学士，弘文、集贤分隶中书、门下省，而翰林学士独无所属，故附列于此云。①

从“北门学士”到“翰林待诏”，翰林院的发展从“北门学士”开始讲起，显然是一个制度史常识，至少是唐宋间学人共识。北宋学者们编辑《册府元龟》时，对于翰林院，依然重复以上的内

---

① 《新唐书》卷四六《百官一》，北京：中华书局，1975年，第1183—1184页。

容。《册府元龟》的《词臣部》总序有如下文字：

……有以他官特诏草制者，然未有名号。乾封已后，始名北门学士。自永淳已来，天下文章道盛，中书舍人为文事之极，任朝廷之盛选。中宗朝，制、诏多出宫中。明皇始置丽正殿学士，又改为集仙、集贤，以典治书籍，然亦别草诏书。后置翰林待诏，又改为翰林供奉。开元二十六年，乃为学士别建学士院于翰林院之南，专掌内命，然而学士班序未立，廷见之际各趋本列。[①]

从翰林院的历史视角看待“北门学士”，这种思路来自唐人，宋人也给予承认和继承，于是成为一般性的书写。对此，《资治通鉴》也无力改变。《通鉴》在回顾翰林院的来历时，也从“北门学士”谈起，其词为：

唐初，诏敕皆中书、门下官有文者为之。乾封以后，始召文士元万顷、范履冰等草诸文辞，常于北门候进止，时人谓之“北门学士”。中宗之世，上官昭容专其事。上即位，始置翰林院，密迩禁廷，延文章之士，下至僧、道、书、画、琴、棋、数术之工皆处之，谓之“待诏”。[②]

① 《册府元龟》卷五五〇《词臣部》总序，北京：中华书局，1960年，第6599—6600页。

② 《资治通鉴》卷二一七，天宝十三载正月，北京：中华书局，1956年，第6923页。

以上史料，就其基本信息而言，一致性很强，可以认为有相对稳固的史源基础。是否出自李肇《翰林志序》并不清楚，但李肇的序，确有价值。其文曰：

> 国朝修陈故事，有中书舍人六员，专掌诏诰，虽曰禁省，犹非密切，故温大雅、魏征、李百药、岑文本、褚遂良、许敬宗、上官仪，时召草制，未有名号。乾封已后，始曰“北门学士”，刘懿之、刘祎之、周思茂、元万顷、范履冰为之。则天朝，苏味道、韦承庆。其后，上官昭容独掌其事。睿宗，则苏稷、贾膺福、崔湜。玄宗改为翰林待招，张说、陆坚、张九龄、徐安贞相继为之，改为翰林供奉。开元二十六年，刘光谨、张垍乃为学士，始别建学士院于翰林之南。又有韩紘、阎伯舆、孟匡朝、陈兼、李白、蒋镇在旧翰林院，虽有其名，不职其事。至德宗以后，翰林始兼学士之名。代宗初李泌为学士，而今壁记不列名氏，盖以不职事之故也。[①]

李肇，元和时人，曾任翰林学士，著《唐国史补》。两《唐书》、《资治通鉴》等书，皆出于李肇《翰林志序》之后，如果说受到此序的影响也是很自然的。加上《唐会要》的同质，完全可以认为诸书在这个问题上史源的一致性。所有这些文献中，北门学士作为翰林学士的前史，清晰明白，没有分歧。

《旧唐书》《新唐书》和《资治通鉴》有关“北门学士”的

---

① 李肇：《翰林志序》，《全唐文新编》卷七二一，长春：吉林文史出版社，2000年，第8264页。

问题都有两种写法，其中的一种写法如上，跟《唐会要》《册府元龟》一样，同意北门学士是翰林院的前史，在追述翰林院的历史时，并不回避“北门学士”这个概念。这是史学家面对强大的史料时不能强行违犯的表现，如果违背这一原则，有违职业道德。

第二节　作为武则天夺权手段的“北门学士”

今天，我们在传统史书中，有关“北门学士”的问题，还能见到另外一种书写方式，即把北门学士写成武则天权力发展进程中的一个环节、一种手段。

《旧唐书·元万顷传》如此记载：

> 时天后讽高宗广召文辞之士入禁中修撰，万顷与左史范履冰、苗神客，右史周思茂、胡楚宾咸预其选，前后撰《列女传》《臣轨》《百僚新诫》《乐书》等凡千余卷。朝廷疑议及百司表疏，皆密令万顷等参决，以分宰相之权，时人谓之“北门学士”。万顷属文敏速，然性疏旷，不拘细节，无儒者之风。则天临朝，迁凤阁舍人。无几，擢拜凤阁侍郎。万顷素与徐敬业兄弟友善，永昌元年为酷吏所陷，配流岭南而死。时神客、楚宾已卒，履冰、思茂相次为酷吏所杀。[①]

这种写法，与前节所列史料不同，强调高宗时期的北门学士的

---

① 《旧唐书》卷一九〇中《元万顷传》，北京：中华书局，第5011页。

设置是武则天努力的结果，目的也是为武则天服务，“朝廷疑议及百司表疏，皆密令万顷等参决，以分宰相之权”，这个行为的主语很容易理解为武则天。于是，北门学士不再是武德、贞观以来的习惯做法，而是武则天的特别举措。

同书《刘祎之传》也秉持同一逻辑与文辞：

> 祎之少与孟利贞、高智周、郭正一俱以文藻知名，时人号为刘、孟、高、郭。寻与利贞等同直昭文馆。上元中，迁左史、弘文馆直学士，与著作郎元万顷，左史范履冰、苗楚客，右史周思茂、韩楚宾等，皆召入禁中，共撰《列女传》《臣轨》《百僚新诫》《乐书》，凡千余卷。时又密令参决，以分宰相之权，时人谓之“北门学士”。祎之兄懿之，时为给事中，兄弟并居两省，论者美之。[①]

很明显，“密令参决，以分宰相之权”之辞，与《元万顷传》一致，令人对北门学士的核心功能不能不产生怀疑。此处比《元万顷传》多一信息，即时间上不再强调乾封之后，直接写作“上元中”，给人印象突出，那就是在上元年间才出现“北门学士”的。此前，有关文学之士受宠，入北门待诏以草王言的内容全然不见，只剩下为皇后编写书籍，参决朝廷疑议和百司表疏之事，而目标就是“分宰相之权”。但是，是谁让这些“北门学士”参与如此重要的事情，这么重要的问题反而没有交代，主语省略，造成悬疑。

---

① 《旧唐书》卷八七《刘祎之传》，第2846页。

这个写法，《新唐书》继承下来，如《刘祎之传》的写法几无不同：

祎之少与孟利贞、高智周、郭正一俱以文辞称，号“刘孟高郭”，并直昭文馆。俄迁右史、弘文馆直学士。上元中，与元万顷等偕召入禁中，论次新书凡千余篇。高宗又密与参决时政，以分宰相权，时谓“北门学士”。兄懿之，亦给事中，同两省。先是，姊为内官，武后遣至外家问疾，祎之因贺兰敏之私省之，坐流巂州。后为丐还，除中书舍人。[①]

这里，“高宗又密与参决时政，以分宰相权”，言辞清晰，发令者不是皇后武则天，而是皇帝本人。而“上元中”这个时间标志，依然很醒目。这样，关于“北门学士”的出现，即不再考虑武德贞观以来的传统，仅仅述为高宗一朝之事，那么主导者究竟是高宗还是武则天呢？《旧唐书》与《新唐书》的北门学士个人传记，写法有所不同，前者强调武则天的作用，后者突出的是高宗作用。是非对错暂且不论，至少有两种观点摆在这里，对于后来人，不得不进行选择。

不过，即使同为《新唐书》，在《后妃传》的“武则天”条下，则是另外一种写法，其词曰：

初，元舅大臣怫旨，不阅岁屠覆，道路目语，及仪见诛，

---

① 《新唐书》卷一一七《刘祎之传》，第4250—4251页。

则政归房帷，天子拱手矣。群臣朝、四方奏章，皆曰“二圣”。每视朝，殿中垂帘，帝与后偶坐，生杀赏罚惟所命。当其忍断，虽甚爱，不少隐也。帝晚益病风不支，天下事一付后。后乃更为太平文治事，大集诸儒内禁殿，撰定《列女传》《臣轨》《百僚新诫》《乐书》等，大抵千余篇。因令学士密裁可奏议，分宰相权。①

这里虽然只说到“学士”，但肯定就是北门学士，而与同书的《刘祎之传》相矛盾，“分宰相权”分明是来自武则天的命令。

影响更大但后出的历史名著《资治通鉴》，在面对不同的前人表述时，把武则天的作用进一步强化，其文如下：

天后多引文学之士著作郎元万顷、左史刘祎之等，使之撰《列女传》《臣轨》《百僚新诫》《乐书》，凡千余卷。朝廷奏议及百司表疏，时密令参决，以分宰相之权，时人谓之北门学士。祎之，子翼之子也。②

《旧唐书》在强调武则天在“北门学士”的作用时，没有回避她是通过高宗来完成的设置，即“天后讽高宗广召文辞之士入禁中修撰”。《新唐书》一则直接写作是高宗决定，另外一种写法是武则天命令北门学士“分宰相权”。而到了《通鉴》，连通过高宗这个程序都被省略，变成了武则天自己直接的行动：“天后多引文学之

① 《新唐书》卷七六《后妃传上·则天顺圣皇后》，第3475—3476页。
② 《资治通鉴》卷二〇二，上元二年（675）三月，第6376页。

士。”比较新旧《唐书》,《通鉴》晚出，这样的选择和表达，当然代表了《通鉴》的思想感情。

对于后世而言，两《唐书》与《通鉴》比《唐会要》《册府元龟》这类书籍影响更大，自然是因为两《唐书》与《通鉴》的阅读者更广泛的缘故。而这些书籍，在“北门学士”问题上，几乎都存在着两种书写的问题。即使《册府元龟》也一样。如《册府元龟》在写到刘祎之的时候，有这样的文字：

> 刘祎之为左史、弘文馆直学士，时又密令参决，以分宰相之权。时人谓之北门学士。祎之兄懿之时为给事中，兄弟并居两省，论者美之。[①]

可见，两种书写问题，是个普遍的问题，并非后来著述者才如此。那么，两种北门学士的书写，一种作为翰林院的前史来书写，一种当作武则天夺权手段来书写，而我们今天，应该如何分析呢?

在此，我们首先分析后一种情况。而这种书写文献中，我们可以根据他们的表达，进一步区分出彼此的差异。

第一,《册府元龟》与《旧唐书·刘祎之传》，他们表述的主人公都是刘祎之，而且是从刘祎之的才华受到肯定的角度进行叙述的。即使是“分宰相之权”也是当作他受到重用的证明。“论者美之”是当时人的赞扬。他们兄弟受到重用，是他们的才华赢得的，即使“分宰相之权”，也不是什么见不得人的阴谋，完全是肯定性

---

① 《册府元龟》卷七八二《总录部·荣遇》，第9068页。

的正面资料。

第二，《新唐书·刘祎之传》，刘祎之等人获得“北门学士”的工作与待遇，完全是唐高宗的决定，即使参与机密“分宰相之权”也如此，“高宗又密与参决时政，以分宰相权”，完全不提是否存在武则天的影响。既然是高宗的命令，自然是合法行为。

第三，《旧唐书·元万顷传》，强调北门学士的设置，是高宗受到了武则天的影响，似乎是武则天出主意而高宗执行一样。

第四，对于武则天起到的作用只有《通鉴》最彻底，连一个字都没有分配给唐高宗。北门学士于是仅仅与武则天有关系，包括为武则天编写书籍，参决时政，“分宰相之权”，也完全是武则天的决定。看看《通鉴》的具体写作，后面一句虽然没有主语，但因为前一句话的主语是“天后”，那么后一句话的主语就很自然地被理解为主语从前省略。这一点，应该是受到《新唐书·武则天传》的影响，但更应该看作是《通鉴》的选择。

在进行了如上这些区分之后，有关北门学士“分宰相之权”的判断就没有必要再笼统去理解了。除了《新唐书》的部分写法和《通鉴》的写法之外，我们很容易看明白，其实“北门学士”与武则天保持的是一种有限的关系。即使如《旧唐书·元万顷传》的写法，高宗设置北门学士是受到武则天的影响，那么也可以理解在获得高宗同意之后，才出现北门学士的。甚至还可以进一步理解，如果不经过高宗同意与推动，武则天自己应该是无法设置北门学士的。在高宗和武则天之间，到底谁是设置北门学士的主使呢？显然是高宗。因为坚持武则天设置而与高宗没有关系的，只有《新唐书》《通鉴》持有此说，而在这些文献中，《新唐书》《通鉴》是出生最晚的。既然没有前面这些书籍作为依据，这种说法只能认为是来自作者的发明创造。

《通鉴》之说自身是存在矛盾的，在回顾翰林院历史的时候，他也承认“北门学士”开始于乾封。但在强调武则天与北门学士的关系时，因为在上元二年（675）叙述此事，自然让人相信是上元中的故事了。尤其在突出武则天的作用时，《新唐书》《通鉴》不仅是少数派，而且看不到任何根据。虽然如此，这种把北门学士与武则天夺权紧密联系的观点却是后来居上、影响最大的观点。于是，在一般印象中，北门学士就成了武则天权力发展史上的一个重要环节，所谓“分宰相之权”的人，看上去是北门学士，而实质则是武则天。

第三节　“北门学士”产生的时间及其职能

在“北门学士”的问题上，虽然只有《通鉴》坚持武则天通过“北门学士”夺权说，很不幸的是，这一观点却是影响最大的。

胡戟先生认为“北门学士”产生于乾封而不是上元，除了这一点以外，多同意《通鉴》观点，并且补充证明，认为“当年拥戴武则天的原班人马，到乾封年间只剩下两个不久人世的耄耋老人，没多少活动能量了。武则天从泰山封禅回来，不免踌躇满志，但她并没有陶醉在那一时的荣耀里，她现在还不能登顶告天主持封泰山的仪式，她有更高的目标，于是清醒地估量了下一步政治战略，其中很关键的一招是重新物色一批文人学士，作为自己新的亲信力量”。这批文士即“北门学士”[1]。

雷家骥先生承认“北门学士”是翰林学士制度的前史，承认高宗一直在延续这个来自先帝的做法。不过最后还是以武则天为“北门学士”的所属者：“武后当了皇后后，以礼部尚书许敬宗为外朝腹心，引至便殿待诏，即是沿用此例。及至腹心宰相先后衰老凋零，武后于是引用刘懿之、刘祎之兄弟等资浅文学之士为之，乾封以后始号‘北门学士’”。进一步，雷先生认为所谓“分宰相之权”，其实是在与太子争权[2]。如此，雷先生也是在帮助《通鉴》进行补充论证。

显然，在“北门学士”产生的时间问题上，存在着两种不同的记载。在翰林院历史的书写方式中，强调“乾封”之后，而“分宰相之权”的记载中，则强调“上元”这个时间标志。刘健明先生对此进行专文考证，认为“上元”期间出现“北门学士”更合理[3]。为什么上元期间更有道理？刘先生认为，上元期间出现了高宗要武

---

① 胡戟：《武则天本传》，西安：三秦出版社，1986年，第43页。本书新版，北京：北京大学出版社，2011年，第52页。吴枫、常万生所著《女皇武则天》，在这个问题上不仅完全同意《通鉴》观点，还加入了许多细节，如武则天宫中宴请北门学士，不拘君臣之礼，在百般启发之后，学士们才恍然大悟，“他们才真正明白了天后召他们入宫的真实目的。他们认识到，著文不过是件次要之事，首要的是要当好天后的臂膀，忠心辅佐她处理政事”。从此以后，“他们虽然品级低下，但可以和三品以上重臣同时入朝，共议国事，而且，他们的意见还有一种不可理解的权威性……”如同小说一般。沈阳：辽宁教育出版社，1986年，第114—115页。

② 雷家骥：《武则天传》，北京：人民出版社，2001年，第210—211页。雷先生此前撰写《武则天——狐媚偏能惑主》一书，曾经特别强调北门学士的作用，说“这批人无宰相之名，却有宰相之实，唐朝后来有‘内相’之称，实应溯源于此”。（联鸣文化有限公司出版，1983年，第114页。）新书《武则天传》，不再有这样的说法。

③ 刘健明：《论北门学士》，载中国唐史学会编：《中国唐史学会论文集》，西安：三秦出版社，1989年，第205—218页。

则天摄政问题，但被宰相们否决，只有此时才有“分宰相之权”的需要，所以才有如此结论。此前，雷家骥先生对翰林院前史的书写有所赞同，故对于乾封之说给予同情，也受到刘先生的坚定批判。

正如所述，把“北门学士”与武则天夺权联系起来的说法，最突出的只有《资治通鉴》，连一贯被《通鉴》赞同的《新唐书》也没有这样的说法。现在看来，学者们无不受到了《通鉴》的影响，而刘健明先生所受影响似乎更大，正是他的论证，又强化了《通鉴》的观点。上文已经指出，《通鉴》的这一观点，不仅是少数派，而且最缺少根据。

新出资料证明，北门学士名称的出现，不可能是上元时期。《李元轨墓志》提供了新的信息。李元轨，“年廿四，补国子生”。“以龙朔二年（662）射策高第，拜国子监大成，俄征为北门学士，教羽林军飞骑”，“迁秘书省校书郎”。“奉敕检校婺州常山县丞”，结果途经洛阳病逝，享年只有四十五岁，时间是永淳元年（682）七月十一日[①]。李方先生最早利用此墓志研究北门学士问题，认为李元轨出任北门学士的时间只能是乾封时期，不可能是上元时期[②]。新资料的证明价值很高，北门学士不仅不是高级官员，而且流动性很强，曾经出任过“北门学士”的李元轨，最后的历官不过一个检校县丞。《李元轨墓志》也再次证明了《翰林志序》这类文献记载的正确性，而《通鉴》坚持的上元说难以成立。那些基

① 《李元轨墓志》，全称《唐故秘书省校书郎赵郡李君墓志铭并序》，载周绍良主编《唐代墓志汇编》，上海：上海古籍出版社，1992年，第690—691页。

② 李方：《唐李元轨墓志所见的北门学士》，《文物》1992年第9期，第60—61页。但此文开篇所指出的“武后干政成功，以及后来临朝称帝，北门学士均曾起过很大作用”的判断，则需要更多论证。

于《通鉴》观点所进行的继续论证，本来就推测性很强，现在更需要谨慎了。

讨论“北门学士”，轻易忽略第一种书写，即把北门学士作为翰林前史的书写方法是不负责任的，而探讨北门学士的职能是解决问题的必由之路。北门学士，从翰林院的历史角度书写，是连《通鉴》也不能回避的一种重要资料，而这种资料中保存着最重大的历史信息，是后来出现的夺权论不能抹杀的历史真实。从武德、贞观以来，个别文学大臣待诏北门，是一个未曾中断的传统，除了上官婉儿独揽其事的时期以外，这个传统一直存在，并最终发展成了翰林院。

本来中书舍人起草王言是有制度规定的，而北门待诏之类，不过是为着皇帝的方便，也应该有利于提高决策效率。如果仔细分辨，我们可以在上文所引的文献中，看到《通鉴》的书写差异，即只有《通鉴》用一句“唐初，诏敕皆中书、门下官有文者为之”来概括“北门学士”的前史，似乎是从乾封时代的“北门学士”才开始了翰林学士的历程。简化高宗之前的相关历史，有助于把“北门学士”的理解向着武则天的方向靠拢，可见《通鉴》在无法回避北门学士与翰林学士的历史关系时，还是有所侧重的。然而，省略温大雅、魏征、岑文本和许敬宗等人在北门学士之前就承担同样的职任，显然是不公平的。对于正确理解“北门学士”问题也只会产生误导。可以说《通鉴》的书写策略确实获得了成功，后来很多学者都自觉自愿地帮助《通鉴》在同一思路上继续论证就是极佳的证明。

所以，正确理解“北门学士”问题，第一项工作就是把北门学士回归到原本的翰林学士发展的路径中去。那种试图脱离这个线索单独把北门学士与武则天夺权联系起来的思路，是《通鉴》的曲笔，不该获得认同。

之所以如此说，与以下问题有关。北门学士的选择，众多文献都证明是文学之臣，即朝廷文笔，为的是准确且优美地表达皇帝的旨意，把皇帝的想法恰当地转变为诏敕。那么，分配调动朝臣工作，有可能由皇后来完成吗？即使皇后有此意志，她有什么合法的渠道在指挥朝臣的问题上贯彻自己的意志呢？吴宗国先生认为，夸大武则天在高宗时期掌控朝廷的说法是不符合实际的，而关键的理解就是三省制之下，没有皇后置喙的机会①。武则天作为皇后，如果要表达自己的政治意愿，只有跟其他大臣一样，通过上表朝廷的办法进行，如众所周知的“建言十二事”，正是她以上表的方式来表达的②。所以，北门学士的人选，只能来自皇帝。皇后的作用，最多不过如《旧唐书》的暧昧说法，叫作“天后讽高宗”如何。而事实是，在高宗还没有武则天这个皇后之前，北门学士之类的职任已经存在，高宗不过是延续传统做法而已，说武则天的主意，是画蛇添足的另一种曲笔。

既然“北门学士”的职任是起草诏敕，就不难理解所谓的“分宰相之权”。既然令北门学士起草，就难免不进行商议，即使皇帝有倾向性的想法，但落实到诏敕文章中，也有遣词书写的方式问题。北门学士如果对具体的诏敕内容不了解，如何下笔成文便有困

① 吴宗国：《隋唐五代简史》，福州：福建人民出版社，1998年，第144页。
② 见《资治通鉴》卷二〇二，上元元年（674）十二月壬寅，“天后上表，以为……及其余便宜，合十二条。诏书褒美，皆行之”。第6374页。

难。此时，皇帝与北门学士的商议、交流必然要发生。宰相的权力中，有一项“议政权”[①]，如果皇帝与北门学士的商议，部分地取代了与宰相的谋议，那么就可以说北门学士分了宰相之权。其实，北门学士与皇帝的政事商议，如果一定认真追究，并非分了宰相之权，而是参与了皇帝之权。三省制下，即使以皇帝名义起草的诏敕等王言已经完成，但并不是立刻进入执行环节，而是进入宰相签署环节，通常称作“署敕”。如果宰相或相关官员不同意，他们会拒绝签署，或者另外撰写奏章提出异议。著名的北门学士出身的刘祎之，在当了宰相之后曾经拒绝接受武则天的敕书，说：“不经鸾台凤阁，何名为敕？”[②]刘祎之所说，是有制度根据的。鸾台凤阁，即中书门下两省，主要官员都要署敕，而宰相通常都是三省长官，也必须署敕。所以，北门学士即使在起草诏敕的时候参与皇帝的政事讨论，也无法替代宰相的意见，无法去分宰相之权。

此事的史学书写角度也应该给予注意。既然如此，史书为什么会津津乐道地去书写这个问题，把北门学士分相权说得活灵活现。认真注意这种写法最初的写作目的，有利于正确理解这个说法。所谓北门学士“分宰相之权”之说，皆在个人传记资料中出现，而把帮助武则天撰写图书与“分宰相之权”集中起来表达，最容易引发主导者为武则天的联想。而个人传记的文字，应该是《册府元龟》这种资料书比较可靠，那就是一种表扬传主的写法：“刘祎之为左史弘文馆直学士，时又密令参决，以分宰相之权。时人谓之北门学

① 祝总斌先生认为，宰相有两项最基本的权力，一是议政权，二是监督百官执行权。参见祝总斌：《两汉魏晋南北朝宰相制度研究》，北京：中国社会科学出版社，1990年。

② 《旧唐书》卷八七《刘祎之传》，第2846—2848页。

士。祎之兄懿之时为给事中，兄弟并居两省，论者美之。”这是一种荣誉表达，北门学士为当时社会所羡慕，说他们被皇帝重视，甚至发挥了部分宰相的功能。

把北门学士的“分宰相之权”与武则天夺权联系起来，看来是一种后起的历史书写方法。把本来的个人受到皇帝重用的荣誉，改写成参与武则天夺权的阴谋，虽然这些北门学士的个人历史名誉受到影响，但是武则天夺权之路，因而变得更加丰富，更具有历史感。即武则天的女皇之路，绝非一蹴而就，而是经过了一个长期的谋划，逐渐地发展，直到最终获得成功。正因为这种写法影响巨大，所以有学者把北门学士看成是武则天女皇之路的协助者。

以《资治通鉴》为代表的历史著作，在武则天的历史写作上，夸大武则天夺权的阶段性和一贯性，其写作手法也具有一贯性。就如同北门学士确有“分宰相之权”的记载，而北门学士也确实曾经为武则天编写书籍，于是在利用这样的资料时，巧妙地与武则天夺权进行联系，引导读者认同武则天的权力意志无处不在、无时不在。如武则天与唐高宗并称“二圣”之事，其写法也如出一辙[①]。

总之，北门学士的人选，皆为朝臣中的文学之士，是否被任命为北门学士，全权取决于皇帝的意志。而皇后在当时的制度中，只是负责后宫事务，无法干预前朝人事安排。何况北门学士的传统来自高祖、太宗，高宗不过是继承而已。夸大武则天在北门学士问题上的作用，甚至认为“分宰相之权”的主体是武则天，完全是一种历史曲笔。其实，如果按照《资治通鉴》的逻辑，武则天早在

① 参见作者另文《论高宗、武则天并称“二圣”事》，《中华文史论丛》2011年第2期（总第102期），第137—156页。

麟德时已经完全控制了皇帝，所谓“天下大权，悉归中宫，黜陟、杀生，决于其口，天子拱手而已，中外谓之二圣”[①]。麟德元年（664）武则天已经大权在握，为什么到了上元二年（675），武则天还如此这般费心费力，要通过北门学士之手去分宰相之权呢？如果宰相不听话，一言废去、换上听话的人即可，完全没有必要煞费苦心去分权。

最不该忽略的是，北门学士的主要职责是草诏，其他皆为兼涉。

第四节　北门学士的结局

北门学士曾经帮助武则天编著书籍，这是双方关系的一个重要体现，也是引发后人进行政治联想的重大缘由。

有关北门学士助武则天撰修之事，《旧唐书·元万顷传》记载：“时天后讽高宗广召文辞之士入禁中修撰，万顷与左史范履冰、苗神客，右史周思茂、胡楚宾咸预其选，前后撰《列女传》《臣轨》《百僚新诫》《乐书》等凡千余卷。”

同书《刘祎之传》也有记载，为“上元中，迁左史、弘文馆直学士，与著作郎元万顷，左史范履冰、苗楚客，右史周思茂、韩楚宾等，皆召入禁中，共撰《列女传》《臣轨》《百僚新诫》《乐书》，凡千余卷。”《元万顷传》与《刘祎之传》所述武则天修撰图书目录一致。且《新唐书·武则天传》所列书目，恰好也是《列女

① 《资治通鉴》卷二〇一，麟德元年，第6343页。

传》等四部，“后乃更为太平文治事，大集诸儒内禁殿，撰定《列女传》《臣轨》《百僚新诫》《乐书》等，大抵千余篇”。《资治通鉴》曾记载，因为太子李贤听到一些谣言对自己不利，内自疑惧。“天后尝命北门学士撰《少阳正范》及《孝子传》以赐太子，又数作书诮让之，太子愈不自安。”[①]显然，以武则天名义撰写的书籍众多，而这些书籍都是在北门学士帮助下完成的。武则天与北门学士的关系，因此增加了一层联想的空间。

首先，北门学士的主要职能是帮助皇帝撰写诏敕，这是唐初以来的传统。北门学士的选任，除了他们自身必备的文学才能以外，只有来自皇帝的命令，才能够让他们获此殊荣。那么，帮助皇后撰写图书，是撰写诏敕之外的工作，而这项工作的产生，正如《旧唐书·元万顷传》和《刘祎之传》所述，始于皇后武则天的动议，而获得唐高宗的赞同。所谓“召入禁中”的主语，只能是皇帝唐高宗。至于具体撰写什么题目，则是来自武则天的命令，如《通鉴》的表述“天后尝命北门学士撰……”等。皇后是没有渠道绕过皇帝直接命令朝臣接任新工作的。

其次，武则天集合北门学士编写的这些书籍，以通俗政治教材为主，《臣轨》《百僚新诫》等都是如此。有的书籍编辑目标十分明确，如《少阳正范》是专门针对太子编写的政治教科书。包括《列女传》，不仅符合皇后的身份，也有利于维护当时的政治秩序。这些政治教科书，以当时主流的道德、制度、法律规范为依归，体现皇后的母仪天下的教育功能，更好地为现实政治服务。

---

① 《资治通鉴》卷二〇二，永隆元年，第6397页。

唐朝最高统治者喜欢编写政治教科书，最晚是从唐太宗开始的。唐太宗著有《帝范》四卷，可以认为是专门写给继承人的书。唐高宗著有《天训》，是对皇帝子女们的教诲书。武则天的著述活动，应该是受到长孙皇后的启发，因为长孙皇后此前撰写的《女则要录》十卷[①]。有关长孙皇后《女则》的事，《通鉴》有一段生动记载，其文曰：

> 后尝采自古妇人得失事，为《女则》三十卷，又尝著论驳汉明德马后以不能抑退外亲，使当朝贵盛，徒戒其车如流水马如龙，是开其祸败之源而防其末流也。及崩，宫司并《女则》奏之，上览之悲恸，以示近臣曰："皇后此书，足以垂范百世！朕非不知天命而为无益之悲，但入宫不复闻规谏之言，失一良佐，故不能忘怀耳！"[②]

唐太宗对长孙皇后《女则》的评价是"足以垂范百世"，而如此评价，足以令后来的武则天全力以赴地积极学习。

北门学士的这些编写工作，是否有具体名称呢？最近孔祥军先生利用对"北门修撰"一词探讨"北门学士"的形成过程，认为武则天组织写作班子始于贺兰敏之，贺兰敏之败后才出现"北门

① 有关这些书籍的著录，可见《旧唐书》卷四七《经籍志》下，丙部儒家类，北京：中华书局，第2026页。

② 《资治通鉴》卷一九四，贞观十年，第6121—6122页。这里，《通鉴》记《女则》为三十卷，与两《唐书》所载《女则要录》十卷不同。见《新唐书》卷五八《艺文志二》，北京：中华书局，第1486页。

学士”[1]。从中，我们可以受到启发，北门学士协助武则天编写书籍，称作“北门修撰”是可行的。不仅如此，我们可以进一步理解，“北门修撰”与“北门学士”存在着一个合二为一的过程。北门学士为皇帝撰写诏敕，是武德以来一直存在的传统。此外，武则天利用贺兰敏之组织另外一个写作班子，称作“北门修撰”。这个班子以贺兰敏之为首，而听从武则天指挥。因为贺兰敏之是武则天的外甥，存在一层特殊关系，这个组织结构是合理可行的。贺兰敏之败后，武则天才请高宗调配“北门学士”来帮助自己工作，于是北门学士便拥有了新的“北门修撰”工作。

北门学士们，因为拥有良好的才学基础，能够胜任帮助皇后完成图书编写的任务。再加上有皇帝的指示，所以责无旁贷。这些书籍的编写，是皇后出名，学士们出力的工作，而把这种工作联系到武则天夺权，不论在事实上还是逻辑上，都有很大距离。对此，如果从北门学士后来的经历，也可以得出结论，至少不可认为北门学士是协助武则天夺权的人群组织。

具有北门学士背景，后来成长为重要政治人物的只有一人，这就是刘祎之。刘祎之有文学之名，与孟利贞、高智周、郭正一等人一起，被称为“刘、孟、高、郭”，后来直昭文馆[2]。然后，迁左史、弘文馆直学士，如此进入北门学士之列。刘祎之的历官，与睿

① 孔祥军：《唐代“北门学士”新探》，载王双怀、梁咏涛主编：《武则天与广元》，北京：文物出版社，2014年6月，第139—147页。

② “武德初置修文馆，后改为弘文馆。后避太子讳，改曰昭文馆。开元七年，复为弘文馆，隶门下省。学士。学士无员数，自武德已来，皆妙简贤良为学士。故事，五品已上，称学士，六品已下，为直学士，又有文学直馆学士，不定员数”。见《旧唐书》卷四三《职官志二》，北京：中华书局，第1847—1848页。

宗系统大有关系。“仪凤二年，转朝议大夫、中书侍郎，兼豫王府司马，寻加中大夫”。几年后“拜中书舍人。转相王府司马，复迁检校中书侍郎”。《旧唐书·刘祎之传》接着记载：

> 祎之居家孝友，甚为士族所称，每得俸禄，散于亲属，高宗以此重之。则天临朝，甚见亲委。及豫王立，祎之参预其谋，擢拜中书侍郎、同中书门下三品，赐爵临淮男。时军国多事，所有诏敕，独出祎之，构思敏速，皆可立待。及官名改易，祎之为凤阁侍郎、同凤阁鸾台三品。①

刘祎之后来晋升为宰相，直接与睿宗即皇帝位有关。史书所谓“及豫王立，祎之参预其谋”，就是指中宗废睿宗立之事。《资治通鉴》记录此事，其文曰：

> 中宗欲以韦玄贞为侍中，又欲授乳母之子五品官；裴炎固争，中宗怒曰：“我以天下与韦玄贞，何不可！而惜侍中邪！”炎惧，白太后，密谋废立。二月，戊午，太后集百官于乾元殿，裴炎与中书侍郎刘祎之、羽林将军程务挺、张虔勖勒兵入宫，宣太后令，废中宗为庐陵王，扶下殿。中宗曰：“我何罪？”太后曰：“汝欲以天下与韦玄贞，何得无罪！”乃幽于别所。己未，立雍州牧豫王旦为皇帝。政事决于太后，居睿宗于别殿，不得有所预。立豫王妃刘氏为皇后。②

---

① 《旧唐书》卷八七《刘祎之传》，第2846—2848页。
② 《资治通鉴》卷二〇三，光宅元年（684），第6417—6418页。

刘祎之之所以能够参与中宗、睿宗废立大事，不是因为他官为检校中书侍郎，而是因为他是相王府司马。睿宗即位后，刘祎之立刻升为宰相，原因也如此。但是，随后朝廷发生众多的变故，扬州事变、裴炎被杀，刘祎之都能够置身事外，但最终回避不了与武则天的冲突，终于还是被杀。《旧唐书·刘祎之传》记载：

> 后祎之尝窃谓凤阁舍人贾大隐曰："太后既能废昏立明，何用临朝称制？不如返政，以安天下之心。"大隐密奏其言，则天不悦，谓左右曰："祎之我所引用，乃有背我之心，岂复顾我恩也！"垂拱三年，或诬告祎之受归诚州都督孙万荣金，兼与许敬宗妾有私，则天特令肃州刺史王本立推鞫其事。本立宣敕示祎之，祎之曰："不经凤阁鸾台，何名为敕？"则天大怒，以为拒捍制使，乃赐死于家，时年五十七。

这段文字中，最容易令人联想到北门学士往事的，就是太后的那句我所引用而背我的话。但最多只是联想而已。刘祎之因文学和孝友，受到高宗器重，之所以在中宗睿宗废立之后升为宰相，完全是因为他是相王府司马的背景。在这个过程中，没有任何文字与北门学士的故事发生联络。《新唐书·刘祎之传》对此有特别明白的表达："后既立王为帝，以其参奉大议，愈亲之，擢中书侍郎、同中书门下三品，赐爵临淮县男。"[①]刘祎之是睿宗的属官，即相王府司

---

① 《新唐书》卷一一七《刘祎之传》，第4251页。

马，他在废中宗立睿宗的事件中，站在睿宗的立场上，是很容易理解的。当然，这个立场也同时支持了武则天，与裴炎一样，受到史家“见迟虑浅”的评价，不无道理[①]。

最终，刘祎之之死，依然还是睿宗属官这个背景，他主张武则天“返政”，自然就是返还睿宗之政。这个观点，与他支持废中宗立睿宗的逻辑是一致的。裴炎其实也是死在这个主张之下。其次，“捍拒制使”是条重罪，原因是刘祎之的“何名为敕”那句话被武则天理解为不承认自己的最高权威。而刘祎之此话最有可能的含义是敕书发布的程序有瑕疵。

更根本的还在于刘祎之与睿宗的关系。《刘祎之传》中最后一段文字，再次暴露了这个关节点。其文为：

> 初，祎之既下狱，睿宗为之抗疏申理，祎之亲友咸以为必见原宥，窃贺之。祎之曰：“吾必死矣。太后临朝独断，威福任己，皇帝上表，徒使速吾祸也。”……睿宗即位，以祎之宫府旧僚，追赠中书令。

为什么当今皇上替他说情，而在刘祎之看来反而是“徒使速吾祸也”？因为武则天现在是太后临朝，取代的正是睿宗，而对武则天当前地位最有威胁的，自然也是睿宗。虽然睿宗自身谨慎小心，绝无半点夺权的想法，但是对睿宗的故吏却是不能不设防的。刘祎

---

① 《旧唐书》卷八七，“史臣曰”中，说裴炎“见迟而虑浅”，即“唯虑中宗之过失，是其浅也。不见太后之包藏，是其迟也”。第2857—2858页。刘祎之也存在同样的问题。

之深明此理，所以在大家都以为是福的时候，他却看到了正在加速驶来的祸。

刘祎之的历史定位很清楚，因为反对武则天太后临朝，牺牲了自己的性命。刘祎之确实曾经帮助武则天编写书籍，如果后人竟然因而认为“武后干政成功，以及后来临朝称帝，北门学士均曾起过很大作用”，实在是太漠视刘祎之的牺牲了。刘祎之是主张太后返政的，当时的武则天还没有称帝问题。刘祎之是反对武则天以太后名义临朝称制的，虽然还没有发生武周代唐的问题，但是他是被武则天当作障碍除掉了。在李唐和武周之间，如果必须用忠诚概念进行衡量的话，刘祎之当然是忠于李唐的。

刘祎之帮助过武则天编书，但这并没有影响他对唐朝的忠诚。武则天主编的那些书籍，对于武则天的声誉应该有正面影响，但这跟武则天以武周替代李唐是不可画等号的。“北门学士”在武则天夺权过程中，到底发挥了怎样的作用？现在看来，这是一个无中生有的问题。武则天主编的那些书，既不是为篡夺进行的舆论准备，“北门学士”更不是武则天夺权的组织。最有代表性的“北门学士”出身的宰相刘祎之，最终的结局是因为反对武则天临朝称制而死。其他“北门学士”无人从武则天称帝中获得政治好处，反而纷纷被追杀致命。如《旧唐书·元万顷传》所记：

> 万顷素与徐敬业兄弟友善，永昌元年为酷吏所陷，配流岭南而死。时神客、楚宾已卒，履冰、思茂相次为酷吏所杀。[①]

---

① 《旧唐书》卷一九〇中《元万顷传》，北京：中华书局，第5011页。

这就是北门学士在武则天得势之后的结局。连这个重要的史实都置之不顾，依然坚持说“北门学士”是武则天的夺权力量，距离史学研究的准则太遥远了。

北门学士，从一个受到皇帝重用的褒义词，一变成为武则天夺取政治权力的帮凶，这种书写的演变，是史学的“蝴蝶效应”。它不曾在真实世界存在过，仅仅是历史书写世界的思想产物。考察妖魔化武则天写作，可以认为这种蝴蝶效应是一个基本模式。

第十章
高宗、武则天并称“二圣”之说

唐高宗时期，武则天已经与唐高宗并称“二圣”，传世权威史书无不言之凿凿。然而遍查文献，使用的“二圣”一词的报告，只有属于宫中范围的两例。既不见“群臣朝、四方奏章”的使用，更没有民间的应用。尤其在当时众多的龙门石窟题记中，更是一例未见。所谓“二圣”并称之说，虽然有所渊源，但都属于远离真相的扩大化之词。

武则天篡唐，是唐朝三百年历史大事。女人称帝，也是中国古代历史之大事。影响巨大的唐代历史著作，无法回避这一重大历史事件，而这些著作，也多把武则天的野心逐渐膨胀、夺权逐步升级看作是事件发生发展的基本线索。高宗时期，作为皇后的武则天与唐高宗并称“二圣”，就是一个具有标志性意义的事情，被看作武则天通向权力顶峰的一个重要台阶。古史如此记载，今人也有研究，基本的状态是大家深信不疑[1]。“二圣”称谓的事实究竟怎样，值得继续探讨。

---

① 在众多的武则天研究文献中，绝大多数对此不作质疑，也有学者认真研究此事如王炎平先生《论“二圣”格局》一文，就是在承认“二圣”并称的前提下进行正面论证的。《中国唐史学会论文集》，西安：三秦出版社，1989年，第196—204页。

第一节　传世文献的相关记载

“二圣”之称，并非始于武则天、唐高宗。对此问题考察，可以了解此前这种称谓就存在，这说明“二圣”称谓的历史渊源。同时，进行历史上同一称谓的纵向比较，也可以清楚虽然同称“二圣”，但很多具体情况并不相同，这对于理解武则天与高宗并称“二圣”问题，不无帮助。

北魏时期时有女主临朝，文明太后冯氏，在孝文帝时期临朝听政，《魏书》的记载是“自太后临朝专政，高祖雅性孝谨，不欲参决，事无巨细，一禀于太后”[①]。而《北史·李彪传》记录李彪的上书，有言曰：“今二圣躬行吉安素，诏令殷勤，而百姓之奢犹未革者……”[②]当时上书称“二圣”，十分正常。

北魏肃宗在位时，胡太后被尊为皇太后，“临朝听政，犹称殿下，下令行事。后改令称诏，群臣上书曰陛下，自称曰朕”[③]。胡太后与肃宗，被正式称为“二圣”，见诸史书甚多，比如高谦之上书就称“今二圣远遵尧、舜，宪章高祖，愚臣亦望策其驽蹇，少立功名”[④]。此类证据甚多，不再详列。

太后临朝，皇帝与太后或者太皇太后之间存在晚辈皇帝与长辈女性的一层血缘关系，虽然不尽正常，但因为适合孝道的解释，毕竟有可理解之处。但是皇帝皇后夫妻之间与这种情况不同，尤其是

---

① 《魏书》卷一三，北京：中华书局，1974年，第329页。
② 《北史》卷四〇，北京：中华书局，1974年，第1453页。
③ 《魏书》卷一三，第337—338页。
④ 《北史》卷五〇《高谦之传》，北京：中华书局，第1830页。

在皇帝制度之下，任何人与皇帝并列都有违皇帝制度的根本宗旨。皇帝制度的许多特殊规定，无不是为了突出皇帝的独一无二的地位，这是为了保证政治秩序的稳固。所以，皇后与皇帝并称之事，常常引起严重关注。

在武则天之前，最著名的例证是隋文帝时期的独孤皇后的称号。《隋书》记载独孤氏在隋文帝时，“后每与上言及政事，往往意合，宫中称为二圣”[①]。《北史》也有类似记载：“后雅好读书，识达今古，凡言事皆与上意合，宫中称为二圣。”[②]到司马光《资治通鉴》的记述中，文字多与前合，但是也不尽相同：“独孤皇后，家世贵盛而能谦恭，雅好读书，言事多与隋主意合，帝甚宠惮之，宫中称为二圣。”[③]

从唐高宗的视角看，把唐高祖、唐太宗同称为“二圣”[④]，这种情况也属于“二圣”说的一种，因为是一种追述祖宗的恭敬之辞，不在本文讨论范围之内。

《太武皇帝穆皇后供养石像之碑》，碑文作者是齐士员，官右监门中郎将、右勋卫郎将、检校左右领府郎将、长乐宫大监、定州刺史、上柱国延陵县开国子。碑是一佛二菩萨玉雕，而碑文称“太武皇帝穆皇后二圣供养”[⑤]。齐士员参加过太原起兵，最后陪葬献

---

① 《隋书》卷三六《后妃列传第一》，北京：中华书局，1973年，第1109页。
② 《北史》卷一四，北京：中华书局，第533页。
③ 《资治通鉴》卷一七五，北京：中华书局，第5446页。
④ 乾封二年二月详议明堂定，诏曰：“朕以寡薄忝承丕绪，奉二圣之遗训……”《册府元龟》卷五六四《掌礼部·制礼·仪注·制礼第二》，北京：中华书局，1960年，第6772页。
⑤ 陆心源：《唐文拾遗》卷一二，《全唐文》五册，上海：上海古籍出版社，1990年，第57页。

陵。他的供养石像，是给唐高祖及穆皇后制作的，声称是“二圣供养”。这里的“二圣”，是指高祖与穆皇后。太武皇帝是唐高祖李渊的谥号[①]，而穆皇后是窦皇后的谥号，系武德元年（618）六月二十二日追谥的结果[②]。这种对于先帝、先后的二圣称谓，也属于尊称表达，与在世时皇帝、皇后的并称还是有所不同。

当然，史籍所载最多的还是唐高宗武则天并称“二圣”事。《唐会要》记录武则天，“显庆五年十月已后，上苦风眩，表奏时令皇后详决，自此参与朝政，几三十年。当时畏威，称为‘二圣’”[③]。《会要》此文，十分模糊，究竟是谁称武则天与高宗为“二圣”并不明晰，只说“当时”有这样的称呼，这个称呼的起始时间也不明确，究竟是从武则天参与朝政时开始还是后来才有此称谓，一概不清。

《旧唐书》卷五《高宗本纪》（下），在上元元年（674）三月有如此记录：

> 时帝风疹不能听朝，政事皆决于天后。自诛上官仪后，上每视朝，天后垂帘于御座后，政事大小皆预闻之，内外称为“二圣”。帝欲下诏令天后摄国政，中书侍郎郝处俊谏止之。[④]

此处明确说明，高宗与武则天并称“二圣”始于上官仪被杀。

---

① 《唐会要》卷一《帝号上》，上海：上海古籍出版社，1991年，第2页。
② 《唐会要》卷三“皇后”条，第25页。
③ 《唐会要》卷三“皇后”条，上海：上海古籍出版社，1991年，第26页。
④ 《旧唐书》卷五，北京：中华书局，1975年，第100页。

而上官仪被杀是麟德元年（664）十二月。那么，所谓“二圣”之并称，也是从麟德元年（664）以后才有的，时间很清楚。不过，《新唐书·武则天本纪》的记载有所不同，其文如下：

> 高宗自显庆后，多苦风疾，百司奏事，时时令后决之，常称旨，由是参与国政。后既专宠与政，乃数上书言天下利害，务收人心，而高宗春秋高，苦疾，后益用事，遂不能制。高宗悔，阴欲废之，而谋泄不果。上元元年，高宗号天皇，皇后亦号天后，天下之人谓之“二圣”。[①]

《新唐书》此处的记载，“二圣”之并称不是麟德以后而是上元元年（674）开始，当时高宗改称天皇，武则天皇后改称天后，从此开始有“二圣”之称。两《唐书》对此事记录的时间相差十年，至于范围似乎是一致的，旧书为“内外”，新书为“天下之人”，都在说明这“二圣”之称是范围广泛的。

不过，同是《新唐书》，在《则天武皇后传》中又与《旧唐书·高宗本纪》的记录相接近，在杀上官仪之后，用如此文字记录：“初，元舅大臣怫旨，不阅岁屠覆，道路目语，及仪见诛，则政归房帷，天子拱手矣。群臣朝、四方奏章，皆曰‘二圣’。”[②]这里提供的信息是更具体的，因为“二圣”称谓的使用场合非常明确是“群臣朝、四方奏章”，即十分正式的使用方式。而时间则是诛上官仪之后，与《新唐书·武则天本纪》的说法有异。

---

① 《新唐书》卷四，北京：中华书局，1975年，第81—82页。
② 《新唐书》卷七六，第3475—3476页。

司马光《资治通鉴》成书于《新唐书》之后，在“二圣”的记载上很明确定位于麟德元年（664）十二月，在描述上官仪被杀之后，用这样的文字完成了此事的记录：“自是上每视事，则后垂帘于后，政无大小皆与闻之。天下大权，悉归中宫，黜陟、生杀，决于其口，天子拱手而已，中外谓之二圣。”[①]

《通鉴》的说法，又有《通鉴考异》提供进一步的史料来源。《唐历》有如下记载：“群臣朝谒，万方表奏，皆呼为二圣。帝坐于东间，后坐于西间。后随其爱憎，生杀在口。”对此，司马光在《通鉴考异》中写道：“按武后虽悍戾，岂得高宗尚在，与高宗对坐受朝臣朝谒乎！恐不至此。今从《实录》。”司马光的《通鉴》在这段记载中尊重《实录》而不信《唐历》，但是重点不在是否称“二圣”，在于武则天是否与高宗对坐接受朝谒。那么，关于“二圣”的记载，《实录》与《唐历》是否一致并不清楚。

此外，关于武则天与唐高宗并称“二圣”的记载，还有《太平御览》的两段文字，具体内容如下：

> 上元二年三月丁巳，天后亲蚕于邙山之阳。时帝风疹，不能听朝，政事皆决于天后。自诛上官仪后，上每视朝，天后垂帘于御座后，政事大小皆预闻之，内外称为“二圣”。帝欲下诏令天后摄国政，中书侍郎郝处俊谏止之。[②]

① 《资治通鉴》卷二〇一，北京：中华书局，1957年，第6343页。
② 《太平御览》卷一一〇“唐高宗天皇大帝”条，中华书局影印本，1960年，第529页上栏。

高宗称天皇，武后亦称天后。后素多智计，兼涉文史。帝自显庆已后，多苦风疾，百司表奏，皆委天后详决。自此内辅国政数十年，威势与帝无异。当时称为“二圣”。[1]

两段文字，也有上文一样的问题，在突出武则天大权在握的同时，给出“二圣”之称的时间依然参差。这些文字，可以看作与《新唐书》史源相同，所要表达思想都是一致的，即武则天与唐高宗并称“二圣”，是武则天大权在握，甚至与唐高宗威势无异的表现和证明。在诸书的描述中，“二圣”的格局是武则天权力增长的一个重要时期，正是因为有此类基础，才有后来的顺利称帝。

高宗之世，这些史书之外，到底还有没有证明高宗、武后并称“二圣”的证据呢？本文搜索文献，获得两条证据。其一，太子李贤对父母的称谓。《全唐文》卷九九，载有章怀太子李贤的《西明寺钟铭》，记为麟德二年（665）二月八日：“皇太子奉为二圣于西明寺造铜钟一口，可一万斤……”[2]麟德二年是公元665年，二月距离上官仪被杀的时间只有三个月。

其二，中书令兼太子左庶子薛元超在给太子上启谏的时候，提及皇帝、皇后称为“二圣”。此事，《册府元龟》卷七一四《宫臣部·规讽第三》全文记录了这篇启文，并说时间是在“永隆中”。原文“倘马逢佚驭，微致毁伤，岂不上贻二圣之忧，下乖兆人之望？”当时的太子就是后来的中宗，薛元超的谏书是因为“时皇太子在京师，颇以畋猎为事”，而文中还提到“天皇所赐诫书，殷勤

① 《太平御览》卷一一〇“则天皇后”条，第529页下栏。
② 《全唐文》一册，上海：上海古籍出版社，第446页。

切至”[1]。显然高宗当时在洛阳，对于太子在长安的行为还是很关心的。必须注意的是，薛元超虽然是中书令，同时兼任的左庶子却是东宫官员，所以这篇启文，开篇就是自称“臣”云云，即是以东宫大臣的身份上启的。

第二节 “二圣”之称的使用范围

现在所知，高宗在世之日时，皇帝皇后并称“二圣”的，唯有隋文帝与独孤皇后一例。这与武则天与高宗并称“二圣”最有可比性，所以不能不重点讨论。二者都并称“二圣”，从现在文献数据看，二者最大的差异是使用这个称谓的范围不同，隋文帝与独孤皇后，十分明确是“宫中称为二圣”，上引三处文献，完全一致。而武则天与唐高宗的“二圣”之称，范围却大得多。《唐会要》的说法模糊，是“当时”，而《旧唐书·高宗本纪》与《新唐书·武则天本纪》记录“称为二圣”的范围分别是“内外”和“天下之人”。同时《新唐书·武则天传》又把“天下之人”的说法具体化，即“群臣朝、四方奏章，皆曰二圣”。从《通鉴考异》的文字看，更早的《实录》和《唐历》也应如此记载。总之，比起隋文帝与独孤皇后的“二圣”之称来，武则天与唐高宗的“二圣”称谓使用范围扩大了，从“宫中”扩展到了外朝甚至“四方奏章”。如果说独孤氏与隋文帝的“二圣”之称，还可以具体理解为宫中的一种习惯尊称的话，那么真如《新唐书》所记，武则天与唐高宗并称“二圣”，则应

---

① 《册府元龟》卷七一四，北京：中华书局，1960年，第8493页。

该是公文书的正式规定了。

皇帝制度下，一切正式称谓都有权威规定。《唐六典》卷四礼部郎中、员外郎条："凡君臣上下皆有通称。凡夷夏之通称天子曰皇帝，臣下内外兼称至尊，天子自称曰朕，臣下敷奏于天子曰陛下……皇太子已下，率土之内，于皇帝皆称臣。六宫已下，率土之内，妇人于太皇太后、皇太后、皇后皆称妾，百官曰殿下，自称曰臣。百官于皇太子亦曰殿下，自称名，东宫官则称臣。"[①]称谓问题，根据双方的关系形成特定的系统，对于天下人而言，皇帝、皇后的称谓是有不同的，这就是陛下、殿下之别，但是天下之人对于皇帝皇后都要自称为臣。这其中的含义，一方面要区分皇帝与皇后，一方面要明确天下都是皇帝、皇后之臣。

在正式规定的称谓中，因为人物与关系的不同，称谓可以改变。比如，天下妇女对于皇后的称谓是殿下，而自称为妾。这与天下人称皇帝为陛下，自称为臣是对应的。皇后母仪天下，根据《白虎通义》的解释"天子之妃谓之后何？后者，君也。天子妃至尊，故谓后也。明配至尊，为海内小君，天下尊之，故系王言之，曰王后也"[②]。很清楚，在传统的观念中，皇后是仅次于皇帝的人物，所以称谓"小君"，正是比照皇帝而言。

皇后的地位仅次于皇帝，这也可以从称谓中得到证实。皇太子是天下储君，皇位的法定继承人。百官对于皇后要称殿下，与皇帝的陛下之称相别，而与皇太子的称谓相同，但百官对于皇后要称臣，而对太子自称名即可，不必称臣。与此相关，皇太子的东宫

---

① 《唐六典》卷四，北京：中华书局，1992年，第112页。
② 《白虎通疏证》卷十《嫁娶》，北京：中华书局，1994年，第489页。

官，却必须向太子自称臣。于是，皇帝、皇后、皇太子的地位差别就表现出来，皇帝最尊，其次皇后，最后是太子。

称皇帝、皇后为圣，真的是正式规定吗？现在起码看不到这类证据。大历十四年（779）七月，当时吏部尚书颜真卿的报告说："高祖至肃宗七圣，庙号尊号，文字繁多。皇帝则悉有大圣之号，皇后则尽有顺圣之名……"[①]如此说来，用"圣"字指称皇帝，其实主要是一种尊号，并不是如"陛下"这样由法令规定下来的称谓。神龙政变以后，武则天又尊号"则天大圣皇帝"，逝世以后，谥号和尊号多有改动，最初谥号为"大圣则天皇后"，后来改为"天后""大圣天后""天后圣帝""圣后""则天后"等。天宝八年（749），追尊为"则天顺圣皇后"[②]。看来，确如颜真卿所言，"圣"字用于尊号、谥号，在唐朝可以说是一种习惯，不可认为是法令规定。而武则天既然已经不是皇帝，但是她的子孙们还常常以"圣"字相称，也可以看作是一种习惯表达。

如果天下之人合称皇帝、皇后为"二圣"，那就是混淆了皇帝与皇后的区别，是对皇帝至上观念的挑战。但是，如果仅仅是后宫把皇帝、皇后并称为"二圣"，如隋文帝与独孤氏，那么这种称谓是否有违君纲呢？这个具体情况必须给予认真对待，因为所有的称谓都有这种对象性。后宫女官众多，但众星捧月，皇后才是后宫的最高首脑，而女官之职各有分工，都是围绕皇后进行的。比如妃三人，正一品，根据《唐六典》的说法："夫人佐后，坐而论妇礼者也。"六仪六人，正二品，"掌教九御四德，率其属以赞导后之礼仪"。其他后宫机构还

---

① 《唐会要》卷二，第18—19页。
② 《唐会要》卷二，第27页。

有尚宫局、尚仪局、尚服局、尚食局、尚寝局、尚功局等六局，分工负责宫内事务[①]。后宫组织同样庞大，而唐制主要继承了隋炀帝的思想，所谓“增置女官，准尚书省，以六局管二十四司”[②]。后宫的主人其实是皇后，这一点是必须明确的。所以，就天下人而言，既需要向皇帝称臣，也要向皇后称臣，这是法令规定的。就此一点说，齐士员在《太武皇帝穆皇后供养石像之碑》中称唐高祖与穆皇后为“二圣”，也在情理之中。那么后宫人将皇帝与皇后合称为“二圣”，也是完全正常的，一位天下的主人，一位后宫的主人，在后宫的范围内这样称呼，并不违背皇帝普天之下的至上权威。

从独孤皇后的情况看，无论是《隋书》还是《北史》，在记述宫中的这种称谓的时候，是一种正面表述的口气。因为独孤皇后的意见总能与隋文帝的意见合拍，所以宫中尊称为“二圣”。比较起来，《北史》把“二圣”之称号的理由叙述得更明确，不仅与上意合拍，还有个人修养的原因，“雅好读书，识达古今”，显然十分正面。大概正因为如此，有关隋文帝惧内的文字并不鲜见。究竟是隋文帝十分尊敬独孤皇后还是惧怕，这其中的距离是很难测量的，而就个人而言，独孤皇后的家世已经衰微，隋文帝的惧怕来自何方。所以，尊敬独孤皇后应该是存在的。

那么，太子称呼皇帝、皇后为“二圣”应该如何理解呢？首先，太子在这个问题上跟天下人一样，都要称皇帝为陛下、皇后为殿下，而在自称上必须称臣。就君臣关系而言，太子与天下人对于皇帝、皇后是一样的。另外，太子与皇帝、皇后的来往，还存在家

① 以上后宫之女官、六尚之局，俱见《唐六典》卷一二，第348—355页。
② 《隋书》卷三六《后妃传》，北京：中华书局，1972年，第1107页。

礼的层面，而所谓家礼，并不如朝廷礼仪那么严格。武德时期，“太子、二王（秦王李世民、齐王李元吉）出入上台，皆乘马、携弓刀杂物，相遇如家人礼”[①]。所谓家人礼，在这里就是在强调与朝廷礼仪的区别，显然是比朝廷礼仪简便、简单的。

太子所在东宫，东宫的官员都要对太子称臣，同时对皇帝称臣。东宫的首脑自然是太子，但是太子与皇帝、皇后的关系，除了父母层面以外，似乎皇后也有领导的责任。《旧唐书》长孙皇后的传记记录：“太子承乾乳母遂安夫人尝白后曰‘东宫器用阙少，欲有奏请’。后不听，曰：‘为太子，所患德不立而名不扬，何忧少于器物也。’”[②]结合《新唐书》的同一记载，可以认为东宫要增加器用，所需奏请的对象是皇后，而长孙皇后不听，即不准。所以，从大的方面而言，东宫也是宫中的一部分。那么，太子称皇帝、皇后为“二圣”，跟隋文帝时期的情形是一致的，属于宫中之称谓。

薛元超在给太子的上启中，身份很清楚，不是以中书令的身份而是以左庶子的身份，所以上启即以“臣”开篇。文中说到皇帝、皇后的时候使用了“二圣”称谓，也是符合作为东宫官身份的。太子称皇帝、皇后为“二圣”，那么东宫官的同样称谓可以看作是随

① 《资治通鉴》卷一九〇，第5958页。

② 《旧唐书》卷五一，第2162页。《新唐书》卷七六记载略同：“太子承乾乳媪请增东宫什器，后曰……”第3470页。

太子之称，完全可以理解[①]。对此，《册府元龟》记载："薛元超为中书令兼太子左庶子。高宗幸东都，太子于京师监国，因留元超侍太子。元超数上疏谏太子。高宗知而称善，遣使慰谕，赐帛百段。"[②]唐高宗对于薛元超的行为是表示嘉奖的。

即使是东宫官员，有的上启但称皇帝不及皇后。"韦承庆为太子司仪郎。仪凤四年，皇太子贤监国。时太子颇近声色，户奴等与之款洽。承庆上书"，其谏言提及高宗谓"天皇升殿下以储副，寄殿下以监抚……"[③]没有提及当时的天后武则天。其他上书祇称皇帝不言皇后的大有证据。根据《册府元龟》卷五四三《谏诤部·直谏》中的记载，列简表如下：

表10-1

时间	上书人物	皇帝称谓	皇后称谓	册府页码
龙朔元年四月	李君球	陛下		6513
龙朔三年	张文瓘	陛下		6513
咸亨元年三月	徐齐聃	陛下		6514
永淳元年	李善感	天皇		6514

① 杜文玉先生引证薛元超此文，指出文中"口口声声天后要求如何如何，对武则天尊礼备至"，与此同时却"极少提到高宗对太子的企望与要求。可见在薛元超的心目中，武则天已凌驾于高宗之上"。见《关于薛元超的几个问题》，《武则天与乾陵文化》（第五届全国武则天学术研讨会论文集），乾陵博物馆、武则天研究会编，1995年，第189—200页。薛元超此文，《册府元龟》与《全唐文》有所不同，而最关键的两句"天后所赐诫书，殷勤至且"，"遵天后诫书，不敢失坠"，此《全唐文》的内容（卷一五九，上海：上海古籍出版社，第717页），而《全唐文》所作"天后"处，《册府》皆作"天皇"。其实，退一步而言，即使是天后，也没有什么关系，因为天后有诫书是母亲教育儿子，很正常。至于薛元超在这里是否表现出扬后抑帝的动机，很难看得出来。

② 《册府元龟》卷七一一《宫臣部·褒宠》，第8466页。

③ 《册府元龟》卷七一四《宫臣部·规讽三》，第8491页。

上表，留下皇后称谓的一例也没有发现。这些上书如此称呼，其实面奏也是如此。总章二年（669）冬，唐高宗要西巡凉州，来公敏当面谏诤，只称“陛下”，不提皇后武则天[①]。这些事实可以证明，所谓“二圣”称谓问题，是指群臣违背皇帝制度，公然地以正式的方式将皇帝、皇后并称，从而完成了贬低皇帝、抬高武后的作用。其实，这完全是后起的说法，在唐高宗时代并不存在。

如此一来，关于高宗、武后并称“二圣”的问题，我们看到了两种证明，凡是两《唐书》《通鉴》这样的史书，都十分强调这种称谓的普遍使用，或称“中外”或称“天下”，甚至《新唐书》还直接说明二圣用于“群臣朝、四方奏章”这种十分正式的场合。但是，在我们找到实际的用例时却发现，使用“二圣”的范围十分有限，与隋文帝、独孤皇后一样，只是宫中而已。而朝臣的上书或面奏，在唐高宗的时代，我们可以找到只称陛下或者天皇的例证，却并没有发现把皇帝、皇后并称的情况，更不见“二圣”之说。这种差异说明什么呢？是我们搜集的资料有限，还是史书有夸大这个称谓的倾向呢？原本宫中的习惯用语，被后来的史学家当作武则天权力与天子无异的证据，从而为维护皇权的至上性、揭示武则天一步步篡夺唐朝提供“名不正则言不顺”方面的证据。

---

① 《册府元龟》卷五四九，第6594页。

第三节　石刻史料的强大证据

从当时人留下的直接证据中寻找“二圣”的使用，是我们今天可以修正传世史书的重要途径。石刻史料，正是能够给我们提供证据的重要资源。陆增祥《八琼室金石补正》一书，收录了很多龙门造像石刻题记，而高宗时期的这类数据，正符合我们讨论的主题。刘景龙、李玉昆先生主编的《龙门石窟碑刻题记汇录》[①]，从现存视角看，汇集数据最为完备。通观这些石刻，很多人都是为追求冥福而作，为逝去的亲人祖先等求得冥福，并不主动与政治人物联系。有的会提及皇上，如贞观十五年（641）五月四日《韩文雅题记》中写道：“上为皇帝永隆，下为去先亡七世父母。”[②]这种提法，泛泛之词，并不一定非理解为突出政治不可。

突出政治正确的石刻题记，或者拥有政治意识，或者随风气所向，更有作者本身就是拥有一定政治身份的人。如《青州刺史赵王福题记》，其内容为：

> 大唐显庆三年，行青州刺史、清信佛弟子赵王福为太宗文皇帝，敬造弥陀像一躯。愿四夷顺命，家国安宁，法界众生，普登佛道。[③]

---

① 刘景龙、李玉昆主编：《龙门石窟碑刻题记》，北京：中国大百科全书出版社，1998年。以下简称《汇录》。

② 《八琼室金石补正》，北京：文物出版社，1985年，第199页上栏。

③ 《八琼室金石补正》，北京：文物出版社，1985年，第188页下栏。

赵王李福是唐太宗的儿子，他如此行事当然很正常。这与平常百姓的动机差不多，都是为亡灵祈福。我们重视的是在高宗时期，如何称呼皇帝与皇后。

薛仁贵是著名战将，咸亨元年（670）因大非川之败除名，据《旧唐书》本传，薛仁贵后来任鸡林道总管才东山再起的，而时间根据《高宗本纪》，是在咸亨五年（674）二月，刘仁轨担任鸡林道大总管。由此可知，咸亨四年（673），薛仁贵还没有再次启用，但我们却发现了他在龙门石窟中的造像题记，其内容如下：

> 薛仁贵奉为皇帝、皇后敬造阿弥陀像一躯，并二菩萨。普共法界苍生，同得此福。咸亨四年五月造。[①]

薛仁贵曾经是右威卫大将军（正三品），封平阳郡公（正二品），绝对属于政治高层人物，如果说武则天与皇帝威权无异，天下皆恭称“二圣”的话，以薛仁贵当时除名在家的情况看，他怎么会如此不知趣，竟然只写皇帝、皇后而不写“二圣”。

就在薛仁贵造像的前一个月，将作监丞牛懃德也来造像，题为：

> 大唐咸亨四年四月八日，将作监丞牛懃德奉为皇帝、皇后、皇太子并诸王、国戚敬造阿弥陀佛一龛，势至、观音菩萨二龛。[②]

---

① 《八琼室金石补正》，北京：文物出版社，1985年，第206页上栏。

② 参见张乃翥：《武则天与龙门石窟佛教造像》，载《武则天与洛阳》，西安：三秦出版社，1988年，第17—31页。《汇录》的录文有所不同，作者为“牛懿德”，但是“奉为皇帝、皇后□□□王诸王国戚”等字的存在，与本文的宗旨不冲突。第9—10页。

将作监丞，正六品下，根据《唐六典》的记载，将作监丞“掌判监事。凡内外缮造，百司供给，大事则听制、敕，小事则俟省符，以咨大将，而下于署、监，以供其职”①。将作监丞虽不是什么高官，但是属于中央官员，不该有政治糊涂病，放着讨好大权在握皇后的“二圣”不叫，偏偏要用皇帝、皇后的称谓。而从他的题记中可以看到，他其实是一位很周到的官员，连皇太子、诸王、国戚都一一提及，怎么可能偏偏在“二圣”这个称呼上粗心大意呢。

僧惠简的造像题记是在牛憨德题记的几个月以后，那个洞窟因此被称作惠简洞，其词曰：

> 大唐咸亨四年十一月七日，西京海寺法（法海寺）僧惠简，奉为皇帝、皇后、太子、周王，敬造弥勒佛一龛，二菩萨、神王等，并德成就，伏愿皇帝圣花无穷，殿下诸王，福延万代。②

这位来自长安法海寺的僧人，正在参与一项重大的国家工程，即著名的奉先寺的建造，该寺的卢舍那大佛是龙门石窟的代表作。该工程从咸亨三年（672）四月开始到上元二年（675）十二月完成，高宗皇帝所建，皇后还特地捐献脂粉钱二万贯③。其实，将作监丞牛憨德也应该是因为这项工程来到洛阳的。

僧惠简应该是位深通政治的和尚，在他的造像题记中申明，造

① 《唐六典》卷二三，第594—595页。
② 《八琼室金石补正》第206页上，参见张乃翥文，第18页。《汇录》，第179页。
③ 参见张乃翥文，第19—20页。

像是为了皇帝、皇后，还有太子和周王。当时的太子是李贤，而周王就是后来的中宗李显，不知道为什么不提当时的相王李旦。他把亲王都写入自己的题记，显然是为了政治保险，如果当时内外官人不论上书还是面奏都把武则天与唐高宗并称“二圣”，这位政治性如此严谨的和尚无论如何不该不从众的。

更多的造像题记并不提及国家领导人，而在唐高宗时期提及的，没有发现一例是把皇帝、皇后并称“二圣”的。现在列一简表，把上文没有提及的龙门造像题记内容纳入其中，证明“二圣”之说在当时社会上毫无反应。

表10-2　龙门石窟高宗时期皇帝、皇后并称题记一览表

时间	供养人	称谓原文	出处
上元二年（675）十二月	周远志等	奉为天皇、天后、太子、诸王……	《汇录》，第550页。
仪凤四年（679）六月	太常主簿高光复等	奉为天皇、天后、殿下、诸王、文武百官	《八琼室》，第207页上。张乃翥文，第23页；《汇录》，第556—557页。
调露二年（680）二月	张感仁等	上为天皇、天后，一切法界众生七代父母……	《汇录》，第114—116页。
永隆元年（680）十二月	阐法寺僧大满	上为天皇、天后	《八琼室》，第207页下。
	沙门智运	奉为天皇、天后、太子、诸王	张乃翥文，第24页。
永淳元年（682）十一月	卫州共城县人苏鋗	奉愿天皇、天后圣德延昌……	《汇录》，第115—116页。

续表

时间	供养人	称谓原文	出处
永淳二年（683）四月	扬州大都督府长史卢公妻李氏	伏愿天皇、天后……	张乃翥文，第25—26页。《汇录》，第328页。
垂拱二年（686）四月	弘济府长上折冲苏文达	奉为高宗天皇大帝、太后、皇帝、皇后七代父母……	《汇录》，第3页。
垂拱三年（687）七月	雍州礼泉人王君意	敬为天皇、天后……	张乃翥文，第27页。《汇录》，为二年，第230页。
垂拱三年某月八日	佛弟子刘孝光	上为天皇、天后……	张乃翥文，第28页。
垂拱四年（688）三月	秦弘等	为皇太后、皇帝、皇后……	《八琼室金石补正》，第210页中，张乃翥文，第28页；《汇录》，第553页。
如意元年（692）闰五月	丁君义	上为天皇、天后……	《八琼室金石补正》，第211页上，张乃翥文，第28页。《汇录》，第162页。
永昌元年（689）五月廿七日	佛弟子皇甫毛仁	上为圣母皇帝、师僧父母	张乃翥文，第28页。
大足元年（701）三月八日	佛弟子阎门冬	奉为圣神皇帝陛下及太子、诸王……	《八琼室金石补正》，第211页中，张乃翥文，第29页。
长安元年（701）十二月八日	张阿双	圣神皇帝陛下及太子、诸王、师僧父母……	张乃翥文，第29页。

时间不确，只言天皇、天后的题记，这里没有列入。表中所列造像题记，前者皆有为天皇、天后字样，后者都是为圣神皇帝、圣母皇帝等。背景不同，文辞固有区别。

唐高宗和武则天分别称为天皇、天后，是从咸亨五年（674）八月开始，所以天皇、天后之称代替皇帝、皇后的题记都发生在这以后。垂拱年间的三条题记是在武则天为皇太后临朝听政的时候，但是题记书写者看来都是一般百姓，没有什么政治身份，所以反应并不灵敏，依然在书写天皇、天后。尤其是如意元年（692）的丁君义题记，当时武则天已经称帝，可是丁君义还书写天皇、天后。这可以看作是民间天皇、天后的称谓影响巨大，以至于后来的题记还在继续使用这个已经过时的称谓①。

永昌元年（689）皇甫毛仁题记称"圣母皇帝"，这应该跟前一年五月武则天加尊号"圣母神皇"有关。圣母神皇尊号，不是皇帝的正式称号，是武则天探索升位为皇帝的一个台阶，而该题记径直称谓"圣母皇帝"，不知是尊号的误置还是有意为之，或许在民间并不在意"圣母神皇"与"圣母皇帝"有什么差别。当时武则天就在洛阳，第二年就改洛阳为神都，如果她有机会看到皇甫毛仁的题记，一定要加以民意或者天意的解说。武则天载初二年（690，亦即天授元年）九月称帝之后，龙门石窟的题记中很自然又多出一些张阿双题记这类内容，本属正常，所以本文不再列举。

在传世文献中，我们只见宫中对高宗、武则天并称"二圣"的实用例证，而朝臣的上奏皆为"陛下"或者"天皇"，至于同时期的造像题记，"二圣"称谓的却一件都没有见到，所见都是皇帝、皇后或者天皇、天后之称。那么所谓中外并称或者朝见、奏章的"二圣"之称，更没有找到实用例证。不用说，高宗、武则天时期二人

---

① 最近在河北柏林禅寺看见一件天宝时期的石刻，也写着天皇、天后供奉，历时竟然如此之久。

长期住在洛阳，而龙门石窟正属于洛阳。这，到底说明什么呢？两类数据中，这个差距甚至矛盾是如此明显，我们今天将如何理解呢？如果确有《通鉴》等所说中外都称高宗、武则天为“二圣”，那么这些造像题记就不该存在。因为，造像题记是写在明处的，在表达对佛教的祈福以外，对于政治人们没有必要甘冒危险，而政治正确是最安全的一种保证。如果朝廷通行“二圣”之称谓，那么在龙门的石刻题记中就理应有所反映，相反，龙门石刻题记中没有一例“二圣”称谓，证明当时应该并不存在什么天下皆称“二圣”之事。

对于龙门石窟的这些题记，毕竟多把皇帝、皇后连写在一起，是否会有人认为这也能说明武则天的一定地位呢？对此，我们可以很清楚地告诉读者，民间的这类石刻题记，有一定的传统，多数是不与政治联系的，而联系者也主要是形式主义的。神龟二年（519）九月《崔懃造像记》有“上为皇帝陛下、三公、主司，后为居家眷属……”[①]字样。正光六年（525）《苏胡仁十九人等题记》有“为皇帝陛……”[②]字样。北朝造像中这种祈愿文涉及皇帝、朝廷，至少已经是一种套话[③]。隋朝仁寿元年（601）十月十五日《诸佛舍利宝塔》铭文有“皇帝普为一切法界幽显生灵，谨于同州武乡县大兴国寺奉安舍利，敬造灵塔。愿太祖武元皇帝、元明皇后，皇帝、皇后、皇太子、诸王子孙等并内外群官爰及于民

① 《八琼室金石补正》卷一五，第86页中栏。
② 《八琼室金石补正》卷一四，第76页上栏。
③ 参见侯旭东《五、六世纪北方民众佛教信仰》中篇第三章第六节“世俗祈愿——略论民众人生取向的变化”，北京：中国社会科学出版社，1998年，第211—217页。

庶、六道三途人、非人等，生生世世值佛闻法，永离苦空，同升妙果”[①]。此舍利塔设在同州，同时青州也有一个同样的舍利塔，铭文也是一样[②]。这是以皇帝名义设置的舍利塔，但其中却分别有祝愿皇帝、皇后的内容，即使这个写法不一定能够成为天下楷模的话，但至少可以证明，在佛教祈愿文字中，皇帝、皇后的写入，从唐朝的视角看，已经是渊源有自了。

武则天称帝，确实是唐朝的一大政治教训，人们无力事先防范是因为此前根本无此先例，防范根本无从说起，于是后来人就通过历史书写来防范武则天现象的重演。从《唐会要》的模糊记载看来，或许唐代国史系统已经如此撰写，两《唐书》以及《资治通鉴》在同一方向上变本加厉，于是唐高宗与武则天并称“二圣”就成了人所共知的“事实”。然而，真相是“二圣”之称只存在宫中那个狭小的范围内，根本没有什么天下共称，更没有什么朝会、奏章的正式称号。把一个习惯尊称从小范围扩大化为全国和天下共称，性质因此发生改变，从而不仅成为武则天专权的表现，也成了武则天专权的证明。通过书写改变历史的真相，这虽然不是什么重大事件，但也是应该加以注意的。

宋代学者研究唐朝历史，所见史料理应多于后代。司马光长期居住洛阳，龙门石窟也是他时常光顾的地方，但是为什么本文所举数据，一件也没有收入他的法眼呢？可见，即使如司马光这样优秀史学家，也会发生因循前人的问题。这依然是一家之言，不能说服

---

① 《金石萃编》卷四〇，隋三，北京：中国书店，1985年，第12页。
② 《金石萃编》卷四〇，隋三，北京：中国书店，1985年，第12页。

所有人[1]。所以还有继续讨论的必要。

第四节　家礼及其使用范围

最初，皇帝、皇后生前就被并称“二圣”始于隋文帝和独孤皇后，史书交代清楚是在“宫中”这个范围。那么，“宫中”这个概念，当如何理解呢？表层上看，这是一个空间概念，含义即皇宫这个建筑之内。不过，这个概念还存在着另一个层面，那是一个社会关系概念，即生活在宫中的人群关系。同样，“家人礼”的含义有家庭或家族居住的空间含义，但更重要的则是“家人关系”的含义。所以史书记载秦王李世民、齐王李元吉他们即使在朝廷中，也是“相遇如家人礼”。

家人礼的运用是在“家人”范围之内，我们今天的问题是理解当时的家人范围。通过史料，我们力图理解这一点。武周时期的一个著名故事，与家人概念相关，现据《旧唐书·宋璟传》记载，文字如下：

> （宋）璟尝侍宴朝堂。时易之兄弟皆为列卿，位三品，璟本阶六品，在下座。易之素畏璟，妄悦其意，虚位揖璟曰：“公第一人，何乃下座？”璟曰：“才劣品卑，张卿以为第一人，何也？”当时朝列，皆以二张内宠，不名官，呼易之为五郎，昌宗为六郎。天官侍郎郑善果谓璟曰：“中丞奈何呼五郎

① 参见蒋金坤：《高宗和武则天并称“二圣”事补正》（上、下），见《中华文史论丛》2014年第4期，第244、288页。

为卿？”璟曰：“以官言之，正当为卿；若以亲故，当为张五。足下非易之家奴，何郎之有？郑善果一何懦哉！”其刚正皆此类也。[①]

张易之是武则天的男宠，很多朝臣对他百般献媚。天官侍郎郑杲也是四品高官，但是他称张易之为“五郎”，还当众责怪宋璟称张易之为“卿”。宋璟的反驳很强硬，“足下非张卿家奴，何郎之有”？这就是说，张易之的家奴是可以把张易之昵称为“五郎”的，而其他外人如果也这么称呼，则对张易之有过尊之礼，不仅极大地降低了自己的身份，礼制上也是不合适的。五郎这类尊称，是适用家内的，而家奴属于家人[②]。总之，一定的人群适用一定的称呼，这应该属于社会常识[③]。

有关唐高宗、武则天并称“二圣”事，《唐淮南大长公主墓志》又提供了新证。大长公主名澄霞，是高祖皇帝的第十二女，唐太宗的妹妹，高宗的姑姑。《墓志》1978年发现于陕西富平县，属

① 《旧唐书》卷九六《宋璟传》，北京：中华书局，1972年，第3030—3031页。《资治通鉴》卷二〇七也有相似记载，北京：中华书局，1956年，第6567页。《通鉴》系年于长安四年（703年）十月之前，郑善果为郑杲之误。

② 当朝宰相杨再思称张昌宗为“六郎”，见于《新唐书》卷一〇九《杨再思传》，也是相似的一个例证。北京：中华书局，1972年，第4099页。有关“郎”的称谓，研究者意见有分歧，本文很赞成李斌城先生的观点，即从南北朝以来，行第之称是渐渐流行和扩大的。见《隋唐五代社会生活史》第四章第七节，北京：中国社会科学出版社，1998年。

③ 那么，既然有郑杲这样的人情愿降低身份，对张易之兄弟称郎，不会有人也去跟皇帝家族攀缘吗？因为跟皇帝家族如此攀龙附凤，则不是自我降低身份问题，而是自我抬高问题，对于皇家不无冒犯之嫌。

于献陵的陪葬墓[1]。该墓志的撰写者是公主的丈夫，驸马都尉封言道，其中所记公主经历，有很高的史料价值。公主的名号，受封于武德六年（623），贞观二年（628）加为长公主，高宗永徽年中，再加为大长公主。墓志尽量表现出高宗对大长公主的尊重，“帝族既尊，礁沐增厚，家人降礼，亲敬日崇”。大长公主在睿宗的冠礼和太平公主的婚礼上，都担任重要的角色，而在太平公主婚礼的时候，高宗特别发敕书邀请，其中口口声声都以“姑”相称。因为大长公主的才华很高，墓志还特地记录了她的一首诗，具体情形与内容如下：

> 尝□□□，公主等侍宴奉上寿，仍令催酒唱歌，公主随即作歌唱云：今宵送故，明旦迎新。漏移善积，年来庆臻。院梅开花袭蕊，檐竹挺翠含筠，二圣欢娱百福，九族献寿千春。

诗作背景有三个字磨损了，可能是关于时间的重要信息。从“今宵送故，明旦迎新”一句看，这首诗应该作于除夕。从“公主等侍宴奉上寿”一句看，应该是除夕皇宫内的一个家宴，为高宗皇帝庆寿，迎接新年。“二圣欢娱”，如同我们今天常言“快乐”一样，是祝贺高宗和武则天心情愉快的。虽是家宴，家礼要比朝廷礼仪更轻松，但毕竟皇帝、皇后才是核心，所以作诗写歌，都不会忽略这一点。

唐朝有守岁风俗，唐太宗就有《守岁诗》二首，其一为：

---

① 参见岳连建、柯卓英：《唐淮南大长公主墓志所反映的唐代历史问题》，《华夏考古》2008年第2期，第130—136页。

暮景斜芳殿，年华丽绮宫。寒辞去冬雪，暖带入春风。阶馥舒梅素，盘花卷烛红。共欢新故岁，迎送一宵中。

关于此诗作者，一说为董思恭。董是唐高宗时期人，官中书舍人[①]。其中，“共欢新故岁，迎送一宵中”与淮南大长公主的“今霄送故，明旦迎新”句，含义完全相同。

根据钱易《南部新书》的记载，唐朝除夕，宫中会有一系列活动，其中比较热闹的是驱傩活动。“岁除日，太常卿领官属乐吏，并护僮侲子千人，晚入内，至夜，于寝殿前进傩。燃蜡炬，燎沈檀，荧煌如昼，上与亲王妃主以下观之，其夕赏赐甚多。”[②]其中，最可注意的是在这些活动中，“上与亲王妃主以下观之”，皇帝、亲王、嫔妃、公主等是最重要的观众。由此不难理解，淮南大长公主侍宴，应该属于皇室的新年活动。大长公主在这种类似家宴活动中的诗歌创作，把皇帝和皇后并称为“二圣”，自然属于家礼范围，没有超出“宫中”的人群界限[③]。称谓是人际关系的反应，不属于家人群体，自然无法适用家礼。

---

① 今本《全唐诗》，此诗分别录于唐太宗和董思恭，见北京：中华书局，1960年版，2003年印刷，第15页、第741页。

② 《南部新书》乙，北京：中华书局，1958年，第18页。

③ 蒋金坤在讨论淮南大长公主的这个作品的时候，总结说：“因此，淮南大长公主在守岁夜宴做歌时用‘二圣’一词，说明‘二圣’是宫中及外朝近臣共识之词。”首先，宫中适用不是宫中秘密使用。这里，“共识”一词使用很好，因为这样的礼仪当时人不会不懂得，但是“共识”绝不等于“共使”，不是家礼范围之人，即使大臣也不能使用。事实上，似乎也没有人主张“二圣”是个秘密词汇。之所以否认“二圣”称呼的广泛存在，最重要的制度支持是皇帝制度，最重要的史料支持是当时的石刻资料。蒋先生没有解释为什么当时的石刻资料中，大量的称呼是皇帝、皇后，天皇、天后，而没有“二圣”，而既然要表达反对意见，则不该对这样的资料置之不理。

“家人降礼，亲敬日崇”，这是《淮南大长公主墓志》里的文字，也揭示了家礼的特征。在家人的范围内如果继续使用朝廷礼仪，不仅生硬，也缺少亲和性，严重影响亲情的表达。所以，皇帝为了表达亲切，改用家礼便是一个很常用的办法。即使皇帝的亲兄弟，使用家礼也同样会赢得良好效果。如玄宗长兄宁王李宪去世，玄宗手书一文，置于灵座之前，其书内容为：“隆基白：一代兄弟，一朝存殁，家人之礼，是用申情，兴言感思，悲涕交集。大哥孝友，近古莫俦……”[①]这是一份基于家礼的文字，一代皇帝，口口声声地称大哥，令人读后也有感动。但是，就皇室而言，他们的家礼，显然外人是无法使用的。家礼的适用有人群界限，空间则相对自由，在什么地方使用家礼，完全视当时的人际关系等具体情形而定。

把高宗、武则天称作“二圣”的，现在还能看到《大唐越国故太妃燕氏墓志铭》（以下简称《燕太妃墓志》）。燕太妃是唐太宗的妃子，贞观时期为唐太宗的德妃，为唐太宗生下越王贞。太妃之称是在高宗即位之后所封。燕太妃咸亨二年（671）七月廿七日去世，春秋六十三岁，最后陪葬昭陵。在高宗时代燕太妃最荣耀的事就是参与了泰山封禅大典，并且担任“三献”角色。墓志记载此事，文曰：“乾封肇岁，肆觐岱宗。射牛燎鹈，千载光其盛事。秸席芝泥，万灵荐其繁祉。登封起白云之瑞，降禅肃黄琮之仪。二圣展圭瓒于孝思，太妃奉褕翟于三献。宗祀之贵，于斯而极。”[②]燕

① 《旧唐书》卷九五《睿宗诸子·让皇帝宪》，第3013页。

② 《燕太妃墓志》，墓志藏昭陵博物馆，拓片照片见《隋唐五代墓志汇编》陕西卷第一册，天津：天津古籍出版社，1992年，第51页。录文见周绍良主编：《唐代墓志汇编续集》，上海：上海古籍出版社，2001年，第192—194页。

太妃担任的“三献”，传世文献也称之为“终献”[1]。这里的“二圣”，无疑是指代高宗、武则天。同是此墓志，在对高宗、武则天的称谓上，有多重表示方法。比如，燕太妃之所以去世，是在赶往东都的路上生病，不治而亡。为什么要去东都呢，原来跟武则天有关，“太妃以中宫在戚，燧火旋周，乃赴东都，将申哀唁”。此前，武则天的母亲荣国夫人去世，武则天正在哀痛中，燕太妃正是为了赶去安慰皇后，结果自己反而一命呜呼。可注意者，这里称武则天为“中宫”。对于高宗和武则天的连称，也非只有“二圣”一种，在记述燕太妃死讯传到东都的时候，墓志写道，“圣上、中宫，揽表哀恸”。看来，燕太妃与武则天关系不错，来往密切，后来中宫武则天还为燕太妃的葬礼赠送了特制的礼品——带有铭文的两铺绣像。一篇墓志中，一个人会采用不同的称谓，在文章的写作上可能是为了避免重复，但是考虑燕太妃还是自家人，“二圣”称呼依旧适用。

本文继续从家礼角度讨论高宗时代“二圣”称谓，是希望通过称谓这个角度辨析清楚高宗时代武则天与皇帝的关系。唐朝时期，中国的皇帝制度已经十分完善，尽一切可能突出和保证皇帝的至高无上，是皇帝制度最突出的特征之一。为什么要规定如何称呼皇帝，如何在皇帝面前自称，如何使用相关的书面语，凡此等等，都在保证皇帝的至上性。在国家的制度层面，如果具有臣下身份的

---

① 《旧唐书》卷五《高宗本纪》下：“麟德三年春正月戊辰朔，车驾至泰山顿。是日亲祀昊天上帝于封祀坛，以高祖、太宗配飨。己巳，帝升山行封禅之礼。庚午，禅于社首，祭皇地祇，以太穆太皇太后、文德皇太后配飨；皇后为亚献，越国太妃燕氏为终献。辛未，御降禅坛。”北京：中华书局，第89页。麟德三年（666）即乾封元年。

人与皇帝称呼一样，那么皇帝的至上性如何体现？如果高宗与武则天并称“二圣”是个当时人人可用的称谓，如同皇帝、皇后称谓一样，对于当时的皇帝制度而言，他们的关系确实不正常。如果“二圣”称谓仅仅适用于宫中，属于家礼范围，那么理解起来并不困难，毕竟皇帝、皇后是夫妻关系，在家庭和家族的范围内，他们也是“父母”一样的并举概念，并称是完全正常的。但是，把一种家礼称谓书写为国家礼仪内容，甚至说四方表奏皆如此，这种文字就不是实事求是的，而是有意为之，其心非善。

第五节 后高宗时代的“二圣”之称

唐高宗与武则天并称“二圣”，此事只有发生在唐高宗时代才有价值，因为只有这个时期的这种行为，才能证明武则天的越位，她与独尊的皇帝平起平坐，唐高宗的弱势皇帝想象才昭然若揭。但是，高宗去世之后，再把武则天与高宗并称“二圣”，背后的含义又当如何理解呢？

这样的例证尚不多见，而《韦泰真墓志》便提供了这一事例。根据这个墓志，我们可以知道韦泰真生平经历，也了解到他曾经从事的一些重要工作。韦泰真起家官为“太宗文武圣皇帝挽郎”，仪凤二年（677），担任户部郎中。调露初，为兵部郎中。再授度支郎中，不久担任户部侍郎。永淳元年（682），再兼任通事舍人、内供奉。永淳二年（683），“将有事于中岳，营奉天宫……诏公修造……宫成，銮驾幸之，圣怀甚悦。临轩广宴，二圣赋诗。皇帝时为相王，并太平公主奉和，咸述子来之美，以为得卑宫之制度焉”。嗣圣元年（684），摄将作大匠，与“吏部尚书韦待价驰赴乾陵”，光宅元年（684）完成，授行洛州长史。垂拱元年（685），为雍州长史。二年（686）七月，“迁怀州刺史，即以其年入计。三年正月卅日，薨于神都崇政坊私第，春秋六十一”。韦泰真是在垂拱四年（688）正月十三日，葬于洛州河南县平乐乡安善里。其墓志，当然撰写在埋葬之前不久[①]。

永淳二年（683），唐高宗有事于中岳，即嵩山，传世史书有明确记载。《通鉴》谓：“上既封泰山，欲遍封五岳。秋七月，作奉天宫于嵩山。”[②]《旧唐书·高宗本纪》：“秋七月己亥，造奉天宫于嵩山之阳，仍置嵩阳县。”[③]己亥，为八日。由此可知，《韦泰真墓志》所言韦泰真奉诏营建奉天宫也在此时，为第二年封中岳做准备。“二年正月甲午朔，幸奉天宫，遣使祭嵩岳、少室、箕山、具茨等山，西王母、启母、巢父、许由等祠。”[④]由上文理解，大年初一，皇上到达奉天宫。其实，初一，是皇帝从东都出发的时间，到达奉天宫是六天之后。《册府元龟》的记载比较详细，其文为：

> 永淳二年春正月甲午朔，车驾发东都。庚子，至奉天宫，遣使祭嵩岳及少室、箕山、具茨等山，西王母、启母庙。[⑤]

---

① 《韦泰真墓志》，墓志拓片见于《隋唐五代墓志汇编》洛阳卷六册，天津：天津古籍出版社，1992年，第151页。录文见周绍良主编：《唐代墓志汇编续集》，上海：上海古籍出版社，2001年，第290—292页。

② 《资治通鉴》卷二〇三，高宗永淳元年（682），第6410页。

③ 《旧唐书》卷五《高宗本纪》下，第110页。

④ 《旧唐书》卷五《高宗本纪》下，第110页。《通鉴》也有记载，较简略：“春，正月，甲午朔，上行幸奉天宫。”未言祭祀事，与上文失联。

⑤ 《册府元龟》卷三三《帝王部·崇祭祀第二》，南京：凤凰出版社，2006年，第340页。

根据《韦泰真墓志》，我们对于皇帝临幸奉天宫一事，有了更多的了解。首先，一同前来的不仅是皇帝本人，还有天后武则天、相王及太平公主。具体祭祀的事是由其他人执行的，皇帝、皇后一家人留在奉天宫开宴赋诗。

就是在唐高宗一家宴会上，天皇和天后都赋诗抒怀，而相王和太平公主奉和酬答，《墓志》对皇帝、皇后的称呼正是“二圣”。因为《墓志》作于高宗去世之后的垂拱四年（688），所以此处的“二圣”之称，时间不能看作是永淳二年正月，只能是垂拱四年正月。蒋金坤也承认“墓志当作于垂拱三、四年间”，同时强调“高宗死后仍以‘二圣’入文，亦明此词使用范围之广，影响之深，并非限于宫中。”且不说家礼仅仅适用于家人范围之内，但说这奉天宫，至少是皇帝的离宫，这场所怎么不算宫中呢[①]？

《韦泰真墓志》未写明作者，如果从志主的角度看，即使韦泰真参与了皇帝一家的宴会，他依然仅是臣下，最多是有功之臣，绝对不属于家人范围的，当然，墓志也未曾暗示这样的问题。所以，此处的“二圣”称呼，实际上是站在垂拱四年（688）这个时间维度上来使用的。这个时候，皇帝是睿宗，武则天以太后身份临朝称制，实际上掌控朝廷。此时的唐朝，本质上就是太后政治时期。因为皇帝是太后的儿子，在以往的历史经验中，曾经发生过太后与皇帝并称“二圣”的情况。现实的太后政治中，太后掌控当今的皇帝，在礼仪上，也确实要给予太后更高的待遇。比如，太后在大臣的第二人称中，已经使用“陛下”，而这个称呼在制度的规定中，

① 见《中华文史论丛》2014年第4期，第244页。

只有皇帝可以使用，但在这个特殊时期，也不违背相关规定[①]。事实上，此时的太后全等于平时的皇帝。既然如此，实至名归，把这个时期的太后武则天与已经去世的唐高宗并称，已经不存在与皇帝平权问题，既不违背现实的太后政治，也不违背皇帝制度。

第六节　皇后武则天上表唐高宗

高宗时代，武则天作为皇后，与皇帝生活在一起，讨论朝廷政治、天下形势也有很多机会，联络的渠道并不缺乏。而他们的公开互动方式，是我们研究者观察他们关系的重要方面。

《唐六典》卷四礼部郎中、员外郎条记述有关皇帝、皇后、皇太子等称谓的制度规定，但属于择要记录，并不详尽。比如，皇后对皇帝的称谓，大概包含在“凡夷夏之通称天子曰皇帝，臣下内外兼称至尊”“率土之内，于皇帝皆称臣”之中[②]。但在实例中，我们看到皇后武则天对唐高宗正式的自称是“妾”。永徽六年（655）年十月乙卯（十九日）下诏立武则天为皇后，丁巳（二十一日）赦天下。就在这一天，根据《通鉴》的记载“皇后上表称”：“陛下前以妾为宸妃，韩瑗、来济面折庭争，此既事之极难，岂非深情为国，乞加褒赏。”唐高宗的反应是：“上以表示瑗等，瑗等弥忧惧，屡请

---

① 最应该重视的就是作为皇帝制度的过渡状态的太后政治，参见祝总斌先生：《古代皇太后“称制”制度存在、延续的基本原因》，《北京大学学报》2008年第2期，收入作者《材不材斋史学丛稿》，北京：中华书局，2009年，第549—563页。

② 李林甫等撰：《唐六典》，陈仲夫点校，北京：中华书局，1992年，第112页。

去位，上不许。”[①]皇后的上表，称皇帝为陛下，自称为妾。对照《唐六典》：“六宫已下，率土之内，妇人于太皇太后、皇太后、皇后皆称妾。”[②]看来，对于皇帝，天下的妇人（应该除太皇太后、皇太后以外）也应该一律称“妾”的。

特别值得注意的是“表”的问题。表是臣下上书皇帝的一种文书。《唐六典》记载唐朝的规定：“凡下之通于上，其制有六：一曰奏抄，二曰奏弹，三曰露布，四曰议，五曰表，六曰状。”《六典》引用汉代蔡邕《独断》文字为：“凡群臣上书通于天子者四品：一曰章、二曰奏，三曰表，四曰驳议。”[③]可见，表作为一种上奏皇帝的文书，汉唐时期都在使用。皇后武则天对皇帝要表达正式的请求，也需要上表，与其他臣下没有不同。看高宗的动作“上以表示（韩）瑗等”，确实存在一份实实在在的纸文书。

或许有人会认为，武则天刚刚当上皇后，权利野心还在隐藏中，所以才会如此遵守朝廷的规定，老老实实上表称妾。但是，武则天上表并非一次，史书记载是很明确的。唐高宗龙朔元年（661），唐朝与新罗联合与百济大战，唐高宗决定御驾亲征，最后因为武则天的反对，没有成行。对此《新唐书·东夷传》的说法如下：

> 龙朔元年，大募兵，拜置诸将，天子欲自行。蔚州刺史李君球建言：“高丽小丑，何至倾中国事之？有如高丽既

---

① 《资治通鉴》卷二〇〇，第6294页。
② 《唐六典》卷四，第112页。
③ 俱见《唐六典》卷八，第241—242页。

灭，必发兵以守，少发则威不振，多发人不安，是天下疲于转戍。臣谓征之不如不征，灭之不如不灭。”亦会武后苦邀，帝乃止”[①]

看来，武则天与李君球的意见一致，那么，武后是如何表达自己的意见呢?《通鉴》的记载更具体，文如下：

四月“庚辰，以任雅相为浿江道行军总管，契苾何力为辽东道行军总管，苏定方为平壤道行军总管，与萧嗣业及诸胡兵凡三十五军，水陆分道并进。上欲自将大军继之；癸巳，皇后抗表谏亲征高丽；诏从之。”[②]

很明确，武后与蔚州刺史李君球一样，对高宗提出的建言使用的都是表，而这正是臣下与皇帝沟通意见的法定方式。

武则天在高宗时代，最著名的参政事件是上元元年（674）的“建言十二事”。事情发生在当年的十二月，《旧唐书·高宗本纪》（下）记载到：“壬寅，天后上意见十二条，请王公百僚皆习《老子》，每岁明经一准《孝经》《论语》例试于有司。又请子父在为母服三年。”[③]

壬寅是二十七日，而《旧唐书》的这个文字没有交代武则天用什么方式表达的意见。此事，《唐会要》的记载如下：

---

① 《新唐书》卷二二〇，北京：中华书局，1975年，第6195—6196页。
② 《资治通鉴》卷二〇〇，第6324页。
③ 《旧唐书》卷五《高宗本纪》下，第99页。

上元元年十二月二十七日。天后上表曰："伏以圣绪出自元元，五千之文，实惟圣教。望请王公以下，内外百官，皆习老子《道德经》。其明经咸令习读，一准《孝经》《论语》，所司临时策试，请施行之。"至二年正月十四日明经咸试《老子》策二条，进士试帖三条。[①]

《通鉴》的记述与《唐会要》相似，其文如下：

壬寅，天后上表，以为："国家圣绪，出自玄元皇帝，请令王公以下皆习《老子》，每岁明经，准《孝经》《论语》策试。"又请"自今父在，为母服齐衰三年。又，京官八品以上，宜量加俸禄"。及其余便宜，合十二条。诏书褒美，皆行之。[②]

唐高宗接受了天后武则天的上表，对于所提建议很赞成，特别发出诏书给予表扬，并且开始实际推行。《唐会要》还记录到第二年的正月十四日已经在明经考试中测试了二条《老子》，而进士考试则测试了三条《老子》。从天后提出建议到具体实施落实，效率极高，不足二十天。

表，是臣下与皇帝沟通的制度性规定，在实际的政治生活中只要采用表的方式，就证明君臣关系的存在。武则天上表唐高宗，证

① 《唐会要》卷七五《贡举上》，上海：上海古籍出版社，1991年，第1626—1627页。
② 《资治通鉴》卷二〇二，第6374页。

明了同样的问题。但是，所谓武则天与唐高宗并称“二圣”，表达的则是另外一层含义。请看下面的罗列。

《唐会要》：“显庆五年十月已后，上苦风眩，表奏时令皇后详决，自此参预朝政，几三十年。当时畏威，称为‘二圣’。”[①]当时的人们害怕武则天的神威，所以把她与皇帝并称。

《旧唐书》：“时帝风疹不能听朝，政事皆决于天后。自诛上官仪后，上每视朝，天后垂帘于御座后，政事大小皆预闻之，内外称为‘二圣’。”[②]

《新唐书》：“高宗自显庆后，多苦风疾，百司奏事，时时令后决之，常称旨，由是参与国政。后既专宠与政，乃数上书言天下利害，务收人心，而高宗春秋高，苦疾，后益用事，遂不能制。高宗悔，阴欲废之，而谋泄不果。上元元年，高宗号天皇，皇后亦号天后，天下之人谓之‘二圣’。”[③]

《新唐书》：“初，元舅大臣怫旨，不阅岁屠覆，道路目语，及仪见诛，则政归房帷，天子拱手矣。群臣朝、四方奏章，皆曰‘二圣’。”[④]

《资治通鉴》在麟德元年（664）十二月上官仪被杀之后写道：“自是上每视事，则后垂帘于后，政无大小皆与闻之。天下大权，悉归中宫，黜陟、生杀，决于其口，天子拱手而已，中外谓之

① 《唐会要》卷三“皇后”条，上海：上海古籍出版社，1991年，第26页。
② 《旧唐书》卷五《高宗本纪下》，上元二年三月，北京：中华书局，1975年，第100页。《太平御览》卷一一〇“唐高宗天皇大帝”条所记一致，中华书局影印本，1960年，第529页上栏。
③ 《新唐书》卷四，北京：中华书局，1975年，第81页。
④ 《新唐书》卷七六，第3475—3476页。

‘二圣’。”[1]

凡此种种，都在表达同一个内容，“二圣”的称呼，是武则天超越皇帝的一种表现，与“政事皆决于天后”“后益用事，遂不能制”“天下大权，悉归中宫，黜陟、生杀，决于其口，天子拱手而已”，等等，属于同一类事项。这些才是唐高宗与武则天关系的实质，有了这样的政治现实，在称呼上也出现了平等的“二圣”，在逻辑上看上去也很正常。请注意，这是所列史书的意见归纳，而不是本文的意见。

所举武后上表给高宗，提供了一个重要旁证。如果武则天敢于公开享受天下的“二圣”之称，还有什么必要给唐高宗上表？上表这种行为与所谓“二圣”之称存有内在冲突，前者是君臣关系表达，而后者如各家史书所言，是天下大权中宫独揽的表征。从皇帝制度出发，如群臣朝见、四方奏章的时候，“二圣”之称是绝对不可能使用的。如此多的史书，扩大化强调“二圣”称谓的广泛性，若不是情况不清，则非史家的良善表现。所以，本文认为，“二圣”之称，属于宫中之称，可当作家礼来理解。在家礼范围内，使用“二圣”是适当的，但是家礼绝非机密。

---

① 《资治通鉴》卷二〇一，北京：中华书局，1957年，第6343页。

第十一章
从《上官婉儿墓志》看上官仪之死

武则天称帝是唐朝的重大事件，在陈寅恪看来其意义在于“武周之代李唐，不仅为政治之变迁，实亦社会之革命。若依此义言，则武周之代李唐较李唐之代杨隋其关系人群之演变，尤为重大也”[①]。武则天的政治成长史，通常会从“废王立武”事件开始计算，常见的史学文献，都把“废王立武”看成是武周建国的前史。但是，“废王立武”之后，武则天的政治发展并非一帆风顺，麟德元年（664），朝廷发生“废后风波”，武则天的皇后身份险些被高宗废黜。虽然武则天的皇后地位最后得以保持，但上官仪却因此被杀。最近上官婉儿墓地及墓志的发现，引起了社会各界极大的关注。自李明、耿庆刚先生把《上官婉儿墓志》的原文及其解释发表之后[②]，学界的正式研究才涌现出来，如陆

① 陈寅恪：《唐代政治史述论稿》，北京：生活·读书·新知三联书店，2009年，第202页。

② 李明、耿庆刚：《〈唐昭容上官氏墓志〉笺解——兼谈唐昭容上官氏墓相关问题》，《考古与文物》2013年第6期，第87—93页。

扬[1]、仇鹿鸣[2]等先生的研究报告。不过，所有这些文章都是围绕上官婉儿展开的，而墓志中提及的上官仪新资料，似乎较少引起注意。对于以往的学术看法，在新资料的对照下，也需要进行重新检讨。

第一节　上官仪的历官

新出的《上官婉儿墓志》，为我们重新研究上官仪，给出了最新的证据。有关上官仪的记载，《墓志》文字如下：

> 祖仪，皇朝晋府参军、东阁祭酒、弘文馆学士、给事中、太子洗马、中书舍人、秘书少监、银青光禄大夫、行中书侍郎、同中书门下三品。赠中书令、秦州都督、上柱国、楚国公、食邑三千户。[3]

其中，上官仪的赠官是在上官婉儿发达之后的事，不在本文的讨论范围之内。而其他相关的内容，已经超出了传世文献的记载。《旧唐书·上官仪传》载：

---

① 陆扬：《上官婉儿和她的制作者》，《东方早报》2014年3月30日。陆扬特别表扬了郑雅如的文章《重探上官婉儿的死亡、平反与当代评价》，《早期中国史研究》2012年第4卷第1期，第111—145页。

② 仇鹿鸣：《碑传与史传：上官婉儿的形象》，《学术月刊》2014年第4期，第157—168页。

③ 有关《上官婉儿墓志》的内容，皆引自李明、耿庆刚文章。以下不再繁引。

贞观初，杨仁恭为都督，深礼待之。举进士。太宗闻其名，召授弘文馆直学士，累迁秘书郎。时太宗雅好属文，每遣仪视草，又多令继和，凡有宴集，仪尝预焉。俄又预撰《晋书》成，转起居郎，加级赐帛。高宗嗣位，迁秘书少监。龙朔二年，加银青光禄大夫、西台侍郎、同东西台三品，兼弘文馆学士如故。[1]

比较《上官仪传》与《墓志》，可以发现其中的异同，明显存在互补性。《墓志》中所列上官仪官职大部分没有出现在《上官仪传》中。上官仪是贞观时进士，《墓志》未记。但是上官仪在晋王府的历官，《上官仪传》也未记。现在看来，《上官仪传》与《墓志》都有缺环，而全面恢复上官仪的历官，唯有将二种数据综合起来进行考察。

上官仪是进士出身，时间是贞观初。他应该是扬州推荐，或许在扬州已经担任过官职。进士及第之后，本传说是“累迁秘书郎”，现在知道，秘书郎之前，首先是在晋王府任职。《墓志》在晋王府岗位上，先写“参军事”，后写“东阁祭酒”。亲王府的参军，有户曹、兵曹、骑曹、法曹、士曹，都是正七品[2]。东阁祭酒、西阁祭酒，是亲王府的职官，执掌是“接对贤良，导引宾客”[3]。那么上官仪在晋王府至少担任过两个职务，参军和东阁祭酒。但是，或者《墓志》叙述顺序有误，东阁祭酒比参军低一阶，或者曾经担

① 《旧唐书》卷八〇《上官仪传》，北京：中华书局，1975年，第2743—2744页。
② 《唐六典》卷二九，陈仲夫点校，北京：中华书局，1992年，第730—731页。
③ 《唐六典》卷二九，第729页。

任的不是某曹参军事，而是士曹参军之下的“参军事”。士曹“掌公廨舍宇、缮造工徒等事。参军事掌出使及杂检校事”[1]。东阁祭酒的职务更重要，是亲王府对外联络的重要部门。进士及第，通常会担任京畿县尉，从八品下，但上官仪考进士是扬州都督府推荐的，本传说“贞观初，杨仁恭为都督，深礼待之”，他很可能应该已经出任了扬州都督府的低级官职，所以进士及第之后，从晋王府的参军事入职，官品为正八品上，然后晋升为东阁祭酒，从七品上。

接下来担任秘书郎，大约同时兼职弘文馆直学士。秘书郎是秘书省官员，共四员，从六品上[2]。《墓志》的叙述是“东阁祭酒、弘文馆学士、给事中”，显然也存在缺环。根据《唐会要》的记载，至少在贞观二十年（646）的时候，上官仪官为起居郎。其文如下：

> 二十年闰三月四日，诏令修史所更撰《晋书》，铨次旧闻，裁成义类，其所须可依修《五代史》故事。若少学士，量事追取。于是司空房玄龄、中书令褚遂良、太子左庶子许敬宗掌其事。又中书舍人来济，著作郎陆元佐、著作郎刘子翼、主客郎中卢承基、太史令李淳风、太子舍人李义府、薛元超、起居郎上官仪、主客员外郎崔行功、刑部员外郎辛丘驭、著作郎刘胤之、光禄寺主簿杨仁卿、御史台主簿李延寿、校书郎张文恭，并分功撰录。又令前雅州刺史令狐德棻、太子司议郎敬

① 《唐六典》卷二九，第731页。
② 《唐六典》卷一〇，第297页。

> 播、主客员外郎李安期、屯田员外郎李懷俨，详其条例，量加考正。以臧荣绪书为本，及十纪、十志、七十列传、三十載纪。其太宗所著宣、武二帝及陆机、王羲之四论，称制旨焉。房玄龄已下，称史臣，凡起例皆播独创焉。以其书赐皇太子及新罗使者各一部。[①]

起居郎，从六品上，属于门下省，因专修皇帝的起居注而名官，“掌录天子之动作法度，以修记事之史”[②]。观察《唐会要》此段文字，包括了《晋书》修撰的全过程，而本传说上官仪是以秘书郎之官出任《晋书》编修的，因此功“转起居郎”。两任官皆从六品上，但起居郎隶属门下省，专门负责皇帝起居注的撰写，地位与名声自然都高于秘书郎。所以，到《晋书》编修完成，上官仪的历官完成了从秘书郎到起居郎的晋升。

之后，根据《墓志》上官仪出任“弘文馆学士、给事中”。弘文馆学士是个荣誉职位，通常都是兼任，根据《墓志》开列职务名称，只能是担任给事中时的兼职。不过，在此之前，根据本传，上官仪应该是先任“弘文馆直学士”。《唐六典》记载的规定是：“自武德、贞观已来，皆妙简贤良为学士。故事：五品已上，称为学士，六品已下，为直学士。”[③]上官仪担任弘文馆直学士，可能从秘书郎时期开始。给事中是门下省的重要官员，正五品上，执掌有

① 《唐会要》卷六三《修前代史》，上海：上海古籍出版社，1991年，第1288页。同样内容也见《册府元龟》卷五五四《国史部·选任》《国史部·恩奖》，南京：凤凰出版社，2006年，第6343、6349页。

② 《唐六典》卷八，第248页。

③ 《唐六典》卷八“弘文馆学士”条原注文，第254页。

许多，其中最重大一项是围绕皇帝管理上下文书，《唐六典》记为：“给事中掌侍奉左右，分判省事。凡百司奏抄，侍中审定，则先读而署之，以驳正违失。凡制敕宣行，大事则称扬德泽，褒美功业，覆奏而请施行；小事则署而颁之。”[①] 因为弘文馆名属门下省，而弘文馆的图书缮写、校对等也是给事中“课而察焉”。弘文馆学士无员额，“掌详正图籍，授教生徒。凡朝廷有制度沿革，礼仪轻重，得参议焉”[②]。上官仪的弘文馆学士，可能是在担任给事中时期兼任的，对于他而言，不过是去掉一个“直”字而已，应该是水到渠成的事。

从《墓志》文字看，在给事中官职之后，又出现了一个“太子洗马”之职。太子洗马是东宫司经局的长官，品阶从五品下。“洗马掌经、史、子、集四库图书刊缉之事，立正本、副本，贮本以备供进。凡天下之图书上于东宫者，皆受而藏之”[③]。这相当于东宫图书馆馆长。问题是，如果上官仪已经为官给事中（正五品上），怎么可能回任低两阶的太子洗马呢？文中既没有使用“行”字，又没有使用“兼”字，而这个太子洗马是一个单独职任。如果从官品的衔接上看，太子洗马之前最合适的官职是起居郎。如果这个推断具有可能性，那么上官仪应该是在任东宫官，即太子洗马之后出任给事中的。《墓志》书写或许发生了所任前后职务错置的情况。

在麟德元年（664）的废后风波中，上官仪之所以被罗织为与

---

① 《唐六典》卷八，第244页。有关给事中的研究，参见叶炜《隋与唐前期的门下省》第四节《唐前期门下省的枢纽地位》，吴宗国主编：《盛唐政治制度研究》，上海：上海辞书出版社，2003年，第131—145页。

② 《唐六典》卷八，第255页。

③ 《唐六典》卷二六，第666页。

王伏胜、李忠等“通谋”，是因为上官仪曾经任职于李忠的陈王府为咨议参军，而咨议参军官品是正五品上[①]。李忠字正本，是高宗的长子，“贞观二十年，封为陈王”，永徽三年（652）被立为太子[②]。上官仪只在陈王府有过任职，肯定没有在李忠的东宫里任职，否则就不会用陈王府官职来罗织，因为利用太子府官职罗织更有说服力。那么，上官仪在永徽三年（652）之前，应该已经离开陈王府，专任中央官员，最大的可能便是给事中。但是，两《唐书》的《上官仪本传》都明确写作“高宗嗣位，迁秘书少监”，所以，上官仪在陈王府任职时间应该十分短暂，并且只能是贞观末期，因为此后他又先后出任了给事中和中书舍人两个职务。除非有另外一种可能，那就是给事中兼任陈王府咨议。

给事中之后，上官仪又出任中书舍人。中书舍人与给事中同官阶，可看作是平级调动，因为中书省涉及更多机密，或许可以认为更为重要。这是唐太宗在世时期的任职。高宗即位，上官仪调任秘书省，担任少监之职，成为秘书监的副官。“秘书监之职，掌邦国经籍图书之事”，“少监为之贰焉”。秘书省少监“龙朔二年（662）改为兰台侍郎，咸亨元年（670）复旧。”[③]从上官仪曾经担任秘书郎、东宫太子洗马职位来看，再任秘书省，在专业上具有承袭关系。秘书少监，品阶是从四品上，职位又有提升。

龙朔二年（662）五月，上官仪的工作再次获得升迁，他从秘书少监晋升为中书侍郎。中书侍郎是中书省的副长官，龙朔二

① 《唐六典》卷二九，第729页。关于上官仪担任陈王府咨议之职，参见《册府元龟》卷九三三《总录部·诬构》二，第10806页。
② 《旧唐书》卷八六，第2824页。
③ 《唐六典》卷一〇，第296、297页。

年（662）改中书省为西台，中书令为右相，中书侍郎改称西台侍郎。“中书侍郎掌贰令之职，凡邦国之庶务，朝廷之大政，皆参议焉”[①]。《墓志》文字为“行中书侍郎”，应该是更准确的一种表达方式。此时上官仪的文散官是银青光禄大夫，品阶为“从三品”，中书侍郎是“正四品上”，这符合“阶高而拟卑则曰行”的原则[②]。相对而言，上官仪在秘书少监的职位上任职时间最长，如果从永徽元年（650）算起，到龙朔二年（662），竟然长达12年之久。

根据《册府元龟》的记载，上官仪等人的这次提升直接来自唐高宗。其文如下：

> 高宗龙朔二年五月丙申，大司宪窦德玄为司元太常伯，左肃机源直心为奉常正卿，刘祥道正授司刑太常伯、守司宰正卿，驸马都尉薛瓘为司宗正卿，司刑少常伯侯善业为守详刑正卿，兰台侍郎、弘文馆学士上官仪为西台侍郎，检校左相许圉师为左相，司列少常伯郝处俊为太子左中护，左中护贺兰敏之为左侍郎、弘文馆学士。德玄等所授官，并帝自注定。既而谓李勣等曰：“朕所授未知允当以否？选贤任能，虽帝王之所务，然臣下之各进乃诚，举不失选，畴咨佥议，必尽是心。上下情通，何忧不理！但为永徽以来，颇闻朋党偲艾，此事实亦生疑。今不共公等商量，则自注定，自觉专固，以为愧也。”勣等引咎拜谢。及许圉师等入谢，帝谓曰：“构大厦者，必籍群材；理天下者，必资良佐。比来食禄之官，多不称职，或递相朋附，或忘公徇私。庶政未

① 《唐六典》卷九，第275页。
② 《唐六典》卷二“吏部尚书、侍郎”条，第28页。

康，或由于此。我所以就中拣择，亲注此官。各宜用心，勿踵前弊，无令后人嗤失鉴也。”[1]

史书记载很明确，这些官员的此次提升，都是皇帝亲自“注定”，并没有跟其他大臣商量，而在高宗看来，这有利于避免以前出现过的朋党问题。这些被高宗新提拔的官员，自然是高宗欣赏并寄予厚望的。

上官仪闰五月成为中书侍郎，十月即被任命为宰相。对此，史书记载清晰，《旧唐书·高宗本纪》：龙朔二年（662）十月“庚戌，西台侍郎上官仪同东西台三品”。《新唐书》《资治通鉴》所记并无差异[2]。本传的文字是“龙朔二年，加银青光禄大夫、西台侍郎、同东西台三品，兼弘文馆学士如故”。看来，这是把上官仪升任中书侍郎与宰相放在一起记述了，而加“银青光禄大夫”应是五月事。不过，不出半年，上官仪就高升为宰相，除了个人因素外，唐高宗的器重显而易见。此时，距离高宗即位12年，如果高宗的全面掌权从击败长孙无忌算起，那么也不过7年。上官仪的政治成长应该说还是很迅速的。这其中，最为关键的因素便是与高宗的关系稳固。毕竟，从晋王府以来，作为高宗的旧臣，上官仪是高宗班底中的故旧，在政治中，人唯求旧的传统是最根本的组织保证。

然而，上官仪的宰相之任时间并不久，两年后就发生了废后风波。武则天的皇后地位没有动摇，但上官仪必须为此付出代价。无

---

① 《册府元龟》卷六九《帝王部·审官》，第735页。

② 《旧唐书》卷四《高宗本纪》上，第83页。《新唐书·高宗本纪》同，北京：中华书局，1975年，第62页。《资治通鉴》卷二〇一记载亦同，皆为十月庚戌，北京：中华书局，1957年，第6331页。

论是上官仪的自然生命还是政治生命，都就此画出了句号。以历官为基本线索，清理上官仪的政治经历，对于重新理解上官仪的历史形象，显然是有意义的。

现在，我们整理一下上官仪的所有历官情况。贞观之初，因为受到扬州都督杨仁恭的重视，最初的任官可能在扬州都督府。之后，进士及第。铨选首任官便是晋王府参军事（正八品上），后来晋升为东阁祭酒（从七品上）。应该在李治立为太子之后，上官仪出任秘书郎（从六品上），贞观二十年（646）因为参与撰修《晋书》，转为起居郎（从六品上）。之后再次回到李治身边，成为东宫的太子洗马（从五品下）。然后出任李忠陈王府的咨议参军（正五品上），再回门下省出任给事中（正五品上），或者给事中兼任咨议参军。大约此时，改弘文馆直学士为学士，后来又出任中书舍人（正五品上）一职。高宗即位，出任秘书少监（从四品上）。龙朔二年（662）闰五月，晋升为中书侍郎（正四品上），十月同中书门下三品，成为宰相。

第二节　上官仪与“废王立武”

传世文献中，在永徽六年（655）的废王立武事件中，上官仪到底扮演了什么角色并不清楚，但是他在麟德元年（664）的废后风波中却成了关键人物。大概正因为如此，陈寅恪先生在研究废王立武事件的时候，已经把上官仪归类于武则天的反对派，而理由正是上官仪的关陇出身。陈先生写道：

> 高宗将立武曌为皇后时，所与决策之四大臣中，长孙无忌、于志宁、褚遂良三人属于关陇集团，故为反对派，徐世勣一人则为山东地域之代表，故为赞成派，至韩瑗、来济、上官仪等之为反对派者，亦由属于关陇集团之故，一考诸人出身籍贯即可证明，不待详论也。①

而两《唐书》上官仪传确实都记载上官仪是“本陕州陕人也”。新出《上官婉儿墓志》记录上官氏的籍贯为“婕妤姓上官，陇西上邽人也”。这与《上官仪传》所著陕州有所不同，对此李明、耿庆刚先生已经解释，根据《元和姓纂》这种写法并无不妥②。而仇鹿鸣也有深入研究③。传世文献有关上官仪家世的记载并不多，只有一句“父弘，为隋江都宫副监，大业末，为陈棱所杀”。而《上官婉儿墓志》对于其曾祖却多有笔墨：“曾祖弘，随藤王府记室参军、襄州总管府属、华州长史、会稽郡赞持、尚书比部郎中，与榖城公吐万绪平江南，授通议大夫。”这比《上官仪传》中的记载更丰富。

但是，上官仪的关陇籍贯，真的会影响他在废王立武重大事件中的立场吗？废王立武事件是高宗朝的大事，具有政治分水岭的意义。事件从永徽五年（654）开始酝酿，以《通鉴》所载高宗年

---

① 陈寅恪：《记唐代之李武韦杨婚姻集团》，初刊《历史研究》1954年第1期，收入氏著《金明馆丛稿初编》，北京：生活·读书·新知三联书店，2009年，第276页。

② 李明、耿庆刚：《〈唐昭容上官氏墓志〉笺解——兼谈唐昭容上官氏墓相关问题》，第89页。

③ 参看前引仇鹿鸣《碑传与史传：上官婉儿的形象》第二节《家世与平生》，第157—168页。

底幸长孙无忌宅为标志。六年（655）爆发，以七月李义府公开其事，双方阵营壁垒森严为标志。结局是高宗一派胜利，褚遂良贬出，以武则天在十月成为皇后为标志。但事件并未就此结束，结束应以长孙无忌之死为标志，已经是显庆四年（659）七月。然而，废王立武的政治影响并非戛然而止，持续性的阴影依然若隐若现。直到龙朔二年（662），唐高宗还在说“永徽以来，颇闻朋党惩艾，此事实亦生疑”。高宗这里所说的永徽朋党，自然是指长孙无忌一派。永徽二年（651）闰九月，曾经发生了这样一幕，《册府元龟》的记载如下：

> 长孙无忌，永徽初以太尉同中书门下三品。高宗尝谓公卿曰：“朕开献书之路，曾有意见可录，将擢用之。比者上疏虽多，而遂无可采者。”无忌对曰：“陛下即位，政化流行，条式律令，固无遗阙。言事者率其鄙见，妄希侥幸。至于裨俗益教，理当无足可取。然须开此路，犹冀时有谠言。如或杜绝，便恐下情不达。”帝又闻所在官司犹自多有颜面。无忌曰：“颜面阿私，自古不免。然圣化所渐，人皆向公。至于肆情曲法，实谓必无此事。小小收取人情，恐陛下尚亦不免，况臣不私其亲戚，岂敢顿言绝无？”[①]

---

① 《册府元龟》卷三二〇《宰辅部·识量》，第3623页。《通鉴》卷一九九永徽二年（651）闰“九月，上谓宰相曰：‘闻所在官司，行事犹互观颜面，多不尽公。’长孙无忌对曰：‘此岂敢言无；然肆情曲法，实亦不敢。至于小小收取人情，恐陛下尚不能免。’无忌以元舅辅政，凡有所言，上无不嘉纳”。最后一句是司马光加的，似乎司马光不希望看出君臣之间的分歧。

当时唐高宗就关心朝廷的朋党问题，只是使用了“多有颜面”这样的缓和字眼与长孙无忌谈及。显然这不是空穴来风。但是，他遭遇了长孙无忌的软钉子，双方完全没有共识。而时至龙朔二年（662），高宗还念念不忘永徽朋党，并且独自任官以预防朋党之事，证明废王立武事件的记忆，高宗并未淡忘。

与此同时，我们看到，上官仪与高宗的关系却维持在相当密切的程度上。上官仪是高宗信任的人，经常出现在皇帝的身边。《册府元龟》的一条记载，证明上官仪应该是担任侍讲之任。其文曰：“上官仪为弘文馆学士。显庆五年六月，高宗御齐圣殿，引仪及吕才、直学士李玄植、道士张惠元、李荣、黄玄归及名僧等于御前讲论，命李玄植登讲座发《易》题，吕才、李荣等，以次问难，敷扬经义，移时乃罢。”[①] 文献所表是显庆五年（660），但上官仪可能在此之前已经担任这样的工作。根据《唐会要》的记载，上官仪会时常出现在最重要的场合，而相伴出现的就是朝廷的最高统治层。其文如下：

> 龙朔元年三月一日，上召李勣、李义府、任雅相、许敬宗、许圉师、张延师、苏定方、阿史那忠、于阗王伏阇、上官仪等，宴于城门，观屯营新教之舞，名之曰《一戎大定乐》。其时欲亲征辽东，以象用武之势。[②]

---

① 《册府元龟》卷五九九《学校部·侍讲》，第6912页。

② 《唐会要》卷三三《诸乐》，第718页。此内容亦见《册府元龟》卷五六九《掌礼部·作乐》五，第6540页。《旧唐书》卷二八《音乐志》一记此事为永徽六年（655），有误。

君臣同乐的宴饮观舞，这种活动有一定的仪式性，但参与者都是朝廷重要人物，明显是最高权力核心所在。李勣位三公，不管是皇帝的信任还是贡献，排位第一理所当然。李义府、任雅相、许敬宗、许圉师皆为当时宰相。张延师、苏定方、阿史那忠是将军。苏定方刚刚平定百济凯旋，此事不久，苏定方、任雅相又受命出征高句丽。张延师虽然不那么知名，但也是高宗信任的将军。《唐会要》曾有这样的记载：

> 高宗显庆五年三月己酉，讲武于并州城西。帝御龙飞阁，引群臣临观之。左卫大将军张延师为左军，左右及骁武六卫、左羽林骑士属焉。左武候大将军梁建方为右军，领威武候等六卫、右羽林骑士属焉。一鼓而誓众，再鼓而整列，三鼓而交前。左为曲直圆锐之阵，右为方锐直圆之阵，三挑而五变，步退而骑进，五合而各复其位。许敬宗奏曰："延师整而坚，建方敢而锐，皆良将也。"李勣曰："甲胄精新，将士齐力，观之者犹震恐，况当其事乎？"帝曰："讲阅者，安不忘危之道也。梁朝衣冠甚盛，人物亦多，侯景以数千渡江，一朝瓦解。武不可黩，兵不可弃，此之谓也。"①

张延师作为左卫大将军参加观舞，很正常。其中于阗王伏阇，应该就是伏阇信，史载贞观末来朝，"高宗嗣位，拜右骁卫大将

① 《唐会要》卷二六《讲武》，第584—585页。亦见《册府元龟》卷一二四《帝王部·讲武》，第1353页。此事《旧唐书》卷四《高宗本纪》也有提及，见第80页。

军”[1]。于阗王具有某种客人的身份，观舞也能理解。只有上官仪最特殊。此时的上官仪，官职不过秘书少监，品阶不过四品，虽然名列最后，却也荣与此会。到底凭什么？唯有解释为皇帝的因素，皇帝的欣赏与信任，或者皇帝内心已经有了委以重任的打算，所以才会让他如此突出地参与这么高级别的活动。

此时，当初反对立武则天为皇后的朝中大臣，不仅早就离开了朝廷，被逐出政治中心，而且正遭逢人生的最低潮，有的已经客死他乡。褚遂良，显庆三年（658）死于爱州，享年63岁。第二年，韩瑗死于振州，只有54岁。同年七月，长孙无忌死于黔州，柳奭死于象州。只有来济怀抱必死之心在遥远的庭州奋斗，龙朔二年（662）战死庭州沙场，年仅53岁。也曾反对过武则天为皇后的裴行俭，此时正在贬官之所西州任长史。废王立武的反对派，没有人不受到处分，处死、逼死或者贬官苦寒之地，无人幸免，包括众多受牵连者，也饱受打击。

然而，就在来济战死的龙朔二年（662），上官仪高升宰相。史家怎么会把上官仪看成是废王立武的反对派呢？陈寅恪先生把上官仪与韩瑗、来济等量齐观，根据是否可靠呢？陈先生重视出身的地域关系，在解释许多历史问题时十分顺利，但把政治派系的地域性看得过于绝对，在具体到某个个体的时候，就会出现偏差。观察上官仪的历官，几乎是一帆风顺的，在废王立武事件之后，升迁道路依旧畅通。在高宗对于废王立武事件依然耿耿于怀的时候，能够如此对待当初的反对派吗？恐怕不能。

---

① 《旧唐书》卷一九八《西戎·于阗传》，第5305页。

废王立武事件发生之时，上官仪的官职是秘书少监。此时的李义府是中书舍人，而担任中书舍人的还有王德俭。《通鉴》记载：

> 中书舍人饶阳李义府为长孙无忌所恶，左迁壁州司马。敕未至门下，义府密知之，问计于中书舍人幽州王德俭，德俭曰："上欲立武昭仪为后，犹豫未决者，直恐宰臣异议耳。君能建策立之，则转祸为福矣。"义府然之，是日，代德俭直宿，叩阁上表，请废皇后王氏，立武昭仪，以厌兆庶之心。上悦，召见，与语，赐珠一斗，留居旧职。[①]

因为王德俭是许敬宗的外甥，而许敬宗从一开始就参与了废王立武的工作，了解内廷机密，知道为立武则天的事皇帝与宰臣正争执不下。于是，李义府公开打起拥护皇帝立新皇后的旗帜，让高宗获得意外支持，自身也受到皇帝的保护，从此改变了朝廷中废王立武的力量对比[②]。上官仪与李义府有相同的经历，都是晋王府的旧僚，虽然不了解最核心的机密，但是在皇帝和长孙无忌之间，最容易确定的立场自然是支持皇帝。在废王立武事件中，上官仪没有李义府功劳大，所以后来升迁不如李义府快。但判断上官仪在事件中的立场，绝不可能是去反对立新皇后。因为反对新皇后，本质上就是反对皇帝。

上官仪这样级别的官员，在废王立武事件之初，没有机会参

---

① 《资治通鉴》卷一九九，第6288—6289页。

② 参见拙撰《略论李义府》，樊英峰主编：《乾陵文化研究》七，西安：三秦出版社，2012年，第180—192页。王德俭是许敬宗的外甥的记载，见《新唐书·李义府传》，第6339页。

与其中，但在事件后来的发展进程中，应该是有机会表达自己的立场的。根据《通鉴》的记载，永徽六年（655）十月己酉，正式下诏废王皇后，而在之后的乙卯日，“百官上表请立中宫”，同日下诏确立武则天为皇后[①]。此前，褚遂良已经贬官潭州都督，双方的斗争告一段落。没有机会在皇后废立问题上表态的百官终于都获得了机会，而内容不用说都是支持皇帝的。上官仪此前是否参与此事没有相关记载，那么在这次类似集体的表态中，他的立场应该是什么呢？除了支持皇帝，不可能还有其他选项。

从上官仪的历官中，可以判断他在废王立武中的立场，但是为什么连大史学家都会误以为他是反武则天的呢？一是后来的“废后风波”影响了对“废王立武”的判断，认为上官仪一贯反武，所以在“废王立武”中也会如此。二是史书的编纂会影响判断。《旧唐书》把上官仪与褚遂良、韩瑗、来济写入同传，而他们的一致之处似乎正是反对武则天。《新唐书》中与上官仪同传的除了以上三人之外，又加入长孙无忌和李义琰，反武则天阵线之意似乎更浓。其实，就反对武则天而言，长孙无忌、褚遂良、韩瑗和来济确实是同时同志。上官仪也可以判为反武则天之人，但与以上诸位的反对武则天有时间差，是后来的反对者。至于李义琰反对高宗提议的武则天摄政，则是高宗晚年之事，时间更晚。此一时，彼一时，虽皆有反对武则天的言行，但还是不该混为一谈。就废王立武事件而言，上官仪是支持派而不是反对派，这完全可以断言。

① 《资治通鉴》卷二〇〇，第6293页。

第三节　上官仪与废后风波

上官仪的一生，除了文学贡献之外，最后被历史聚焦的形象，都与废后风波联系在一起。麟德元年（664），高宗忽然起兴，要废黜皇后武则天，而上官仪表示赞同。但是，当高宗反悔的时候，上官仪却无法脱身，最后成为代罪羔羊。牺牲者上官仪，就这样定格在历史的记录之中。

《旧唐书·上官仪传》中，上官仪的经历占据了大量篇幅，最后才是废后风波：

> 上官仪……本以词彩自达，工于五言诗，好以绮错婉媚为本。仪既贵显，故当时多有效其体者，时人谓为上官体。仪颇恃才任势，故为当代所嫉。麟德元年，宦者王伏胜与梁王忠抵罪，许敬宗乃构仪与忠通谋，遂下狱而死，家口籍没。[1]

到了《新唐书》中，上官仪与废后风波的书写则占据了最大篇幅：

> 上官仪……麟德元年，坐梁王忠事下狱死，籍其家。初，武后得志，遂牵制帝，专威福，帝不能堪；又引道士行厌胜，中人王伏胜发之。帝因大怒，将废为庶人，召仪与议。仪曰：

---

① 《旧唐书》卷八〇《上官仪传》，第2743—2744页。

“皇后专恣，海内失望，宜废之以顺人心。”帝使草诏。左右奔告后，后自申诉，帝乃悔；又恐后怨恚，乃曰：“上官仪教我。”后由是深恶仪。始，忠为陈王时，仪为咨议，与王伏胜同府。至是，许敬宗构仪与忠谋大逆，后志也。自褚遂良等元老大臣相次屠覆，公卿莫敢正议，独仪纳忠，祸又不旋踵，由是天下之政归于后，而帝拱手矣。[①]

对比两《唐书》的记载，他们倾向并不一致。对于上官仪的文学成就两《唐书》都是肯定的，所谓“上官体”概念的使用，最具有说服力。但《旧唐书》提及上官仪个人的一些缺点，如“颇恃才任势，故为当代所嫉”，而《新唐书》只字未提。《旧唐书》本传更似个人的简历，几乎没有缺点，甚至对于上官仪最后离开人生舞台的缘由，不过寥寥数语而已：“麟德元年，宦者王伏胜与梁王忠抵罪，许敬宗乃构仪与忠通谋，遂下狱而死，家口籍没。”整个传记，对于上官仪采取的立场具有某种批判的色彩，似乎他最后的结局与他个人的人生风格存在着某些关联，同情的笔调存在但不浓厚。而《新唐书》关于上官仪的历官，没有给出任何新的内容。《新唐书》的上官仪形象，与《旧唐书》的描述判若两人。《新唐书》的上官仪，重点突出，立场鲜明。围绕高宗与武则天的矛盾，高宗决定废去武则天的皇后之位，但此事仅仅停留在准备阶段就终止，而高宗可耻地出卖了上官仪，上官仪作为代罪羔羊变成了牺牲品，从此朝廷的政治完全被武则天掌握，“由是天下之政归于后，而

① 《新唐书》卷一〇五《上官仪传》，第4035页。

帝拱手矣”。在《新唐书》的描述中，上官仪成为褚遂良等忠臣之后的继承人，但因此败灭。麟德元年（664）这次废后风波，直接导致了武则天的全面掌权。

比较而言，上官仪的形象，《新唐书》明显比《旧唐书》影响更大。而后来居上的《资治通鉴》，继承并发展了《新唐书》的写法，使得上官仪作为武则天专制的牺牲品形象，更加突出。其文如下：

> 初，武后能屈身忍辱，奉顺上意，故上排群议而立之；及得志，专作威福，上欲有所为，动为后所制，上不胜其忿。有道士郭行真，出入禁中，尝为厌胜之术，宦者王伏胜发之。上大怒，密召西台侍郎、同东西台三品上官仪议之。仪因言：“皇后专恣，海内所不与，请废之。”上意亦以为然，即命仪草诏。
>
> 左右奔告于后，后遽诣上自诉。诏草犹在上所，上羞缩不忍，复待之如初；犹恐后怨怒，因绐之曰：“我初无此心，皆上官仪教我。”仪先为陈王咨议，与王伏胜俱事故太子忠，后于是使许敬宗诬奏仪、伏胜与忠谋大逆。十二月，丙戌，仪下狱，与其子庭芝、王伏胜皆死，籍没其家。戊子，赐忠死于流所。右相刘祥道坐与仪善，罢政事，为司礼太常伯，左肃机郑钦泰等朝士流贬者甚众，皆坐与仪交通故也。
>
> 自是上每视事，则后垂帘于后，政无大小皆与闻之。天下大权，悉归中宫，黜陟、生杀，决于其口，天子拱手而已，中外谓之二圣。[①]

① 《资治通鉴》卷二〇一，第6342—6343页。

《通鉴》在描述麟德废后风波的时候，多用了150字，使得表述更具体生动，于是武则天的专权遭到唐高宗的反感被描述得更清晰，事情发展的过程更具体，唐高宗的胆怯被表述得更充分，后来武则天掌控全权的结局不仅表述清楚，而且增加了如何掌控最高权力的具体方式，如垂帘听政等。对于这个关键动作，《通鉴考异》否定了《唐历》的说法，自称遵从《实录》[①]，似乎根据充分。

以上三种上官仪资料，是流传最广的，而影响程度则是书写越晚，影响越大。上官仪作为反对武则天的政治牺牲品形象，就此定格[②]。研究历史的过程及时吸纳新资料是很自然的，但传世史料的优势无法否认，因为这些说法不仅深入社会大众，对专业研究者也影响巨大。其实，废后风波的许多问题依然成谜，即使流传已久的结论也需要认真审视。有关废后风波的文献，两《唐书》与《通鉴》俱见上引，而《册府元龟》的一条记载，应该来源稍早，比《新唐书》与《通鉴》更多可信处。其文曰：

> 许敬宗永徽中为礼部尚书，上官仪为西台侍郎，同东西二台三品。时有道士郭行真出入宫掖，尝为皇后行厌胜之法。中官王伏胜奏言之，高宗大怒，密召仪议其事，将废后为庶人，仍遣仪具诏草。俄而后申诉见纳，帝又自悔，恐后怨怒，遽诒云："此并上官仪教我也。"由是深为后所恶。初，仪尝为陈王府咨义，与王伏胜俱事梁王忠府。由是许敬宗构仪云："与

---

① 《资治通鉴》卷二〇一，第6343页。

② 胡戟先生认为上官仪他们"合谋倾覆武则天，是有历史渊源的。特别是和废太子忠有缘，所以这次发难的实质，应视为多年来后宫争斗的继续"。氏著：《武则天本传》，西安：三秦出版社，1986年，第30页。

忠通谋。”遂下狱死，家口籍没。于是，左肃机郑钦泰、西台舍人高正业、司虞大夫魏玄同、张希乘、长安尉崔道默并除名，长流岭南远界，与仪结托故也。简州刺史薛元超及姑河东夫人坐与仪交通，元超长流巂州，薛氏削邑号，幽于静安宫。右相刘祥道为司礼太常伯，郜国公郭广敬为隰州刺史，详刑正卿尔朱仪深为沁州刺史，司宰正卿窦斌解职事，授银青光禄大夫，以散官依前陇右检校。并坐与仪交游故也。①

包括《册府元龟》这条记载在内，我们看到的文献可以区分为两个倾向，《册府》很明显在为尊者讳，其中高宗的形象虽然不高，但包括推脱责任等，都是能够接受的。尤其《旧唐书》，根本就没有说明原委，连高宗的出尔反尔也没有描述，仅仅归罪于许敬宗了事。而《新唐书》与《通鉴》则没有为尊者讳的文字，而是在努力揭秘，最主要的内容表现在对于高宗最初震怒的原因叙述。《册府》所述，高宗的震怒是因为得知武则天与郭行真“行厌胜之法”，而《新唐书》与《通鉴》则把武后专权当作根本原因，至于“行厌胜之法”不过是导火索而已。《册府》叙述最后的结果，除了上官仪父子之死以外，也仅仅是多少人受到牵连而已，但《新唐书》与《通鉴》则把武则天全面专权当作最重要的后果。

当然，《旧唐书》虽然在《上官仪传》中的书写尽量模糊，但在《高宗纪》下也对上官仪死的后果有所书写，而时间是上元元年（674）三月：“时帝风疹不能听朝，政事皆决于天后。自诛上官仪

① 《册府元龟》卷九三三《总录部·诬构二》，第10806页。

后，上每视朝，天后垂帘于御座后，政事大小皆预闻之，内外称为‘二圣’。帝欲下诏令天后摄国政，中书侍郎郝处俊谏止之。”[①]《旧唐书》的这种写法，或者就是《通鉴》所根据的《实录》。《册府》也有类似文字：

> 唐高宗永徽六年十月，废皇后王氏为庶人，立昭仪武氏为皇后。乾封元年正月己巳，封泰山。庚午，禅于社首，以皇后武氏为亚献，越国太妃燕氏为终献。上元二年三月，帝风疹不能听朝，政事皆决于皇后。自诛上官仪之后，帝每视朝，皇后垂帘于御座后，政事大小，皆预闻之，内外称为二圣。帝欲下诏，令皇后摄国政，中书侍郎郝处俊谏止之。[②]

即便如此，《旧唐书》和《册府》系统依然没有交代废后风波的原因。至于后果，尤其所谓“二圣”的说法，实在是站不住脚的，本书前章已有专门讨论可参考。

所以，关于废后风波的发生，究竟是武则天的“行厌胜之法”导致的，还是武则天专权导致的，这个关系重大的问题，讨论并不多[③]。其实，《新唐书》和《通鉴》的说法并非自我发明，而是来自

---

① 《旧唐书》卷五，第100页。
② 《册府元龟》卷一八〇《帝王部·失政》，第1992页。
③ 与厌胜事件密切相关的人物郭行真《法苑珠林》记载一件敕书，龙朔三年（663）十二月十四日长流郭行真于爱州。见《法苑珠林》卷五五《破邪篇》，上海：上海古籍出版社，1991年，第405页。宋宗祧先生《拔诬见天》一书中，因此强调“废后风波是空穴来风”，成都：四川民族出版社，2018年，第138—139页。郭行真事值得讨论，但全面否定废后风波风险也很大。发出敕书并未执行的事情是时有发生的。

《大唐新语》，其文字如下：

> 始，则天以权变多智，高宗将排群议而立之。及得志，威福并作，高宗举动，必为掣肘，高宗不胜其忿。时有道士郭行真出入宫掖，为则天行厌胜之术。内侍王伏胜奏之。高宗大怒，密召上官仪废之。因奏："天后专恣，海内失望，请废黜以顺天心。"高宗即令仪草诏，左右驰告则天，遽诉。诏草犹在，高宗恐后怨怼，待之如初，且告之曰："此并上官仪教我。"则天遂诛仪及伏胜等。并赐太子忠死。[①]

刘健明先生评论道："《大唐新语》多采当时的国史旧闻，应有很高的可信性，故《新唐书》及《通鉴》都采用这个记载。"又说："实录为高宗隐讳，把此事的责任放在上官仪和梁王忠身上。《大唐新语》多采用当时国史旧闻，反保留了当时事件的真相。"[②] 刘先生的判断很有道理，史源不同，自然会导致结论的差异。

但《通鉴考异》中并没有提及《国史》，而是引用《实录》，其中或许有误。尤其是，《资治通鉴》在描写唐高宗胆怯的时候，还是有所发明的。各书多记载高宗在武则天到来之后"恐后怨怒"，《大唐新语》作"恐后怨怼"，只有《通鉴》加了一句高宗身体动作的描写，为"上羞缩不忍"，把高宗的恐惧形象一笔揭发完毕。但是，《通鉴》是最后完成的书，其他的书不写，《通鉴》就似乎缺

---

① 刘肃：《大唐新语》卷二《极谏第三》，北京：中华书局，1984年，第24页。
② 刘健明：《上官仪谋废武后事件考析》，收入《武则天与偃师》，天津：历史教学社，1997年，第39—48页。

少根据。

如果从实录角度看，那么首先应该关注的就是《唐高宗实录》。《唐高宗实录》一百卷，写明是武则天撰修。杜希德认为，这部书除此之外，再没有什么信息[①]。这次废后风波，在武则天主编的《唐高宗实录》中会有怎样的书写，现在虽然不得而知，但既然是武则天主编，武则天肯定不会自毁形象，也会妥善保护高宗形象，对此《述圣记》是很好的旁证。最有可能的写法就是把上官仪写成罪有应得，或者如《旧唐书·上官仪传》那样把罪过归于许敬宗。当朝史家为当朝政治服务，这一点是可以肯定的。

那么司马光提及的《实录》有没有可能指的是《武则天实录》呢？有关武则天的实录，有《圣母神皇实录》，宗秦客编修，十八卷。《则天皇后实录》，武三思等人编修，三十卷。但是，实录向来是编年体，在《则天实录》中会追记高宗时期的事情吗？这不能不产生疑问。即使有追记，武三思是不可能让有损武则天的文字出现的。除非后来的修改，因为刘知几就参与过《则天实录》的修订。

因为史馆在安史之乱中被纵火焚毁，唐朝前期史料的保存受到重创。但是，韦述的《国史》一百三十卷却因为他个人的努力完好地保存下来。此书有吴兢的工作基础，之后又经过柳芳的修改，最终成为唐朝前期史料保存最有系统的一个文本。柳芳也是《唐历》的作者。吴兢和韦述时代，唐前期的史料保存完整，数量庞大，所

① 杜希德：《唐代官修史籍考》，黄宝华译，上海：上海古籍出版社，2010年，第116页。《新唐书·艺文志二》记有《高宗后修实录》三十卷，注释曰："初，令狐德棻撰，止乾封，刘知几、吴兢续成。"北京：中华书局，第1471页。这或许可以成为另一种解释，即后武则天时代，《高宗实录》重修或者补修，则可能不顾及高宗、武则天形象。

以记述高宗武则天时代故事，史家不缺少资料。到了柳芳的时代，前期的数据或许有缺环，同时史家的立场也有可能更加自由。从《唐历》的叙述观点看，柳芳更重视的是武则天现象的历史教训，并不关心武则天的形象，因为他叙述的“二圣”对坐，连司马光也觉得过分[①]。所以，在柳芳最后修订的《国史》中，描写高宗时期武则天专权是完全可能的。而这便成了《新唐书》《资治通鉴》的史源。

再回到废后风波。从高宗获得武则天的解释之后就放弃自己的观点看，所谓“行厌胜之法”可能是一场误会。高宗因为自己的误会而倍感尴尬，于是推责任给上官仪，并非不可理解。高宗废后的动议，显然并不是深思熟虑的，而又获得了上官仪的赞同，上官仪的观点也不可能是蓄谋已久的。正如刘健明先生分析的那样，上官仪的观点主要是为了附和皇帝，没有想到最后因此害了卿卿性命。武则天与皇帝关系良好，深得皇帝宠爱，到了麟德元年（664），高宗与武则天已经生育了李弘、李贤、李显、李旭轮四个儿子，而太平公主大约也在此年出生。动议废后，那么太子怎么办？如要深思熟虑，这都是回避不了的问题。高宗朝还需要一番政治动荡吗？所以，高宗很快收回废后想法，但上官仪却无路可走。上官仪的牺牲，再次证明伴君如虎的道理，连他平时的一些朋友也受到牵连，这说明上官仪政治的不成熟和无可奈何。

但是，废后风波因为《新唐书》特别是《资治通鉴》的作用，根本原因是武后专权的印象和结论依然深刻。有关武则天专权的说

---

① 《资治通鉴》卷二〇一，第6343页。

法，一直停留在说法层面，却没有见到事实描述。但是动议废后，毕竟是件大事，难道高宗真的一时误会、临时起意吗？此事更深层的原因应和武则天与高宗的一个争执有关，关节点就是魏国夫人的名分问题。《资治通鉴》在乾封元年（666）记述了魏国夫人之死，其文为：

> 韩国夫人及其女以后故出入禁中，皆得幸于上。韩国寻卒，其女赐号魏国夫人。上欲以魏国为内职，心难后，未决，后恶之。会惟良、怀运与诸州刺史诣泰山朝觐，从至京师，惟良等献食。后密置毒醢中，使魏国食之，暴卒，因归罪于惟良、怀运，丁未，诛之，改其姓为蝮氏。[①]

韩国夫人是武则天的姐姐，魏国夫人是武则天的外甥女，因为武则天的缘故她们都与高宗有染，所以高宗要给魏国夫人一个“内职”名分，那便是正式的嫔妃。对此，武则天坚决反对，让皇帝深感不快。魏国夫人死于乾封元年（666），但魏国夫人的事情不是在乾封元年才发生。两年前的麟德元年（664）发生的废后风波，高宗与武则天都无法讲出来的事由，很可能就是关于魏国夫人名分的争执，正是那件事，才让高宗感到了武则天实实在在的“掣肘”[②]。

---

① 《资治通鉴》卷二〇一，北京：中华书局，1956年，第6350页。
② 雷家骥先生早有这个判断，在几种可能性中，一种就是武则天“因为姊姊韩国夫人母女这时已被今上所宠，因怕失宠而事蛊祝压胜”。见氏著：《武则天传》，北京：人民出版社，2001年，第151页。早年雷氏《武则天——狐媚偏能惑主》一书中尚未如此判断。台北：联鸣文化有限公司，1983年再版。

若这种推度有可能，那么上官仪的牺牲就更加不值得了。但谁也没有想到，上官仪在后来史家的笔法中，却成了反武则天的英雄。这是历史戏剧性的另一种表现。

第十二章
武则天的太后称制

武则天的历史学研究，从武则天入宫到武则天入葬，几乎每个环节都有争议。其实，武则天历史研究中，最核心的课题还是武周政权问题，武则天为什么能够称帝成功？武周政权为什么如此短命？可以说，相对于武则天称帝问题，其他问题都属于枝节，都可以看作是女皇的影子与花絮。正是因为被女皇的课题所吸引，一切有关武则天的问题才具有了探索的价值。

那么，女皇的课题应该从什么节点入手考察呢？有人认为应该从武则天初入宫开始，比如欧阳修的《新唐书》[①]。或者从武则天成为皇后开始，“废王立武”事件毕竟是武则天政治成长的关键时刻。武则天的皇后时期对于女皇事业而言，确实具有基础性作

---

① “高宗则天顺圣皇后武氏，并州文水人。父士彟，见《外戚传》。文德皇后崩，久之，太宗闻士彟女美，召为才人，方十四。母杨，恸泣与诀，后独自如，曰‘见天子庸知非福，何儿女悲乎？’母韪其意，止泣”。《新唐书》卷七六《后妃传·武则天》，北京：中华书局，1975年，第3474页。武则天劝止母亲伤心的话，很容易让人联想一个小女子的政治野心。武则天入宫十四岁，《资治通鉴》考证是贞观十一年（637），而长孙皇后崩于贞观十年（636）六月。见卷一九五，北京：中华书局，1956年，第6134—6135页。

用，但是皇后时期的武则天毕竟还是配角，高宗皇帝才是朝廷的主角[①]。武则天成为一个历史时期的主人，是从她以太后身份莅临天下之后才开始的。从现在能够获得的资料看，武则天以太后身份临朝称制，才是她得以进一步走上女皇宝座的政治基础。然而，作为称制太后的武则天，并非是一个自然而然的过程，这里，既有环境问题，也有高宗、武则天的选择问题。

第一节　高宗遗诏

公元683年是高宗的永淳二年，已经到年终的十二月，高宗决定改元弘道。如此一来，弘道元年（683）不过一个月而已，如此匆忙改元，到底有什么背景？对于这个历史的瞬间，史学家们尚未措意。现在看来，这绝不是唐高宗的一时冲动，其历史的影响也十分重大。《资治通鉴》对此有记载，其言为：

十二月，丁巳，改元，赦天下。上欲御则天门楼宣赦，

① 传统史学和现在的学者很多不同意这个观点，认为武则天在皇后时期已经成为主宰。对此，吴宗国先生有论证，认为武则天在高宗时代，“对于国家的大政方针，她就不能起重大作用”，见吴宗国：《论武则天的建言十二事》，收入《武则天与文水》，太原：山西人民出版社，1989年，第23—30页。本文作者由多篇文章进行考论，认为传统史学对武则天有妖魔化倾向，对高宗也有弱智化倾向，皆不足信。参见《论高宗、武则天并称“二圣”事》，《中华文史论丛》2011年第2期，第137—156页；《论公主之死——妖魔化武则天的历史叙述》，载《武则天与广元》，北京：文物出版社，2014年，第64—74页；《上官仪研究三题》，荣新江主编：《唐研究》第二十卷，北京：北京大学出版社，2014年，第209—228页；《北门学士及其历史书写》，王双怀、贾云主编：《汉唐史论——赵文润教授八十华诞祝寿文集》，西安：三秦出版社，2015年，第194—213页。

气逆不能乘马，乃召百姓入殿前宣之。是夜，召裴炎入，受遗诏辅政，上崩于贞观殿。遗诏太子柩前即位，军国大事有不决者，兼取天后进止。[①]

这一天是十二月丁巳，即四日，当天高宗即驾崩。《旧唐书·高宗本纪》还有一个细节记载：

十二月己酉，诏改永淳二年为弘道元年。将宣赦书，上欲亲御则天门楼，气逆不能上马，遂召百姓于殿前宣之。礼毕，上问侍臣曰："民庶喜否？"曰："百姓蒙赦，无不感悦。"上曰："苍生虽喜，我命危笃。天地神祇若延吾一两月之命，得还长安，死亦无恨。"是夕，帝崩于真观殿，时年五十六。宣遗诏："七日而殡，皇太子即位于柩前。园陵制度，务从节俭。军国大事有不决者，取天后处分。"群臣上谥曰天皇大帝，庙号高宗。文明元年八月庚寅，葬于乾陵。[②]

高宗要亲自宣布赦书，但身体已经不允许，不得已在殿前宣布赦书，足见重视。事后，他还询问百姓观感，希望百姓闻赦而喜。高宗匆忙改元，是否与他的身体状况有关？没有人提出这个问题，

---

① 《资治通鉴》卷二〇三，北京：中华书局，1956年，第6416页。高宗改称天皇、武则天随改称天后，是在上元元年（674）八月，见《通鉴》卷二〇二，第6372页。从胡三省开始，强调天后之称是武则天野心的体现，后代学者多有从之者。其实，天后之称是一种附属性称谓，一定是先有"天皇"再有"天后"，皇后称谓是皇帝的附属性称谓，如同影之随形，完全不存在独大的问题。

② 《旧唐书》卷五《高宗本纪下》，北京：中华书局，1975年，第111—112页。

但确实值得考虑。高宗连上马的力气都没有，从现有资料分析，近来高宗身体状况明显日益衰弱。《旧唐书·高宗本纪》记载高宗身体急转直下，是永淳二年（683）十一月。我们把当月所记事情排列下来，可以很清楚地看到这一点。一共有六件事情进入记载，内容如下：

> 第一，十一月，皇太子来朝。癸亥，幸奉天宫。第二，时天后自封岱之后，劝上封中岳。每下诏草仪注，即岁饥、边事警急而止。至是复行封中岳礼，上疾而止。上苦头重不可忍，侍医秦鸣鹤曰："刺头微出血，可愈。"天后帷中言曰："此可斩，欲刺血于人主首耶！"上曰："吾苦头重，出血未必不佳。"即刺百会，上曰："吾眼明矣。"第三，戊戌，命将军程务挺为单于道安抚大使，以招讨总管讨山贼元珍、骨笃禄、贺鲁等。第四，诏皇太子监国，裴炎、刘齐贤、郭正一等于东宫同平章事。第五，丁未，自奉天宫还东都。第六，上疾甚，宰臣已下并不得谒见。①

六件事情，除了一项军事任务调兵遣将之外，几乎都与皇帝健康有关。太子原本在西京留守，七月"召皇太子至东都"②。皇帝决定要封禅中岳，所以召太子来，应该是为中岳封禅而来。可见，天皇、天后二人在七月还没有什么不良的预感。但是，到了十一月，太子到达东都，而皇帝的病情却突然加重了。先宣布取消封

① 几件事都在同一段文字记载中，见《旧唐书》卷五《高宗本纪》，第111页。
② 《旧唐书》卷五《高宗本纪下》，第111页。

中岳，原因很清楚明白，“上疾而止”。然后，记录秦鸣鹤刺血医治高宗的故事，足见天皇病情的严重。接下去“诏皇太子监国，”裴炎等在东宫围绕太子办公，已经呈现了权力递交的态势。天皇希望最后看到长安，但已经来不及。病情严重的程度，连宰臣都无力接见了。

如此严重的病情，为什么忽然要改元呢？十二月四日，高宗拼命要完成这个最后动作，并于当天夜里驾崩。根据《唐大诏令集》的记载，我们有机会仔细阅读唐高宗的这件《改元弘道诏》，内容如下：

> 朕以寡昧，缪膺丕绪，未尝不孜孜访道，战战临人。驭怀朽驾之危，负重积冰之惧，日慎一日，三十四载于今矣。何则？足寒伤心，人劳伤国，下安即上逸，时弊即君忧。所以身处九重，而情周万姓，建本之怀遽切，抑末之念逾深。今虽庶绩已宁，淳源未洽。履素归厚者，遂寂寥而靡闻；循华趋利者，尚驰骛而不息。顾以薄德，有谢移风，永睠群方，在予多愧。况朕之绵系，兆自玄元，远叶先规，光宣道化，变率土于寿域，济苍生于福林。属想华胥，载劳寤寐，所冀内外寮寀，各竭乃诚。敦惟黎人，俱崇简质，旧染薄俗，咸与惟新。凭大道而开元，共普天而更始。宜申沛泽，广被纮埏，可改永淳二年为弘道元年，大赦天下。前后责情流人并放还。老人年百岁以上者，版授下州刺史，妇人版授郡君。九十已上者版授上州司马，妇人版授县君。八十已上者版授县令，并妇人节级量赐粟帛。孝子顺孙、义夫节妇，表其门闾，终身勿事。鳏寡茕

独、笃疾不能自存者，量国赈给。仍令天下诸州，置道士观，上州三所，中州二所，下州一所，每观各度七人。比来天后事条，深有益于为政，言近而意远，事小而功多，务令崇用，式遵无怠。见任内外官，五品以上经四考，及守五品经三考，六品以下计满三考，政用清勤状，无私犯者各加二阶。[①]

从文风来看，大有人之将死其言也善的特点。通常，皇帝的诏敕确实会陈述自己战战兢兢、勤奋为国，但多三言两语，点到为止。而高宗此诏，却用了很长篇幅表达这一观点，撰写者应该充分体会到皇帝的生命状况。但是，除了普天更始，努力扩大利益均沾的范围之外，最奇特的就是天后条款："比来天后事条，深有益于为政，言近而意远，事小而功多，务令崇用，式遵无怠。"为什么会在大赦中表扬武则天的"事条"？这与改元有什么关系？越是看着奇特的内容，应该越重要。现在看来，改元诏书最重要的内容其实就是天后条款。高宗在安排身后事，他希望武则天发挥更大的作用。

宣布改元即天后条款的当天，唐高宗走完了自己的人生。生前最后一拼，唐高宗把武则天和朝廷的未来安排稳妥。结合唐高宗的《遗诏》才会进一步体会到改元赦文的价值，如果没有改元赦文的天后条款，《遗诏》中对武则天的安排就难免有些突兀。《遗诏》节文如下：

---

① 《唐大诏令集》卷三《帝王·改元》上，北京：中华书局，2008年，第15页。亦见《册府元龟》卷八四《帝王部·赦宥第三》，南京：凤凰出版社，2006年，第929—930页。

皇太子哲，握哀履己，敦敏徇齐，早着天人之范，夙表皇帝之器。凡百王公卿佐，各竭乃诚，敬保元子，克隆大业，光我七百之基，副斯亿兆之愿。既终之后，七日便殡。天下至大，宗社至重，执契承祧，不可暂旷。皇太子可于柩前即皇帝位，其服纪轻重，宜依汉制。以日易月，于事为宜。园陵制度，务从节俭。军国大事有不决者，兼取天后进止。诸王各加封一百户，公主加五十户。内外文武，九品已上各加一阶，三品已下赐爵一级。永徽以来入军年五十者，并放出军。天下百姓年五十者，皆免课役，废万全、芳桂等宫。（弘道元年十二月四日）①

高宗的《遗诏》，与赦文有着巨大的一致性。改元赦文表扬武则天的政治能力，《遗诏》中安排武则天为唐中宗的上级领导，军国大事都要听从天后的安排。“皇太子可于柩前即皇帝位”，但这位新皇帝并非国家最高权力的掌控者。

《通鉴》所载高宗驾崩当天，“是夜，召裴炎入，受遗诏辅政”。所以，裴炎在这个时期发挥了重要作用，他相当于高宗遗诏执行人。“庚申，裴炎奏太子未即位，未应宣敕，有要速处分，望宣天后令于中书、门下施行”②。庚申是七日，即高宗驾崩第三天，裴炎的上奏显然不是上奏给中宗的，只能是上奏太后武则天，他认为现在中宗尚未即位，没有资格“宣敕”，即最高命令。那么需要最高命令怎么办？他的建议是“宣天后令”，即武则天的命令。如

① 《唐大诏令集》卷一一《帝王·遗诏》上，第67—68页。
② 《资治通鉴》卷二〇三，第6416页。

此，武则天就成为这个时期合法的最高领导人，时间虽然短暂，但意义不能忽略。《旧唐书》的记载是，在高宗驾崩当天，“既将篡夺，是日自临朝称制”[①]，十分急不可耐的样子。其实，裴炎所奏已经解决了最高权力可能出现的真空问题，武则天没有必要急于称制。《新唐书》记载武则天临朝称制的时间是在中宗即位仪式之后：“甲子，皇太子即皇帝位，尊后为太后，临朝称制。”[②]《通鉴》也在这个时间点上记述“甲子，中宗即位，尊天后为皇太后，政事咸取决焉”[③]。因为有唐高宗的权威安排，武则天合法地获得最高权力，其至上地位毋庸置疑。

新皇帝即位了，但在皇帝之上，还有一位太后临朝称制。如果以裴炎代表宰相执政团队的话，那么唐高宗的这个旨意也获得了极大的尊重和执行。通常，研究者常常会忽视武则天获得高宗授权这个环节，如同《旧唐书》一样，过于强调武则天的野心方面。那么，唐高宗为什么会给武则天如此授权呢？显然，这是值得追究的问题。相对于皇后时期的政治基础，唐高宗最后时刻为武则天授权，才是武则天后来政治发展的保障。

唐高宗用《遗诏》的方式，确立了武则天在未来政治中的地位。那么，这个决定是高宗一时的感情冲动还是早有计划呢？我们需要回顾此前的一个重要事件。

---

① 《旧唐书》卷六《则天皇后本纪》，第116页。

② 《新唐书》卷四《则天皇后本纪》，北京：中华书局，1975年，第82页。《资治通鉴》记载相同。

③ 《资治通鉴》卷二〇三，第6414页。

第二节　天后摄政计划

高宗希望武则天未来多承担政治领导责任，从现在所知的资料看，这并非是高宗去世前夕的一时之念。最有力的证据，就是上元二年（675）“天后摄政”问题的提出。《旧唐书》记载此事很简略，其文为：

> 三月丁未，日色如赭。丁巳，天后亲蚕于邙山之阳。时帝风疹不能听朝，政事皆决于天后。自诛上官仪后，上每视朝，天后垂帘于御座后，政事大小皆预闻之，内外称为“二圣”。帝欲下诏令天后摄国政，中书侍郎郝处俊谏止之。[①]

如此叙述，把武则天的权势增长置于唐高宗完全无能的背景下。有关上官仪故事，作者另有讨论[②]。其中“二圣”概念的妙用，很生动地解释了高宗要武则天“摄国政”的缘由，事实并不准确[③]。高宗希望在自己病重期间，由天后武则天“摄国政”，这是一个明确无误的重大政治议题。《旧唐书》这里强调郝处俊的反对立场，最后高宗放弃。其实，阻拦这个提议的不仅有郝处俊，其实还

---

① 《旧唐书》卷五《高宗本纪下》，第100页。

② 《上官仪研究三题》，荣新江主编：《唐研究》第二十卷，北京：北京大学出版社，2014年12月，第209—228页。

③ 有关“二圣”之说，作者有批判性讨论，见《论高宗、武则天并称“二圣”事》，《中华文史论丛》2011年第2期（总第102期），第137—156页；《高宗、武则天并称“二圣”问题申论》，《中华文史论丛》2016年第1期，第51—64页。

有李义琰。《资治通鉴》就增加了李义琰的内容，其文如下：

> 上苦风眩甚，议使天后摄知国政。中书侍郎同三品郝处俊曰："天子理外，后理内，天之道也。昔魏文帝著令，虽有幼主，不许皇后临朝，所以杜祸乱之萌也。陛下奈何以高祖、太宗之天下，不传之子孙而委之天后乎！"中书侍郎昌乐李义琰曰："处俊之言至忠，陛下宜听之。"上乃止。[①]

《通鉴》记此事于"三月，丁巳，天后祀先蚕于邙山之阳，百官及朝集使皆陪位"之后，确定无疑是上元二年（675）三月发生的事情。在强调武则天权势不断提升的过程中，各个史书叙述方法各有不同。相对于《旧唐书》的清晰明白，此处的《通鉴》似乎仅仅强调了高宗因病而议皇后摄政，因遭到了郝处俊、李义琰的反对而中止。

史书很强调郝处俊的观点与态度，《唐会要》的记载更仔细，内容如下：

> 仪凤元年四月，上以风疹欲下诏令天后摄理国政，与宰臣议之。中书令郝处俊曰："臣闻《礼经》云：'天子理阳道，后理阴德，外内和顺，国家以治。'然则帝之与后，犹日之与月，阳之与阴，各有所主，不相夺也。若失其序，上则谪见于天，下则祸成于人。昔魏文帝著令，虽有少主，尚不许皇

---

① 《资治通鉴》卷二〇三，第6375—6376页。

后临朝，所以追鉴成败，杜其萌也。况天下者，高祖、太宗之天下，陛下正合慎守宗庙，传之子孙，诚不可持国与人，有私于后。且旷古以来，未有此事，伏乞特垂详审。”中书侍郎李义琰曰：“处俊所引经典，其言至忠，圣虑无疑，则苍生幸甚。”①

看来，反对天后摄政提议的是中书省的官员，即郝处俊和李义琰，参与讨论的并不是全体宰相，虽然这里的记载是“与宰臣议之”。就当时的职位而言，郝处俊是中书侍郎，同三品，虽不是中书令，但属于宰臣。郝处俊被任命为中书令，是在当年的八月②。李义琰也是中书侍郎，到了第二年四月，正式成为宰相③。所以，讨论天后摄政的时候，郝处俊和李义琰都是中书侍郎，而郝处俊已经是宰相。所以《会要》这里说与“宰臣”商议，也不算错误。

唐高宗为何提出让天后摄政，比较而言，《册府元龟》的一处记载更有价值：“上元二年三月，帝风疹不能听朝，政事皆决于皇

---

① 《唐会要》卷五一《识量上》，上海：上海古籍出版社，1992年，第1041页。《旧唐书》卷五《高宗本纪下》，事在三月十三日皇后亲蚕之后。《通鉴》卷二〇二上元二年（675）与之同。《唐会要》记为四月，应误。《册府元龟》的一个记载，内容基本相同：“郝处俊，为中书令。高宗欲下诏令太后摄知国政，与宰相议之，处俊曰：‘臣闻《礼经》云：‘天子理阳道，后理阴德，外内和顺，国家以理。’然则帝之与后，犹日之与月，阳之与阴，各有所主，不相夺也。若失其序，上则谪见于天，下则祸成于人。昔魏文帝着令，虽有少主，尚不许皇后临朝，所以追鉴成败，杜其萌也。况天下者，高祖太宗之天下，陛下正合谨守宗庙，传之子孙，诚不可持国与人，有私于后。且旷古以来，未有此事，伏乞特垂详审’。中书侍郎李义琰为申：‘处俊所引经典，其言至忠，惟圣虑无疑，则苍生幸甚。’由是遂止。”见《册府元龟》卷三一七《宰辅部·正直第二》，南京：凤凰出版社，2006年，第3584页。

② 《旧唐书》卷五，第100页。

③ 《旧唐书》卷五，第101页。

后。自诛上官仪之后，帝每视朝，皇后垂帘于御座后，政事大小，皆预闻之，内外称为二圣。帝欲下诏，令皇后摄国政，中书侍郎郝处俊谏止之。”[①]皇帝原本是希望中书省直接草诏，因为自己身体原因，让天后武则天摄政。但是，这个议题在中书省就遭遇了挫折，两个副长官郝处俊和李义琰都不赞成，皇帝只好作罢。其实，就算中书省同意草诏，还有门下省审核问题。郝处俊的观点，恐怕是很多大臣都同意的，与其造成一个轩然大波，还不如知难而退。

高宗在什么情况下提出让天后摄政问题的，这可能属于细节，但并非没有意义。从《旧唐书》的记载看，是在三月丁巳日（十三日），而正是这一天天后武则天举行了“亲蚕”礼仪。这是天后代表天下妇女进行的，是一个可喜可庆的活动。在天后大喜的日子里，皇帝向中书省官员提出天后摄政问题，有些喜上加喜的意味。通常，这种场合下，大臣会充分照顾皇帝皇后的面子，不会贸然反驳。当然没有想到，郝处俊还是提出了自己的看法，并不认同皇帝的提议。

那么，让武则天摄政，这究竟是高宗的一时冲动还是清楚的计划？从苦于病痛和遇到阻力即终止的情况看，很像是一时之念。但是，既然是皇帝提交给中书省的正式议题，在高宗和武则天方面，应该是思考成熟的计划。即使从“废王立武”的永徽六年（655）算起，高宗完全掌权也有二十年的历程，贸然把一个不成熟的方案拿出来，显然不是成熟政治家的行为。其实，直到唐高宗生命的最后一刻我们才明白，高宗和武则天的这个方案，计划已久。683

---

① 《册府元龟》卷一八〇《帝王部·失政》，第1992页。

年，通过弘道改元大赦和高宗遗诏，贯彻的依然是八年之前的那份计划，虽然名义上不是武则天以太后身份摄政，但最重要的军国大事要经过武则天同意，这与摄政在本质上没有什么不同。

即使从上元二年（675）的情形看，提出天后摄政议题，高宗和武则天也不是贸然无备的。在改元弘道的大赦文中，高宗为遗嘱的相关内容进行了铺垫，即上文提及的天后条款。该条款内容为“比来天后事条，深有益于为政，言近而意远，事小而功多，务令崇用，式遵无怠”。天后“事条”指的是什么？为什么如此重要？查阅相关史料，所谓“天后事条”肯定是指上元元年（674）的“建言十二事”。《旧唐书·高宗本纪》在上元元年（674），以简略的方式进行了记录，即：

> 十二月……壬寅，天后上意见十二条，请王公百僚皆习《老子》，每岁明经一准《孝经》《论语》例试于有司。又请子父在为母服三年。①

壬寅，是当月二十七日。这里仅仅提及官员学习《老子》，每年的明经考试也要考《老子》，再有就是父在为母服孝三年的礼仪制度改革。建言十二条，这里涉及两条而已。《新唐书·武则天传》对于十二事，有比较完整的目录，内容如下：

> 上元元年，进号天后，建言十二事：一、劝农桑，薄赋

① 《旧唐书》卷五《高宗本纪下》，第99页。

徭；二、给复三辅地；三、息兵，以道德化天下；四、南北中尚禁浮巧；五、省功费力役；六、广言路；七、杜谗口；八、王公以降皆习老子；九、父在为母服齐衰三年；十、上元前勋官已给告身者无追核；十一、京官八品以上益禀入；十二、百官任事久，材高位下者得进阶申滞。帝皆下诏略施行之。[①]

武则天提出的“十二事”，涉及经济、政治、礼制等多个方面。而史书似乎更重视其中的《老子》条款。《唐会要》记载为：

上元元年十二月二十七日。天后上表曰：“伏以圣绪出自元元，五千之文，实惟圣教。望请王公以下，内外百官，皆习《老子道德经》。其明经咸令习读，一准《孝经》《论语》，所司临时策试，请施行之。”至二年正月十四日明经咸试《老子》策二条，进士试帖三条。[②]

看来，这个条款第二年就进入实施阶段。《通鉴》的记载相近，其文为：

壬寅，天后上表，以为：“国家圣绪，出自玄元皇帝，请令王公以下皆习《老子》，每岁明经，准《孝经》《论语》策试。”又请“自今父在，为母服齐衰三年。又，京官八品以

① 《新唐书》卷七六《则天武皇后传》，第3477页。
② 《唐会要》卷七五《贡举》上，第1626—1627页。

上，宜量加俸禄”。及其余便宜，合十二条。诏书褒美，皆行之。[①]

从“诏书褒美，皆行之”看，“建言十二事”都获得实施。武则天作为皇后，以奏表的方式向皇帝和朝廷提出建议，即通过正常的文书途径表达自己的意见。皇帝诏书褒美，即用诏书的方式进行了表扬，并予以施行。而这个文书过程，不管是武则天的上表，还是皇帝的诏书褒美，都是公开进行的，特别是诏书这种“王言”形式，制度规定是需要发往全国的，即举国共知。皇后提出治国十二条建议，获得皇帝的赞扬，立刻贯彻执行，这是举国尽知的事情。但是，难道这不是皇帝和皇后商量好，共同上演的一场双簧戏吗？皇后即使要提出国是问题，有可能事先不跟皇帝打招呼，以突然袭击的方式抛出自己的政见吗？在皇帝制度之下，即使皇后有良好政见，完全可以通过皇帝表达或实施，没有必要用这种方式抛头露面。如果皇帝不同意，即使皇后有再英明的政策设计，从文书制度的角度看，皇后上书再多，皇帝也完全可以留中不发，如此，别人则无所听闻，更不会成为尽人皆知的事情。

所以，武则天“建言十二事”的提出，只能是唐高宗与武则天联合演出的结果，为了突出武则天的政治才能，唐高宗显然是积极推动的。上元元年（674）十二月二十七日提出“建言十二事”，转年正月，科举考试已经开始考《老子》。其他建言，也在积极筹划

① 《资治通鉴》卷二〇三，第6374页。

实施之中[①]。吴宗国先生指出："正是由于十二事反映了客观形势的需要，因此在当时的政治上起到了重要作用。"包括唐高宗在《改元弘道诏》中对武则天建言的高度评价，吴先生认为"基本上是符合实际情况的"[②]。皇帝的诏书也向天下昭示了这一点。

难道，仅仅就是为了促进施政吗？转年三月，高宗就提出让武则天摄政问题。前后四个月的时间，武则天的"建言十二事"与"天后摄政"议题之间的联系，前因后果，关系清晰。天皇天后，为推出天后摄政，显然是谋划了许久。在高宗时期，正如宁志新先生指出的，把武则天与唐高宗对立起来的错误研究思路一直占据重要地位[③]。而从"建言十二事"到"天后摄政"，我们看到的却是高宗与武则天的密切配合。

皇帝身体欠佳，怎么就请皇后出来摄政呢？郝处俊的观点简单易知，为什么不让太子监国代理国政呢？太子李弘从显庆元年（656）得立，到上元二年（675），太子之位也坐了二十年，为什

① 《旧唐书》卷二七《礼仪志七》（第1023页）记载："上元元年，天后上表曰：'至如父在为母服止一期，虽新丧三年，服由尊降。窃谓子之于母，慈爱特深，非母不生，非母不育。推燥居湿，咽苦吐甘，生养劳瘁，恩斯极矣！所以禽兽之情，犹知其母，三年在怀，理宜崇报。若父在为母服止一期，尊父之敬虽周，报母之慈有阙。且齐斩之制，足为差减，更令周以一期，恐伤人子之志。今请父在为母终三年之服。'高宗下诏，依议行焉。"学习《老子》之外，这是所见"建言十二事"中最为详细的一条。高宗下诏实施，看来也是基本事实。

② 吴宗国先生《论武则天的建言十二事》一文对"十二事"进行了详细分析，认为在武则天的政治生涯中，"十二事"的提出至关重要。见《武则天与天水》，太原：山西人民出版社，1989年，第29页。

③ 宁志新先生在《唐高宗与武则天》一文中认为"我们在探讨高宗一朝的政治、经济、文化等各方面情况时，不能把高宗与武则天截然分开，更不能将二人视为对立的两极"。见《武则天与天水》，太原：山西人民出版社，1989年，第31—39页。对此，韩昇先生则继承了传统，在天后摄政问题，韩昇先生作《上元年间的政局与武则天逼宫》，认为高宗让武则天"摄政"，是武则天的"逼宫"。《史林》2003年第6期，第40—52页。

么郝处俊能想到的问题，高宗反而想不到呢？都是眼前事物，不可能想不到，只能是对太子状况有些不满。太子与皇帝皇后的关系良好，没有发生什么矛盾冲突，太子地位稳固。唐朝的皇帝与法定继承人之间经常发生问题，这是研读唐史者耳熟能详的。或许，提前交班，太上皇的滋味并不好受，比较而言，高宗更信任武则天。这只能是一种推测。

八年之后，高宗生命临近终点，我们再次看到八年前的计划在贯彻执行。这次，不再提摄政，只说“军国大事有不决者，兼取天后进止”，即天后下达的是最高命令。如此，与“摄政”相比，武则天拥有的权力是软性的，制度的强制性不高。但高宗之所以特别用王言的方式安排了武则天的地位，说明他认为有此必要。设想，如果没有高宗的这种方式的安排，那么武则天对中宗就没有政治上的约束力。否则，最多就是皇帝的母亲关心一下朝政而已，皇帝是否听从，全看皇帝意志。如今，情形大不相同，皇太后武则天有合法的最高权力，而这是高宗大帝决定的，中宗皇帝只能接受。

只有到了这一刻，我们才发现，高宗、武则天的这个计划似乎韧劲十足，他们一直在这条道路上奋勇向前。但这不是事实。事实是他们曾经进行过新的选择，是因为新的选择不理想，才又重新走上这条老路。

第三节　新的选择

高宗与武则天的计划，是让武则天有机会掌握更大的政治权力，上元二年（675）三月提出，遭到中书省官员反对后，很快就停止。这个停止，不仅有宰相反对的因素，也因为有意外情况的发生。

高宗通过永徽六年（655）“废王立武”事件，真正掌握了国家大权，转年显庆元年（656）即立李弘为太子。到上元二年（675），太子确立近二十年，高宗为什么会提出让天后武则天摄政呢？这个时期，未见高宗与太子有什么冲突矛盾，但天后摄政议题理所当然有针对太子的方面。如果高宗身体不能支持继续执政，为什么不像郝处俊说的那样，直接传之子孙呢？其中的隐情，如今看来就是太子的健康问题。

史书强调天后的摄政议题遭到郝处俊等人的反对而作罢，从不久以后发生的变故来看，太子弘的去世，导致这个议题再无存在的理由。以天后摄政，表面的原因是天皇大帝身体欠佳，也有针对太子身体不佳的实际。然而，摄政提议刚刚提出不久，只有二十四岁的太子忽然离世。《旧唐书》的记载，上元二年（675）“己亥，皇太子弘薨于合璧宫之绮云殿”[①]。己亥，是当月二十五日。太子身体状况不佳，皇帝、皇后当然心知肚明，但这么年轻就去世，对于高宗、武则天而言也是过于突然了。太子既然去世，未来的政治安排，只能围绕新立太子展开，这是再简单不过的政治规律。

根据《旧唐书》的记载，太子李弘是在咸亨二年（671）成婚，四年之后去世，而成婚之年已经二十岁。这在当时，可以称为

① 《旧唐书》卷五《高宗本纪下》，第100页。《新唐书》卷三《高宗本纪》、《通鉴》卷二〇二上元二年所载时间同。

晚婚，为何太子会如此晚婚？这与太子的身体状况有关。[①]《旧唐书》本传记载："戴至德、张文瓘兼左庶子，与右庶子萧德昭同为辅弼，太子多疾病，庶政皆决于至德等……又召诣东都，纳右卫将军裴居道女为妃。"[②]看来，太子结婚之前就身体欠佳，"太子多疾病"，可以理解为长期的身体状况。"太子无子"，是《旧唐书》本传的清晰文字，结婚四年而无子，应该也属于身体问题的佐证。

太子去世十天之后的五月五日，高宗为太子李弘加谥号为"孝敬皇帝"。高宗加太子谥号之诏书，《唐大诏令集》名之为《皇太子谥孝敬皇帝制》，其中所透露出的史实很有追究的价值。但是，这篇制书所载并不一致，其中《唐大诏令集》与《册府元龟》比较一致，而《旧唐书》本传有所不同。《旧唐书》没有皇帝心情自我表达部分，其中包含着高宗有准备让位给太子的意图。文字不同部分，《大诏令集》言，"若使负荷宗庙，宁济邦家，必能永保昌图，克诞景历。岂谓遽婴雾露，遂至弥留"[③]。前一部分是说把国家交给太子李弘一定前景美好，继续前文的文意。后一部分开始涉及太子病情。《旧唐书》是简单的"自琰圭在手，沉瘵婴身"一句，也是病情表述。《旧唐书》省略的部分当然不害文意表达，因为后文继续了前文让位的意思。"庶其痊复，以禅鸿名，及腠理微和，将逊

① 太子二十岁才成婚属于晚婚，证据来自唐朝的婚姻制度规定。贞观元年（627），唐太宗有《令有司劝勉庶人婚聘及时诏》，要求女子十五、男子二十岁完婚，见《唐大诏令集》卷一一〇，北京：中华书局，2008年，第569—570页。

② 《旧唐书》卷八六《高宗中宗诸子》，第2829页。

③ 《唐大诏令集》卷二六《追谥》，第85页。也见《册府元龟》卷二六一《储宫部·追谥》，第2965页。《旧唐书》本传也有该制书节文。不过，《唐大诏令集》标明时间为上元二年（675）四月有误，应是五月。

于位”[1]几句，清楚地表达了这一思想，原计划等太子身体恢复，皇帝便逊位给他。看来，这层意思已经明确地表达给了太子，没有想到这没有促进太子身体状况好转，反而增加了太子的心理压力，“因兹感结，旧疾增甚”，病情反而加重。所以诏书中皇帝的自责为“朕之不慈”。因为本来就有让帝位的计划，所以太子死后，“宜申往命”，完成既定的计划，追加谥号为“孝敬皇帝”。皇帝的内疚心理，在这件诏书中已经有了很充分的表达。

高宗要逊位，让太子李弘提前接班，诏书中言之凿凿，却不见其他记载和讨论。相关的只有郝处俊的说法：“况天下者，高祖、太宗之天下，陛下正合慎守宗庙，传之子孙，诚不可持国与人，有私于后。”传之子孙，很容易理解为太子继位。郝处俊此言，是在反对天后摄政的议题时提出的，从高宗的诏书看，高宗与武则天不仅放弃了“摄政”方案，反而是遵从郝处俊的意见，准备让太子李弘提前继承皇位。可是，太子身体不争气，竟然先皇帝而去。太子的去世，对高宗、武则天的打击是可想而知的，接班人只好另选他人。这就说明，高宗武则天的“天后摄政”计划，在郝处俊的反对下发生了改变，准备直接让太子提前接班。这个改变对于武则天研究史而言是一个重要史实，却是史家较少注意的。

《册府元龟》有记载：“唐太子弘，高宗第五子，性仁孝，深为帝及天后所钟爱。”[2]唐长孺先生通过敦煌发现的道经《洞渊神咒经》题记“麟德元年七月廿一日奉勅为皇太子于灵应观写”和李弘名字本身，发现高宗武则天对自己的儿子李弘寄予厚望，因为民间

① 《旧唐书》卷八六，第2830页。
② 《册府元龟》卷二五八《储宫部·令德》，第2933页。

长期以来就存在李弘信仰[1]。在李弘去世之后，父母对他的钟爱之情依然有明确的表达，不仅谥为孝敬皇帝，一切葬仪皆按照皇帝的规格进行。《旧唐书·李弘传》记录：

> 其年，葬于缑氏县景山之恭陵，制度一准天子之礼，百官从权制三十六日降服。高宗亲为制《睿德纪》，并自书之于石，树于陵侧。初，将营筑恭陵，功费巨亿，万姓厌役，呼嗟满道，遂乱投砖瓦而散……中宗践祚，制祔于太庙，号曰义宗，又追赠妃裴氏为哀皇后。[2]

以皇帝的礼仪为太子李弘送上最后一程，因为恭陵工程巨大，工期促急，不仅“功费巨万”，甚至引发服役百姓抗议。高宗亲自书写的《睿德纪》，一定是努力搜寻太子李弘的种种可敬事迹，虽然原文已经不存，但主体部分应该就是《旧唐书·李弘传》的基本内容，如何心地善良、同情民间疾苦，等等。

从《新唐书》开始，出现了武则天鸩杀太子弘的说法。在《高宗本纪》中，上元二年（675）四月“己亥，天后杀皇太子”[3]。而在李弘传中，《新唐书》则明言“上元二年，从幸合璧宫，遇酖薨，年二十四，天下莫不痛之”[4]。《资治通鉴》虽然没有《新唐

---

① 唐长孺：《史籍与道经中所见的李弘》，收入《魏晋南北朝史论拾遗》1983年，见《唐长孺文集》二，北京：中华书局，2010年，第210—219页。

② 《旧唐书》卷八六《高宗中宗诸子》，第2830页。也见《册府元龟》卷二五八《储宫部·令德》，第2933页。

③ 《新唐书》卷三《高宗本纪》，第71页。

④ 《新唐书》卷八一《三宗诸子·孝敬皇帝》，第3589页。

书》如此露骨的表达，增加委婉："己亥，太子薨于合璧宫，时人以为天后酖之也。"[①]其实，太子长期身体不佳，应该是天生体弱，最后死于肺结核，这在一千多年前当然是绝症[②]。

太子李弘去世之后，李贤继立为太子。《旧唐书·高宗本纪》（下）记载为："六月戊寅，以雍王贤为皇太子，大赦。"[③]李贤最初给人留下的印象颇佳，史书也不忘记载。"上元二年六月，立雍王贤为皇太子，寻令监国。贤处事明审，为时所称，手诏褒之"[④]。根据《旧唐书·章怀太子传》，仪凤元年（676），高宗还亲自下诏表扬太子。太子组织文人学士，注释《后汉书》，也是李贤很重要的功绩。但是，李贤仅仅当了五年太子就遭遇废黜，史书关于此事的记载大同小异，试以两《唐书》所书，颇能发现异同。

① 《资治通鉴》卷二〇二，第6377页。此处的《通鉴考异》列举了各个书籍的记载，承认《唐历》《新唐书》用天后鸩太子的说法，而《实录》《旧唐书》并不如此言。同时指出，最早说出此言的，大约是肃宗时代的李泌。但《通鉴》以疑传疑的叙述并非值得称道，因为这种说法与《唐大诏令集》的《皇太子谥孝敬皇帝制》是相矛盾的，而皇帝的制敕绝对是第一手资料。

② 参见梁恒唐：《太子弘死于肺结核，欧阳修冤枉武则天》，张玉良、胡戟主编：《武则天与乾陵》，西安：三秦出版社，1986年，第89—95页。

③ 《旧唐书》卷五《高宗本纪下》，第100页。《新唐书》卷三《高宗本纪》、《通鉴》卷二〇二，皆相同。

④ 《册府元龟》卷二五九《储宫部·监国》，第2942页。这方面的记载，《册府》不止一处。

表12-1

《旧唐书》所记太子李贤事	《新唐书》所记太子李贤事
时正议大夫明崇俨以符劾之术为则天所任使，密称："英王状类太宗。"又宫人潜议云，"贤是后姊韩国夫人所生"，贤亦自疑惧。则天又尝为贤撰《少阳政范》及《孝子传》以赐之，仍数作书以责让贤，贤逾不自安。调露二年，崇俨为盗所杀，则天疑贤所为。俄使人发其阴谋事，诏令中书侍郎薛元超、黄门侍郎裴炎、御史大夫高智周与法官推鞫之，于东宫马坊搜得皂甲数百领，乃废贤为庶人，幽于别所。永淳二年，迁于巴州。①	时正谏大夫明崇俨以左道为武后所信，崇俨言英王类太宗，而相王贵，贤闻，恶之。宫人或传贤乃后姊韩国夫人所生，贤益疑，而后撰《少阳政范》《孝子传》赐贤，数以书让勒，愈不安。调露中，天子在东都，崇俨为盗所杀，后疑出贤谋，遣人发太子阴事，诏薛元超、裴炎、高智周杂治之，获甲数百首于东宫。帝素爱贤，薄其罪，后曰："贤怀逆，大义灭亲，不可赦。"乃废为庶人，焚甲天津桥，贬大安普州刺史，流讷言于振州，坐徙者十余人。开耀元年，徙贤巴州。②

两《唐书》的记载相同，主要是搜查出太子秘藏盔甲之事。太子的危机起源于正谏大夫明崇俨被杀事，但两书都没有给出最后的交代。关于皇帝与皇后对太子的态度，《旧唐书》不见差异，而《新唐书》则给予强调，显示出贬太子主要是武则天的主意，而唐高宗软弱不能坚持己见。对此，后出的《资治通鉴》，在高宗、武则天关系上，倾向于《新唐书》，但事情叙述更加分明。

调露元年（679）五月，明崇俨被杀。《通鉴》的记载为："偃师人明崇俨，以符咒幻术为上及天后重，官至正谏大夫。五月，壬午，崇俨为盗所杀，求贼，竟不得。赠崇俨侍中。"值得注意的是，明崇俨不是皇后的个人宠臣，而是皇帝、皇后都看重的大臣。命案发生后，《通鉴》紧接着记载道，"丙戌，命太子监国。太子处

① 《旧唐书》卷八六《高宗中宗诸子·章怀太子传》，第2832页。
② 《新唐书》卷八一《三宗诸子》，第3591页。

事明审，时人称之”。第二年案件破获，明崇俨案件太子是主谋，但是太子监国却获得很多赞誉。《通鉴》的说法，证明太子作为政治中人，也是善于表演的。明崇俨之死，是太子亲密好友所为，《通鉴》的记载为：“太子颇好声色，与户奴赵道生等狎昵，多赐之金帛……道生又款称太子使道生杀崇俨。”[①]明崇俨案件当时影响巨大，“至太子废，死状乃明”[②]。

太子李贤，是宫廷斗争的失败者，因为传言而“自疑”，他内心不安并展开行动维护自身地位，一是秘藏盔甲，二是杀死大臣明崇俨。其实，所有传言可能都是政治斗争的一部分，但太子应对失当，甚至谋杀大臣，这当然不是一般性错误，而是严重的犯罪行为。李贤的被废，是咎由自取[③]。

李贤之后，李显成为新太子。李贤被废的时间，是调露二年（680）八月二十二日（甲子），“甲子，废皇太子贤为庶人，幽于别所”。“乙丑，立英王哲为皇太子。改调露二年为永隆元年，赦天下，大酺三日。”[④]旧太子出问题，只能确立新的太子，对于高宗与武则天而言，这种政治的不稳定，自然不是期望中事，但希望新太子能够担起大任，这应属一般正常心理[⑤]。李贤官属，除了确有问

---

① 《资治通鉴》卷二〇二，第6397页。前文，见《通鉴》同卷，第6390页。

② 《新唐书》卷二〇四《明崇俨传》，第5806页。

③ 对于李贤的问题，武则天最多属于严母，不能认为是幕后黑手，对此黄约瑟先生早有论证，参见《试论武则天临朝称制》，《武则天与文水》，太原：山西人民出版社，1989年，第55—74页。

④ 《旧唐书》卷五《高宗本纪下》，第106页。《新唐书》《资治通鉴》所记时间相同。

⑤ 旧史学习惯把武则天描述为不断残害太子，为自己称帝开辟道路，扫清障碍，这在逻辑上不通，从郝处俊的说法中能够看到当时政治的基本逻辑。可惜，至今仍有人支持这种旧史学观点。

题者，“其余官僚，上皆释其罪，使复位，左庶子薛元超等皆舞蹈拜恩，右庶子李义琰独引咎涕泣，事论美之”[①]。且不论具体官员的反应，就皇帝而言，这个安排是希望维持政治的稳定性。

作为太子的李哲（曾名李显，后来又恢复旧名），在东宫的四年看起来平安无事，直到高宗去世，顺利继承皇位，他便是唐中宗。那么，唐高宗和武则天，对于新太子李哲，到底有什么看法呢？史书很少透露出这方面的信息，太平无事只是表面现象。其实，高宗和武则天，对于新太子的不满意是存在的，有一件事很少见到分析，其实与此大有关系，这就是立“太孙”事。

永淳元年（682）二月，皇孙重照满月，三月戊午（二十五日），高宗宣布立重照为皇太孙。比较各种记载，《唐会要》的一条记载最为详细，内容如下：

> 永淳元年三月十五日，立皇孙重照为皇太孙。将置府寮，上召吏部侍郎裴敬寻、郎中王方庆问：“今立太孙，前代故事如何？”方庆进曰：“臣按《周礼》有嫡孙，汉、魏以来，皇太子在，亦不立太孙，但封王耳。晋太康元年，立愍怀太子第二子临淮王臧为皇太孙。永宁元年，立愍怀太子第三子襄阳王尚为皇太孙，官属即转为太孙官属。齐永明十年，立文惠太子长子南郡王昭业为皇太孙，使居东宫。今皇太子在而立太孙，旁求载籍，未有前例。”上曰：“自我作古可乎？”对曰：“可。三王不袭礼，五帝不沿乐，苟不失上下之序，亏政理之

① 《资治通鉴》卷二〇二，第6398页。

道，亦何事而不可。《诗》曰：‘贻厥孙谋，以燕翼子。’《礼》曰：‘君子抱孙不抱子，孙可以为王父尸。’以其昭穆同也。今陛下肇建皇孙，创斯盛典，所以彰子孙千载之盛，福祚灵长之应也。”上悦，使方庆详求典故，官属员品，乃奏太孙府置师傅及文学、祭酒，及左右长史、东西曹掾、主簿管记司录以下六曹从事等官，各加王府一级。上后颇以为疑，竟不补授而止也。[1]

有太子而另立皇太孙，虽然历史能够提供先例，理论上也不无说辞，但太孙之立毕竟是提前布置皇太子的接班人。这既可以认为是为了确保政治发展的有序性，也可以认为是对太子的不满。立皇太孙的办法，其实并不能弥补太子的问题，不仅因为皇太孙年在襁褓，未来发展存在多种可能性，而且今上一旦不在，皇太孙的问题还得交给如今的太子处置。或者唐高宗有这种顾虑，或者另有计划，一度坚持“自我作古”的皇帝后来并没有设置皇太孙的府官，等同于这个皇太孙的计划只完成了部分设计。黄约瑟先生曾经仔细研究太子李哲（李显）太子时期的问题，为皇帝皇后不信任太子，增添了新的证据[2]。皇太孙的计划没有坚持下去，应该是皇帝皇后又有了新的计划。确切地说，新的计划其实是最初计划的回归，即

---

① 《唐会要》卷四《皇太孙》，第56页。

② 根据《旧唐书·薛元超传》，李哲（李显）为太子后，薛元超在永隆二年（681）出任中书令和太子左庶子，高宗幸东都，太子在京师监国，而薛元超“数上疏谏太子，高宗知而称善，遣使慰谕，赐物百段”。黄约瑟仔细分析薛元超的谏书，认为李哲存在多方面的问题，有“反叛性格”，太子的行为，“引致父亲甚至母亲没法放心让他治国”，参见上引黄约瑟《试论武则天临朝称制》一文。

在未来的政治体制中，让武则天担任核心角色。皇太孙事件的第二年，就有了唐高宗的改元弘道赦以及高宗遗诏，武则天以太后身份临朝称制成了最终方案。

到底如何应对高宗之后的局面呢？这即是本章开篇讨论的问题，在高宗的积极努力下，临终之前，终于安排好武则天的太后称制。用改元赦，表彰武则天的政治能力，用遗诏规定武则天合法的摄政权力。对于高宗的临终安排，裴炎等大臣积极执行，但中宗不无反抗，从而导致他被废，武则天名正言顺地临朝称制。

从上元元年（674）武则天提出“建言十二事”，到高宗临终前的遗诏，都是围绕高宗之后的最高权力问题展开的，其中武则天扮演着关键角色。但是，最初的天后摄政计划与后来的太后临朝称制，虽然异曲同工，但中间确实经过了不断的变化。李弘死、李贤废、李哲不争气，这一连串的问题导致高宗不得不把一度放弃的武则天摄政计划再次提上日程，并最终获得落实。这绝不是武则天的称帝阴谋在发挥动力作用，而是接班人确实存在着这样那样的问题，而未来政治又不能不做认真策划。不断的计划与调整，最终只能赋予武则天以巨大的权力，这不是一个清晰目标的达成，而是一个不断探索、选择和妥协的结果。合法的太后临朝称制，成了女皇道路的关键基础，这个后果恐怕连武则天都不会提前想到，而这恰恰符合历史的神秘定律。

第十三章
武则天从加尊号到称帝

武则天以皇太后身份称帝，成为古代中国唯一的女皇。研究武则天，有学者认为武则天的政治野心起源甚早，在初入宫时已经显露野心。作为皇后的武则天，追求最高权力的形迹多有留存，论者亦多。然而认真辨析，证据似有还无，并不确凿。武则天是以皇太后身份登上皇帝宝座的，即使如此，也历经探索，并非一蹴而就。最重要的探索证据，就是加尊号为“圣母神皇”。此后，不仅顺利称帝，还创造了一种“加尊号”的政治文化。

“皇帝”是皇帝独享的尊号，从皇帝制度创立以来，这个尊号就存在。高宗去世之后，武则天以太后身份临朝称制，废中宗、杀裴炎，平定扬州事变，大权独揽。当时的唐朝，睿宗虽然不执政，但皇帝名号尚在。太后武则天如何称帝？变太后为皇帝，这是关键一步。武则天不是径直称帝，而是进行了谨慎的探索，这就是“圣母神皇”尊号的意义。围绕这个太后的新尊号，朝廷推出了一系列政治活动，政治社会受到了震动，直接引发了劝进运动。武则天顺利称帝。此后，武则天经常运用“加尊号”为自己的政治理念宣传，并把“加尊号”与大赦等联系起来。从此以后，“加尊号”成为一种新的政治文化，为后来的皇帝所继承。如今，举凡古代皇帝制度，加尊号与皇帝的帝号、庙号、年号、谥号等相提并论，成为皇帝制度的有机组成。“加尊号”是武则天作古，是女皇留给皇帝制度的一个重要发明。

第一节　皇帝的两种尊号

“皇帝”作为尊号使用，具有独占性，非皇帝身份的人无权使用这个尊号。因为“皇帝”尊号的至上性，围绕这个尊号，形成了一个尊号系统，如皇后、皇太子、皇太后，等等，但皆以“皇帝”为核心[①]。对比可知，“皇帝”是其他尊号之根，其他尊号都具有附属性。皇帝的尊号属于皇帝制度一部分，始于秦始皇，这是众所周知、毫无疑问的。在尊号讨论的文章中，不少人从“皇帝”之称讨论开始，认为尊号也从始皇帝始。“皇帝”作为至高尊号的使用，为历代皇帝所继承，如果从尊号系统的视角看，这是基本尊号。本文讨论的“尊号”，不是“皇帝”这个基本尊号，而是以“皇帝”为基础的新加尊号。而这个新的尊号之制，是从唐代开始的。

最初讨论皇帝的尊号，有从秦始皇曾被推荐使用“泰皇”尊号的例证开始。《史记·始皇帝本纪》，天下统一之后，朝廷讨论最高领导人的“尊号”，李斯等大臣确实推荐的是“泰皇”，但最后始皇

① “皇后”也是尊号，但属于“皇帝”的附属性称谓。《资治通鉴》有这样的记载，废王立武之后：“故后王氏、故淑妃萧氏，并囚于别院，上尝念之，间行至其所，见其室封闭极密，惟窍壁以通食器，恻然伤之，呼曰：‘皇后、淑妃安在？’王氏泣对曰：‘妾等得罪为宫婢，何得更有尊称！’”卷二〇〇，北京：中华书局，1956年，第6294页。

帝亲自确定为“皇帝”[①]。皇帝制度从此正式确立，国家最高领导人称“皇帝”，这是皇帝的尊号。此后，这个最高的尊号基本上相沿未改。对此，《册府元龟》有段总结性文字：“古者盛德之君，若九皇、五帝，皆典籍之所述也。夏商而下，降号称王。秦并天下，始兼三五而建号，然后尊极之名著矣。历代而下，遵而不易。时或因革，理非沿袭，踵事增华，其流弥盛。”[②]“皇帝”这个尊号，是三皇五帝之后“尊极之名”，后来主流是“遵而不易”，但也有“时或因革”，或者“踵事增华”的情形。“时或因革”是很个别的情况，但“踵事增华”即锦上添花这种情况，反而系统而连续，影响巨大，即所谓“其流弥盛”。

所谓“时或因革”的例证并不多，共有五位皇帝。汉哀帝听信转运说，认为改个名号“陈圣刘太平皇帝”，就能代替西汉运转，成为一个历史笑话[③]。北魏献文帝的情况是自己放弃皇位，但还不想放弃国家管理权，于是大臣们上奏：“汉高祖既称皇帝，尊其父为太上皇，明不统天下。今皇帝幼冲，万机大政犹宜陛下总之，谨上尊号太上皇帝。”大臣们的意思是，如果叫“太上皇”就跟汉高祖刘邦的父亲一样了，“明不统天下”。现在的情况是，皇帝年幼，

---

① 《史记》卷六《秦始皇本纪》，北京：中华书局标点修订本，2013年，第300页。

② 《册府元龟》卷一六《帝王部·尊号》序，南京：凤凰出版社，2006年，第169页。《册府元龟》两卷一六、一七是《帝王部·尊号》，收集北宋以前的尊号资料，最后一位是后周太祖。

③ 《汉书》卷一一《哀帝纪》建平二年六月记载：“侍诏夏贺良等言赤精子之谶，汉家历运中衰，当再受命，宜改元易号。诏曰：‘汉兴二百载，历数开元。皇天降非材之佑，汉国再获受命之符，朕之不德，曷敢不通！夫基事之元命，必与天下自新，其大赦天下。以建平二年为太初元将元年。号曰陈圣刘太平皇帝。漏刻以百二十为度。’”两个月之后，又宣布罢废。北京：中华书局，1962年，第340页。

国家还需要陛下，所以上尊号为“太上皇帝”，依旧管理国家。所以，这个“太上皇帝”就是“皇帝的皇帝”，是国家的最高领导人。这可以看作是别出心裁的政治游戏[①]。

喜欢搞游戏的皇帝还有北周闵帝，他接受西魏的“禅让”，即“天王位”，用“天王”取代“皇帝”。到明帝三年（559）八月，“时崔猷为御史中大夫，以为世有浇淳，故帝王因以沿革。今天子称王，不足以威天下，请遵秦、汉，称皇帝，建年号。朝议从之”。折腾的结果，又回到皇帝称号之中。北周宣帝也是一个爱折腾的皇帝。“大象元年，自称天元皇帝，所居称天台。”当然没过多久，北周就被隋文帝取代了，包括皇帝称号在内一切重回正轨。到唐朝，唐高宗也喜欢在名称上搞名堂，曾经把所有的官名改一遍，过几年再改回去。“唐高宗上元元年八月，皇帝称天皇，皇后称天后，以避先帝、先后之称。”[②]这也是对皇帝尊号的更改，与后来的“加尊号”不同[③]。

---

① 北魏献文帝传位太子，自称“太上皇帝”之事，历史背景比较模糊，《魏书·天象志》有个说法是“迫于太后，传于太子”。北京：中华书局标点修订本，2017年，第2633页。但成为“太上皇帝”之后，他依然大权在握是事实。王夫之认为这是他保护太子的一个动作，见《读通鉴论》卷一五《明帝六》，北京：中华书局，1975年，第521页。

② 以上资料，集中在《册府元龟》卷一六《帝王部·尊号》，第170页。全部事迹，《册府元龟》用纸不足半页。高宗称天皇，皇后称天后，他们自己的解释是避先帝、先后。但研究者有人强调武则天的作用。

③ 皇帝的两个尊号不同，但多有研究者不予区分。最近吴丽娱先生著文《皇帝独尊时代的典礼——以皇帝加尊号礼为中心（上）》（《中国社会科学院历史研究所刊》第11辑，北京：商务印书馆，2019年，第75—112页），把唐太宗的“天可汗”和高宗的“天皇、天后”都称作加尊号。高宗、武则天之称上文已经涉及，皇帝的基本尊号和加尊号是不同的。“天可汗”的观点来自罗新论文《从可汗号到皇帝尊号》（《唐研究》第10卷，北京：北京大学出版社，2004年，第283—295页），是很特殊的一种情况。唐太宗的“天可汗”尊号，只用于“西北诸蕃”，无论是来源还是应用，都不是广泛的。

举证这些事例，可见围绕“皇帝”这个“尊号”进行变动的确有其人，但唯此五人，是个别行为。能够明确的是，所谓尊号，特指皇帝的称号，即使稍微扩大一点，也是最高领导人的称号。如汉高祖父亲被称作“太上皇”，虽然也叫“尊号”，因为并不掌权，与本文讨论的对象不同。而北魏献文帝的“太上皇帝”则属于本文的范围之内，因为同时虽然另有皇帝，但大权在这位“太上皇帝”手中。附属性的尊号也应排除在外，比如唐高宗称天皇，武则天称天后，有人强调武则天的作用，其实，“天后”是附属性称谓，不具有单独尊贵的含义。从这个原则来看，皇太后的各种尊号，也在此列。

所以，作为中国古代的最高领导人，“皇帝”是基本尊号。本文讨论的对象，在这个基本尊号之外。以史书所记唐代皇帝的尊号来看，可以发现基本尊号与新尊号之间的关系。天授元年（690）九月乙酉，武则天“加尊号曰圣神皇帝”[①]。唐玄宗先天二年（713）十一月，第一次有了尊号，《旧唐书》的记载为“上加尊号为开元神龙皇帝”[②]。武宗会昌二年（842）四月，群臣“请加尊号曰仁圣文武至神大孝皇帝”[③]。所有这些叙述，都有一个重要动词“加”，词组读作“加尊号”。所谓“加”，即“皇太后”“皇帝”这些基本尊号外的新加尊号。新尊号加在基本尊号之前，共同构成全部尊号，以表达最高领导人的新政治文化意涵。唐肃宗两次加尊

① 《旧唐书》卷六《则天皇后本纪》，北京：中华书局，1975年，第121页。记载武则天尊号几乎都是这个句式，一定使用“加”字。

② 《旧唐书》卷八《玄宗本纪上》，第171页。

③ 《旧唐书》卷一八上《武宗本纪》，第590页。在表达皇帝“加尊号”含义时，史书的另一写法是群臣“上尊号”，与“加尊号”含义相同。

号，到上元二年（761）九月，忽然下令“去尊号，但称皇帝”，返璞归真[①]。而“去”与“加”正是方向相反的两个动词。重视这个“加尊号”的含义，在讨论“尊号”定义的时候，便容易理解“皇帝”这个基本尊号与所加尊号的不同[②]。

《册府元龟》在皇帝的“尊号”门下，记述这些内容，要表达凡这些都是皇帝“尊号”的前史。这些罕见的名号改动，自身不成系统，也缺乏连续性，后来的尊号，并没有受到影响。因此，不能以此证明“尊号”的成立时间[③]。皇帝加尊号，是一种政治行为，并形成了一套制度规范，所以从尊号制度角度理解“尊号”成立史是比较适当的。同时，尊号制度一旦形成，便具有一定的稳定性，无论对当时还是后世[④]。

总之，尊号属于皇帝制度，以皇帝为对象，但不包括“皇帝”这个基本尊号。

---

① 《资治通鉴》卷二二二，上元二年（761），第7116页。

② 有些学者认为尊号问题应该从秦始皇的“皇帝”尊号开始计算，应该是没有注意基本尊号与新加尊号的区别，而唐朝以后的所谓尊号，特指新加尊号部分。参见史苏苑：《庙号、谥号、尊号考述》，《社会科学战线》1983年第1期，第114—117页。邸永君：《庙号、谥号、尊号及年号考述》，《寻根》2008年第4期，第48—55页。

③ 范祖禹《唐鉴》“玄宗”条，臣祖禹曰：“三皇称皇，五帝称帝，三王称王，岂其德不足欤？名号一而已矣。及秦兼皇帝之号，固已僭矣。后世因而不改，以为法后王也。汉哀帝惑于妖谶，始有陈圣刘太平之号，周宣骄恣，自称天元，高宗称天皇，武后称天后，尊号之兴，盖本于此。开天之际，主骄臣谀遂著，以为故事。使其臣子生而加谥于君父，岂不悖哉！”范祖禹对于尊号的说法很宽泛，愤慨溢于言表，对于尊号的研究，其实没有提供有价值的判断。见《唐鉴》卷五《玄宗下》，开元二十九年（741），白林鹏、陆三强点校，西安：三秦出版社，2003年，第126页。

④ 张志云：《古代尊号制度起始年代考辨》（《中华文化论坛》2017年第5期，第83—89页），在强调尊号的制度性时，富有建设性，但以北周皇太后的尊号册封为尊号制度之始，则不无遗憾。毕竟，在当时的制度下，皇太后多是附属性尊号。

第二节　武则天的政治发明

即使承认唐朝是皇帝尊号的创立时代，具体而言，并非没有争议。唐人封演在《封氏闻见记》专门讨论过“尊号”，认为“则天以女主临朝，苟顺臣子一时之请，受尊崇之号，自后因为故事”[①]。与封演大约同时的陆贽，曾同德宗讨论尊号问题，认为“尊号之称，本非古制”[②]。宋敏求《春明退朝录》中，很简明地指出：“尊号起于唐，中宗称应天神龙皇帝，后明皇称开元神武皇帝，自后率如之。”[③]究竟是武后，还是中宗？司马光的观点综合一些，他认为：“尊号起唐武后、中宗之世，遂为故事。”[④]后来的清代历史学家王鸣盛同样认为，“生上尊号，固起于唐，前世未有”[⑤]，显得比较笼统了[⑥]。

---

① 封演著、赵贞信校注：《封氏闻见记校注》卷四“尊号”条，北京：中华书局，2005年，第26页。

② 陆贽认为“人主轻重，不在自称，崇其号无补于徽猷，损其名不伤其美德”，德宗后来多次拒绝尊号，应是受到陆贽的巨大影响（《旧唐书》卷一三九《陆贽传》，第3792页）。

③ 宋敏求：《春明退朝录》卷中，北京：中华书局，1980年，第23页。

④ 《宋史》卷一一一《礼志》第一三《嘉礼一》：“熙宁元年（1068），宰臣曾公亮等上表请加尊号，诏不允。先是，翰林学士司马光言：‘尊号起唐武后、中宗之世，遂为故事。’”当时司马光为翰林学士，支持神宗不接受加尊号的举动。北京：中华书局，1977年，第2642页。

⑤ 王鸣盛著、黄曙辉点校：《十七史商榷》卷七六《尊号谥法庙号陵号》，上海：上海古籍出版社，2013年，第1089—1091页。

⑥ 更广义地讨论尊号的来源，罗新认为唐代的皇帝尊号制度根本上渊源于内亚民族的政治文化传统，“唐代皇帝的尊号的直接来源，则是突厥族的可汗号制度”。见作者《从可汗号到皇帝尊号》，初刊于荣新江主编：《唐研究》第十卷，北京：北京大学出版社，2004年，收入氏著《中古北族名号研究》，北京：北京大学出版社，2009年，第225—237页。

武则天的历史创造是公认的，而尊号之制正在其列。武则天的第一个尊号，是“圣母神皇”，时间是垂拱四年（688）五月。此时的武则天还是皇太后，但此事对于她登上女皇宝座，意义重大。《旧唐书·则天皇后本纪》有记载，但《资治通鉴》的记述更加详细，其辞为：

> 武承嗣使凿白石为文曰：“圣母临人，永昌帝业。”末紫石杂药物填之。庚午，使雍州人唐同泰奉表献之，称获之于洛水。太后喜，命其石曰“宝图”，擢同泰为游击将军。五月，戊辰，诏当亲拜洛，受“宝图”；有事南郊，先谢昊天；礼毕，御明堂，朝群臣。命诸州都督、刺史及宗室、外戚以拜洛前十日集神都。乙亥，太后加尊号为圣母神皇。①

武承嗣是武则天的侄子，当时官任礼部尚书同中书门下三品②。洛水出现了白石，因为有“圣母临人，永昌帝业”字样，被武则天命名为“宝图”，这就是祥瑞出的大事，而负责祥瑞事务的就是礼部③。指出这个故事的实际操纵者为武承嗣，一定是在武则天的武周政权完结之后，这样比较接近事实真相。这么隐秘的政治行为，武则天只能依靠自己信任的人去完成。武承嗣自认为对武周

① 《资治通鉴》卷二〇四，北京：中华书局，1956年，第6448页。又见《旧唐书》卷六《则天皇后本纪》，北京：中华书局，1975年，第119页。《资治通鉴》给出更具体时间，所以这里引用《资治通鉴》，以《旧唐书》为参考。

② 武承嗣在嗣圣元年“闰五月，礼部尚书武承嗣同中书门下三品”（《旧唐书》卷六《则天皇后本纪》，第116页）。

③ 参见李林甫等撰、陈仲夫点校：《唐六典》卷四，“礼部郎中、员外郎”条，北京：中华书局，1992年，第114—115页。

立功甚多，后来曾希望成为武周帝业的继承人，都有缘由的[①]。

洛水出瑞石，《旧唐书》记作“四月”，《资治通鉴》记为四月“庚午”[②]。五月戊辰为十一日，武则天下诏亲拜，证明获得武则天高度确认。此后的行动，都是瑞石牵引出来的，有事南郊，祭祀上天，表达对上天的感恩。御明堂，命群臣集合神都，也都为同一事件。乙亥为十八日，正式接受“加尊号”为“圣母神皇”。

事件还没有结束。六月，“壬寅（十六日），作神皇三玺”。《资治通鉴》继续记载：

> 秋，七月，丁巳（一日），赦天下。更命“宝图”为“天授圣图”；洛水为永昌洛水，封其神为显圣侯，加特进，禁渔钓，祭祀比四渎。名图所出曰“圣图泉”，泉侧置永昌县。又改嵩山为神岳，封其神为天中王，拜太师、使持节、神岳大都督，禁刍牧。又以先于汜水得瑞石，改汜水为广武。
>
> 〔十二月〕己酉（二十五日），太后拜洛受图，皇帝、皇太子皆从，内外文武百官、蛮夷酋长各依方叙立，珍禽、奇兽、杂宝列于坛前，文物卤簿之盛，唐兴以来未之有也。[③]

用如此漫长的时间完成这件事，应该不是武则天原有的计划。

---

① 参见孟宪实：《武周魏王武承嗣事迹》，西安碑林博物馆编《纪念西安碑林930周年华诞学术研讨会论文集》，西安：三秦出版社，2018年，第192—201页。

② 四月无庚午，五月有庚午，为十三日。如果十一日戊辰武则天下诏亲拜瑞石，则不可能后两日才献瑞石。《新唐书·则天皇后本纪》记载为，“五月庚申，得‘宝图’于洛水”。吴玉贵《资治通鉴疑年录》存疑（北京：中国社会科学出版社，1994年，第220页）。

③ 《资治通鉴》卷二〇四，第6448、6449、6454页。

八月份发生琅琊王李冲等唐皇室诸王起兵反武事，军事镇压之后还有政治肃清，到十二月才算完成，这才继续已经耽搁一些时日的“拜洛受图”仪式。皇帝、太子、百官还有诸酋长都参与盛会，其规模巨大、仪式隆重都令人印象深刻，所以史书才会记载“唐兴以来未之有也”。

很显然，武则天对于“圣母神皇”尊号十分重视。只有来自最高政治层面的组织动员，才会有如此盛大的政治行为。此时，武则天在高宗去世之后独掌大权已经四年多，在经历了废中宗、扬州事变、杀裴炎等一系列重大事件之后，武则天掌控最高权力已经稳如泰山。武则天以太后身份临朝称制，有高宗遗诏的嘱托，是合法的权力存在[①]。何况，皇帝制度下一直存在太后称制的政治安排，是一个悠久的政治传统[②]。

圣母神皇尊号，代表着武则天冲击新政治高度的开始。在此之前，包括扬州事变，在揭发武则天政治野心的时候，都存在证据不足的问题。

“圣母神皇”，可以分为两层含义理解：一是“圣母”，二是“神皇”。武则天是皇太后，当今皇帝睿宗的母亲，这是一个基本事实。描述这层关系就是“圣母”，说皇帝的母亲是神圣的母亲，无可厚非。强调母亲的重要意义，无论在孝道的立场上，还是政治

---

① 参见孟宪实：《论武则天的太后称制》，《南开史学》2019年第1期，北京：社会科学文献出版社，2019年，第74—94页。高宗生前，为身后事颇费思量，设计了多种办法，最终还是委托给武则天。

② 参见祝总斌：《古代皇太后“称制”制度存在、延续的基本原因》，原载《北京大学学报》2008年第2期。收入作者《材不材斋史学丛稿》，北京：中华书局，2009年，第549—563页。

的立场上，理据充分。何况，从武则天的角度看，这也有很好的舆论铺垫。高宗上元十二月，武则天提出“建言十二事”，其中一条是“父在为母服齐衰三年”[①]。学界公认这是在为母亲争取孝道的权力。“圣母临人，永昌帝业”，这是来自上天的指点，皇帝母亲亲自领导人民，唐朝的帝业一定会永远昌盛。瑞石出于洛水，而洛水向来就是神水，“河图洛书”是经典故事。现在，经典再次上演，洛水再次表达上苍对人间的关注，给予武则天几年来统治唐朝以充分肯定。武则天郑重其事，予以隆重接受。

天意不仅表达了对武则天的现实肯定，还对未来表达了清晰的方向指引。“永昌帝业”，可以理解为唐朝的帝业永远昌盛，但是，如果理解为武则天圣母的帝业永昌，也不存在逻辑障碍。于是，武则天的尊号中出现了“神皇”二字。如果说“圣母”有表达武则天与睿宗皇帝实际关系的方面，那么“神皇”是什么含义？不可能再用伦理关系说明“神皇”。神，继续表达天意。神皇，不是皇帝，但类似皇帝、接近皇帝，也可以理解为皇帝的另一种表达。但是，“神皇”毕竟不是“皇帝”，依然存在模糊空间，可以保证武则天进退有余。七月，武则天宣布“宝图”为“天授圣图”，政治含义变得更加清晰。“宝图”可以有任何正面意义，但是“天授”一词，在中国的政治传统中，只有政权天授一个解释版本。

武则天的新尊号，具体象征了她的政治新方向。不用说，朝廷中的众臣已经顺从习惯，全面配合行动。琅琊王李冲等李唐皇室成员的反抗姗姗来迟，混乱而笨拙，但毕竟表达了反抗的意愿。然

① 《新唐书》卷七六《则天武皇后传》，北京：中华书局，1975年，第3477页。

而，这些政治戏码，对于基层社会而言，遥远、神秘、完全无感。敦煌出土一件地方政府的官方文件：《沙州都督府图经》，其中记录了垂拱四年（688）发生在敦煌的一件具有政治意义的事，其文如下：

> 野谷：右唐圣神皇帝垂拱四年，野谷生于武兴川，其苗高二尺已上，四散似蓬，其子如葵子，色黄赤，似葵子，肥而有脂，炒之作麨，甘而不热，收得数百石，以充军粮。[①]

这条文献题为“野谷”，记入祥瑞类别中，属于敦煌上报的“廿祥瑞”之一。地方政府及时向中央报告祥瑞，这是当时的制度规定，非本文所论。我们关心的是对武则天的写法：“唐圣神皇帝垂拱四年。”在这个时间点上，这个说法是不成立的。武则天的尊号在天授元年（690）改为“圣神皇帝”，但垂拱四年（688）只能叫“圣母神皇”。垂拱四年（688），虽然是武则天掌权，但天下还是李唐，李唐没有一位“圣神皇帝”。所以敦煌地方政府的写法，造成了历史书写的混乱，而这种混乱是因为混淆了“圣母神皇”与“圣神皇帝”的差别。从垂拱四年（688）这个时间点上看，这种名称的混乱，正是武则天希望的。她的政治探索，正一步步走向成功。

从垂拱四年（688）开始，武则天的探索之路没有停止。武则天不是突然宣布称帝的，在正式称帝之前，她采取了一系列措施，不

① 敦煌出土文书P. 2005，见唐耕耦编：《敦煌社会经济文献真迹释录》，北京：书目文献出版社，1986年，第38页。

断地靠近帝座。如果把武则天的第一次加尊号“圣母神皇”看作是第一步。那么转年正月，大赦天下，改元“永昌”，亲祭祀明堂，可以看作是第二步。永昌年号，谁都知道来自“瑞石”，用瑞石文字作年号，是接受天启的进一步证明。在经过一系列的努力，如建明堂，为武家设立“崇先府”及其官属，改革历法，“诏书”改为“制书”，诸州各置大云寺等[①]，最后，九月武则天对帝座发起最后冲击：

> 九月，丙子（三日），侍御史汲人傅游艺帅关中百姓九百余人诣阙上表，请改国号曰周，赐皇帝姓武氏，太后不许；擢游艺为给事中。于是百官及帝室宗戚、远近百姓、四夷酋长、沙门、道士合六万余人，俱上表如游艺所请，皇帝亦上表自请赐姓武氏……庚辰（七日），太后可皇帝及群臣之请。壬午（九日），御则天数，赦天下，以唐为周，改元。乙酉（十二日），上尊号曰圣神皇帝，以皇帝为皇嗣，赐姓武氏；以皇太子为皇孙。[②]

---

① 参见王国维：《唐写本大云经疏跋》，收入《观堂集林》第4册，北京：中华书局，1959年，第1016—1018页。陈寅恪：《武曌与佛教》，原载《历史语言研究所集刊》第5本第2分，1935年。收入《金明馆丛稿二编》，北京：生活·读书·新知三联书店，第153—174页。林世田《〈大云经疏〉初步研究》，《文献》2002年第4期，收入氏著《敦煌遗书研究论集》，北京：中国藏学出版社，2010年，第3—15页。

② 《资治通鉴》卷二〇四，天授元年（690），第6467页。《旧唐书》的记载与《资治通鉴》可以互为补充：“九月九日壬午，革唐命，改国号为周。改元为天授，大赦天下，赐酺七日。乙酉，加尊号曰圣神皇帝，降皇帝为皇嗣。丙戌，初立武氏七庙于神都。追尊神皇父赠太尉、太原王士彟为孝明皇帝……令史务滋等十人分道存抚天下。改内外官所佩鱼并作龟。”（第121页）

在这些政治活动中，武则天一定是后台总指挥。九月九日，武则天宣布建立周朝，改元天授。三天以后，接受了新的尊号“圣神皇帝”。原来的“圣母神皇”，如今改称“圣神皇帝”，不过一字之差。“母亲”的意义没有必要再强调了，过渡性称谓已经完成使命。皇，本来就可以理解为“皇帝”，现在不过更明确而已。称帝前后的两个尊号，存在着如此清晰地承继关系。由此可知，武则天发明的新尊号，从最初就不是单纯的称号游戏，而是完整周密的政治推进计划，是武则天“称帝运动”的重要一环①。从洛水出宝图接受第一尊号“圣母神皇”到称帝运动成功，接受“圣神皇帝”尊号，武则天的称帝运动如同行进在两个尊号之间，尊号的意义由此不可低估②。

第三节　尊号体现政治理念

武则天创造了尊号，丰富了皇帝制度。尊号是围绕最高权力持有人进行的，不管是皇太后还是皇帝。“皇帝”作为秦始皇以来确立的基本尊号受到绝对尊重是没有问题的，所以太后武则天的第一个尊号是“圣母神皇”，利用模糊方式靠近“皇帝”但还不敢直接

① 武则天皇位冲顶的过程中，伴随着酷吏政治和顺我者昌逆我者亡的政策，可以看作是政治的两手动作。

② 为恭贺武则天称帝建立周朝，陈子昂奉上了一篇《上大周受命颂表》，其中写道：“臣草野愚陋，生长休明，亲逢圣人，又睹昌运，舜禹之政，河洛之图，悉皆目见，幸亦多矣。今者凤鸟来，赤雀至，庆云见，休气升，大周受命之珍符也。”又写《大周受命颂》四章并序，分别为《神凤章》《赤雀章》《庆云章》《甿颂章》，见《陈子昂集》卷七，徐鹏点校，上海：上海古籍出版社，2013年，第161—165页。足见武则天“瑞石”等祥瑞是有正面价值的，尤其是陈子昂文章更能显示当时政治氛围，与武周政权之后的情况大相径庭。

使用“皇帝”。而一旦称帝，尊号立刻回归，毕竟“圣神皇帝”比“圣母神皇”更标准更正规。

尊号首先是新政治理念的表征。在“皇帝”尊号之前，再加新尊号，相当于对皇帝进行正面评价，同时也是新理念、新意识形态的一种强势表达。从政治行为观察，既是应对时局的一个措施，也是政治方向的宣导。武则天利用河图洛书经典制造天授政权的舆论，正式称帝之后改尊号为“圣神皇帝”，此后“圣神皇帝”就成为她皇帝尊号的基础，再有叠加或替换，但“圣神皇帝”一直未改。可见，武则天坚持自己的尊号以神圣为底色，这可以看作是她自己的基本定位。

从下表中，可以看到武则天尊号的变化历程，“圣神皇帝”部分一直是不变部分。

表13-1

圣母神皇	垂拱四年五月	《旧纪》，第119页。
圣神皇帝	天授元年九月	《旧纪》，第121页。
金轮圣神皇帝	长寿二年九月	《旧纪》，第123页。
越古金轮圣神皇帝	长寿三年五月	《旧纪》，第123页。
慈氏越古金轮圣神皇帝	证圣元年春一月	《旧纪》，第124页。
天册金轮圣神皇帝	证圣元年九月	《旧纪》，第124页。

称帝之后，武则天第一次加尊号是长寿二年（693）九月，《旧唐书》记为“秋九月，上加金轮圣神皇帝号，大赦天下”。《资治

通鉴》填补了日期，记载为“魏王承嗣等五千人表请加尊号曰金轮圣神皇帝。乙未，太后御万象神宫，受尊号，赦天下。作金轮等七宝，每朝会，陈之殿庭”[①]。圣神皇帝是既有尊号，这次加尊号主要为“金轮”二字，这是佛教观念体现，意在附会武则天就是转轮王，人间将迎来幸福的菩萨道。学者研究，这是武则天佛教王权观的鲜明体现，而“金轮”概念作为武则天的尊号也一直稳定存在[②]。

新尊号使用不足一年，武则天又有了新尊号，长寿三年（694）“五月，上加尊号为越古金轮圣神皇帝，大赦天下，改元为延载，大酺七日”[③]。《资治通鉴》记载比较详细：“五月，魏王承嗣等二万六千余人上尊号曰越古金轮圣神皇帝。甲午，御则天门楼受尊号，赦天下，改元。”[④]显然，“越古”是新增内容。关于武则天的新尊号，当时应该有重头文献予以解释，不过至今已经太少留存，有证据功能的文献大概非李峤所写《为杭州崔使君贺加尊号表》一文莫属。文中对武则天自然是百般歌功颂德，其中有：“可使尧舜拥彗，禹汤扶毂；踰贤劫而首唱，邈梵天而高视；岂登三咸五，迈古超今而已哉！”[⑤]越古，当有迈古越今之意。在李峤的文字中，尧舜等古代圣王都要为武则天清道，大禹商汤都要为武则天扶车，三皇

① 《资治通鉴》卷二〇五，第6492页。

② 参见孙英刚：《武则天的七宝——佛教转轮王的图像、符号及其政治意涵》，《世界宗教研究》2015年第2期，第43—53页。

③ 《旧唐书》卷六，第123页。

④ 《资治通鉴》卷二〇五，延载元年（694），第6494页。《资治通鉴》日期记载，与《新唐书》卷四《则天皇后本纪》相同，第94页。

⑤ 李峤：《为杭州崔使君贺加尊号表》，《全唐文》卷二四三，北京：中华书局，1983年，第2454页。

五帝等都被武则天超越，所以是“越古”。

转年，“证圣元年（695）春一月，上加尊号曰慈氏越古金轮圣神皇帝，大赦天下，改元”[①]。《新唐书》记载为：“天册万岁元年正月辛巳，加号慈氏越古金轮圣神皇帝。大赦，改元，赐酺九日。”[②]慈氏是弥勒菩萨的别称，与金轮含义似有重复论证的问题。当然，如今已经成谜，因为三个月之后，武则天去掉“慈氏越古”之号，又回到“金轮圣神皇帝”尊号上。再过七个月，武则天加号“天册金轮圣神皇帝”[③]。没有资料证明女皇为什么去掉“慈氏越古”[④]。

观察武则天的所加尊号，强调君权天授，这是传统儒家的重要政治观念。武则天从河图洛书故事中引申出来的宣传内容，都根植于中国传统，用《白虎通》的语言表述就是“所以表功明德，号令臣下者也”[⑤]。武则天的“天册”与此前的天授，含义有一致性。强调政治的神秘主义，这可以看作是帝王的共性。第二层面的含义，强调佛教观念，武则天十分突出。李唐宣扬道教，武周取而代之，没有理由再利用道教，选择佛教作为舆论工具，有必然性。金轮、慈氏的佛教性很明显。“越古”是传统帝王功勋卓著的表达，业绩超

---

① 《旧唐书》卷六，第124页。

② 《新唐书》卷四《则天皇后本纪》，第95页。这是公元695年，先改元为证圣，九月再改元为天册。

③ 《旧唐书》卷六，第124页。关于新的尊号，《新唐书》与《旧唐书》一致，而《资治通鉴》记载不同为“天册金轮大圣皇帝”（第6503页）。考察《全唐文》中李峤、崔融、张说等人的表文，《资治通鉴》所记应误。

④ 武则天类似行为不是第一次，称帝之后不久，武则天下令“改州为郡”，有人说“陛下始革命而废州，不祥”，武则天立刻追止。所谓废州不祥，当是州周二字同音之故。见《资治通鉴》卷二〇四，第6468页。但“慈氏越古”为何废止，不明。

⑤ 班固著、陈立疏证：《白虎通疏证》卷二《号·皇帝王之号》，吴则虞点校，北京：中华书局，1994年，第43页。

越古今帝王的夸大之词，在皇帝的赞颂中已经很常见，加入尊号，也是最基本的内容。用皇帝尊号的方式表达某种政治理念，方式有所创新，可以看作是中国历史上的一种新政治现象①。如果说，以往的皇帝制度中，展现类似观念主要通过年号来进行的话，那么尊号则是年号之外的新形式。以武则天的例证来看，伴随着新尊号的接受，也可能同时改元。如此，则具有多重政治理念表达的意味。

为皇帝加尊号，不断累积，不断添加，最后尊号越加越长，以玄宗为最。唐代皇帝的尊号故事，到玄宗也进入巅峰状态。此后皇帝，多把加尊号当作一种政治传统对待，加上时局每况愈下，尊号之制处于一种维持状态而已②。但是，作为一种政治文化，加尊号是武则天发明的，并且影响了中国古代后半期。作为太后的武则天，利用加尊号向皇帝宝座靠近，方法隐蔽而高明，最终她获得成功。此后，皇帝加尊号成为唐朝的政治传统，在武则天身后很久依然延绵不绝。

武则天在加尊号过程中，不断地利用佛教因素，当然也不仅仅是佛教因素。在佛教中国化的进程中，唐朝是重要时期。从武则天的政治行为看，佛教在中国的政治化进程也在推进。武则天对佛教的利用是事实，在唐朝的政治人物中也是很显著的，但是不能夸大这种利用，当时的所有意识形态因素，都成了武则天手中的工具，佛教仅居其一。

---

① 讨论皇帝尊号的论文中，涉及这个议题者较少，刘泽华、侯东阳：《论帝王尊号的政治文化意义》是有代表性的研究，《学术月刊》1993年11期，第63—68、31页。

② 安史之乱后，唐朝的局面每况愈下，皇帝地域尊号之制以维持为主，热情不比以往。肃宗上元二年（761）九月宣布取消一切尊号，只保留“皇帝”称号。

第十四章
武则天的舆论营造

武则天称帝，利用佛教《大云经》制造舆论，特别经过陈寅恪先生《武曌与佛教》一文揭示之后，已为学界所熟知。其中，《武曌与佛教符谶之关系》一节，开篇即举例证明“儒家经典不许妇人与闻国政”，然后总结说：“武曌以女身而为帝王，开中国政治上未有之创局。如欲证明其特殊地位之合理，决不能于儒家经典求之。此武曌革唐为周，所以不得不假托佛教符谶之故也。”[①]武则天称帝与佛教，由此成为重要课题。武则天利用佛教，这里主要涉及两个问题，其一，佛教是否在为武则天称帝制造舆论；其二，为武则天制造舆论的主要是佛教还是中国传统意识形态？

武则天称帝是中古时期中国的重大政治事件。在武周建立的过程中，因为皇帝是女性，这就需要面对传统的偏向男性的意识形态问题。利用佛教确实是武则天舆论营造的重要组成部分，但就总体

① 陈寅恪：《武曌与佛教》，原载《历史语言研究所集刊》第五本第二分，1935年。收入《金明馆丛稿二编》，北京：生活·读书·新知三联书店，第153—174页。

而言，武则天利用的还是中国传统意识形态，相关的佛教内容是在纳入中国特有的政治语言系统后被使用的。比如，她充分利用“母亲”的特别概念，突破了男尊女卑的理论。当然，就武则天称帝而言，舆论营造仅仅属于缘饰功能，最重要的还是中央权力的掌控。

第一节　武则天与佛教

武则天利用佛教，主要证据是《大云经》及其注疏。对此，传世文献记载比较分明。《旧唐书·则天皇后本纪》载初元年（689）：“秋七月……有沙门十人伪撰《大云经》，表上之，盛言神皇受命之事。制颁于天下，令诸州各置大云寺，总度僧千人。”[①]《通鉴》天授元年（690）七月：“东魏国寺僧法明等撰《大云经》四卷，表上之，言太后乃弥勒佛下生，当代唐为阎浮提主；制颁于天下。”[②]

在传世文献中，《旧唐书·薛怀义传》记载此事最为明细。薛怀义作为武则天的情人，为了出入禁中方便，令他剃度为僧，还特别为他修筑白马寺。他成了“僧人”之后，“自是，与洛阳大德法明、处一、惠俨、稜行、感德、感知、静轨、宣政等在内道场念诵”。“怀义与法明等造《大云经》，陈符命，言则天是弥勒下生，作阎浮提主，唐氏合微。故则天革命称周，怀义与法明等九人并封县公，赐物有差，皆赐紫袈裟、银龟袋。其伪《大云经》颁于天

① 《旧唐书》卷六，北京：中华书局，1975年，第121页。《新唐书·则天皇后本纪》记载简单，“七月辛巳……颁《大云经》于天下”。北京：中华书局，1975年，第90页。

② 《资治通鉴》卷二四〇，第6466页。

下，寺各藏一本，令升高座讲说。”[①]史书所谓沙门十人，即包括薛怀义及上文所列八名。

敦煌发现的新资料，即《大云经疏》才引发了武则天与佛教问题的研究高潮。王国维先生著《唐写本大云经疏跋》，介绍敦煌发现的新文献，对照唐代传世文献，结果更正了多处传世文献的错误，比如《大云经》不该认为是伪作，武则天时期的主要工作是为《大云经》作注释，即“疏”等[②]。陈寅恪作《武曌与佛教》，不仅讨论了敦煌本《大云经》，还讨论了佛教在隋唐的状况、武则天家族与佛教的关系等，当然重点还在于武则天利用佛教对自己女皇事业的宣传。

汤用彤先生是研究中国佛教历史的大家，在唐代佛教历史问题上，自然有他自己的见解。武则天是一个关键时期，政治对佛教的控制与利用，其实也败坏了佛教的自身传统。汤先生扩大对于武则天利用佛教问题的资料搜索范围，发现武则天感兴趣的两部佛经，一是《大云经》，二是《宝雨经》，并且提供了多件文献证明[③]。

《大云经疏》因为有薛怀义带头，值得考察之处甚多。根据林世田先生的考证，参与《大云经疏》写作的确实是十名，而《旧唐书·薛怀义传》所载有误。此外，他还考证《大云经疏》的写作时间是从垂拱四年到载初元年（688—690）[④]。《大云经疏》颁行之

---

① 《旧唐书》卷一三三《外戚列传·薛怀义传》，第4741—4743页。

② 王国维：《唐写本大云经疏跋》，收入《观堂集林》第四册，北京：中华书局，1959年，第1016—1018页。

③ 汤用彤：《隋唐佛教史稿》，北京：中华书局，1982年，第23—25页。

④ 他们应该是法明、处一、惠俨、惠棱、行感、德感、知静、玄轨、宣政等。见林世田：《〈大云经疏〉初步研究》，《文献》2002年第4期，收入作者《敦煌遗书研究论集》，北京：中国藏学出版社，2010年，第3—15页。

后，传世文献多未记录社会反响如何，而《册府元龟》的一条资料也少见人引用。其文曰：

汾州司马李思顺，临川公德懋子也。被韦秀告称，思顺共秀窃语云："汾州五万户，管十一，管人多尚宿宵，好设斋戒。《大云经》上道：'礼复思，顺好李，三五年少唱唐唐。'思顺舍第三，兄弟五个者。"监察御史李尝等称："据思顺潜谋逆节，包藏祸心，研覆始引《唐兴辨占》，复承应谶，请从极法。"奉敕依奏者。司直裴谈断处斩刑，家口籍没者。主簿程仁正批："合纵妖处绞。只向韦秀一人道，状当不满众，合断流三千里者。"裴谈又判请依前断录奏者。焦元亶判：退司寺即议者。有功议曰："谋危社稷罪人反条，自述休征，坐当妖例，反依斩法，妖从绞论，言著成文，犯标定状，状在，事难越状，文存，理无弃文。若违状以结刑，舍文而断狱，则乘马何俟衔勒，遏流岂用堤防。今判官处以反谋，句司批从妖说，不耻下问，窃欲当仁。李思顺解《大云经》，韦秀称共窃语私解，明非众说。窃语不合人知，处实唯出秀辞，是非更无它证。纵解'三五年少'，只是自述。休征既异结谋之踪，元非背叛之事。即从叛逆籍没其家，便是状外弃文，岂曰文中据状。请依程仁正批，妖不满众，处流三千里者正。"焦元亶判，具申秋官请议者。右台中丞李嗣等二十一人议称，请依王行感例，流二千里。庶存画一者。守司府卿于思言等六十三人议称，依徐有功议者。录奏，敕："思顺志怀奸匿，妄说图谶，准其犯状，合寘严刑，为其已死，特免籍没者。"

缘有功议，遂免破家。[1]

这个故事的核心人物是徐有功，这是一个证明他如实断案的实例。犯案人李思顺，是汾州司马，而他的问题正出在《大云经》上。他把《大云经》中的内容说给自己的熟人韦秀，看上去很像是在自吹自擂，但没有想到惹大祸上身，他因此被韦秀告发。根据后文监察御史李尝的说法：李思顺"研覆始引《唐兴辩占》，复承应谶"，那么他所引证的是《唐兴辩占》，而此占毫无疑问正是《大云经》中的内容。确切地说，《大云经》自然是不会有此内容的，必是《大云经疏》中的内容，是薛怀义等在为《大云经》作疏时抄写进去的。

根据李思顺所引，为："《大云经》上道：'礼复思，顺好李，三五年少唱唐唐。'"根据现在所见《大云经疏》的例证，引证这个《唐兴辩占》之后，要有一番解释，这里看到的仅仅是李思顺说他自己和兄弟们，正符合"三五"这个数字。因此就有什么神圣呢，其实并没有说到。我们能看到《大云经疏》所引的《广武铭》，其中有一句是"三六年少唱唐唐"，薛怀义等解释为："三六者，十八也。十八子者，李也。此显皇家姓氏也。唐者，圣朝国号也。"看来，"年少"即少年，可以解释为"子"字，于是"三六年少唱唐唐"才跟李唐取得联系。但是"三五年少唱唐唐"，是否也可以这样解释呢？是"三五"而不是"三六"，似乎也不是错误，因为下文徐有功的议论中引用了"三五年少"这一句，看来不是抄袭

---

① 《册府元龟》卷六一六《刑法部·议谳第三》，南京：凤凰出版社，2006年，第7121页。本文引征，修改了部分句读。

"三六年少唱唐唐"之误。另外《广武铭》之后紧接的一句是"次第还歌武媚娘"，而《唐兴辩占》之后的一句是"思顺舍第三，兄弟五个者"，是李思顺自我解释，他行三，共兄弟五人，能够跟《大云经疏》中的《唐兴辩占》取得联系[①]。很有可能，李思顺仅仅因为《唐兴辩占》有他的名字便跟着兴奋，没有想到，闲聊的对象太可怕，导致他命丧荒唐。

由李思顺案件，我们对《大云经疏》有了进一步的了解。第一，现在所知敦煌本《大云经疏》是残本，这件《唐兴辩占》就不在敦煌本中。第二，敦煌本《大云经疏》发现之后，学界从王国维先生开始，证明史书记载的沙门十人伪撰《大云经》是错误的，因为《大云经》早就存在，而正确的表述应该是撰《大云经疏》。但从《册府》留下的例证来说，当时人很可能直接把《大云经疏》称作《大云经》，因为李思顺所引是《大云经疏》的内容，而他却径直称为《大云经》。

第二节　武则天与祯祥

从《大云经疏》的文本结构来看，比起大篇幅的疏解内容，《大云经》本身，不论是所占比重还是对武则天政治的意义，都无法与疏相提并论[②]。《大云经》其实不过给出了一个佛教理由，让薛

① 关于《大云经疏》，林世田先生有完成的录文可依，见《〈大云经疏〉结构分析》，原载《麦积山石窟艺术文化论文集》下，兰州：兰州大学出版社，2004年。收入作者《敦煌遗书研究论集》，北京：中国藏学出版社，2010年，第16—38页。

② 参见林世田《〈大云经疏〉结构分析》一文。

怀义等有机会把大量与《大云经》无关、但对武则天有利的谣言、谶语掺带进去。现在看来，《大云经疏》几乎就是武则天称帝之前各种谣谶的大集合，反映当时武则天的舆论营造，极具代表性。武则天利用《大云经疏》为自己进行政治宣传是没有疑问的，而《大云经》是佛教经典，说她利用佛教也是确凿无疑的。但就舆论造势而言，《大云经疏》中，"疏"的部分比"经"的部分更有政治宣传价值。

林世田先生《武则天称帝与图谶祥瑞——以S.6502〈大云经〉为中心》一文，归纳所知《大云经疏》也能用的"谶纬之说"多达十八种，它们是"证明因缘谶""广武铭""无名歌""孔子谶""卫元嵩谶""天授圣图""瑞石""龙吐图""推背图""无名谶""中岳先生谶""七字谶""五字谶甲""五字谶乙""宜同师记""紫薇夫人玉策天成纬""嵩岳道士寇谦之铭""西岳道士于仙掌得仙人石记"。"此外还引用了河图和易卦。"[①]现在所知，还应加上"唐兴辩占"。在《大云经》注疏中，加入众多私货，才是此书真正的目的，而这些私货就是所谓的"祯祥"。

称帝以后的圣历二年（699），武则天为《大方广佛华严经》作序，很能说明佛教对于武则天的价值，其文曰：

朕曩劫植因，叨承佛记，金仙降旨，《大云》之偈先彰；玉扆披祥，《宝雨》之文后及。加以积善。余庆俯集微躬，

① 林世田：《武则天称帝与图谶祥瑞——以S.6502〈大云经〉为中心》，原载《敦煌学辑刊》，2002年第2期。收入《敦煌遗书研究论集》，北京：中国藏学出版社，2010年，第39—54页。

遂得地平天成，河清海晏。殊祯绝瑞，既日至而月书。贝叶灵文，亦时臻而岁洽。殊海越漠，献赈之礼备焉。[①]

此序言署名“天册金轮圣神皇帝制”，充分反映了武则天利用佛教的心理需求。在这里，佛教经典《大云经》和《宝雨经》成了武则天积善余庆的证明，与“地平天成，河清海晏”一样，可以理解为“殊祯绝瑞”的及时出现。

如此一来，我们就遇到一个问题，佛教在武则天的政治宣传中到底处于什么样的位置？这可以有两个理解：其一是陈寅恪先生的说法，因为武则天以女身为帝王，得不到儒家理论的支持，所以不得不寻求佛教的支持，“不得不假托佛教符谶”。如此佛教就成了武则天政治宣传的核心与根本；其二，武则天的《大方广佛华严经序》，可以理解为祯祥是核心，而佛教的谶符属于祯祥的一部分。这样看来，武则天的政治宣传还是以中国传统的意识形态为核心，不过是增加了佛教的因素而已。

有关祯祥或者祥瑞，《白虎通》写道：

天下太平，符瑞所以来至者，以为王者承天统理，调和阴阳，阴阳和，万物序，休气充塞，故符瑞并臻，皆应德而至。德至天，则斗极明，日月光，甘露降。德至地，则嘉禾生，蓂荚起，秬鬯出，太平感。[②]

---

① 《全唐文新编》卷九七，长春：吉林文史出版社，2000年，第1134页。《大正新修大藏经》10册，第1页。

② 《白虎通疏证》卷六《论符瑞之应》，北京：中华书局（新编诸子集成本），1994年，第283页。

谶纬也好，祥瑞也好，无非是上天意志的表达，而这种天意，不过是武则天心意的投影。但是，这种天意并非可有可无，武则天意志、精神、思想选择了这种表达方式，是希望天下尽知的。之所以这种假托天意的方式被选中，是因为那个时代拥有这样的信众。甚至可以说，正是这样的社会环境造就了这样的思想表达方式。

林世田先生解释《大云经疏》，指出："正规的释文倒也简短，但是中间掺插大量符谶之说，致使释文上下互不衔接，显得杂乱无章。造成《大云经疏》如此杂乱之由，可能是经过多人加工杜撰，史籍记载受命造作《大云经疏》的撰人以薛怀义为首，其他则有法明、处一、惠俨、惠棱、行感、德感、知静、玄轨、宣政等九人，致使全文读来显得层次零乱、支离破碎。"《大云经疏》因为要在经文之中插入大量的谣谶，并要对这些谣谶进行详细解释，尤其是重点在谣谶不在经文，所以才会看上去杂乱无章。《大云经疏》的写作目的并不在于宣扬佛法，而是要宣传武则天，是借助宗教的名义进行政治宣传，这样的写作目的自然不在意经文是否完整。

在此，我们以《大云经疏》第一段为例，看看本书的写作目标。因为前文有序言（零落不完整），所以只能引用第一段落。

"经文一"的内容如下：

> 尔时，释迦牟尼佛为大众说法云：过去有佛，号同姓灯，时有国王名大精进，王有夫人名曰护法，王之大臣名法林聚。尔时王夫人者，今净光天女是也。其净光天女白佛言：唯愿如来说大王因缘。时佛告言：且待须臾，我今先当说汝因缘。是时，天女闻是语已，心生惭愧，佛即赞言：善哉！善哉！夫惭

惭愧者即是众生善法衣服。天女！时王夫人即汝身是，汝于彼佛暂得一闻《大涅盘经》，以是因缘，今得天身，值我出世，复闻深义，舍是天形，即以女身当王国土，得转轮王所统领处四分之一，人民炽盛，无有衰耗、病苦、忧恼、恐怖、祸难，成就具足一切吉事，阎浮提中所有国土，悉来承伏，无违拒者，得大自在，教化所属城邑聚落，摧伏外道诸邪异见，汝于尔时实是菩萨，常于无量阿僧祇劫，为化众生故，现受女身，当知乃是方便之身，非实女身。

这是《大云经》最有政治价值的部分，下文开始进行解释，称作“经释一”，其内容为：

释曰：昔灯王佛所发愿乃有三人：一大王，二夫人，三大臣。大臣法林前后记毕，天女请说大王之事，佛即先赞净光惭愧之美，次彰天女授记之征，即以女身当王国土者，所谓圣母神皇是也。

直接点出主题，佛经中的净光天女就是“圣母神皇”武则天。怎么证明天女就是武则天呢？显然这是一个难题。下文就开始以“按语”为标题进行证明。“按语”内容如下：

何以验之？谨按：《证明因缘谶》曰：尊者白弥勒，世尊出世时，疗除诸秽恶，若有逋慢者，我遣天童子，手把金杖，刑害此人。水东值明主，得见明法王，尊者愿弥勒，为我造化城，上有白银柱，下有万世铭。天女着天衣，柱上悬金铃，召我诸法子，一时入化城。

谨按：弥勒者即神皇应也（弥勒者，梵语也，此翻云慈氏。按《维摩经》云慈悲心为女，神皇当应其义合矣）。疗除诸秽恶，及令天童子手把金杖，刑害此人者，即明诛灭凶徒，肃清天下也。“水东值明主，得见明法王”者，谨按：《易》云：帝出于震，震在东。此明神皇出震君临。又王在神都，即是水东也。化城者，明堂也。“上有白银柱”者，明堂中柱也。“下有万世铭”者，《广武铭》是也。“天女着天衣”者，即明圣母神皇服衮龙之服也。“柱上悬金铃”者，即应明堂演四时声教也。“召我诸法子，一时入化城”者，此乃万国朝宗，会于明堂也。

又（谶）云：明王圣主俱在化城楼上打金鼓，告诸法子：此法有因缘，寻解万里通。此法无因缘，打鼓隔壁韵。金鼓者，明堂大仪也。“有缘万里通”者，此明远方慕化，及忠赤之人皆见明堂，及闻大仪也。“无缘隔壁韵”者，自神皇母临兆庶，子育万方，作乱者必销，奸慝者自灭，故《河图》云：兆人伏顺，起逆自殃。伏以创制明堂，配享三圣，故召诸岳牧藩屏懿亲，俱集神都，同观大礼，然诸虺构逆，咸取败亡，纵有恕其性命者，远处边壤，不闻大仪，此即无缘隔壁韵之验也。

这是《大云经疏》解经的基本方法，即大量使用谣谶。而这一段，核心资料是《证明因缘谶》，而《大云经疏》的用力点则完全在解释这篇《因缘谶》上。如谶语说弥勒除恶，按语便说这是在说武则天“明诛凶徒，肃清天下”。谁是凶徒？大约很容易联想到徐敬业发动的扬州事变。谶语说“水东值明主，得见明法王”，按语引用《易经》，证明也在说武则天，因为神都在水东。然后，化城解释为明堂，“万世铭”解释为《广武铭》，等等。

这段解经，应该解释为什么净光天女就是武则天，最后却变成了弥勒是武则天了。因为《证明因缘谶》是讲弥勒的，于是薛怀义等人的解释就随着谶语走了，好像忘记了最初的论证目标。《大云经疏》对于《证明因缘谶》所讲每一句话都做出解释，直截了当地与武则天时期的政治现象一一对接，以表示这些若合符节正是天意的证明。如《证明因缘谶》说：“我遣罗刹力士王，头戴昆仑山，从地出涌泉。”疏文解释为“此明新丰庆山神池涌出之应也”。谶说“东有博山殿”，疏文解释为“大白马寺飞云阁也”。谶语说：“西有盘龙台”，疏文解释为“即明堂也”。谶语说：“神珠明月挂着城傍”，疏文解释为“即明堂上布日月星辰之象也。以是义故，属在神皇矣”。即使到了本段的最后，还是没有提及净光天女怎么就是武则天。

因为解释的重点是《证明因缘谶》，而用来对应的事物皆是武则天太后时期的故事。其实，《大云经疏》要证明的最终还是武则天的天命。比如，这里反复提及的明堂，就是武则天的一个政治性建筑，而主持此事的正是薛怀义。明堂建设，开始于垂拱四年（688）二月，《通鉴》记载为：

太宗、高宗之世，屡欲立明堂，诸儒议其制度，不决而止。及太后称制，独与北门学士议其制，不问诸儒。诸儒以为明堂当在国阳丙已之地，三里之外，七里之内。太后以为去宫太远。二月，庚午，毁乾元殿，于其地作明堂，以僧怀义为之使，凡役数万人。[①]

当年十二月，明堂成。“宴赐君臣，赦天下，纵民入观。改河南为合宫县。又于明堂北起天堂五级以贮大像；至三级，则俯视明堂矣”[②]。

关于纵民参观，《旧唐书·礼仪志》的记载略有不同，其文曰：

永昌元年正月元日，始亲享明堂，大赦改元。其月四日，御明堂布政，颁九条以训于百官。文多不载。翌日，又御明堂，飨群臣，赐缣纁有差。自明堂成后，纵东都妇人及诸州父老入观，兼赐酒食，久之乃止。吐蕃及诸夷以明堂成，亦各遣使来贺。载初元年冬正月庚辰朔，日南至，复亲飨明堂，大赦改元，用周正。翼日，布政于群后。其年二月，则天又御明堂，大开三教。内史邢文伟讲《孝经》，命侍臣及僧、道士等以次论议，日昃乃罢。[③]

---

① 《资治通鉴》卷二〇四，第6447页。

② 《资治通鉴》卷二〇四，第6454—6455页。《旧唐书·则天皇后本纪》未记“纵民入观”等事，但言“明堂成”。《旧唐书》卷六，第119页。

③ 《旧唐书》卷二二《礼仪志二》，第864页。《太平御览》引《唐书》：“永昌元年正月，天后亲享明堂。戊午，布政于明堂，颁九条以记于百官。己未，神皇御明堂，飨群臣，赐缣练有差。自明堂成后，纵神都妇人及诸州老人入观，兼赐酒食，至是日始止。”见《太平御览》卷五三三《礼仪部十二·明堂》，北京：中华书局，1960年，第2420页。

转年正月“神皇亲享明堂，大赦天下，改元，大酺七日”[①]。《通鉴》对此记载稍详：

> 春，正月，乙卯朔，大飨万象神宫，太后服衮冕，搢大圭，执镇圭为初献，皇帝为亚献，太子为终献。先诣昊天上帝座，次高祖、太宗、高宗，次魏国先王，次五方帝座。太后御则天门，赦天下，改元。丁巳，太后御明堂，受朝贺。戊午，布政于明堂，颁九条以训百官。己未，御明堂，飨群臣。[②]

这里，一个不同的记载是，《礼仪志》记载是“纵东都妇人及诸州父老入观”，而《通鉴》记载是“纵民入观”。可以肯定这是同一件事，但《礼仪志》强调“东都妇人”的说法虽然不如“民”更广泛，但这是不是反映了武则天特殊妇女意识呢？陈弱水先生的意见可以参考[③]。

明堂之制，文献虽然早有记载，但是变成一座具体的建筑实体，这是武则天的创造。此前，隋朝、唐太宗时期都有很具体的议论，尤其是唐高宗时期已经制造了模型，但最终还是没有付诸实践。就此而言，明堂的政治寓意是巨大的。因为明堂各个建筑部件，都有一定的政治含义，可以认为是古代中国意识形态建筑实体

---

① 《旧唐书》卷六《则天皇后本纪》，第119页。

② 《资治通鉴》卷二〇四，第6456页。

③ 陈弱水《初唐政治中的女性意识》，初以英文发表于1994年。中文改写，发表于邓小南主编：《唐宋女性与社会》，上海：上海辞书出版社，2003年。定本收入《隐蔽的光景——唐代的妇女文化与家庭生活》，桂林：广西师范大学出版社，2009年，第165—203页。

化的标志。《淮南子·主术训》就有很典型的说明：

明堂之制，有盖而无四方，风雨不能袭，寒暑不能伤，迁延而入之，养民以公。其民朴重端悫，不忿争而财足，不劳形而成功，因天地之资而与之和同。是故威厉而不杀，刑措而不用，法省而不烦，教化如神。其地南至交趾，北至幽都，东至阳谷，西至三危，莫不听从。当此之时，法宽刑缓，囹圄空虚，而天下一俗，莫怀奸心。[①]

即使古人，有关明堂的说辞也是言人人殊，但赋予明堂之制以理想价值，则是古人共通的。如《白虎通》就有这样说：

天子立明堂者，所以通神灵，感天地，正四时，出教化，宗有德，重有道，显有能，褒有行者也。明堂上圆下方，八窗四闼，布政之宫，在国之阳。上圆法天，下方法地，八窗象八风，四闼法四时，九宫法九州，十二坐法十二月，三十六户法三十六雨，七十二牖法七十二风。[②]

明堂之制是一种综合性的象征物，以儒家为核心的政治美好，都被集中在这个建筑物中。前代君主既然有心而无成，而武则天建成，尤其突显了武则天受到了上天眷顾。武则天在明堂建成之后

① 《淮南子集释》卷九《主术训》，北京：中华书局（新编诸子集成），1998年，第610—611页。
② 《白虎通疏证》，北京：中华书局（新编诸子集成），1994年，第265—266页。

的诏书中有这样的表述："夫明堂者，天子宗祀之堂，朝诸侯之位也。开乾坤之奥策，法气象之运行，故能使灾害不生，祸乱不作。眷言盛烈，岂不美欤！"[①]武则天因为明堂的建成，由衷感到成功，这是很清楚的。武则天重视明堂，薛怀义在《大云经疏》中也多次提及明堂，甚至包括明堂的建筑细节，配合武则天朝廷的意图显而易见。

对于《证明因缘谶》所说："我遣罗刹力士王，头戴昆仑山，从地出涌泉"的话，薛怀义的疏文解释为"此明新丰庆山神池涌出之应也"。庆山，这是武则天的另一件著名祥瑞。事情发生在垂拱二年（686），雍州新丰县发生山体变化，有山头迅速踊出，对此，《通鉴》的记载如下：

> 己巳，雍州言新丰县东南有山踊出，改新丰为庆山县。四方毕贺。江陵人俞文俊上书："天气不和而寒暑并，人气不和而疣赘生，地气不和而堆阜出。今陛下以女主处阳位，反易刚柔，故地气塞隔而山变为灾。陛下谓之'庆山"，臣以为非庆也。臣愚以为宜侧身修德以答天谴；不然，殃祸至矣！"太后怒，流于岭外，后为六道使所杀。[②]

虽然此事获得了普遍的承认，即"四方毕贺"，而《通鉴》的

① 《旧唐书》卷二二《礼仪志二》，第863页。
② 《资治通鉴》卷二三〇，垂拱二年（686）九月，第6442页。《旧唐书》卷三七《五行志》记此事为光宅元年，应从《通鉴》。《新唐书》或记十月己巳，或记九月。根据吴玉贵先生考证，应为十月己巳，九月无己巳日，见吴玉贵：《资治通鉴疑年录》，北京：中华书局，1994年，第219页。

笔法，却用更多的文字记述了俞文俊的意见和最后结局，《通鉴》赞成俞文俊的立场鲜明。就当时的情况看，主流当然是拥护“庆山说”，认为新的山峰的出现，是巨大祥瑞。根据《唐六典》的记载，祥瑞有大、上、中、下四等，而庆山是大瑞①。

《资治通鉴》是影响巨大的史学著作，但《通鉴》属于后武则天时代否定批判性的立场和观点，对于我们今天而言，可以看作是第二现场的证据。作为第一现场，即武则天造神时期的证据，是当时的热烈拥护派②，而《大云经疏》现在提供了一份第一现场的证据。薛怀义把庆山出这个事件，与《证明因缘谶》所说看作是一件事，因为谶纬之说具有神秘主义权威性，对于认定庆山为大祥瑞显然是有正面帮助的③。

那么，如何判断《大云经疏》所代表的思想呢？究竟把《大云经疏》看作是佛教思想为主的文字，还是看作以儒家思想为主的文字呢？本文的观点是，《大云经疏》表面上是一部佛教经典注疏，其实却是以中国儒家思想为主，或传统意识形态为主的文字。佛教部分，不过是汉儒以来祯祥观念的新因素而已④。

---

① 《唐六典》卷四“礼部郎中、员外郎”条，北京：中华书局，1991年，第114—115页。

② 参见作者《论武则天时期的祥瑞》，《敦煌吐鲁番研究》第14卷，上海：上海古籍出版社，2014年，第261—280页。

③ 关于庆山，《大云经疏》仅仅是点到而已，而后来翻译的《宝雨经》则给予了更加佛教化的解释。参见孙英刚：《庆山还是祇阇崛山：重释〈宝雨经〉与武周政权之关系》，《神文时代——谶纬、术数与中古政治研究》第4章，上海：上海古籍出版社，2014年，第285—310页。

④ 本文没有引证的如《广武铭》及其解释等，几乎都是赤裸裸的政治语汇大集合，毫无佛教因素而言。

第三节　女身问题

女身问题，确实是武则天的一个弱项，人所共知的中国文化传统中，男尊女卑观念甚强。在政治领域，正如陈寅恪先生所举证，儒家的理论中反对女人干政的言论，几乎无所不在。但是，武则天在自身的政治发展中，对此问题是刻意回避吗？还是想办法克服呢？

在传世文献的记载中，与武则天讨论男女问题的只有两个例证最突出。一是垂拱二年（686）庆山事件中，江陵人俞文俊的上书，认为当下情况是“今陛下以女主处阳位，反易刚柔，故地气塞隔而山变为灾”，庆山根本就是灾祸而不是祥瑞。非常明显，这是传统性别政治观念在发挥作用。而从中央到地方，更多的人是迎合、支持武则天的朝廷，把庆山解释为大祯祥，根本不会触及男女性别问题。此前此后，凡是反对武则天太后临朝称制的，裴炎以下无一例外都遭受到毁灭性的打击，俞文俊被杀的结局是预料中事。

利用男女性别理论，正面讨论武则天称帝问题的，现在的文献资料，只有李商隐《宜都内人》一篇文字。其内容如下：

> 武后篡既久，颇放纵，耽内习，不敬宗庙，四方日有叛逆，防豫不暇。宜都内人以唾壶进，思有以谏者。后坐帷下，倚檀机，与语。问四方事，宜都内人曰：“大家知古女卑于男耶？”后曰：“知。”内人曰：“古有女娲，亦不正是天子，佐伏羲理九州耳。后世娘姥有越出房合断天下事者，皆不得其正，多是辅

昏主，不然，抱小儿。独大家革天姓，改去钗钏，袭服冠冕，符瑞日至，大臣不敢动，真天子也。然今者内之弄臣狎人，朝夕进御者，久未屏去，妾疑此未当天意。”后曰：“何？”内人曰：“女阴也，男阳也，阳尊而阴卑，虽大家以阴事主天，然宜体取刚亢明烈，以消阳。阳消然后阴得志也。今狎弄日至，处大家夫宫尊位，其势阴求阳也。阳胜而阴亦微，不可久也。大家始今日，能屏去男妾，独立天下，则阳之刚亢明烈可有矣。如是过万万岁，男子益削，女子益专，妾之愿在此。后虽不能尽用，然即日下令诛作明堂者。”[1]

陈寅恪先生引证此文，对“作明堂者”注释道“此指薛怀义”[2]。这篇文字，虽然希望指导武则天努力改变男女阴阳关系，希望“万万岁”之后，“男子益削，女子益专”，彻底改变“女阴也，男阳也，阳尊而阴卑”的现实。但是，这篇文字来源并不清楚，如果是李商隐的作品，此事是否真的发生在武则天时代，大可怀疑。所以，还不敢把这篇文字当作证据，证明武则天时代确实有人跟武则天讨论男女阴阳问题。

那么，武则天的朝廷，如何面对性别政治这个关键问题呢？我们看到的例证是，武则天用强调母亲的策略来应对相关问题。最有

① 《全唐文新编》卷七八〇《李商隐第十》，长春：吉林文史出版社，2000年，第9299页。

② 陈寅恪《武曌与佛教》一文引此文献，原载《历史语言研究所集刊》第五本第二分，1935年，收入《金明馆丛稿二编》，北京：生活·读书·新知三联书店，第153—174页。陈寅恪《记唐代之李武韦杨婚姻集团》一文亦引用，原刊《历史研究》1954年第1期，收入《金明馆丛稿初编》，北京：生活·读书·新知三联书店，2009年第二版，第266—295页。

代表性的事件，当然是洛水发现“宝图”，因为白石紫文刻有“圣母临朝，永昌帝业”之文。这是武则天朝廷设计好的一个事件，后来的史书直指是武承嗣所为。

此事最初的记载，可以《新唐书》的文字为代表，很符合第一现场的气氛。垂拱四年（688）“五月庚申，得‘宝图’于洛水。乙亥，加尊号为圣母神皇”[①]。不言宝图的真伪问题。但《旧唐书》则予以揭露，其文曰：

> 夏四月，魏王武承嗣伪造瑞石，文云：“圣母临人，永昌帝业。”令雍州人唐同泰表称获之洛水。皇太后大悦，号其石为“宝图”，擢授同泰游击将军。[②]

至《资治通鉴》，则把造伪过程书写得更加详细，其文为：

> 武承嗣使凿白石为文曰：“圣母临人，永昌帝业。”末紫石杂药物填之。庚午，使雍州人唐同泰奉表献之，称获之于洛水。太后喜，命其石曰“宝图”，擢同泰为游击将军。五月，戊辰，诏当亲拜洛，受“宝图”；有事南郊，告谢昊天；礼毕，御明堂，朝群臣。命诸州都督、刺史及宗室、外戚以拜洛前十日集神都。乙亥，太后加尊号为圣母神皇。[③]

---

① 《新唐书》卷四《则天皇后本纪》，第87页。
② 《旧唐书》卷六《则天皇后本纪》，第119页。
③ 《资治通鉴》卷二〇四，垂拱四年（688）四月—五月，第6448页。

《旧唐书》和《通鉴》的这种写法，自然是后武则天时代的批判产物。而同是此事，在武则天时代则是另外一种存在。《全唐文》中保留的李峤代表朝廷百官书写的贺表，称作《为百寮贺瑞石表》，就可以看作当时朝廷的主流表态。节其文如下，以观贺表的写作：

> ……伏见雍州永安县人唐同泰，于洛水中得瑞石一枚，上有紫脉成文曰“圣母临人、永昌帝业”八字。臣等抃窥灵迹，骇瞩珍图，俯仰殊观，相趋动色。窃惟圣德奉天，递为先后，神道助教，相因发明。陛下对越昭升，钦若扶揖，允塞人祇之望，实当天地之心，所以幽赞嘉兆，傍通景贶。且人称同泰，县实永安，姓氏将国号元符，土地与石文明应。表里潜会，枢机冥发，明宴坐之逾昌，验皇基之永泰。则自然之无朕，不测之谓神。非夫道格昊苍，德充幽显，岂能发何言之微旨，臻不召之灵物。考皇图于金册，搜瑞典于瑶编，则有虫蠹成文，鱼鳞吐匣，丹书集于昌户，绿错荐于尧坛。或词隐密微，或气藏谶纬，莫究天人之际，罕甄神秘之心，未有昭圣毓灵，发祥隤祉，明白显著，烛曜晖光，若斯之盛者也……臣等遇偶休明，荣参簪笏。千年旦暮，邀逢累圣之期。百辟歌讴，喜属三灵之庆，无任凫藻踊跃之至。谨奉表诣阙陈贺以闻。[1]

李峤是当朝大手笔，文笔不必论，就其思想而言，绝对代表

---

① 《全唐文新编》卷二四三，长春：吉林文史出版社，2000年，第2742页。

朝廷的精神。全篇的宗旨不过在说武则天临朝称制，是如何天遂人愿，有利于社稷、民众和众多的神祇。

最值得注意的还是“圣母”一词。“宝图”有“圣母临人”的神启，普天同庆之后，太后加尊号为“圣母神皇”。这是武则天后来称帝的重要台阶，“神皇”不是“皇帝”，但距离皇帝已经不远。突出母亲含义，有助于克服男尊女卑的障碍。可以认为，这是武则天制造舆论很重要的策略与步骤，而效果也是十分明显的。

“圣母”一词，在这个时代的出现，可以显示两个含义：一是具体的皇帝之母。唐睿宗现在是名义上的皇帝，不执政，一切由他的母亲武则天全权代理；二是抽象的母亲含义，与父亲并称“双亲”。如果从孝服制度来解释孝道的具体运行，父母本来的含义是一样的，只是为了突出父亲的一尊，才让母亲的孝服略低一等[①]。对此，上元元年（674）皇后武则天在主张父在为母服孝三年的著名上表中，已经进行了揭示，《旧唐书》的记载如下：

> 上元元年，天后上表曰：“至如父在为母服止一期，虽心丧三年，服由尊降。窃谓子之于母，慈爱特深，非母不生，非母不育。推燥居湿，咽苦吐甘，生养劳瘁，恩斯极矣！所以禽兽之情，犹知其母，三年在怀，理宜崇报。若父在为母服止一期，尊父之敬虽周，报母之慈有阙。且齐斩之制，足为差减，更令周以一期，恐伤人子之志。今请父在为母终三年之服。”

① 刘屹著有《武则天“圣母神皇”与“圣神皇帝”尊号探析》一文，认为这些尊号受到道教的影响，见《莫斯科大学学报》2010年第2期。原文为俄文。承蒙刘屹兄美意，将汉文版发我拜读，特致谢忱。

高宗下诏，依议行焉。[①]

所以，在母亲的名义下，是不存在男尊女卑议题的。母亲，是一个能够跳出男女阴阳系统的概念，在孝道流行的时代，尤其是在强调以孝治天下的时空下。同样，为什么洛阳宝图对于武则天如此重要，因为宝图突出的正是武则天的“圣母”形象。武则天在垂拱四年（688）十二月拜受宝图，仪式格外隆重，《资治通鉴》的记载为：

太后拜洛受图，皇帝、皇太子皆从，内外文武百官、蛮夷酋长各依方叙立，珍禽、奇兽、杂宝列于坛前，文物卤簿之盛，唐兴以来未之有也。[②]

“唐兴以来未之有也”，很可证明武则天对这个仪式的重视，而所有参加仪式的文武百官、各国酋长，都不可能不明白：这个仪式的核心人物是太后，而皇帝是配角。同时，所谓的“宝图”，也正是因为强调了“圣母临人”才变为“宝图”的。

其实，就是武则天的“女身”问题，在当时的舆论营造过程中，也没有采取一味回避的策略。在著名的纬书《广武铭》中，《大云经疏》的作者就直奔主题揭示这个话题。

《广武铭》有“交七为身”的歌词，《大云经疏》解释“谓女字也”。《广武铭》歌词有“傍山之下到出圣人”一句，《大云经疏》解释为：“傍山谓妇边帚子上傍安山字也。到出谓帚字之下到

① 《旧唐书》卷二七《礼仪礼志七》，北京：中华书局，1975年，第1023页。
② 《资治通鉴》卷二〇四，第6454页。

做出字，即妇字也。此乃重显神皇圣德也。”[①]直接解释“女身”问题，并不隐讳。而之所以能够如此直面问题，乃在于《广武铭》的前文已经涉及了“圣母”主题。

武则天从太后到皇帝，不仅是一个政治发展的过程，也有过一个舆论营造的过程，这对于她称帝的成功是有正面价值的。这个营造过程，主要是在垂拱尤其是垂拱后期，这与她实际掌控权力的进程是有着密切联系的。应该重视的是，在所有的为武则天欢呼的舆论中，都是在为太后武则天欢呼，为太后的现有地位大唱赞歌。武则天废中宗、镇压扬州事件以及杀裴炎等重大政治事件，证明太后权力如今已经高于皇帝，怀疑的声浪因此而起。武则天的舆论，事实上为她进一步发展开辟了合法性的论证渠道，但着眼点却是太后的意义。在这些舆论中，大谈武则天为太后执掌朝廷，如何如何有利于唐朝发展，不能一概认为这是在为女皇登基做舆论准备。

武则天母亲信奉佛教，资料充分，但在太后之前，武则天对于自己的佛教信奉，并没有太多的显露，因为高宗和李唐有信奉道教的传统，武则天自然以配合为主。舆论营造毕竟属于缘饰之说，本质上是配合掌控权力的。即使如此，本文认为，在营造舆论问题上，佛教内容是纳入传统意识形态中使用的，比较起来，佛教与秦汉之后的儒家理论，对于武则天的舆论营造而言，属于枝节而不是主体，对于武则天称帝而言，其作用不宜估计过高，毕竟改朝换代取决于更直接的权力斗争。

---

① 林世田：《〈大云经疏〉结构分析》，原载《麦积山石窟艺术文化论文集》下，兰州：兰州大学出版社，2004年。收入作者《敦煌遗书研究论集》，北京：中国藏学出版社，2010年，第16—38页。

第十五章
武则天称帝

武则天称帝，是中国古代的重大事件。究竟怎样看待此事，论者言人人殊。或者从女性角度看待，认为唐代社会开放、女性地位较高才导致女皇的出现。或者认为新兴的社会阶层成为武则天称帝的社会基础。其实，武则天称帝是一个政治事件，称帝的成功是武则天政治运作的成功，武则天具备的成功要素是偶然的，所以女皇才成为历史绝唱。武则天称帝，能够反映皇帝制度的弹性，很准确地证明帝制之下的官场唯强是从的功利主义。

武则天所建立的武周，精密计算时间十二年，皇帝仅一人，完全称得上是昙花一现。但是，这毕竟是中国历史的大事，一个女人主持下的改朝换代是怎样实现的？武则天现象，到底反映了怎样的历史本质？政治、制度、社会和文化，在这个过程中究竟发挥了怎样的作用？20世纪，陈寅恪先生的相关研究，曾经带动起武则天研究的一个高潮，现在的相关研究似乎归于平静，但是武则天现象提出的历史课题并未完结。武则天称帝，究竟是什么因素导致女皇的成功，换言之，到底应该怎样理解武则天称帝的社会基础？

第一节 性别史视角

武则天作为女皇，所以首先引起重视的便是男女性别的历史讨论。隋唐来自北朝，而研究者发现，北朝女性地位远比中原要高。那么这个社会传统对于武则天称帝，构成怎样的影响呢？这个话题又与唐朝所谓的开放联系起来。总体的逻辑是，唐朝因为开放，也因为继承了北朝的传统，所以看待男女的观念与中原传统是不同的。也就是说，北朝的女性地位，对于中原一贯的男尊女卑观念形成冲击，在北朝传统的影响下，男尊女卑不再那么强烈了，所以对于女皇的诞生便提供了顺利的条件。而这，通常也被看作是武则天称帝的一个社会基础。

傅乐成先生研究《唐人的生活》，认为影响唐人生活最重要的两个要素是“功利主义和胡化”，所谓胡化就是接受胡人的影响。“功利主义既然流行，儒学在社会上自不会发生多大作用，女性的约束也无形减少。唐代妇女受教育的机会较多，男女地位比较平等，社交比较公开，思想也比较自由。”[①]但是，傅先生的这个结论并没有与武则天称帝取得联系。在论证武则天称帝的社会基础问题上，可以高世瑜先生为代表。她认为“武则天这个女皇帝出现在唐朝，有着深刻的时代背景，深厚的社会基础，或者说，与整个妇女群的社会地位、面貌有着必不可分的关系”。在她的《唐代妇女》一书中，第一章《唐代妇女社会面貌概说——一个非凡女性引起的

① 傅乐成:《唐人的生活》，原载《食货复刊》第4卷第1、2期，1974年5月，收入作者《汉唐史论集》，台北：联经出版事业公司，1977年，第117—141页。

思考》，全面论证了武则天称帝的社会基础，一方面是封建礼教尚不完备，对于妇女的束缚还比较有限，另一方面是因为民族融合、文化交流的大局面，使得胡风盛行，从而给唐代的妇女带来极大的幸运，她们的生活十分开放与活跃。她总结到："正是唐代世风和唐代妇女群为武则天称帝制造了氛围、铺垫了台阶、提供了机遇"，"应该说，唐代的社会风气和妇女地位创造了女皇，而女皇又推动和助长了一代风气"[①]。

陈弱水先生写过专文《初唐政治中的女性意识》，发现武则天在高宗时代，确实发动了很多议题，有利于女性地位的提高[②]。但是，这跟女皇的诞生有什么样的因果关系呢？论证起来确实难度极大。正如陈弱水看到的那样，武则天称帝之后，反而没有什么类似的举动。同样能够质疑的是，武则天的儿媳韦皇后，其实也为女性做过很多工作，但她的政治发展却遭遇了失败。可见，社会上的女性地位问题，与女皇诞生的因果关系，并不明确。唐代的社会开放，妇女地位较高，尤其比较后来的宋朝而言，并非没有证据。然而，唐朝的社会开放，是否已经达到男女完全平等的程度，这显然存在巨大疑问。武则天是女皇，她的成功究竟是政治的因缘际会还是社会发展（如男女平等的实现），这个问题并不难判断。唐代妇女的所谓"高地位"对于女皇成功而言，绝非充分条件，当时的政

---

① 高世瑜：《唐代妇女》，西安：三秦出版社，1988年。此处所引为2011年版同名著作，第1—8页。根据作者的再版后记，新版属于增订版。

② 陈弱水：《初唐政治中的女性意识》，初以英文发表于1994年。中文改写，发表于邓小南主编《唐宋女性与社会》，上海：上海辞书出版社，2003年。定本收入《隐蔽的光景——唐代的妇女文化与家庭生活》，桂林：广西师范大学出版社，2009年，第165—203页。

治依然属于上层的游戏，与社会的一般状况，缺乏基本联系。但是，依然有很多学者愿意从男女平等这个角度看待武则天称帝①。

女皇的故事只有武则天讲述成功，陈寅恪先生以来，另外的一种分析是佛教的作用。把武则天作为弥勒佛来供养，而缘起就是《大云经疏》的故事。传世文献清楚地记录了武则天情夫薛怀义主持此事，结论也很清晰。但是，敦煌文献《大云经疏》的发现，才促进了这个问题的新研究。传世文献是后武则天时代的产物，主要表达批判武则天的观点，而敦煌本的发现，致使《大云经疏》原来的面貌得以重现。武则天利用《大云经疏》为自己制造舆论，在全国范围内修建大云寺，供奉《大云经疏》，声势浩大，是她造神运动比较重要的一个措施。利用原来的《大云经》，武则天的御用和尚们，主要是利用“疏”的方式为武则天称帝招旗呐喊，更多的方法不是利用符瑞，而是利用谶言②。这种通过舆论造神的方式，会获得一些舆论效果，但不可能成为推进女皇诞生的动力。

这类因素，女性地位比较高、佛教舆论造势，等等，在促成女皇诞生这个问题上，最多是推波助澜，即所谓缘饰之说。而最高统治者的换位，必须到政治实力中去寻找答案。武则天事实上完成了改朝换

---

① 段塔丽在《唐代妇女地位》一书中指出：“唐代这个封建经济高度发展，社会风气相对开放的时代，女性参政（包括议政），却如同得到了适宜的土壤和气候，格外地活跃和普遍。女性参政无论从深度和广度上都较前代有了新的突破。此间不仅出现了中国历史上唯一一位女主——武则天，而且受其影响，唐代女性参政议政者更是风起云涌，屡见不鲜。”北京：人民出版社，2000年，第73页。

② 参见林世田：《武则天称帝与图谶祥瑞——以S.6502〈大云经疏〉为中心》，《敦煌学辑刊》2002年第2期，收入作者《敦煌遗书研究论集》，北京：中国藏学出版社，2010年，第39—54页。此外还有，林世田：《〈大云经疏〉初步研究》，初载《文献》2002年第4期，收入《敦煌遗书研究论集》，第3—15页。

代，如此重大的政治变故，舆论无论如何是不能成为主因的。那么，在唐代，对于武则天，性别问题真的完全消失了吗？事实并非如此。

垂拱二年（686）十月，新丰县有山踊出，朝廷改新丰县为庆山县，因为庆山是大瑞。对此，《通鉴》的记载如下：

> 己巳，雍州言新丰县东南有山踊出，改新丰为庆山县。四方毕贺。江陵人俞文俊上书："天气不和而寒暑并，人气不和而疣赘生，地气不和而埴阜出。今陛下以女主处阳位，反易刚柔，故地气塞隔而山变为灾。陛下谓之'庆山"，臣以为非庆也。臣愚以为宜侧身修德以答天谴；不然，殃祸至矣！"太后怒，流于岭外，后为六道使所杀。[①]

观察《通鉴》的笔法，虽然此事获得了普遍的承认，即"四方毕贺"，但却用更多的文字记述了俞文俊的意见和最后结局，《通鉴》赞成俞文俊的立场鲜明。然而，就当时的情况看，主流当然是拥护"庆山说"，认为新的山峰的出现，是巨大祥瑞[②]。

俞文俊认为这不是庆山，不是祥瑞而是灾异，原因是"陛下以女主处阳位，反易刚柔"，所以出现灾异。这是典型的传统言论，受到武则天镇压也在情理之中。更值得注意的是"四方毕贺"显

---

① 《资治通鉴》卷二〇三，垂拱二年（686）九月，第6442页。《旧唐书》卷三七《五行志》记此事为光宅元年（684），应从《通鉴》。《新唐书》或记十月己巳，或记九月。根据吴玉贵先生考证，应为十月己巳，九月无己巳日，见吴玉贵：《资治通鉴疑年录》，北京：中华书局，1994年，第219页。

② 《唐六典》记载，祥瑞有大、上、中、下四等，而庆山是大瑞。《唐六典》卷四"礼部郎中、员外郎"条，北京：中华书局，1991年，第114—115页。

现，他们当然赞成这“庆山”是大瑞，是武则天的政治赢得上天赞许的证明。官场众多的官僚，没有人不是深受儒家思想教育而成长的，但是在这样的历史时刻，他们刻意忘记了传统理论，努力自然而然地忘记“女主处阳位”这个政治现实。这是需要十分重视的政治现象，并且与武则天称帝存在着重要的因果关联。

利用男女性别理论，正面讨论武则天称帝问题的，现在的文献资料，只有李商隐《宜都内人》一篇文字。其内容如下：

> 武后篡既久，颇放纵，耽内习，不敬宗庙，四方日有叛逆，防豫不暇。宜都内人以唾壶进，思有以谏者。后坐帷下，倚檀机，与语。问四方事，宜都内人曰：“大家知古女卑于男耶？”后曰：“知。”内人曰：“古有女娲，亦不正是天子，佐伏羲理九州岛耳。后世娘姥有越出房合断天下事者，皆不得其正，多是辅昏主，不然，抱小儿。独大家革天姓，改去钗钏，袭服冠冕，符瑞日至，大臣不敢动，真天子也。然今者内之弄臣狎人，朝夕进御者，久未屏去，妾疑此未当天意。”后曰：“何？”内人曰：“女阴也，男阳也，阳尊而阴卑，虽大家以阴事主天，然宜体取刚亢明烈，以消阳。阳消然后阴得志也。今狎弄日至，处大家夫宫尊位，其势阴求阳也。阳胜而阴亦微，不可久也。大家始今日，能屏去男妾，独立天下，则阳之刚亢明烈可有矣。如是过万万岁，男子益削，女子益专，妾之愿在此。后虽不能尽用，然即日下令诛作明堂者。”[①]

① 《全唐文新编》卷七八〇《李商隐第十》，长春：吉林文史出版社，2000年，第9299页。

陈寅恪先生引证此文，对“作名堂者”注释道“此指薛怀义”[①]。这篇文字，虽然希望指导武则天努力改变男女阴阳关系，希望“万万岁”之后，“男子益削，女子益专”，彻底改变“女阴也，男阳也，阳尊而阴卑”的现实。但是，这篇文字来源并不清楚，如果是李商隐的作品，此事是否真的发生在武则天时代，大可怀疑。所以，还不敢把这篇文字当作证据，证明武则天时代确实有人跟武则天讨论男女阴阳问题。

但是，武则天时代，全然回避了男女阴阳理论，这个判断也不成立。武则天和她的御用文人们，显然对这个问题是重视的，并且有研究应对，特别突出的是制造一个“圣母”概念。这就是人所共知的洛水“宝图”故事。根据《通鉴》的记载，事情的原委是这样的：

> 武承嗣使凿白石为文曰：“圣母临人，永昌帝业。”末紫石杂药物填之。庚午，使雍州人唐同泰奉表献之，称获之于洛水。太后喜，命其石曰“宝图”，擢同泰为游击将军。五月，戊辰，诏当亲拜洛，受“宝图”；有事南郊，先谢昊天；礼毕，御明堂，朝群臣。命诸州都督、刺史及宗室、外戚以拜洛前十日集神都。乙亥，太后加尊号为圣母神皇。[②]

---

① 陈寅恪：《记唐代之李武韦杨婚姻集团》，原刊《历史研究》1954年第1期，收入《金明馆丛稿初编》，北京：生活·读书·新知三联书店，2009年第二版，第266—295页。陈寅恪《武曌与佛教》一文，也引此文献，原载《历史语言研究所集刊》第5本第2分，1935年，收入《金明馆丛稿二编》，北京：生活·读书·新知三联书店，第153—174页。

② 《资治通鉴》卷二〇四，垂拱四年四月—五月，第6448页。

如果仅就男女性别理论来说，男尊女卑的观念根深蒂固，武则天一派的宣传不具优势，但是母亲的概念具有特殊价值。一方面，母亲也是女性，另一方面母亲更有尊贵的一面，在孝道理论中，母亲是孝道中被尊敬的对象。在母亲面前，是无法讨论男尊女卑的。这样，当时的性别理论遇到母亲这样的具体问题的时候，尊卑理念只好放置一边。这说明孝道理论与男女性别理论之间存在着复杂关系，男女性别理论的彻底性或理论性，尚存在漏洞和不完善。也许应该这样表述：男尊女卑仅仅是一种观念，称为理论并不适当。当然，武则天的拥护者们，显然准确地把握住了这个要害，以母亲概念为突破，使得男尊女卑理论不能再成为女皇的障碍。其实，从实践层面来看，武则天背后的拥戴人群，除了武家成员之外，也不应该没有其他男性成员，他们在支持武则天进一步升级的时候，显然置男尊女卑观念于不顾的。

洛水宝图发现之后，“太后加尊号为圣母神皇”。在“神皇”之前加“圣母”二字，是武则天特殊身份的恰当表达。宝图中已经点出“圣母临人，永昌帝业”了，于是顺势再增加“神皇”称号。神皇与皇帝，还有区别吗？区别不大，但不等同。显然，这是一个模糊战略，对于最后称帝的目标接近的意义十分明显。两年以后的天授元年（690），在武周建立大势所趋的政治背景下，《通鉴》记载道：

> 九月，丙子，侍御史汲人傅游艺帅关中百姓九百余人诣阙上表，请改国号曰周，赐皇帝姓武氏，太后不许；擢游艺为给事中。于是百官及帝室宗戚、远近百姓、四夷酋长、沙门、

道士合六万余人，俱上表如游艺所请，皇帝亦上表自请赐姓武氏。[1]

在积极上表请求武则天改朝换代的人群中，恐怕绝对以男性为主，但是他们谁会不明白，即将称帝的人是武则天，而武则天是女人。但是，武则天是当今皇帝唐睿宗的亲生母亲，她真的是“圣母”。当武则天“不得不同意”大家的建议，改朝换代之后，同时也改变了自己的称号，叫作“圣神皇帝”[2]。

敦煌出土文书P.2695为《沙州都督府图经》，在垂拱四年（688）的“野榖”条中，已经使用了“唐圣神皇帝垂拱四年”的字样，而圣神皇帝是天授元年（690）武则天改唐为周之后的尊号[3]。把“唐”和“圣神皇帝”加写在一起，有一点政治讽刺。但我们在这里要指出，武则天的模糊战略十分成功，在敦煌这样的地方，根本不去管唐与武周，以及神皇与皇帝的区别。模糊战略具有试探性，也具有暗示性，试探是否有强大的反对力量显现，暗示更多的人支持自己的方向。傅游艺明白了暗示的方向，立刻聪明地行动起来。

但是，所有这些与女性有关的言行，到底在武则天称帝过程中发挥了怎样的作用？作用一定是存在的，是主导性作用还是辅助性作用呢？最多属于后者。尤其是，武则天突出母亲的概念，利用舆论造势，这种行为当然属于政治手段，跟社会上的妇女地位高低没有关系。

---

① 《资治通鉴》卷二〇四，第6467页。
② 《资治通鉴》卷二〇四，第6467页。
③ 见唐耕耦编：《敦煌社会经济文献真迹释录》，北京：书目文献出版社，1986年，第38页。

第二节 阶级基础

武则天称帝是唐朝历史的重大事件，其意义十分重大，甚至超过了唐朝的建立。此观点以陈寅恪先生为代表。其言曰：

> 李唐皇室者唐代三百年统治之中心也，自高祖、太宗创业至高宗统御之前期，其将相文武大臣大抵承西魏、北周及隋以来世业，即宇文泰“关中本位政策”下所结集团体之后裔也。自武曌主持中央政权之后，逐渐破坏传统之“关中本位政策”，以遂其创业垂统之野心。故“关中本位政策”最主要之府兵制，即于此时开始崩溃，而社会阶级亦在此际起一升降之变动。盖进士之科虽创于隋代，然当日人民致身通显之途径并不必由此。及武后柄政，大崇文章之选，破格用人，于是进士之科为全国干进者竞趋之鹄的。当时山东、江左人民之中，有虽工于为文，但以不预关中团体之故，致遭屏抑者，亦因此政治变革之际会，得以上升朝列，而西魏、北周、杨隋及唐初将相旧家之政权尊位遂不得不为此新兴阶级所攘夺替代。武周之代李唐，不仅为政治之变迁，实亦社会之革命。若依此义言，则武周之代李唐较李唐之代杨隋其关系人群之演变，尤为重大也。[①]

① 《唐代政治史述论稿》，北京：生活·读书·新知三联书店，2009年第2版，第202页。

武则天称帝之前，先有废王立武，确立武则天为皇后，陈先生得出重大结论，认为这是中国中古史的一个转折点：

> 盖西魏宇文泰所创立之系统至此而改易，宇文氏当日之狭隘局面已不适应唐代大帝国之情势，太宗以不世出之英杰，犹不免牵制于传统之范围，而有所拘忌，武曌则以关陇集团外之山东寒族，一旦攫取政权，久居洛阳，转移全国重心于山东，重进士词科之选举，拔取人才，遂破坏南北朝之贵族阶级，运输东南之财赋，以充实国防之力量诸端，皆吾国社会经济史上重大之措施，而开启后数百年以至千年后之世局也。[①]

这里，陈先生把废王立武事件与后来武则天称帝紧密地联系起来并统一加以考察，从而得出如上结论。但是，陈先生分析这个时期的核心历史概念还是关陇集团及其被取代。

> 更总括以上所述者论之，则知有唐一代三百年间其统治阶级之变迁升降，即是宇文泰“关中本位政策”所鸠合集团之兴衰及其分化。盖宇文泰当日融冶关陇胡汉民族之有武力才智者，以创霸业；而隋唐继其遗产，又扩充之。其皇室及佐命功臣大都西魏以来此关陇集团中人物，所谓八大柱国家即其代表也。当李唐初期此集团之力量犹未衰损，皇室与其将相大臣几全出于同一之

---

① 陈寅恪：《记唐代之李武韦杨婚姻集团》，原载于《历史研究》1954年第1期，后收入《金明馆丛稿初编》，北京：生活·读书·新知三联书店，2009年，第266—295页。

系统及阶级，故李氏据帝位，主其轴心，其他诸族入则为相，出则为将，自无文武分途之事，而将相大臣与皇室亦为同类之人，其间更不容别一统治阶级之存在也。至于武曌，其氏族本不在西魏以来关陇集团之内，因欲消灭唐室之势力，遂开始施行破坏此传统集团之工作，如崇尚进士文辞之科破格用人及渐毁府兵之制等皆是也。此关陇集团自西魏迄武曌历时既经一百五十年之久，自身本已逐渐衰腐，武氏更加以破坏，遂致分崩堕落不可救止。其后皇位虽复归李氏，至玄宗尤称李唐盛世，然其祖母开始破坏关陇集团之工事竟及其身而告完成矣。此集团既破坏后，皇室始与外朝之将相大臣即士大夫及将帅属于不同之阶级。同时阉寺党类亦因是变为一统治阶级，拥蔽皇室，而与外朝之将相大臣相对抗。假使皇室與外廷将相大臣同属于一阶级，则其间固无阉寺阶级统治国政之余地也。抑更可注意者，关陇集团融合胡汉文武为一体，故文武不殊途，而将相可兼任；今既别产生一以科举文辞进用之士大夫阶级，则宰相不能不由翰林学士中选出，边镇大帅之职舍蕃将莫能胜任，而将相文武蕃汉进用之途，遂分歧不可复合。举凡进士科举之崇重，府兵之废除，以及宦官之专擅朝政，蕃将即胡化武人之割据方隅，其事俱成于玄宗之世。斯实宇文泰所创建之关陇集团完全崩溃，及唐代统治阶级转移升降即在此时之征象。是以论唐史者必以玄宗之朝为时代划分界线，其事虽为治国史者所得略知，至其所以然之故，则非好学深思通讯古今之君子，不能详切言之也[①]。

① 《唐代政治史述论稿》，第234—235页。

从废王立武到武则天称帝，可以看作是一个历史时期。同时，从总体考虑，陈寅恪也把唐玄宗与武则天看作一个历史时期，因为关陇本位政策是武则天开始破坏，而到玄宗时期完成。其言为：

> 武周统治时期不久，旋复为唐，然其开始改变“关中本位政策”之趋势，仍继续进行。迨至唐玄宗之世，遂完全破坏无遗。而天宝安史乱后又别产生一新世局，与前此迥异矣。夫“关中本位政策”既不能维持，则统治之社会阶级亦必有变迁。此变迁可分中央及藩镇两方叙述。其所以须有此空间之区别者，因唐代自安史乱后，名义上虽或保持其一统之外貌，实际上则中央政府与一部分之地方藩镇，已截然划为二不同之区域，非仅政治军事不能统一，即社会文化亦完全成为互不关涉之集团，其统治阶级民族之不同类更无待言矣。盖安史之霸业虽俱失败，而其部将及所统之民众依旧保持其势力，与中央政府相抗，以迄于唐室之灭亡，约经一百五十年之久，虽号称一朝，实成为二国。史家述此，不得不分之为二，其理由甚明也。[①]

陈寅恪笔下的阶级，我们可以直接理解为集团或阶层，以关陇集团为例，他们原本是西魏、北周以来的最高统治阶层，但是统一时代到来以后，这个阶层则变成一个地域集团，与山东、江南并立而存在。包括关陇集团在内，都是宇文泰“关中本位政策”的结果，而这种政策在统一时代，再也无法继续下去了。隋末唐初，

① 《唐代政治史述论稿》，第202—203页。

山东豪杰在军事和政治领域都非常活跃，山东势力成为最醒目的政治力量，所以最高统治集团内部的不同派系，都会竞相笼络山东势力[①]，这不仅证明山东势力的强大，也证明关陇小集团的政治独占难以为继。

把关陇贵族退出历史舞台与武则天现象联系起来，前者有一个巨大的社会史背景，即魏晋南北朝以来的士族传统，后者不过是一个政治事件，以前者为后者的社会基础，这便是陈寅恪先生研究隋唐历史的重大线索。本来，用陈先生的原有词汇，即关陇集团被“新兴阶级”所取代，已经达成了重大的历史结论。但是，陈先生没有停留在这一步，而是继续研究“新兴阶级”的构成问题，如果用地域概念表达“新兴阶级”，那就是：

> 当时山东、江左人民之中，有虽工于为文，但以不预关中团体之故，致遭屏抑者，亦因此政治变革之际会，得以上升朝列，而西魏、北周、杨隋及唐初将相旧家之政权尊位遂不得不为此新兴阶级所攘夺替代。

但是，地域概念可能妨碍“新兴阶级”的正确表达，所以，陈寅恪还使用“以科举文辞进用之士大夫阶级”，“蕃将即胡化武人之割据”以及来自南方边远地区的“阉寺党类”，等等概念。由此为社会背景，形成前朝、武将和阉党三方基本政治势力与唐朝后

① 陈寅恪：《论隋末唐初所谓“山东豪杰”》，原载《岭南学报》第12卷第1期，1952年6月，收入《金明馆丛稿初编》，北京：生活·读书·新知三联书店，第243—265页。

期的政治格局。陈先生的研究思路，明显重视政治背后的社会与文化根源，而地方问题，既是社会问题又是文化问题。但是，陈寅恪的研究，给人地域观念的印象还是太深刻了，所以胡如雷先生总结为“其论点是以不同的地域婚姻集团间之斗争来分析历史事件的进程”[①]。

那么，回归武则天问题的讨论，依然是武则天称帝，其基础何在?

承袭陈寅恪阶层论的，最明显的是胡如雷先生。胡如雷先生对于陈寅恪观点的回应最具时代特色，他的《论武周的社会基础》一文，认为用地域集团的概念分析唐代政治斗争是不准确的，武周兴起，是地主阶级内部“新兴地主集团”与“大官僚贵族集团”的斗争。后来，从地主阶级内部不同阶层的角度理解武则天时期的政治斗争关系，成为史学界的常规研究思路[②]。阶级论在20世纪五六十年代，是主流话语，强调政权的阶级性也是当时的主流思维。然而，政治权力到底怎样反映具体的集团利益？这个问题需要怎样论证才能让人更信服呢？比如，以神功元年（697）的刘思礼案件为例，在武懿宗的主持下，刘思礼广引朝士，包括宰相李元素等在内三十六家，“皆海内名士，穷楚毒以成其狱”[③]。胡如雷先生判断这

① 胡如雷：《论武周的社会基础》，《历史研究》1954年第1期，收入作者《隋唐政治史论稿》，石家庄：河北教育出版社，1997年，第250—263页。后来，胡先生又著《关于武则天研究中的几个问题》，对于武则天研究中的阶层等问题再进行新的研究，比如阶层意识，等等，都属于新论。收入《隋唐政治史论稿》，第264—288页。

② 此前的学术总结，参见胡戟等先生主编：《二十世纪唐研究》，北京：中国社会科学出版社，2002年。

③ 《资治通鉴》卷二〇六，第6513页。

些人“必然也就是李唐《士族志》中比较显赫的一部分大官僚无疑”[①]。但此时，武则天称帝已经七年，所有的这些高官都来自她的任命，既然要打击大官僚，不任命岂不更简单，为什么要提拔了再打击呢？这样，岂不证明识人不明吗？

把政治斗争背后的社会因素尤其是集团背景发掘出来，是历史认识的深化与进步，但如果过于坚持，则可能出现求之过深反而远离了真相的现象。比如，高宗打击长孙无忌，人所共知是因为废王立武事件，是君臣冲突的结果。胡先生认为这是打击大贵族大官僚。同时，他还把徐敬业的造反等量齐观，因为徐敬业打起的旗号是“旧臣”和“公侯”，所以徐敬业也是“大官僚贵族集团”的一分子。可是，人所共知的事实是，徐敬业的爷爷李勣是支持唐高宗废王立武的，是长孙无忌的对立面。此一时彼一时，人际关系发生转变很正常，但非要用集团斗争来解释一切，就会造成这样的困惑。士族地主与庶族地主的矛盾解释，情况也一样。

过度解释造成问题，这一点连陈寅恪先生也不可避免。陈先生曾主张上官仪是反武则天的，因为他是关中人。新出的《上官婉儿墓志》，证明上官仪在废王立武的过程中没有受到打击，之后还获得高宗重用，而上官仪在晋王府时代，就是唐高宗李治的属官。后来上官仪成为“废后风波”的替罪羊，并不能证明他是一贯反对武则天的[②]。

其实，除了“废王立武”事件可以作为关陇集团退出历史舞台

---

① 胡如雷：《论武周的社会基础》，第257页。

② 参见作者另论《上官仪研究三题》，荣新江主编：《唐研究》第20卷，北京：北京大学出版社，2014年，第209—228页。

的标志以外，此后的阶层斗争、集团斗争都不该进行扩大化解读。那么，怎么理解武则天称帝呢？

第三节　制度史的解释

用制度史解释武则天称帝，是社会史之外的另一种方案。把武则天称帝理解为后士族时代的现象是可行的，毕竟从身份性到非身份性是这个历史转变时期的核心特征。陈寅恪以废王立武为关陇集团退出历史舞台的标志，这个标志也是士族政治完结的标志。士族政治或称门阀政治，虽然田余庆先生认为只有东晋一朝才是典型的[①]，但是说整个魏晋南北朝时期都是士族政治也未尝不可，即使不比东晋典型，但比前后历史时期仍然具有一致的特征。

士族政治的标志，即士族的特权获得政治制度的保障。具体地说，魏晋南北朝时期，保障士族特权的制度有两个：经济上是品官占田荫客制（或叫占田制、荫族制），政治上是九品中正制[②]。当时也强调"婚宦"，即以士族内部通婚的方式维持他们的特权，是等级森严时代的特有产物。但是，到隋唐时期，这两项最重要的士族特权保障制度都被取消了，虽然经历了一个过程，但隋唐时代确实进入了崭新时代。汪篯先生的研究结论是"均田制最初对大族是有一些妥协的，以后各代田令内容变化，限田制的性质就越来越明显了。北齐时限制授田奴婢的数目，到隋朝时取消奴婢受田，限制已

---

① 田余庆：《东晋门阀政治》，北京：北京大学出版社，1989年。

② 参见唐长孺：《门阀的形成及其衰落》，原载《武汉大学学报》1959年第8期，收入《唐长孺文集六·山居存稿续编》，北京：中华书局，2011年，第6—55页。

很严了”[①]。而吴宗国先生的结论是“隋政权废除九品中正制，实行地方佐官由中央任免的制度，取消了士族地主世袭做官，世代控制地方行政的特权”[②]。

所以，吴宗国先生与陈寅恪先生的结论有所不同，对于关陇贵族集团的消亡，陈寅恪最看重的是废王立武事件，而吴宗国先生把关陇贵族集团放在整个士族时代的大概念中来对待，认为隋朝才是士族政治消亡的关键。吴先生指出：“唐朝最终结束了家国一体和贵族门阀政治的国家体制，开启了皇帝—官僚政治体制。”秦汉以来，“皇权本身，始终依托于当时最有势力的集团或阶层。西汉初年是功臣集团，西汉末年是外戚，再后就是世家大族和士族门阀”。“这些情况在南北朝时期开始发生变化。江南士族、山东士族和关陇贵族先后开始衰落，从隋朝开始到唐朝初年全都退出了历史舞台。隋文帝开皇初年采取了两项重大举措：一是取消九品中正制，地方佐官中央任免；二是府兵制实行君主直辖化即禁军化，征召扩大化即兵农合一化。前者抽去了山东士族最后赖以苟延残喘的依靠，后者则挖了关陇贵族存在的基础。隋炀帝进一步取消了关陇贵族的特权。门阀政治终于在隋朝结束。”[③]既然士族政治在制度上已经被隋朝取消，关陇贵族在唐初的兴旺只能是作为士族政治的回光返照，其势力已经是强弩之末，而“废王立武”事件不过是压倒这匹骆驼

---

① 汪篯：《两汉至南北朝大族豪强大土地所有制的发展和衰落》，收入作者《汉唐史论稿》，北京：北京大学出版社，1992年，第133—143页。此文是胡戟先生记录整理的《汪篯隋唐史讲稿》（1961—1963年）。

② 吴宗国：《唐代士族及其衰落》，载《唐史学会论文集》，西安：陕西人民出版社，1986年。

③ 吴宗国：《盛唐政治制度研究绪论·唐代政治制度的历史特点》，吴宗国主编：《盛唐政治制度研究》，上海：上海辞书出版社，2003年，第1—2页。

的最后一颗稻草而已。

不过，从制度与政治的关系的视角来看，制度到位之后，并不一定立刻取得政治上的所有效果。唐初最高当局打压士族门阀的动作仍然不断，足以证明士族的势力在社会上依然存在，让统治者感到头疼。唐太宗编《氏族志》，唐高宗编《姓氏录》，其用意只有一个，打击传统士族，抬高当朝冠冕。与此密切配合的措施就是禁婚政策，先是限制财礼数额，后来直接规定七家内部不许通婚。打击传统士族，看上去更像与士族竞争，而编辑《姓氏录》这样的书籍，并不直接与铨选联系起来，所发挥的作用是按照朝廷思想重新编排规定士族标准，或者直接规定什么人属于士族。对此，汪篯先生的观点是唐太宗有树立新门阀的意图[①]。除了皇帝的意愿以外，重新编排家族等第，对于没有门阀家族背景的朝廷官员，确实动力强劲。在《显庆姓氏录》的编写过程中，史书记载李义府发挥了推动作用，因为他身为宰相却没有士族背景，所以对此特别热心。士族作为一种荣誉概念，既被社会承认和追捧，必然也会推动有条件的人群努力跻身其中。《显庆姓氏录》完成之后，史书记载评价不高，认为是"勋谱"，但这种评价很明显代表的是传统士族的立场，那些刚刚进入的家族一定是另外一种心情，欢呼雀跃、弹冠相庆都是可以想象的。最终，各方合力的结果，是士族的界限越加模糊，假作真来真亦假，过分强调自己的士族身份，更会招来

① 汪篯：《唐太宗树立新门阀的意图》，初刊《内蒙古大学学报》1979年第1、2期，收入作者《汪篯隋唐史论稿》，北京：中国社会科学出版社，1981年，第150—164页。

质疑。[1]很多唐代墓志就是这样，没有人不是出身高门。正如《史通》所言："自世重高门，人轻寒族，竞以姓望所出，邑里相矜……爰及近古，其言多伪。至于碑颂所勒，茅土定名，虚引他邦，冒为己邑……"[2]这是众所周知的资料，不必详引。

士族政治完结，政治回归士大夫政治，原来的士族后裔，依然可以在士大夫政治中找到自己的机会、上升途径和发展空间[3]。历史进入一个新时期，如果用田余庆先生的说法，那就是皇权政治的回归。吴宗国先生的说法是"皇帝—官僚政治体制"。阎步克先生的观点是"士大夫政治"。他们所指是一致的，但都与"门阀政治"不同。

那么，可否从制度史角度理解武则天的称帝呢？从制度史角度理解士族政治的结束，皇帝—士大夫政治的重新开始，然而，制度史上士族政治结束，并不等同于武则天称帝的成功。即使这可以为理解"废王立武"事件提供帮助，但并不代表为武则天称帝提供了制度性的支持。所以，武则天称帝的制度支持在哪里呢？就制度史而言，皇帝制度向来为男性设计，然而当武则天以女性的身份登上皇帝宝座的时候，为什么见不到制度性阻拦？或者，我们可以放宽一点思路，变成这样的提问：应该怎样理解武则天称帝与皇帝制度的关系呢？

---

① 参见作者另论《唐官修谱牒与王权主义》，载《王权与社会——中国传统政治文化研究》，武汉：崇文书局，2005年7月，第387—400页。

② 刘知几著、浦起龙释：《史通通释·邑里》，上海：上海古籍出版社，1978年，第145页。

③ 参见毛汉光：《中古官僚选制与士族权力的转变》，《唐代研究论集》第1辑，台北：新文丰出版公司，1992年，第283—324页。

武则天称帝的事实是，虽然皇帝制度是为男性设计的，但是当一个强势女性登临的时候，制度性的反对忽然烟消云散，甚至可以说，并不能认为存在一个制度性的选择问题。此时，所谓制度性的因素完全可以忽略，而核心的关键还是政治。高宗弘道元年（683）去世，至天授元年（690）有七年的时间，此时的武则天大约六十七岁，是唐朝法律意义上标准的老人。但此后，武则天在政治上却步步高升，最终实现了称帝并且改朝换代。

武则天称帝，改变的是自己的身份，从太后到皇帝，她并没有改变皇帝制度。武则天穿上龙袍，登上龙床，享用皇帝制度的一切。大臣们承认并尊奉这位女皇，行礼如仪。皇帝制度说起来威严无比，其实它就像一件如意服装，谁穿上都合身。旧史攻击武则天男宠问题，陈寅恪先生指出，这种理解是错误的。武则天已经不是太后，她是皇帝，“则皇帝应具备之礼制，武曌亦当备有之”[①]。证据呢？从当时大臣公然为武则天推荐男宠的情形看，他们并不是在为女主的淫乱提供条件，而是在为皇帝制度的完善进行努力，所以才会如此开诚布公，言无禁忌。

事实上，武则天不仅称帝享用了皇帝制度，还充分利用包括皇帝制度在内的一切制度性因素为自己的发展提供保障。准确的程序应该是，武则天首先控制了政治，然后利用制度，保证自己的政治发展达到预定目标。在研究中国政治制度的时候，学者们通常都能注意到专制性、中央集权等特征，但皇帝制度因为对皇帝个人的要求有限或者比较空泛，经常会导致整个国家陷入某种危机。怎样的人才具备国

---

① 陈寅恪：《记唐代之李武韦杨婚姻集团》，收入《金明馆丛稿初编》，北京：生活·读书·新知三联书店，第280页。

家最高领导人的标准，除了荀子有些“哲学王”的意味之外，更多思想家对这一点要求并不高，《韩非子》的说法是“中人”即可。皇帝制度下，对于个人的要求主要集中在“唯一性”上，而不是更高的素质标准。这可能是为特殊状况提供可能性，如小皇帝之类的问题。这样，皇帝制度就表现出它的另一面，看起来森严无比的皇帝制度，内在却存在着巨大的弹性，究竟什么人可以坐上皇帝宝座，制度并没有确然规定，也不能做绝对规定。相对而言，人们关心、关注的政治焦点，通常都不是皇帝而是宰相。

因为皇帝担当者的标准比较虚化，这反而成了皇帝制度的一个最具弹性的空间，也可以说是皇帝制度的软肋、漏洞。历史上，外戚专权、宦官专权，往往与皇帝的个人状况紧密相关。这就是《宜都内人》所说“后世娘姥有越出房合断天下事者，皆不得其正，多是辅昏主，不然，抱小儿”。总之，在皇帝制度下，人们对于皇帝的个人状况要求比较低，而接受程度比较高。所以，当武则天从掌权太后到名正言顺的皇帝，在很多人看来，没有什么本质不同，完全可以接受。对于社会公众而言，因为日常生活远离政治，谁当皇帝跟他们根本没有关系，他们也不关心，皇帝是否是老弱病残，一概不顾。即使官场中人，绝大多数人考虑的问题也如此。武则天已经掌控国家，如今她要实至名归，有谁会出来冒死反对呢？既然没有人反对，或者反对的力量很弱小，武则天称帝成功自然就变得很正常。

虽然皇帝制度有漏洞，但武则天称帝的关键显然不在制度如何规定，而在武则天如何成功运作。而这，主要是政治问题，其次才是制度问题。

第四节　武则天称帝是政治事件

武则天称帝，是一个政治事件。第一是政治行为，即武则天的政治经营，是她称帝成功的关键。第二，观察的视角，应该放在政治上。其他解释，皆有部分的正确性，但没有抓住要害。

在武则天的历史书写中，我们熟知的方法是把武则天从一开始就写成是野心勃勃的女人，她是心狠手辣、恶毒妇人的典型代表。对此，两《唐书》、《资治通鉴》都不能避免。武则天在贞观时期入宫，始终默默无闻，后来跟太子李治地下恋爱成功，才为她真正成长为女政治家提供了契机。但是，如果“废王立武”惊动不是那么大，武则天的政治前景依然会很有限，高宗长期为自己打倒长孙无忌的行为正名，扶植武则天成为很重要的途径，而这些都锻炼了武则天的政治才干。历史上，从来没有女人当皇帝的故事，所以把武则天描写为很早就有女皇的人生规划是没有根据的，把防范女皇当作他人的评判准则也是强人所难的。

武则天的女皇梦，只有高宗去世以后才有可能。

首先，高宗授予武则天一个实在的政治权力，这便是“临朝称制”。此前，武则天的政治判断与才干，显然获得了高宗的承认，而对皇位继承人中宗，高宗显然是不满意的。所以在上元二年（675）才有“天后摄政”之议。此事遭到郝处俊、李义琰的反对而作罢，但高宗并没有放弃这个想法。弘道元年（683）十二月，高宗驾崩之前，“召裴炎入，受遗诏辅政”，“遗诏太子柩前即位，军国大事有不决者，兼取天后进止”[①]。很明显，高宗生前的这个安排，是准备很久的，中途虽然一度沉寂，有过曲折，但最后还是走上了这条路，八年之后的结果，看上去似乎是在八年之前已然决定了。

裴炎是遗诏的坚定执行者。太子即位之前，已经有“监国”身份的裴炎却在此时有意倾向太后。“庚申，裴炎奏太子未即位，未应宣敕，有要速处分，望宣天后令于中书、门下施行。甲子，中宗即位，尊天后为皇太后，政事咸取决焉。”[②]中宗即位之前，通过太后令而由中书门下执行最高指示，这是武则天第一次通过正常的制度渠道贯彻自己的意志，虽然时间不久，但意义重大。中宗即位以后，太后的这个权力无法继续保留，虽然《通鉴》在这里强调政事全部取决于太后，但属于征求意见性质，并非太后直接发布命令。后来不久发生的事情表明，太后的权威遇到挑战，皇帝要直接任命侍中，这导致中宗立刻下台。

所以，武则天第一次尝到权力的甜头是高宗去世之后、中宗即位之前。所谓摄政的概念在不同人的理解中，其实并不一致。太后的权力，根据遗诏的说法是“军国大事有不决者，兼取天后进止”。这里有两个要点，第一是军国大事，第二是皇帝不能决断而需听取太后意见。嗣圣元年（684）二月，有关韦玄贞任命侍中的问题，是否属于这个问题呢？至少存在争议。韦玄贞是皇帝的岳父，可以认为属于皇帝的人，但这个任命裴炎不同意，与皇帝发生

---

① 《资治通鉴》卷二〇三，第6416页。《唐大诏令集》卷一一《帝王·遗诏上》，第67—68页。

② 《资治通鉴》卷二〇三，第6416页。

争执。皇帝感觉到自己的权力受阻，很气恼，于是说出了一句气话："我以天下与韦玄贞何不可！而惜侍中耶！"任命侍中，即使属于军国大事，皇帝认为自己可以决断，为什么裴炎却不同意呢？所以，中宗的气恼是有理由的。但是，裴炎的理解可能有所不同，即太后摄政就是太后领导皇帝，没有太后的意见皇帝就不可决定。这种理解有可能也是正确的，因为正是对中宗不放心，才设置了太后摄政。中宗此人头脑可能确实不清楚，应该是中宗没有正确理解皇帝与摄政太后的真正关系。

虽然如此，对于中宗的行为也可以教育为主，但是武则天却决定废黜中宗。《通鉴》记载如下：

> 二月，戊午，太后集百官于乾元殿，裴炎与中书侍郎刘祎之、羽林将军程务挺、张虔勖勒兵入宫，宣太后令，废中宗为庐陵王，扶下殿。中宗曰："我何罪？"太后曰："汝欲以天下与韦玄贞，何得无罪！"乃幽于别所。己未，立雍州牧豫王旦为皇帝。政事决于太后，居睿宗于别殿，不得有所预。[1]

太后废中宗，获得了朝廷大臣支持，出现在废黜仪式现场的裴炎、刘祎之代表行政系统，程务挺、张虔勖代表军方。新立的皇帝睿宗并不掌权，"政事决于太后"，那么制度当如何运行呢？很简单，再回到中宗未即位之前的状态，中书门下执行太后之令。

---

① 《资治通鉴》卷二〇三，第6418页。

一、女皇梦第一步，废黜中宗

从此，武则天虽然尚未称帝，但是已经作为最高权力人在行使国家权力。所有的政府机构，都在她的命令下俯首帖耳。这一步，因为有高宗遗诏作为合法依据，有裴炎、程务挺等大臣支持，完成得十分顺利。这一步的完成，证明太后拥有的是实实在在的最高权力，连皇帝都能废黜，是她拥有最高权力的绝对证明。没有这个事件，太后的最高权力是无法验证的。但是，这一步也有一定的风险，这个风险就是暴露了太后的权力欲念。而这种欲念一旦产生，终结点就难以控制，而政坛的腥风血雨就会如期而至。

皇帝换位之后，有两个人离开洛阳，从后来的情势看，这都是武则天预防不测的措施。一是命刘仁轨专知西京留守事，离开洛阳。武则天主动给刘仁轨写信，说西京如何如何重要。但是，当时政治中心在洛阳，刘仁轨作为左仆射而离开政治中心，显然是武则天对他的不放心。而刘仁轨给太后的回信证明，刘仁轨确实是应该防范的人，因为他提及吕后的失败与耻辱。这已经不是暗示，而是明确的提示，太后可不要学吕后。武则天十分重视刘仁轨的信件，她没有简单地回信说明，而是特意派武承嗣前往西京送信给刘仁轨，说自己绝没有吕后那样的心思，还拼命表扬刘仁轨的忠诚。在唐高宗留下来的老臣中，只有刘仁轨出将入相资格最老，只有他可以充当周勃。但武则天的防范已经提前布置，刘仁轨离开洛阳，即使有周勃之心也没有施展的条件了。

另一个离开洛阳的人是丘神勣，他专门到巴州去看望故太子李贤。结果，李贤自杀。李贤是张反武则天的王牌，能够打起皇室旗号，具有真正动员力量的人物，只有李贤。因为高宗的其他儿子，都在武则天的控制之下。三月，李贤死。九月，扬州事变发生，徐敬业果然打起李贤的旗号。此事证明武则天的先见之明。同时，这也证明了武则天知道废黜中宗的风险，所以立刻采取措施，调走刘仁轨，逼死李贤，都属于预防不测的措施。刘仁轨提出吕后问题，徐敬业毅然起兵，其他个人因素不计，武则天废黜中宗显然是关节点。徐敬业起兵，"以匡复庐陵王为辞"，是最直接最有力的证明。

二、女皇梦第二步，镇压徐敬业

废黜中宗，为徐敬业起兵提供了说辞，而这次起兵，事实上成为武则天权力成长的第二个台阶。徐敬业起兵，有太多的私心，战略也失误严重，更重要的是没有获得响应，没有官场的支持，没有百姓的支持。连徐敬业叔叔李思文都不支持他，可见事态的严重。扬州事变对于武则天的意义十分重大，她有机会观察考验天下反应，尤其是军队的态度。废黜中宗，军队的表态是片面的，就是值班的军人跟将军到朝堂上走了一趟而已。现在，朝廷要派大军镇压徐敬业，而军队尤其是将军的态度，事关重大。李孝逸统兵三十万讨伐徐敬业，他有些畏缩，魏元忠便催促，而魏元忠的话很能反映当时的天下状况："天下安危，在兹一举。四方承平日久，忽闻狂狡，注心倾耳以俟其诛。今大军久留不进，远近失望，万一朝廷更命他将以代将军，将军何辞以逃逗挠之罪乎！"[1]读《通鉴》，殿中侍御史魏元忠功劳似乎更大，而他在军队中的位置却并不清楚。根

---

① 《通鉴》卷二〇三，第6429页。

据《旧唐书·魏元忠传》："徐敬业据扬州作乱，左玉钤卫大将军李孝逸督军讨之，则天诏元忠监其军事。"[①]原来魏元忠是监军。从李孝逸到魏元忠，在镇压徐敬业的过程中，对自己的行为，没有一丝一毫的怀疑。看魏元忠的发言，他是认为徐敬业作乱，扰乱了太平。而李孝逸是李神通之子，是李唐皇室成员，军方的代表性毫无疑问。魏元忠说他"朝廷以公王室懿亲，故委以阃外之事"，看来武则天用李孝逸是考虑到他的皇室身份的。

徐敬业起兵对于武则天称帝的意义是十分正面的，如此公开地反对武则天，但无一响应者，这让武则天的朝廷尤其是武则天大获信心。徐敬业很快被镇压，军队的表现尤其让武则天满意。陈寅恪以来大家都同意，唐朝的军事力量分布，是一个中央集权式的布局，举天下之力不敌两京。但，这仅仅是一个布局问题。府兵制度之下，日常与战时是两个天下，只有行军或者处于征行状态的军队才是有组织有战力的军队，而日常的府兵，与百姓几乎没有区别。所以，在中央，正在执勤的军队是一种力量，如同汉代的北军，这是有战力、有威胁的。所以武则天要把刘仁轨调离洛阳，便是让他远离这种力量。

行军状态下的军队是否听从武则天朝廷的指挥，这在徐敬业起兵之前，是无法验证的。而徐敬业起兵，最终帮助武则天获得了验证。即使在征行状态下的军队也是忠于朝廷的，武则天因此大可放心了。

武则天究竟拥有多大权力，最初武则天和其他人都需要证明。

① 《旧唐书》卷九二《魏元忠传》，北京：中华书局，1975年，第2951页。

此前，双方对此问题都是心里无数。现在，武则天和对方或者其他人，都获得了经验：武则天的权力是绝对至上的。唯强是从的官场生态，于是成为顺从武则天最强大的势力，官场中人多担心不能搭上武则天称帝的政治列车，冒死反抗者不仅是凤毛麟角，而且可以忽略不计。不管是什么人，只要掌握了最高权力，就会获得官场的一致拥护，在这种政治体制下，这才是铁律。

三、女皇梦第三步，杀裴炎

裴炎被杀，是在平定扬州事变的过程中完成的。武则天和裴炎都在利用扬州事变，最终武则天胜出，裴炎被杀。

高宗去世之后，裴炎在朝臣中处于万人之上的位置，十分重要。在裴炎阻止中宗即位之前宣敕之后不久，他升职为中书令，他的第一项重要工作是“迁政事堂于中书省”。《通鉴》解释唐朝的制度：“故事，宰相于门下省议事，谓之政事堂，故长孙无忌为司空，房玄龄为仆射，魏征为太子太师，皆知门下省事。”[①]而中书令裴炎此举，当然是为了自己控制宰相议事大权。裴炎反对中宗任命韦玄贞，可以理解的理由也在此，因为韦玄贞一定会获得皇帝更多的信任，因此威胁到裴炎的地位。

废黜中宗，裴炎即使不是首倡者，也是积极拥护者。裴炎赞成废黜中宗，但后续的发展大出裴炎预料。裴炎可能认为，换了皇帝之后，太后会大政奉还，没有想到太后变本加厉。太后的临朝称制，本来属于过渡状态，这在特殊时期未尝不可，根据祝总斌先生

---

① 《资治通鉴》卷二〇三，第6416页。

的研究，太后制是已知过渡办法中最佳的[1]。但是，武则天要把这个过渡状态常态化，这是裴炎所料未及的。

不仅如此，武则天开始设置改朝换代的小动作，这是裴炎反对的。现在所知，裴炎在几个问题上与武则天发生不愉快，即冲突。

第一，裴炎不同意立武氏七庙，这明显是皇家的礼法。裴炎在反对的时候，提及吕后。武则天自然不高兴，但还是进行辩解，说这是对死者的，跟吕后封王吕氏是不同的。

第二，武承嗣要找借口杀韩王元嘉、鲁王灵夔，武则天征求宰相的意见，刘祎之、韦思谦不表态，而裴炎坚决反对。

第三，扬州事变发生，裴炎认为只要太后还政，“不讨自平”。

总之，裴炎表现出忠于李唐的态度，与武则天发生了明显的对立，而裴炎曾经帮助武则天证明太后的至高权力，如今养虎为患，武则天轻而易举地消灭了裴炎。在裴炎案件中，裴炎是否谋反，是否与扬州起事者联盟都不是关键所在。关键何在？立场才是关键。所有为裴炎辩护的人，都忘记了根本问题。武则天需要的是立场支持，而不是资料贡献。所有指控裴炎谋反的人，都没有实际证据，但是，他们推论不利于太后的就是谋反。所以，凤阁舍人李景湛等人，很快职位高升。

有人肯为裴炎证明，但没有人敢出来反对太后专政。一方面，太后摄政是一个模糊概念，无法确认摄政时间长短。另一方面，很多事情已经证明，太后势力最大，权力最高。谁有必要去得罪太后

---

① 祝总斌：《古代皇太后“称制”制度存在、延续的基本原因》，《北京大学学报》2008年第2期，收入作者《材不材斋史学丛稿》，北京：中华书局，2009年，第549—563页。

呢。这是官场的一般性政治生态，对于绝大多数人具有绝对引领作用。看看刘仁轨的表现，就能知道官场中的一般情形。《通鉴》记载：

> 炎之下狱也，郎将姜嗣宗使至长安，刘仁轨问以东都事，嗣宗曰："嗣宗觉裴炎有异于常久矣。"仁轨曰："使人觉之邪？"嗣宗曰："然。"仁轨曰："仁轨有奏事，愿附使人以闻。"嗣宗曰："诺。"明日，受仁轨表而还，表言："嗣宗知裴炎反不言。"太后览之，命拉嗣宗于殿庭，绞于都亭。[①]

刘仁轨看到事情不可挽回，武则天已经为所欲为，他不能为裴炎辩护，也不再提什么吕后故事，最多只能拿一个趋炎附势的小人物姜嗣宗出气。太后满足了他的这个小小愿望。要小聪明的姜嗣宗就这样玩掉自己的性命。刘仁轨及其一家的态度，雷家骥先生用一个标题进行概括，即"反对力量的沉潜"[②]，很是恰当。到裴炎案件发生，已经没有什么力量能够阻止武则天的野心了。

光宅元年（684）十月丙申，裴炎死。十二月，程务挺死。这时，《通鉴考异》引用《唐统记》的文献，事关武则天此时的心态，内容如下：

> 既而太后震怒，召群臣曰："朕于天下无负，群臣皆知之乎？"群臣曰："唯"。太后曰："朕事先帝二十余年，忧

① 《资治通鉴》卷二〇三，第6428页。
② 雷家骥：《武则天传》，北京：人民出版社，2000年，第295页。

天下至矣。公卿富贵，皆朕与之！天下安乐，朕长养之。及先帝弃群臣，以天下托顾于朕，不爱身而爱百姓。今为戎首，皆出于将相，群臣何负朕之深也！且卿辈有受遗老臣，倔强难制如裴炎者乎？有将门贵种，能纠合亡命过徐敬业者乎？有握兵宿将，攻战必胜过程务挺者乎？此三人者，人望也，不利于朕，朕能戮之。卿等有能过此三者，当即为之。不然，须革心事朕，无为天下笑。”群臣顿首，不敢仰视，曰：“唯太后所使。”

《通鉴考异》的说法是“恐武后亦不至轻浅如此。今不取”[1]。但是，雷家骥先生认为这完全可能就是事实，理应赞同。从废黜中宗以来，武则天连续使用强硬手段，迫使群臣低头，这几乎是唯一的事实。武则天这个时候公开宣战，也具备了条件，不管武则天用什么方式宣言，事实都是如此，群臣不可能不唯唯诺诺。杀伐行动已经开始，口头的恫吓十分正常。

武则天杀裴炎之后，再看刘仁轨的表现，他已经放弃斗争。十二月程务挺死，转年垂拱元年（685）正月，刘仁轨去世。朝廷完全在武则天的掌控之下。之后，又发生如刘祎之、琅琊王李冲事件等等，都不再成为问题。此后，武则天利用舆论，大造声势。至天授元年（690）九月，傅游艺等六万人上表，声势浩大，连唐睿宗都要出来表态，支持武则天称帝。至此，改朝换代，一切都水到渠成。武则天称帝，社会性的因素一定是存在的，隐藏在政治斗争

① 《资治通鉴》卷二〇三，第6432页。

的背后，表现出了过于复杂的形态，很难单纯概括。地域或阶层性质的归纳，都难以概括，所以还是回归政治更适当。

为什么武则天改朝换代，看不到有力的反对力量。以下几个很特殊的因素或许需要考虑。武则天是六十多岁的老人，一个这样年龄的人到底能走多远。是否因此很多人对武则天的前途并不看好而放弃努力斗争，此其一。

其二，武则天的儿子就是大帝的儿子，武则天一直没有放弃睿宗作为继承人的动作。虽然后来武承嗣等有过非凡的努力，但最终还是以失败而告终。这就是说，武则天改朝换代，一开始就存在继承人危机，如果还是她儿子继承，那就等于回归唐朝。对此，祝总斌先生的研究值得参考[①]。这个危机存在，伴随武周始终，最终还是社会继承制度成了武周无法逾越的障碍。这一点并不难看到，或许这也是许多人放弃斗争的着眼点。

其三，扬州事变发生之后，特别是一直顺从自己的裴炎竟然公然反对自己，这让武则天对朝中大臣的忠诚产生极大的怀疑。告密之风从此开始，酷吏政治一时甚嚣尘上。酷吏政治制造了严酷的政治环境，迫使更多的大臣采取自保策略。至于酷吏，不过是在特殊政治背景下，从事极端的损人利己行为而已，最终会被主人当作替罪者抛弃。不仅如此，武则天时期的酷吏政治，中宗、玄宗都曾经采取过清算行动。《唐会要》记载：

---

① 祝总斌：《古代皇太后“称制”制度存在、延续的基本原因》，《北京大学学报》2008年第2期，收入作者《材不材斋史学丛稿》，北京：中华书局，2009年，第549—563页。

神龙元年三月二日制：“故司仆少卿徐有功，执事平恕，追赠越州都督，特受一子官。又以刘光业、王德寿、王处贞、刘景阳、屈贞筠、邱神绩、来子珣、万国俊、周兴、来俊臣、鱼承晔、王景昭、索元礼、傅游艺、王宏义、张知默、裴籍、焦仁亶、侯思止、郭霸、李敬仁、皇甫文备、陈嘉言等二十三人，自垂拱以来任滥杀人，所有官爵并令追夺。唐奉一、李秦授、曹仁哲依前配流。”至开元二年二月一日敕：“周利贞、裴谈、张福贞、张思敬、王承、刘晖、杨允、姜暐、封行珣、张知、卫遂忠、公孙琰、钟思廉等十三人皆为酷吏，比周兴、来俊臣、侯思止等事迹稍轻，并宜放归草泽，终身勿齿。”至十三年三月十一日敕：“周酷吏来子珣等身在者，宜长流岭南，身没，子孙亦不许仕；陈嘉言、鱼承晔、皇甫文备、傅游艺宜配岭南，身没，子孙亦不许仕。”[①]

酷吏害人很多，但毕竟是武则天的走狗打手而已，最终不仅背负千载骂名，也深累子孙。酷吏政治对于武周的建立，当然是有功劳的，但最后武周并不承认，反而认为他们的行为拖累了武周的盛名。唐朝复辟之后，清算酷吏，因为以李唐宗室为核心的受迫害者，不能不有所报复。其实，就朝廷政治的一般规律而言，酷吏政治所杀反对派多是冤枉的，即使对武周建立而言，酷吏的功劳是十分有限的。武周的症结不在反对者，而在武周本身：武则天年事已高，继承人问题确实没有稳妥方案。

---

① 《唐会要》卷四一《酷吏》，上海：上海古籍出版社，1991年，第871页。

虽然武周是短命的，但毕竟也获得了短暂的成功。分析成功的得来，实在是众多的偶然因素促成的。这些偶然因素再没有机会集合于另外一个女性政治家身上，于是女皇故事终成绝唱。

第十六章
武则天时期的祥瑞

第一节　唐朝祥瑞制度

以儒家理论为核心建立起来的国家意识形态，在中国古代始终发挥着重要作用。作为国家的系统价值观，举凡政府政策的是非正误，国家代表人物的举手投足，无不囊括在系统评价之中。国家的核心政策，无不与民众相关，而正确与否，则存在天意评价的层次，祥瑞观念因此出现。《白虎通》说道：

> 天下太平，符瑞所以来至者，以为王者承天统理，调和阴阳，阴阳和，万物序，休气充塞，故符瑞并臻，皆应德而至。德至天，则斗极明，日月光，甘露降。德至地，则嘉禾生，蓂荚起，秬鬯出，太平感。[①]

---

① 《白虎通疏证》卷六《论符瑞之应》，北京：中华书局（新编诸子集成本），1994年，第283页。

祥瑞是天意积极的表达方式，与此相对，则有消极意义的表达方式，那就是“灾变”。《白虎通》说道：“天所以有灾变何？所以谴告人君，觉悟其行，欲令悔过修德，深思虑也。”[①]其实，只有祥瑞和灾变共同组合，才是天意的完整信息。虽然古代政治中，因灾变而激起的政治事件史不绝书，但从制度视角观察，祥瑞才是构成相关制度的主要因素，吉凶之间，人间的偏好还是前者。

在武则天的历史记录中，特别强调她对祥瑞的重视。祥瑞是一种观念，也是一种制度。祥瑞表达的是天意，但相关的制度规定都是针对人间的。考察唐朝的祥瑞之制，对于我们全面理解唐代的天人关系和制度精神，特别是武则天的祥瑞问题，皆有一定帮助。

一、祥瑞分等

祥瑞，是王者之德的体现，然而祥瑞品目众多，无法一视同仁，于是分类分等变得不可避免，至少到了唐代，祥瑞的等级已经法令化。唐朝的祥瑞之制，由《仪制令》做出规定，其文曰：

> 仪制令：诸祥瑞若麟、凤、龟、龙之类，依图书大瑞者，即随表奏。其表唯言瑞物色目及出处，不得苟陈虚饰。告庙颁下后，百官表贺，其诸瑞并申所司，元日以闻。其鸟兽之类，有生获者，放之山野，余送太常。若不可获，及木连理之类，有生即具图书上进。诈为瑞应者，徒二年。若灾祥之类，史官不实对者，黜官三等。[②]

① 《白虎通疏证》卷六《灾变》，第267页。
② 《唐会要》卷二八《祥瑞》上，上海：上海古籍出版社，1991年，第618页。

祥瑞等级的具体区分，《唐六典》有清楚的记载[①]，下文列表以示：

表16-1　《唐六典》祥瑞一览表

大瑞	上瑞	中瑞	下瑞
景星、庆云、黄星真人、河精、麟、凤、鸾、比翼鸟、同心鸟、永乐鸟、富贵、吉利、神龟、龙、驺虞、白泽、神马、龙马、泽马、白马赤髦、白马朱鬃之类，周匝、角瑞、獬豸、比肩兽、六足兽、兹白、腾黄、騊駼、白象、一角兽、天鹿、鳖封、酋耳、豹犬、露犬、玄珪、明珠、玉英、山称万岁、庆山、山车、象车、乌车、根车、金车、朱草、屈轶、蓂荚、平露、萐莆、蒿柱、金牛、玉马、玉猛兽、玉瓮、神鼎、银瓮、丹甑、醴泉、浪井、河水清、江河水五色、海水不扬波之类，皆为大瑞。	三角兽、白狼、赤罴、赤熊，赤狡、赤兔、九尾狐、白狐、玄狐、白鹿、白獐、白兕、玄鹤、赤乌，青乌、三足乌、赤燕、赤雀、比目鱼、甘露、庙生祥木、福草、礼草、萍实、大贝、白玉赤文、紫玉、玉羊、玉龟、玉牟、玉英、玉璜、黄银、金藤、珊瑚钩、骇鸡犀、戴通璧、玉琉璃、鸡趣璧之类，皆为上瑞。	白鸠、白乌、苍乌、白泽、白雉、雉白首、翠鸟、黄鹄、小鸟生大鸟、朱雁、五色雁、白雀、赤狐、黄罴、青燕、玄貉、赤豹、白兔、九真奇兽、充黄出谷、泽谷生白玉、琅玕景、碧石润色、地出珠、陵出黑丹、威绥、延喜、福井、紫脱常生、宾连阔达、善茅、草木长生，如此之类，并为中瑞。	秬秠、嘉禾、芝草、华苹、人参生、竹实满、椒桂合生、木连理、嘉木，戴角麀鹿、驳鹿、神雀、冠雀、黑雉之类为下瑞。

祥瑞分四等，分别为大、上、中、下。这里，大瑞共六十四种，上瑞三十八种，中瑞三十二种，下瑞十四种。祥瑞等级不同，朝廷重视的程度也不同，尤其是大瑞，明显受到特别对待。《仪制

① 《唐六典》卷四“礼部郎中、员外郎”条，北京：中华书局，1991年，第114—115页。

令》规定分明："诸祥瑞若麟、凤、龟、龙之类，依图书大瑞者，即随表奏。"《唐六典》的说法相似，但又有附加内容："若大瑞，随即表奏，文武百僚诣阙奉贺。"[①]大瑞表奏，那么上瑞以下是如何报告呢？《仪制令》规定："其诸瑞并申所司，元日以闻。"《六典》的说法是"其他并年终员外郎具表以闻，有司告庙，百僚诣阙奉贺"。

大瑞与其他等级祥瑞的制度差别因此清晰可见。大瑞的报告，即表奏，是以表的方式直接上奏皇帝的，所以称表奏。表，是唐朝上行文书的一种，是群臣上书通于天子的一种文书形式。在唐朝，臣下的表最初是通过门下省上达皇帝，后来改为通过中书省上达皇帝[②]。而上瑞以下，则不是直接上表给皇帝，而是上报有关部门，即礼部。《仪制令》称作"并申有司，元日以闻"，联系《六典》是年终由礼部员外郎"具表以闻"，那么礼部就应该是《仪制令》所谓的"有司"。

皇帝制度之下，直接上表给皇帝，单独上奏，与最后由礼部员外郎汇总之后表奏，不论是文书的形式上还是官场影响的实质上，都是不可同日而语的。不仅如此，遇到大瑞，表奏之后还有后续节目，即"文武百僚诣阙奉贺"，这显然成就了朝廷的重要事件。既然文武百僚都要诣阙奉贺，那么是谁表奏大瑞，什么地方发现了大瑞，这些都会变成朝廷上尽人皆知的信息。皇帝对于大瑞的利用、大臣对于该事件的看法建议，可能成就朝廷的一件重大事件。而相

---

① 《唐六典》卷四，第115页。

② 参见刘后滨：《隋与唐前期的中书省》，吴宗国主编：《盛唐政治制度研究》，上海：上海辞书出版社，2003年，第153页。

关各方，因此展开的机遇完全可能发生迥然不同的态势。尤其是，对于地方政府而言，发现并上报祥瑞，对于地方长官的考课大有益处，他们在这方面的积极性是没有问题的[①]。

祥瑞分等级，是从什么时候开始的呢？通过《唐六典》的记录，我们可以肯定在开元后期，即《唐六典》修成时，祥瑞确是如此分类的。根据唐太宗的一个诏书，我们至少可以肯定，从贞观之初，祥瑞已经分等对待。《唐会要》记载到：

> 贞观二年九月三日诏："朕每见诸方表奏符瑞，惭惧增深，且安危在于人事，吉凶系于政术。若时主肆虐，嘉贶未能成其美。如治道休明，庶征不能致其恶。以此而言，未为可恃。今以后，麟、凤、龟、龙大瑞之类，依旧表奏，自外诸瑞，宜申所司。其大瑞应奏者，惟录瑞物色目及出见处所，更不得苟陈虚词。"[②]

此诏，《册府元龟》也有记录，其文如下：

> 太宗贞观二年九月，诏曰："自昔帝王，受天明命，其有二仪感德，百灵效祉，莫不君臣动色，歌颂相趋。朕恭膺大宝，情深夕惕，每见表奏符瑞，惭恧增怀。且安危在乎人事，吉凶极于政术，若时主肆虐，嘉贶未能成其美；如治道休明，

① 《旧唐书》卷四四《职官三》提及地方官考课就有"符瑞尤异"一项。北京：中华书局，1975年，第1919页。
② 《唐会要》卷二八《祥瑞》上，上海：上海古籍出版社，1991年，第619页。

咎征不能致其恶。以此而言，未为可请。自今已后，麟凤龟龙，大瑞之类，依旧表奏；自外诸瑞应奏者，唯显瑞物色目及出现处，更不得苟陈虚饰，徒事浮词。”①

《资治通鉴》记此事于九月丁未（四日），诏令的内容大量简化，为“自今大瑞听表闻，自外诸瑞，申所司而已”。胡注：“《仪制令》，凡景星、庆云为大瑞，其名物六十有四；白狼、赤兔为上瑞，其名物三十有八；苍鸟、朱雁为中瑞，其名物三十有二；嘉禾、芝草、木连理为下瑞，其名物十四。”②

由以上诸文献对比分析，现在所知的《仪制令》，一定是贞观二年（628）以后修成的，甚至文字都来源于唐太宗的诏令。根据胡三省的引文，我们可以明白，祥瑞等级的划分，也属于《仪制令》的内容，包括各个等级祥瑞的具体名目。胡三省所统计的唐朝祥瑞名物数量，与今本《唐六典》是吻合的，可以说明有关祥瑞名目及其等级是相对稳定的，至少贞观以来没有发生什么变化。

另外，从诏令原文就有“大瑞之类，依旧表奏”的文字看，祥瑞的分类包括等级，在贞观二年（628）之前就应该存在，否则“依旧”二字无法理解。但贞观二年（628）的改变还是存在的，那就是只有大瑞表奏，其他三类祥瑞不再表奏，改为向有关部门申报了。不仅如此，诏令中对于具体祥瑞上报的内容，也给予了清晰

① 《册府元龟》卷六三《帝王部·发号令第二》，南京：凤凰出版社标点本，2006年，第671页。另《唐大诏令集》卷一一四《政事·祥瑞》也载有此诏，北京：中华书局，2008年，第594页。《册府元龟》与《唐大诏令集》内容文字相差很小，不影响文意。

② 《资治通鉴》卷一九三，北京：中华书局，1957年，第6056页。

的规定，这一点也直接被《仪制令》所吸收。

《贞观政要》记载唐太宗的一段话，与此事有关，其文曰：

> 贞观六年，太宗谓侍臣曰："朕比见众议以祥瑞为美事，频有表贺庆。如朕本心，但使天下太平，家给人足，虽无祥瑞，亦可比德于尧、舜。若百姓不足，夷狄内侵，纵有芝草遍街衢，凤凰巢苑囿，亦何异于桀、纣？尝闻石勒时，有郡吏燃连理木，煮白雉肉吃，岂得称为明主耶？又隋文帝深爱祥瑞，遣秘书监王劭着衣冠在朝堂对考使焚香读《皇隋感瑞经》。旧尝见传说此事，实以为可笑。夫为人君，当须至公理天下，以得万姓之欢心。若尧、舜在上，百姓敬之如天地，爱之如父母，动作兴事，人皆乐之，发号施令，人皆悦之，此是大祥瑞也。自此后诸州所有祥瑞，并不用申奏。"①

此段文字可以补充唐太宗有关祥瑞思想的一些内容。集校作者直接把此文等同于前文的贞观二年（628）九月三日诏书，可能存在一些问题。时间上，或许《贞观政要》的问题比较大，毕竟两者的内容关联性极强，所以此话应该在贞观二年（628）九月前所言。这是谈话，并不是诏书。后来，唐太宗的谈话要落实到制度上，才会有九月三日的诏书以及后来的《仪制令》。在这个谈话中，唐太宗说"自此后诸州所有祥瑞，并不用申奏"，几乎等于否定了祥瑞制度。但是，在后来的诏书中，这一条进行了修改，依然

① 《贞观政要集校》，吴兢撰、谢宝成集校，北京：中华书局，2003年，第521页。

允许大瑞表奏，其他祥瑞申报，这说明太宗妥协了。

从太宗谈话到《仪制令》，我们看到了唐初祥瑞之制的改进，而太宗的思想在这个过程中，发挥了关键作用。

二、祥瑞上报、确认和表贺

《仪制令》中规定了上报的文字书写，“其表唯言瑞物色目及出处，不得苟陈虚饰”。从上文所知，这条规定也来自唐太宗的诏令。然而，表奏的规定是地方政府向皇帝奏报的规定，而祥瑞的具体发现过程应该在此之前发生。对此，敦煌文献《沙州都督府图经》提供了一些证据。

在沙州刺史李无亏主持或参与的《沙州都督府图经》中，书写了符瑞内容，在全部四条符瑞中，都引用了李无亏的表奏内容。不仅如此，在“日扬光 庆云”“蒲昌海五色”和“白狼”条中，《图经》还引用了发现者的状文[①]。祥瑞的最初发现人很难直接向朝廷报告，所以他们自然先向地方当局报告。这种类型的报告在其他文献中也难得一见，因为这才是第一个报告，而这个报告必然会成为地方当局向朝廷报告的根据，包括祥瑞发现时的具体情形、证人，等等，都来自这个最初的报告。《沙州图经》记录下的四件祥瑞，三件都提及了最初的报告，而这一点在考虑祥瑞制度时是很难注意

① 唐耕耦编：《敦煌社会经济文献真迹释录》，北京：书目文献出版社，1986年，第38页。敦煌所出《沙州图经残卷》，或称《沙州都督府图经残卷》，现在有多个藏号，即有S.2593V、P.2005、P.2695、 P.5034，而后面的三个号，内容保存比较多。最全的是P.2005。曹丽萍：《敦煌文献中的唐五代祥瑞研究》，2011年，兰州大学硕士论文，其中第二章对《沙州都督府图经》中的祥瑞有所论证，可参考。

到的，因为《仪制令》并没有提及这个最初的报告问题。

然后才是地方政府向朝廷的表奏。作为沙州刺史的李无亏，因为他的墓志被发现，所以研究他在沙州的活动资料比较丰富[①]。在《沙州图经》中，每个祥瑞记录时都提及沙州刺史李无亏的“表奏”或者“表”，其中最后一件“白狼”，是上瑞而不是大瑞，难道李无亏也使用表奏的方式向朝廷报告吗？这个问题需要切实研究，否则《仪制令》的条文就变得难以理解。

根据《唐会要》的记载，唐玄宗开元十三年（725）曾经下令天下诸州，“不得更奏祥瑞”，其文曰：

> 开元十三年九月十三日，潞州献《瑞应图》，上谓宰臣曰：“朕在潞州，但靖以恭职，不记此事。今既固请编录，卿唤取藩邸旧僚，问其实事，然后修图。”上又谓宰臣曰：“往昔史官，惟记灾异，将令王者惧而修德。故《春秋》不书祥瑞，惟记有年，圣人之意明矣。”遂敕天下诸州，不得更奏祥瑞。至大历十四年闰五月十四日，泽州进《庆云图》，制曰：“朕以时和年丰为嘉祥，以进贤遂忠为良瑞，如庆云、灵草、异木，自今已后并不须进，诸道亦宜准此。”[②]

但是，搜索各种文献，开元十三年（725）以后，唐玄宗朝廷收到的祥瑞并不少。《册府元龟》记载玄宗此后的祥瑞甚多，无

① 王团战：《大周沙州刺史李无亏墓及征集到的三方唐代墓志》，《考古与文物》2004年第1期，第20—26页。

② 《唐会要》卷二八《祥瑞》上，第621—622页。

年无之，开元二十二年（734）十月，当年的祥瑞已经多达二十一件，感动得宰相萧嵩不得不率领百官前来庆贺[①]。这样的例证太多，不可能是例外，唯一的可能便是玄宗的命令“不得更奏祥瑞”不是有祥瑞不向朝廷申报的含义，而是不许直接表奏皇帝而已。那么，地方发现祥瑞应如何申报呢？李无亏的实例是一个证据，如上文所引“白狼”条，表奏之文，依然是用第二人称来称呼皇帝，如“陛下开天统，殊徽号……”但因为白狼属于上瑞而不是大瑞，所以这个表奏只能上达礼部而已。

与此相似的一个例证，是唐玄宗时期洪州刺史张九龄的一篇奏表，该表也能证明上文提及的开元十三年（725）玄宗的“不得更奏祥瑞”限制的仅仅是上奏的形式。

张九龄《洪州进白鹿表》：

臣闻：圣法天，则至理调于元气；天表圣，则嘉瑞托乎群生。将以幽赞王泽，觉悟生灵，知至德之所感，如虚响之必应。伏惟开元神武皇帝陛下，道乎神化，体合干行。品物所资，太和罔不叶。图谍所载，殊祥罔不臻。故郡国上言，日月相继。臣所部豫章县，某月某日，获白鹿一。休气所集，灵质自呈，欲效符祉，易为驯狎。臣谨按《瑞应图》云：“王者明惠及下，则白鹿见。”又按《孝经援神契》云：“王者德至鸟兽，则白鹿见。”盖鹿者，仙寿之物，实为祯祥之表，虽时和岁稔，固不假于羽毛。而天意人事，诚欲伸于耳目。臣不胜感

① 《册府元龟》卷二四《帝王部·符瑞第三》，南京：凤凰出版社，2007年，第243页。

庆之至！谨诣某所，奉瑞鹿表进以闻。臣诚欢诚喜，顿首顿首，死罪死罪！谨言。①

张九龄此表，一方面给出了祥瑞表奏的一般情况，对照敦煌李无亏的例证，可以得知通常的祥瑞奏表大略如此。另一方面，张九龄代表洪州所奏祥瑞“白鹿”与李无亏所奏“白狼”一样，都是上瑞而非大瑞，但张九龄使用的是典型的表奏。由此，我们可以理解《仪制令》的规定“其诸瑞并申所司”，但是具体形式却不是一般的牒，而是表，甚至依然以皇帝为对象。

上奏完成，朝廷还有一个认定的程序，《仪制令》规定“诈为瑞应者，徒二年”。《唐律》的规定与此相同“诸诈为瑞应者，徒二年。若灾祥之类，而史官不以实对者，加二等”。疏议还专门进行了解释：“‘瑞应’条流，具在礼部之式，有大瑞，有上、中、下瑞。今云‘诈为瑞应’，即明不限大小，但诈为者，即徒二年。若诈言麟凤龟龙，无可案验者，从‘上书诈不以实’，亦徒二年。”②

看来，上奏祥瑞，很容易陷入不实的窘境。根据《唐会要》的记载，唐高宗就曾发出过祥瑞虚实难明的感叹，其文曰：

显庆四年八月二十五日，司勋员外郎源行守家毛桃树生李桃，太子詹事李宽等上表陈贺。上谓侍臣曰：“凡厥休祥，

---

① 《张九龄集校注》卷一三，北京：中华书局，2008年，第708—710页。引用何格恩《张九龄诗文事迹系年考》，为开元十八年（730）事。根据的是《南昌府志》卷六五《祥异》所载。顾建国《张九龄年谱》也持此论，北京：中国社会科学出版社，2005年，第164页。

② 《唐律疏议》卷二五，刘俊文点校，北京：中华书局，1983年，第469页。

虽云美事，若其不实，取笑后人。朕尝见先朝说隋炀帝好闻祥瑞，尝有野雀集于殿上，校尉唱云：'此是鸾鸟。'有卫士报云：'村野之中，大有此物。'校尉乃笞卫士，仍奏为鸾。炀帝不究真虚，即以为瑞，仍名此殿为仪鸾，嗤笑至今未弭。人之举措，安可不思。今李宽等所言，得无类此。凡祥瑞之体，理须明白，或龙飞在泉，众人同见，云色雕绮，观者非一。如此之辈，始号嘉祥。自余虚实难明，不足信者。岂得妄想牵率，称贺阙前。"[①]

大约正因为如此，上奏表文，"其表唯言瑞物色目及出处，不得苟陈虚饰"。要对祥瑞给予客观描述，反对不必要的夸张书写。同时，我们在《沙州都督府图经》中看到，祥瑞报告者会强调"合州官人、百姓并往看""见在官人、百姓等同见"等内容，其实这是在自我证明，所言祥瑞有多人证明，并非虚言。

武则天时期，祥瑞报告纷纷然，其实也应该存在相应的确认程序。《资治通鉴》记载长寿元年（692）的一个祥瑞事件，可以反映这一情形。其文曰：

襄州人胡庆以丹漆书龟腹曰："天子万万年。"诣阙献之。昭德以刀刮尽，奏请付法。太后曰："此心亦无恶。"命释之。[②]

① 《唐会要》卷二八《祥瑞》，第620—621页。
② 《资治通鉴》卷二〇五，北京：中华书局，1957年，第6484页。

胡庆的所为，正是伪造祥瑞，他在龟腹上涂漆并书写“天子万万年”的吉祥话，希望获得朝廷的确认，捞取好处。李昭德看穿了胡庆的把戏，用刀把漆刮尽，证明祥瑞是胡庆诈为而成，根据法律，正可以治罪。龟在祥瑞中，有大瑞曰神龟，有上瑞曰玉龟，看来胡庆所为，是希望他的涂漆写字的龟被确认为神龟。李昭德是宰相，具体职务是凤阁侍郎（中书侍郎）同平章事，他的所为应该就是确认祥瑞。本来胡庆应该判处两年徒刑的，但因为武则天愿意从积极方面看待此事，最后胡庆没有受到任何处分，释放了事。

只有得到朝廷确认之后，祥瑞才算正式成立。那么，朝廷的确认是以什么方式进行的呢？文献也留下一些证据。根据《沙州都督府图经》的记录，在唐高宗弘道元年（683）敦煌发现了黄龙，“唐弘道元年腊月为高宗大帝行道，其夜崇教寺僧徒都集及直官等，同见空中一黄龙，见可长三丈以上，髯须光丽，头目精明，首向北斗，尾垂南下，当即表奏。制为上瑞”[①]。最后一句，即是朝廷的确认方式，正式下发一件制书，并明确为“上瑞”。其实，黄龙不在上瑞名单中，龙已经是大瑞，不知道为什么如此确认。看来，《仪制令》的规定是个参考系统，最终祥瑞等级还是要由皇帝的王言来确定。

对于祥瑞的认定，朝廷的认真程度显然不是十分严格的。贞观时期，凉州都督李袭誉表奏昌松瑞石，“敕遣礼部郎中柳逞驰驿检覆，并同所奏”[②]。《册府元龟》记录了这件事，为贞观十七年

① 敦煌文书p.2005。唐耕耦编：《敦煌社会经济文献真迹释录》，北京：书目文献出版社，1986年，第19—20页。

② 《全唐文》卷一五五，上官仪：《为朝臣贺凉州瑞石表》，上海：上海古籍出版社。

（643）八月事[①]。研究此类制度性问题的文章不多，但还有人探索过[②]。

确认祥瑞，有时候会导致朝廷意见不一，因为大臣的观点与立场不可能天然一致。武则天长安元年（701）三月，《资治通鉴》记录下这个故事：

> 是月，大雪，苏味道以为瑞，帅百官入贺。殿中侍御史王求礼止之曰："三月雪为瑞雪，腊月雷为瑞雷乎？"味道不从。既入，求礼独不贺，进言曰："今阳和布气，草木发荣，而寒雪为灾，岂得诬以为瑞！贺者皆谄谀之士也。"太后为之罢朝。[③]

王求礼与宰相苏味道的分歧很明显，他不认为三月雪为瑞雪，即承认是祥瑞，理据是时令不适合，本应该春暖的时候却下起了雪。最后，王求礼的观点获得了武则天的支持，"为之罢朝"。苏味道恐怕有报喜不报忧的嫌疑，如果正符合武则天的心意，那么宰相脸上也有光彩。没有想到，遇到一个固执的王求礼，让宰相陷入难堪之局。

祥瑞，尤其是大瑞，在得到朝廷确认之后，才有进一步的行动，即百官表贺。《仪制令》的具体规定是大瑞"告庙颁下后，百

---

① 《册府元龟》卷二四《帝王部·符瑞第三》，南京：凤凰出版社，2007年，第239页。

② 刘海波：《唐代祥瑞研究》第二章《唐代与祥瑞有关的事物管理体系》，对于朝廷确认环节的研究值得参考。中央民族大学，2012年，硕士论文。

③ 《资治通鉴》卷二〇七，长安元年（701）三月，第6554页。

官表贺”。大瑞确认之后，还有一个“告庙”的程序，然后才是“颁下”，那么上文沙州的黄龙被确定为上瑞，可能就不需要告庙了。颁下的应该就是确认祥瑞的制书。《唐六典》没有提及大瑞告庙这个环节，“若大瑞，随即表奏，文武百僚诣阙奉贺。其他并年终员外郎具表以闻，有司告庙，百僚诣阙奉贺”。似乎告庙的只有其他等级的祥瑞，时间是年终。告庙，即告太庙，是向皇帝祖宗报告的仪式。既然其他等级稍低的祥瑞都会在年终告庙，那么大瑞确认之后即告庙似乎于礼更通。对此，《开元礼》的记载有助于理解：“凡祥瑞依图书合大瑞者，随时表奏，百官诣阙上表奉贺，告庙颁下。自外诸瑞，并申所司，元日以闻。”[①]《唐六典》未记录，但《仪制令》与《开元礼》有差异，前者是告庙之后百官表贺，而后者是表贺之后告庙颁下。

看来这需要实例来说明。在大瑞的名单中，有“庆山”一目。武则天统治时期，雍州就报告有“庆山”祥瑞出现。《资治通鉴》记录到：

> （垂拱二年九月）己巳，雍州言新丰县东南有山踊出，改新丰为庆山县。四方毕贺。江陵人俞文俊上书：“天气不和而寒暑并，人气不和而疣赘生，地气不和而堆阜出。今陛下以女主处阳位，反易刚柔，故地气塞隔而山变为灾。陛下谓之‘庆山’，臣以为非庆也。臣愚以为宜侧身修德以答天谴；不然，

① 《大唐开元礼》卷第三《杂制》，北京：民族出版社，2000年，第10页。《通典》所记，与《开元礼》无一字之差。中华书局标点本，1988年，第2810页。《通典》此数据来自《开元礼》，所以如此。

殃祸至矣！”太后怒，流于岭外，后为六道使所杀。[①]

雍州新丰县出现的山体变化——“踊出”，是否是“庆山”，显然存在争议。武则天的朝廷认定这正是庆山大瑞，大肆庆祝，并且改新丰为庆山，而俞文俊上书反对，认为不是祥瑞而是灾变，结果受到流放处分。

如何确切地理解“庆山”不是本文关心的问题，本文的核心问题是如何理解围绕祥瑞的制度。《全唐文》载有崔融《为泾州李使君贺庆山表》，正与俞文俊所言同一件事，对于我们分析制度流程大有帮助。其文如下：

> 臣某等言，某日奉某月诏书，新丰县有庆山出，曲赦县囚徒，改新丰为庆山县，赐天下酺三日。凡在含生，孰不庆幸……群生幸甚，不任悚踊之至。谨遣某官奉表以闻。[②]

庆山祥瑞事件，先是雍州表奏，然后朝廷确认，并下达诏书，规定种种庆贺方式，并改新丰县为庆山县。江陵人俞文俊获得庆山的消息，显然也是因为朝廷的诏书。同一诏书，泾州刺史立刻让崔融书写贺表，而俞文俊则是反对朝廷的做法。那么，从制度流程上看，针对祥瑞，地方的贺表是在得到朝廷的诏书之后才会上表奏贺。这样看的话，《仪制令》的写法正确。

---

① 《资治通鉴》卷二〇三，垂拱二年（686）九月，第6442页。《旧唐书》卷三七《五行志》记此事为光宅元年（684），应从《通鉴》。

② 《全唐文》卷二一八，上海：上海古籍出版社，1990年，第973—974页。

不过，同是崔融写的贺表，也有在诏书颁下之前写就的。崔融的《代皇太子贺白龙见表》写于唐高宗时期，文中有天皇、天后之称，其文曰："臣某言，伏见某官等奏称，某月日玉山宫西南王谷上有白龙见。臣闻天地和平，圣人所以乘九五，帝王符命……"[①]还没有等到朝廷的诏书颁下，代表太子的崔融的贺表就写出来了，根据是"某官等奏称"。东宫一定有正式的渠道获知有官员表奏祥瑞，然后才会有这样的反应。这种状况并非孤立证据，在崔融的文集中，多有这种为太子书写贺表的文章，多位于这个环节之中，所以这一定是一个常规性的制度。那么,《开元礼》所记的表贺之后告庙颁下，其实也没有错。通常情况下，祥瑞造伪有一定的危险，所以表奏多被确认，因此闻风而动的贺表也就很正常了，这不仅不违反制度规定，而且显示了良好的政治积极性。

三、祥瑞的养护和入史

祥瑞的种类繁多，发现之后要如何处理呢?《仪制令》的规定是:"其鸟兽之类，有生获者，放之山野，余送太常。若不可获，及木连理之类，有生即具图书上进。"如此，从具体的形态分类，祥瑞不过两种，可捕捉的送样品给朝廷，不能捕捉的画图上报。麦子一茎多穗，作为嘉禾这是可以呈送样品的，但是树木连理生长，无法把树连根拔起，只好画图进上。庆云、神龙之类，也只能号称多人共见，然后画图进呈了。

可以捕捉到的禽兽类，看来并不是尽数供上，仅仅把样品送给

---

① 《全唐文》卷二一七，第970页。

太常寺，其余的放归山野即可。但是，令文把“生获”与“余”对称，含义值得琢磨。如果所有生获的祥瑞都放之山野，就不存在活的样品，所以余下的只能是丧失生命的样品了。太常寺有专门的天府院，“藏瑞应及伐国所获之宝，禘祫则陈之于庙廷”[①]。天府院的这个功能，收藏无生命的物品没有问题，那么禽兽类的祥瑞，除了图画之外，也应该有一个放养处。太常寺有廪牺署，负责重大祭祀的牺牲事宜，而用于牺牲的，养护十分小心：“凡祭祀之牺牲不得捶扑伤损，死则埋之，病则易之。”[②]牺牲需要养护，这与活的祥瑞有很多一致性。如果由这个部门负责祥瑞的养护安置，比较顺理成章。

祥瑞资料的保存，即由太常寺的天府院负责，一是供元日奏祥瑞使用，二是供告庙之用。《唐会要》记录唐高宗时期的一次活动，高宗让礼官求证故实，即奏祥瑞和告庙的根据，其文为：

> 仪凤二年二月二十九日，太常以仲春告祥瑞于太庙，上令礼官征求故实。太常博士贾大隐对曰：“古者祭以首时，荐用仲月，近代相承，元日奏祥瑞，二月然后告太庙，盖缘告必有荐，便于礼也。又检贞观已来，敕令无文，礼司因循，不知所起。”上令依旧行焉。[③]

看来这个行之已久的制度，并没有什么法理根据，仅仅因为

---

① 《唐六典》卷一四，北京：中华书局，1992年，第395页。

② 《唐六典》卷一四，北京：中华书局，第414页。

③ 《唐会要》卷一七《原庙裁制》上，第414页。

实施已久。高宗虽然初令调查，最后并无改变，不过是依旧进行而已。

元日奏祥瑞的记载有很多,《大唐开元礼》对于礼仪的记载最详细:

> 初群官将朝，中书侍郎以诸州镇表别为一案，俟于右延明门外，给事中以祥瑞案俟于左延明门外，俱令史绛公服对举案。侍郎、给事中俱就侍臣班。于客使初入，户部以诸州贡物陈于太极门东西厢；礼部以诸蕃贡物量可执者蕃客手执入就内位，其重大者陈于朝堂前。初上公将入门，中书侍郎降，引表案入诣西阶下，东面立；给事中降，引祥瑞案入诣东阶下，西面立。上公将升贺，中书令、黄门侍郎俱降，各立阶下。初上公升阶，中书令、黄门侍郎各取所奏之文以次升。上公贺讫，中书令前跪奏诸方表讫，黄门侍郎又进跪奏祥瑞讫，俱降，置所奏之文于案，各还侍位。侍郎与给事中引案退至东西阶前，案遂出，侍郎、给事中还侍位。[①]

这个礼仪与奏祥瑞有关的部分，最重要的有两点，一是由给事中准备好“祥瑞案”，然后由令史“对举”祥瑞案，然后给事中引领祥瑞案到东阶下西面而立，最后由黄门侍郎“跪奏祥瑞”，最后再引领祥瑞案退出。关键是“祥瑞案”应该如何理解。案，应是几案之类的工具，上面放置祥瑞。各地上报祥瑞的基本方式是图与

---

① 《大唐开元礼》卷九七，北京：民族出版社，第453—454页。

书，即祥瑞的图形和表奏文字，那么祥瑞案之上应该正是这样的文书图册。《唐六典》记载说“其他并年终员外郎具表以闻”，那么《大唐开元礼》中黄门侍郎所奏的祥瑞报告，应该就是礼部员外郎撰写的。

祥瑞告庙，应该也是这样的一套程序。元日是把祥瑞呈现给皇帝，那么告庙就是把祥瑞呈给列祖列宗。告庙于太庙，高宗仪凤二年（677）曾经调查过一次，不仅没有找到经典根据，而且最后也依旧进行，可见新的传统已经形成。这个传统，对后来的皇帝依然有约束力。

大历十四年（779）十二月三十日，皇帝命令“元日门下侍郎奏祥瑞，宜停”①。德宗上台有一系列振作时局举措，此年五月即位，当月就有“诏禁天下不得贡珍禽异兽”②，这与后来的停止奏祥瑞之举应该有呼应关系。所以，《唐会要》记载的下面文字，应与上文有关：

> 贞元八年（792）正月，鄂州观察使何士干献白鹿。上曰：“朕初即位，即止祥瑞。士干致白鹿，其谓我何？还之，彼当惭惧。留之，远近复献。竟不视，遂放于苑中焉。”③

① 《唐会要》卷二四《受朝贺》，第534页。《旧唐书·德宗纪》上的记载是：“十二月……丙寅晦，日有蚀之。诏元日朝会不得奏祥瑞事。”北京：中华书局，第324页。

② 《旧唐书》卷一二《德宗纪》上，第320页。

③ 《唐会要》卷二八《祥瑞》上，第623页。此处提及的苑中，似乎应该属于太仆寺，但是太仆寺的“沙苑监”开元二十三年（735）省，而未省之前的沙苑监负责养护牛羊，以供朝廷官府之需，其中就有“祭祀”一项。参见《唐六典》卷一七，第488页。

但是，核查《册府元龟》的符瑞门，贞元八年（785）之前，并非没有祥瑞，德宗为何对何士干献白鹿如此有意见呢？在德宗时代，似乎能否允许进献祥瑞，也是要看皇帝的态度的，原来的制度规定让位于皇帝的立场和政策。

顺宗在位时间太短，但也留下了相关政策，有记录如下：

> 永贞元年（805）八月，皇帝诏曰："朕以所宝为贤，至如嘉禾神芝、奇禽异兽，盖虚美也。所以光武形于诏令，《春秋》不书祥瑞。但准令式，申报有司，不得辄有闻献。珍禽奇兽，亦宜停进。"①

不过，顺宗的愿望在元和二年（807）以制度执行的名义被否决了，唐朝的祥瑞问题再回从前，政策的改革终于回归原有的制度。《唐会要》记录下这个回归，其文如下：

> 元和二年八月，中书门下奏："诸道草木祥瑞，及珍禽异兽等，准永贞元年八月敕，自今以后，宜并停进者。伏以贡献祥瑞，皆缘腊飨告庙，及元会奏闻，若例停奏进，即恐阙于盛礼。"准《仪制令》："其大瑞即随表奏闻，中瑞、下瑞，申报有司，元日闻奏。自今以后，望准令式。从之。"②

在唐代有关祥瑞的文献记载中，大臣们对于某项祥瑞的发现，

---

① 《唐会要》卷二八《祥瑞》下，第625页。
② 《唐会要》卷二八《祥瑞》下，第625页。

常常故作惊人之语，有人会郑重其事地向皇帝建议，请允许把这个盛事“宣付史官”或者“望编国史”，而皇帝通常也都是慷慨应允。其实，唐朝有严密的史馆制度，而定期地把祥瑞故事录送史馆是制度规定的内容。史馆有“诸司应送史馆事例”条款，其中第一项便是祥瑞问题：“祥瑞，礼部每季具录送。……已上事，并依本条，所由有即勘报史馆，修入国史。如史官访知事由，堪入史者，虽不与前件色同，亦任直牒索，承牒之处，即依状勘，并限一月内报。”①

所有历史文献大约都可以表达研究者的这个普遍看法，历代祥瑞观念和相关制度，都是当时统治者自我合法化的努力。因为祥瑞观念与当时的意识形态系统也存在内在的联系性，任何单一的判断和研究方向也都存在问题。祥瑞之制，尤其是祥瑞数据系统进入史馆，成为未来国史修撰中的重要资料，就此而言，更有力地说明了祥瑞的历史学价值。如果说，政治合法性体现的是当代性话题，那么进入史馆的祥瑞，是在努力影响未来。尽管祥瑞在未来的证明力难以判断，但是力图影响历史的努力毕竟证明了一定的历史观，重视未来的历史地位，至少不能说是政治短见的表现。

《酉阳杂俎》记载了这样一个故事，贬低武则天的意图十分明显，其文如下：

> 予数见还往说，天后时，有献三足乌，左右或言一足伪耳。天后笑曰：“但史册书之，安用察其真伪乎？”《唐书》

① 《唐会要》卷六三《史馆》上，第1285—1286页。

云："天授元年，有进三足乌，天后以为周室嘉瑞。睿宗云：'乌前足伪。'天后不悦。须臾，一足坠地。"①

武则天为了欺瞒后人，不惜用假祥瑞当作工具，她所说的含义很蛮横，祥瑞的真假并不重要，重要的是史书的记录。事实上，即使不以贬损武则天为意，那么武则天所说，不幸正是历史上最真实的一面。只不过，武则天的武周时间短暂，很快受到唐朝的追究，武则天的很多祥瑞故事于是变为武则天演出失败的证据，而历史上的绝大多数祥瑞的境遇，都未曾如此，于是至今闲卧在历史文献之中，安然无恙。

如果，对待那些没有政治顽疾的皇帝，用祥瑞来表达鼓励，是否也是一种向善的举动呢？这已经越过了本文的祥瑞之制界限。不过，用祥瑞之念表达祝福，即使今天，也不失为一个恰当做法。

第二节　武则天时期的祥瑞

武则天称帝过程中，积极为自己的政治目标制造舆论，神化自己也神话武周。陈寅恪先生以来，学者对于武则天利用佛教为自己造势已经多有研究，让我们对于武周政治有了很重要的了解。传世史书给我们留下许多记载，证明武则天很重视祥瑞、祯祥这类事情，但同时又露出很多伪造的马脚，反而证明武则天的极端政治实用主义倾向，对于传统悠久的祥瑞十分不尊重。进一步观察，所有

① 段成式著：《酉阳杂俎》续集四，方南生点校，北京：中华书局，1981年，第239页。

揭露武则天伪造神迹的文字，都是在后武则天时代形成的，而那个时代正是全力批判武则天的思潮在发挥主导作用，所以我们看到的武则天及其祥瑞的故事都是否定性的，其实并不是武则天时代的真相。幸而敦煌保留下来的《沙州图经》是武则天时代的产物，尤其是“祥瑞”的廿条中，有四条属于武周时期，是没有被后来的批判历史遮蔽的，让我们今天得以回到武则天时代的情境中，研究探讨事情的基本过程。

一、关于武则天“好祥瑞”

武则天称帝，主要是最高政治权力获得与运用的过程。其中，充分利用意识形态的功能，强化舆论宣传作用，也是获得、巩固政治权力的重要组成部分。不管是强扭天意附会自设的政治目标，还是引导舆论为自己的政治服务，武则天的所作所为本质上都是历史的一部分。“好祥瑞”，就是武则天遗留下来的重要时代特征。

武则天好祥瑞，《资治通鉴》有多处记载，而夹叙夹议的记载方式，又把相关事实记录在案。光宅元年（684），《通鉴》记载道：

> 及太后称制，四方争言符瑞；嵩阳令樊文献瑞石，太后命于朝堂示百官，元常奏：“状涉谄诈，不可诬罔天下。”太后不悦，出为陇州刺史。[①]

① 《资治通鉴》卷二〇三，武则天光宅元年，北京：中华书局，1956年，第6421页。

长寿元年（692），《通鉴》再次记载道：

> 太后好祥瑞，有献白石赤文者，执政诘其异，对曰："以其赤心。"昭德怒曰："此石赤心，他石尽反邪？"左右皆笑。①

同一年，又一件与祥瑞相关的事件发生，由此更可以看到武则天对于进献祥瑞的人士多能理解，认为他们动机良善，《通鉴》的记载文字如下：

> 襄州人胡庆以丹漆书龟腹曰："天子万万年。"诣阙献之。昭德以刀刮尽，奏请付法。太后曰："此心亦无恶。"命释之。②

现有的文献记载中，武则天因为好祥瑞，结果常常祥瑞与灾异不分，误把灾异当成祥瑞，不仅仅人为地制造了闹剧，而且成了典型的政治笑话。长安元年（701）三月，关于一场大雪是否是祥瑞的问题，朝臣之间发生认知分歧，结果是不欢而散。《通鉴》的记载文字如下：

> 是月，大雪，苏味道以为瑞，帅百官入贺。殿中侍御史王求礼止之曰："三月雪为瑞雪，腊月雷为瑞雷乎？"味道不

---

① 《资治通鉴》卷二〇五，长寿元年，第6484页。
② 《资治通鉴》卷二〇五，长寿元年，第6484页。

从。既入，求礼独不贺，进言曰："今阳和布气，草木发荣，而寒雪为灾，岂得诬以为瑞！贺者皆谄谀之士也。"太后为之罢朝。①

同月，另一个祥瑞案件发生，依然是认知分歧，还是王求礼不同意宰相的判断，这让武则天不免伤心。《通鉴》的记载如下：

时又有献三足牛者，宰相复贺。求礼扬言曰："凡物反常皆为妖。此鼎足非其人，政教不行之象也。"太后为之愀然。②

武则天好祥瑞，更有甚者是涉嫌造假。《酉阳杂俎》有这样的记录：

予数见还往说，天后时，有献三足乌，左右或言一足伪耳。天后笑曰："但史册书之，安用察其真伪乎？"《唐书》云："天授元年，有进三足乌，天后以为周室嘉瑞。睿宗云：'乌前足伪。'天后不悦。须臾，一足坠地。"③

关于睿宗说出三足鸟真相的事，《册府元龟》也有同样的记载：

---

① 《资治通鉴》卷二〇七，长安元年三月，第6554—6555页。

② 《资治通鉴》卷二〇七，长安元年三月，第6555页。《新唐书·五行二》的记载与此相关："长安中，有献牛无前膊，三足而行者。又有牛膊上生数足，蹄甲皆具者。武太后从姊之子司农卿宗晋卿家牛生三角。"（《新唐书》，第905页）

③ 《酉阳杂俎》续集四，北京：中华书局，1981年，第239页。有关《唐书》的此条文字，可以确认是唐代的确实记载，参见吴玉贵：《唐书辑校》下，北京：中华书局，2008年，第1157—1158页。

“睿宗为皇太子，有进三足乌者，天后以为周室嘉应，太子曰：‘乌前足伪也。’天后不悦，须臾而一足堕地，果如其言。”①

以上这些传世文献的记载，把武则天“好祥瑞”的形象揭示得入木三分，武则天利用祥瑞为自己政治服务的态度、手段一一展示开来，武则天的可憎面目从而得到充分呈现。

但是，武则天是一个成功实现自己政治目标的政治家，从而造就了中国历史上唯一的女皇。有很多证据可以表明，武则天在通往自己的女皇之路上，虽然也经常利用非常手段，但是如上文所列，这样地利用祥瑞，不仅露骨而且不无愚蠢，这些文献的记载，是武则天当政时期祥瑞现象的真实反映吗？

唐高宗显庆四年（659），有臣下妄报祥瑞，遭到唐高宗的批评。武则天当时已经是皇后，此事或有所闻。《唐会要》的记载为：

> 显庆四年八月二十五日，司勋员外郎源行守家毛桃树生李桃，太子詹事李宽等上表陈贺。上谓侍臣曰：“凡厥休祥，虽云美事，若其不实，取笑后人。朕尝见先朝说隋炀帝好闻祥瑞，尝有野雀集于殿上，校尉唱云：‘此是鸾鸟。’有卫士报云：‘村野之中，大有此物。’校尉乃笞卫士，仍奏为鸾。炀帝不究真虚，即以为瑞，仍名此殿为仪鸾。嗤笑至今未弭。人之举措，安可不思。今李宽等所言，得无类此。凡祥瑞之体，理须明白，或龙飞在泉，众人同见，云色雕绮，观者非一。如

① 《册府元龟》卷四六《帝王部·智识》，南京：凤凰出版社，2007年，第500页。

此之辈，始号嘉祥。自余虚实难明，不足信者，岂得妄想牵率，称贺阙前。”①

利用祥瑞为自己的政治目标进行宣传，制造舆论，动机和效果就当时的社会而言，是不可否认的现实存在，但是过于露骨会适得其反。唐高宗所谓“若其不实，取笑后人”的道理，难道武则天会浑然不觉？

现在所见的传世文献，特别是以《资治通鉴》为代表的史学著作，无不是后武则天时代的产物，武则天时代的历史，已经遭到彻底否定。那么有关武则天时期的祥瑞记载，不仅关涉到武周的历史定位，也关涉到武周历史的书写。从否定武周合法性、合理性，到否定武周的历史事实，如此思想和写作后来都不缺乏，而把武则天的祥瑞问题写成闹剧，也是否定武周的一种春秋笔法。所以，我们在面对这些传世文献的时候，不仅应该了解书写的事实，也应该了解他们的书写方式，因为书写方式贯彻的是他们的立场。只有如此体认，我们的研究才有可能接近历史真相。

就武则天时期的祥瑞问题而言，首先的任务是先回到第一现场，即武则天控制中国的那个时代，祥瑞究竟是怎样的一种事物。

二、祥瑞与造神

帝王天命的神圣性，是一个否定不彻底的观念，革命时期往往是“王侯将相宁有种乎”的否定意见占据上风，而新的政治秩序一

① 《唐会要》卷二十八《祥瑞》上，上海：上海古籍出版社，1991年，第620—621页。

旦树立成功，肯定天命论往往成为主流。武则天篡唐，因为没有一个军事斗争的阶段（武装革命），从而无法否定天命，最需要证实的是天命的改变而已。证明了武则天拥有天命，自然就完成了全部论证，因为天命唯一论是天命论的自明理据。

事实上，武则天的政治提升过程遇到的反抗力量很有限。扬州事变很不成功，不仅因为李敬业有称帝企图，也因为李敬业起事完全没有获得社会支持，甚至他的叔叔都拒绝参与。李唐皇室成员的反抗理据最充足，但是他们的表现确实太差，导致垂拱四年（688）的军事行动如同儿戏般失败。不管是李敬业起兵还是琅琊王李冲起兵，都没有表现出正义性来，以至于一般民众都认为是反叛而不是起义。这从军事力量对比上或许可以获得部分原因，这就是陈寅恪先生早就论证过的关中本位政策在府兵制度下的表现，即所谓“举天下不敌关中”的实力分布状况[①]。既然不是通过军事斗争实现的改朝换代，官场生态就成为很关键的因素。在强大的中央集权体制之下，个人的政治选择其实十分有限，为了安全而从众，是普遍性的趋势。而一旦进入官场，升官与人生成功的形影关系，也会诱使更多的人走上趋炎附势的道路，毕竟绝大多数人都是识时务者。

所以，当武则天的朝廷致力于制造武则天的神迹的时候，一方面充分利用人们的天人感应信念，一方面利用官场的安全自保心理。真实的情况永远是祥瑞与怪异并存，不管经典和传统理论的规定如何清晰，在面对具体对象的时候，困惑依然不可避免，如此，

---

① 陈寅恪：《唐代政治史述论稿》之《唐代革命及党派分野》，上海：上海古籍出版社，1982年，第50—51页。

政治觉悟才是关键，才能够让祥瑞的故事及其主旨继续进行下去。武则天对官员的祥瑞发现的奖励是很明显的，这样的官员会树立起一个政治榜样，让更多的后来人踊跃学习。这方面，朱前疑就是一个代表性的符号。神功元年（697），《资治通鉴》如此记录下朱前疑的故事：

> 先是，有朱前疑者，上书云："臣梦陛下寿满八百。"即拜拾遗。又自言"梦陛下发白再玄，齿落更生"。迁驾部郎中。出使还，上书云："闻嵩山呼万岁。"赐以绯算袋，时未五品，于绿衫上佩之。会发兵讨契丹，敕京官出马一匹供军，酬以五品。前疑买马输之，屡抗表求进阶；太后恶其贪鄙，六月，乙丑，敕还其马，斥归田里。[①]

神功元年（697），武则天称帝八年，无论是政治实际还是武则天的个人感受，政治形势已经稳定，局面完全在掌握之中，不论是社会上还是朝堂上，武则天的统治正如日中天。这个时候，对于那些似是而非的合法化证明，已经不需要了，武则天自己也不再有兴趣。但是朱前疑此前走这条路已经习惯甚至上瘾，依然积极进取，结果让武则天再也无耐烦了，"斥归田里"，就朱前疑而言，此前的一切努力都归零处理。

当造神成为政治潮流之时，如果表现不积极可能也会有危险。《资治通鉴》记载的一个人品很差的酷吏成长故事，就可以看到这

① 《资治通鉴》卷二〇六，第6517—6518页。

样的背景：

> 衡水人王弘义，素无行，尝从邻舍乞瓜，不与，乃告县官瓜田中有白兔。县官使人搜捕，蹂践瓜田立尽。[1]

白兔是中级祥瑞。王弘义后来成长为一名酷吏，他除了本性顽劣以外，也是一个聪明人，善于利用政治形势为自己的目标服务。但是，县官表现出来的虽然仅仅是上了王弘义的当，充当了王弘义报复邻居的工具，但是搜捕白兔，却是他必须完成的事情。这里，除了积极的意义上，上报祥瑞有利于自己官场发展，可能也有消极意义，如果搜捕白兔不积极，可能带来政治上的风险。在政治风向十分清楚的时候，官员们的选择也是有限的。虽然其实并没有白兔，但县官在蹂践农民的瓜田之后反而会轻松下来，努力也是一种政治表态，至少是一种有利于自身安全的表态。

在武则天祥瑞造神的运动中，推波助澜者大有人在，不过如李千里这样的情况，也应该属于小部分人群的自保选择。《旧唐书》记载太宗孙子、吴王李恪儿子李千里，情况如下：

> 吴王李恪之子李仁，后更名千里，“天授后，历唐、庐、许、卫、蒲五州刺史。时皇室诸王有德望者，必见诛戮，惟千里褊躁无才，复数进献符瑞事，故则天朝竟免祸”[2]。

---

① 《资治通鉴》卷二〇四，第6464页。
② 《旧唐书》卷七六《太宗诸子》，北京：中华书局，1975年，第2650页。

或者李千里根本缺乏政治觉悟，不知道武则天夺得的正是自家的天下，或者他确实聪明，用这种完全无耻的方式求得自保，对此，我们已经无法求证。但是李千里的故事证明了这样一个事实，即积极帮助武则天证明武周合法的人，是明确无误的政治表现，如果本人无能因而不具有任何政治威胁如李千里这样的人，那么生命安全就可以获得保障。

在纷乱的背景下，个人被政治的洪流裹挟前行，至少看上去这些政治行动波澜壮阔，势如破竹。天授元年（690），在武周建立大势若趋的政治背景下，《通鉴》记载道：

> 九月，丙子，侍御史汲人傅游艺帅关中百姓九百余人诣阙上表，请改国号曰周，赐皇帝姓武氏，太后不许；擢游艺为给事中。于是百官及帝室宗戚、远近百姓、四夷酋长、沙门、道士合六万余人，俱上表如游艺所请，皇帝亦上表自请赐姓武氏。①

傅游艺又是一种政治人物，也具有符号意义。他率先请命，具有榜样作用，武则天虽然不答应，但却升了他的官。武则天的用意太明显，百官宗室等各路代表人物不得不亲自表态。六万人纷纷上表，如此大的规模，骇人听闻。在皇帝制度下，武则天所要表达的是人心所向，民意如此，如果不替代李唐，那就太违背民心了。加上一直以来不断涌现的各种祥瑞，武周建立正是顺天应人的体现。

---

① 《资治通鉴》卷二〇四，第6467页。

如同酷吏政治一样，当武则天的政权确实稳固之后，祥瑞的政治价值不能不有所降低，罪大恶极的酷吏们，被当作废弃的犬类杀掉，而依靠祥瑞官运亨通的朱前疑等也不能在这条路上走下去了。

在朝廷积极引导祥瑞潮流的时候，我们看到的情况正如《沙洲图经》所呈现的那样，全国上下，祥瑞如同雨后春笋一般到处生长出来，而语言和书写方式，也如出一辙。武则天的造神运动，积极参与者官职升迁，仕途远大，怀疑者受到打击，甚至命丧九泉。《通鉴》记载一件尚书左丞冯元常的故事，时间是光宅元年（684），其文如下：

> 及太后称制，四方争言符瑞；嵩阳令樊文献瑞石，太后命于朝堂示百官，元常奏："状涉谄诈，不可诬罔天下。"太后不悦，出为陇州刺史。[①]

其实，是否为祥瑞，本来就有核实的程序，但因为武则天政治意图明确，不容人质疑，从而让希图侥幸者有了机会。垂拱二年（686），雍州新丰县发生山体变化，有山踊出，被造神运动理解为"庆山"，而表示怀疑者则受到打击。对此，《通鉴》的记载如下：

> 己巳，雍州言新丰县东南有山踊出，改新丰为庆山县。四方毕贺。江陵人俞文俊上书："天气不和而寒暑并，人气不和而疣赘生，地气不和而堆阜出。今陛下以女主处阳位，反易刚

① 《资治通鉴》卷二〇三，武则天光宅元年，第6421页。

柔，故地气塞隔而山变为灾。陛下谓之‘庆山”，臣以为非庆也。臣愚以为宜侧身修德以答天谴；不然，殃祸至矣！”太后怒，流于岭外，后为六道使所杀。①

观察《通鉴》的笔法，虽然此事获得了普遍的承认，即“四方毕贺”，但却用更多的文字记述了俞文俊的意见和最后结局，《通鉴》赞成俞文俊的立场鲜明。然而，就当时的情况看，主流当然是拥护“庆山说”，认为新的山峰的出现，是巨大祥瑞②。

《新唐书·则天皇后本纪》记此事为：垂拱二年“十月己巳，有山出于新丰县，改新丰为庆山，赦囚，给复一年，赐酺三日”③。因为庆山的出现，朝廷给予极大重视，其中颇有惠民政策。《全唐文》保存崔融替泾州刺史书写的《贺庆山表》，与《新唐书》的说法完全呼应，其文如下：

臣某等言：某日奉某月诏书，新丰县有庆山出，曲赦县囚徒，改新丰为庆山县，赐天下酺三日。凡在含生，孰不庆幸？中贺。微臣详窥海记，博访山经，方丈蓬莱，人迹所罕到，层城元圃，道家之妄说。伏惟皇太后陛下应天顺人，正位凝命，中外咸一，阴阳以和。嘉木四方而平春，露草三旬而候月，冲

① 《资治通鉴》卷二〇三，垂拱二年九月，第6442页。《旧唐书》卷三七《五行志》记此事为光宅元年，应从《通鉴》。《新唐书》或记十月己巳，或记九月。根据吴玉贵先生考证，应为十月己巳，九月无己巳日，见吴玉贵：《资治通鉴疑年录》，北京：中华书局，1994年，第219页。

② 《唐六典》记载，祥瑞有大、上、中、下四等，而庆山是大瑞。《唐六典》卷四“礼部郎中、员外郎”条，北京：中华书局，1991年，第114—115页。

③ 《新唐书》卷四《则天皇后本纪》，北京：中华书局，1975年，第85页。

恩浃洽，嘉贶骈阗，当雍州之福地，在汉都之新邑。圣渚潜开，神峰欻见。政平而涌，自荡于云日，德茂而生，非乘于风雨。游龙蜿蜿，疑呈八卦之图，鸣凤喈喈，似发五音之奏。仙蚕曳茧，美稼抽芒，一人有合于天心，百姓不知其帝力。方验镇星垂象，山萌辅地之征，太岁加年，水兆载坤之应。天人交际，影响合符。雷雨既作，嘉气冲于三象，钟石以陈，欢心动于万物。臣幸忝簪带，滥守藩隅，不获驰苍阙而拜手，望紫庭而继足。殊祥踵至，宝算无疆，厚赉傍沾，群生幸甚，不任悚踊之至。谨遣某官奉表以闻。[①]

崔融的贺表是有代表性的，应该是《通鉴》所谓“四方表贺”之一，为朝廷获得上天的赞许而欢呼雀跃。因为庆山的出现，证明了政治清平，道德昌盛，总之是天意赞美的充分表达。与这类来自政治系统的、正规而众多的四方表贺相比，俞文俊的上书不仅数量极少，而且反对立场鲜明。他认为朝廷现在女人处阳位，导致阴阳颠倒，新山的出现不是庆山而是灾异，是上天警示的“天谴”。同样的一个自然现象，正反双方都在利用同一种理论加以论证，或看作是祥瑞，或看作是灾异。毫无疑问，俞文俊这样的人物是绝对少数，他努力给武则天的朝廷添乱，最后受到打击是必然的。

就官场个人而言，在武则天的造神时代，存在两条路径的选择，而选择的不同会导致截然相反的结果。在中央掌控强大的权力和无限的资源的背景下，顺从与反对，决然成就两种人生境遇，

① 《全唐文新编》卷二一八，长春：吉林文史出版社，1999年，第2485页。

而绝大多数人的选择是顺从，敢于出面反对的只能是凤毛麟角。于是，首先我们得承认，就武则天时期而言，祥瑞是武则天造神政治运动的一部分，至少从表面看上去，当时的祥瑞铺天盖地，人人争言祥瑞。而《沙州图经》等为代表的文献，就留下了这个时期的主要证据。

三、后武则天时代的批判

上文论证的一个基本事实是武则天有意识地利用了当时的意识形态，大造舆论，为自己的政治目的服务，所谓符瑞之类，就是这场造神运动中的重要组成部分。不管后来的人如何批判，就当时的情形而言，因为武则天拥有的政治资源丰富，加上稳固的国家政权掌控，投机者自然会纷至沓来，即使有人心中并不支持，也难以直接反对，所以武则天的造神运动确实赢得了浩大声势。就武则天造神运动而言，这是第一现场，或者是历史事件本身。但是，随着武周政权的失败、李唐王朝的恢复，武则天称帝本身成为批判的对象，那么伴随着称帝的种种行为也不再合法。揭露武则天“好祥瑞”的书写与文字，是否定武则天称帝整体运动的一部分。如果说，武则天当初的造神运动充分利用了祥瑞，那么还是这些祥瑞，如今又成为武则天走下神坛的因素，而且，无论政治力度还是功能，与当初并无二致。

揭露造神运动的荒谬，方法并不复杂。如果说，造神运动是依靠天意显现来完成的话，那么揭露的方法无非就是拆穿真相，证明天意并不存在，只有人为的制造。如今，我们看到武则天的祥瑞故事，更多的就是这种批判产物。且看如下一些文字：

1. 胡庆造伪

襄州人胡庆以丹漆书龟腹曰："天子万万年。"诣阙献之。昭德以刀刮尽，奏请付法。太后曰："此心亦无恶。"命释之。①

2. 猫与鹦鹉共处

太后习猫，使与鹦鹉共处，出示百官。传观未遍，猫饥，搏鹦鹉食之，太后甚惭。②

3. 梨花开

太后出梨花一枝以示宰相，宰相皆以为瑞。杜景俭独曰："今草木黄落，而此更发荣，阴阳不时，咎在臣等。"因拜谢。太后曰："卿真宰相也！"③

4. 大足

春，正月，丁丑，以成州言佛迹见，改元大足。④

5. 三月瑞雪

是月，大雪，苏味道以为瑞，帅百官入贺。殿中侍御史王求礼止之曰："三月雪为瑞雪，腊月雷为瑞雷乎？"味道不从。既入，求礼独不贺，进言曰："今阳和布气，草木发荣，而寒雪为灾，岂得诬以为瑞！贺者皆谄谀之士也。"太后为之罢朝。⑤

---

① 《资治通鉴》卷二〇五，长寿元年，第6468页。
② 《资治通鉴》卷二〇五，第6484页。
③ 《资治通鉴》卷二〇五，延载元年九月，第6497页。
④ 《资治通鉴》卷二〇七，第6554页。
⑤ 《资治通鉴》卷二〇七，长安元年三月，第6554页。

以上罗列，限于眼界，绝不尽数，但可以据此进行一些研究尝试。[①]

除了这些文字以外，我们看到还有继续揭露的书写，而有些书写又走向另外一个极端，用想象和伪证去揭露武则天当时造神运动的虚假。比如，有关大足元年（701）改元之事，有一种说法就是特别滑稽的。《朝野佥载》是这样书写的：

> 则天好祯祥，拾遗朱前疑说梦云，则天发白更黑，齿落更生，即授都官郎中。司刑寺囚三百余人，秋分后无计可作，乃于圜狱外罗墙角边作圣人迹，长五尺。至夜半，三百人一时大叫。内使推问，云："昨夜有圣人见，身长三丈，面作金色，云'汝等并冤枉，不须怕惧。天子万年，即有恩赦放汝'。"把火照之，见有巨迹，即大赦天下，改为大足元年。[②]

《通鉴考异》注意到这条资料，但没有采纳，理由是："改元在春不在秋，又无赦。今不取。"所以，《通鉴》采用上文的第4的写法[③]。而《朝野佥载》这种书写，走到了另一极端，司马光的《通鉴》在揭露武则天方面是积极的，但是也无法同意这种以伪证伪的手法。

---

① 史佳楠：《试谈武则天利用符瑞的原因及特点》（《乾陵文化研究》五，西安：三秦出版社，2010年，第30—39页）作《武则天利用祥瑞灾异表》，统计过武则天时期的符瑞，把高宗时期的符瑞也统计进来，而真正属于武则天时期的可惜却有不少遗漏。

② 《朝野佥载》卷三，北京：中华书局，1979年，第72—73页。

③ 《资治通鉴》卷二〇七，第6554页。

三足牛和三足乌的故事，无法证明他们的关系，但是，他们有一个共同的功能，即拆穿武则天符瑞把戏。三足乌的故事，《朝野佥载》引自《唐书》，但现在的两《唐书》皆无记载。另外《太平御览》也引用了《唐书》这一条，其文作：

> 天授元年，有进三足乌者，天后以为周室嘉瑞。睿宗时为皇嗣，言曰："乌前足伪。"天后不悦。须臾，一足坠地。果如其言。①

根据吴玉贵先生的研究，此文确实属于《旧唐书》②。

有关三足乌的故事，在《南部新书》里，有更深一步的"揭露"，其文曰：

> 天后时，有献三足乌者，左右或言一足伪耳。天后笑曰："但令史册书之，安用察其真伪。"③

用武则天亲口说出的话来证明，武则天对于献瑞的态度过于实用主义，甚至可以公然罔顾事实，不仅欺骗当今，还要欺骗历史。但武则天能否如此愚蠢地自我拆台，大可怀疑。

襄州人胡庆以丹漆书龟腹伪造符瑞的事，当李昭德揭发出来，

---

① 《太平御览》卷九二〇，北京：中华书局，1960年，第4083页。
② 吴玉贵：《唐书辑校》下，北京：中华书局，2008年，第1155—1156页。
③ 《南部新书》戊，北京：中华书局，2002年，第71页。

“奏请付法”的时候，太后曰：“此心亦无恶。”命释之[①]。这跟三足鸟的故事异曲同工，证明武则天并不在乎符瑞的真实与否，直欺天意。虽然后一故事有《通鉴》记载，但武则天如此明目张胆地作伪，显然并不利于武则天的权威统治，恐怕太低估了武则天的智力。所以，很怀疑这也是揭露批判时代的另一种极端表现。

根据《朝野佥载》的另一记载，武则天统治初期确实符瑞泛滥，后来发现多是人为的假象，便宣告停止。其文曰：

> 唐同泰于洛水得白石紫文，云“圣母临水，永昌帝业”，进之，授五品果毅，置永昌县。乃是白石凿作字，以紫石末和药嵌之。后并州文水县于谷中得一石还如此，有“武兴”字，改文水为武兴县。自是往往作之。后知其伪，不复采用，乃止。[②]

对于武则天及其武周而言，允许公然伪造符瑞，显然是有损政治权威的，不仅天命难以证明，反而是愚弄天意，在政治上也绝对得不偿失。所以，这个记载应该可信。最不可忽视的问题是，在那个时代，对于天人感应学说，不仅仅是一套政治语言和符号，更重要的是有着深厚的社会基础，即人们普遍相信。造神运动有荒诞的部分，但是作为主持者，起码不能破坏了人们信仰的底线，大造声

① 此事《朝野佥载》也有记载，略有不同。其文曰：襄州胡延庆得一龟，以丹漆书其腹曰“天子万万年”以进之。凤阁侍郎李昭德以刀刮之并尽，奏请付法。则天曰：“此非恶心也，舍而勿问。”见《朝野佥载》卷三，北京：中华书局，1979年，第72页。

② 《朝野佥载》卷三，北京：中华书局，1979年，第72—73页。

势是为了让人们更加相信而不是引发人们的疑心。即使有人伪造，如武承嗣那样，造伪者一定是小心翼翼地躲在暗处。

武承嗣造伪，其实也是后来批判运动中才得以揭发出来的。最初，从《新唐书》的记载来看，武承嗣所发现的符瑞很符合第一现场的气氛。垂拱四年“五月庚申，得‘宝图’于洛水。乙亥，加尊号为圣母神皇”[①]。《新唐书》不言宝图的造伪问题，而《旧唐书》则予以揭露，其文曰：

> 夏四月，魏王武承嗣伪造瑞石，文云：“圣母临人，永昌帝业。”令雍州人唐同泰表称获之洛水。皇太后大悦，号其石为“宝图”，擢授同泰游击将军。[②]

至《资治通鉴》，则书写更加详细，其文为：

> 武承嗣使凿白石为文曰：“圣母临人，永昌帝业。”末紫石杂药物填之。庚午，使雍州人唐同泰奉表献之，称获之于洛水。太后喜，命其石曰“宝图”，擢同泰为游击将军。五月，戊辰，诏当亲拜洛，受“宝图”；有事南郊，先谢昊天；礼毕，御明堂，朝群臣。命诸州都督、刺史及宗室、外戚以拜洛前十日集神都。乙亥，太后加尊号为圣母神皇。[③]

---

① 《新唐书》卷四《则天皇后本纪》，第87页。
② 《旧唐书》卷六《则天皇后本纪》，第119页。
③ 《资治通鉴》卷二〇四，垂拱四年四月—五月，第6448页。

《旧唐书》开始揭露武承嗣指使人造伪，伪造的人就是唐同泰。而《通鉴》更进一步指出唐同泰使用了什么具体材料充填凿痕。可以想见的是，如此清楚地了解武承嗣造伪，甚至造伪手段都无一不在掌握之内，这些信息的获得时间肯定不是武则天的时代，一定是在后武则天时代。

那么，同样还是这件事，在武则天时代则是另外一种存在。《全唐文》中保留的李峤代表朝廷百官书写的贺表，称作《为百寮贺瑞石表》，就可以看作当时朝廷的主流表态。节其文如下，以观贺表的写作：

> ……伏见雍州永安县人唐同泰，于洛水中得瑞石一枚，上有紫脉成文曰“圣母临人、永昌帝业”八字。臣等忭窥灵迹，骇瞩珍图，俯仰殊观，相趋动色。窃惟圣德奉天，递为先后，神道助教，相因发明。陛下对越昭升，钦若扶揖，允塞人祇之望，实当天地之心，所以幽赞嘉兆，傍通景贶。且人称同泰，县实永安，姓氏将国号元符，土地与石文明应。表里潜会，枢机冥发，明宴坐之逾昌，验皇基之永泰。则自然之无眹，不测之谓神。非夫道格昊苍，德充幽显，岂能发何言之微旨，臻不召之灵物。考皇图于金册，搜瑞典于瑶编，则有虫蠹成文，鱼鳞吐匣，丹书集于昌户，绿错荐于尧坛。或词隐密微，或气藏谶纬，莫究天人之际，罕甄神秘之心，未有昭圣毓灵，发祥隤祉，明白显著，烛曜晖光，若斯之盛者也……臣等遇偶休明，荣参簪笏。千年旦暮，邀逢累圣之期。百辟歌讴，喜属三灵之

庆，无任凫藻踊跃之至。谨奉表诣阙陈贺以闻。[①]

李峤是武则天时代的朝廷大手笔，其文笔且不必说，就其思想而言，绝对代表朝廷的精神，就事实层面而言，也与后来的叙述丝丝入扣，节拍符合。此事后来大逆转，当是大环境改变造成的。武承嗣死于武则天之前，生前没有遭受清算，真正的后武则天时代的到来，已经是开元时代了。或许当时唐同泰依然健在，应该只有他的证词才能说明瑞石的具体制造过程[②]。

后武则天时代，对武则天的批判与否定，重点在于武周政权。而否定武周政权的合法性，则无法不对武则天的祥瑞展开批判。武则天时代，证明武则天拥有天命并不是难题，而否定武则天的祥瑞却是事态严重。同样，武则天要把这些证明自己天命的文字写入她的实录，写入当时的国史，自然也不困难。删除武则天的自吹自擂，这在后武则天时代，在批判武则天的运动中，很容易理解。现在所知的武则天应征和符瑞也保留不多，比如《唐会要》《册府元龟》中，在《应征》和《祥瑞》的专题中，都没有武则天的数据，而武则天时代一定存在这些数据。所以，现在所见传世文献，应该存在一个删除武则天祥瑞等数据的过程，而这只能在后武则天时代才会发生。当然，如《全唐文》中的部分文献，敦煌所藏的《沙洲

① 《全唐文新编》卷二四三，长春：吉林文史出版社，1999年，第2742页。

② 孙英刚近来对此又有新解，认为庆山问题也有佛教理论背景。见其大论《庆山还是祇阇崛山：重译〈宝雨经〉与武周政权之关系》，复旦大学文史研究院、加拿大英属哥伦比亚大学亚洲研究系：《中古世界的佛法与王法国际学术研讨会论文集》（会议用论文集），现收入作者《神文时代——谶纬、术数与中古政治研究》，作为中篇第四章。上海：上海古籍出版社，2014年，第285—310页。

图经》等，应该属于漏网之鱼，也可以叫作删除未尽。

这其中，最典型的应属袁天纲相面之事。一方面，在袁天纲传中，并不回避，直接写入了袁天纲为幼年武则天相面之事，同时在《旧唐书·方伎列传》的序言又指出："国史载袁天纲前知武后，恐匪格言，而李淳风删方伎书，备言其要。旧本录崔善为已下，此深于其术者，兼桑门道士方伎等，并附此篇。"[①]其中，所谓"袁天纲前知武后，恐匪格言"是对袁天纲为武则天算命一事的批评，但是因为旧史记载清楚"备言其要"，《旧唐书》只好接受保持原样，仅仅在序言中表达怀疑而已。李君羡故事也是一样。武则天时代把这些证明自己革命合法论的证据渗透在国史之中，后来删除未尽，再后来的人尊重故事，不敢删除，于是有所保存[②]。

《大云经疏》的故事，学界研究较多。传世文献清楚地记录了武则天情夫薛怀义主持此事，结论也很清晰。但是，是敦煌文献《大云经疏》的发现，才促进了这个问题的新研究。传世文献是后武则天时代的产物，主要表达批判武则天的观点，而敦煌本的发现，致使《大云经疏》原来的面貌得以重现，其研究价值一如《沙州都督府图经》残卷。武则天利用《大云经疏》为自己称帝制造舆论，在全国范围内修建大云寺，供奉《大云经疏》，声势浩大，是她造神运动比较重要的一个措施。利用原来的《大云经》，武则天的御用和尚们，主要是利用"疏"的方式为武则天称帝招旗呐喊，

---

① 《旧唐书》卷一九一，北京：中华书局，第5088页。

② 有关李君羡故事的始末，并袁天纲相面事，作者有另文讨论，请参考《李君羡案件及其历史阐释》，《北京大学学报》（哲学社会科学版）2011年第4期，第114—127页。

更多的方法不是利用符瑞，而是利用谶言[①]。

自然界的一些怪异现象，当时人不理解，或者理解为妖怪，或者理解为符瑞，都属于时代局限所致。比如，母鸡变雄鸡，是自然现象，而同时也一定有雄鸡变母鸡的情况，但是后者与武则天称帝不能进行逻辑联络，所以不被重视。嘉麦、嘉禾、牛三足之类，如今生物科学已经能够解释清楚，但当时，却要辩论究竟属于祥瑞还是怪异。嵩阳令樊文献瑞石，元常认为是谄诈，结果遭遇贬官。而宰相杜景俭否认九月梨花开是祥瑞，却受到武则天的表扬。武则天的舆论需要是有时间性的，她的一时心情也可决定事情的结局。李昭德揭露伪造祥瑞则是安全的，而江陵人俞文俊反对庆山之说，是在否定武则天的天命，被杀的结局是当然的。

对于武则天时期的造神运动，虽然我们看到更多的是后武则天时代的文字和书写，但是透过这些文字的表面，我们至今依然能够感到那个时代强大的政治压力、浓烈的社会气氛和人心深处的虚弱与暗淡。而这些故事的另一层面，只有到后武则天时代才会颠倒价值进行重构。后武则天时代，显然不能从武则天下台即神龙政变算起。中宗时期，武三思还在发挥巨大作用，武则天安排的李武紧密关系依然存在，加上韦后集团的问题，唐朝直到玄宗开元时期才终于步上正轨。所以，从思想上清算武则天的遗产，在政治上对武则天提出批判，只有到了开元时期才具备条件。武则天是中宗、睿宗的母亲，是玄宗的祖母，在以孝治天下的时代，隔代批判要比下一

① 参见林世田：《武则天称帝与图谶祥瑞——以S.6502〈大云经疏〉为中心》，《敦煌学辑刊》2002年第2期，收入作者《敦煌遗书研究论集》，北京：中国藏学出版社，2010年，第39—54页。此外还有，林世田：《〈大云经疏〉初步研究》，初载《文献》2002年第4期，收入《敦煌遗书研究论集》，第3—15页。

代的批判稍显容易一些[①]。

所以，后武则天时代，对于武则天进行否定的途径，除了政治革新之外，属于意识形态方面的工作，主要是通过修史来完成的，或者我们能够看到的较多的证据，是通过修史完成的。具体而言，主要是唐朝《国史》和《武则天实录》。唐朝官修国史，与武则天时代相关的，是长安三年（703）的修撰。根据《唐会要》的记载：

> 长安三年正月一日敕："宜令特进梁王三思与纳言李峤、正谏大夫朱敬则、司农少卿徐彦伯、凤阁舍人魏知古、崔融、司封郎中徐坚、左史刘知几、直史馆吴兢等修《唐史》，采四方之志，成一家之言，长悬楷则，以贻劝诫。"[②]

这部《国史》修撰完成，但后来影响不大，主要是没有流传，或者说流传的不是这个版本。其后，吴兢从开元十四年（726）开始继续修撰，但直到天宝八载（749）去世，也没有最终完成。唐朝后来影响较大的是韦述在此基础上所修《国史》，从开国到玄宗时代，终成113卷[③]。

长安时期修撰的唐《国史》，贯彻武则天时代的意识形态是无

---

① 玄宗在祭祀仪式上的变化，始于开元四年（716），而这一年睿宗去世。参见金子修一：《玄宗的祭祀和则天武后之关系》，《武则天与广元》，北京：文物出版社，2014年，第261—267页。

② 《唐会要》卷六三《史馆》上，上海：上海古籍出版社，1991年，第1291页。

③ 参见谢保成：《隋唐五代史学》第五章第二节《国史的编撰》，厦门：厦门大学出版社，1995年，第100—101页。

可怀疑的，武则天晚年的这个修史行动，目标恐怕也是要把自己的功绩牢牢刻写在历史的丰碑上。但是，这部书没有流传下来。而从吴兢到韦述，之所以念念不忘要继续书写《国史》，其中就应该存在立新废旧的努力，而韦述最终获得成功，以至于我们今天也无法排除他的影响。用《国史》修撰的方式铲除武则天的意识形态影响，韦述的《国史》应该是立下首功的。

国史之外，对后来历史记忆产生重大影响的就是武则天的实录。根据《唐会要》的记载，《则天实录》第一次修成是神龙二年：

> 神龙二年五月九日，左散骑常侍武三思、中书令魏元忠、礼部尚书祝钦明及史官太常少卿徐彦伯、秘书少监柳冲、国子司业崔融、中书舍人岑羲、徐坚等，修《则天实录》二十卷，文集一百二十卷，上之。赐物各有差。[①]

中宗时期修撰的《则天实录》，又是由武三思挂帅，延续武则天的意识形态也是没有问题的。但是，到开元四年（716）我们看到，新修的《则天实录》已经宣告完成，也是《唐会要》的记录：

> 开元四年十一月十四日，修史官刘子玄、吴兢，撰《睿宗实录》二十卷，《则天实录》三十卷，《中宗实录》二十卷成，以闻。[②]

① 《唐会要》卷六三《史馆》上，上海：上海古籍出版社，1991年，第1291页。
② 《唐会要》卷六三《史馆》上，上海：上海古籍出版社，1991年，第1291页。

《唐会要》还记载，因为这几部重要实录的修成，姚崇特别申请给撰修人员以特别的奖励，玄宗给予恩准。刘子玄即刘知几，他与吴兢完成的《则天实录》，肯定与前一版本大有不同。比如《唐会要》记录吴兢故事，有长安三年（703）二张与魏元忠斗争的事，而张说在其中担任的角色并不光彩，后来张说担任宰相看到了《则天实录》，特别耿耿于怀，而吴兢坚持不改一字。这是一则有名的故事，武则天袒护二张，清晰明白。但是可以肯定，如此文字，在神龙的《则天实录》中，决不会如此。所以，这部《则天实录》，也是后武则天时代的代表作，有关武则天众多的批判故事，都应该是以此为重要史源。

再回到祥瑞问题上来，其实古人也存在批判的立场。《朝野佥载》有一段这样的文字：

> 河东孝子王燧家猫犬互乳其子，州县上言，遂蒙旌表。乃是猫犬同时产子，取猫儿置狗窠中，狗子置猫窠内，惯食其乳，遂以为常，殆不可以异论也。自连理木、合欢瓜、麦分歧、禾同穗，触类而长，实繁有徒，并是人作，不足怪也。[①]

认为一切祥瑞都是人作的，这恐怕是最彻底的批判立场了，但事实上，有一些自然现象是真实的，比如“禾同穗”之类。相信天人感应，以至于达到迷信的程度，这是一种极端，而彻底否定一切祥瑞，认为皆无事实根据，也不是理解当时观念的有效途径。

---

① 《朝野佥载》卷三，北京：中华书局，1979年，第72—73页。

比较理性的观念是值得肯定的，在无法彻底否定天人感应的大背景下，对待祥瑞采取理性看待的方针，即不否定，也不迷信，这已经十分难得。而唐太宗则具有代表性。唐太宗曾经这样表达过他的观点：

自昔帝王，受天明命。其当二仪感德，百灵锡祉；莫不君臣动色，歌颂相趋。朕恭承大宝，情深夕惕，每见表奏符瑞，惭恧增怀。且安危在乎人事，吉凶系于政术。若时主昏虐，灵贶未能成其美；如治道休明，咎征不能致其恶。以此而言，未可为恃。今后麟、凤、龟、龙大瑞之类，依旧表奏。自外诸瑞，宜申所司，奏者唯显瑞物色目及出见处，更不得苟陈虚饰，徒致浮词。（贞观二年九月）[①]

然而，即使清醒如唐太宗，最多希望谨慎处理祥瑞问题，避免落下笑柄，并不能从根本上否定祥瑞及其观念系统。毕竟，符瑞代表上天对帝王统治的嘉许，是帝王统治合法性的天意证明，而这正是古代政治理论的主流。对此，《白虎通》就有经典解说：

天下太平，符瑞所以来至者，以为王者承天统理，调和阴阳，阴阳和，万物序，休气充塞，故符瑞并臻，皆应德而至。德至天，则斗极明，日月光，甘露降。德至地，则嘉禾生，蓂

① 《唐大诏令集》卷一一四《政事·祥瑞》，北京：中华书局，2008年，第594页

荚起，秬鬯出，太平感。[1]

只要是帝王，从内心深处是无法否定祥瑞观念的，因为他们自己的天命也需要这些理论来证明。

何以武则天时代，在祥瑞问题上出尽丑态呢？其一，武则天的夺权有着太多的不自信，祥瑞对她政治事业的支持很大，或者说武则天对祥瑞的需求很迫切，于是在舆论和氛围的营造中，难免出错出丑。其二，武周的历史太过短暂，很快进入否定的批判期，这让武则天的很多祥瑞变成了丑闻。设若没有批判，如同古代其他王朝一样，大家都乐观其成，至少不去认真追究，那么武则天的祥瑞也不会成为闹剧或者笑话。如果武周的历史更长一些，即使后来有人有追究的兴趣却没有可供拆穿的证据，也不会如武周一样难堪。

总之，传世文献中，有关武则天应征和祥瑞的资料，有部分属于删除未尽的结果，还保存了武则天时期的样貌。有的则属于后武则天时代的批判产物，揭露当时的伪造，批判武则天对天意的滥用以及种种虚伪言行。这是两个历史时期的历史状态，同一个问题表现出来的正反两种立场，对于我们今天的研究而言，既要承认两个历史阶段的差异，也要辩证地对待两个时期的资料。同时我们也得承认，第一个时期的历史有被遮蔽的部分，而第二个批判时期确实恢复了部分历史真相，但批判也导致了另外一种遮蔽。对于我们今天的研究者而言，必须做到面对两种遮蔽才能够接近我们的研究目标。

① 《白虎通疏证》卷六《论符瑞之应》，北京：中华书局（新编诸子集成本），1994年，第283页。

四、《沙州图经》及其祥瑞书写

毋庸讳言，后武则天时代的批判运动，部分地恢复了历史的真相，但同时也遮蔽了部分历史真相。今天，我们要回到历史的第一现场，要穿越纷乱的文献荆棘会遭遇很多困难，因为区分文献的真伪及其书写，毕竟不是轻而易举的事。幸运的是，我们今天仍然能够找到一些武则天时期的资料，而这些资料恰好没有经过后来的否定性改造，是武则天时期历史的真实遗存。

这里，首先要提出的就是来自敦煌藏经洞的文献，最充分展现那个时代特有的风貌的就是《沙州图经》。《沙州图经残卷》，或称《沙州都督府图经残卷》，现在有多个藏号，即有S.2593V、P.2005、P.2695、 P.5034，而后面的三个号，内容保存比较多。最全的是P.2005，而P.2695只保存了最后一段，至于P.5034则断断续续[①]。本文利用这组文书，关心的是其中的“祥瑞”条。《沙州图经》中，祥瑞明文写作“廿祥瑞”，即二十条祥瑞。第一条祥瑞是“同心梨”，是后凉吕光的麟嘉元年（389），敦煌献同心梨的记载。这说明，沙州祥瑞项目是古今贯通的。除后凉一条外，“赤气龙迹”“白雀”“大石立”“瑞葛”“嘉木”“白狼、黑狐、黑雉”“凤凰”等七条九项，都属于西凉时期。之后，就是武德开始的唐朝部分。为了便于后文的分析，现写全文如下：

① 参见唐耕耦编：《敦煌社会经济文献真迹释录》（第一辑），北京：书目文献出版社，1986年，第17—21页。

《沙州都督府图经》祥瑞目下的祥瑞（高祖至武则天时期）

1. 白龙

右唐武德五年夏四月癸丑，白龙见于平河水边，州司录奏。

2. 甘露

右武德六年六月己丑，甘露降，弥漫十五里。

3. 木连理

右唐调露元年，于敦煌乡董行端园内，木生连理。

4. 甘露

右唐垂拱四年，董行端园内，甘露降于树上，垂流于地，昼夜不绝。

5. 野谷

右唐圣神皇帝垂拱四年，野谷生于武兴川，其苗高二尺已上，四散似蓬，其子如葵子，色黄赤，似葵子，肥而有脂，炒之作麨，甘而不热，收得数百石，以充军粮。

6. 瑞石

右唐乾封元年有百姓严洪爽于城西李先王庙侧得上件石，其色翠碧，上有赤文，作古字，云："下代卅卜年七百。"其表奏为上瑞，当为封岳并天，咸置寺观，号为万寿，此州以得此瑞石，遂寺观自号灵图。

7. 白雀

右唐咸亨二年有百姓王会昌于平康乡界获白雀一双，驯善不惊，当即进上。

8. 黄龙

右唐弘道元年腊月为高宗大帝行道，其夜崇教寺僧徒都集，及直官等同见空中有一黄龙见，可长三丈以上，髯须光丽，头目精明，首向北升，尾垂南下，当即表奏，制以为上瑞。

9. 五色鸟

右大周天授二年一月，百姓阴嗣鉴于平康乡武孝通园内见五色鸟，头上有冠，翅尾五色，丹嘴赤足，合州官人、百姓并往看，见群鸟随之，青、黄、赤、白、黑五白色具备，头上有冠，性甚驯善。刺史李无亏表奏称："谨检《瑞应图》曰：'代乐鸟者，天下有则见也。'止于武孝通园内，又阴嗣鉴得之，臣以为，阴者，母道；鉴者，明也，天显。"

10. 日扬光 庆云

右大周天授二年冬至日得支庆（度）崔撝等状称："今日冬至卯时，有五色云扶日，阔一丈已上，其时大明，大授（校）一倍以上，比至辰时，复有五色云在日四边，抱日，光彩其（甚）鲜，见在官人、百姓等同见，咸以为圣神皇帝陛下受命之符。"刺史李无亏表奏："谨检《瑞应图》曰：'圣人在上，有大光，天下和平。'又曰：'天子孝，则景云出游。'有人从巳西已北已东来者咸云：'诸处赦日，亦总见五色云抱日。'"

11. 蒲昌海五色

右大周天授二年腊月得石城镇将康拂耽延弟地舍拨状称："其蒲昌海水旧来浊黑混杂，自从八月已来，清明彻底，其水五色，得老人及天竺婆罗门云：‘中国有圣天子，海水即清无波。’奴身等欢乐，望请奏圣人知者。”刺史李无亏表云：“淮海水五色大瑞，谨检《瑞应图》《礼升威仪》曰：‘人君乘土而王，其政太平，则河傔海夷也。’天应魏国，当涂之兆，明土德之昌。”

11. 白狼

右大周天授二年，得百姓阴守忠状称：“白狼频到守忠庄边，见小儿及畜生不伤，其色如雪者。”刺史李无亏表奏：“谨检《瑞应图》云：‘王者仁智明悊心即至，动准法度，则见。’又云，‘周宣王时白狼见，犬戎服者。’天显陛下仁智明悊，动准法度，四夷宾服之征也。又见于阴守忠之庄边者，阴者，臣道，天告臣子，并守忠于陛下也。前件四瑞，诸州皆见，并是天应。陛下开天统殊徽号，易服色，延圣寿，是以阳乌迭彩，暎澄海以通辉；瑞鸟摛祥，对景云而共色，胡戎唱和，识中国之有圣君；遐迩讴谣，嘉大周之应宝命。”

以上录文，来自P.2005，而与P.2695残卷对比，虽然所有的文字都是从武德六年（623）“甘露”条开始，但这一条就有了差异，前者为七月己丑，后者是六月己丑。前者的标题文字是高一格另行书写，而后者是标题文字之后空两格书写，格式是不同的。另外，天授二年（691）的“庆云”条，前者写作“日扬光 庆云”，而内容却是同一的[①]。对此，王仲荦先生指出，从祥瑞“木连理”开始“自此

① 有关该图经的研究，参见郑炳林《敦煌地理文书汇辑校注》该卷的“解题”，兰州：甘肃教育出版社，1989年，第20页。

条起，至卷末，伯希和敦煌文书第二六九五号并同，盖同出一本，但行格稍异，笔迹显为两人耳”[①]。可见，此件文书存在若干抄本。

观察这个初唐祥瑞名单，有一些难以理解的地方。在高宗时期的祥瑞中间，插入两条垂拱时期的祥瑞。高宗祥瑞的排列，先是调露元年（679），然后是乾封（666—668）、咸亨二年（671）和弘道元年（683）。对此，文书P.2005和P.2695残卷一模一样。在垂拱四年（688）的“野穀”条中，已经使用了“唐圣神皇帝垂拱四年”的字样，而圣神皇帝是天授元年（690）武则天改唐为周之后的尊号。把“唐”和“圣神皇帝”加写在一起，很具有政治讽刺意义，但这里的书写显然不是为了讽刺，混同唐周关系的错误，或许是不经意的，或许是重视不足。

毫无疑问，《沙州都督府图经》残卷保存的武则天时期的祥瑞资料，虽然仅仅是沙州一地，但不无一叶知秋的价值。这是比传世资料更直接的武则天时期的数据，研究价值甚高[②]。在武则天的四个祥瑞条目中［三个天授元年（690），一个天授二年（691）］，都是在刺史李无亏在职时候奉表上报的，显然李无亏是沙州进献祥瑞的关键人物。近来李无亏墓志得以发现[③]，我们对这位沙州刺史

---

① 王仲荦：《〈沙州都督府图经〉残卷考释》，收入作者《敦煌石室地志残卷考释》，上海：上海古籍出版社，1993年，第109—141页。

② 利用《沙州都督府图经》资料研究武则天的祥瑞问题，文章不多。介永强《武则天与祥瑞》（赵文润主编：《武则天研究论文集》，太原：山西古籍出版社，1981年，第160—167页）和史佳楠《试谈武则天利用符瑞的原因及特点》（《乾陵文化研究》五，西安：三秦出版社，2010年，第30—40页）都没有使用这个数据。对此研究，可参考牛来颖：《唐代祥瑞与王朝政治》，《唐文化研究论文集》，上海：上海人民出版社，1994年，第535—543页。

③ 王团战：《大周沙州刺史李无亏墓及征集到的三方唐代墓志》，《考古与文物》2004年第1期，第20—26页。

的祥瑞事业及其背后的地方关系都有了进一步了解的机会。不仅如此，关于《沙州都督府图经》的编修年代也因此有了研究新进展[①]。

通过《沙州图经》我们可以清楚地看到，武则天时期的祥瑞现象，简直就是一场造神运动，从中央到地方，到处都有祥瑞的发现。以至于当时三年一造的地方"图经"，祥瑞都是一个固定的项目。在《沙州图经》中，牧监、羁縻州、江河淮济、海沟、陂、宫、郡县城、关铲津济、岳渎、铁、碑碣、名人、忠臣孝子、节妇烈女、营垒、陵墓、台榭、邮亭、矿窟、帝王游幸、名臣将所至、屯田等项目，"右当县并无前件色"[②]，但是敦煌县却不乏祥瑞。包括天授时期在任的沙州刺史李无亏在内的历届沙州地方政府领导人，都比较注意配合中央的政治意图，在寻找祥瑞为中央添彩问题上都很积极努力。

在祥瑞问题上拥有积极主动的精神，如李无亏这样的人物，是沙州地方特产吗？当然不是。李无亏并非敦煌当地人士，他在中央也仕宦多年，可以认为是当时政治环境下的一般性官员。而有关沙州祥瑞的书写，也是当时一般性的书写。详细描写祥瑞出现的情景，提供发现人员的具体信息，还包括其他证明人的情况。报告书写者，还要查阅相关著作，直接证明祥瑞的价值，申明祥瑞的意义。《沙州图经》的祥瑞书写，不过是武则天时代利用祥瑞造神运

① 李宗俊利用李无亏墓志，在王重民、周绍良武周说的基础上再加论证，参见《〈沙州都督府图经〉撰修年代新探》，《敦煌学辑刊》2004年第1期，第53—59页。

② 唐耕耦编：《敦煌社会经济文献真迹释录》（第一辑），北京：书目文献出版社，1986年，第17页。

动的冰山一角，而这份文献的珍贵性，正体现在它的原始性上，让我们真切地看到武则天时代祥瑞的书写原貌。

第三节　祥瑞与地方政治

武则天在称帝进程中，积极利用祥瑞，为自己的政治目标制造舆论，神化自己也神话武周，对此，史书记载十分明确。但另一方面，流传至今的传统文献，对于武则天及其武周政权，多持批判立场，这导致武则天的祥瑞故事往往被蒙上批判的阴影，历史真相反而因批判更趋隐蔽。如此一来，敦煌保留下来的武则天时代的产物《沙州图经》就变得十分重要。其中的"祥瑞"廿条，有四条属于武周时期，为我们研究武则天时期的祥瑞故事，提供了珍贵的第一手资料。尤其是，地方政府在响应朝廷推动的祥瑞运动中，如何把握地方政治，让地方政治实力阶层获得益处。《沙州图经》给出的是一幅少见的地方政治的历史画卷，政治史研究中的一些特质问题，让我们有了具体而切实的感受。简单地说，利用祥瑞推进自己的政治意图，并非是武则天朝廷一厢情愿的事，地方政府在配合中央的同时，加入自己的利益诉求，从而达成各自的目标，祥瑞事业才能如火如荼地进行。没有地方配合、没有地方利益的加入，仅仅依靠中央的政治强力，这便成了无法想象的事业。

一、沙州刺史李无亏

从上文揭录的《沙州都督府图经》中，我们得知有关武则天时期的祥瑞共有四条，三个是天授元年（690），一个天授二年（691），最后还有一首歌谣是载初元年（689），而四个祥瑞的发现、上报、记录都是发生在李无亏为刺史的时期，毫无疑问，李无亏是沙州祥瑞故事的核心且关键人物。在李无亏的上奏表中，不仅描写了祥瑞出现的情形，还提供人证，查阅了有关的书籍，对祥瑞的政治意义进行了论证。正是因为李无亏的积极努力，沙州祥瑞成为武则天时代这类故事的有机组成部分，让我们得以进行观察和研究。恰好地不爱宝，李无亏墓志前几年得以发现，让我们的研究有了更具体的个人背景可以参考。

李无亏的历官大略是这样的。最初是国子生，麟德二年（665）进士及第，然后进入秘书省任校雠之职。总章二年（669），任定州北平县丞，迁许州司兵参军，再迁宋州司法参军。永淳元年（682）任并州阳曲县令。垂拱三年（687），出任芮州府果毅，“仍兼长上致果之职”。载初元年（689），授沙州刺史，兼豆卢军经略使。长寿二年（693），进太中大夫，进爵长城县开国公。延载元年（694）八月七日卒于官舍，享年五十八岁。他是沙州保卫战中负伤不治。万岁登封元年（695）一月十八日葬于稷州武功县三畤原[①]。李无亏墓志的发现，对于《沙州都督府图经》的编修年代有重大参考价值[②]。

李无亏担任沙州刺史之职，从载初元年（689）到延载元年

---

① 王团战：《大周沙州刺史李无亏墓及征集到的三方唐代墓志》，《考古与文物》2004年第1期，第20—26页。

② 李宗俊利用李无亏墓志，在王重民、周绍良武周说的基础上再加论证，参见《〈沙州都督府图经〉撰修年代新探》，《敦煌学辑刊》2004年第1期，第53—59页。

（694），前后不过五年，最后战死沙场，为国捐躯，受到女皇的诏书表彰，至少恪尽职守的。五年中，他发现的祥瑞有四件，歌谣一个，这对于当时的政治气氛，对于武则天的造神运动，不无功劳。至少，目前所见，李无亏是武则天造神运动的一名积极参与者，就州地方长官而言，李无亏的积极性尚无他人可敌。

从时间上看，李无亏在沙州所做的第一件工作是载初元年（689）四月创作的“歌谣”，以百姓名义、民间歌谣的形式，对武则天进行歌颂。虽然《图经》上明说“唐载初元年四月，风俗使于百姓间采得前件歌谣，具状上讫”。上奏的人是风俗使，而提供数据应该就是李无亏本人。“歌谣”对于武则天家的标准来源十分清晰，是很标准的官方说法，满篇都是文绉绉的华丽辞藻。这首“歌谣”根本不可能来自百姓。李无亏进士出身，在从中央到地方，工作多年，对于当时的政治文化应该十分了解，套路和语言也十分精熟，所以没有人否认李无亏对这件“歌谣”的创作功劳。

李无亏在沙州任上，从载初元年（689）到长寿二年（692），职事官没有变化，依旧是沙州刺史兼豆卢军经略使，但是其他方面都有提升。文散官从朝散大夫升为太中大夫，越过了朝请大夫、朝议大夫、中散大夫、中大夫，连升五阶。爵位从长城县开国子（《沙州都督府图经》所记）升入县开国公，径达从二品。李无亏墓志说这是“并赏懋功也”。五年之间，仕途大有进步。李无亏的功劳究竟是什么，墓志没有指明，而通过《沙州都督府图经》我们知道，至少在地方建设和祥瑞发现上，李无亏都有功劳。

祥瑞是古代中国国家意识形态的一部分，以天意的名义，证明最高当局的统治合法性。在武则天替代唐朝的历程中，这种合法性的证明是很重要的，在社会舆论上说服民众，在强化高层的自我心理暗示方面都有正面价值。对于当时的地方政府而言，祥瑞作为一种强烈的政治符号，是否积极发现与呈报，也事关政治立场的表达。是否拥护武则天的新朝廷，有多种表达途径，而祥瑞是最能表达积极态度的一个途径，因为祥瑞的发现与呈报，内心的意愿才是真正的出发起点。按照《唐六典》留下的规定，祥瑞事项分四个等级，大瑞共六十四种，上瑞三十八种，中瑞三十二种，下瑞十四种[①]。对于地方官员而言，祥瑞问题的根本，不在于是否能发现，而在于是否去发现。

现在可以认为李无亏在祥瑞问题上的积极进取获得了朝廷的良好回报，朝廷对他的赏识与提拔，就是最重要的证明。这样的结果，理应即是李无亏积极性的动力所在。作为集权体制下的地方官，要获得政治进步，用各种方式靠近朝廷或许别无选择，但在李无亏的祥瑞呈报中，我们看到，李无亏还有更深的考虑。

二、提携地方势力

武则天的时代，在呈报祥瑞问题上的积极努力，是一种政治表态，有利于主持者的仕途进步。但是，就李无亏的情况来看，他并不是仅仅考虑自身的仕途，他还要带动当地的政治势力共同进步。一个人的政治独角戏，很可能变成政治小丑的滑稽表演，各种势力的协同努力，才会显现出政治的本来面目。

进士出身的李无亏，并不是不通世故的书呆子，作为沙州地方

① 《唐六典》卷四“礼部郎中、员外郎”条，北京：中华书局，1991年，第114—115页。

的最高长官，如何在参与朝廷的政治游戏中让地方政治获得发展，显然也是他考虑祥瑞问题的一部分。何以得出如此结论？因为我们在李无亏的祥瑞呈报中发现了相关人员，而这些人都不是寻常百姓，都有一定的背景。根据唐朝的制度规定，地方呈报祥瑞，要提供相应的数据，这就是《仪制令》的规定：

> 诸祥瑞若麟、凤、龟、龙之类，依图书大瑞者，即随表奏。其表唯言瑞物色目及出处，不得苟陈虚饰。告庙颁下后，百官表贺，其诸瑞并申所司，元日以闻。其鸟兽之类，有生获者，放之山野，余送太常。若不可获，及木连理之类，有生即具图书上进。诈为瑞应者，徒二年。若灾祥之类，史官不实对者，黜官三等。[①]

所谓相应资料，即祥瑞的具体状况和“出处”。出处，应该包括祥瑞发现的时间、地点、发现者以及见证人等。地方长官要呈报祥瑞，无法独自完成，必须把祥瑞发现的要件进行清楚说明，相关人等，成为必不可少的内容。祥瑞如果是纯自然的发现过程，那么任何人都可能成为发现者，但是祥瑞是政治符号，祥瑞的发现和呈报属于政治活动，所以主持者的独具匠心便成为更关键的因素。

沙州的祥瑞以李无亏为主导，无可置疑，那么都有什么人参与他的祥瑞呈报活动呢？这绝不是可有可无的问题，因为参与者与李无亏构成了一个不可分割的团队，他们内部的相互支持，才是最

---

① 《唐会要》卷二八《祥瑞》上，上海：上海古籍出版社，1991年，第618页。

后取得成功的保障。参与李无亏的团队，首先要具备足够的资格，其次是政治意愿。两个条件必须同时具备，或许有此意愿的人数众多，资格认定于是成为更突出的条件。让我们分头进行考察。

天授二年（691）一月“百姓阴嗣鉴于平康乡武孝通园内见五色鸟”。发现五色鸟这个祥瑞，上报朝廷的奏表提及两个人。武孝通，没有其他资料可以参考，所以可供分析的内容有限。但是，当今皇帝姓武，孝通的名字也十分吉祥，至少以孝通感是喜庆概念。垂拱四年（688），洛水宝图的发现可以提示我们，《旧唐书》记载如下：

> 夏四月，魏王武承嗣伪造瑞石，文云：“圣母临人，永昌帝业。”令雍州人唐同泰表称获之洛水。皇太后大悦，号其石为“宝图”，擢授同泰游击将军。[1]

对此，作为瑞石的发现者唐同泰，这个名字就不是简单的人名。当时，武则天还在积累资本，唐朝依然是国家名号。石头上的文字最有价值，直接表达了武则天的希望。获得的地点也有意义，洛水本身就是神圣的地方，毕竟有河图洛书的悠久传统。而上奏之人，“永安人唐同泰”，这个名字也是有含义的。根据当时朝廷大手笔李峤的解释：“姓氏将国号元符，土地与石文明应。表里潜会，枢机冥发。明宴坐之逾昌，验王基之永泰……”[2]从李峤的分析视角观察，武孝通在李无亏的进奏表中，地位也如唐同泰一样。

---

① 《旧唐书》卷六《则天皇后本纪》，北京：中华书局，1972年，第119页。

② 李峤：《为百寮贺瑞石表》，《全唐文》卷二四三，上海：上海古籍出版社，1990年，第1085页。

李无亏同表进奏的另外一个人，即“百姓阴嗣鉴”，其人背景也大有来头。阴家是敦煌大族，用《敦煌名族志》的说法叫作“隋唐已来，尤为望族”。该志有阴家的人物事迹记录，如阴仁干，昭武校尉、沙州子亭将、上柱国。阴仁干有两子任官，长子嗣业，任正议大夫、使持节岷州诸军事、岷州刺史、上柱国、敦煌郡开国公，次子嗣监，任正议大夫、北庭副大都护、瀚海军使、兼营田支度等使、上柱国。阴仁干的三个弟弟，仁果是果毅都尉，仁协是岷州刺史、阳郡开国公，仁希是守左武卫将军、敦煌郡开国公[①]。嗣监、嗣鉴为同一个人[②]。《沙州名族志》撰写的时候，阴嗣鉴已经是北庭副大都护，但在天授二年（691）的时候，尚未出仕，所以还称作“百姓”。阴嗣鉴被选中成为祥瑞的发现者，从其家族背景看，绝不偶然。李无亏在沙州刺史任上，已经两年有余，敦煌地方的势力家族，自然了然于胸，在政治上推奖大家族的青年才俊，不仅是地方长官的分内责任，也有利于自身在地方的生存发展。

白狼条，有“天授二年，得百姓阴守忠状称”云云，而这里的阴守忠依然不是真正的百姓。P.2625《敦煌名族志》也有他的记录：“唐任壮武将军、行西州岸头府折冲兼豆卢军副使，又改受忠武将军、行左领军卫凉州丽水府折冲都尉、摄本卫郎将、借鱼袋，仍充墨离军副使、上柱国。”[③]天授二年（691），阴守忠发现白狼，此

---

① 唐耕耦编：《敦煌社会经济文献真迹释录》第1辑，北京：书目文献出版社，1986年，第100—101页。

② 参见李正宇：《古本敦煌乡土志八种笺证》，兰州：甘肃人民出版社，2008年，第132页。

③ 唐耕耦编：《敦煌社会经济文献真迹释录》，北京：书目文献出版社，1986年，第102页。

时他的身份应该还是百姓，即尚未入仕，但后来官场发展顺利。作为敦煌阴氏的一名代表，阴守忠不管是豆卢军副使还是墨离军副使，都是距离家乡很近的地方任官，光宗耀祖是毫无疑问的。阴守忠第一次与政治发生联系，很可能就是这次的祥瑞呈报，他的名字因此进入朝廷的视野，为他后来的仕途发展奠定了良好的基础。

在五色云一条中，“天授二年冬至日得支庆（度）崔撝”等状称如何如何，其中的“支度（误作庆）崔撝”，一看可知，他是李无亏的部下。李无亏是沙州刺史兼任豆卢军使，旗下有负责支度事务的官员是正常的。但是，崔撝的支度一职属于简称，具体说来，应该是“支度判官”。《新唐书》记载，如果节度使“兼支度、营田、招讨、经略使，则有副使、判官各一人；支度使复有遣运判官、巡官各一人”[①]。这里说的虽然是节度使之制，但军使是小一号的节度使，相应的组织机构存在也是一定的。李无亏的奏表中明确写明自己的部下崔撝发现新祥瑞，这是给崔撝提供的绝佳发展机会，而作为长官，这显然是提拔部下的举动。

天授二年腊月，石城镇将康拂耽延弟地舍拨向州政府报告，蒲昌海变清了。康地舍拨是粟特人，他的哥哥是石城镇将康拂耽延。李正宇先生怀疑，康拂耽延就是康艳典，“若然，则知康艳典去世后，其弟名地舍拨者继为石城镇首领，统其众”[②]。康艳典是著名粟特人，S.367“石城镇”条有康艳典的记录，为“贞观中，康国大首领康艳典东来，居此城，胡人随之，因成聚落，亦曰典合城。其

① 《新唐书》卷四九《百官志四下》，北京：中华书局，1975年，第1309页。
② 李正宇：《古本敦煌乡土志八种笺证》，第133页。

城四面皆沙碛”。小注云：“上元二年改为石城镇，隶沙州。”[①]康艳典应该是石城镇的第一届镇将，从上元二年（675）年开始。仅从上元二年算起，到天授二年（691），也已经十七年，加上贞观时期率领族人从中亚迁入石城镇，如此重大的行动的领导人，其权威性是毋庸置疑的，而相应的年龄也不该太年轻，所以，康拂耽延是康艳典的继承人可能性更大。从原文的表达看，天授二年（691）康拂耽延是石城镇镇将没有问题[②]。镇将的弟弟如今也出现在刺史的上奏状中，而其胡人身份对于武周朝廷，应该具有更加特别的含义，足以让朝廷联想到自己的伟大影响力，所以这样的奏状受到朝廷重视的可能性会更大。

以上沙州祥瑞的奏状中出现的人物，现在看来都不是随机使用的，从他们的背景看，要么已经是官员，比如李无亏的属下崔撝，要么是官员的亲戚，如胡人康地舍拨，要么是地方大族。地方大族，如阴嗣鉴、阴守忠，即使当时两当事人尚未入仕，但他们家族中的上辈成员或者已经是官场中人，或者是有家族根基、有经济实力的地方名族。所以，李无亏的奏状，一方面参与朝廷的造神运动，响应朝廷的号召，为武周政权的天意添砖加瓦，另一方面，也为地方政治服务，希望通过这样的手段，让地方大族的青年和自己的部下及其亲戚，由此获得一个进入仕途及其发展的通道。从这个

① 郝春文主编：《英藏敦煌社会历史文献释录》第2卷，北京：社会科学文献出版社，2003年，第174页。

② 康艳典与康拂耽延的名字都出现在一种文献中，即地志类文献，名字不该严重混淆。康拂耽延，根据荣新江先生的解释，在粟特语中具有“最初的恩惠”含义，通常用于长子的名字。《敦煌学大辞典》“康拂耽延”条，上海：上海辞书出版社，1998年，第345页。

角度观察，李无亏还是一位深得官场三昧的官员，在跟朝廷保持政治一致的同时，不忘夹带自己的地方需求，为地方实力派提供政治发展的空间。

这里，之所以如此判断，是因为朝廷有相应的政策，即奖励祥瑞发现者。在这方面，朱前疑是个有代表性的人物，《资治通鉴》有如此记录：

> 先是，有朱前疑者，上书云："臣梦陛下寿满八百。"即拜拾遗。又自言"梦陛下发白再玄，齿落更生"。迁驾部郎中。出使还，上书云："闻嵩山呼万岁。"赐以绯算袋，时未五品，于绿衫上佩之。①

如朱前疑这样的例证是十分突出的，即使不是这样，如李唐宗室、太宗孙子、吴王李恪儿子李千里的例证，也能够说明问题。《旧唐书》记载如下：

> 吴王李恪之子李仁，后更名千里，"天授后，历唐、庐、许、卫、蒲五州刺史。时皇室诸王有德望者，必见诛戮，惟千里褊躁无才，复数进献符瑞事，故则天朝竟免祸"②。

是因为李千里根本缺乏政治觉悟，不知道武则天夺得的正是自家的天下，还是他确实聪明，用这种完全无耻的方式求得自保呢？

---

① 《资治通鉴》卷二〇六，第6517—6518页。
② 《旧唐书》卷七六《太宗诸子》，第2650页。

我们已经无法求证。但是李千里的故事证明了这样一个事实，即积极帮助武则天证明武周合法的人，是明确无误的政治表现，即使没有发展的任何机会，至少如李千里，生命安全是可以获得保障的。

祥瑞活动是一场政治游戏。对于地方而言，地方当局的主持者是关键，这我们从李无亏的作用中可以看得很清楚。而配合地方当局的人，绝不是寻常百姓，要么是官员，要么是有政治背景的大族。寻常百姓跟这种政治游戏是绝缘的，不仅在于他们是否善于配合，更根本的是他们与政治无缘，不能在政治游戏中获得相应的政治利益。

上报祥瑞，符合朝廷精神，地方当局如李无亏等纷纷行动。在我们看到的《沙州图经》中，很具体很形象的奏状原貌，都大体上呈现出来。很明显图经文字是截取了奏状的部分内容，地方政府奏状留存底稿也是可以理解的，而在编写《图经》的时候，充分利用这些文献数据，这对于主持地方政务的李无亏而言，是一举多得的事。一方面证明了自己努力配合朝廷的积极态度，另一方面向地方人士证明自己的爱民政绩，甚至还让自己在这种《图经》的文献中，实现万古流芳。这第三个方面的动机确然存在，至少我们今天的学者可以证明，李无亏的目的确证已经达成。在统计整个隋唐时期的各地图经之后，我们可以发现，《沙州都督府图经》虽然也仅仅是一部分，但却是至今所知最详细的，信息最丰富的[①]。

李无亏在自己的祥瑞奏表中，很大方地推荐自己的属官、胡人领袖和地方大族，而最终自己也收获朝廷的奖赏和仕途进步。但

---

① 参见华林甫：《隋唐〈图经〉辑考》（上、下），台湾政治大学历史学报第27、28期，2007年，第141—213、1—92页。

是，李无亏在推荐这些地方政治实力派的时候，自己获得的到底是什么呢？难道仅仅是因为呈报献瑞获得朝廷嘉奖吗？巩固朝廷的信任是地方官需要长期经营的事业，李无亏的名山事业也不仅仅在于获得武周朝廷的一时欣赏。

三、政治回报及其方式

州刺史是地方最高长官，因为基本垄断了地方与朝廷沟通的正规渠道，奉刺史为地方领袖几乎是别无二致。沙州刺史李无亏是称职的地方长官，在提携地方实力派方面，李无亏真诚而周到。那么，李无亏的所作所为，仅仅是为了换取地方实力阶层对自己地方工作的实际支持吗？崔撝作为属官，在李无亏用祥瑞呈报方式推荐自己之后，一定会更加努力工作，忠心耿耿、任劳任怨。阴嗣鉴的家族尽力帮助李无亏，官场上的投桃报李是基本政治伦理。这些都是可以想见的，是对李无亏向朝廷举荐的回报。

在李无亏用呈报献瑞方式向中央推荐的四个人物中，武孝通没有任何数据可以补充我们的分析。阴嗣鉴，我们仅仅知道他后来仕途发展顺利，而石城镇将康拂耽延弟地舍拨和崔撝，我们也没有获得更多数据了解后来的情况。唯有阴守忠的家族故事，能够延展我们的论述，为我们补充新的数据，推动我们的分析继续下去。

沙州的建筑，以莫高窟最为闻名，而在莫高窟的建筑群中，北大像最为高大，是莫高窟的高度代表。北大像建立的时候，李无亏应该正在沙州刺史的岗位上，存在联系的可能性很高。北大像的建立，根据P.3720V《莫高窟记》所知，原文“又至延载二年，禅师灵隐共居士阴祖等造北大像，高百卌尺”[①]。延载二年（695），究竟是北大像的建设开始时间还是完成时间，学界看法不同。马德说："从当时的情况看，公元695年是北大像的始建年代。”[②]王惠民认为，如果延载二年是北大像的始建时间，那么“在时间上与690年敕建大云寺一事不合。北大像当始建于敕各州建大云寺之年即690年顷，经五六年的建造，而于695年完工”[③]。北大像如果属于沙州的大云寺，这个推论当然是成立的。但是大云寺应该是官寺，理应有政府负责，可是《莫高窟记》明确说北大像是灵隐禅师与阴祖等建造，不像是政府的官寺。不过，我依然同意695年是北大像建成的时间，根据就是《莫高窟记》的文字都是述成，即记录已经建成的佛龛，并不记述建设过程。有的佛龛建成时间不明确，文中采用的是模糊概念，如“开皇中”“开元中”等，但都在描述建成情况。

如果北大像是在695年建成的，那么始建时李无亏应该还在沙州刺史的岗位上。在沙州地面上建设一个前无古人的大佛像，从筹划到设计到施工到完成，应该是沙州当地的一件盛事。李无亏对北大像建设的支持应该是没有疑问的。尤其是北大像的具体形象，与其他佛像大有不同，十分明显是女性的衣着和体态[④]。虽然北大像后来经过多次维修，但在后武则天时代，这样的女性特征突出的佛

---

① 《法藏敦煌西域文献集成》27，上海：上海古籍出版社，2002年，第116页。参见敦煌研究院编：《敦煌莫高窟供养人题记》，北京：文物出版社，1986年，第72—73页。

② 《敦煌莫高窟史研究》，兰州：甘肃教育出版社，1990年，第80页。可能有更详细的数据，但马德并没有提供，当时的情况是什么还看不出来。

③ 王惠民：《〈沙州刺史李无亏墓志〉跋》，《敦煌研究》2004年第5期，第67—68页。

④ 此观点非本文提出。宁强先生曾经在北京大学的一次讲座中谈及这一看法。

像完全没有根据，所以可以认定现在所见的北大像，应该属于最初的设计和建成的[①]。以李无亏对武周政治的把握，加上《大云经疏》和《宝雨经》的宣传，制作这样的佛像在当时是完全可以理解的[②]。以所知的李无亏资料看，他的政治积极性使他在北大像建设上一定会有所作为，而适应朝廷的政治气氛，建设一尊巨大的女性弥勒佛，这样的创意如果出自普通人是难以想象的，但如果来自刺史李无亏的灵机一动，则是顺理成章的。

北大像的建设者，灵隐禅师是佛教中人，他的作用更应该是教义顾问，而真正的关键人物是阴祖。而这位阴祖就是阴守忠的父亲，而阴守忠正是出现在祥瑞奏表中的人物。《敦煌名族志》在介绍阴祖的时候，写作“乡闾令望，州县轨仪，年八十四，板授秦州清水县令、上柱国”[③]。此阴祖为彼阴祖，学者的看法无有不同[④]。马德在介绍北大像由“灵隐禅师与居士阴祖所建”之后写道：“敦煌文书P.2556《敦煌名族志》中有关阴祖及其后人活动的简略记

① 北大像后来的维修，最有名的一次是在曹氏归义军时期，文献即乾德四年（966）的五月《乾德四年曹元忠夫妇修北大像功德记》，其中有“遂睹北大像弥勒，建立年深，下接两层，材木损折……其月廿一、廿二两日换柱，材木损折较多，不堪安置。至廿三日下手拆……至廿四日拆了……至廿五日便缚绷阁，上材木缔构。至六月二日功毕”。见荣新江：《海外敦煌吐鲁番文献知见录》，南昌：江西人民出版社，1996年，第10—11页。维修的是北大像的外栏，并没有触及北大像的像本身。

② 参见林世田：《武则天称帝与图谶祥瑞——以S.6502〈大云经疏〉为中心》，《敦煌学辑刊》2002年第2期，收入作者《敦煌遗书研究论集》，北京：中国藏学出版社，2010年，第39—54页。此外还有，林世田：《〈大云经疏〉初步研究》，初载《文献》2002年第4期，收入《敦煌遗书研究论集》，第3—15页。

③ 唐耕耦编：《敦煌社会经济文献真迹释录》，第102页。名族志中，“阴祖”，误写为“阳祖”，因为该篇所记明确写为阴氏，所以是阴阳之误。

④ 《敦煌名族志》中，“阴祖”写作“阳祖”，显然是习惯阴阳观念人的笔误，因为标题明明写作阴氏。

载。”[①]李正宇先生也在介绍阴守忠的事迹后写道，“其父阴祖，延载二年与灵隐禅师创修莫高窟北大像”[②]。

阴祖应该是修建北大像的出资人，而李无亏在修筑北大像事件中扮演什么角色呢？从《敦煌名族志》的记录文字中可以看得很清楚，阴祖一直是地方乡绅，并没有获得政治身份即官位。他担任的上柱国属于勋官，虽然也是官员的一种，但是因为战事立功而获得勋官的人数太多，唐朝的很多农民都有这样的机会，所以并不尊贵。他后来版授县令，是朝廷尊老政策的产物，并非确实任职。总之，阴祖一生并没有搭上政治这条大船。但是，他的两个儿子确实官运亨通，至少在敦煌地方上看来是如此。阴祖看来是一位乡绅，金钱势力强大，但很可能文化程度有限。他有条件培养自己的后代读书识字，为走仕途铺垫文化基础，阴守忠能够写出发现祥瑞的状，证明阴守忠具备了相当的文化水平。那么，以阴祖这样一位乡绅，怎么会想到去修建一座具有女性特征的弥勒像呢？无论是对朝廷动向的把握，还是对《大云经》等佛教经典的了解，甚至还要考虑到如何突破当地社会的观感习惯，这些都会成为阴祖修建如此北大像的障碍。然而，北大像还是修成了，重要原因是阴祖背后的强力支持者是当地的最高长官李无亏。

沙州出现一个最高尺寸的女弥勒像，这是当地具有纪念碑意义的建筑。既然是地方建筑，体现了地方长官李无亏政绩显赫。就算所有涉及北大像的文字都不提及李无亏，这也是刺史李无亏的政治功勋，因为在他治下，连普通百姓都心怀朝廷，愿意出巨资修建高

① 马德：《敦煌莫高窟史研究》，兰州：甘肃教育出版社，1990年，第80页。
② 李正宇：《古本敦煌乡土志八种笺证》，第135页。

大的女弥勒，因为如今女皇帝在他们的心目中，就与女弥勒一样。从后来的历史看，女性弥勒的北大像是有时代特征的，从当时的政治看，北大像是有政治高度的。这个高度，正是沙州刺史李无亏的政治高度，就当时的武则天朝廷而言，对于李无亏的这个成绩的态度是可想而知的，除了赞赏还是赞赏。事实上，李无亏没有机会见到北大像的落成，更无缘参加大像的落成典礼，甚至作为前任刺史，后来也少有人提起，因为他在大像建成的前一年去世。但是，李无亏仍然是北大像建设的关键人物之一，他最大的直接的贡献就是向朝廷报告了阴守忠发现的祥瑞。

究竟是李无亏为了促成阴祖修建北大像而在奏表中上报了阴祖儿子阴守忠，还是阴祖为了报答李无亏对自己儿子的推奖而投资建设北大像，在具体时间先后问题上，这是无法澄清的。但是，两个事情存在彼此支持的关系，体现了两种资源的相互交换，应该是不必质疑的。阴祖有财力修建北大像，李无亏有权力呈报祥瑞，以其所有易其所无，这是政治活动的特质，也是理解政治的密码。

发现祥瑞、上报祥瑞，甚至佛像建设，都可以看作是一场参与者心领神会的政治游戏。朝廷有自己的政治需求，需要地方密切配合。如果地方不给予配合，中央的合法性天意就无从获得证明，对于当时的政治而言，就可能陷入被动。地方在配合朝廷需求的同时，也需要把自己的需求带入，中央对此应该给予关照，彼此心照不宣。只有双方的需求都获得满足，这样的游戏才可以继续下去。不仅如此，地方的行政当局与地方大族等势力，也要相互配合，彼此支持，相互满足。在特定的政治背景下，策划、推动适当的政治游戏，各个方面配合行动，社会的能量得以交换，彼此的利益获得发展，而游戏如同故事一样地顺利展开。这样，当我们评价李无亏积极上进的时候，就不必很不屑地认为这是他个人的政治丑态了。除了为自己的仕途着想以外，他也在为地方大族谋求发展。就当时的政治形态而言，这是更正常的政治行为。

中国古代的所谓“祥瑞”，是上天意志的表达，是对人间统治者的肯定。武则天时代，作为中国历史上的唯一女皇，在她政治建设的道路上，非常重视对祥瑞的利用。但是，几乎只有敦煌P.2005号等文书，比较完好地保留下地方与朝廷在祥瑞问题上的互动情形。一个生动的政治故事，就这样延展开来，虽然是一千多年的往事，如今望去，并没有严重的陌生之感。

第十七章
武则天的“内宠”问题

武则天的“内宠”问题，让她在私德方面饱受攻击。起初，女皇确有隐蔽活动，努力不让外界获知。但后来公开成立“控鹤监”等组织，似乎已经不在意外界的声音。到底应该如何理解女皇的“内宠”问题，古今研究者言人人殊。本文的核心观点是，武则天的“内宠”并不相同，后期的“二张”与早期的薛怀义不同，“二张”是标准的“内宠”，而薛怀义更接近女皇的秘密情人。女皇并不回避“二张”的存在，除了追求长生以外，本文认为更重要的是，女皇在通过“二张”制造自己的健康神话。而对于君主而言，自身的健康是重大的政治问题。

弘道元年（683），唐高宗去世，则天皇后成为太后。天授元年（690），武则天地位进一步高升，成为武周的开国皇帝。神龙元年（705）武则天的统治和武周政权一起被政变推翻，唐朝复辟成功。太后武则天和女皇武则天，一直存在“内宠”问题。这是武则天研究中的一个具体问题，古今研究者皆有观点表达。从政治家特有的视角去理解女皇“内宠”问题，是这里希望表述的新看法。

第一节 “内宠”的称谓

这里所谓“内宠”，概指武则天作为太后、女皇时期的特别男人，如薛怀义、张易之、张昌宗等。史书记载和后世研究，概括这些特殊人物的词汇不尽一致，所以有必要给予归纳总结。武则天虽然正式称帝，但并没有设立相应的嫔妃之制，所以需要思考如何准确称谓薛怀义、张易之这些人物。准确定位也是具体历史研究的一部分。

清代著名史学家赵翼在他的名著《廿二史劄记》中，设有“武后纳谏知人”条，开篇即言：“武后之淫恶极矣，然其纳谏知人，亦自有不可及者。”在列举多个事例之后，赵翼写道：“夫以怀义、易之等，床笫之间，何言不可中伤善类，而后迄不为所动摇，则其能别白人才，主持国是，有大过人者，其视怀义、易之等，不过如面首之类。人主富有四海，妃嫔动至千百，后既身为女主，而所宠倖不过数人，固亦无足深怪，故后初不以为讳，并若不必讳也。至用人行政之大端，则独握其纲，至老不可挠撼。”[①]

赵翼的看法十分重要，影响巨大。就称谓问题，他使用了今人比较熟悉的“面首”概念。面首，意指男妾，权势女人的小白脸。但徐铸成先生写《面首考》[②]，从古书中找到“面首”的多重含义，而“男妾”意，仅为之一。蒋维崧、王佩增又著《面首词义

① 赵翼著、王树民校证：《廿二史劄记校证》（订补本）卷一九，北京：中华书局，1984年，第414—415页。

② 徐铸成：《面首考》，《读书》1979年第7期，第130—132页。

考源》，对于徐铸成先生观点又有增补，认为面首的男妾之意，是后来的误解，但作为新的重要含义，也没有必要否认[①]。面首一词的男妾之意之所以广为人知，似乎是因为宋明帝刘彧的姐姐山阴公主。《资治通鉴》有记载如下：

> 公主尤淫恣，尝谓帝曰："妾与陛下，男女虽殊，俱托体先帝。陛下六宫万数，而妾唯驸马一人，事太不均。"帝乃为公主置面首左右三十人，进爵会稽郡长公主，秩同郡王。吏部郎褚渊貌美，公主就帝请以自侍，帝许之。渊侍公主十日，备见逼迫，以死自誓，乃得免。

对此，胡三省注释道，"面，取其貌美，首，取其发美"[②]。男子因美貌而成为权势女人的玩伴，被称作面首，一方面表达双方的关系不平等，一方面说明关系不正常。不过，正如山阴公主之例，面首可以用来表达所有权势女人的男性小伙伴，并非特指武则天这样的太后、女皇身份的"男友"。岑仲勉先生《隋唐史》依然使用"面首"这个概念[③]。

唐朝的文献中，不见把薛怀义、张易之等称作面首的例证，但是历史文献，在任何定位薛怀义、张易之的时候，确实也颇感困难。《薛怀义传》，《旧唐书》置于外戚类传之中，作为武承嗣的附

---

① 蒋维崧、王培增：《面首词义考源》，《东岳论丛》1980年第3期，第14—16页。

② 《资治通鉴》卷一三〇，宋明帝泰始元年（465），北京：中华书局，1956年，第4077页。

③ 文中称"张易之、昌宗兄弟更面首之流……"见岑仲勉：《隋唐史》，北京：高等教育出版社，1957年，第156页。

传而存在。薛怀义不是武承嗣的亲戚，非子非侄，怎么可以如此设置呢？薛怀义不姓武，放在武家这群外戚中，十分不协调。但是，薛怀义确实因为武则天而具有了历史记载的价值，如果放在大臣的群体之中，同样会显现出不协调。《新唐书》不为薛怀义立传，薛怀义的事迹在《则天武皇后传》里有所记录，其文为：

> 诏毁乾元殿为明堂，以浮屠薛怀义为使督作。怀义，鄠人，本冯氏，名小宝，伟岸淫毒，佯狂洛阳市，千金公主嬖之。主上言："小宝可入侍。"后召与私，悦之。欲掩迹，得通籍出入，使祝发为浮屠，拜白马寺主。诏与太平公主婿薛绍通昭穆，绍父事之。给厩马，中官为驺侍，虽承嗣、三思皆尊事惟谨。至是护作，士数万，巨木率一章千人乃能引。又度明堂后为天堂，鸿丽严奥次之。堂成，拜左威卫大将军、梁国公。[1]

《新唐书》通篇只介绍薛怀义的事迹，没有涉及薛怀义的称谓，或许是因为难以确定。在"二张"的传记处理上，《新唐书》继承了《旧唐书》的做法，用张行成附传的方式记录"二张"事迹，也不涉及称谓问题。

现代学者研究武则天，常常涉及武则天的这个问题，但称谓并不一致。不能尽取所有，试举例说明。汪篯先生在《武则天》一文中，有这样的概括："武则天公开宣称自己是皇帝，改了朝代，公开

① 《新唐书》卷七六《则天武皇后传》，北京：中华书局，1975年，第3479—3480页。

宣布打破男权观念。尽管六十多岁了，还搞了许多男妃子，男女混杂，满不在乎。”[①]这是汪先生的演讲稿，所以尽可能的通俗，“男妃子”的概念可以看作是比喻之词。其实，皇帝的嫔妃，是皇帝制度下的律令规定，是公开合法的存在，但武则天并没有设置相应的制度，所以这里的“男妃子”这种比喻之词，不能当作汪先生对这一干人等的正式称谓。不过，妃子的比喻，能够揭示武则天与这些男人之间存在着某种“公的”关系，因为皇帝无私，皇帝的事皆具有“公的”特征。

翦伯赞先生曾为越剧《则天皇帝》写过剧评，涉及对武则天的评价，反对把武则天评价过高，“把武则天说成是一个妇女解放者，那是不妥当的，因为在七世纪的中国，不可能产生解放妇女的思想。事实也是如此。武则天并没有向妇女开放政权，也没有改变妇女社会地位，甚至她自己的思想也没有解放。最好的证明就是她始终不敢让她的情人取得合法地位，而是让他们披着控鹤监或银青光禄大夫等官员的制服伪装起来”[②]。这里，翦老使用的是“情人”一词。情人这个词汇，适合所有人，甚至不论男女。

雷家骥先生在二十年中写过两部武则天专著《武则天——狐媚偏能惑主》和《武则天传》，对于这个问题，他一直使用的概念是“情夫”[③]。在《武则天传》的第十五章，雷家骥先生使用了《情

---

① 汪篯：《武则天》，根据汪篯先生1962年11月11日在中共中央高级党校报告的记录，收入《汪篯隋唐史论稿》，北京：中国社会科学出版社，1981年，第118—131页。

② 翦伯赞：《评越剧〈则天女皇〉》，《戏剧报》第21期，1959年10月，收入《翦伯赞史学论文选集》第3辑，北京：人民出版社，1980年，第451—456页。

③ 雷家骥：《武则天——狐媚偏能惑主》，台北：联鸣文化有限公司，1981年。雷家骥：《武则天传》，北京：人民出版社，2001年。

夫、亲子与侄子：女皇晚年的感情与危机》为标题，特别强调他们之间的关系是一种“私的”关系。在第一部书《武则天——狐媚偏能惑主》中，雷家骥先生指出：“武则天六十岁以后，情夫甚多，当与肉欲有关，若说她有意效仿传统男性皇帝般，享尽六宫粉黛的颜色，则似未然。因为男性皇帝之与六宫妃嫔，是具有法律上的丈夫与妻妾的婚姻关系的。武则天之与众情夫，仅是在正式关系以外养汉子而已，她并没有赋予他们任何‘妻妾’的正式名分。”[①]强调“私的”关系，揭示出武则天与她的这些男人关系的本质，没有合法化、没有制度化，一直控制在私人关系的范围之内。

陈寅恪先生在《记唐代之李武韦杨婚姻集团》一文中，使用的“男宠”概念[②]。胡戟先生在所著《武则天本传》中，称之为“男宠”[③]。王寿南撰《武则天传》设有“女皇的男宠们”[④]，可见相似的选择是存在的。如果核查史料，“男宠”一词多用于男性同性恋，若加“女皇的男宠”则不会产生歧义。但是，本文还是决定使用“内宠”这个概念。这有两个考虑，一是“内”有皇宫之内的含义，从而确指最高权力，若用“女皇的内宠”，更能锁定具体对象。尤其是“内宠”比“男宠”较少歧视之意，能够显现出一定的客观性[⑤]。当然，更重要的是，武则天当时，这个概念已经公开使

---

① 雷家骥：《武则天——狐媚偏能惑主》，第162页。

② 陈寅恪：《记唐代之李武韦杨婚姻集团》，原载《历史研究》1954年第1期。收入作者《金明馆丛稿初编》，北京：生活·读书·新知三联书店，2009年第二版，第266—295页。

③ 胡戟：《武则天本传》，西安：三秦出版社，1986年，第135页。

④ 王寿南：《武则天传》，台北：台湾商务印书馆，2013年。

⑤ 韩国磐先生则称之为“嬖臣”，含义与“内宠”多有相似。韩国磐：《隋唐五代史纲》，北京：人民出版社，1977年，第141页。

用。《旧唐书·张行成传》所附“二张”传，有如此记载：

圣历二年，置控鹤府官员，以易之为控鹤监内供奉，余官如故。久视元年，改控鹤府为奉宸府，又以易之为奉宸令，引辞人阎朝隐、薛稷、员半千并为奉宸供奉。……天后令选美少年为左右奉宸供奉，右补阙朱敬则谏曰：“臣闻志不可满，乐不可极。嗜欲之情，愚智皆同，贤者能节之不使过度，则前圣格言也。陛下内宠，已有薛怀义、张易之、昌宗，固应足矣。近闻尚舍奉御柳模自言子良宾洁白美须眉，左监门卫长史侯祥云阳道壮伟，过于薛怀义，专欲自进堪奉宸内供奉。无礼无仪，溢于朝听。臣愚职在谏诤，不敢不奏。”则天劳之曰：“非卿直言，朕不知此。”赐彩百段。[①]

朱敬则当着武则天的面，称薛怀义、张易之、张昌宗为“内宠”，武则天没有责怪，还表扬朱敬则是直言，又有赏赐，足见这个概念是武则天同意并接受的。既然连武则天都接受，我们今天的研究者，似乎更应当选择这个概念，努力避免非必要的主观干预[②]。

第二节　薛怀义

虽然史书把薛怀义与“二张”并称，都叫作“内宠”，但薛怀义与“二张”不同时。对此，上文所引朱敬则所谓“陛下内宠，已

① 《旧唐书》卷七八《张行成传》，第2706—2707页。
② 范文澜先生主编《中国通史简编》，也是使用“内宠”这个概念的。

有薛怀义、张易之、昌宗，固应足矣”的说法，其实是不准确的，当时已经是久视元年（700）之后，只有“二张”，已经没有薛怀义。另外，薛怀义与“二张”有所不同，故分别讨论。

薛怀义的原委，《旧唐书》有比较清晰的记载：

> 薛怀义者，京兆鄠县人，本姓冯，名小宝。以鬻台货为业，伟形神，有膂力，为市于洛阳，得幸于千金公主侍儿。公主知之，入宫言曰：“小宝有非常材用，可以近侍。”因得召见，恩遇日深。则天欲隐其迹，便于出入禁中，乃度为僧。又以怀义非士族，乃改姓薛，令与太平公主婿薛绍合族，令绍以季父事之。自是与洛阳大德僧法明、处一、惠俨、稜行、感德、感知、静轨、宣政等在内道场念诵。怀义出入乘厩马，中官侍从，诸武朝贵，匍匐礼谒，人间呼为薛师。

薛怀义是千金公主推荐给武则天的。在《薛怀义传》中，初始时间并不明确。冯小宝改名薛怀义，冒充士族和僧人，原来都是武则天指导下设置的掩护色，为的是“便于出入禁中”，方便与太后见面。既然千金公主、太平公主及其丈夫薛绍都参与了掩护的工作，证明有许多知情人。既然如此，也可以说武则天身边的人对于太后拥有一个情人是支持的，完全没有大惊小怪。至于参与掩护，是因为这是太后特殊政治身份的需要。

薛怀义出现在太后身边，应该是在垂拱元年（685）之前，因为垂拱元年（685），武则天首次为薛怀义建设专属寺院白马寺，而此前，他与大德僧法明等仅仅是在内道场中诵读佛经而已。《薛怀义传》记载此事为“垂拱初，说则天于故洛阳城西修故白马寺，怀义自护作，寺成，自为寺主”。时间并不明确，而《通鉴》则把此事记录在垂拱元年（685）之下：“太后修故白马寺，以僧怀义为寺主。”[①]垂拱元年，依照《通鉴》所引《则天实录》的记载[②]，当时的武则天是62岁，是唐高宗去世的第三年。

陈寅恪先生曾经讨论过此事，在引证朱敬则的言论之后，强调从制度和风俗上进行理解的必要性。“读史者须知武曌乃皇帝或女主，而非太后，既非太后而是皇帝，则皇帝应具备之礼制，武曌亦当备有之，区区易之、昌宗、怀义等男宠，较之唐代之皇帝后宫人数犹为寡少也。否则朱敬则何以能昌言无忌讳，而武曌又何以公加赏慰，不自愧耻耶？世人又有疑武曌年事已高，何必畜此辈者，乃以史为过甚，殊不知贺兰敏之亦且上烝其外祖母，亦即其祖母荣国夫人杨氏，计当时荣国之年龄必已五六十岁。荣国为武后之生母，以此例之，则武后所为何容置疑？且朱敬则疏中明言阳道壮伟是其碻证，此事颇涉猥亵，不宜多及，然世之通达古今风俗变迁者，自可捐弃其拘墟之见也”[③]。其实，从千金公主、太平公主在薛怀义事上的态度，已经足够证明当时的风俗问题。

从薛怀义与太后关系的后续发展来看，地下情人的关系是显而易见的。薛怀义最初的工作范围，不出僧人的应有作为，如带

---

① 《资治通鉴》卷二〇三，第6436页。

② 《资治通鉴》卷二〇八，第6596页。所引吴兢：《则天实录》，见今本《资治通鉴》卷一九五，贞观十一年（637），第6135页。

③ 陈寅恪：《记唐代之李武韦杨婚姻集团》，原载《历史研究》1954年第1期。收入作者《金明馆丛稿初编》，北京：生活·读书·新知三联书店，2009年第二版，第266—295页。

领一群僧人为《大云经》作注，为武则天的合法统治制造舆论。奉命建设明堂，也事关武则天的意识形态。明堂、天堂建成，《薛怀义传》记载“怀义以功拜左威卫大将军，封梁国公。永昌中，突厥默啜犯边，以怀义为清平道大总管，率军击之，至单于台，刻石纪功而还。加辅国大将军，进右卫大将军，改封鄂国公、柱国，赐帛二千段”。永昌只有一年，即公元689年，是武则天称帝的前一年。薛怀义已经在正式的官场序列中高速前进，皆可以看作是掌权太后对他的奖赏，当然主要不是为国立功，主要还是为太后立下了功勋。

正因为薛怀义与太后的关系是私下的秘密关系，了解情况的人对薛怀义尊敬有加，“中官侍从，诸武朝贵，匍匐礼谒，人间呼为薛师”。如本传所言就，他甚至：“颇恃恩狂蹶，其下犯法，人不敢言。右台御史冯思勖屡以法劾之，怀义遇勖于途，令从者殴之，几死。”但是，因为没有合法公认的地位，朝廷大臣可以故作不知而严厉对待。《通鉴》记载：

> 苏良嗣遇僧怀义于朝堂，怀义偃蹇不为礼；良嗣大怒，命左右捽曳，批其颊数十。怀义诉于太后，太后曰：“阿师当于北门出入，南牙宰相所往来，勿犯也。”太后托言怀义有巧思，故使入禁营造。补阙长社王求礼上表，以为：“太宗时，有罗黑黑善弹琵琶，太宗阉为给使，使教宫人。陛下若以怀义有巧性，欲宫中驱使者，臣请阉之，庶不乱宫闱。”表寝不出。[1]

---

① 《资治通鉴》卷二〇三，垂拱二年，第6441页。

垂拱二年（686），薛怀义与太后关系处于上升期，太后虽然呵护薛怀义，但因为是私下秘密关系，无法跟宰相和朝官明说，面对苏良嗣这样的行为，太后只能让薛怀义躲避。对于王求礼的建议，太后更没有办法回应，只能不予回应。

太后的地下情人没有正式官方身份，这是薛怀义不得不忍气吞声的重要原因，而自从让薛怀义督办明堂建设，尤其是成功之后获得了官爵地位，薛怀义的状况应该大有改观。武则天甚至让薛怀义领兵出征，永昌元年（689）一次，长寿二年（693）一次。武则天到底有什么计划，如今已经不得而知。她是否想通过提高薛怀义的政治地位而公开两人的关系呢？即使确有这样的计划，也一定很快就放弃了。长寿二年那次任命薛怀义出征并没有实施，因为突厥撤走，武周的军队并没有真正开赴前线。但是，我们从历史文献中发现，薛怀义与武则天的关系开始出现问题。

《薛怀义传》的文字写道："怀义后厌入宫中，多居白马寺，刺血画大像，选有膂力白丁度为僧，数满千人。"《通鉴》记载此事于天册万岁元年（695）正月，但有追述的意味。其文如下：

> 初，明堂既成，太后命僧怀义作夹纻大像，其小指中犹容数十人，于明堂北构天堂以贮之。堂始构，为风所摧，更构之，日役万人，采木江岭，数年之间，所费以万亿计，府藏为之耗竭。怀义用财如粪土，太后一听之，无所问。每作无遮会，用钱万缗；士女云集，又散钱十车，使之争拾，相蹈践有死者。所在公私田宅，多为僧有。怀义颇厌入宫，多居白马

寺，所度力士为僧者满千人。[1]

于是，才发生了侍御史周矩按察薛怀义的事情发生。《通鉴》记载道：

> 侍御史周矩疑有奸谋，固请按之。太后曰："卿姑退，朕即令往。"矩至台，怀义亦至，乘马就阶而下，袒腹于床。矩召吏将按之，遽跃马而去。矩具奏其状，太后曰："此道人病风，不足诘，所度僧，惟卿所处。"悉流远州。迁矩天官员外郎。[2]

需要注意的是，周矩的这次调查是获得女皇批准的，薛怀义的手下"悉流远州"以及周矩的升迁，都可以看作是女皇的旨意。尤其是，女皇说薛怀义有疯疾，放过了他。很清楚，周矩的按察，是对薛怀义的警告，并不是真的治罪。所警告的只能是"厌入宫中，多居白马寺"。就是说，薛怀义讨厌入宫，多居白马寺，是在跟女皇斗气，两人因为什么事情生气，自然无从知晓，但属于情人之间的斗气是很明显的。

武则天令周矩按察白马寺，其实也是斗气的手段，应该是希望薛怀义回心转意向女皇服软。但是，后续事件证明，女皇的计策失效，薛怀义坚持斗争，不甘服输，他一把火烧了明堂。正月丙申，是十七日，《旧唐书·则天皇后本纪》："丙申夜，明堂灾，至明而

① 《资治通鉴》卷二〇五，第6498页。
② 《资治通鉴》卷二〇五，第6498页。

并从煨烬。”[①]《通鉴》的记载最详细，并加入了原因的叙述，其文如下：

> 丙申，张像于天津桥南，设斋。时御医沈南璆亦得幸于太后，怀义心愠，是夕，密烧天堂，延及明堂。火照城中如昼，比明皆尽，暴风裂血像为数百段。太后耻而讳之，但云内作工徒误烧麻主，遂涉明堂。时方酺宴，左拾遗刘承庆请辍朝停酺以答天谴，太后将从之。姚璹曰：“昔成周宣榭，卜代愈隆；汉武建章，盛德弥永。今明堂布政之所，非宗庙也，不应自贬损。”太后乃御端门，观酺如平日。命更造明堂、天堂，仍以怀义充使。又铸铜为九州鼎及十二神，皆高一丈，各置其方。[②]

《通鉴》加入了沈南璆因素，这使得薛怀义纵火动机更加具体明白。或许，此前薛怀义跟女皇的斗气都是从沈医生这里引发的。或许，女皇给薛怀义的种种高官厚禄都是为了安抚从沈医生这里引发的妒意[③]。深宫故事，本来就扑朔迷离，加之情感纠缠因素，就更加难以明了。但是，这次薛怀义确实“玩坏”了自己。表面上，女皇还在替薛怀义遮掩，但内心显然已经动了杀机。薛怀义跟最有权力的女皇玩博弈，不懂得及时收手，最后只好赔上“卿卿

① 《旧唐书》卷六《则天皇后本纪》，第124页。
② 《资治通鉴》卷二〇五，第6499页。
③ 《旧唐书·薛怀义传》，记述到沈南璆也有如此说法：“后有御医沈南璆得幸，薛师恩渐衰，恨怒颇甚。证圣中，乃焚明堂、天堂，并为灰烬，则天愧而隐之，又令怀义充使督作。”

性命”。

天册万岁元年（695）二月，薛怀义终于走到了人生的尽头。《通鉴》记载道：

> 僧怀义益骄恣，太后恶之。既焚明堂，心不自安，言多不顺；太后密选宫人有力者百余人以防之。壬子，执之于瑶光殿前树下，使建昌王武攸宁帅壮士殴杀之，送尸白马寺，焚之以造塔。[①]

《旧唐书·薛怀义传》所记略有不同，其文为：

> 其后益骄倨，则天恶之，令太平公主择膂力妇人数十，密防虑之。人有发其阴谋者，太平公主乳母张夫人令壮士缚而缢杀之，以辇车载尸送白马寺。其侍者僧徒，皆流窜远恶处。[②]

对比《旧唐书》与《通鉴》，具体是谁杀了薛怀义是不同的，但杀人命令来自女皇是没有问题的。火烧明堂这件事实在太严重，极大地损害了女皇的威信。她甚至一时不知道如何应付。有人说这是天谴，应该避位停朝；有人认为这是人火，不是天火，不必太认真，而这些女皇都准备听从。虽然，她曾经拿河内老尼出气，但还是不得不“下制书求直言”[③]，被动且难堪。

① 《资治通鉴》卷二〇五，第6502页。
② 《旧唐书》卷一八三《外戚列传》所附《薛怀义传》，第4743页。
③ 《资治通鉴》卷二〇五，第6500页。

薛怀义是武则天第一个情夫，在公私的交织中，有许多模糊的空间，这导致女皇对薛怀义不能实现彻底的控制。薛怀义对于女皇不是一味地忍让，他可以独立采取行动，但是，所有的这一切，都可以看作是情人之间的争风吃醋。薛怀义没有掌握好分寸，最后葬送了自己，但是他的所作所为，看上去更如同情夫而不是内宠。就此意义而言，如雷家骥先生那样强调薛怀义为“女皇的第一个情夫”①，还是很恰当的。

第三节 “二张”

“二张”即张易之、张昌宗兄弟。在武则天的“内宠”名单中，“二张”是最典型的。“二张”之前，当了女皇十年情人的薛怀义已经在695年去世了。在薛怀义的身后，本来应该出现以医学为背景的沈南璆，但这个医生仅仅在薛怀义与女皇斗气的环节中出现，然后就在历史记录中彻底消失了。是否真的有个沈南璆，都可以认真地画上一个问号。

“二张”的出现，是在薛怀义消失两年之后。《旧唐书·张行成传》所附“二张”传，对于他们的初兴，有比较详细的记录，其文为：

> 行成族孙易之、昌宗。易之父希臧，雍州司户。易之初以门荫，累迁为尚乘奉御，年二十余，白皙美姿容，善音律歌词。

① 雷家骥：《武则天传》，北京：人民出版社，2001年，第520页。

则天临朝，通天二年，太平公主荐易之弟昌宗入侍禁中，既而昌宗启天后曰："臣兄易之器用过臣，兼工合鍊。"即令召见，甚悦。由是兄弟俱侍宫中，皆傅粉施朱，衣锦绣服，俱承辟阳之宠。俄以昌宗为云麾将军，行左千牛中郎将；易之为司卫少卿。赐第一区、物五百段、奴婢驼马等。信宿，加昌宗银青光禄大夫，赐防阁，同京官朔望朝参。仍赠希臧襄州刺史，母韦氏阿臧封太夫人，使尚宫至宅问讯，仍诏尚书李迥秀私侍阿臧。武承嗣、三思、懿宗、宗楚客、宗晋卿候其门庭，争执鞭辔，呼易之为五郎，昌宗为六郎。俄加昌宗左散骑常侍。①

通天二年，即万岁通天二年（697），这一年女皇七十四岁。"二张"，年轻貌美擅长音律歌词，张易之还通晓医理，受宠之后，不仅升官发财，还带领全家迅速发达。太平公主推荐了弟弟张昌宗，弟弟再推荐哥哥张易之，兄弟同心。不过，从最初的情形看，张昌宗不断升迁，似乎女皇更喜欢弟弟六郎（张昌宗）一些。

比较"二张"与薛怀义，可以看出女皇口味的一些变化。薛怀义身高体壮，文化偏低，为了说得过去，当初的太后还要为薛怀义更名换姓，冒充士族。"二张"是唐初名臣张行成的族孙，可谓出身名门，这一点远高于薛怀义。从身体特征看，"二张"肤白貌美，能歌善舞，正是"内宠"的上好材料。加上"皆傅粉施朱，衣锦绣服"，他们对于"内宠"的身份认同自觉主动，角色感十分到位。薛怀义还有跟女皇斗气的一面，情人之间争风吃醋，表现很充分。

---

① 《旧唐书》卷七八《张行成传》所附，第2706页。《资治通鉴》记此事于神功元年（697）正月或者二月，第6514页。

但“二张”是女皇豢养的小宠物，主要的功能就是陪伴女皇左右，随时助女皇开心。“二张”的出现，有助于愉悦女皇。比起当初的薛怀义，“二张”愉悦的主要是女皇之心。

有关“二张”对于女皇的意义，他们的传记里，已经记载充分，其文曰：

> 圣历二年，置控鹤府官员，以易之为控鹤监内供奉，余官如故。久视元年，改控鹤府为奉宸府，又以易之为奉宸令，引辞人阎朝隐、薛稷、员半千并为奉宸供奉。每因宴集，则令嘲戏公卿以为笑乐。若内殿曲宴，则二张、诸武侍坐，樗蒱笑谑，赐与无算。时谀佞者奏云，昌宗是王子晋后身。乃令被羽衣，吹箫，乘木鹤，奏乐于庭，如子晋乘空。辞人皆赋诗以美之，崔融为其绝唱，其句有“昔遇浮丘伯，今同丁令威。中郎才貌是，藏史姓名非”。①

圣历二年是699年，张易之超越弟弟成为女皇男宠。不管是控鹤监内供奉还是奉宸府，张易之都是首领。从这段文字可以看得很清楚，这个新的机构，主要功能就是陪女皇快活。久视元年（700），武则天七十七岁。

控鹤监和奉宸府，虽然是武周设置的国家机构，但是具有服务于女皇个人的职能特色，而这不是所有人都能接受的。员半千的事例就证明了这一点。员半千是女皇欣赏的官员，但是他却拒绝了控

① 《旧唐书》卷七八《张行成传》所附，第2706页。

鹤内供奉这个职位。员半千“擢累正谏大夫，兼右控鹤内供奉。半千意控鹤在古无有，而授任者皆浮狭少年，非朝廷德选，请罢之。忤旨，下迁水部郎中”[①]。根据《员半千传》，“二张”传的记录有误差。员半千辞去的职务是“右控鹤内供奉”，这应该是圣历二年（699）设置控鹤府时期的名称。久视元年改为奉宸府，官员称作“奉宸供奉”。员半千反对设立控鹤监就被“下迁”水部郎中，不可能担任“奉宸供奉”之职。

员半千的反应，很能说明控鹤监的特色“授任者皆浮狭少年，非朝廷德选”，员半千这样的人物不愿意与这群人为伍。也有无良文人希望跻身其中，宋之问等就是这个方面的典型。《宋之问传》记载：“累转尚方监丞，左奉宸内供奉。易之兄弟雅爱其才，之问亦倾附焉。预修《三教珠英》，常扈从游宴。”[②]对此，《新唐书》增加了更多的猛料：“于时张易之等烝昵宠甚，之问与阎朝隐、沈佺期、刘允济倾心媚附，易之所赋诸篇，尽之问、朝隐所为，至为易之奉溺器。”[③]此种文字，深刺骨髓，是对这个人群的大力贬斥。平心而论，在趋炎附势的朝廷，存在这样的人群并不奇怪。其实，这与控鹤监这个机构的性质是密切相关的，说到底，毕竟是女皇的娱乐组织[④]。

---

① 《新唐书》卷一一二《员半千传》，第4162页。

② 《旧唐书》卷一九〇《文苑中·宋之问传》，第5025页。

③ 《新唐书》卷二〇二《文艺中·宋之问传》，第5750页。

④ 郭绍林先生著《张易之、张昌宗到底是武则天的什么人？》一文，认为“二张”集团是武则天私人政治力量。他们依附于武则天是没有问题的，依照女皇的指示办事，或者也有假公济私的行为，但是作为一种政治力量，则完全可以忽略不计。至于神龙政变以诛“二张”为口实，不是因为他们拥有实力，而是传统“清君侧”的方略使然。郭先生文章见《河南大学学报》1995年第4期，第32—37页。

以“二张”为首的控鹤监、奉宸府，如果倾全力娱乐女皇，是不会带来武周末期诸多政治纷乱的，但是历朝历代努力避免的后宫干政，此时却以“二张”干政的方式呈现出来。“二张”传记载道：“则天春秋高，政事多委易之兄弟。中宗为皇太子，太子男邵王重润及女弟永泰郡主窃言二张专政。易之诉于则天，付太子自鞫问处置，太子并自缢杀之。”[①]“二张”在“中宗归来”事件上发挥了正面作用，而武则天传政于中宗的态势尽人皆知。如此说来，“二张”与太子李显的争权怎么可能会有如此严重的后果呢？中宗有必要缢杀一双儿女吗？是什么压力导致中宗做出如此残酷的决定？其实，所有后宫干政的问题在这里悉数呈现。“二张”并不构成独立的政治势力，他们仅仅是女皇的办事人、传话人，是女皇在特殊时期的代理人而已。所以，得罪“二张”并不重要，重要的是得罪“二张”就是得罪女皇。中宗缢杀自己的一双儿女，不是在向“二张”服罪，是在向女皇服罪，如果说“二张”专政，就是在说女皇专政[②]。正是因为“二张”的女皇代理人身份，让“二张”在武周末年地位十分重要，于是围绕“二张”展开一系列政治斗争，直到爆发神龙政变，正式结束武周政权。

根据《通鉴》的记载，武则天决心不立武氏为继承人，是在圣历元年（698）二月，三月召还中宗。圣历元年（698）九月“皇嗣

---

① 《旧唐书》卷七八《张行成传》所附，第2707页。

② 《旧唐书》卷一八三《武承嗣传》所附《武延基传》，直接写作是武则天杀人：“子延基袭爵，则天避其父名，封为继魏王。寻与其妻永泰郡主及懿德太子等，话及张易之兄弟出入宫中，恐有不利，后忿争不协，泄之，则天闻而大怒，咸令自杀。复以承嗣次子延义为继魏王。”此事的重大，由此可见。武则天要杀的不仅是中宗一对子女，还包括永泰郡主的丈夫，武承嗣的儿子武延基。北京：中华书局，第4730页。

固请逊位于庐陵王，太后许之。壬申，立庐陵王哲为皇太子，复名显。赦天下”[①]。武则天将天下回归李氏的意向已经很清晰，为防止将来武氏灾祸，武则天采取进一步手段与李武和好。“太后自见诸武王非天下意，前此中宗自房州还，复为皇太子，恐百岁后为唐宗室躏藉无死所，即引诸武及相王、太平公主誓明堂，告天地，为铁券使藏史馆。改昊陵署为攀龙台”[②]。此事，《通鉴》置于圣历二年（699）四月[③]。在“二张”出现不久，武则天传位儿子的安排已经进行，这是人心所向、大势所趋。但是，围绕“二张”的政治斗争，却依然以最高权力为核心。

所谓“二张”专政之说，是最高权力问题。后来发生的魏元忠案件，还是同一个问题。“二张”传载：

> 御史大夫魏元忠尝奏二张之罪，易之惧不自安，乃诬奏元忠与司礼丞高戬云：“天子老矣，当挟太子为耐久朋。”则天曰：“汝何以知之？”易之曰：“凤阁舍人张说为证。”翌日，则天召元忠及说廷诘之，皆妄。则天尚以二张之故，逐元忠为高要尉，张说长流钦州。[④]

武则天虽然年老多病，但耿耿于怀的还是最高权力。史书记载此事，女皇十分重视张说证词问题，不止一次面见张说。担心万岁之后中宗为大臣架空，是一种可能。其实，担心中宗为人要挟对女

---

① 《资治通鉴》卷二〇六，第6534页。
② 《新唐书》卷七六《武后传》，第3484页。
③ 《资治通鉴》卷二〇六，第6540页。
④ 《旧唐书》卷七八《张行成传》所附，第2707页。

皇不利，恐怕也是一种可能。最高权力掌握在自己手中，武则天从太后以来，从未有过闪失，如果临终发生一次政治“硬着陆”，那是极大的失败。

在有生之年把权力传递给中宗，实现权力的平稳过渡，这或许是女皇最为稳妥的政治安排。这点有人认真地提过建议，但女皇没有同意，更没有做出让权的动作，终于迎来“神龙政变”即政治“硬着陆”。血腥是政变的影子，连女皇人生的最后岁月也是在监视中度过的，高高在上的女皇一夜之间成为阶下囚。在她的体力不支的时候，依然不肯放下权力，放出“二张”作为自己的代理人，只能给政治局面带来新的混乱。“二张”代表着最高的不确定性，而这种不确定性是所有人的威胁，于是“二张”成为导火索，引燃了神龙政变。

第四节　女皇的健康神话

从男女角度理解武则天的内宠问题，从来是一个重要思路。陈寅恪先生强调社会风俗，但还是指出，武则天从母亲那里继承的遗传因素对于理解此题有意义。这个思路，对于明清时期武则天主题的历史小说影响巨大。高宗去世时，武则天已经六十岁，是唐朝标准的老人年龄。但是，“内宠”问题确与此后的武则天伴随始终，做如上理解并不困难。

郭绍林先生另辟蹊径，否认作为老人的武则天有生理需求，认为所谓“内宠”不过是武则天培养的私人力量。此外，也有延年益寿的功效，无论“二张”的药理医术，还是他们扮演的神仙故事，都有保障女皇健康和祈祷长生不老之意义[1]。这是值得肯定的观点。不论是追求身体健康，还是向往长生，在历代皇帝的生涯中，史不绝书。武则天对此也不能例外。

且不论长生不老，仅以健康为例，也可以分作多个层次或者侧面来看待。治病是恢复健康的举措，如果日常调理得当，则具有保健功效。就此而言，医术药理都是必要技术。再有，随着年龄的增长，身体衰老具有必然性。身体衰老，但不欲人知，故作健康之状，令人相信政治控制的能力，这也是高层政治的常见现象。武则天难免老人政治的常态，因为她就是一位老人。公元692年，武则天改元“如意元年”为“长寿元年”，《通鉴》的记载为：“太后春秋虽高，善自涂泽，虽左右不觉其衰。丙戌，敕以齿落更生，九月，庚子，御则天门，赦天下，改元。”[2]这一年，武则天六十九岁。女皇长出了新齿，确实可喜可贺，问题是这有违常识，更大的问题是恐怕没有办法求证，是否有了新齿，其实就是女皇的一句话，天下只管庆祝便是。但更重要的是可以确定武则天看重自己的健康问题。老人政治担心天下不服，担心健康影响了权力控制，所以要制造健康神话。六十九岁的老人长出新齿，就是健康神话之一。

圣历三年是公元700年，这年的五月，武则天再次改元，新年号为久视。为什么要改元，也与女皇的健康有关。《通鉴》的记载很清楚：“太后使洪州僧胡超合长生药，三年而成，所费巨万。太

---

① 郭绍林：《唐高宗武则天长驻洛阳原因辨析》，《史学月刊》1985年第3期，第20—27页。在这篇论文首次提出这个观点。后来又在《张易之、张宗昌是武则天的什么人》一文中强调论证，其中证明武则天重视自己的健康问题是很有见地的。《河南大学学报》1995年第4期，第32—37页。

② 《资治通鉴》卷二〇五，第6487页。

后服之，疾小瘳。癸丑，赦天下，改元久视。”[①]僧人胡超，虽然动用了巨额金钱，但是所制之药让女皇的病体有所好转，当然应该受到重视，专门为此改元。原来说好的是长生药，显然这个目标不可能实现。即使是龙体稍微好转，也是重大事件，而“久视”更能体现女皇的政治理想。这一年女皇七十七岁，进一步重视健康更可理解。用更改年号昭告天下，女皇身体健康，借此增进天下信心。

女皇的身体健康，应该有哪些表现呢？第一，女皇重视化妆术，自己的形象与实际年龄之间存在巨大鸿沟。上文所引，即“太后春秋虽高，善自涂泽，虽左右不觉其衰”。因为左右都觉察不到武则天的衰老，所以“齿落更生”这样剧目才能上演。第二，女皇希望健康长寿，甚至返老还童，这种老人心理人人都能理解，而武则天特别鼓励阿谀之徒的逢迎。朱前疑的故事很能说明这一点。《通鉴》有如此记载：

> 先是，有朱前疑者，上书云：“臣梦陛下寿满八百。”即拜拾遗。又自言：“梦陛下发白再玄，齿落更生。”迁驾部郎中。出使还，上书云：“闻嵩山呼万岁。”赐以绯算袋，时未五品，于绿衫上佩之。[②]

《通鉴》所记在神功元年（697）六月，因为朱前疑得寸进尺，武则天对此感到厌恶，而将他“斥归田里”。史书在追述朱前疑的发迹过程中，揭露其迎合虚妄、阿谀谄媚的丑态，最终的结局

① 《资治通鉴》卷二〇六，第6546页。
② 《资治通鉴》卷二〇六，第6517—6518页。

却是过于急切，弄得前功尽弃。但是，武则天之所以曾经奖赏朱前疑的这种行径，本身就是在制造健康神话。其中“发白再玄，齿落更生”，是典型的返老还童形象。其中的“齿落更生”与女皇的长寿年号的关系，现在还不清楚，因为朱前疑此言，也可能长寿元年改元前后脚。女皇制造健康神话，宁可看上去很虚假，也坚持不懈，因为站出来揭发的人几乎没有，相信政治奇迹，相信“真命天子自有造化”的大有人在，于是这种政治戏码就具有了实在意义。

武则天从太后到女皇，反抗的力量一直很有限，她的老人状态，是应该考虑的一个重要方面。自然完结，是武周政治的宿命，或许很多人都有这面心镜，只是静待其变而已。随着岁月流逝，武则天不得不日益紧迫地面临老人政治的压力，不得不细心地准备一出又一出的健康神话戏码。从这个角度去看“二张”以及控鹤监，其中隐含的健康神话剧目，至少是不该忽略的。

在人类传统的政治体制中，虽然有多种说法，但古代占据历史核心的政治体制是君主体制。君主代表国家，代表着最重要的利益，垄断了最高的权力与荣誉，因此君主个人的生命状态往往直接影响当时政治。所以，在君主体制下，君主个人的健康直接连接着政治，甚至可以说君主的健康就是政治本身。这是因为，健康是能力的一部分，而能否有效控制权力，能力发挥着关键作用。所以，围绕君主的健康问题上演各种剧目是政治戏的一部分，当事人重视，作为读者的观众，也应该做好一定的心理准备。武则天当权就是老人，按照唐朝的法令规定，六十为老。七年之后称帝，不管其他条件如何成熟，但她的年龄更老一步，这是基本事实。对此，武则天自己明白，他人也一样心中有数。老人政治，年龄甚至成为政治的核心问题，武周开局就面临这个难题。

更为艰难的是，武周的继承人问题始终不能解决，子侄之间，武则天选择艰难。中宗被推翻了，在重新被立为太子之前，一直担心自己的安全。睿宗放弃一切权力之争，全部交给武则天决定。武承嗣是最努力的人，武周之初，看上去武承嗣的希望最大。但是，最终武则天还是没有选择武家的任何人，儿子亲于侄子的伦理终于占据上风。在继承人问题长期不得解决的武周，武则天必须保证自己的健康安全，不能节外生枝。

圣历元年（698），中宗重新成为太子，继承人的问题初步得到解决。但是，太子的地位，并不巩固，这是任何人都看得出来的。中宗长期在外，没有自己的政治势力，归朝以后，武则天依然大权独握。武则天有很多工作要安排，比如重新和好李武两家，比如消除曾经的隐患，等等。总之，武则天没有做好交权的准备。此时，她依然需要健康神话，需要人们相信女皇龙体康健。

女皇需要健康神话，内宠们至少能够帮助完成部分角色。一千多年后，至今仍然有人认为武则天是淫荡的女皇，根据就是她豢养了许多小白脸，即男性内宠。然而，看看“二张”为代表的控鹤监和奉宸府，其成员都是些什么人？用员半千的说法，一是“浮狭少年”，二是“非朝廷德选”，年轻英俊，能歌善舞，但没有道德特长。他们围绕着女皇，夜夜笙歌，歌舞娱乐，令人联想到荒淫并不困难。薛怀义的时候，女皇还努力遮掩，但“二张”的时期，似乎越发变本加厉、有恃无恐起来。想一想员半千的辞职，朝廷内外不可能不知晓，但是女皇改“控鹤监”为“奉宸府”，组织依旧，名称反而更露骨了。“二张”及奉宸府的存在，对于女皇的道德声誉有损，女皇难道不了解吗？也许有人会解释说，女皇有愉快身体的需要，所以顾不得道德声誉了。

不是女皇不知，这是女皇的选择。道德声誉固然有损，换来的是社会公众人尽皆知女皇健康。而这，无疑更重要，也是女皇更需要的。“二张”和奉宸府确实有娱乐女皇的功能，但更重要的游戏在戏外，那就是女皇健康神话的戏码。武周之末，女皇委事于“二张”，现在看来与女皇的健康状况有关，但当朝大臣则多认为是“二张”乱政。一个重要的原因，没有人怀疑女皇的健康有问题。《唐统纪》有这样的记载：

> 太后善自粉饰，虽子孙在侧，不觉其衰老。及在上阳宫，不复栉纇，形容羸悴。上入见，大惊。太后泣曰：“我自房陵迎汝来，固以天下授汝矣。而五贼贪功，惊我至此。”上悲泣不自胜，伏地拜谢死罪。由是三思等得入其谋。①

因为《通鉴考异》我们得知《唐统纪》的这个记载。《通鉴考异》不同意最后的结论，认为唐中宗政策的转移来自武三思而不是武则天。但在长寿改元事项中，《通鉴》也记载道，“太后春秋虽高，善自涂泽，虽左右不觉其衰”。可见，武则天善于化妆，大臣子孙都不觉其衰老这是一个很清楚的事实。武则天的健康神话如此成功，仅仅是因为化妆术吗？当然不是。武则天的健康神话制造，是一个系列工程，“二张”内宠也在其中。

① 《资治通鉴》卷二〇八，《通鉴考异》引《唐统纪》，第6591页。

第十八章
武周魏王武承嗣事迹

魏王武承嗣，作为皇帝武则天的侄子，在武周革命期间，积极行动，为改朝换代立下汗马功劳。如果武周不是一个短命的王朝，武承嗣这样的功臣理应有大量的史书记载，但事实上，由于武周的短命，有关武承嗣的文字记载十分有限。不仅如此，武周的短命，与武承嗣的命运也多有相关。武周政权只有一代皇帝，有关武周的历史记载主要来自唐史，文字记载的方向基本是否定与批判。如果说，自我表扬的文字记录表达了一种倾向的话，那么批判文字往往表现出另外一种倾向。作为历史研究，研究者不得不在两种相反的倾向中保持平衡，努力寻求历史的真相。对于武周的历史研究而言，获取武周时代的文字，对于理解武周时代大有帮助。对此，新出《武承嗣墓志》是标准的武周文字，它提供的历史信息有利于我们与旧史记录相互对照，不仅有对旧史记载之不足的补充，也能启发我们重新阅读旧史，理解旧史的逻辑与立场。

第一节 《武承嗣墓志》

大周故特进太子太保赠太尉并州牧魏王墓志铭并序（梁王三思撰文、朝议大夫行雍州录事参军事长孙琬书）

王讳承嗣，字奉先，并州武兴人。无上孝明高皇帝之孙，皇上之犹子也。自赤乌流火，丹雀衔书，大哉得姓之源，邈矣承祧之绪。天基远峻，紫宸则百代相望；帝业潜昌，黄屋则千龄继袭。孝明高皇帝深沉睿器，寥廓而姿。道蔼乾坤，名悬日月。豳郊紫气，早发徵祥。谯国黄星，久腾符彩。云雷始构，初陈起风之谋；宗庙将开，竞享乘龙之位。父故魏德王，唐任睦州刺史。鵷鸿逸羽，杞梓良材。家承积德之祥，地洽累仁之祉。金锵玉润，誉满朝廷。宝马银鞍，光生道路。雕弓写月，雁落猿啼。玉札崩云，鸾惊鹊顾。贾琮按部，但事褰帷。郭贺临人，唯闻露冕。及其九原可作，千乘方归。饰未邸于黄泉，被梧宫于蒿里。王资灵五纬，毓粹三才。悬朗月于胸怀，吐清飚于襟袖。机神恬旷，识度温和。业粤垂帷，艺高悬帐。风仪卓尔，似对琼丛。韵局森然，若看珠树。雷霆震而不惊，其虑风雨晦而不辍，其音含大雅之弘量，蕴中和之美德。咸亨四年起家授尚辇奉御。三千渤澥，初横激水之鳞；九万抟摇，始鼓抟风之羽扈。金舆而陪玉辇，攀紫极而谒丹宫；陶侃所以登天，程昱于焉棒日。俄封周国公，本官如故。山河带砺，茅土封疆。坐看刑马之盟，且见廻龟之印。亭封万岁，异代均荣；

户给千家，殊年竞宠。未几历宗正卿。周徵彤伯，汉任刘平。忠规有叙于宗亲，茂秩式分于河海。又授麟台监。蓬山万仞，芸阁千寻。字转鱼龙，书悬日月。银编雾集，玉册云繁。三豕度河，无劳探赜；五门改日，未假沉研。公曾既定于阙文，叔骏是称于良史。寻检校太子左卫率，龙楼鹤钥，望苑摇山。挹少海之波澜，侍前星之景色。青宫晓辟，屡给驰道之镳；丹禁晨趋，每奉寝门之驾。又迁春官尚书，寻授司礼卿、同中书门下三品，俄改封恒国公，又授春官尚书。栋梁大厦，舟楫巨川，趋履于南宫，叙桓经于东面。弼谐丹扆，逍遥鸳鹭之行；主赞紫宸，容与夔龙之伍。永昌元年迁天官尚书。山铨迴举，乐镜高悬。深知简要之途，妙得清通之鉴。逾月，授纳言。七车奥艺，八舍崇班。气拥连珠，荣登负玺。职参帷幄，名为编綍之司；任切枢机，实曰貂蝉之省。金容既梦，乃遣张堪；玉佩能知，须求王粲。俄迁文昌左相、同凤阁鸾台三品，兼知凤阁事，监修国史。文昌寄重，端右望隆。均仲虺于殷年，齐孔光于汉代。伯仁三星，令望悬惭。景倩四辞，芳猷未远。丝纶式综，声高龙凤之池；竹帛方刊，誉峻麒麟之阁。既而玄珪锡夏，黑玉归商。承就日之瑶图，偶开天之宝运。枝分若木，派演咸池。姬历维城，既应翦桐之命；汉朝盘石，还崇攀桂之游。天授元年九月内册封魏王。犬牙麟趾，宠列千乘。翠盖朱轩，荣分驷马。仰稽成象，非无帝子之星；俯察成形，自有天孙之岳。多才流誉，传异化于周藩；博学驰声，继英踪于汉屏。王频繁任久，密□□深。愿追丹枕之方，□退紫机之务。赤诚屡竭，玄鉴方回。如意元年乃迁特进，长寿二年又监修国史。□□风官退食，雪馆乘休。多淫北海之书，独乐□□之善。荣高竹苑，宠亚槐庭。时论南史之文，或动西园之咏。居以焚紫展礼，禅草开仪。会玉帛于三台，勒银绳于二室。天册二年充封神岳大使，躬承凤盖，亲事鸾旗。夷夏奔驰，俱奉千年之化；衣冠舞蹈，咸闻万岁之声。圣历元年七月内迁太子太保，于时年惊辰巳，疾积膏肓。将缠止鸠之袄，向及梦鸡之岁。皇慈特轸，睿念偏钟。中使相望，名医接影。求方金龟，希除逝水之灾；从秩铜楼，冀免颓山之酷。不谓蛇盃未悟，鹳板来徵。埋玉树于泉中，瘗金枝于地下。其年八月十日薨于神都行修里之私第，春秋五十。圣上罢朝七日，痛伤之甚，今古莫俦。其月廿日恩制赠太尉、并州牧，仍令营缮大匠刘仁景监获丧事，守雍州司马苏珦副焉。丧事所须并令官给，赐东园密器、朝服一袭，遣内使吊祭，上自制祭文，仍赋悼亡诗一首。天文壁合，长怀千月之悲；睿藻珠连，仍及九泉之路。痛深朝野，礼极哀荣。天道难知，人生到此。子延基等悲开柱剑，泣对楹书。毕地无追，终天永隔。粤以圣历三年一月十一日陪葬顺陵，礼也。惟王谦撝日用，朗润天然。温室无言，虚舟独运。芝兰有气，宁惊喜愠之形；松柏为心，岂易暄凉之操。频居台阁，累践机衡。始终之志不渝，清直之怀若一。嗟乎，与仁莫验，积善无徵。荥水延龄，竟知何日。桑田促寿，忽以逢年。摧羽翮于鸾凤，化埃尘于蝼蚁。三思早陪陆驾，久接姜衾。参俊翼于鸰原，偶能鸣于雁序。谁意灾流四鸟，祸集三荆。贾虎凋亡，偏钟寂怒。荀龙殒逝，直丧无双。萦万绪而何穷，痛千秋而已矣。摧心伏纸，揽涕挥毫。著作郎崔君，字重悬金，词光积玉。庶传不朽，敢托为铭。其词曰：皇帝立国，王侯建社。择良日兮侯景，风坐千乘兮驱驷。以翼君上，以安天下。肃穆我祖，时惟姬文。封畿之内，子弟如云。帝曰犹子，余嘉乃勋。赏以魏国，树司置军。惟王之生，其道能久。佩服忠义，周旋孝友。器业崇高兮，谦虚自守；势望隆贵兮，骄吝何有。迺作宗正，宗正维宁。迺司图史，图史用成。莅于左率，储仪以贞。升于都座，邦务以清。与朝休戚，为王卿士。鸾渚东飞，凤池西止。绩比周邵，文高杨史。吾无间然，尽在是矣。晦明有疾，砭药无痊。交驰冠盖，并走山川。兰萎上月，鹏落中天。津门一恸，邸第虚捐。赐以冢茔，崇其秩数。礼物如在，君王何处。辞洛城之国门，见秦川之陵树。风飚于羽葆，日沉沉于鸾辂。任城告凶，同气无从。琴书露衰，剑履尘封。词悽白马，颂断黄龙。唯当子建，长奉时邕。[1]

第二节　历官

有关武承嗣的历官，新旧《唐书》的《外戚列传》都有记载，但不如《武承嗣墓志》详细。武承嗣的事迹，《外戚列传》的记载过于简略。武承嗣是武元爽的儿子，是武则天的侄子。《墓志》说武承嗣为“无上孝明高皇帝之孙，皇上之犹子也”。皇上即武则

① 《武承嗣墓志》，现藏于中国农业博物馆。相关录文与研究，可参考曹建强：《唐魏王武承嗣墓志考略》，《中国国家博物馆馆刊》2012年第6期，第58—66页。

天，无上孝明皇帝是武则天父亲武士彟。如今，我们把几种资料对照起来，对于武承嗣的经历可以得出更具体的认识。

《墓志》："咸亨四年，起家授尚辇奉御。"《旧唐书·武承嗣传》："承嗣，元爽子也。敏之死后，自岭南召还，拜尚衣奉御，袭祖爵周国公。"武承嗣从岭南流放地归来，是因为贺兰敏之出了问题，武则天要武承嗣担任武士彟的传人。但是，《通鉴》记载此事是在转年的上元元年（674）三月，"贺兰敏之既得罪，皇后奏召武元爽之子承嗣于岭南，袭爵周公，拜尚衣奉御"[①]。贺兰敏之被流放到雷州，是在咸亨二年（671）六月[②]，决定启用武承嗣应该是咸亨四年（673），所以《武承嗣墓志》的写作时间，按《通鉴》所载，当是武承嗣返回长安，接受新职的时间。武承嗣的起家官，墓志与《新唐书》都写作"尚辇奉御"，而《旧唐书》与《通鉴》写作"尚衣奉御"，现在看来，应该从《墓志》。

"俄封周国公，本官如故。"从《武承嗣墓志》的这个写作方式看，武承嗣继承武士彟爵位"周国公"与"尚辇奉御"不是同时获得，既然以"尚辇奉御"为本官，说明周国公的爵位是后得。但《通鉴》的写法"袭爵周公，拜尚衣奉御"是简化合并的写法，并非武承嗣的实际历官。任官与袭爵，应该是原本的计划，相隔时间不长，不难理解。

《墓志》接续第三个历官："未几历宗正卿。"夏四月辛卯，以尚辇奉御、周国公武承嗣为宗正卿。《旧唐书·高宗本纪》："夏四月辛卯，以尚辇奉御、周国公武承嗣为宗正卿。"《通鉴》与此一

---

① 《资治通鉴》卷二〇二，第6372页。
② 《资治通鉴》卷二〇二，第6366—6367页。

致，为上元元年（674）“夏四月辛卯，迁宗正卿”[①]。宗正卿，是宗正寺的长官，从三品，“宗正卿之职，掌皇九族、六亲之属籍，以别昭穆之序，纪亲踈之列”[②]。

《墓志》记载“又授麟台监”。唐朝的秘书省，高宗时期曾经改名兰台又复旧，“光宅元年九月五日，改为麟台，监等并随名改。神龙元年二月五日，复改为秘书监如旧”[③]。但是，武承嗣任职秘书监或麟台监，《墓志》并没有标示时间。根据《旧唐书·裴行俭传》，裴行俭在高宗永淳元年（682）四月去世，裴行俭“有集二十卷，撰草字杂体数万言，并传于代。又撰选谱十卷，安置军营、行阵部统、克料胜负、甄别器能等四十六诀，则天令秘书监武承嗣诣宅，并密收入内”[④]。这证明此时武承嗣已经是秘书监了，此职非改名麟台以后的新职务。之所以《墓志》中称麟台监，不过以新名称呼而已。毕竟武承嗣去世的时候，秘书监依然称作麟台监。麟台监一职，武承嗣在光宅元年（684）二月依然担任。根据《通鉴》的记载，作为太后的武则天与西京留守刘仁轨曾经有过通信，刘仁轨提及吕后的历史，提醒武则天不要走那条路。武则天很恭敬地回信，并派武承嗣亲戚前往长安去送信，当时武承嗣的职务就是“秘书监”[⑤]。

---

① 《资治通鉴》卷二〇二，第6372页。

② 李林甫等撰：《唐六典》卷一六，北京：中华书局，陈仲夫点校，1992年，第465页。

③ 《唐会要》卷六五，上海：上海古籍出版社，1991年，第1327页。

④ 《旧唐书》卷八四《裴行俭传》，北京：中华书局，1975年，第2805页。《册府元龟》卷三九一《将帅部·习兵法》也记载此事，武承嗣官职秘书监，南京：凤凰出版社，2006年，第4417页。

⑤ 《资治通鉴》卷二〇三，第6418页。

《墓志》称武承嗣担任麟台监之后，又称“寻检校太子左卫率”。这个职务其他史书没有记载，应该是个兼职。那么，武承嗣担任的是哪位太子的左卫率呢？高宗时期，中宗为太子，曾经确立中宗的儿子重照为皇太孙。中宗即皇帝位之后不出两月就被武则天废黜，还没有来得及确立太子，而皇太孙依然存在。《新唐书·则天皇后本纪》：“己未，立豫王旦为皇帝，妃刘氏为皇后，立永平郡王成器为皇太子。”[①]“庚申，废皇太孙重照为庶人。”[②]己未是七日，庚申是八日。武承嗣以秘书监检校太子左卫率，太子只能是睿宗的太子成器。太子左卫率，“掌东宫兵仗羽卫之政令，以总诸曹之事，凡亲、勋、翊府及广济等五府属焉”[③]。武承嗣是主管东宫军事、保卫皇太子的工作，重要性可想而知。

根据《墓志》的文字，武承嗣“又迁春官尚书”。光宅元年（684）九月，唐朝的官司名称多有改移，“《武德令》：吏、礼、兵、民、刑、工等部。《贞观令》：吏、礼、民、兵、刑、工等部。光宅元年九月五日，改为六官，准周礼分，即今之次第乃是也”[④]。《通鉴》也有记载：“改东都为神都，宫名太初。又改尚书省为文昌台，左、右仆射为左、右相，六曹为天、地、四时六官；门下省为鸾台，中书省为凤阁，侍中为纳言，中书令为内史。御史台为左肃政台，增置右肃政台。其余省、寺、监、率之名，悉以义类改之。”[⑤]春官尚书即原来的礼部尚书。那么，武承嗣什么时候任官春

① 《新唐书》卷四《则天皇后本纪》，北京：中华书局，1975年，第82页。
② 《资治通鉴》卷二〇三，第6418页。
③ 《唐六典》卷二八，第716页。
④ 《唐会要》卷五七《尚书省诸司上·尚书省分行次第》，第1159页。
⑤ 《资治通鉴》卷二〇三，第6421页。

官尚书呢？应该是在从长安归来就有了新的任命。《通鉴》记载光宅元年（684）二月“甲子，太后御武成殿，皇帝帅王公以下上尊号。丁卯，太后临轩，遣礼部尚书武承嗣册嗣皇帝。自是太后常御紫宸殿，施惨紫帐以视朝”。甲子是十二日，丁卯为十五日。至晚二月十五日，武承嗣已经是春官尚书，并参与嗣皇帝的册封典礼。

很快，武承嗣的职务又有提升，《墓志》载“寻授司礼卿、同中书门下三品”。《通鉴》记载这个任命发生在闰五月，“闰月，以礼部尚书武承嗣为太常卿、同中书门下三品”。司礼卿，即原来的太常卿，也是光宅元年（684）的新名。该职同礼部尚书一样，都是正三品，显然不如礼部尚书地位重要，好在与“同中书门下三品”同任，而后者的重要性人所共知，即宰相的结衔。公元684年，正月元日，中宗李显改元嗣圣，二月中宗废，睿宗立，改元文明，九月再改元光宅。武承嗣为相，是在睿宗即位之后，这以后，武则天完全临朝称制。可以肯定的是，武承嗣任相，一定出于武则天的安排。

然而，不久之后武承嗣的相职就被取消，重新恢复春官尚书之职。根据《墓志》的文字，为“俄改封恒国公，又授春官尚书”。武承嗣原来为周国公，是继承武士彟的爵位。其他史书没有记载改封“恒国公”之事。光宅元年（684）九月，武则天决定追封武氏五代为王，这个提议出自武承嗣。“武承嗣请太后追王其祖，立武氏七庙，太后从之。”九月“己巳，追尊太后五代祖克己为鲁靖公，妣为夫人；高祖居常为太尉、北平恭肃王，曾祖俭为太尉、金城义康王，祖华为太尉、太原安成王，考士彟为太师、魏定王；祖妣皆为妃”[1]。已巳为二十一日。此事，是裴炎与武则天发生分裂的开始。既然武士彟不再是周国公而是魏定王，那么作为周国公继承者的武承嗣也无法维系原来的周国公爵位，恒国公的爵位应该是此时改封的。

事实上，《墓志》所谓“俄改封恒国公，又授春官尚书”，时间上有所错乱。根据《通鉴》的记载，八月“丙午，太常卿、同中书门下三品武承嗣罢为礼部尚书”。武承嗣在相位不过三月就罢职，史书皆未载因由。丙午是二十七日。到了九月，朝廷有一系列礼制方面的重大举措。九月己酉朔，甲寅（六日）改元光宅，旗帜颜色从金色，改东都为神都，凡官司名称一律更改。二十一日又追封武氏五代先祖为王。联系前后事，武承嗣去相职回任春官尚书，是从礼部的特殊地位推动相关改革，为朝廷推陈出新，以提升武氏地位。

此后，武承嗣的职务长期没有改变，直到五年之后的“永昌元年（689）迁天官尚书”。《墓志》接着记载“逾月，授纳言”。根据《通鉴》的记载，武承嗣为纳言的任命发生在三月癸酉（二十日），“以天官尚书武承嗣为纳言，张光辅守内史”[2]。由此反推，武承嗣担任天官尚书是二月的事。与他同时任命为内史的张光辅，此前是“守纳言”，在职时间也很短，不过三月甲子（十一日）刚刚任命而已。纳言是门下省长官，内史是中书省长官。与《武承嗣墓志》同时出土的，有武承嗣担任纳言的告身石刻，得知武承嗣任纳言，张光辅任内史，是同一通告身发布的，时间为“永昌元年三月

① 《资治通鉴》卷二〇三，第6422页。
② 《资治通鉴》卷二〇四，第6457页。

廿日下”[①]，与《通鉴》所载相同。

《墓志》载“俄迁文昌左相、同凤阁鸾台三品，兼知凤阁事，监修国史”。《旧唐书·则天皇后本纪》载初元年（689）“春一月，苏良嗣为特进，武承嗣为文昌左相，岑长倩为文昌右相，裴居道为太子少傅，并依旧同凤阁鸾台三品。凤阁侍郎武攸宁为纳言，邢文伟为内史”[②]。文昌左相，即原来的尚书左仆射，“同凤阁鸾台三品”，这就是宰相头衔，同时“兼知凤阁事”，即中书省领导。“监修国史”通常是宰相的一个兼衔，也是一种荣誉。从此，武承嗣的政治生涯达到顶峰。

《墓志》没有交代武承嗣的魏王来历，但《墓志》的题名中分明写着“魏王”这个爵位，当是作者武三思的疏忽造成。天授二年（691）二月二十五日，武则天册封武承嗣为魏王的册书应该与武承嗣墓志同时出土[③]，武承嗣的墓葬中特意把册书制作成石刻埋葬在墓中，也可以证明这个爵位的重要性。武则天是女皇，他的儿子要么是中宗被监视居住，要么是睿宗，已经改姓武，以皇嗣的名分生存。武承嗣封爵魏王，可比亲王之封。史载，武承嗣后来生发出非分之想，希望进一步成为太子，成为女皇的法定继承人，作为亲王，似乎也并非没有可能性。

但是，武承嗣的政治发展却就此止步。《墓志》简单地写道

① 参见赵振华：《谈武周授封武承嗣的诏书和册书——以新见石刻文书为中心》，《湖南科技学院学报》2013年第2期，第68—74页。

② 《旧唐书》卷六《则天皇后本纪》，第120—121页。《通鉴》记载相同，多一日期“戊子”，即十日，第6463页。

③ 参见赵振华：《谈武周授封武承嗣的诏书和册书——以新见石刻文书为中心》，《湖南科技学院学报》2013年第2期，第68—74页。

“如意元年，乃迁特进”，完全没有交代背景，其实是武承嗣的政治生命开始步入下坡道。《通鉴》的记载比较仔细，其言曰：

> 夏官侍郎李昭德密言于太后曰：“魏王承嗣权太重。”太后曰：“吾侄也，故委以腹心。”昭德曰：“侄之于姑，其亲何如子之于父？子犹有篡弑其父者，况侄乎！今承嗣既陛下之侄，为亲王，又为宰相，权侔人主，臣恐陛下不得久安天位也！”太后矍然曰：“朕未之思。”秋，八月，戊寅，以文昌左相、同凤阁鸾台三品武承嗣为特进，纳言武攸宁为冬官尚书，夏官尚书、同平章事杨执柔为地官尚书，并罢政事。[①]

特进，是文散官高品，为正二品。级别虽然高于宰相的三品，但实权相去甚远。武则天在李昭德的启发下，对武承嗣等不再信任，这个职务调整，说明了很重要的问题。从此以后，武承嗣进入闲置状态。转年，长寿二年（693）“又监修国史”，仅仅表明还是有事可做而已。天册（万岁）二年（696）充封神岳大使，圣历元年（698）七月迁太子太保，其实都是高级闲职。太子太保，与太师、太傅一起成为三师，正一品，是唐朝最高的荣誉头衔。这是武承嗣一生最高的政治地位，与他内心的期望相去甚远[②]。

武承嗣在获得太子太保之后一个月，便结束了五十岁的生

① 《资治通鉴》卷二〇五，第6483页。

② 武承嗣的夫人弓昭，字淑婉，她的墓志也被发现。根据墓志得知，弓氏以景龙二年（708）闰九月十三日去世，享年五十三岁。弓氏“年十七，归纳于武氏。夫故太子太保、上柱国、魏王承嗣”。胡戟、荣新江主编：《大唐西市博物馆藏墓志》（中），北京：北京大学出版社，2012年，第346—347页。

命[1]。墓志中还记载了他的死后荣誉，包括女皇如何哀伤，等等。其实，无论女皇的哀伤还是墓志认真的撰写，都是在协助武承嗣完成他人生最后的谢幕，《旧唐书·武承嗣传》说“承嗣以不得立为皇太子，怏怏而卒”，《新书》也说他是“鞅鞅愤死”。如此说来，武承嗣的人生确实是一个悲剧。

第三节　未入墓志的事迹

武承嗣是武周建国史上的重要人物，在《武承嗣墓志》发现之前，通过传世史书，我们对于武承嗣的历史事迹并不陌生。但是，考察新出的《武承嗣墓志》之后，我们发现很多我们熟悉的事迹墓志并没有记载，那些未写的武承嗣事迹，我们应该怎样理解呢?

武承嗣很有影响的一个活动是制造祥瑞，传统史书对此记载分明。在武则天的政治发展历程中，垂拱四年（688）加尊号为“圣母神皇”是一个重要事件，标志武则天探索政治名号升级的新努力。关于这个事件，史书记载并不一致，但这个历史事件本身的意义是不容忽视的。

《新唐书》的记载很简单直白，如同事件白描。垂拱四年（688）“五月庚申，得‘宝图’于洛水。乙亥，加尊号为圣母神皇”[2]。不言宝图的造伪问题。而《旧唐书》则予以揭露，其文曰：

---

① 曹建强先生《唐魏王武承嗣墓志考略》一文，对武承嗣的历官多有考证，且把年龄与任官排列起来，给人以年表的突出印象。本文也考证武承嗣的历官，因为写作时间在后，一方面有所参考，一方面有条件参考更多资料，所以讨论稍详。

② 《新唐书》卷四《则天皇后本纪》，第87页。

“夏四月，魏王武承嗣伪造瑞石，文云：‘圣母临人，永昌帝业。’令雍州人唐同泰表称获之洛水。皇太后大悦，号其石为‘宝图’，擢授同泰游击将军。”[①]至《资治通鉴》，则书写更加详细，其文为：

> 武承嗣使凿白石为文曰：“圣母临人，永昌帝业。”末紫石杂药物填之。庚午，使雍州人唐同泰奉表献之，称获之于洛水。太后喜，命其石曰“宝图”，擢同泰为游击将军。五月，戊辰，诏当亲拜洛，受“宝图”；有事南郊，先谢昊天；礼毕，御明堂，朝群臣。命诸州都督、刺史及宗室、外戚以拜洛前十日集神都。乙亥，太后加尊号为圣母神皇。[②]

根据《朝野佥载》的记载，《资治通鉴》很可能取材于《朝野佥载》，其文：“唐同泰于洛水得白石紫文，云‘圣母临水，永昌帝业’，进之，授五品果毅，置永昌县。乃是白石凿作字，以紫石末和药嵌之。”[③]

“圣母神皇”的故事，越写越详细，这是后武则天时代的基本特征，对于批判对象，越详细越能增加批判力度。武承嗣参与此事的动机是能够理解的，但在当时的情形下，武承嗣只能隐藏在背后，不可能直接走到前台。武承嗣作为礼部尚书，是祥瑞这种事情的机构负责人，他在幕后操纵是符合他的身份地位的，也符合当

---

① 《旧唐书》卷六《则天皇后本纪》，第119页。
② 《资治通鉴》卷二〇四，垂拱四年四月—五月，第6448页。
③ 《朝野佥载》卷三，北京：中华书局，1979年，第72—73页。

时的政治游戏。如果堂而皇之地走到前台，在众目睽睽之下弄虚作假，一定会把好端端的一台政治戏搞砸不可。

我们后来看到的《通鉴》记录，把武承嗣这位幕后操纵者揪到前台来，就是要指明这出戏剧的虚假性，而就当时的情况来说，政治剧目的演出是成功的，围绕“宝图”的出现，上天的意志立刻被领会，武则天顺理成章第加尊号。《全唐文》中保留的李峤代表朝廷百官书写的贺表，称作《为百寮贺瑞石表》，可以看作当时朝廷的主流表态。节其文如下，以观贺表的写作：

……伏见雍州永安县人唐同泰，于洛水中得瑞石一枚，上有紫脉成文曰“圣母临人、永昌帝业”八字。臣等抃窥灵迹，骇瞩珍图，俯仰殊观，相趋动色。窃惟圣德奉天，递为先后，神道助教，相因发明。陛下对越昭升，钦若扶揖，允塞人祇之望，实当天地之心，所以幽赞嘉兆，傍通景贶。且人称同泰，县实永安，姓氏将国号元符，土地与石文明应。表里潜会，枢机冥发，明宴坐之逾昌，验皇基之永泰。则自然之无朕，不测之谓神。非夫道格昊苍，德充幽显，岂能发何言之微旨，臻不召之灵物。考皇图于金册，搜瑞典于瑶编，则有虫蠹成文，鱼鳞吐匣，丹书集于昌户，绿错荐于尧坛。或词隐密微，或气藏谶纬，莫究天人之际，罕甄神祕之心，未有昭圣毓灵，发祥隤祉，明白显著，烛曜晖光，若斯之盛者也……臣等遇偶休明，荣参簪笏。千年旦暮，邀逢累圣之期。百辟歌讴，喜属三灵之庆，无任凫藻踊跃之至。谨奉表诣阙陈贺以闻。[1]

武承嗣是这出戏的导演，只有女皇会记得他的功劳，对他而言，这是最重要的个人成果。但这个故事的秘密，他永远不可能对外人道，否则就是与武则天的发展唱对台戏。在相信祥瑞的时代，礼部尚书武承嗣为武周新政权的建立，通过祥瑞进行社会宣传。这属于政治的秘密，可以行动但不能明说。他明白这个道理，《武承嗣墓志》的撰写者武三思也明白这个道理，所以《武承嗣墓志》中对此不着一字[2]。

武承嗣频繁参与打击政治敌人的政治行动，对于武周的建国大业而言，至少他们在思想认识上一定是认为大有必要的。武则天在建立武周政权的过程中，一度大力使用酷吏政治，用恐怖手段达到自己的政治目的，而武承嗣是其中重要的参与者，如果认为武承嗣就是酷吏，也是证据确凿的。《旧唐书·武承嗣传》："承嗣尝讽则天革命，尽诛皇室诸王及公卿中不附己者，承嗣从父弟三思又盛赞其计，天下于今冤之。" 那么，到底多少人受到过武承嗣的迫害呢？

且以《资治通鉴》为例，简单统计一下武承嗣参与的案件，确实不少（时间词汇等为作者所加，以连贯上下文）。

垂拱二年（686）二月，"右卫大将军李孝逸既克徐敬

① 《全唐文新编》卷二四三，长春：吉林文史出版社，1999年，第2742页。
② 参见作者另文《武则天祥瑞及其书写》，《敦煌吐鲁番研究》第14卷，上海：上海古籍出版社，2014年，第261—280页。

业，声望甚重。武承嗣等恶之，数谮于太后，左迁施州刺史。”到三年（687），十一月，武承嗣继续努力，李孝逸减死除名，流儋州而卒。

天授元年（690）时武承嗣、三思用事，宰相皆下之。地官尚书、同凤阁鸾台三品韦方质有疾，承嗣、三思往问之，方质据床不为礼。或谏之，方质曰：“死生有命，大丈夫安能曲事近戚以求苟免乎！”寻为周兴等所构，甲午，流儋州，籍没其家。

同年七月，武承嗣使周兴罗告隋州刺史泽王上金、舒州刺史许王素节谋反，征诣行在。素节发舒州，闻遭丧哭者，叹曰：“病死何可得，乃更哭邪！”丁亥，至龙门，缢杀之。上金自杀。悉诛其诸子及支党。

右司郎中冯翊乔知之有美妾曰碧玉，知之为之不昏。武承嗣借以教诸姬，遂留不还。知之作《绿珠怨》诗以寄之，碧玉赴井死。承嗣得诗于裙带，大怒，讽酷吏罗告，族之。

其中，最后碧玉事件属于私人怨恨，其他都是政治迫害事件。武承嗣也曾经力主杀害同平章事任知古、狄仁杰、裴行本、司农卿裴宣礼、前文昌左丞卢献、御史中丞魏元忠、潞州刺史李嗣真等人，无奈女皇不同意，最后只是贬官流放而已。可见在具体案件中，武承嗣并非处处与女皇一致。在武周建立过程中，酷吏是站在迫害最前沿的刽子手，他们背后常常能见到诸武身影，而最后定夺之权还是武则天掌握。

但是，即使武承嗣这些迫害行为与武周的政治利益相一致，在武三思撰写《武承嗣墓志》的时候，也无法大书特书，毕竟盖棺论定的时刻，还是要遵循基本社会道德，不敢冒天下之大不韪，公然把非道德行为当作荣誉书写。更何况，武三思应该也明白，到武承嗣去世之时，武周的未来已经一望而知，女皇已经决定把未来交给自己的儿子，武周即将化为历史。此时再把武承嗣为武周的政治利益拼命迫害朝臣的故事当光荣来讲述，实在是太煞风景了。

以武承嗣为核心的诸武势力，努力寻求更大的政治发展，莫过于成为武则天的法定继承人。此事的正式发动，是在天授二年（691），而反对者遭受打击。《通鉴》如是记载："先是，凤阁舍人修武张嘉福使洛阳人王庆之等数百人上表，请立武承嗣为皇太子。文昌右相、同凤阁鸾台三品岑长倩以皇嗣在东宫，不宜有此议，奏请切责上书者，告示令散。太后又问地官尚书、同平章事格辅元，辅元固称不可。由是大忤诸武意，故斥长倩令西征吐蕃，未至，征还，下制狱。承嗣又谮辅元。来俊臣又胁长倩子灵原，令引司礼卿兼判纳言事欧阳通等数十人，皆云同反。通为俊臣所讯，五毒备至，终无异词，俊臣乃诈为通款。冬，十月，己酉，长倩、辅元、通等皆坐诛。"[①]不久，李昭德奉女皇旨意杖杀拼命主张武承嗣为太子的王庆之，"其党乃散"。经过这番较量，反对武承嗣为太子的人虽然遭到重创，但无奈这派人太多、政治力量太大，武则天不得不妥协。王庆之被杀，一定程度表达了武则天的态度。作为一个政治家，她不能不作更周全的思考，诸武势力，看起来嚣张，但实力有限。到武承嗣等诸武势力离开相位，这场斗争的基本结局才显现出来。

---

① 《资治通鉴》卷二〇四，第6474—6475页。

武承嗣之死，象征着武周政权已经走到尽头。此后，武则天的工作重点是安排武周的后事，努力避免武氏遭到政治清算。武承嗣曾经有希望成为女皇的接班人，他也尽力争取过，但是，中国的继承制度让女皇和周边的人都不安心，武承嗣只能抱憾死去。

第十九章
武周政权的短命及其症结

空前绝后的武周政权仅仅经过了一代皇帝就宣告终结。武周的唯一皇帝，武则天称帝时间不过十五年。天授元年九月（690），武则天正式称帝，武周替代李唐。神龙元年正月（705），中宗神龙复辟成功，二月，恢复唐朝国号，武周政权正式结束。武周政权，可谓“其兴也勃焉，其亡也忽焉”。整体上看，武周更类似唐朝历史的重要插曲，因为武则天个人的原因，唐朝的历史忽然驶入一段弯路，但不久又回归正轨。

武周政权的兴亡引起众多史家的重视，到底哪些因素在武周政权背后发挥着作用，相关的研究探索一直在丰富着这个主题。武则天作为武周唯一的皇帝，是武周短命的重要特征。但是，短命的武周，是不是必然的结局？这不仅涉及政治制度，更关涉社会继承传统。

第一节　称帝时的继承人安排

武则天从建立武周政权的第一天起，接班人问题就成了武周的最大症结。

武则天令唐朝的皇帝、自己的儿子睿宗李旦为武周的“皇嗣”。《旧唐书》的记载为：“及革命，改国号为周，降帝为皇嗣，令依旧名轮，徙居东宫，其具仪一比皇太子。”[①]《会要》的说法稍微具体一些，睿宗“天授元年九月，降为皇嗣，仍名轮”[②]。武则天称帝，睿宗的皇嗣安排，《资治通鉴》的记载比较具体，其文如下：

> 九月，丙子，侍御史汲人傅游艺帅关中百姓九百余人诣阙上表，请改国号曰周，赐皇帝姓武氏，太后不许；擢游艺为给事中。于是百官及帝室宗戚、远近百姓、四夷酋长、沙门、道士合六万余人，俱上表如游艺所请，皇帝亦上表自请赐姓武氏。……庚辰，太后可皇帝及群臣之请。壬午，御则天数，赦天下，以唐为周，改元。乙酉，上尊号曰圣神皇帝，以皇帝为皇嗣，赐姓武氏；以皇太子为皇孙。[③]

从这些历史记载中，我们几乎看不到武则天的行为，但是这些现象的背后，导演只能是武则天。此时，唐朝的皇帝还是睿宗，关

---

① 《旧唐书》卷七《睿宗本纪》，北京：中华书局，1975年，第152页。

② 《唐会要》卷一《帝号上》“睿宗”条，上海：上海古籍出版社，1991年，第5页。

③ 《资治通鉴》卷二〇四，北京：中华书局，1956年，第6467页。

中百姓九百人上书，请求以周代唐，并把皇帝的姓氏改成武氏。武则天不允许，但却提升了带头人傅游艺的官职。方向明确的暗示，导致官员和皇帝自己都不能不出来表态。既然从百姓到皇帝，人同此心，武则天如果不允许太说不过去了，只好同意了群臣之请。最后武则天当了圣神皇帝，睿宗的身份只好下降，被任命为皇嗣，果然姓了武氏，连原来的皇太子也改为皇孙。

睿宗李旦如今成为“皇嗣”，回到东宫居住，“其具仪一比皇太子”。请注意，“皇嗣”的名称很容易令人联想到“太子”，但又的确不是太子。太子的政治地位人所共知，是法定的皇位继承人，但“皇嗣”呢？显然定位模糊。正因为如此，才会说“具仪一比太子”，即待遇、仪式等都等同于太子。既然是“比”太子，证明还不是太子。同样，“皇孙”也不是“皇太孙”，也不能看作是法定的下一代皇位继承人。

傅游艺的总后台就是武则天，但是武则天一定不是直接的指挥者。从垂拱四年（688）四月洛水“宝图”事件看，武承嗣最有可能是幕后指挥。各书记载“宝图”事件，现在以《通鉴》记载比较全面，其文为：

> 武承嗣使凿白石为文曰：“圣母临人，永昌帝业。”末紫石杂药物填之。庚午，使雍州人唐同泰奉表献之，称获之于洛水。太后喜，命其石曰“宝图”，擢同泰为游击将军。五月，戊辰，诏当亲拜洛，受“宝图”；有事南郊，先谢昊天；礼毕，御明堂，朝群臣。命诸州都督、刺史及宗室、外戚以拜洛

前十日集神都。乙亥，太后加尊号为圣母神皇。[①]

“宝图”事件，是武则天称帝的重要一环，意图明显，又不无试探意味。以“圣母”称颂太后，并无不妥，但“神皇”与皇帝称谓近似，又不相等。用这样的模糊称谓试探天下反应，顺利则可以得寸进尺，遇到阻力也可以及时回缩。

表面上看，是傅游艺的主张最后被武则天接受，其实，这应该就是武则天的设计。为什么会如此这般，这才是更重要的问题。首先，傅游艺上表，依然具有试探性，从百官和皇帝的反应看，试探获得成功，不仅没有人出来反对，反而纷纷上表支持。应该是所有的人包括皇帝睿宗在内，都看到这个计划是符合武则天意愿的。其次，这个从李唐到武周的过渡方案，可接受性极强。除了武则天升级为皇帝以外，其他变化很小，包括皇帝变成皇嗣，改李姓为武姓。人物依旧，仅仅是名称改变而已。仍然是同样一批人在掌握国家，不过是李唐改称武周而已。政治实际与名义称谓之间，前者已经实现，走在了前面，如果改名，不过是“实至名归”而已，接受并不困难。

对于那些满怀唐朝感情的人，现有的局面也不是完全不能接受。皇帝降为皇嗣，毕竟距离太子不远，何况又是女皇亲生儿子，接班的希望依然巨大。皇嗣确实不等于太子，但当时没有别人为太子，皇嗣最有希望成为太子。如果能够接班，他也是高宗的亲生儿子，李唐回归不过是再改一次名称而已。何况，现在的女皇，已经

---

① 《资治通鉴》卷二〇四，第6448页。

是将近七十岁的人，即使生命力旺盛，毕竟还是老人。没有人讲出武则天年老问题，但如此明显的事实，不可能被所有人忽略。

从李唐到武周的过渡安排，很能说明主持者武则天的心理：要改朝换代，但不希望发生严重的政治动荡。历史上的改朝换代，无不伴随着腥风血雨。武则天关于接班人的安排，留下了极大的模糊空间，争取成为皇位继承人的政治人物，因而看到一定的希望，这就为政治斗争埋下了重大伏笔。

第二节　武承嗣的努力

身为女皇的武则天，在继承人问题上存在着天然的冲突：如果由儿子继承未来的皇位，则无疑等于重回唐朝；如果坚持武周的永续发展，侄子成为继承人，就无法保证自己开国君主的宗法地位。既然睿宗降级为“皇嗣”，并不是太子，代表着武则天对于儿子继承大位存疑，武承嗣因而看到了希望。于是，一场争取未来皇位的斗争就此展开。

武承嗣第一次向太子宝座发起冲击，《资治通鉴》置于天授二年（691），即武则天称帝的第二年。不过，《旧唐书·李昭德传》记此事于“延载初”（694），其言如下：

> 时则天以武承嗣为文昌左相，昭德密奏曰：“承嗣陛下之侄，又是亲王，不宜更在机权，以惑众庶。且自古帝王，父子之间，犹相篡夺，况在姑侄，岂得委权与之？脱若乘便，宝位宁可安乎？”则天矍然曰：“我未之思也。”承嗣亦尝返谮昭

德，则天曰："自我任昭德，每获高卧，是代我劳苦，非汝所及也。"承嗣俄转太子少保，罢知政事。延载初，凤阁舍人张嘉福令洛阳人王庆之率轻薄恶少数百人诣阙上表，请立武承嗣为皇太子。则天不许，庆之固请不已，则天令昭德诘责之，令散。昭德便杖杀庆之，余众乃息。昭德因奏曰："臣闻文武之道，布在方策，岂有侄为天子而为姑立庙乎！以亲亲言之，则天皇是陛下夫也，皇嗣是陛下子也，陛下正合传之子孙，为万代计。况陛下承天皇顾托而有天下，若立承嗣，臣恐天皇不血食矣。"则天寤之，乃止。[①]

《通鉴考异》认为《旧唐书》的记载有误，"或误以载初为延载"[②]。《考异》虽然有如此认识，但在《通鉴》的正文中，还是使用了相对模糊的时间概念，其文如下：

先是，凤阁舍人修武张嘉福使洛阳人王庆之等数百人上表，请立武承嗣为皇太子。文昌右相、同凤阁鸾台三品岑长倩以皇嗣在东宫，不宜有此议，奏请切责上书者，告示令散。太后又问地官尚书、同平章事格辅元，辅元固称不可。由是大忤诸武意……冬，十月己酉，长倩、辅元、（欧阳）通等皆坐诛。[③]

---

① 《旧唐书》卷八七《李昭德传》，第2854—2855页。
② 《资治通鉴》卷二〇四，第6475页。
③ 《资治通鉴》卷二〇四，第6474—6475页。

武承嗣为张嘉福、王庆之等人的后台，是很清楚的。但具体指挥途径，应该是武承嗣指挥张嘉福，张嘉福联络王庆之。《旧唐书·武承嗣传》就说："承嗣自为次当为皇储，令凤阁舍人张嘉福讽谕百姓抗表陈请，则天竟不许。"[①]武承嗣这次出击不成功，遭遇巨大的反对力量。于是展开报复，可能是寄希望于未来。因为反对武承嗣为太子，遭受武承嗣、来俊臣等污蔑谋反最后被诛杀的有几十人，可见为此事引发的朝廷对立也是很明显的。王庆之等上表，引发太子问题的讨论，所以岑长倩"以皇嗣在东宫，不宜有此议"，即皇嗣就是接班人，不该再讨论太子问题。另一位宰相格辅元也反对新的提议。结果，最后他们都遭到毁灭性的打击，付出生命的代价[②]。

王庆之集合众人上表，请立武承嗣为太子，《旧唐书·李昭德传》和《通鉴》认为凤阁舍人张嘉福是王庆之的幕后指使人，不过《册府》的记载则把两人写成共同的上表人："岑长倩，则天时为文昌右相。天授初，凤阁舍人张嘉福与王庆之等表请立魏王武承嗣为皇太子。长倩以皇嗣在东宫，不可更立承嗣，乃与纳言欧阳通奏请切责上书者，告示令散。由是大忤诸武意，被斥，令西征吐蕃。"[③]

《通鉴》在记述到欧阳通时，只说受到来俊臣的陷害，没有讲理由，从《册府》的这段记载，我们则清楚地看到因果关系，原来

① 《旧唐书》卷一八三《外戚列传·武承嗣传》，第4729页。

② 《册府元龟》也有此事的记载："唐武承嗣，以则天兄子为文昌左相。时张嘉福等请立承嗣为皇太子，则天以问地官尚书格辅元，固称不可。承嗣谮之，故及于祸。"见《册府元龟》卷三〇七《外戚部·害贤》，南京：凤凰出版社，2006年，第3470页。

③ 《册府元龟》卷三一七《宰辅部·正直第二》，第3585页。

欧阳通与岑长倩都是正式向武则天上奏表达反对意见的大臣。

王庆之上表事件，显然是经过认真筹划的政治活动，上表署名的有“数百人”之多，很多人被裹挟进这个上表名单中，而组织者一定会信誓旦旦地宣称这个行动会获得成功，甚至会暗示得到上方指示。对此，我们从有关张仁愿的记载中可以看出一些迹象，《册府》有如此记载：

> 张仁愿少有文武材干，累迁殿中侍御史。时有御史郭霸上表，称则天是弥勒佛身，凤阁舍人张嘉福与洛州人王庆之等请立武承之为皇太子，皆请仁愿连名署表，仁愿正色拒之，甚为有识所重。[①]

显然，王庆之上表是一个很大规模的政治动员，一定有许多朝廷官员“连名署表”，张仁愿顶住压力，拒绝署表，因此获得历史表彰。《李昭德传》中说连名者为“轻薄恶少”，这应该是一个简单的蔑称，作为殿中侍御史的张仁愿没有签名，但他在被动员的名单中，说明他这级官员是有参与的。唐隆政变后，温王曾下令表彰李隆基，有部分文字是指责宗楚客等人，并且提及王庆之事件：“又顷者，王庆之、李愧、张嘉福，前麟游县令杜无二，越州长史宋之问潜行表状，请立武承嗣为皇太子，则天皇后斩庆之一人，之问以附托三思获免。”[②]县令杜无二、州长史宋之问参与了这次签名推荐武承嗣的活动。李愧的官职不清。参与推荐武承嗣的几百人名单

① 《册府元龟》卷五一五《宪官部·刚正第二》，第5848页。
② 《册府元龟》卷二〇《帝王部·功业第二》，第199页。

中，这是一个所知最多的名单，以中下级官员为主，这个判断应该不错。

上表事件有过一个过程，而各种文献选择的重点有所不同，造成时间点有多重记载。《通鉴考异》认为《旧唐书》是以“载初为延载”之误，即事情发生在载初，但误以为是延载。如果是载初，也不是没有问题。载初是天授之前的年号，武则天称帝是天授元年（690）九月称帝，王庆之等人怎么会在武则天称帝之前强力推荐武承嗣为太子呢？就载初的情况而言，皇帝还是睿宗，睿宗的长子为皇太子。所以，王庆之上表事件，只能发生在武则天称帝、睿宗降为皇嗣之后。《通鉴》的正式表达应该是合理的。即，王庆之上表的具体时间已经不清楚，但到天授二年（691）十月，告一段落，结局是王庆之的上表被武则天否决，但阻止武承嗣阴谋的宰臣岑长倩、格辅元等几十人皆被陷害，以谋反罪坐诛。

王庆之为代表的第一次推动武承嗣为太子的活动，到天授二年（691）十月，仅仅是告一段落，并没有结束。王庆之尚在，他的斗志未减。可见，武则天也没有下定最后决心。《通鉴》在岑长倩、格辅元被杀之后记载道：

> 王庆之见太后，太后曰：“皇嗣我子，奈何废之？”对曰：“‘神不歆非类，民不祀非族’。今谁有天下，而以李氏为嗣乎！”太后谕遣之。庆之伏地，以死泣请，不去。太后乃以印纸遗之曰：“欲见我，以此示门者。”自是庆之屡求见，太后颇怒之，命凤阁侍郎李昭德赐庆之杖。昭德引出光政门外，以示朝士曰：“此贼欲废我皇嗣，立武承嗣！”命扑之，

耳目皆血出，然后杖杀之，其党乃散。[1]

请注意，岑长倩等反对讨论皇太子的议题，理由就是皇嗣的存在，有皇嗣在，要立武承嗣为太子，就是废皇嗣。所以，武则天对王庆之的发问，也从这个问题出发。支持王庆之的理据，就是皇帝的姓氏，既然当今皇帝姓武，那么就应该姓武的人当继承人。虽然此时李旦已经改姓武，但王庆之并不承认。王庆之背后的武承嗣，显然也是如此观点。不过，这个观点并不能说服武则天，如果李旦改姓不作数，那么武则天作为李家媳妇，武家是否承认她呢？这是一个明显的冲突，至少导致武则天不能下定决心。

王庆之不能说服武则天，又坚持要说服，最后只能走向自己的悲剧。武则天把王庆之交给李昭德处置，而李昭德的说法很清晰："此贼欲废我皇嗣，立武承嗣！"王庆之惨死杖下，"其党乃散"。李昭德杖杀王庆之，因为有武则天的旨意，所以合法。他敢于当众宣布王庆之的罪行，证明朝廷中拥护睿宗是一种普遍倾向。至此，武承嗣发动的向太子进发的活动，以失败而告结束，标志就是杖死王庆之。但是，王庆之死在什么时间？《通鉴》把此事置于天授二年（691）十月己酉与壬辰日之间。《唐会要》的一则记载，把王庆之的死，置于如意元年（692）："如意元年七月，洛阳人王庆之上表，请立武承嗣为皇太子。则天命内史李昭德诘问，昭德遂杖杀之。"[2]如意元年即天授三年、长寿元年（692）。《会要》此处的重点是杀王庆之，所以这个时间点也不能排除。

① 《资治通鉴》卷二〇四，第6475页。
② 《唐会要》卷五一《识量上》，上海：上海古籍出版社，1991年，第1042页。

最初，武则天拒绝王庆之等人的要求，但是并没有杀死王庆之，反而给王庆之往来宫中的通行证明“印纸”，让王庆之有机会多次求见，继续自己的诉求。直到武则天最终被惹怒，王庆之才被李昭德杖杀。那么，从王庆之拥有“印纸”到被杀，也应该有一个过程。之所以他被杀后“其党乃散”，是因为武则天交给王庆之的通行特权，让他们感到他们的主张还大有希望。同时也证明，武则天关于接班人问题的考虑也没有完成。既然杀了王庆之，证明此时武则天不愿意再考虑武承嗣为继承人的问题，至少暂时不希望讨论继承人问题。这对于武承嗣而言，是一次重大打击。

第三节　间歇期

以王庆之的杖杀为标志，武承嗣的第一次太子行动失败。朝廷的宰相班底，都是反对武承嗣为太子的，他们维护皇嗣的意志很坚定。支持武承嗣的人马，如王庆之等，最多是中下层官员，多怀侥幸或者缘于胁迫，对武则天的影响有限。同时，武则天还不能下定决心，维护现状更有利，于是我们看到，有关继承人的问题，一时进入休战期，不再继续讨论。

《册府元龟》记载一段武承嗣事迹，可以证明在第一次冲击太子失败之后，打击对立面显然是他政治活动的重要目标。其文如下：

> 唐武承嗣，以则天兄子为文昌左相。时张嘉福等请立承嗣为皇太子，则天以问地官尚书格辅元，固称不可。承嗣谮

> 之，故及于祸。天授三年一月，御史中丞来俊臣奏言："凤阁侍郎任知古、地官侍郎狄仁杰、冬官侍郎裴行本、司农卿裴宣礼、前文昌右丞卢献可、御史中丞魏元忠、潞州刺史李嗣真并谋逆，请诛之。"制不许，特令免死。承嗣奏曰："仁杰等包藏逆节，事迹并彰。陛下虽欲屈法伸恩，无以惩艾凶慝。"帝曰："朕好生恶杀，志在恤刑。涣汗已行，不可更返。"殿中侍御史霍献可奏曰："陛下不杀裴宣礼等，臣请绝命于前。"遂以头触殿陛，流血覆面。献可即宣礼之甥，以此表人臣之节。凤阁舍人向光道、侍御史张知默又极言请诛之，不许。唯左授知古江夏县令，仁杰彭泽令，宣礼夷陵令，元忠江陵令，献可西响令，行本、嗣真流于岭表。[①]

天授三年（692），即如意元年、长寿元年。受到这次打击的都是朝廷的高层官员，更有意味的是，武承嗣为此与武则天意见相左，最后的结局其实是双方妥协的结果，武承嗣杀人不成，但这些官员还是受到了贬官处分。《通鉴》在这些被迫害的大臣职务上，记载略有不同，但事情的过程是一致的，"左台中丞来俊臣罗告同平章事任知古、狄仁杰、裴行本、司农卿裴宣礼、前文昌左丞卢献、御史中丞魏元忠、潞州刺史李嗣真谋反"。任知古为平章事是在天授二年（691）六月，狄仁杰、裴行本任职是在九月，所以三位宰相同时受到冲击，这是很明显的。

为了打击朝廷大臣，竟然敢于抗拒武则天。武承嗣如此，是

① 《册府元龟》卷三〇七《外戚部·害贤》，第3470页。

否引发了武则天的怀疑？这是大有可能的。《旧唐书·则天皇后本纪》记载同年八月，发生了重大人事变动，诸武离开政治核心，其文为：

八月，魏王承嗣为特进，建昌王攸宁为冬官尚书，杨执柔为地官尚书，并罢知政事。秋官侍郎崔元琮为鸾台侍郎，夏官侍郎李昭德为凤阁侍郎，检校天官侍郎姚璹为文昌左丞，地官侍郎李元素为文昌右丞，并同凤阁鸾台平章事。[①]

此事，《旧唐书》如此记载符合自身的逻辑，而通过《通鉴》我们可以看到更多的背景，《通鉴》文字如下：

夏官侍郎李昭德密言于太后曰："魏王承嗣权太重。"太后曰："吾侄也，故委以腹心。"昭德曰："侄之于姑，其亲何如子之于父？子犹有篡弑其父者，况侄乎！今承嗣既陛下之侄，为亲王，又为宰相，权侔人主，臣恐陛下不得久安天位也！"太后矍然曰："朕未之思。"秋，八月，戊寅，以文昌左相、同凤阁鸾台三品武承嗣为特进，纳言武攸宁为冬官尚书，夏官尚书、同平章事杨执柔为地官尚书，并罢政事；以秋官侍郎新郑崔元综为鸾台侍郎，夏官侍郎李昭德为凤阁侍郎，

① 《旧唐书》卷六《则天皇后本纪》，第122页。《新唐书》卷四《则天皇后本纪》的记载简略，八月"戊寅，武承嗣、武攸宁、杨执柔罢；秋官侍郎崔元综为鸾台侍郎，夏官侍郎李昭德为凤阁侍郎，权检校天官侍郎姚璹为文昌左丞，检校地官侍郎李元素为文昌右丞，营缮大匠王璿为夏官尚书，司宾卿崔神基，同凤阁鸾台平章事"。第93页。

检校天官侍郎姚璹为文昌左丞，检校地官侍郎李元素为文昌右丞，与司宾卿崔神基并同平章事。[1]

检视相关名单，《新唐书》比较全。但最重要的政治信息是，武承嗣等诸武罢相，离开政治舞台的核心，竟然是因为李昭德的提醒[2]。史书高度称赞李昭德敢于斗争，但武则天才是更重要的。既然不同意武承嗣担任太子，又让他居于政治核心，其中具有的危险性，稍加提醒，武则天便心领神会。这同时证明，武则天开始对武承嗣也产生了提防之心，那么武承嗣的天子希望显然更加渺茫。

就在武承嗣罢相之后的九月，武则天改元长寿，为什么改元长寿?《通鉴》有记载，文字如下：

太后春秋虽高，善自涂泽，虽左右不觉其衰。丙戌，敕以齿落更生，九月，庚子，御则天门，赦天下，改元[3]。

这一年，武则天六十九岁。宣布改元的前几天，女皇长出了新齿。这意味着女皇身体健康，大有返老还童的可喜迹象。这是一个无法核查的神迹，但是女皇的心理还是有所暴露的，那就是她担心自己

---

① 《资治通鉴》卷二〇五，第6483—6484页。

② 《唐会要》有如下记载："如意元年七月，洛阳人王庆之上表，请立武承嗣为皇太子。则天命内史李昭德诘问，昭德遂杖杀之，因密奏曰：'承嗣陛下之侄，又为亲王，不宜处机衡，以惑众庶。且自古帝王，父子之间，犹有篡夺，况姑侄乎！臣又闻文武之道，布在方册，岂有侄为天子，而为阿姑立庙者乎！皇嗣，陛下子也，陛下正合传之子孙，为万世计。天子之子，续莫重焉。陛下承天皇顾托而有天下，若立承嗣，臣恐天皇不血食矣。'则天悟之，乃止。"见《唐会要》卷五一《识量上》，第1042页。

③ 《资治通鉴》卷二〇五，第6487页。

的年龄成为政治的负担，希望天下对自己的健康有信心，如此一来，继承人问题的严重性就会自然降低。武则天开始强调自己的健康，其实也是一种提醒，女皇已经返老还童，对于太子之位，请不要再觊觎了。那么，武则天这种提醒，仅仅是针对武承嗣一派吗？

武承嗣被罢相，当然是一个重大挫败。但是，因此政治利益的天平就自然向睿宗李旦方向倾斜了吗？武则天似乎也不希望给出如此印象。长寿二年（693）正月，围绕皇嗣发生重大案件，《通鉴》的记载如下：

> 户婢团儿为太后所宠信，有憾于皇嗣，乃谮皇嗣妃刘氏、德妃窦氏为厌咒。癸巳，妃与德妃朝太后于嘉豫殿，既退，同时杀之，瘗于宫中，莫知所在。德妃，抗之曾孙也。皇嗣畏忤旨，不敢言，居太后前，容止自如。团儿复欲害皇嗣，有言其情于太后者，太后乃杀团儿。[①]

这个叫作团儿的婢女，告发皇嗣之妃获得成功，于是放肆地想把皇嗣也陷害了，结果丧了自家性命。从这件事上可以看出，武则天对于度的把握。杀皇嗣妃，是对皇嗣及其一派人的警告，但并不是想废黜皇嗣。

腊月，睿宗诸子从亲王降封为郡王："改封皇孙成器为寿春郡王，恒王成义为衡阳郡王，楚王隆基为临淄郡王，卫王隆范为巴陵郡王，赵王隆业为彭城郡王。"[②]对此，《通鉴》没有使用"改封"

---

① 《资治通鉴》卷二〇五，第6488页。
② 《旧唐书》卷六《则天皇后本纪》，第123页。

一词，而是使用“降”字[①]，从亲王改为郡王，当然就是降封。这是又一个明确信号。本来，睿宗为皇帝，诸子为亲王，这是制度规定。如今，睿宗已经不是皇帝，皇嗣的地位在亲王与太子之间，那么诸子也只能是郡王。武周已经建立两年，这个改封才进行，时机显然是一个重要的选项。因为武承嗣、武三思被封为亲王，是在武则天称帝的当月进行的，现在李家的诸王才改封。拥戴李唐的人或许会心存幻想，以为李家诸王不改封，代表着李家依然高于武氏，回归李唐更加便利，但这次改封则让人打消了此念。

不久，围绕皇嗣再发事端。先是“前尚方监裴匪躬、内常侍范云仙坐私谒皇嗣，腰斩于市。自是公卿以下皆不得见”[②]。接下去就是著名的安金藏故事，为了证明皇嗣没有谋反，安金藏剖腹证明，最后武则天令太医治疗安金藏，放弃追查。私谒皇嗣，即不是因公接见，竟然处以腰斩之刑，而且此后连因公接见也不再允许，可见武则天对于皇嗣的担心程度。安金藏故事是因为“或有诬告皇嗣潜有异谋者”[③]，政治斗争的剧目还在上演，是否与武承嗣有关，史书未载。但是，围绕皇嗣发生的事件，都是适可而止，从武则天角度看，显然是以警示为重点。

---

① 《资治通鉴》卷二〇五，第6489页。

② 《资治通鉴》卷二〇五，第6490页。

③ 据《旧唐书》卷一八七上《安金藏传》：“安金藏，京兆长安人，初为太常工人……少府监裴匪躬、内侍范云仙并以私谒皇嗣腰斩。自此公卿已下，并不得见之，唯金藏等工人得在左右。或有诬告皇嗣潜有异谋者，则天令来俊臣穷鞫其状，左右不胜楚毒，皆欲自诬，唯金藏确然无辞，大呼谓俊臣曰：‘公不信金藏之言，请剖心以明皇嗣不反。’即引佩刀自剖其胸，五藏并出，流血被地，因气绝而仆。则天闻之，令舆入宫中，遣医人却纳五藏，以桑白皮为线缝合，傅之药，经宿，金藏始苏。则天亲临视之，叹曰：‘吾子不能自明，不如尔之忠也。’即令俊臣停推，睿宗由是免难。”（北京：中华书局，第4885页）

这一时期，武承嗣、武三思一派主要围绕武则天制礼作乐，歌功颂德。简单以《通鉴》的记载来看，史事如下。长寿二年（693）九月，“魏王承嗣等五千人表请加尊号曰金轮圣神皇帝”，延载元年（694）五月，“魏王承嗣等二万六千余人上尊号曰越古金轮圣神皇帝”。八月，“武三思帅四夷酋长请铸铜铁为天枢，立于端门之外，铭纪功德，黜唐颂周”。天册万岁元年（695）正月一日，武则天“太后加号慈氏越古金轮圣神皇帝，赦天下，改元证圣”。明堂焚毁，更造明堂、天堂[①]。三月，去“慈氏越古”之号，天枢建成。九月，武则天“加号天册金轮大圣皇帝，赦天下，改元”。万岁通天元年（696），正月封神岳，赦天下，改元万岁登封。神功元年（697），四月铸九鼎成。六月，诛来俊臣。几年之间，只有东北契丹问题比较严重。随着来俊臣的诛灭，酷吏政治也宣告结束。所有的制礼作乐行动，武则天要神圣化武周，也要神化自己。在这样的氛围中，继承人问题就显得不合时宜，至于女皇内心的思考，则无从得知。

神功元年（697）六月“戊子，特进武承嗣、春官尚书武三思并同凤阁鸾台三品”。但到了七月丁酉，“武承嗣、武三思并罢政事”。前后任相，只有十天。这件事，在《旧唐书·武承嗣传》中没有提及，旧传只是说：“如意元年，授特进。寻拜太子太保，罢知政事。”把武承嗣的重要履历截止到如意元年（692）。而这恰好与近年新出土的《武承嗣墓志》所记内容相契合。我们在墓志中看到武承嗣的简历是：“如意元年乃迁特进，长寿二年又监修国史……

① 明堂事主要与薛怀义有关，意为制造女皇的健康神话，后来参与者还有“二张”。女皇的健康神话显然是一个政治工程，参见作者另文《论武则天的“内宠”》，王双怀、王恺、毛阳光主编：《一代明君武则天》，北京：中国文史出版社，2018年，第110—126页。

天册二年充封神岳大使……圣历元年七月内迁太子太保……其年八月十日薨于神都行修里之私第，春秋五十。”[①]也不提神功元年（697）这次快速的任免。任职十天即遭罢免，确实有些难堪。只有《新唐书》对此有所点题：“又与三思同三品，不及月俱免，复拜特进。后决意还太子矣。”[②]武则天对于武承嗣与武三思肯定存在着复杂的情感，但政治原则至上，所以防范成了女皇的主要思虑。

武则天作为武周的第一位皇帝，继承人问题迟迟不能落实，虽然武则天做出了很多姿态，努力制造自己的健康神话，证明上天护佑的存在，但武周政权看上去依然形单影孤，根基不稳。一个年近80岁的皇帝，一直不能确定自己的继承人，如此政权的未来，如何可能充满希望呢？

第四节　确立继承人

几年来，武则天压制了继承人的议题，但这个问题依旧存在，不讨论不等于问题已经解决。神功元年（697）之后是圣历元年（698），武周继承人问题，终于确定下来。对此，《通鉴》的记载有总结意义，其文如下：

> 武承嗣、三思营求为太子，数使人说太后曰：“自古天子未有以异姓为嗣者。”太后意未决。狄仁杰每从容言于太后曰：

① 《武承嗣墓志》，现藏于中国农业博物馆。相关录文与研究，可参考曹建强：《唐魏王武承嗣墓志考略》，《中国国家博物馆馆刊》2012年第6期，第58—66页。

② 《新唐书》卷二〇六《外戚列传·武承嗣传》，第5838页。

“文皇帝栉风沐雨，亲冒锋镝，以定天下，传之子孙。大帝以二子托陛下。陛下今乃欲移之他族，无乃非天意乎！且姑侄之与母子孰亲？陛下立子，则千秋万岁后，配食太庙，承继无穷；立侄，则未闻侄为天子而祔姑于庙者也。”太后曰：“此朕家事，卿勿预知。”仁杰曰：“王者以四海为家，四海之内，孰非臣妾，何者不为陛下家事！君为元首，臣为股肱，义同一体，况臣备位宰相，岂得不预知乎！”又劝太后召还庐陵王。王方庆、王及善亦劝之。太后意稍寤。他日，又谓仁杰曰：“朕梦大鹦鹉两翅皆折，何也？”对曰：“武者，陛下之姓，两翼，二子也。陛下起二子，则两翼振矣。”太后由是无立承嗣、三思之意。

孙万荣之围幽州也，移檄朝廷曰：“何不归我庐陵王？”吉顼与张易之、昌宗皆为控鹤监供奉，易之兄弟亲狎之。顼从容说二人曰：“公兄弟贵宠如此，非以德业取之也，天下侧目切齿多矣。不有大功于天下，何以自全？窃为公忧之！”二人惧，涕泣问计。顼曰：“天下士庶未忘唐德，咸复思庐陵王。主上春秋高，大业须有所付；武氏诸王非所属意。公何不从容劝主上立庐陵王以系苍生之望！如此，岂徒免祸，亦可以长保富贵矣。”二人以为然，承间屡为太后言之。太后知谋出于顼，乃召问之，顼复为太后具陈利害，太后意乃定。①

《通鉴》记此事于圣历元年（698）二月，三月迎回庐陵王李显。史书文字，特别强调狄仁杰的劝说之功。其中，有一个问题大可

① 《资治通鉴》卷二〇六，第6526—6527页。

注意，即武承嗣与武三思，在天授二年（691）王庆之事件之后，是否还有过明确的营求太子的活动。《通鉴》这里记为“武承嗣、三思营求为太子，数使人说太后”如何，看来是多次营求，但具体情况没有写入，所以并不清楚，尤其是对比王庆之事件。从政治动机的视角看，武承嗣和武三思有类似动机不难理解，问题是他们是否有行动。

《旧唐书·武承嗣传》有这样的记载，其文如下：

> 承嗣尝讽则天革命，尽诛皇室诸王及公卿中不附己者，承嗣从父弟三思又盛赞其计，天下于今冤之。俄又赐承嗣实封千户，仍监修国史。承嗣自为次当为皇储，令凤阁舍人张嘉福讽谕百姓抗表陈请，则天竟不许。如意元年，授特进。寻拜太子太保，罢知政事。承嗣以不得立为皇太子，怏怏而卒。[①]

这里提及营求太子事只有一次，即王庆之事件。至于武三思，两《唐书》本传没有一字涉及他营求太子之事，《新唐书》本传还写到武三思如何“性倾谀”，努力讨好东宫即李显的故事[②]。

看来，武承嗣营求太子的行动，只有王庆之事件。即使这件事，武承嗣努力摆出置身事外的姿态。所以《新唐书》本传记载，得知武则天不同意王庆之的请求之后，“承嗣不得已，奏请责谕嘉福等，不罪也”[③]。武则天应该明白张嘉福背后是武承嗣，武承嗣有此要求，因此武则天并不追究张嘉福。武周继承人问题，显然武则

① 《旧唐书》卷一八三《外戚列传·武承嗣传》，第4729页。
② 《新唐书》卷二〇六，第5840页。
③ 《新唐书》卷二〇六，第5838页。

天的态度是关键，武承嗣对于武则天的影响有限，武承嗣对此也应该是心知肚明的。

从《新唐书》的观点看，神功元年（697）七月“武承嗣、武三思并罢政事”，代表着武则天“决意还太子”，即请中宗从房陵归来。如果这个判断可信，那么关于房陵迎太子事在这个时间点已经确定。从上文所引《通鉴》的意见看，迎回太子是圣历元年（699）二月的事，发挥重要作用的是狄仁杰。为什么狄仁杰会有如此建议？为什么狄仁杰会置皇嗣李旦于不顾，建议迎回庐陵王？史书没有交代。现在我们能够看到的史料有限，《通鉴考异》引证《狄梁公传》《谈宾录》《御史台记》等讨论这个问题，曾经指出：“当是时睿宗为皇嗣，若仁杰请以庐陵王为继统，则是劝太后废立也，此固未可信。”[①]所以，迎回庐陵王并不等于宣布以庐陵王替代皇嗣，但能在政治上引发多重联想。最重要的问题，是李氏与武氏的问题，武则天的天平明显倾向李氏，这应该是最容易得出的结论。

庐陵王返回神都，是以治病的名义，并没有进一步的安排。直到八月，武承嗣去世，《通鉴》的记录与诸书一致：“太子太保魏宣王武承嗣，恨不得为太子，意怏怏，戊戌，病薨。”[②]第三天，武则天提拔武三思为“检校内史”，九月七日，又提拔武攸宁为“同凤阁鸾台三品”，成为宰相，安慰武氏的意味明显。八天之后，《唐会要》记载道：“圣历元年九月十五日，册为皇太子，依旧名显。”

① 《资治通鉴》卷二〇六，第6527页。

② 《资治通鉴》卷二〇六，第6532页。这与《旧唐书·武承嗣传》的记载一致。戊戌，为十一日。

而《通鉴》补充说，这是皇嗣先有请求逊位之举，才有新太子的册立，“皇嗣固请逊位于庐陵王，太后许之。壬申，立庐陵王哲为皇太子，复名显”[①]。武则天的继承人，至此，终于确定下来。

然而，史书最终也没有透露，为什么武则天最后选择了李显，而放弃了一直身在左右的皇嗣李旦。立李显为继承人，史书多记载为狄仁杰的功劳。而从《通鉴考异》所引的资料看，推荐李显的人还有武则天比较信任的吉顼和张易之兄弟[②]。《通鉴考异》批判了《狄梁公传》的记载，信从《实录》的记载，指出确定中宗为太子不是在迎回中宗时确定的，“盖庐陵既至，太后以长幼之次欲立之，皇嗣亦以此逊位，故迁延半载。今取《实录》为正”[③]。如此看来，虽然迎回中宗并没有言及立中宗为太子的事，但武则天已经决定了。武承嗣的绝望，皇嗣的主动让位，都取决于武则天的这个决定。

关于狄仁杰的作用，《册府》有如此文字：

> 狄仁杰，同凤阁鸾台平章事。时中宗自房陵还宫，则天匿之帐中，召仁杰以庐陵为言。仁杰慷慨敷奏，言发涕流。遽出中宗，谓仁杰曰：“还卿储君。”仁杰降级泣贺：“既已奏太子还宫，人无知者，物议安审是非？”则天以为然。乃复置中宗于龙门，具礼迎归。[④]

---

① 《唐会要》卷一《帝号》上，第4页。《资治通鉴》卷二〇六，第6534页。
② 《资治通鉴》卷二〇六，第6527—6528页。参见梁维力：《张易之、张昌宗在废周复唐中的作用》，《文教资料》2008年6月号上旬刊，第78—80页。
③ 《通鉴考异》，见《资治通鉴》卷二〇六所引，第6530页。
④ 《册府元龟》卷三一五《宰辅部·公忠》，第3568页。

但是，即便如此，我们依然看不到武则天为什么放弃皇嗣李旦。司马光与《则天实录》强调的是长幼有序，看来这是最能明说的理由。确定继承人，是武则天安排后事的关键，而李旦与武氏的关系，无论从事实层面看，还是从武则天的意识上分析，睿宗李旦的可信度要低得多。几年来，人在武则天身边，睿宗李旦受到的冲击很大，子女和嫔妃都不能保证安全，自己也曾经深陷危机之中。如果李旦成为未来的皇帝，难保不找武氏报复。中宗李显，虽然在房陵多有受苦，不过是皮肉之苦，并没有李旦那样的危机，也没有李旦那样的愤恨，反而更容易包容武氏。中宗后来复辟成功，而史书所载，中宗最受非议的也正是他对待武氏的宽容。

武则天的继承人，终于安排妥当。多年来，此事之所以一直不能解决，是因为武则天自己的犹豫不决。武则天在政治上的突破众多，最核心的是突破了只有男人才能当皇帝的历史，为女性赢得了历史性的政治创建之功。但是，武则天创建的武周政权，最终还是一个短命王朝，一代女皇武则天，创建了武周，也结束了武周。

第五节　短命武周的症结

武则天称帝，天授元年（690），竟然有几万人上书拥戴，从睿宗李旦到宰相、百官和各界代表。但是，当武承嗣运用同样的动员手法，调动几百人上书拥戴自己当太子的时候，却遭遇巨大阻力，朝廷上层几乎无一例外，全部持反对态度。王庆之认为，武则天与武承嗣都是武姓，“神不歆非类，民不祀非族”，所以武承嗣与武则天关系更亲近，理应成为接班人。言下之意，皇嗣李旦父亲姓李，虽然改姓武，并不能与真正的武姓人武承嗣相提并论。朝廷大臣反对武承嗣为太子，十分直接的理由就是武则天的儿子皇嗣人在东宫，既然称作皇嗣，一切比照太子，就可以当作太子对待。

在王庆之事件中，史书特别是《通鉴》很强调李昭德的作用。但是，《通鉴》所用资料，明显来自《旧唐书·李昭德传》，但进行了处理，把《李昭德传》的前后两件事进行了时间上的调整。可以比较如下：

表19-1

《旧唐书·李昭德传》所记	《通鉴》所引
时则天以武承嗣为文昌左相，昭德密奏曰："承嗣陛下之侄，又是亲王，不宜更在机权，以惑众庶。且自古帝王，父子之间，犹相篡夺，况在姑侄，岂得委权与之？脱若乘便，宝位宁可安乎？"则天瞿然曰："我未之思也。"承嗣亦尝返谮昭德，则天曰："自我任昭德，每获高卧，是代我劳苦，非汝所及也。"承嗣俄转太子少保，罢知政事。 延载初，凤阁舍人张嘉福令洛阳人王庆之率轻薄恶少数百人诣阙上表，请立武承嗣为皇太子。则天不许，庆之固请不已，则天令昭德诘责之，令散。昭德便杖杀庆之，余众乃息。昭德因奏曰："臣闻文武之道，布在方策，岂有侄为天子而为姑立庙乎！以亲亲言之，则天皇是陛下夫也，皇嗣是陛下子也，陛下正合传之子孙，为万代计。况陛下承天皇顾托而有天下，若立承嗣，臣恐天皇不血食矣。"则天寤之，乃止。[①]	昭德因言于太后曰："天皇，陛下之夫；皇嗣，陛下之子。陛下身有天下，当传之子孙为万代业，岂得以侄为嗣乎！自古未闻侄为天子而为姑立庙者也！且陛下受天皇顾托，若以天下与承嗣，则天皇不血食矣。"太后亦以为然。 夏官侍郎李昭德密言于太后曰："魏王承嗣权太重。"太后曰："吾侄也，故委以腹心。"昭德曰："侄之于姑，其亲何如子之于父？子犹有篡弑其父者，况侄乎！今承嗣既陛下之侄，为亲王，又为宰相，权侔人主，臣恐陛下不得久安天位也！"太后矍然曰："朕未之思。"秋，八月，戊寅，以文昌左相、同凤阁鸾台三品武承嗣为特进，纳言武攸宁为冬官尚书，夏官尚书、同平章事杨执柔为地官尚书，并罢政事。[②]

① 《旧唐书》卷八七《李昭德传》，第2854—2855页。
② 《资治通鉴》卷二〇四，第6476、6483页。

我们这里的引用，并不讨论《通鉴》修正的正确性，而是想强调，在朝廷大臣反对武承嗣为太子的意见中，李昭德的意见是比较深入的，不仅反对武承嗣为太子，而且申明了理由。比较以皇嗣存在为理由的意见，显然更深刻更重要。王庆之强调同姓的重要，李昭德强调的是母子关系比姑侄关系重要。

后来，狄仁杰强调的，与李昭德别无二致。一方面强调唐高宗的问题，如果把天下交给武承嗣，那么高宗“不血食矣”。不仅高宗，武则天自身也会面临同样问题，狄仁杰所谓：“陛下立子，则千秋万岁后，配食太庙，承继无穷；立侄，则未闻侄为天子而祔姑于庙者也。”另一方面就是儿子与侄子谁亲的问题。确立继承人，虽然有过暂停阶段，但是这些基本问题是无法回避的，最终，武则天被狄仁杰等大臣说服。其实，武则天真正屈服的是相关的社会制度。胡阿祥指出“武则天最终无法突破血祭（封建夫权的血统承袭）和儒教（祖先崇拜）的社会传统观念制约”，导致武周“一世而斩”①。

母子与姑侄谁亲的问题，是一个常识性的问题，在当时，涉及两个基本制度，一是宗庙制度，一是五服制度。宗庙制度以男性为主，配偶相随。以武则天为例，她在李唐宗庙中的位置，是附属于唐高宗的。因为宗庙以男性为主，所以武则天在武氏家族的宗庙中，是没有位置的。如果武承嗣成为皇帝，他的做法一定是追认自己的父亲为皇帝，从而确立自己的皇室宗庙系统，其中无法安置武则天。这就是李昭德和狄仁杰都强调的问题，如果武承嗣当皇帝，

① 胡阿祥：《武则天革“唐”为“周”略说》，《江苏社会科学》2001年第2期，第121—124页。

唐高宗和武则天都难以获得祭祀。所以，狄仁杰所谓："陛下立子，则千秋万岁后，配食太庙，承继无穷；立侄，则未闻侄为天子而祔姑于庙者也。"这是很能打动武则天的。武则天称帝之后，唐朝的太庙被取消，但唐朝作为武周政权的合法来源是被正式承认的，所以唐朝的太庙被降级保存。至少，唐高祖、太宗和高宗，依然在祭祀之中。在高宗的身边，本来就有武则天的位置[①]。

母子与姑侄的关系，在五服制度（丧服）上，也有十分明显的区别。高宗以前，父亲与母亲在丧服上有所区别，父亲比母亲地位高一级，父亲是最高级"斩衰"。高宗以后，因为武则天的建议，母亲享受的丧服待遇提高，但依然属于"齐衰"。至于侄子与姑姑，不过是"大功"，当然不比母子。武则天最终知道，这些社会制度与传统是无法超越的，如果不遵守，遭遇失败的只能是自己。武则天应该知道，儿子成为继承人，意味着李唐复辟，但只有如此，她和唐高宗的祭祀问题才有保障。至于武氏家族，武则天自然不忘保护，力所能及地采取措施，希望李武团结，不要发生残杀悲剧[②]。应该承认，相对于称帝这种政治制度的突破，以社会继承制度为核心的宗庙制度与五服制度，突破的难度确实太大。而这，最终成为武则天革命的社会障碍，武则天不得不知难而退。

武则天除了自己的儿子外，无法选定接班人。对于武承嗣的努力，武则天自然很清楚，但她对武承嗣更多的是不放心。武则天

① 参见李永：《宗庙与政治：武则天时期太庙体制研究》，《学术月刊》2017年第8期，第152—158页。

② 参见陈寅恪：《记唐代之李武韦杨婚姻集团》，原载于《历史研究》1954年第1期，收入《金明馆丛稿初编》，北京：生活·读书·新知三联书店，2009年第二版，第266—295页。

称帝之时，已经是高龄老人，接班人问题的急迫性是显而易见的，但她的选择对象有限。武则天用武周取代李唐，虽然是一个改朝换代的重大事件，但解决不了继承人问题，武周政权就没有前途。或许，很多人早就看到了这一点，这也许就是武则天称帝没有人站出来反对的具体原因。武周政权的建立，许多研究者在社会开放、女性解放等条件下去解读，而武周的短命具有社会的必然性。武则天称帝，完成的是政治突破[①]，在当时条件下，两性平等无从谈及，中国的社会，还没有给女皇的正常出现备好充分条件。

① 参见作者另文《论武则天称帝》，包伟民、刘后滨主编：《唐宋历史评论》第2辑，北京：社会科学文献出版社，2016年6月，第85—108页。

第二十章
归葬乾陵

唯一女皇武则天，不仅是中国历史上的独特人物，也给她的时代带来了难以磨灭的印记。作为一个时代最有影响的人物，武则天的逝世和埋葬，同样不同凡响。看上去简单的礼仪讨论，背后却不无政治斗争的复杂背景。政治家的一生，政治就这样伴随着她，即使是埋入坟墓也难以放过。

第一节　问题的提出

神龙元年（705）十一月壬寅，则天崩于上阳宫，年八十二。《旧唐书·则天皇后本纪》："冬十一月壬寅，则天将大渐，遗制祔庙、归陵，令去帝号，称则天大圣皇后；其王、萧二家及褚遂良、韩瑗等子孙亲属当时缘累者，咸令复业。是日，崩于上阳宫之仙居殿，年八十三，谥曰则天大圣皇后。”[①]关于武则天驾崩的时间，《新唐书·中宗本纪》和《通鉴》都是十一月壬寅说[②]。

武则天去世，对于身后之事有所交代，而“祔庙、归陵”，含义清楚。神龙政变之后，武周政权已经黯然结束，武则天已经回归唐朝的皇后这个本来的位置。既然已经“去帝号”，与高宗合葬也就没有障碍，因为两个皇帝的合葬确实古今不见，难以实现。祔，本身就有合葬含义，这里的“祔庙、归陵”显然是归附太庙和归葬乾陵[③]。武则天虽有遗嘱归葬乾陵，她在安排后事的过程中，应该反反复复地考虑这个人生归途，但是，现实世界依然政治紧绷，使得武则天的这个归葬之路并不平坦。

问题的提出有些突然。十二月，《资治通鉴》记载如下：

> 十二月，丁卯，上始御同明殿见群臣。太后将合葬乾陵，给事中严善思上疏，以为：“乾陵玄宫以石为门，铁锢其缝，今启其门，必须镌凿。神明之道，体尚幽玄，动众加功，恐多惊黩。况合葬非古，汉时诸陵，皇后多不合陵，魏、晋已降，始有合者。望于乾陵之傍更择吉地为陵，若神道有知，幽途自当通会；若其无知，合之何益！”不从。[④]

---

① 《旧唐书》卷六《则天皇后本纪》，北京：中华书局，1975年，第132页。不过，同书《中宗本纪》却又记载“十二月壬寅，则天皇太后崩”。十一月壬寅为二十六日，十二月无壬寅日，此处记载当误。

② 《资治通鉴》卷二〇八，北京：中华书局，1956年，第6596页。《新唐书》卷四《中宗本纪》记载相同，见第108页。

③ 《礼记·檀弓上》有“季武子曰：周公盖祔”之说，孔颖达《礼记正义》解释为：“引季武子之言云周公以来盖始祔葬。祔即合也，言将后丧合前丧。”北京：北京大学出版社，《十三经注疏》（标点本），1999年，第196页。

④ 《资治通鉴》卷二〇八，第6597页。

丁卯，是二十一日。距离武则天去世，刚刚过去二十多天。不过，此处的“不从”记载，《通鉴》记录的是最后结果。根据《唐会要》等文献的记载，严善思的上疏并不是简单被拒绝，而是接受讨论。《唐会要》的记载如下：

神龙元年十二月，将合葬则天皇后于乾陵，给事中严善思上表曰：“臣谨按《天元房录葬法》云：‘尊者先葬，卑者不合于后开入。’臣伏闻则天大圣皇后，欲开乾陵合葬，然以则天皇后卑于天皇大帝，欲开陵合葬，即是以卑动尊，事既不经，恐非安稳。臣又闻乾陵玄宫，其门以石闭塞，其石缝铸铁，以固其中。今若开陵，其门必须镌凿。然以神明之道，体尚幽元，今乃动众加功，诚恐多所惊黩。又若别开门道，以入玄宫，即往者葬时，神位先定，今更改作，为害益深。又以修筑乾陵之后，国频有难，遂至则天皇后总万几二十余年，其难始定。今乃更加营作，伏恐还有难生。但合葬非古，著在古昔，在礼经缘情为用，无足依准。况今事有不安，岂可复循斯制？伏见汉时诸陵，皇后多不合葬。魏晋之后，祚皆不长，虽受命应期，有因天假，然循机享德，亦在天时。但陵墓所安，必资胜地，后之胤嗣，用托灵根，或有不安，后嗣固难长享。伏望依汉朝之故事，改魏、晋之颓纲，于乾陵之傍，更择吉地，取生墓之法，别起一陵，既得从葬之仪，又成固本之业。伏以合葬者，缘人私情，不合葬者，前修故事。若以神道有知，幽途自得通会。若以死者无知，合之复有何益？然以山川精气，上为星象。若葬得其所，则神安后昌。若葬失其宜，则神危后损。所以先哲垂范，具立葬经，欲使生人之道必安，死者之神永奉。伏望少回天眷，俯览臣言，行古昔之明规，割私情之爱欲，使社稷长享，天下永安。”疏奏，百官详议，寻有敕令，准遗诏以葬之。[①]

很明显，唐中宗的朝廷对于严善思的上疏反应，首先是令“百官详议”，然后才有“敕令，准遗诏以葬之”。这说明，严善思的上疏，是引发了朝廷议论的[②]。而此上疏正是主张否定遗诏，反对武则天与唐高宗合葬乾陵，要武则天另外埋葬在乾陵之旁。

武则天与唐高宗是否合葬，这到底牵涉哪些问题呢?

严善思上疏，挑起了这一问题，详细了解严善思的主张，是我们深入讨论此问题的前提。归纳严善思的主张，核心观点就是反对武则天与唐高宗合葬，而具体所言，可以排列出如下观点。

首先，严善思认为“尊者先葬，卑者不合于后开入”，否则“开陵合葬，即是以卑动尊，事既不经，恐非安稳”。比较唐高宗，武则天作为皇后当然属于卑者。这个尊卑先后的观念，严善思引据的不是儒家经典，而是《天元房录葬法》。但此书，除了严善思的引证留下的印记之外，再难觅踪迹。

---

① 《唐会要》卷二十《陵议》，上海：上海古籍出版社，1991年，第458—459页。相同的文字亦见《册府元龟》卷五四四《谏诤部·直谏第十一》，《旧唐书·严善思传》几乎全文引用此表。《文苑英华》卷六二四《表七二·杂谏论二》收录此表，题为《论则天不宜合葬乾陵表》，北京：中华书局，1966年，第3233—3234页。

② 赵雨乐先生认为这个过程的转机，还是武三思发挥了关键作用，“只因武三思等人通过上官婉儿和韦皇后出面反对，中宗始下诏按遗制下葬”，见《唐代武、韦政权辨析：从二后祔葬问题说起》，《乾陵文化研究》（四），西安：三秦出版社，2008年，第483—496页。

严善思在《旧唐书》中入《方伎列传》，以未卜先知著称。其传云：

严善思，同州朝邑人也。少以学涉知名，尤善天文历数及卜相之术。初应消声幽薮科举擢第。则天时为监察御史，兼右拾遗、内供奉。数上表陈时政得失，多见纳用。稍迁太史令。圣历二年，荧惑入舆鬼，则天以问善思，善思对曰："商姓大臣当之。"其年，文昌左相王及善卒。长安中，荧惑入月，镇星犯天关，善思奏曰："法有乱臣伏罪，且有臣下谋上之象。"岁余，张柬之、敬晖等起兵诛张易之、昌宗。其占验皆此类也。[①]

严善思担任太史令之职，所司主要是天文历算，《唐六典》有明确规定，其执掌为：

太史令掌观察天文，稽定历数。凡日月星辰之变，风云气色之异，率其属而占候焉。其属有司历、灵台郎、挈壶正。凡玄象器物，天文图书，苟非其任，不得与焉。每季录所见灾祥送门下、中书省入起居注，岁终总录，封送史馆。每年预造来岁历，颁于天下。[②]

可见，乾陵合葬问题的提出，并不是严善思的职责所在。但在

---

① 《旧唐书》卷一九一《方伎列传·严善思》，第5102—5104页。
② 《唐六典》卷一〇，北京：中华书局，陈仲夫点校，1992年，第303页。

严善思的上疏中，吉利与否还是核心概念，所以从更广泛的意义上看，因为合葬乾陵事关朝廷和皇帝吉凶，曾历官为太史令的严善思提出问题，也在情理之中。

其次，乾陵修建之时便十分坚固，如果开陵合葬，万分困难。如果不从墓道开陵，则破坏更多。

第三，乾陵修建之后，“国频有难，遂至则天皇后总万几二十余年，其难始定，今乃更加营作，伏恐还有难生”。强调这个理由，有很多的推测性，开陵合葬，会带来祸端。这不能看作是预防式提醒，只能看作是语言威胁。

第四，“合葬非古”，“汉时诸陵，皇后多不合葬。魏晋之后，祚皆不长”。合葬并不是悠久的传统，汉代就不存在皇后与皇帝合葬之事，而合葬故事，仅仅开始于魏晋之后，而这些传统不必效法，因为他们都是国祚不久。

第五，具体建议“于乾陵之傍，更择吉地，取生墓之法，别起一陵，既得从葬之仪，又成固本之业”，这样才可以“使社稷长享，天下永安”。

第二节　皇帝、皇后合葬的传统

各代山陵之制，有所变化不难理解。《史记·吕太后本纪》，皇甫谧《集解》曰：“合葬长陵。”看来高祖刘邦与吕后是合葬的。文帝之母薄太后死后，却没有与高祖合葬，《汉书》记载“太后后文帝二岁，孝景前二年崩，葬南陵。用吕后不合葬长陵，故特自起陵，近文帝”[1]。师古注释为“薄太后陵在霸陵之南，故称南陵，即今所谓薄陵”。“以吕后是正嫡，故薄不得合葬也。”薄太后是妃不是后，所以不能跟吕后一样与高祖合葬，只能另外起陵。《汉书·外戚传》记载汉文帝皇后在汉武帝即位后六年去世，“合葬霸陵”。《通鉴》记载更具体，为汉武帝建元六年（前135年）“五月丁亥，太皇太后崩”[2]。汉昭帝的上官皇后，宣帝即位之后，为太皇太后。“凡立四十七年，年五十二，建昭二年崩，合葬平陵”。宣帝葬杜陵，其王皇后，成帝时称作邛成太后，“邛成太后凡立四十九年，年七十余，永始元年崩，合葬杜陵，称东园”。“孝元皇后，王莽之姑也……太后年八十四，建国五年二月癸丑崩。三月乙酉，合葬渭陵”。[3]渭陵，元帝陵也。

从以上资料可见，西汉的皇帝与皇后是合葬的，而不合葬者，往往是事出有因，或者皇后被废或者皇后降级等。《后汉书》卷一〇《皇后纪》（上）记载光武皇后阴丽华：“显宗即位，尊后为皇太后。永平三年冬，帝从太后幸章陵，置酒旧宅，会阴、邓故人诸家子孙，并受赏赐。七年，崩，在位二十四年，年六十，合葬原陵。”明帝马皇后，“在位二十三年，年四十余。合葬显节陵”。汉章帝窦皇后也是“合葬敬陵，在位十八年”。何帝的邓皇后“在位二十年，年四十一。合葬顺陵”。安帝的阎皇后“在位十二年，合葬恭陵”。顺帝的梁皇后“在位十九年，年四十五。合葬宪陵”。桓帝窦皇后，合葬宣陵。灵帝何皇后，“合葬文昭陵”。汉献帝曹皇后

---

① 《汉书》卷九七上《外戚传》，北京：中华书局，1962年，第3942页。
② 《资治通鉴》卷一七，北京：中华书局，1956年，第568页。
③ 《汉书》卷九八《元后传》，第4035页。

讳节，魏景初元年薨，“合葬禅陵，车服礼仪皆依汉制”。

从这些资料看严善思所谓“汉时诸陵，皇后多不合葬”之说，显然完全没有根据。

《史记·吕太后本纪》：“高后已葬，以左丞相审食其为帝太傅。”之后，皇甫谧《集解》曰：“合葬长陵。”皇览曰：“高帝、吕后，山各一所也。”《三辅黄图》记载：“吕后陵在高祖陵东。按《史记·外戚世家》：高后合葬长陵。注云‘汉帝后同茔则为合葬，不合陵也。’”[①]只要属于同一个陵园就可以叫作合葬，那么严善思的主张确实符合汉代的传统，即同茔不同陵。但是严善思坚持使用的“合葬”概念，却不是汉代的含义。

魏晋以后的情形是否如严善思所言发生了变化呢？三国时，曹丕首先称帝，曹操被追为武帝，葬高陵，武宣卞皇后，黄初去世，“合葬高陵”[②]。但曹魏皇后多故，很少合葬者。蜀国，刘备的甘皇后早刘备去世，在迁葬于蜀时，刘备去世，于是根据诸葛亮的建议，对甘皇后加谥号昭烈皇后，引用《诗经》“谷则异室，死则同穴”，建议与大行皇帝合葬，自然得到后主的批准[③]。后来穆皇后也合葬惠陵[④]。孙权的步夫人，死后追为皇后，先孙权葬蒋陵。潘夫人生前已经立为皇后，先孙权不久而卒，最后“合葬蒋陵”[⑤]。

晋朝的情况，根据《晋书》的记载：“古者天子诸侯葬礼粗备，汉世又多变革。魏晋以下世有改变，大体同汉之制。”其中，

---

① 《三辅黄图校注》，何清谷校注，西安：三秦出版社，2006年，第427页。
② 《三国志·魏书》卷五《后妃传》，北京：中华书局，1959年，第158页。
③ 《三国志·蜀书》卷三四《二主妃子》，北京：中华书局，第905—906页。
④ 《三国志·蜀书》卷三四《二主妃子》，第906页。
⑤ 《三国志·吴书》卷五〇《妃嫔传第五》，第1199页。

皇帝、皇后合葬是一项基本制度。但是，晋朝的合葬到底如何，是否如汉代一样，资料并不多。晋文帝司马昭的帝号是武帝司马炎称帝以后追认的，他的陵墓为崇阳陵。“晋武帝泰始四年（268），文明王皇后崩，将合葬，开崇阳陵，使太尉司马望奉祭，进皇帝密玺绶于便房神坐。”[①]如果这是晋朝皇帝皇后合葬的方式，可以认为皇后与先帝合葬，是需要开陵进行的。

魏晋南北朝时期，夫妻合葬是主流，上自天子下至庶民，莫不如此[②]。既然是夫妻合葬，那么如夫人等则较少合葬。晋元帝司马睿的郑夫人，为元帝生简文帝，元帝崩称“建平夫人”。晋孝武帝太元十九年（394），下诏称为“简文太后”，“于是立庙路西，陵曰嘉平。时群臣希旨，多谓郑太后应配食于元帝者”。帝以问太子前率徐邈，邈曰：“臣案阳秋之义，母以子贵。鲁隐尊桓母，别考仲子之宫而不配食于惠庙。又平素之时，不伉俪于先帝，至于子孙，岂可为祖考立配？其崇尊尽礼，由于臣子，故得称太后，陵庙备典。若乃祔葬配食，则义所不可。”[③]徐邈的意见得到皇帝的采纳，其中的一个理据是十分坚实的，那就是后代子孙不可以为父祖“立配”，既然从前不是先帝的伉俪，就没有道理“祔葬配食”。祔葬就是合葬，这应该反映当时人的礼仪观念。

应该承认，合葬之制，并非人人认同。司马懿后来被追认为宣帝，他是晋朝的创始人。他生前“预作终制，于首阳山为土藏，不坟不树。作《顾命》三篇，敛以时服，不设明器，后终者不得合

---

① 《晋书》卷二〇《礼志中》，第633页。

② 参见张承宗：《魏晋南北朝夫妇合葬习俗考》，《扬州大学学报》2010年第1期，第87—95页。

③ 《晋书》卷三二《后妃传下·简文宣郑太后》，第980页。

葬”[①]。但是，司马懿的这个观点并没有成为晋朝的传统。著名的学者杜预，对于合葬也有相似的观点。他生前写好的《遗令》说道："古不合葬，明于终始之理，同于无有也。中古圣人改而合之，盖以别合无在，更缘生以示教也。自此以来，大人君子或合或否，未能知生，安能知死，故各以己意所欲也。”[②]可见，在晋朝，合葬与否是没有一致意见的，而这种情况“中古”以来始终如此。而所谓“中古”似乎与“古典”相对，大约指代汉朝之后。《晋书·武元杨皇后传》:“武帝即位，立为皇后。有司奏依汉故事，皇后、太子各食汤沐邑四十县，而帝以非古典，不许。”[③]汉朝不属于古典，汉朝列入中古的概念之中。

然而，合葬到底属不属于古典礼仪，依然是个难题。如果汉朝属于中古，那么《礼记》所记，至晚也应该是战国时代了。《檀弓下》有记载孔子比较卫国与鲁国合葬制的优劣，认为鲁国更好些。原文：

孔子曰：“卫人之祔也离之，鲁人之祔也合之，善夫！”

《礼记正义》：正义曰：“此一节论鲁、卫得失，各依文解之；鲁、卫兄弟，应同周法，故并之也。”“祔”谓合葬也。“离之”谓以一物隔二棺之间于椁中也。所以然者，明合葬犹生时，男女须隔居处也；“鲁人之祔也合之，善夫”者；鲁人则合并两棺置椁中，无别物隔之。言异生，不须复隔，榖

① 《晋书》卷一《宣帝本纪》，第20页。
② 《晋书》卷三四《杜预传》，第1032页。
③ 《晋书》卷三一《后妃传上·武元杨皇后传》，第952页。

则异室，死则同穴，故善鲁之祔也。[①]

孔子赞成的是鲁国的做法，这里引证的是孔颖达的解释。孔颖达认为卫国、鲁国的合葬之制都来自周法，但又产生分歧。卫国的做法是生死相同，而鲁国是生死不同。这份资料证实，合葬之制源远流长，并非汉代产物。这种情况，考古似乎也能提供证明[②]。

再来回顾严善思的观点。就所及历史而言，无论汉代还是魏晋南北朝时期，合葬都是普遍的，严善思的观点并没有确实根据。既然没有历史根据，那么严善思为什么还要求证历史以展开自己的观点呢？对此，也不能用篡改历史来为自己主张强说来指证严善思。严善思的主张，需要结合唐中宗时期的历史背景进行分析。

第三节　神龙政变之后的政治局势

神龙政变，借口是诛“二张”，实质是政变夺权。《通鉴》及其他史书的记录是一致的，其文为：

太后疾甚，麟台监张易之、春官侍郎张昌宗居中用事，张柬之、崔玄暐与中台右丞敬晖、司刑少卿桓彦范、相王府司马袁恕己谋诛之。[③]

---

① 《礼记·檀弓》下，北京：北京大学出版社，《十三经注疏》（标点本），1999年，第329页。

② 参见李贵昌、李守庆：《先秦合葬墓刍议》，《华夏考古》1997年第2期，第91—97页。

③ 《资治通鉴》卷二〇七，北京：中华书局，1956年，第6578页。

政变主力是大臣，中宗开始没有参与谋划，后来加入并不积极，存在部分迫不得已的成分。他对于诛杀二张没有意见，但担心惊扰武则天，犹豫不决，最后参与其中，是因为政变已经发生，他已经无力制止。政变其实仅仅杀掉了张氏兄弟数人而已，武家的基本势力依旧存在。政变实现了李唐的复辟，帮助中宗更快地成为皇帝，但是政变者与武氏集团之间的矛盾冲突不可避免地发生了，而唐中宗反而左右逢源。张柬之等五位政变领袖，后来被册封为郡王，史称“五王”，他们是神龙政变势力的代表。武则天已经病入膏肓，迁入上阳宫居住，所以武氏势力由武三思担任核心角色①。

张柬之劝中宗诛武三思等，中宗当然不听从，矛盾不断加深。《通鉴》记录如下：

> 张柬之等数劝上诛诸武，上不听。柬之等曰：“革命之际，宗室诸李，诛夷略尽；今赖天地之灵，陛下返正，而武氏滥官僭爵，按堵如故，岂远近所望邪！愿颇抑损其禄位以慰天下！”又不听。柬之等或抚床叹愤，或弹指出血，曰：“主上昔为英王，时称勇烈，吾所以不诛诸武者，欲使上自诛之，以张天子之威耳。今反如此，事势已去，知复奈何！”②

如果张柬之的话可信，那么他们原本的计划是引中宗杀武三思，从而坚定中宗与自己阵营的统一战线。但是，同书也记载到，

---

① 参见唐华全：《试论中宗时期的诸武势力》，《中国史研究》1996年第3期，第99—109页。

② 《资治通鉴》卷二〇八，第6587页。

洛州长史薛季昶、朝邑尉刘幽求曾经劝张柬之、敬晖早日除去武三思等，但两人认为胜利在握，并不认真对待[①]。即便中宗不从，五王也不能放弃斗争。但是，力量的天平却越发向武三思方向倾斜，所谓人心思唐，更像是虚拟的概念。

政变发生的时候，王同皎劝中宗加入[②]，以及桓彦范要求武则天传位给太子的时候，大家都表达出人心思唐这层意思。《通鉴》的文字为：

> 彦范进曰："昔天皇以爱子托陛下，今年齿已长，久居东宫，天意人心，久思李氏。群臣不忘太宗、天皇之德，故奉太子诛贼臣。愿陛下传位太子，以顺天人之望！"[③]

人心思唐，很容易令人联系起王莽之后的中国，但是人心思唐真是神龙政变发生的动力吗？事后看来，证据显然不足。武则天病重，已经无力指挥朝廷，从李唐的立场上看，确实是夺权的好机会。这个政变是否存在大臣立功心切的动力，显然疑问很大。

《通鉴考异》引《统纪》的记载，有文如下：

> 太后善自粉饰，虽子孙在侧，不觉其衰老。及在上阳宫，

---

① 《资治通鉴》卷二〇八，第6586页。《通鉴考异》根据多种记载，指出五王有关是否诛杀武三思的问题有分歧，所以政变当时并未采取针对诸武的行动。

② 王同皎劝太子参加说："先帝以神器付殿下，横遭幽废，人神同愤，二十三年矣。"《资治通鉴》卷二〇七，第6580页。《通鉴考异》指出，《旧唐书·李湛传》记载劝太子的话是李湛所言，但《考异》根据《中宗实录》《唐历》《统纪》而认为是王同皎。

③ 《资治通鉴》卷二〇七，第6580—6581页。

不复栉颏，形容羸悴。上入见，大惊。太后泣曰："我自房陵迎汝来，固以天下授汝矣，而五贼贪功，惊我至此。"上悲泣不自胜，伏地拜谢死罪。由是三思等得入其谋。[1]

《考异》虽然引用此文，但并不同意文中观点。武则天口中的"五贼贪功"，是否命中了神龙政变的本质？这恐怕会有仁智之见。但只要改变中宗的认识，对于政治的影响就已经发生。中宗为什么疏远五王而亲近武三思，武则天发挥作用是可能的，而否认五王的政变功劳是疏远五王的前提。武则天把中宗从房陵接回朝廷，确有接班的安排，如此，政变对于中宗的归位皇帝而言，自然会显得多余。从认可政变之功，到否认政变之功，肯定是先有中宗思想的转变，然后才有疏远五王的行为。

中宗的态度，也是影响朝廷两大派系力量对比的关键因素。比如，五王的人被派去监视武三思，但卧底变成了叛徒，反而成了武三思的心腹。最典型的就是崔湜，《通鉴》如此概括此事：

敬晖等畏武三思之谗，以考功员外郎崔湜为耳目，伺其动静。湜见上亲三思而忌晖等，乃悉以晖等谋告三思，反为三思用；三思引为中书舍人。[2]

从官场一般情形看，从强是铁律。在五王与武三思之间，崔湜最初的选择是追随五王，但后来情况发生变化，皇帝更亲近武三

① 《资治通鉴》卷二〇八，第6591页。
② 《资治通鉴》卷二〇八，第6590页。

思，崔湜于是叛归武三思，而他叛变后，立刻获得奖赏，从考功员外郎晋升为中书舍人，这反过来证明了他叛变的价值。

于是，原本与二张联系密切，理应受到打击的人，很快集合在武三思身边，而郑愔就是典型代表，《通鉴》记载如下：

> 先是，殿中侍御史南皮郑愔谄事二张，二张败，贬宣州司士参军，坐赃，亡入东都，私谒武三思。初见三思，哭甚哀，既而大笑。三思素贵重，甚怪之，愔曰："始见大王而哭，哀大王将戮死而灭族也。后乃大笑，喜大王之得愔也。大王虽得天子之意，彼五人皆据将相之权，胆略过人，废太后如反掌。大王自视势位与太后孰重？彼五人日夜切齿，欲噬大王之肉，非尽大王之族不足以快其志。大王不去此五人，危如朝露，而晏然尚自以为泰山之安，此愔所以为大王寒心。"三思大悦，与之登楼，问自安之策，引为中书舍人，与崔湜皆为三思谋主。①

投靠武三思的人，前罪一笔勾销，立刻荣升要职，除了发挥榜样作用，也很充分地证明了朝廷的形势。不仅如此，得罪武三思的人，则会遭遇打击，这从另一个方面证明武三思势力的强盛。《通鉴》概括此事为：

---

① 《资治通鉴》卷二〇八，第6591页。郑愔作为一个典型的投机者，史书自然无传，而在错综复杂的政治形势下，郑愔确实也提供了另外一面人生之镜。对于此人，黄约瑟先生有很全面的研究。见黄约瑟：《郑愔政治生涯述论》，荣新江主编：《唐研究》第1卷，北京：北京大学出版社，1995年，第277—322页。

五王之请削武氏诸王也，求人为表，众莫肯为。中书舍人岑羲为之，语甚激切；中书舍人偃师毕构次当读表，辞色明厉。三思既得志，羲改秘书少监，出构为润州刺史。[①]

从《旧唐书·毕构传》能够得到更具体信息："毕构，河南偃师人也。父憬，则天时为司卫少卿。构少举进士。神龙初，累迁中书舍人。时敬晖等奏请降削武氏诸王，构次当读表，既声韵朗畅，兼分析其文句，左右听者皆历然可晓。由是武三思恶之，出为润州刺史。累除益州大都督府长史。"[②]毕构朗读削武氏王爵表，不仅声音表达出来感情倾向，还进行了文句解析，让人听了更清楚削王的必要性。

唐朝已经恢复，非李氏不该为王，诸武理应主动辞去王位，但他们没有这个意愿。主张削去诸武王位的是张柬之等政变派，不能消灭诸武存在，减小他们的影响也是有利的。何况从国体上看，诸武称王，确实不合制度。而赞成这个观点，等于站在诸武对立面，分野明显，一望而知。最后遭遇打击，也在情理之中。

在上引《通鉴》文中，"五王之请削武氏诸王也，求人为表，众莫肯为"一句，很能反映朝廷的一般情况。诸武称王，于法于理皆所不容，但是更多的人了解朝廷的政治状况，虽有理而不敢坚持，选择回避态度，不想得罪武三思的势力。政治斗争的一般情节在这里再次上演，真正出面斗争的属于少数，绝大多数人甘心充当观众。在武周已经宣布结束，唐朝已经复辟的前提下，政治没有发

① 《资治通鉴》卷二〇八，第6592页。
② 《旧唐书》卷一〇〇《毕构传》，第3113页。

生一面倒向李唐的局面，而发动政变推翻武周的张柬之等五王，反而日益显得孤立无援。

唐朝复辟成功了，但代表李唐政治立场的并不是皇帝唐中宗，而是五王。唐中宗也不代表武周，武三思才是代表。如果把这个时期的政治斗争看作是李唐与武周斗争的话，唐中宗似乎并不是主角，但身为皇帝的他，却是最关键角色。双方都要打击对方，因为属于政治斗争范畴，必须经过唐中宗才能完成打击目标。争取唐中宗，双方采取不同的战略，李唐势力主张中宗要与武则天切割，而武周集团则努力把唐中宗与武则天联结在一起。

唐中宗也不该甘心任人左右，神龙元年（705）四月，他颁布了几个重要任命。《册府元龟》有如下记录：

> 四月，以端州高要县尉魏元忠为卫尉卿、同中书门下三品。又以刑部尚书韦安石为吏部尚书，太子宾客李怀远为右散骑常侍，兵部尚书、同中书门下三品唐休景为辅国大将军，中书令崔玄暐为检校益州都督长史、判都督事，户部尚书、同中书门下三品、兼检校雍州长史杨再思兼检校扬州大都督长史、判都督事，国子监祭酒、中书门下三品祝钦明为刑部尚书，并同中书门下三品。初，高宗在春宫，元忠等继为左、右庶子等官，故有斯授。[1]

对于这组任命，《通鉴》胡注写道："史言中宗命相，非以德

① 《册府元龟》卷七二《帝王部·命相第二》，南京：凤凰出版社，2006年，第780—781页。《通鉴》置此事于四月甲戌日，二十五日也。见第6589—6590页。高宗，当为中宗之误。

授。”[①]其实，皇帝要建立自己的宰相团队，任命自己的故吏是常见做法，而中宗要使用这个办法摆脱五王与武三思的包围，也不是没有可能。

就是这个宰相团队，也有政治倾向问题。《通鉴》就有武三思如何争取魏元忠的文字：

> 上居谅阴，以魏元忠摄冢宰三日。元忠素负忠直之望，中外赖之；武三思惮之，矫太后遗制，慰谕元忠，赐实封百户。元忠捧制，感咽涕泗，见者曰：“事去矣！”[②]

《通鉴》记载此事时，武则天刚刚去世。魏元忠的感激涕零，不应该仅仅是为了百户之封，与武则天存有君臣之情，这应该是武三思政治能量的一部分。

姚崇的情况也能证明这一点。姚崇是参与神龙政变的，但是，当把武则天从长寿殿迁往上阳宫的时候，姚崇不禁流露出君臣之情。史书曰：

> 神龙元年，张柬之、桓彦范等谋诛易之兄弟，适会元之自军还都，遂预谋，以功封梁县侯，赐实封二百户。则天移居上阳宫，中宗率百官就合起居，王公已下皆欣跃称庆，元之独呜咽流涕。彦范、柬之谓元之曰：“今日岂是啼泣时！恐公祸从此始。”元之曰：“事则天岁久，乍此辞违，情发于衷，非忍

① 《资治通鉴》卷二〇八，第6590页。
② 《资治通鉴》卷二〇八，第6596—6597页。

所得。昨预公诛凶逆者，是臣子之常道，岂敢言功；今辞违旧主悲泣者，亦臣子之终节，缘此获罪，实所甘心。”无几，出为亳州刺史，转常州刺史。[1]

姚崇的表现，应该属于正常情况，但张柬之等不同情，因为五王更希望所有的人都能够做到与武则天一刀两断。最后，姚崇“出为亳州刺史”，这自然出自五王手笔，然而，这是五王的诸多政治败笔之一。没有建立起应有的统一战线，以为胜利在握，颐指气使，结果让武三思逐步占据上风。

五月甲午（十六日），敬晖、张柬之等正式被册封为郡王，《唐大诏令集》记录下了唐中宗的《封五王制》，其词如下：

门下：建侯之典，岂独于懿亲，茅土之荣，必覃于茂绩。侍中、上柱国、开国公敬晖，侍中、上柱国、谯郡开国公桓彦范，银青光禄大夫、守中书令、兼修国史、上柱国、汉阳郡开国公张柬之，银青光禄大夫、中书令、博陵郡开国公崔玄暐，中书令、兼检校安国相王府长史、上柱国、南阳郡开国公袁恕已等，早竭忠谠，夙罄腹心，在身喻于股肱，在物均于舟楫，除凶而殄逆，更安社稷之基，荣命而褒崇，爰申建侯之宠。敬晖可封为平阳郡王；彦范可封为扶阳郡王，仍赐姓韦；柬之可封为汉阳郡王，兼特进，勋及食实封各如故；玄暐可封为博陵郡王；恕已可封为南阳郡王。仍令准例，朔望朝参，便即不须

① 《旧唐书》卷九六《姚崇传》，第3022—3023页。

推让，主者施行。[①]

《唐大诏令集》标明时间为“五月十日”，综合考证，应为十六日。《通鉴》在记载封王事之后写道，“三思令百官复修则天之政，不附武氏者斥之。为五王所逐者复之，大权尽归三思矣”[②]。五王被封之后，他们就离开了政治舞台的核心，之后进一步遭受迫害。

到武则天去世的时候，唐朝的上空，劲吹武周之风。这种状况当然是不正常的，所以在此后，针对武三思的斗争依然层出不穷，有告发、有暗杀，在这些行动失败之后，直到景龙元年（707）七月终于发生了太子重俊的政变，虽然夺权未成，但武三思、武崇训及其亲党十多人被杀，武氏势力遭遇第一次毁灭性打击。但是，这次事变，并没有改变唐中宗的政策，摇摆在李唐与武周之间，成为整个中宗时期的基本色彩。如今的史书，对于中宗的摇摆不定，尤其是对武周的亲近，总体的感情是恨铁不成钢。但是有关孝道的压力，是我们后人无法体会的，中宗的态度，恐怕正是历史的症结所在。处在两难之间，铸成了中宗的历史定位。

第四节　武则天的评价与政治分野

神龙复辟之后，作为唐朝应该如何对待武周？就此而言，似乎没有太大的困难。但是，处于政治最高位置的唐中宗，如何对待武

① 《唐大诏令集》卷六一《大臣·异姓王》，北京：中华书局，2008年，第331—332页。

② 《资治通鉴》卷二〇八，第6592页。

周的另一个层面，是如何对待母亲的问题，于是在浓厚的孝道时代氛围中，中宗的抉择便遭遇巨大困难。神龙政变之初，五王占据上风，但到了五月，武三思的势力明显胜出，这也意味着中宗立场的变化①。中宗的抉择当然重要，在他的思想深处，即使涉及政策，武则天还是挥之不去的核心概念。就整个政治环境而言，武则天从下台到去世，后武则天时代来临，但武则天的影响，并没有伴随武则天的去世而结束。有关武则天的问题不仅存在着严重的对立，在后武则天时代的政治分野中，至少在中宗时代，武则天的因素依然是核心标志。

唐中宗的艰难抉择，乾陵的“无字碑”问题应该是重要证明。按照武则天为高宗立碑的传统，中宗觉得应该给武则天立碑，但碑立之后，甚至格子都打好，却一直没有刻文字。如今的研究者，从多个视角推测各种可能。一个影响最大的观点认为，是武则天决定了“无字碑”，因为她对于自己的历史书写很自信，所以用无字碑的方式表示任人书写之意。这个猜测虽然有利于武则天的评价，但距离真实可能最远。立碑而不书，是典型的烂尾工程，无论如何责任人是脸面无光的。所以，思考无字碑问题，唐中宗作为葬礼的主人，他的所思所想才是关键所在。如何评价自己的母亲，绝对是一个大难题。作为唐朝的皇帝，刚刚复辟成功的皇帝，对于篡夺唐朝的唯一皇帝武则天，除了抨击、批判，还能选择其他方式吗？但是，中宗虽然参与政变，说到底还是武则天安排了唐中宗的继承人角色，更关键的问题是，作为武则天的儿子，唐中宗如何能够批

① 研究中宗时期政治的论文不多，可参见唐华全：《略论唐中宗时期的政治风云》，《河北学刊》1993年第2期，第78—83页。

判自己的母亲呢？这些内容在武则天的碑文中能够回避吗？有办法迂回过去吗？显然不能。《旧唐书·崔融传》记载崔融之死，其词为：

融为文典丽，当时罕有其比，朝廷所须《洛出宝图颂》《则天哀册文》及诸大手笔，并手敕付融。撰哀册文，用思精苦，遂发病卒，时年五十四。①

崔融是朝廷的大手笔，传文记述他是因为撰写《则天哀册文》累死。撰写武则天的哀册文，难点何在？当然是如何评价。崔融是出色的文学家，但评价武则天不是文学问题，而是艰难的政治问题，虽然是大手笔也无法应对。崔融之难，正是中宗之难，对武则天的评价在当时的朝廷是最棘手的问题。连崔融都累死了，中宗恐怕再也找不出能够解决这个难题的执笔人。无字碑就这样，成了永久的烂尾工程②。

严善思引发的武则天是否合葬乾陵问题，其实仅仅是当时围绕武则天展开的斗争的一个部分而已。严善思的观点至少引起了唐中宗朝廷的重视，所以最初的反应是令“百官详议”。通观历史上的大朝仪，多与礼仪问题相关。武则天应否与唐高宗合葬，至少看上去是一个礼仪问题，或许因此才有“百官详议”的问题，而详议之令一定是皇帝发出的。虽然我们知道最终朝廷还是下令合葬，但可

① 《旧唐书》卷九四，第3000页。

② 有关无字碑的问题，参见樊英峰、刘向阳先生的论述，见《乾陵文物事迹述丛》，西安：陕西旅游出版社，1997年。廖原先生又有增论，见《关于乾陵、定陵的“无字碑”》，《西北大学学报》2004年第4期，第92—94页。

以肯定的是，百官一定会有不同的意见。而严善思的主张和最终朝廷的决定正是两个对立的意见代表。

在严善思的报告中，把乾陵的修建完成当作不详的开始，“修筑乾陵之后，国频有难，遂至则天皇后总万几二十余年，其难始定。今乃更加营作，伏恐还有难生”。所谓国难，正是指武则天的统治，可以概括为“武则天称帝事件”。从时间的起始与结束来说，武则天称帝事件，正是开始于高宗的驾崩，而结束的时间正则是神龙政变。这个时期，可以分为前后两个阶段：太后时期和女皇时期。对于唐朝而言，武周篡唐当然是唐朝的大灾难，称作国难并不过分。

严善思始终没有明说，但实质内容人人都会明白，即给唐朝带来如此灾难的武则天，是否还有资格与唐高宗合葬？他的具体建议是“于乾陵之傍，更择吉地，取生墓之法，别起一陵，既得从葬之仪，又成固本之业”。看看乾陵形势，以梁山为陵，既然不入乾陵，便是在梁山之外建立陵园，那相当于驱逐了武则天。唐高宗生前确实与武则天为夫妇，但在高宗驾崩之后，武则天背叛了唐高宗，甚至废唐立周，自称皇帝。谁都知道，武则天的帝位，是神龙政变之后被迫取缔的，说武则天是唐朝的大敌并不夸张。然而，当武则天去世之后，这样的一位高宗皇后，如何还能够与高宗合葬呢？严善思反对武则天再入乾陵，从乾陵的情形看，那就是不入乾陵，不合葬，他称之为“从葬”而已。显然，这便是对武则天有罪的具体惩罚。

严善思的主张含有这些内容，但文字上却不如此表述。把武则天当作唐高宗的罪人来对待，自然有可通之理。但是，此事过于复杂，是否把武则天看作是唐高宗的罪人，最关键的人物是唐中宗。

中宗是唐高宗与武则天共同的儿子，在武则天的葬礼问题上，中宗是丧主，而且他还是皇帝，所以他的认知与态度的重要性是任何人都无法比拟的。历史上，凡是涉及相关问题的，通常都是皇后被剥夺了名号，于是相应待遇自然被取消。而武则天的皇后名号，不仅是她自己的遗嘱内容，也是中宗朝廷所承认的。这对于事情的最后结局而言，显然是最根本的原因。

其实，此时的唐朝，对于武则天的评价完全没有进行，整个中宗甚至睿宗时代，对于武则天的评价都无法进行。大概正是这种政治局面，决定了严善思的文字风格，思想内容很明显，但不得不闪烁其词。

那么，严善思的主张，是否具有代表性呢？或者说，在当时的朝廷中，这种观点是否反映了一定的政治分野及其斗争呢？让我们先看看严善思的经历，大体估计其人的政治动向。《通鉴》有如此记载：

> 太后自垂拱以来，任用酷吏，先诛唐宗室贵戚数百人，次及大臣数百家，其刺史、郎将以下，不可胜数。每除一官，户婢窃相谓曰："鬼朴又来矣。"不旬月，辄遭掩捕、族诛。监察御史朝邑严善思，公直敢言。时告密者不可胜数，太后亦厌其烦，命善思按问，引虚伏罪者八百五十余人。罗织之党为之不振，乃相与共构陷善思，坐流欢州。太后知其枉，寻复召为浑仪监丞。善思名撰，以字行。[1]

---

① 《资治通鉴》，如意元年七月，第6485页。

由此看来，在武则天时代，严善思就属于“公直敢言”者，对于酷吏政治敢于斗争，并为此付出过代价的人。然而，这些资料不能证明严善思就是反对武周的斗士，不能证明他反对合葬的主张是他一贯反对武周的新表现。

不过，神龙政变以后，新复辟的唐廷确实闪烁着诡异的光芒。武周虽然不复存在，但百足之虫死而不僵，武周的影响力依然巨大。一方面，武三思作为武周势力的代表，依然活跃，尤其与皇帝、皇后的关系依然密切，还在不失时机地发挥作用；另一方面，人们对于武周的感情，并不是想当然地立刻划清界限。神龙政变主导者希望的一呼百应局面，事实上并没有出现。这是因为如今的皇帝，并没有跟武周一刀两断的思想与行为，甚至不否定自己与武周的血肉联系。此外，武则天提前进行的防范性安排，如今切实地发挥了作用。

总之，到武则天逝世的时候，中宗朝的政治形势已经发生巨大变化，武周政治势力的代表不仅没有受到清算，反而占据了更有利的位置。其中，我们观察历史记载，对于中宗的这种作为，史书通常表达的是不满和无奈。尤其是，大书特书武三思与韦皇后奸情严重，而中宗对此却百般维护，把唐中宗的弱智形象刻画得入木三分。其实，中宗对于武则天的态度无法如五王那般坚决，母子之间虽然有政治上的立场差别，但是中宗无法回避的是孝道拷问。神龙政变，在某种意义上说，对于中宗而言是多此一举，因为武则天安排中宗为接班人的意图天下共知。于是，愧对于母亲的心理在中宗这里是多有表现的。中宗的这种思想，自然强烈地决定了这个时期的政治面貌。

然而，武周问题依然存在。武周对于唐朝的颠覆，是大家共同经历的，唐朝复辟成功，对于武周的历史清算是迟早要进行的。赵雨乐先生认为“陵议之争，是武韦党人与张柬之附党的初次交锋，由此促使三思等人外放五王的政治部署”[①]。其实，反对武周最具代表性的势力即“五王”，在武则天去世的时候，已经离开了政治中心，认为严善思属于张柬之附属党羽是难以证明的。严善思这位政治立场并不分明的官员，他提出的问题是真切的，是中宗朝廷需要面对的。即，武则天与唐朝的关系，应该给予恰当的评价，作为取代唐朝的武周皇帝，是否有资格再恢复原来的皇后身份，重新进入李唐的太庙，显然是一个很重要的问题。最终，我们看到，中宗朝廷采取的策略是回避根本问题，坚持继续维护武则天。中宗朝的政治，于是无法摆脱其过渡性质。不仅如此，睿宗也无法超越。这致使史学家不得不十分强调武周的强大影响力[②]。

后世历史学家对武则天的评价与研究，与中宗时代不同，武则天已经彻底回归历史，如何评价都不涉及政治。武周时代，可以看作是唐代的一个插曲，在基本的历史逻辑中，依然属于唐朝。武则天称帝本质上是一个政治事件，对当时的社会结构、经济状态影响有限，而武则天努力控制，不让称帝事件超越政治范围，比如酷吏的打击面，主要集中在中央，并不殃及地方。制度变革方面，也是在贞观与开元之间，架起了一座连续发展的桥梁，以至于陈寅恪

---

① 赵雨乐：《唐代武、韦政权辨析：从二后祔葬问题说起》，《乾陵文化研究》（四），西安：三秦出版社，2008年，第486页。

② 陈寅恪：《记唐代之李武韦杨婚姻集团》，原载于《历史研究》1954年第1期，后收入《金明馆丛稿初编》，北京：生活·读书·新知三联书店，2009年第二版，第266—295页。

先生总把武则天与唐玄宗联系起来看待，认为他们在改变传统的关中本位政策上是一致的。社会经济的基本面貌，还是呈现向上的趋势。人才辈出，为盛唐的到来储备了重要的人才队伍。甚至文学倾向也受到武则天政策的积极影响[①]。武则天的时代，给历史打下了深刻的烙印。吴宗国先生认为，武则天在五个方面对历史做出了贡献：一是打击了保守的门阀贵族，这里说的就是以长孙无忌为首的关陇集团；二是促进了经济的发展；三是稳定了边疆形势；四是推动了文化发展；五是发现了一批人才[②]。

---

① 有关武则天的总体评价，学界成果甚多。参见胡戟：《武则天本传》第二十二“武周政绩”，西安：三秦出版社，1986年，第129—134页。赵文润：《论武则天的功过》，原载《社会科学战线》1999年第6期，收入《武则天与唐高宗新探》，西安：三秦出版社，2008年，第220—234页。赵先生研究武则天多年，这篇文章之外，《武则天统治时期的社会经济》《武则天是怎样处理民族关系、维护辽阔疆域的》《论武则天在文化史上的贡献》等论文都是从一个方面评价武则天的研究，一并收入《武则天与唐高宗新探》一书中。

② 吴宗国：《武则天》，原载《中华文明之光》第2辑，北京：北京大学出版社，1999年。收入作者《中古社会变迁与隋唐史研究》（上卷），北京：中华书局，2019年，第91—99页。

第二十一章
武则天著述考

武则天的著述，是一个不太引人注意的问题。但是作为武则天人生的一部分，她的著述，是她努力追求的结果，在后人的研究中，理应存在。尤其是，这些著述对于武则天后来的人生发展，发挥了怎样的作用，即使我们一千年后难求其详，但其中的部分因果关系，显然是存在的。试论如下，敬请批评。

第一节　书目

武则天著述，史书多有记录。《旧唐书》设《则天皇后本纪》，《后妃列传》不再设《武则天传》，在武则天去世之后写道：

> 太后尝召文学之士周思茂、范履冰、卫敬业，令撰《玄览》及《古今内范》各百卷，《青宫纪要》《少阳政范》各三十卷，《维城典训》《凤楼新诫》《孝子》《列女传》各二十卷，《内范要略》《乐书要录》各十卷，《百僚新诫》

《兆人本业》各五卷，《臣轨》两卷，《垂拱格》四卷，并《文集》一百二十卷，藏于秘阁。①

《新唐书》体例与《旧唐书》有别，既有《则天皇后本纪》，又在《后妃列传》中设《则天武皇后传》，而关于武则天的著述，记录于皇后传中，其文为：

帝晚益病风不支，天下事一付后。后乃更为太平文治事，大集诸儒内禁殿，撰定《列女传》《臣轨》《百僚新诫》《乐书》等，大抵千余篇。②

《新唐书》的这种择要而述的方法，似乎也是继承《旧唐书》的，因为《旧唐书》的《刘祎之传》《元万顷传》也是列举上述四部书名，连顺序都不变③。

如此一来，武则天著述中，《列女传》《臣轨》《百僚新诫》和《乐书》四部便成了她的代表作，而武则天的实际著述显然更多。下面，通过列举《旧唐书·经籍志》和《新唐书·艺文志》的记录，可以更全面地了解武则天著述的整体面貌④。

---

① 《旧唐书》卷六《则天皇后本纪》，北京：中华书局，1975年，第133页。
② 《新唐书》卷七六《则天武皇后传》，北京：中华书局，1975年，第3476页。
③ 此处不具引证，下文关于《刘祎之传》《元万顷传》的内容将具体引用讨论。
④ 《旧唐书》列写武则天所撰书，通常是书名卷数在前，然后作“大圣天后撰”，而《新唐书》通常把“武后”写在前面，书名卷数在后。本表凡列入书名，皆为武则天著述，不再使用两《唐书》的写法。

表21-1 武则天著述一览表

序号	书名卷数	说明
1	《字海》一百卷	皆在小学类。
2	《高宗实录》一百卷	实录类。旧书置于列代起居注类别。
3	《紫宸礼要》十卷	礼部类。新书在仪注类。
4	《乐书要录》十卷	皆在乐类。
5	《述圣记》一卷	皆在故事类。
6	《列女传》一百卷	皆在杂传类。
7	《保傅乳母传》一卷	皆在杂传类。
8	《孝女传》二十卷	在杂传类。《旧唐书》未注录。
9	《古今内范》一百卷	在杂传类。
10	《内范要略》十卷	在杂传类。
11	《凤楼新诫》二十卷[①]	杂传类。
12	《紫枢要录》十卷	皆在儒家类。
13	《青宫记要》三十卷	皆在儒家类。
14	《少阳正范》三十卷	皆在儒家类。
15	《臣轨》二卷	皆在儒家类。
16	《百僚新诫》四卷	皆在儒家类。
17	《列藩正论》三十卷	皆在儒家类。
18	《训记杂载》十卷[②]	新书注录儒家类，旧书未注录。
19	《维城典训》二十卷	新书注录儒家类，旧书未注录。
20	《玄览》一百卷	旧书称类事类，新书称类书类。
21	《兆人本业》三卷	皆在农家类。
22	《垂拱集》一百卷	皆在别集。
23	《金轮集》十卷	皆在别集。

① 此书有异议，下文专门讨论。

② 《新唐书·艺文志》注释道：“采《青宫纪要》《维城典训》《古今内范》《内范要略》等书为《杂载》云。”第1513页。

上表所列，便是所知武则天著述的全部。《旧唐书》与《新唐书》同时注录的书籍，可以认为是两书都赞同的，这里省却讨论，只有两书记载有差异的图书，可以进行逐一讨论。

第8号《孝女传》二十卷，《旧唐书》未载。不过，《唐会要》在记载章怀太子事迹时，曾有如下记述：

> 时正议大夫明崇俨，以符劾之术为则天任使，密称“英王状类太宗”。又宫人潜议，云：“贤是后姊韩国夫人所生”，贤亦自疑惧。则天又常撰《少阳政范》，及《孝子传》以赐之，仍数作书以责让。及崇俨为盗所杀，则天疑贤所为，又使人发其阴事。诏中书侍郎薛元超、黄门侍郎裴炎、御史大夫高智周，与法官推鞫之。于东宫马坊搜得皂甲数百领，乃废为庶人，幽于别所。[①]

此事，《通鉴》也有类似的记载：“天后尝命北门学士撰《少阳正范》及《孝子传》以赐太子，又数作书诮让之，太子愈不自安。”[②]两书都言及武则天撰写《孝子传》，但此《孝子传》却不见于两《唐书》的书目，只见《孝女传》。且武则天撰写《列女传》一百卷事是清楚的，孝女故事本来就应该是《列女传》的内容，所以推测来看，《孝女传》应该是《孝子传》之误写。

11号《凤楼新诫》，《新唐书》在“武后《列女传》一百卷”之后列写“又《孝女传》二十卷”“《古今内范》一百卷”“《内范

① 《唐会要》卷四《储君》，上海：上海古籍出版社，1991年，第47页。
② 《资治通鉴》卷二〇二，永隆元年（680年），第6397页。

要略》十卷”“《保傅乳母传》七卷”“《凤楼新诫》二十卷”，然后是“王方庆《王氏女记》十卷”，“又”字表示也是武后所著应没有问题，而此“又”字当然应该包括《凤楼新诫》在内。《内范要略》和《保傅乳母传》属于武则天的著述没有问题，《古今内范》和《凤楼新诫》这里却不能确定。不过，《旧唐书》却注为“张后撰”[①]，这又与《新唐书》有了矛盾。好在，《旧唐书·则天皇后本纪》有如下文字：

冬十一月壬寅，则天将大渐，遗制祔庙、归陵，令去帝号，称则天大圣皇后；其王、萧二家及褚遂良、韩瑗等子孙亲属当时缘累者，咸令复业。是日，崩于上阳宫之仙居殿，年八十三，谥曰则天大圣皇后。二年五月庚申，祔葬于乾陵。睿宗即位，诏依上元年故事，号为天后，未几，追尊为大圣天后，改号为则天皇太后。太后尝召文学之士周思茂、范履冰、卫敬业，令撰《玄览》及《古今内范》各百卷，《青宫纪要》《少阳政范》各三十卷，《维城典训》《凤楼新诫》《孝子》《列女传》各二十卷，《内范要略》《乐书要录》各十卷，《百僚新诫》《兆人本业》各五卷，《臣轨》两卷，《垂拱格》四卷，并《文集》一百二十卷，藏于秘阁。[②]

《凤楼新诫》《古今内范》等都在这个目录中，属于武则天著述没有疑问。

---

① 《旧唐书》卷四七《经籍志》下，第2026页。
② 《旧唐书》卷六《则天皇后本纪》，第133页。

此处的《垂拱格》也列入武则天的著述目录中，但《旧唐书·经籍志》《新唐书·艺文志》都没有把此书归为武则天的著述。垂拱是睿宗的年号，此时武则天以太后名义称制管理天下，此时完成的《垂拱格》是否归于武则天的著述在两可之间。没有武则天的批准，《垂拱格》不能诞生，称她为主编是合适的。但是，作为一个法律文本，其实是整体朝廷反复讨论才能最终确定下来，可以肯定是集体成果，武则天不单独署名也合情理。

17号《列藩正论》三十卷，《旧唐书》记为“章怀太子撰”①，《新唐书》则罗列武则天所著述，从《紫枢要录》开始，在“又”字之后又列《臣轨》《百僚新诫》《青宫纪要》《少阳政范》和《列藩正论》，接下去是“章怀太子《春宫要录》十卷”②。按《新唐书》的这种写法，《列藩正论》显然属于武则天的著述。这样，两《唐书》就有了分歧。从内容推测，章怀太子主编藩臣教育的书籍欠妥，而武则天是有资格编辑这种书籍的，所以本文倾向于认为属于武则天③。

第二节　编者

以武则天名义撰写的书籍众多，而这些书籍都是在北门学士帮助下完成的。《新唐书·艺文志》在注录武则天的“《字海》一百

① 《旧唐书》卷四六《经籍志》上，第2002页。

② 《新唐书》卷五九《艺文志三》，第1512页。

③ 武则天著述，后世流传甚少，晁公武《郡斋读书志》仅有《臣轨》一部书有注录，见《郡斋读书志校证》，上海：上海古籍出版社，孙猛校证，2011年，第447页。陈振孙《直斋书录解题》竟然连《臣轨》一书都未注录。

卷”之后，以小字注释的方式写道：“武后所著书，皆元万顷、范履冰、苗神客、周思茂、胡楚宾、卫业等撰。”[①]看来，元万顷等人就是武则天的写作班子的主要成员。

《旧唐书·刘祎之传》有如此记载：

> 上元中，迁左史、弘文馆直学士，与著作郎元万顷，左史范履冰、苗楚客，右史周思茂、韩楚宾等，皆召入禁中，共撰《列女传》《臣轨》《百僚新诫》《乐书》，凡千余卷。[②]

无独有偶，另外一个北门学士元万顷本传，也有类似的记载：

> 时天后讽高宗广召文辞之士入禁中修撰，万顷与左史范履冰、苗神客，右史周思茂、胡楚宾咸预其选，前后撰《列女传》《臣轨》《百僚新诫》《乐书》等凡千余卷。[③]

协助武则天写作的文人，主要是史称“北门学士”的人。而“北门学士”与后来的翰林院有某种承袭关系。对此，《唐会要·翰林院》有如下记载：

> 开元初置，已前掌内文书，武德已后，有温大雅、魏征、

① 《新唐书》卷五九《艺文志一》，第1450页。
② 《旧唐书》卷八七《刘祎之传》，北京：中华书局，1975年，第2846页。
③ 《旧唐书》卷一九〇《元万顷传》，第5011页。

李百药、岑文本、褚遂良、许敬宗、上官仪等。时召入草制，未有名目，乾封已后，始号北门学士。刘懿之、祎之兄弟、周思茂、元万顷、范履冰为之。则天朝，以苏味道、韦承庆等为之。后上官昭容在中宗朝，独任其事。睿宗即位后，以薛稷、贾膺福、崔湜为之。其院置在右银台门内。驾在兴庆宫，院在金明门内。驾在大内，院在明福门内。①

在这里，北门学士刘懿之、祎之兄弟、周思茂、元万顷、范履冰，除了刘懿之外，都在武则天的写作班子范围之内。

根据《旧唐书·刘祎之传》，协助武则天编写图书，是高宗上元年间的事情。刘祎之出身书香门第，父亲刘子翼也以学问著称，曾官著作郎、弘文馆直学士，预修《晋书》。而刘祎之"少与孟利贞、高智周、郭正一俱以文藻知名，时人号为刘、孟、高、郭。寻与利贞等同直昭文馆"。北门学士皆以文学见长，读书作文是他们的最骄人的功夫。不过，北门学士也有另外一种历史书写，认为他们参与了武则天的夺权事业②。北门学士中，仕途发展最好的就是刘祎之，在中宗被武则天废黜之后，作为睿宗的人，刘祎之高升宰相。扬州事变之后，裴炎以谋反罪被杀，许多人受到牵连，但刘祎之安然无恙。但他最后还是因为主张武则天大政奉还被武则天杀掉。比较而言，与其说刘祎之是武则天的人，不如说他是睿宗的人。"睿宗即位，以祎之宫府旧僚，追赠中书令。"可以说这是一种

① 《唐会要》卷五七"翰林院"条，上海：上海古籍出版社，1991年，第1145页。
② 对此，本书有专章讨论，见第九章《北门学士及其历史书写》。

平反。

元万顷与刘祎之一样，“善属文”是他的特长。他的传记还记载道：“万顷属文敏速，然性疏旷，不拘细节，无儒者之风。则天临朝，迁凤阁舍人。无几，擢拜凤阁侍郎。万顷素与徐敬业兄弟友善，永昌元年为酷吏所陷，配流岭南而死。”他帮助武则天修书，最后没有获得善终。他们曾经的同事呢？“时神客、楚宾已卒，履冰、思茂相次为酷吏所杀。”[①]

元万顷、范履冰、苗神客、周思茂和胡楚宾，都入《旧唐书·文苑传》，大约因为命运相似，范履冰等人的传是以元万顷传的附传方式出现的。

元万顷之外的四人，苗神客和胡楚宾在高宗时期就已经去世。“苗神客者，沧州东光人。官至著作郎。”《旧唐书·五行志》记载一个故事，其中涉及苗神客的思想，其文如下：

> 调露元年，突厥温傅等未叛时，有鸣鶨群飞入塞，相继蔽野，边人相惊曰：“突厥雀南飞，突厥犯塞之兆也。”至二年正月，还复北飞，至灵夏已北，悉坠地而死，视之，皆无头。裴行俭问右史苗神客曰：“鸟兽之祥，乃应人事，何也？”对曰：“人虽最灵，而禀性含气，同于万类，故吉凶兆于彼，而祸福应于此。圣王受命，龙凤为嘉瑞者，和气同也。故汉祖斩蛇而验秦之必亡，仲尼感麟而知己之将死。夷羊在牧，殷纣已灭。鸲鹆来巢，鲁昭出奔。鼠舞端门，燕刺诛死。大鸟飞集，

① 《旧唐书》卷一九〇《元万顷传》，第5011页。

昌邑以败。是故君子虔恭寅畏，动必思义，虽在幽独，如承大事，知神明之照临，惧患难之及己。雉升鼎耳，殷宗侧身以修德；鹏止坐隅，贾生作赋以叙命。卒以无患者，德胜妖也”。①

看来，苗神客在五行方面还是一个行家里手，否则不会引发裴行俭的请教。

还有胡楚宾，“胡楚宾者，宣州秋浦人。属文敏速，每饮半酣而后操笔。高宗每令作文，必以金银杯盛酒令饮，便以杯赐之。楚宾终日酣宴，家无所藏，费尽复入待诏，得赐又出。然性慎密，未尝言禁中事，醉后人或问之，答以他事而已。自殷王文学拜右史、崇贤直学士而卒”②。

范履冰和周思茂，都死于武则天时代，周是垂拱四年（688），范是载初元年（689）。“周思茂者，贝州漳南人。少与弟思钧，俱早知名。自右史转太子舍人。与范履冰在禁中最蒙亲遇，至于政事损益，多参预焉。累迁麟台少监、崇文馆学士。垂拱四年，下狱死”。“范履冰者，怀州河内人。自周王府户曹召入禁中，凡二十余年。垂拱中，历鸾台、天官二侍郎。寻迁春官尚书、同凤阁鸾台平章事，兼修国史。载初元年，坐尝举犯逆者被杀”③。

---

① 《旧唐书》卷三七《五行志》，第1368页。

② 《旧唐书》卷一九〇《元万顷传》所附，第5011页。《刘祎之传》写作“韩楚宾”，误。

③ 《旧唐书》卷一九〇《元万顷传》所附，第5011页。《新唐书》卷四《则天皇后本纪》记载为垂拱四年（688）“三月壬戌，杀麟台少监周思茂”，天授元年（690）“五月戊子，杀范履冰”，北京：中华书局，1975年，第87页，第90页。

《新唐书·艺文志》还提及一个参与者是卫业。情况暂不清楚。

通过现有资料可知，武则天的编书工作，都是在高宗时期进行的，是在高宗的支持下完成的一种文化建设事业。近千卷书，不到十年编写完成，这些参与者做出了自己的贡献。当然，最大的受益者是武则天，这是没有疑问的。

武则天的这些著述，著作人当然是武则天，这本来不该成为问题。但是，后来的武则天篡夺了唐朝，另立武周，成为唐朝明确无误的公敌，于是如何评价武则天的这些著述，就不能不受到影响。其中，否认武则天著作人的倾向显然是存在的。《新唐书·艺文志》所谓："武后所著书，皆元万顷、范履冰、苗神客、周思茂、胡楚宾、卫业等撰。"这是一个代表性的说法。

中古以下，中国的政治人物有编写图书的传统，从《世说新语》到《昭明文选》都是例证。唐朝，早在高祖的时候，不管是东宫还是秦王府，都汇聚了一批文学之士，虽然没有可观的作品出世，但在当时天下未靖的条件下，读书是一项光明正大的活动。

至晚从唐太宗开始，就习惯用著述的方式给后人留下教训。唐太宗有《帝范》四卷，长孙皇后有《女则要录》十卷，唐高宗有《天训》四卷。唐高宗与武则天的儿子章怀太子是个编书能手，有《春宫要录》十卷，《君臣相发起事》三卷，《修身要录》十卷[①]。

初唐皇室编书，唐太宗的儿子魏王李泰编著《括地志》五五〇卷，应该是最著名的。《旧唐书·李泰本传》有此记载：

---

① 《旧唐书》卷四七《经籍志下》，第2026页。

（贞观）十二年，司马苏勖以自古名王多引宾客，以著述为美，劝泰奏请撰《括地志》。泰遂奏引著作郎萧德言、秘书郎顾胤、记室参军蒋亚卿、功曹参军谢偃等就府修撰。十四年，太宗幸泰延康坊宅，因曲赦雍州及长安大辟罪已下，免延康坊百姓无出今年租赋，又赐泰府官僚帛有差。十五年，泰撰《括地志》功毕，表上之，诏令付秘阁，赐泰物万段，萧德言等咸加给赐物。[①]

太子也好、亲王也好，包括皇帝、皇后，凡是以他们名义编写的书籍，无不是成于众手，都是组织学者文士完成。唐朝喜欢编书的还有玄宗皇帝，情况也没有不同。但是《新唐书·艺文志》在他人主编的书籍中，不置一言，偏偏在武则天的书下注明是他人所撰，表现出了大义凛然的偏见，这当然和武则天的历史形象密切相关。

这其中，尤以《新唐书·艺文志》所说最为典型："武后所著书，皆元万顷等撰。"元万顷这些文人学士，奉旨帮助皇后编书，是他们工作的一部分，他们为此获得荣誉且不言，但履行这些工作并不是义务的，他们的俸禄待遇，就是相应的报酬。这些书籍的编写，都是从武后的立场出发的，都是符合武后身份的，参与编写的学者任何人，都不会写出这类以训导臣民为目标的书籍，因为身份不相符。文人学士充当的角色是协助，从一开始就是有偿劳动，因

① 《旧唐书》卷七六《濮王泰传》，第2653—2654页。根据《资治通鉴》等书的记载，《括地志》完成上表是贞观十六年（642）正月，北京：中华书局，1956年，第6174页。

为他们协助编书工作是皇帝派遣的，是有俸禄报酬的。所以，武则天是这些书籍编写的发起者、主题思想的策划者、编写人员待遇的承担者，最后武则天享受著作人待遇，合理合法。其实，武则天的著作权没有问题，有问题的地方是后来史家的说法，为了否定武则天，竟然要紧剥夺她的著作权。

第三节　意义

唐高宗支持武则天编书，或许仅仅是追随前贤而已，使得李唐皇室的好学之风不至于坠落。同时，通过编书让武则天也有所学习，这至少不是坏事。但是，我们今天再看这个问题，结论可能大大超出唐高宗的预期，武则天编书一事，对于唐朝的历史影响，显然是十分深远的。

武则天的著述，按照《旧唐书》本纪的说法，是“藏于秘阁”的，但是后来目录学著作都很少注录，时势变迁，兵火书厄，图书难存，这是大势所致。新旧《唐书》注录图书，多是有目无书。至《宋史》，可见章怀太子的《修身要录》十卷，但武则天图书则再难寻觅。唐朝是否发生过针对武则天著述的清除活动，只能怀疑，无法确定。因此，我们现在除了《臣轨》，无从得见[1]。

虽然如此，我们从仅存的《臣轨》一书中，仍然能够对武则天的其他著述有所了解。首先，所有这些著述，都是按主题搜集

①　罗元贞先生点校《武则天集》（太原：山西人民出版社，1987年），从《丛书集成初编》中取得《臣轨》，其他多来自《全唐文》，武则天的诸多著述，确实已经湮没无闻。

资料，分门别类阐述编者的观点，因为这些编者都是学富五车的学者，所以可以认为这些著述的资料丰富、观点鲜明。对于当时的社会政治而言，是政治正确的极佳著作。其次，这些著述都有鲜明的对象，针对性极强。所有的这些著述，都是从“赠人以言者，能致终身之福”的观念出发的。同是《臣轨序》，我们还看到这样的语言：“比者，太子及王已撰修身之训，群公列辟，未敷忠告之规。”[①]武则天是有计划地对天下重要人群都进行训导，太子亲王之后，就是朝中大臣。

这一点很重要，这让我们不得不对所有武则天的著述进行一番对象化分析。

《青宫纪要》《少阳政范》，这是针对太子的。

《维城典训》是针对皇子的。

《凤楼新诫》是针对宫廷的。

《古今内范》《内范要略》是针对嫔妃的。

《紫枢要录》是针对高级大臣的。

《臣轨》是针对所有臣下的。

《百僚新诫》是针对中下级官员的。

《列藩正论》是针对地方官的。

《保傅乳母传》是针对宫官的。

《孝子传》《列女传》是针对天下年轻人的。

《兆人本业》是针对农民的。

除了没有针对皇帝展开训导之外，当时天下重要群体，都收

① 罗元贞点校：《武则天集》，太原：山西人民出版社，1987年，第4页。

入武则天教导的对象之内。从中我们可以看到，很多书籍的内容有交叉，有重复编写，说明武则天的目标有变化，有调整。应该是前书反响很好，才会促进作者更加努力，目标不断地具体化，于是一部部新书被编写出来。当然还有《紫宸礼要》《乐书要录》这种一般性论述，针对性稍弱。更重要的一个问题是，武则天编写这些书籍，绝不仅仅是为了获取著作权，她是通过编书达到学习的目的，这才是研究者更应该重视的问题。

《旧唐书·刘祎之传》有这样一段记载，时间在刘祎之为宰相之后，武则天以太后身份君临天下，其文如下：

> 时有司门员外郎房先敏得罪，左授卫州司马，诣宰相陈诉。内史骞味道谓曰："此乃皇太后处分也。"祎之谓先敏曰："缘坐改官，例从臣下奏请。"则天闻之，以味道善则归己，过则推君，贬青州刺史；以祎之推善于君，引过在己，加授太中大夫，赐物百段、细马一匹。因谓侍臣曰："夫为臣之体，在扬君之德，君德发扬，岂非臣下之美事？且君为元首，臣作股肱，情同休戚，义均一体。未闻以手足之疾移于腹背，而得一体安者。味道不存忠赤，已从屏退；祎之竭忠奉上，情甚可嘉。"①

请注意武则天的评论"且君为元首，臣作股肱，情同休戚，义均一体"。这其实正是《臣轨》第一章《同体章》的意思。《臣轨》

① 《旧唐书》卷八七《刘祎之传》，第2847页。

第一章有“君为元首，臣为股肱，上下相须，乃成其体也”[①]。作为主编的武则天，在编写这些书籍的时候，实实在在饱学了一番，所以才会在具体的政治环境下顺利引用。

在武则天的著述中，如今只有《臣轨》可供举例证明，我们不得不引证《臣轨》中的资料，来证明通过编写这些书籍，武则天会接触哪些古籍，遭遇哪些思想，接受哪些传统教育。传世史书记载《臣轨》的写作时间，与其他书籍往往并列书写，具体信息有所不详。不过读《臣轨序》，其中称高宗为“天皇”，这属于高宗后期的明确称谓。在高宗哀册文中，武则天称高宗为“大行天皇”，这是对刚刚去世皇帝的标准称谓。在《乾陵述圣记》中，武则天称高宗为“高宗大帝”。所以《臣轨序》的称谓可以看作是时间标志。这与史书所记时间是吻合的。

不过，现在《臣轨》最后，有“垂拱元年撰”的字样。这与《旧唐书·则天皇后本纪》所记有《垂拱格》四卷，可以看作是同时作品。不过，最大的可能还是垂拱及垂拱以后再修改。

日人天瀑《题臣轨后》：

唐武后撰《臣轨》二卷，与太宗《帝范》并行。今亦有合刻本流布于世。二书，唐志著录，而宋志不载《臣轨》，唯郑樵《艺文略》并载之。其他无所见也。及清乾隆中，纂《四库全书》，《帝范》独录出于《永乐大典》，而不及《臣轨》，则亦不存焉。余家旧藏抄本《臣轨》一部，往往杂以武后制

① 罗元贞点校：《武则天集》，第5页。

字，是盖当时原本尔。但诸书所载制字，间与此异，未详其孰是。今一仍抄本之旧云。己未星夕前一日。天瀑识。本注不著撰人名氏，唐志云：贾行注《帝范》，则此注疑亦贾作，然未可必也。天瀑重识。[1]

天瀑即天瀑山人，名林衡。此书编入日本宽政至文年间出版的《佚存丛书》，但与垂拱元年（685）所记不同，《唐会要》记载："长寿二年三月，则天自制《臣范》两卷，令贡举人习业。停老子。"[2]对此，看法多有不同，清人阮元就赞成长寿二年（693）说。垂拱元年为公元685年，武则天实际掌控朝廷，以太后身份临朝称制。长寿二年是公元693年，已经称帝数年。此时，武周政权已经稳定，武则天所以用《臣轨》取代《老子》，作为天下贡举的教材。考虑到史书记载帮助武则天编写图书的人，到长寿时期多已经不在，但史书依然把包括《臣轨》在内的图书编写，清晰地记录在他们的事迹中，如果是长寿时期才有此书，则完全不必把他们写进来。所以，长寿二年（693）的这个记载，不一定说明《臣轨》是这个时间点上才编写出来。应该是此前已经编写出来，颁布或者令天下贡举学习，都可能重新修订而已。

《臣轨》共分上下两卷，每卷五章。上卷有同体章、至忠章、守道章、公正章和匡谏章。下卷有诚信章、慎密章、廉洁章、良将章和利人章。现在所知《臣轨》，正文之后有注释，共同构成全书的内容。如诚信章，开篇即言"凡人之情，莫不爱于称诚信"，

---

① 罗元贞点校：《武则天集》，第76页。
② 《唐会要》卷七五《贡举》上，上海：上海古籍出版社，1991年，第1627页。

注释曰“诚谓无虚操，信谓不愆期，言能忠诚信实者，则人皆爱矣”[①]。征引古书，是《臣轨》写作的重要特色，从这个角度看，《臣轨》设置主题，引证古书并进一步凝练成自己的文字，以达到全书的训导目的。

《臣轨》征引古书，可以分作明引、暗引两种类型。以第五匡谏章，最后引证郑玄的《孝经》，其正文为：“是以国之将兴，贵在谏臣；家之将兴，贵在谏子。若君父有非，臣子不谏，欲求国泰家荣，不可得也。”然后，《孝经》曰：“子不可以不诤于父，臣不可不诤于君。郑玄曰：君父有不义，臣子不谏诤，则亡国破家之道也。”[②]这是明引的例证，直接写出所引的书名。

简单统计《臣轨》一书的明引书目，大约有如下诸多。

第一章，引有《左传》、《尚书》、孔安国《尚书传》、《尚书·周书》、杜预《左传集解》、《尸子》、《楚辞》、《毛诗》、《晏子》、《名臣奏议》、《韩子》、陆景《典语》等。

第二章，引有《左传》、《论语》、孔安国《尚书传》、《礼记》、《孝经》、郑玄《论语注》等。

第三章，引有《老子》、河上公《老子注》、《庄子》、《文子》、《管子》、《淮南子》、《说苑》等。

第四章，引有《左传》、《论语》、《孝经》、《毛诗》等。

第五章，引有《易经》、杜预《左传集解》、《孝经》、《新序》、《说苑》、《尚书》、《代要论》、《论语》、郑玄《孝经注》。

第六章，引有郑玄《论语注》、《吕氏春秋》、《体论》。

---

① 罗元贞点校：《武则天集》，第45页。
② 同上，第44页。

第七章，引有郑玄《论语注》、《列子》、《风俗通》。

第八章，引有《文子》、杜预《左传集解》。

第九章，引有《孙子兵法》、杜预《左传集解》、《吴子》、孔安国《尚书传》。

第十章，引有《史记》、《左传》、《尚书》、《管子》、《论语》、《王文宪集》、《老子》、《庄子》。

这是所谓明引，还有暗引。所谓暗引，这里是指没有提供书名，而是讲述耳熟能详的历史故事，比如讲赵括纸上谈兵，这是《史记》记载的故事。窦婴为将的故事，也是《史记》《汉书》所载，虽然《臣轨》不具引，其实读用这些书是没有问题的。

《臣轨》引用书籍，多是常见书，不过对于今人而言，则有佚书在焉。比如郑玄的书，比如杜恕《体论》、桓范《代要论》等。

史书记载武则天“素多智计，兼涉文史”[①]，虽然承认武则天有一定的文史素质，但较少与她的“多智计”相联系。现在看来，武则天的编写图书是自我提高的重要途径，在教导他人之前，她自己获得了实实在在的知识、理论和历史素养。这些，显然都是她成功完成女皇征程的重要因素。沈既济曾经指出：“太后颇涉文史，好雕虫之艺。永隆中始以文章选士，及永淳之后，太后君临天下二十余年，当时公卿百辟无不以文章达，因循遐久，寖以成风。”[②]把唐代的文学尤其是科举考试文章归因于武则天的文学爱好，这显然过于简单化，但这是另外一个视角对武则天文学素养的承认。武则天

① 《旧唐书》卷六《则天皇后本纪》，第115页。

② 《通典》卷一五《选举三》，注引沈既济言论，北京：中华书局，1988年，第357—358页。

的文史素养自然不是从天而降，是她努力学习的结果，而她领导图书编纂工作，正是最佳的学习方式。

武则天的这些著述，把唐朝以前中国的历史经验、政治智慧、社会道德分门别类地进行梳理和编排，目的是为了教导天下各个群体，而首先接受教育的恰恰是编者，而受益最显者莫过于武则天。武则天后来的政治发展，与她的编书活动有着怎样的关联，我们虽然不能具体论证，但是通过编书这种方式的学习，武则天的治国理政、应对危机、掌控时局的能力获得提升，则是没有疑问的。

附　论
关于陈寅恪《记唐代之李武韦杨婚姻集团》

第一节　《李武集团》论文内容概述

陈寅恪先生著《记唐代之李武韦杨婚姻集团》（以下简称《李武集团》），原载于《历史研究》1954年第1期，后收入《金明馆丛稿初编》[①]。《李武集团》是先生研究唐代政治的一篇重要论文。

《李武集团》一文，总标题下未再分小节，但论及问题甚多，概括如下。

论文开明宗义，指出唐朝前期，即从建国到唐玄宗安史之乱，百年多的时间里，实际的统治集团是一个“牢固之复合团体”，举凡政治与社会的变迁发展，无不与这个集团关系密切，即“李、武为其核心，韦、杨助之粘合，宰制百年之世局”。这个集团内在的结合，即是通过婚姻关系得以完成，这便是李武韦杨婚姻集团。既

① 《金明馆丛稿初编》，北京：生活·读书·新知三联书店，2009年第二版，第266—295页。

然是长达百年的中国最高统治集团，研究价值之高也是自然而言的。论文开篇即如此强调这个婚姻集团的历史意义，让读者产生一种强烈的期盼。

读者也许会发问，一个婚姻集团，真的有如此强大的政治能量吗？陈先生紧接着介绍南北朝以来的士族集团与集团品格（价值倾向），其实就是回答这样的问题的。重视婚姻关系，或者说利用婚姻关系强化士族集团内部的联系，凝结集团的利益关系，原来是一个历史的基因。南北朝以来至隋唐之际，婚姻与士族观念紧密联系，而士族的崇尚，无不以地域为基础，对此柳芳论氏族集中地说明了这个问题。按柳芳之论，士族（氏族）的地域划分，不过江南侨姓、东南吴姓、山东郡姓、关中郡姓和代北虏姓而已，而各个区域的氏族都有相对稳定的价值取向，如山东郡姓崇尚婚娅、江左崇尚人物、关中崇尚冠冕、代北崇尚贵戚等。李唐皇室与勋贵名臣家的联姻是一个基本方向，陈先生认为这正是关陇集团尚冠冕与贵戚的历史传统的继续。

“李唐皇室本出于宇文泰之胡汉六镇关陇集团，实具关中、代北两系统之性质。”唐太宗是关陇集团的政治领袖，“太宗深恶山东士族，故施行压抑七姓十家之政策”。“太宗之婚姻观念不仅同于关中人之尚冠冕，兼具代北人之尚贵戚矣”，所以，“李唐皇室初期婚姻之观念及其婚姻缔构之实况必带有深重之地域色彩，即关中地方性”。唐太宗讨厌山东士族，采取措施打压山东士族，不仅在《氏族志》中明确排斥山东士族，更明令不许在婚姻过程中存在买卖行为，这便是“禁卖婚”。根据《新唐书·高俭传》的记载，“王妃、主婿皆取当世勋贵名臣家，未尝尚山东旧族”，陈寅恪继续推论道：

“今王妃氏族不易详考，但取高祖、太宗、高宗、中宗诸女之夫婿姓名观之，可以知唐皇室之婚姻观念实自武曌后而一变也。”

然后，陈先生用稍大的篇幅考证武则天的家族出身，认为武家不是山东士族。那么，唐太宗为什么会纳武则天为才人呢？这不跟唐太宗的一贯婚姻观念相冲突吗？陈先生自然有解释。武则天父亲武士彟，虽然出身商人，与士族毫无关系，但是他的二婚却增高了社会地位。“武士彟在隋世乃一富商，必无与观王（杨）雄家联姻之资格。其娶杨氏在隋亡以后，盖士彟以新朝贵显娶旧日宗室，籍之增高其社会地位，此当时风俗所使然，无足怪也”。武则天固然美貌，但唐太宗应该更重视其母亲隋杨宗室的背景，于是拥有备宫闱下陈的条件，但还不具备做皇后的资格。正因为如此，当唐高宗准备封武则天为皇后的时候，朝廷掀起了轩然大波。

高宗朝遭遇废王立武事件，朝廷分化为赞成与反对两派，正因为如此，陈先生指出，此事不仅仅是宫闱之间的斗争，“实为政治上社会上关陇集团与山东集团决胜负的一大关键”。此判断甚为重要，从一贯的宫廷政治斗争看法，一变成为政治与社会的斗争，而从宫廷斗争的表层，发现背后的政治社会本质，史学立意骤然提升。

陈先生考证两派成员的构成，主要考察出身的地域关系。“王皇后本唐皇室旧姻，且其外家柳氏亦关中郡姓，故为关陇集团所支持，欲借以更巩固其政治之势力也。燕王忠之为太子亦为关陇集团政治上的策略，高宗废黜王皇后并燕王忠之储位，而改立山东寒族之武氏及立其子为太子，此为关陇集团所万不能容忍者，长孙无忌等之力争实以关系重大之故，非止皇室之家室而已也。”关陇集团此时的核心领袖是长孙无忌，而赞成派的核心人物是李勣。李勣之所以有这样的地位，是因为他既是山东集团的代表，又是军事力量的代表。为什么李勣会支持废王立武呢？秘密出在地域关系，用陈先生的话说：“世勣所以不附和关陇集团者，则以武氏与己身同属山东系统，自可不必反对也。”还有褚遂良、许敬宗，虽然出身皆是南朝系列，但分属于不同的两派，原因是南朝被北朝灭亡之后，“此等人乃属俘虏家臣性质，绝无独立资格”。

从确立武则天为皇后，陈先生得出重大结论，认为这是中国中古史的一个转折点，“盖西魏宇文泰所创立之系统至此而改易，宇文氏当日之狭隘局面已不适应唐代大帝国之情势，太宗以不世出之英杰，犹不免牵制于传统之范围，而有所拘忌，武曌则以关陇集团外之山东寒族，一旦攫取政权，久居洛阳，转移全国重心于山东，重进士词科之选举，拔取人才，遂破坏南北朝之贵族阶级，运输东南之财赋，以充实国防之力量诸端，皆吾国社会经济史上重大之措施，而开启后数百年以至千年后之世局也”。这里，陈先生把废王立武事件与后来武则天称帝紧密地联系起来并统一加以考察，从而得出如上结论。

武则天称帝时间并不长久，但对于唐朝政治的影响却很深远，对此陈寅恪先生进行了重点探究。武则天后期，在确定不立武氏为接班人之后，花费很大力气安排后事，而重点就是制造李武混合的政治势力，最主要的途径就是充分利用婚姻关系。应该承认，武则天这个政策取得了良好的成效，以至于神龙政变十分不彻底，唐中宗很快回归武则天政治，而政变的主导者张柬之等很快由政变的功臣变成唐中宗的罪人。此外，武则天宽进严出的人才政策，多揽天下人才为其所用，而感于知遇之恩，很多人于是成为李武集团的拥护者。

在陈寅恪先生的论证中，即使到了唐玄宗开元时期，很多朝中的人物依然保持着武氏人脉关系，他们的斗争，依然是武则天时期斗争的继续。比如，姚崇与张说的矛盾，陈寅恪先生总结说："武氏的政治势力至玄宗朝而不稍衰歇，姚崇、张说虽为政敌，然皆出武氏之党，不过有派别之分耳。"不过，陈寅恪先生最重要的论证还是武则天之后，武氏之党内部的斗争问题，从时间上说"自中宗神龙初至玄宗先天末"，政治斗争的对手都是"武曌所组织之统治集团内既有派别"，具体而言，"韦后、安乐公主等一派与太平公主、玄宗等一派相争，前派败而后派胜，此固武周组织之大集团内派别之争也。即太平公主等与玄宗之争，则此一派中又分为两派，自相竞争，而有胜败也。其分别虽多，要为此大集团内之竞争"。

武则天的政治生命行将就木的时候，迎来了唐朝的政变高发期。第一次，神龙元年（705）元月，张柬之等人经过策划，以反击"二张"为借口，推翻武则天的统治，实现了唐朝的回归，中宗再次成为唐朝皇帝。中宗时期在坚持武周政治基调和回归唐朝的政策上犹豫彷徨，最后把神龙政变的策划者们驱逐剿灭，武三思代表的武周势力继续得势。第二次，中宗景龙元年（707）七月，太子重俊发动政变，以武三思、上官婉儿为直接攻击对象，如果成功，中宗、韦皇后地位难保，但这次政变以失败而告终。第三次，唐隆元年（710）六月，中宗驾崩之后，李隆基做先锋，太平公主、睿宗为后台，最后诛杀韦皇后为中心的韦氏集团，睿宗一支夺得政权。第四次，先天二年（713）七月，皇帝玄宗发动政变，诛灭太平公主之党。在这一系列的政变之后，唐朝的政治终于走出动乱的阴霾，进入稳定的开元时期。而这一系列的政治斗争，陈寅恪先生发现了一致的政治背景，那就是武氏政治集团，除了太子重俊外，皆属于“武曌组织之大集团”。太子重俊政变的失败，从背景上看，只因为他是这个大集团之外的“孤军”。中宗驾崩之后，之所以韦皇后集团最终失败，陈寅恪先生认为，那是因为“武曌拔取之人才皆不为之用故也”。至于唐玄宗一派战胜太平公主一派，是因为唐玄宗一派“才略为优”。

陈寅恪认为，在唐玄宗统治中国的时期（开元、天宝时期，因为先天时虽然玄宗已经为天子，但没有完全掌权），依然可以看到武氏政治势力的绵延存在，而关键人物就是高力士。“宋璟、张说、张九龄等先后任将相，此诸人皆为武曌所拔用，故亦皆是武氏之党，固不待论。即天宝时最有实权之宰相，先为李林甫、后为杨国忠，此二人之任用实与力士有直接或间接之关系，故亦不可谓不与武氏有关系也。此武氏政治势力自高宗初年至玄宗末年虽经历神龙之复辟，而历久不衰之主因，力士在玄宗朝其地位重要亦可以推知矣。”唐玄宗曾经宠爱武惠妃，而武惠妃是武攸止之女，玄宗曾有立惠妃为后的打算。高力士是内官高延福的养子，而高延福出自武三思家，高力士因此有机会出入武三思家。李林甫入朝为相，深得武家势力的支持。开始，侍中裴光庭的夫人是武三思之女，与李林甫有私情。裴光庭去世，其夫人直接找高力士，要求高力士想办法让李林甫代替裴光庭的位置，高力士虽然不敢如此说服唐玄宗，但还是做了充分铺垫，并最终使得李林甫入相成功。李林甫入相之后，终于获得了武惠妃的好感，因为李林甫表示要保护武惠妃的儿子寿王。陈寅恪先生总结道：“李林甫为天宝前期政治之中心人物，其所以能致是者，则由于高力士、武惠妃之助力，此亦玄宗用人行政深受武氏影响之明证，而武氏政治势力至是犹未衰歇，可以想见也。”

不仅李林甫，后来居上的杨国忠代替李林甫执掌国政，原因十分清楚，即因为皇帝宠爱杨贵妃之故。考察的结果，杨贵妃之入宫，也是高力士一手完成的，陈寅恪总结道：“贵妃之入宫，乃由高力士之搜拔，观前引后妃公主诸史料，知唐皇室之婚姻与此集团有密切关系，此集团为武曌所组成，高力士为武氏死党，其所搜拔自不出于此集团之外，可以无疑。”杨国忠是安史之乱发生的重要参与者，此乱不仅葬送了杨国忠、杨贵妃的身家性命，而且结束了唐朝的盛世繁荣，导致唐朝进入衰落不振的后半期。

其实，继承盛唐局面的唐肃宗，按照陈寅恪先生的研究，他的出身与被立为太子，“亦与武氏之党有关”。肃宗的母亲是元献皇后，姓杨氏，曾祖杨士达在武则天的时期，因为属于武则天的母族，被追封为郑王。肃宗的早年，受到宰相张说的重视，肃宗的同母妹妹宁亲公主便下嫁给张说的儿子张垍。但是，肃宗在东宫为太子期间，地位并不稳固，多次遭遇危机，原因何在？陈寅恪先生的解释是：“肃宗母为武曌外家，张说复为武氏之党，此其所以终能立为太子，而又因其关系不及武惠妃诸子与武氏关系之深切，所以难在储位，常危疑不安也。”

最后，陈寅恪先生总结全文：“综括言之，此一集团武曌创组于大帝之初，杨玉环结束于明皇之末者也。唐代自高宗至玄宗为文治武功极盛之世，即此集团居最高统治地位之时，安禄山乱起，李唐中央政府已失统治全国之能力，而此集团之势力亦衰竭矣。故研究唐之盛世者不可不研究此集团，特为论述其组成及变迁之概略，以供治吾国中古史者之参考。”

至此，我们介绍了陈寅恪先生《李武集团》的主旨和基本内容。陈寅恪先生治史，多能从全局出发，见人所未见，发现历史进程中的重大问题。用李武婚姻集团这个概念，提炼出唐朝前期统治集团上层的内部关系，从而为后来的研究者提供一个具有核心意义的观察线索。

第二节 《李武集团》一文在陈寅恪唐史研究中的位置

陈寅恪先生研究隋唐历史，上自魏晋南北朝，下启五代北宋，尤其关注历史转变的重大问题，往往能抓住普遍问题，提炼出核心观念，从而全面推进史学的研究。那么，研究唐前期政治上层的婚姻关系，提炼出李武婚姻集团这个核心概念，在陈寅恪的唐史研究系列著述中，处于什么位置呢？解决这个问题不仅有利于认清该文的学术价值，也有助于观察陈寅恪的唐史研究的总体情况。

《李武集团》一文，对于此前陈寅恪先生的研究，有明显的继承关系，而核心问题之一就是关陇集团。关陇集团是陈先生概括北朝后期至隋唐时期中国统治集团的重大学术概念，是陈寅恪先生对于中国中古史研究的重大贡献之一。陈寅恪先生1939年完成《隋唐制度渊源略论稿》，1941年成《唐代政治史述论稿》[①]，与关陇集团有关的论述开始出现，两书的布局在陈先生那里是明确的，所以提及这个重要概念的时候，两书展现有所不同。关陇集团的形成源

① 蒋天枢：《陈寅恪先生编年事辑》（增订本），上海：上海古籍出版社，1997年，第118、129页。

于宇文泰带领的军事集团创立西魏与北周的过程，最密切的概念是“关中本位政策”，而《隋唐制度渊源略论稿》强调的正是宇文泰的关中政策问题。

《隋唐制度渊源略论稿》论述隋唐制度的渊源有三个传统：第一是北魏、北齐，第二为梁、陈，第三为西魏、北周。而第三，陈先生概括为：“所谓（西）魏、周之源者，凡西魏、北周之创作有异于山东及江左之旧制，或阴为六镇鲜卑之野俗，或远承魏、（西）晋之遗风，若就地域言之，乃关陇区内保存之旧时汉族文化，以适应鲜卑六镇势力之环境，而产生之混合品。”[①]这个核心观点，在后面的具体篇章中反复提出强调。

首章礼仪中，论及宇文泰的关中政策与苏绰关系密切，指出宇文泰关中本位政策的环境与原因，言及这个问题[②]。宇文泰的关中政策，与当时天下格局有极大的关系，为的是加强内部文化凝聚力，与东方的东魏及江南政治相抗衡[③]。陈先生《隋唐制度渊源略

---

① 陈寅恪：《隋唐制度渊源略论稿·叙论》，北京：生活·读书·新知三联书店，2009年第二版，第4页。

② “适值（宇文）泰以少数鲜卑化之六镇民族窜割关陇一隅之地，而欲与雄踞山东之高欢及旧承江左之萧氏争霸，非别树一帜，以关中地域为本位，融冶胡汉为一体，以自别于洛阳、建邺或江陵文化势力之外，则无以坚其群众自信之心理。此（苏）绰所以依托关中之地域，以继述成周为号召，窃取六国阴谋之旧文缘饰塞表鲜卑之胡制，非驴非马．取给一时，虽能辅成宇文氏之霸业，而其创制终为后王所捐弃，或仅名存而实亡，岂无故哉！质言之，苏氏之专业乃以关中地域观念及魏晋家世学术附和鲜卑六镇之武力而得成就者也。”见《隋唐制度渊源略论稿》二礼仪，第20页。

③ “魏孝文以来，文化之正统仍在山东，遥与江左南朝并为衣冠礼乐之所萃，故宇文泰所不得不深相畏忌，而与苏绰之徒别以关陇为文化本位，虚饰周官旧文以适鲜卑野俗，非驴非马，借用欺笼一时之人心，所以至其子（武帝）并齐之后，成陵之鬼馁，而开国制度已渐为仇雠敌国之所染化（见下章论职官、刑律、兵制诸书）。然则当日山东邺都文化势力之广大可以推知也。”见《隋唐制度渊源略论稿》二礼仪，第49页。

论稿》阐述宇文泰的关陇文化本文政策，比较集中的文字是在第三章职官中进行的，文字略长，含义完整，其论如下：

宇文泰凭借六镇一小部分之武力，割据关陇，与山东、江左鼎足而三，然以物质论，其人力财富远不及高欢所辖之境域，固不待言，以文化言，则魏孝文以来之洛阳及洛阳之继承者邺都之典章制度，亦岂荒残僻陋之关陇所可相比。至于江左，则自晋室南迁以后，本神州文化正统之所在，况值梁武之时庾子山所谓“五十年间江表无事”之盛世乎？故宇文苟欲抗衡高氏及萧梁，除整军务农、力图富强等充实物质之政策外，必应别有精神上独立有自成一系统之文化政策，其作用既能文饰辅助其物质即整军务农政策之进行，更可以维系其关陇辖境以内之胡汉诸族之人心，使其融合成为一家，以关陇地域为本位之坚强团体。此种关陇文化本位之政策，范围颇广，包括甚众，要言之，即阳傅《周礼》经典制度之文，阴适关陇胡汉现状之实而已。其关系氏族郡望者，寅恪尝于考辨李唐氏族问题文中论之，如《李唐武周先世杂考》所引《隋书·经籍志》之文，即其确证之一也。约言之，西魏宇文泰改造汉人姓氏及郡望之政策分为二阶段，其先则改山东郡望为关陇郡望，且加以假托，使之与六镇发生关系。其后则径赐以胡姓，使继鲜卑部落之后。迨周末隋文帝恢复汉姓之时，大抵仅回至所改关陇郡望之第一阶段，如隋唐皇室之郡望仍称弘农陇西是也。①

① 陈寅恪：《隋唐制度渊源略论稿》，北京：生活·读书·新知三联书店，2009年第二版，第100—101页。

在关陇、山东和江南三足鼎立的大格局之下，从实力的角度观察，人力物力方面关中地区处于劣势；文化方面，关中方面的也没有优势可言，于是宇文泰一方面加强军事和农业建设，以增强物质的实力，另一方面，创建系统的文化政策，不仅与兵农政策相配合，更要实现精神上的自成一体，达到凝聚境内胡汉民众为一家的目标，这便是“以关陇地域为本位”的“关陇文化本位之政策”。关陇文化本位政策涉及面很广，要点是用儒家经典《周礼》为理论根据，应对的是关陇地区及胡汉混合现状，目标则是建立“关陇地域为本位的坚强团体”。具体政策的推进，先有改山东郡望为关陇郡望，这便与六镇鲜卑贵族发生关系，然后再赐胡姓于汉人，造成统治阶层的胡汉一体化。

关中本位政策，并不限于文化方面，陈先生认为府兵制就是与“关陇物质本位政策”相关的[①]。但是《隋唐制度渊源略论稿》全篇是讨论隋唐制度的，在涉及关陇本位政策时，虽然谈及胡汉人群问题，但决不当作重点讨论，且都留待下一篇《唐代政治史述论稿》，显示两部著作的谋篇布局早有分工。宇文泰开创的关陇本位政策，造就了关陇胡汉军事政治集团，陈先生多有“关陇集团”“关陇军事集团”等概念表示，而系统论述这个集团，则集中于《唐代政治史述论稿》之中。陈先生此著分三篇，上篇《统治阶级之氏族及其升降》、中篇《政治革命及其党派分野》、下篇《外族盛衰之连环性及外患与内政之关系》，其中前两篇都与本文的论述宗旨密切相关，也可以说，《李武集团》一文的写作，就是承续

① 陈寅恪：《隋唐制度渊源略论稿·职官》，北京：生活·读书·新知三联书店，2009年第二版，第101页。

《唐代政治史述论稿》的这两篇而来。

上篇先讨论李唐皇族的氏族问题，从而证明李唐的皇室本身就是宇文泰关陇本位政策的产物，同时也是关陇集团的重要成员。于是，一个问题自然显现，那就是关陇集团在中国中古时期的重要性。而论证这个问题，还是要承接前书：

> 宇文泰率领少数西迁之胡人及胡化汉族割据关陇一隅之地，欲与财富兵强之山东高氏及神州正朔所在之江左萧氏共成一鼎峙之局，而其物质及精神二者力量之凭借，俱远不如其东南二敌，故必别觅一途径，融合其所割据关陇区域内之鲜卑六镇民族，及其他胡汉土著之人为一不可分离之集团，匪独物质上应处同一利害之环境，即精神上亦必具同出一渊源之信仰，同受一文化之熏习，始能内安反侧，外御强邻。而精神文化方面尤为融合复杂民族之要道。在此以前，秦苻坚、魏孝文皆知此意者，但秦魏俱欲以魏晋以来之汉化能罩全部复杂民族，故不得不亟于南侵，非取得神州文化正统所在之江东而代之不可，其事既不能成，仅余一宇文泰之新途径而已。此新途径即就其割据之土依附古昔，称为汉化发源之地（魏孝文之迁都洛阳，意亦如此，惟不及宇文泰之彻底，故仍不忘南侵也），不复以山东江左为汉化之中心也，其详具于拙著《隋唐制度渊源略论稿》，兹不赘论。此宇文泰之新途径今姑假名之为“关中本位政策”，即凡属于兵制之府兵制及属于官制之周官皆是其事。其改易随贺拔岳等西迁有功汉将之山东郡望为关内郡望，别撰谱牒，纪其所承，又以诸将功高者继塞外鲜卑部落之后，

亦是施行"关中本位政策"之例证，如欲解决李唐氏族问题当于此中求之也。[1]

此处之论，多与《渊源论》相承接，重在阐述宇文泰的"关中本位政策"出台的背景与内容，而与《渊源论》强调重点有所不同，前者强调制度，后者强调集团。正因为关中本位政策，造就了一个胡汉不可分离的集团，此集团从西魏北周以来，一直持续到隋唐时期，都是中国北方甚至中国的统治集团。但是，到了唐代，尤其是从武则天时代开始，这个统治集团遭遇破坏，制度发生变化，集团成员发生变动，传统的关陇集团遭到新兴集团的攘夺替代。陈寅恪用大篇幅文字解释这个变化过程：

李唐皇室者唐代三百年统治之中心也，自高祖、太宗创业至高宗统御之前期，其将相文武大臣大抵承西魏、北周及隋以来世业，即宇文泰"关中本位政策"下所结集团体之后裔也。自武曌主持中央政权之后，逐渐破坏传统之"关中本位政策"，以遂其创业垂统之野心。故"关中本位政策"最主要之府兵制，即于此时开始崩溃，而社会阶级亦在此际起一升降之变动。盖进士之科虽创于隋代，然当日人民致身通显之途径并不必由此。及武后柄政，大崇文章之选，破格用人，于是进士之科为全国干进者竞趋之鹄的。当时山东、江左人民之中，有虽工于为文，但以不预关中团体之故，致遭屏抑者，亦因此政

① 陈寅恪：《唐代政治史述论稿》，北京：生活·读书·新知三联书店，2009年第二版，第198—199页。

治变革之际会，得以上升朝列，而西魏、北周、杨隋及唐初将相旧家之政权尊位遂不得不为此新兴阶级所攘夺替代。故武周之代李唐，不仅为政治之变迁，实亦社会之革命。若依此义言，则武周之代李唐较李唐之代杨隋其关系人群之演变，尤为重大也。

武周统治时期不久，旋复为唐，然其开始改变“关中本位政策”之趋势，仍继续进行。迄至唐玄宗之世，遂完全破坏无遗。而天宝安史乱后又别产生一新世局，与前此迥异矣。夫“关中本位政策”既不能维持，则统治之社会阶级亦必有变迁。此变迁可分中央及藩镇两方叙述。其所以须有此空间之区别者，因唐代自安史乱后，名义上虽或保持其一统之外貌，实际上则中央政府与一部分之地方藩镇，已截然划为二不同之区域，非仅政治军事不能统一，即社会文化亦完全成为互不关涉之集团，其统治阶级氏族之不同类更无待言矣。盖安史之霸业虽俱失败，而其部将及所统之民众依旧保持其势力，与中央政府相抗，以迄于唐室之灭亡，约经一百五十年之久，虽号称一朝，实成为二国。史家述此，不得不分之为二，其理由甚明也。[①]

武周开始的关中本位政策破坏，一直持续到玄宗时期。此后，再论证阶层集团的升降，陈寅恪先生的重点在于强调安史之乱后，中央与地方分属于不同的阶层问题，“社会文化亦完全成为互不关涉

① 陈寅恪:《唐代政治史述论稿》，北京：生活·读书·新知三联书店，2009年第二版，第202—203页。

之集团，其统治阶级氏族之不同类更无待言”。

“长安文化为中心、恃东南财赋以存立集团之中，其统治阶级为此集团所占据地域内之二种人：一为受高深文化之汉族，且多为武则天专政以后所提拔之新兴阶级，所谓外廷之士大夫，大抵以文辞科举进身者也；一为受汉化不深之蛮夷，或蛮夷化之汉人，故其人多出自边荒区域。凡自玄宗朝迄唐亡，一百五十年间身居内廷，实握政治及禁军之权者皆属此族，即阉寺之特殊阶级是也。”[①]那么，根据陈先生的文字，从武则天到唐玄宗，传统的关中本位政策遭到破坏，关陇集团的统治被替代，那么替代关陇集团的是什么人呢？一是外廷士大夫，他们属于高深文化之汉族，另外则是汉化不深的蛮夷，如玄宗以后的宦官集团，如河北武装集团，等等。对于这些集团的分化，陈先生着重用文化背景进行分析，河北武装集团，有的虽然是汉人，但久染胡风，是汉人胡化。

在上篇的最后结束部分，陈先生用一长段文字对于唐代的统治集团及其升降更替问题进行了概括总结，文字虽与前文多有重复，但这是陈先生论文写作突出重点的方法。其文如下：

> 更总括以上所述者论之，则知有唐一代三百年间其统治阶级之变迁升降，即是宇文泰“关中本位政策”所鸠合集团之兴衰及其分化。盖宇文泰当日融冶关陇胡汉民族之有武力才智者，以创霸业；而隋唐继其遗产，又扩充之。其皇室及佐命功臣大都西魏以来此关陇集团中人物，所谓八大柱国家即其代表

① 陈寅恪：《唐代政治史述论稿》，北京：生活·读书·新知三联书店，2009年第二版，第204—205页。

也。当李唐初期此集团之力量犹未衰损，皇室与其将相大臣几全出于同一之系统及阶级，故李氏据帝位，主其轴心，其他诸族入则为相，出则为将，自无文武分途之事，而将相大臣与皇室亦为同类之人，其间更不容别一统治阶级之存在也。至于武曌，其氏族本不在西魏以来关陇集团之内，因欲消灭唐室之势力，遂开始施行破坏此传统集团之工作，如崇尚进士文辞之科破格用人及渐毁府兵之制等皆是也。此关陇集团自西魏迄武曌历时既经一百五十年之久，自身本已逐渐衰腐，武氏更加以破坏，遂致分崩堕落不可救止。其后皇位虽复归李氏，至玄宗尤称李唐盛世，然其祖母开始破坏关陇集团之工事竟及其身而告完成矣。此集团既破坏后，皇室始与外朝之将相大臣即士大夫及将帅属于不同之阶级。同时阉寺党类亦因是变为一统治阶级，拥蔽皇室，而与外朝之将相大臣相对抗。假使皇室与外廷将相大臣同属于一阶级，则其间固无阉寺阶级统治国政之余地也。抑更可注意者，关陇集团融合胡汉文武为一体，故文武不殊途，而将相可兼任；今既别产生一以科举文辞进用之士大夫阶级，则宰相不能不由翰林学士中选出，边镇大帅之职舍番将莫能胜任，而将相文武蕃汉进用之途，遂分歧不可复合。举凡进士科举之崇重，府兵之废除，以及宦官之专擅朝政，番将即胡化武人之割据方隅，其事俱成于玄宗之世。斯实宇文泰所创建之关陇集团完全崩溃，及唐代统治阶级转移升降即在此时之征象。是以论唐史者必以玄宗之朝为时代划分界线，其事虽为治国史者所得略知，至其所以然之故，则非好学深思通讥古今之君子，不能详切言之也。[1]

在陈寅恪先生的研究中，宇文泰关中本位政策是隋唐时代问题的出发点，政治制度的变迁与此有关，统治阶层的升降变动也与此有关。由此观察，《隋唐制度渊源略论稿》与《唐代政治史述论稿》虽为两书，根本问题则是一个。即论证关中本位政策的来龙去脉，前书重点分析此政策的来源与制度文化方面的表现，后书则论证此政策造成的关陇集团的衰落与替代。

关陇集团衰落，取而代之的是两个势力，在中央外廷，主要是在科举制度之下诞生的文学之士，与之抗衡的是阉党集团，而地方则是胡人武装集团。唐初在关陇集团的背景下，出将入相是正常现象，后来则文武分途，如此可以解释唐朝后来的许多政治问题，如藩镇割据、宦官专权以及党争，等等。陈寅恪先生研究唐史，对于重大历史现象皆有关照，而统治阶层的升降替代则是他分析唐代历史的一条基本线索。

《唐代政治史述论稿》的中篇题为"政治革命及党派分野"，实际上是前一主题的分论，既考虑制度又考虑阶层，而思考的出发点仍然是唐史中的重要历史现象。唐朝前期，经常发生中央政变，谁掌握玄武门谁就会成为胜利的一方，这既与军事制度相关，也与宫廷布局相关。与此同时，地方叛乱皆无成功，这依然是全国军事布局的必然结果。但是，安史之乱却取得成功，地方成功发动叛乱，并保持河北割据始终。原来，这依然可以归因于关中本位政策

① 陈寅恪：《唐代政治史述论稿》，北京：生活·读书·新知三联书店，2009年第二版，第234—235页。

的破坏，府兵制下的军事格局，在武则天、唐玄宗时代遭遇破坏，内重外轻的军事布局不再，安禄山、史思明的边镇军队于是有条件造反成功。在这个环节中，对于外廷的文人团体再进行分析，发现传统士大夫与进士科出身的士人形成两个团体，从而构成了牛李党争的各自基础。然而，所有这些政治问题，仅仅是朝廷内部因素决定的吗？所以下篇是个重要补充，在讨论唐朝内部政治变动的时候，一定要考虑到边境外族的互动关系，如此则补充了前文强调的武则天、唐玄宗时期对关中本位政策的破坏问题。

陈寅恪的史学研究，关中本位政策问题是他理解南北朝隋唐时期历史发展变化的基本方针。但是，相对于关中本位政策与关陇集团的分析，对于替代这个集团的社会势力的分析研究则相对薄弱。比如，关中本位政策与关陇集团相对应，而这个分析具有分明的地域特色，如此则其他地域的情况如何？包括在关陇集团被替代的过程中，是否存在其他地域集团的问题？在讨论关中本位政策的时候，对照山东高氏集团、江南萧梁集团，无论是地域还是文化，这种对比反复出现在陈寅恪先生的笔下，那么到了唐代，这两个地域扮演了什么角色呢？这些问题显然是可以从阅读陈著中提出，陈先生自己也没有停止思考。

作为补充《唐代政治史述论稿》的第一篇论文是陈先生的《论隋末唐初所谓“山东豪杰”》[①]，然后就是本篇《李武集团》。首先，陈先生强调山东豪杰是隋末唐初的一股重要力量，他们能征惯战，有组织有战力，平时务农，战时出征，而在种族文化上是胡

① 初版《岭南学报》1952年第12卷第1期，收入《金明馆丛稿初编》，北京：生活·读书·新知三联书店，2009年第二版，第243—265页。

汉杂糅的后裔。正因为如此，他们往往成为朝廷政治斗争努力争取的力量。正是在这篇论文中，陈先生第一次讨论了李勣和武则天的关系问题，从而揭示了武则天当皇后的重大社会历史背景。而李勣的重要性在于，他是山东豪杰的领袖。“盖当时中国武力集团最重要者，为关陇六镇及山东豪杰两系统，而太宗与（李）世勣二人即可视为其代表人也。世勣地位之重要实因其为山东豪杰领袖之故，太宗为身后之计欲平衡关陇、山东两大武力集团之力量，以巩固其皇祚，是以委任长孙无忌及世勣辅佐柔懦之高宗，其用心可谓深远矣。后来高宗欲立武曌为后，当日山东出身之朝臣皆赞助其事，而关陇集团代表之长孙无忌及其附属系统之褚遂良等则竭力谏阻，高宗当日虽欲立武氏为后，以元舅大臣之故有所顾虑而不敢行，唯有取决于其他别一集团之代表人即世勣之一言，而世勣竟以武氏为山东人而赞成其事，论史者往往以此为世勣个人道德之污点，殊不知其社会集团之关系有以致之也。”①

本文所论《李武集团》，晚于《论隋末唐初所谓“山东豪杰”》两年，而问题既有相关性，论证又有继承性。比如废王立武过程中，前篇论文提及而已，后来倾力讨论的是山东豪杰问题，对于关陇集团在此一事件中的表现，略而未言，于是《李武集团》一文则大力讨论，所涉人员无不一一排列资料，考证家世来源及与集团的关系，等等。

不仅如此，《李武集团》一文的核心论证，其实是对《隋唐制度渊源略论稿》以来的一个悬而未决或者说尚未彻底解决的问题展

① 陈寅恪：《论隋末唐初所谓“山东豪杰”》，《金明馆丛稿初编》，第254页。

开讨论，即关陇集团究竟被谁取代的问题。此前已经涉及的外廷士大夫，来自两个部分，一是传统士族（如山东士族），二是科举士人。武人集团和宦官集团，或者来自胡化汉人，或者来自边远区域，汉文化水准不高。那么，这些最核心的统治集团呢？其实并未涉及。《李武集团》一文便是说明最高核心统治集团的，从武则天以来，她一手建造的李武婚姻集团才是唐前期的最高统治者。

总之，从陈寅恪先生的系统论证来看，只有到了《李武集团》一文之后，《隋唐制度渊源略论稿》以来的论题才算完成[①]。这些问题既是陈先生提出的，又是陈先生补充的，从而构成了陈氏史学的有机整体。整体考虑陈先生的论著，是理解陈氏史学的关键，同时也可以从中看到清晰的发展理路。用汪荣祖先生的话来说："寅恪论史的长处，在于彼此呼应，所谓牵一发而动全身。"[②]从体系上读陈先生论著，确如汪荣祖先生之论，但把陈先生的论著放在编年史的角度去看，则可以发现前后的联系与发展[③]。

---

① 参见王永兴：《陈寅恪先生史学述略稿》第二章《陈寅恪先生三部专著及三篇论文主旨述要》，在《唐代政治史述论稿》主旨述要一节中，王先生指出："述上篇中篇之主旨须与先生之文《论隋末唐初所谓'山东豪杰'》《记唐代之李武韦杨婚姻集团》《论唐代之蕃将与府兵》《论韩愈》《论李栖筠自赵徙卫事》《李唐武周先世事迹杂考》《李唐氏族之推测》《李唐士族志推测后记》《三论李唐士族问题》并观。"北京：北京大学出版社，1998年，第155页。

② 汪荣祖：《史家陈寅恪传》，北京：北京大学出版社，2005年，第102页。汪先生此书，初版由香港波文书局于1976年刊出。1984年，台北联经出版公司再出。1992年江西百花文艺出版社又纳入《国学大师丛书》，更名为《陈寅恪评传》。每版，多有修订增补。

③ 参见袁英光《略论陈寅恪对隋唐史研究的贡献》，也是把《记唐代之李武韦杨婚姻集团》与《唐代政治史述论稿》放在一起讨论。初载《历史研究》1988年第6期，收入《解析陈寅恪》，北京：社会科学文献出版社，1999年，第143—168页。

第三节　后续发展与讨论

陈寅恪先生的史学，不论在当时还是后世，凡治中古史者，必奉为圭臬。那么《李武集团》一文，在后来的继承发展情况，也是我们观察理解这篇论著的一个重要视角。

上文已述，《李武集团》一文，承续《唐代政治史述论稿》，其中尤其以“关中本位政策”为根本线索。学术界对于陈寅恪先生的观点，多有讨论回应，其始点并非自《李武集团》一文，而是从《唐代政治史述论稿》开始。述其大要，学界对于关陇集团的观点基本是认同的，但关于关陇集团统治的结束时间，看法并不相同，争论多由此展开。

岑仲勉先生很早在他的《隋唐史》一书中就做出反应，认为：

> “关中本位政策”或称为“关陇集团”，以谓则天本家不在此集团之内，故蓄意破坏而代之以新兴进士。殊未知初唐优待太原元从，（参《会要》四五）太原不属西魏范围，如当时果持此一政策，是从龙之辈已受排斥，其立说脱离现实甚明。抑武后父士彟武德元年官库部郎中，实握财政出纳权，且是“恕死”者十六人之一，（同上引）岂武后亦打击其本家耶？①

① 岑仲勉：《隋唐史》下卷第十八节“进士科抬头之原因及其流弊”，石家庄：河北教育出版社，2000年，第178页。

岑仲勉先生统计唐太宗时期的宰相，多不是关陇出身，因此认为唐太宗时期已经不再坚持关中本位政策了。可见，岑仲勉先生是认可关中本位政策的，不过不同意关陇集团的历史结点而已。但是，相对于陈寅恪的多方论证而言，这样的回应其实更近似意见表达，系统的论证还需要进一步。

汪篯先生就相关论题，写作两篇论文，一篇为《唐太宗树立新门阀的意图》，论证唐太宗要提升西魏北周人物的社会地位，建立一个新的族阀，“这个族阀乃是以皇家外戚即以前的关陇贵族的主要家族主其轴心，而以‘凡在朝士’之各种来源复杂的家族环其外围，让它慢慢地成为坚强而巩固的团体”[①]。可见，汪篯先生不仅赞同“关陇贵族”这一概念，支持陈寅恪的相关论述，而且进一步认为，唐太宗依然有强烈的关陇观念，甚至采取实际政治行动巩固关陇集团的核心政治地位，努力提高关陇核心家族的社会地位，力图建立以关陇集团为核心的新团体，把其他来源的官员都纳入这个团队之中。

汪篯先生另一篇论文《唐太宗之拔擢山东微族与各集团人士之并进》[②]，可以看作是前文的姊妹篇，该文以唐太宗的二十八位宰相为研究对象，其中属于高祖时期的旧相六人之外，属于唐太宗提拔的有二十二名。在这些新宰相中，发现山东人占一半，是十一人，关中人占据六名，而江南人有五名。这个现象岑仲勉先生已经发现，但是解释却大不相同。汪篯先生认为，一方面关陇贵族尤其

① 初刊《内蒙古大学学报》1979年第1、2期，收入作者《汪篯隋唐史论稿》，北京：中国社会科学出版社，1981年，第150—164页。汪篯先生论著多为身后发表，其具体创作时间多难明确。

② 《汪篯隋唐史论稿》，第132—149页。

是核心家族本来就人数不多，不足以应付统治庞大国家的需要。另一方面，山东人士本来就人数众多，且太宗又有团结山东，缓和矛盾的政治考虑。尤其是，这些提拔的山东人，多出身微族，并不是山东士族，而对传统山东士族的代表崔卢李郑等，太宗一直提防甚至压制。陈寅恪先生认为，唐太宗就是关陇贵族的代表，所以分析宰相成员以山东为多，但掌控朝廷还是关陇集团。因为山东人是关陇政治核心的统战对象，尤其又是微族出身，为关陇所用的意图自然显现出来。

汪篯先生又著《唐高宗王武二后废立之争》，非常明显是对陈寅恪《李武集团》一文的全面发展。“废王立武”事件在陈先生的《李武集团》一文的属于部分内容，很多内容点到即止。汪篯先生此文，完全可以看作是《李武集团》一文在“废王立武”这一点上的全面展开。唐太宗去世之后，长孙无忌代表关陇贵族执掌朝廷，此时提拔的新任宰相清一色出自关陇集团，而围绕皇帝继承人问题，长孙无忌等也早做安排。从王皇后与武则天的出身来看，王皇后及其舅舅柳奭皆关陇集团中人，而武则天则与关陇集团则毫无关系。废王立武，以长孙无忌一派失败而告结束，最重大的后果则是关陇集团失势，包括随后的持续打击，导致“关陇集团的残余灰烬亦遂不复有再度燃烧的可能了”[①]。

汪篯先生作为陈寅恪的研究生，他的研究对导师学术的继承发展十分鲜明，这些文章的主旨都来自陈寅恪，加深论证、拓展论

① 《汪篯隋唐史论稿》，第165—188页。

证、详细论证是他对陈先生史学的具体发展之路[1]。

胡戟先生著《武则天本传》，在“废王立武”事件之后、长孙无忌等被贬杀之后引用陈寅恪先生在《记唐代李武韦杨之婚姻集团》的文字，指出此事“标志一个多世纪里关陇集团把持中央政权局面的终结，也可以认为是经历了几百年后残存的门阀色彩政治最终结束的标志”[2]。足见胡戟先生是赞同陈寅恪观点的，承认关陇集团的退出与“废王立武”的关系。

黄永年先生接受关陇集团的概念，但是对于这个集团何时退出历史舞台问题，有自己的观点。黄先生著《从杨隋中枢政权看关陇集团的开始解体》，认为关陇集团掌握中枢政权在西魏、北周时代是确实的，但是到了隋杨时代，这种情况已经发生了变化。黄先生的论证是通过对比隋文帝时期的“四贵”、隋炀帝时期的“五贵”和洛阳越王侗时期的“七贵”具体出身来进行的，证明具体解体从隋炀帝时代已经开始。为什么“关中本位政策”和“关陇集团”的统治到隋朝开始解体呢？因为原来的政策是特殊分裂时期的产物，统一到来之后，“稍有头脑的统治者就绝不会继续惟关陇人是用的政策”，“关陇集团到这时开始解体乃是历史发展的必然趋势，并不有赖于其后武曌个人的努力”[3]。

---

① 《汪籛隋唐史论稿》序言由唐长孺先生撰写，汪籛对陈寅恪先生学术的继承，唐先生有明确的说明。此外，胡如雷先生曾著《读〈汪籛隋唐史论稿〉兼论隋唐史研究》一篇长文，对于汪籛先生的学术也有总结。见《读书》1982年第2期，收入作者《抛引集》，石家庄：河北教育出版社，1993年，第228—233页。

② 胡戟：《武则天本传》，西安：三秦出版社，1986年，第26页。北京大学出版社，2011版，在同一“贬逐国舅”题目下加副标题“奏响门阀制度的挽歌”，第35页。

③ 黄永年：《从杨隋中枢政权看关陇集团的开始解体》，《学术集林》卷九，1996年12月，收入作者自选集《文史探微》，北京：中华书局，2000年，第154—168页。

黄永年先生另一篇论文《关陇集团到唐初是否继续存在》，可以看作前一论文的姊妹篇。在这篇论著中，黄先生的论证思路与汪篯先生的《唐太宗之拔擢山东微族与各集团人士之并进》很相似，但资料引证更丰富，不仅宰相群体纳入讨论，太原功臣、凌烟阁功臣等都纳入讨论，结论也与上文相联系但与汪篯先生相反，认为“关陇集团到隋代之开始解体和入唐初之不复存在”[①]。关陇集团是在一定的历史条件下形成的，而退出历史舞台也有一个过程，黄永年先生强调关陇集团在隋朝已经开始解体，唐初已经不存在，而陈寅恪则用“废王立武”事件作为退出历史舞台的标志，在退出时间点上意见不同。就关陇集团退出历史舞台的必然性问题，陈寅恪已经指出“宇文氏当日之狭隘局面已不适应唐代大帝国之情势”。

对于关键的“废王立武”事件，黄永年先生也有专论，即《说永徽六年废立皇后事真相》，新皇帝与顾命大臣集团的最高权力之争，顾命大臣要控制皇帝，而皇帝要夺回属于自己的国家权力。至于皇后废立，不过是斗争的焦点，并不是斗争的实质[②]。这样，黄先生就从这样的真相否定了“废王立武”事件与关陇集团败退存在什么联系。此文撰写最早，但就讨论关陇集团问题而言，黄先生的几篇论文都是互相印证，彼此支持的。不过，陈寅恪并非没有看到“废王立武”有宫廷斗争的一面，只是没有停止在宫廷斗争的层面而已。

雷家骥先生对于关陇集团与“废王立武”的关系，似乎保持一

---

① 原载《周绍良先生欣开九秩庆寿文集》，北京：中华书局，1997年。收入作者自选集《文史探微》，第169—182页。

② 《说永徽六年废立皇后事真相》，载《陕西师范大学学报》1981年第3期，收入作者《文史探微》，第203—219页。

种谨慎态度。在《武则天传》的一个注释中，雷先生写道："（长孙）无忌代表关陇集团，此说始由陈寅恪先生提出。汪篯于其《唐高宗王武二后废立之争》引申此说以论此次废立事件，认为此集团虽有一百五十年历史，却只凭着武力以维持政治优势，在文化上、社会上并无巩固而雄厚的基础，故无忌一失地位便趋于瓦解。笔者认为，一个发展了一百五十年的集团，竟然仅有这几个宰相能活跃，且在文化上、社会上无巩固而雄厚的基础，诚属不可思议。抑或他们只是一个以无忌为首，权力来自皇帝授予的'朋党'？一旦皇帝收回授权，则轻易趋于瓦解。"①

胡如雷先生对陈寅恪观点的回应最具时代特色，他的《论武周的社会基础》一文，认为用地域集团的概念分析唐代政治斗争是不准确的，武周兴起，是地主阶级内部新兴的中小地主阶层与大官僚贵族集团的斗争②。后来，从地主阶级内部不同阶层的角度理解武则天时期的政治斗争关系，成为史学界的常规研究思路③。而从地域集团到阶层的观念转变，也可以看作是对陈寅恪观点的极大改变。此外，黄永年先生用"李武政权"概念描绘从武则天称帝到太平公主覆灭这个历史时期的中央政权，认为存在一个"以李氏居虚名、以武氏掌权的畸形政权"，但却没有使用陈寅恪的李武韦杨婚

---

① 雷家骥：《武则天传》，北京：人民出版社，2001年，第122页注释3。

② 胡如雷：《论武周的社会基础》，《历史研究》1954年第1期，收入作者《隋唐政治史论稿》，石家庄：河北教育出版社，1997年，第250—263页。后来，胡先生又著《关于武则天研究中的几个问题》，对于武则天研究中的阶层等问题再进行新的研究，比如阶层意识，等等，都属于新论。收入《隋唐政治史论稿》，第264—288页。

③ 此前的学术总结，参见胡戟等先生主编：《二十世纪唐研究》，北京：中国社会科学出版社，2002年。

姻集团概念[①]。

比较而言，陈寅恪的“关中本位政策”与“关陇集团”概念，获得学界的认知最高，引发的讨论也比较多，但就具体文章而言，还是《唐代政治史述论稿》的影响更大，单篇论文《论隋末唐初所谓“山东豪杰”》《记唐代之李武韦杨婚姻集团》本来是补充《唐代政治史述论稿》的，但后续的讨论多以《唐代政治史述论稿》为研讨对象，提及《李武集团》一文的学者不多。

这种状况引人注意。王寿南先生著《太平公主与玄宗之政争》[②]，从题目就能发现这与《李武集团》一文的内容大有重叠，但王先生引证陈寅恪《唐代政治史述论稿》中的文字，却不提《李武集团》一文。陈寅恪讨论武则天之后武氏政治影响的长期存在，认为中宗时期韦皇后以及太平公主等等参与的政治斗争，都是李武集团内部的斗争，但这一主题却没有引起反响。同样，有关高力士问题，在陈寅恪先生的论证中，高力士是武氏政治得以长期延续的关键，而高力士在玄宗朝的影响力之大又人所共知，可王寿南先生的高力士研究篇却不予涉及[③]。关于武则天以后的唐朝历史，特别是有关婚姻集团的问题，一个重要的可能是，后来学者很多并不同意陈寅恪的观点，但皆有礼貌地回避了争论[④]。

---

① 黄永年：《说李武政权》，原载《人文杂志》1982年第1期，收入作者自选集《文史探微》，第220—242页。

② 王寿南：《太平公主与玄宗之政争》，见作者《唐代人物与政治》，台北：文津出版公司，1999年，第53—70页。

③ 王寿南：《高力士与开元天宝时期的政治》，《唐代人物与政治》，第71—94页。

④ 陈寅恪先生在武则天之后强调武氏家族的影响力是一个很重要的观察，但在玄宗掌权十分稳定的前提下，这种强调，确有勉强之处。就高力士而言，他的出身与武氏有联系，但他现实却是玄宗的宠臣，两者之间，恐怕还是应该以现实观察为主。

小　结

陈寅恪先生对唐史研究的贡献是多方面的，前引学者汪荣祖、王永兴、袁英光等都有系统评述。就《李武集团》一文而言，学界关注的还是与关陇贵族集团相关的问题，即“废王立武”是否标志着关陇集团退出历史舞台的问题。赞同、反对或者受到启发引入其他概念，学界的反应不一而足，没有疑问的是，陈寅恪的研究极大地促进了学术思考和学术发展。

关陇集团，是陈寅恪先生研究南北朝到隋唐时代发明的重要历史概念。这个概念，不仅是《隋唐制度渊源略论稿》和《唐代政治史述论稿》的核心概念，在《李武集团》等论文中，也无不贯彻着这个概念。因为这个概念，不同时代的政治与历史问题便被有机地贯穿起来，可见这个概念还包含着思维方式和研究方法问题。

唐代柳芳论氏族，常被学者引用，其词为：

> 过江则为“侨姓”，王、谢、袁、萧为大；东南则为“吴姓”，朱、张、顾、陆为大；山东则为“郡姓”，王、崔、卢、李、郑为大；关中亦号“郡姓”，韦、裴、柳、薛、杨、杜首之；代北则为“虏姓”，元、长孙、宇文、于、陆、源、窦首之。[①]

---

① 《新唐书》卷一九九《儒学中·柳冲传》所附，北京：中华书局，1975年，第5677—5678页。

柳芳所论氏族，士族及其代表性家族无不具有地域性，而士族的地域性与特定政权的地域性密切相关，甚至可以说，正是历史上特定时期的政权具有地域性特征，决定了与特定政权联系密切的士族也具有了地域性特征。

用关陇贵族这个概念统摄西魏、北周以来的北方最高统治者集团，与士族门阀的代表家族既有联系又有区别。如果说士族门阀具有社会影响力的话，那么这种影响力的根据就是祖上的政治地位，而新兴的政治军事集团往往与特定的政治、军事条件相关，很难与既有的士族门阀保持丝丝入扣的关系，但在政治分裂的条件下，则与地域关系更加紧密。关陇集团作为西魏北周以来的统治阶层，其政治地位是有保障的，但是要获得士族门阀的社会地位还需要相当的积累，暂时地看，与门阀士族存在矛盾和斗争是必然的。

隋唐统一中国之后，士族的侨姓、吴姓作为南方社会精英的代表，属于被征服地区，作为统战对象是有价值的，但因为隋唐的政治重心在北方，所以山东的郡姓即崔卢李郑王等族姓，显示出更强大的社会影响力，甚至遭受到朝廷明确无误的政治打压。正如陈寅恪已经指出的那样，统一条件下，关中本位政策无法继续贯彻，关陇集团独揽政治的条件不复存在，国家向其他地域的社会精英开放政治势在必行。就此而言，从关陇集团消退的视角观察唐代政治的走向，依然是一个有效的途径，而关陇集团依然是一个富有启发性的历史概念。

把陈寅恪的地域集团概念，转换为阶层概念，在一段时间内相当流行。在分析牛李党争的时候，陈寅恪观察到传统的山东士族与新兴阶级（进士科出身的官员）矛盾斗争关系，可见陈寅恪先生并没有抓住地域集团不放。在关陇集团退出历史舞台的过程中，对立面究竟怎样概括是个难题，取代关陇集团的人群如何概括，这同样是个难题。地域性如宦官团体，阶层性如武人集团，由婚姻媒介构建的李武韦杨集团，等等，陈寅恪先生一直在尝试用新的概念去厘清分析唐代特别是中后期的历史。然而，学界反响依然比较集中在“关陇集团”问题上。后来从地主阶级内部阶层关系去理解唐代的政治斗争，虽然一时流行，今天看来还是不得要领，因为官僚队伍是不稳定的，划分地主的大小不仅困难，地主与官场也存在距离，等等。

“关陇集团”是一个地域概念，但在陈寅恪的史学中，这个核心概念具有分析框架和方法论的功能，尤其是在打破王朝史学框架方面，居功甚伟。因为种种原因，陈寅恪先生后来并没有再提出一个与“关陇集团”相似的概念，有些具体论证如“李武韦杨婚姻集团”反响也不强烈，但陈寅恪的史学贡献已经足够伟大。陈寅恪的唐史研究为我们今后的研究打下了基础，所以我们未来的唐史研究依然需要从陈寅恪出发。

后 记

最初下决心研究武则天问题，是1996年。当时我在读研究生，忽然收到母亲因病住院的消息，就赶快赶回齐齐哈尔。母亲的精神不错，她好像更关心的是我的学业。多年来，我在远离故乡的地方学习和工作，母亲都用她特有的方法表示牵挂。我在新疆工作的时候，母亲就找新疆的书来读，有一次竟然跟我谈起张承志的新疆小说，令我十分感动。这一次，在第一医院的病床上，母亲关心的都是唐朝问题。一是杨贵妃对于安史之乱，到底有多大责任；一是唐朝为什么会允许一个女人当皇帝。前一个问题我还能够回答，唐玄宗的子孙不好意思追究他的责任，只好把责任推到杨贵妃身上。后一个问题我回答得很不好，连自己都不满意。没想到，那一次与母亲的谈话，竟然是最后一次。我要研究武则天，不然对不住母亲。母亲姓宋，讳宝霞。多年来，每当思念母亲的时候，武则天研究的意念就会升腾。如今，小书新成，就算交给母亲的一份迟到的作业吧。

1998年秋天，是博士生第一学期。台湾著名史学家雷家骥先生到北大访学，他当时的一项计划是撰写《武则天传》。他要搜集大陆这些年的武则天研究文献，在一本唐史研究目录书上划出要复印的文章篇目，我负责去北大图书馆为雷先生复印。这个工作持续两周左右，课余时间全在图书馆，于是有了许多机会阅读雷先生要读的资料，还仔细观察了雷先生复印文章的特点。这个工作是荣新江先生布置给我的，雷先生应该至今都不知情。事实上，这个任务对我帮助极大，从此对武则天研究文献，多少已经心中有数了。

研究生期间，一直跟随吴宗国先生读书。关于武则天，我的许多观点都来自吴先生。作为皇后的武则天，在高宗时代真的能为所欲为吗？吴先生研究三省制度，认为三省制度中没有武则天的立足空间。武则天顺应了时代的要求，但具体的政治问题错综复杂，不能一条逻辑走到底。比如，武则天对于后世有自己的安排，“合同李武”是有成效的，但重回李唐的计划被五王政变打乱。2007年，我正式启动研究工作，第一步就是到吴先生家汇报，吴先生立刻检出所有武则天的书籍给我。武则天研究积累很深厚，中国武则天学会就出版过许多武则天研究论文集，多处寻找，最后在任士英的书房中全部获得。

1995年开始结识冯其庸先生。2005年中国人民大学成立国学院，聘请冯先生担任首届院长，我也从历史学院转到国学院，从此与冯先生的往来更多了。冯先生研究领域十分广泛，也关心我的学术研究。当得知我已经开始进行武则天的研究之后，2008年，很愉快地为我题写了《武则天研究》的书名。如今想来，竟然过去了十多年。题签为本书增彩，本书也是一个感念，感念先生多年的亲切关怀和教导。

谭凤嬛是冯先生弟子，作为画家，工笔红楼人物最有成绩。有一次闲聊，她谈到武则天印象，跟我头脑中的武则天形象十分吻合。四川广元有一座雕像，据说是武则天，但一点武则天精神都没有。我说现在还真缺一幅武则天的画像。没想到，言者无心，听者有意。不久之后，她传给我一幅照片，是她的武则天画稿。这就是天意啊。十分感谢凤嬛，她同意在本书中使用她的武则天画像。冯先生题签，谭凤嬛作画，武则天有知，也该满意吧。

最后，要感谢谭徐锋先生，如果没有谭兄从中努力，还真不知道四川人民出版社有此良机。感谢出版人、策划人和责编，感谢四川人民出版社。

2020年9月29日

图书在版编目（CIP）数据

武则天研究 / 孟宪实著. -- 成都：四川人民出版社, 2021.8（2024.6重印）
ISBN 978-7-220-12127-2

Ⅰ. ①武… Ⅱ. ①孟… Ⅲ. ①武则天（624-705）- 人物研究 Ⅳ. ①K827=421

中国版本图书馆CIP数据核字（2021）第101423号

WUZETIAN YANJIU

武则天研究

孟宪实　著

出 版 人	黄立新
策划统筹	封　龙
责任编辑	李沁阳
版式设计	戴雨虹
装帧设计	周伟伟
责任印制	周　奇
出版发行	四川人民出版社（成都三色路238号）
网　　址	http：//www.scpph.com
E-mail	scrmcbs@sina.com
新浪微博	@四川人民出版社
微信公众号	四川人民出版社
发行部业务电话	（028）86361653　86361656
防盗版举报电话	（028）86361653
照　　排	四川胜翔数码印务设计有限公司
印　　刷	成都东江印务有限公司
成品尺寸	145mm × 210mm
印　　张	20.5
字　　数	457千
版　　次	2021年8月第1版
印　　次	2024年6月第6次印刷
书　　号	ISBN 978-7-220-12127-2
定　　价	108.00元

壹卷

YE BOOK

洞 见 人 和 时 代